飞行器动力工程专业系列教材

流体动力学

张堃元　金志光　编著

科学出版社
北京

内 容 简 介

全书共 11 章，第 1～6 章是一般流体力学基础，包括流体的基本物理性质、流体静力学、流体运动学、流体动力学、相似原理、湍流基础和边界层基本概念。第 7～10 章为气体动力学部分，介绍了膨胀波、压缩波、激波理论及解法、一维定常可压缩管流和经典的超声速流场特征线算法。第 11 章介绍了气体动力学在工程中的一些典型的应用案例。

本书以动力类专业的本科生为主要读者对象，也可作为能源、民航、水利、机械、车辆、舰船、石化等专业本科生、研究生和青年科技工作者的参考书。

图书在版编目（CIP）数据

流体动力学/张堃元，金志光编著. —北京：科学出版社, 2017.4
飞行器动力工程专业系列教材
ISBN 978-7-03-052445-4

Ⅰ. ①流…　Ⅱ. ①张…　②金…　Ⅲ. ①流体动力学－教材　Ⅳ. ①O351.2

中国版本图书馆 CIP 数据核字 (2017) 第 056816 号

责任编辑：胡　凯　李涪汁　丁丽丽／责任校对：郑金红
责任印制：张　伟／封面设计：徐　瑞

科学出版社出版
北京东黄城根北街 16 号
邮政编码：100717
http://www.sciencep.com
北京建宏印刷有限公司印刷
科学出版社发行　各地新华书店经销
*
2017 年 4 月第　一　版　开本: 787 × 1092　1/16
2024 年 1 月第八次印刷　印张: 22　1/2
字数: 533 000

定价：89.00 元

(如有印装质量问题，我社负责调换)

《飞行器动力工程专业系列教材》编委会

前 言

流体动力学 (含气体动力学) 课程是飞行器动力工程专业和其他动力类专业重要的专业基础课。本书使用对象以动力类专业的本科生为主，也可作为能源、民航、水利、机械、车辆、舰船、石化等专业本科生、研究生和青年科技工作者的参考书使用。

面对国家对飞行器动力的强烈需求，尤其是对创新性高层次人才的迫切需求，本书力求做到深入浅出，物理概念准确、清晰。从提高学生跨学科的综合素质和能力培养方面出发，本书强调基础、强调物理概念的理解、强调理论联系实际、强调知识创新，注意安排各章节的内容深浅和叙述方式，使得新书易于为学生所接受，以加强学生分析、解决实际问题的能力。

本书突出了航空航天和国防特色，例如从气动原理出发介绍进气口、扩压器、尾喷管等基本概念。增加专门章节，介绍流体动力学在工程中的应用实例和设计、使用方法，使新书更好地为培养国防建设和经济建设人才服务。

全书共 11 章，前 6 章包括流体的基本物理性质、流体静力学、流体运动学、流体动力学、相似原理、湍流基础和边界层基本概念，是一般流体力学基础。第 7～10 章涵盖气体动力学的主要部分，以可压缩性为主线，介绍了扰动波、激波概念、各种一维定常管流和经典的流场计算特征线法。第 11 章则介绍了气体动力学的工程应用。

张堃元教授、徐惊雷教授、谭慧俊教授、钟易成副教授、汪明生副教授、金志光副教授参与了本书的编写。其中第 1 章、第 7 章由徐惊雷编写；第 5 章、第 6 章由谭慧俊编写；第 2 章、第 4 章由钟易成编写；第 3 章、第 10 章由汪明生编写；第 11 章由金志光编写；第 8 章、第 9 章由张堃元编写；全书的大部分附图由金志光负责绘制，张堃元负责全书的统稿，统稿中调整和重新改写了部分章节中的内容。全书经河海大学王惠民教授的认真审阅，提出了不少建设性建议，编者在此深表谢意。

限于编者水平，书中难免有不妥之处，敬请批评、指正。

前　言

目　　录

第 1 章 流体的物理性质

1.1 流体的力学特征和连续介质假设

流体力学的研究对象是流体。那什么是流体？简言之，在外力作用下可以流动的物质就是流体。通常情况下，流体是液体和气体的总称。本节主要叙述流体的物理性质，它和固体的物理性质有许多不同之处，例如，流体可以随其容器形状的不同而改变其形状；流体一般都比固体容易压缩，流体有抵抗角变形的性质，这种性质称为黏性。这些都是流体重要的物理性质，将在以后有关章节中进行讨论。

1.1.1 流体特性及其连续介质假定

流体是相对于固体而言易于流动的物质。它和固体的主要区别在于其分子间的内聚力很小，所以在任何微小的剪应力作用下都能产生持续不断的变形。

流体是液体和气体的总称，可以随其容器形状的不同而改变自身形状。液体和气体的区别是：液体在相当大的外力作用下，几乎不改变其原有的体积，故通常称为不可压缩流体。液体与其他流体形成的分界面称为自由表面。气体则具有很大的压缩性和膨胀性，如果对气体施加外力 (压力)，则其体积很容易缩小，反之，如果外力无限减小，则气体可无限地膨胀，充满容纳它的空间，所以它没有自由表面，故通常称为可压缩流体。但是流体的可压缩性与不可压缩性都是相对于具体情况而言的，并不是所有液体在任何情况下都可以作为不可压缩流体来看待，亦不是所有气体都必须作为可压缩流体来处理。例如当研究水击现象时，则需要考虑其压缩性，而气体在低速流动时 (在第 7 章要叙述的马赫数 $Ma < 0.3$ 时)，则可认为它服从于不可压缩流体的运动规律。

从物理学可知，一般流体都是由运动着的分子所组成的，分子之间有一定的间隙。因此，从微观方面来考虑流体问题，就需要从分子运动论来研究。但流体力学所研究的不是个别分子的微观运动，而是从流体的宏观特性，即大量分子的统计平均特性来考虑，把流体当作充满于其所占有空间，其间没有间隙存在的介质，也就是说，是把流体作为连续介质来研究的。

根据上面的分析，我们可以引进流体的连续介质模型：流体是由大量的流体质点所组成的，每一个流体质点无间隙地、连续地分布在所占据的空间之中，而且每一个流体质点在任一时刻都具有确定的物理参量 (密度、速度、压强、温度等)，因此，描述流体运动的这些宏观物理量都可以表示为空间坐标 (x,y,z) 与时间 t 的连续函数，从而也就可以利用连续函数这个有力的数学工具来进行分析研究。

流体的连续介质假定在绝大多数的流体力学问题中都是适用的，这是因为在通常情况下，任何一个宏观体积中所包含的分子数目都是非常多的。例如，在正常情况下，1mm^3 的水里含有 3.3×10^{19} 个分子，而 1mm^3 的气体中也含有 2.7×10^{16} 个分子，因此只要在同一种流体中，任取一微小的体积来看，其特性将是完全相同的。由此可知，从宏观看，把流体作为连续介质来研究是合理的。

当然，流体的连续性假定对某些特殊问题就不再适用了，例如，高空中或实验室的高真空条件下的稀薄气体。如果所研究物体的特征尺度与分子平均自由程相当时，流体力学的连续性假设失效，这就属于稀薄气体的研究范畴。本书只讨论连续介质流体，而不涉及稀薄气体的问题。

1.1.2　密度、比容、相对密度和重度

在均质流体中取体积为 ΔV 的流体，其中包含有 ΔM 的质量，则 ΔM 与 ΔV 的比值称为 ΔV 体积的密度，以 ρ 表示，即 $\rho=\Delta M/\Delta V$。对于均质流体，流体密度为常数。

对于非均质流体，可应用数学中取极限的方法来求得 ρ，即所谓点密度，亦即当 ΔV 趋于 0 时，$\Delta M/\Delta V$ 比值的极限称为该点的密度：

$$\rho=\lim_{\Delta V\to 0}\frac{\Delta M}{\Delta V}=\frac{\mathrm{d}M}{\mathrm{d}V} \tag{1-1}$$

因此密度是单位体积内所具有的流体质量。在国际单位制 (SI) 中，密度的单位是 kg/m^3。

应当指出，上式是点密度的数学定义，从物理上来理解，在连续介质内对某一点取极限时，把这点取得极小但却包含有足够多的分子，使其不失去连续介质的特性而有确定的物理值，这个点称为流体质点。采用上述表达式是利用数学分析的工具来确定流体质点的物理值。

在热力学中已知比容是单位质量流体所占有的体积，所以比容与密度互为倒数，即 $v=1/\rho$，单位是 m^3/kg。

对于液体来说，密度 (或比容) 随温度不同略有变化，而压强变化对它的影响不大，因此在一般情况下，可近似认为液体的密度是常数。而对于气体来说，则其密度受压强和温度的影响均大。对于完全气体来说，它们之间的关系是：$pv=RT$，或者 $p=\rho RT$，式中 p 为作用在气体上的绝对压强，压强 p 的单位是 Pa，即帕斯卡，简称帕，$1\ \text{Pa}=1\text{N/m}^2$，除了 Pa 以外，还常用 kPa、MPa 等压强单位。v 为比容，T 为绝对温度，R 为气体常数，对于不同的气体它有不同的值，空气的气体常数 R 为 $287.06\ \text{J/(kg}\cdot\text{K)}$。

工程上经常用到相对密度的概念。某液体的相对密度是指该液体的密度与在 1 个大气压下 4℃ 水的密度 ($1\,000\ \text{kg/m}^3$) 之比。某气体的相对密度是指该气体的密度与在 1 个大气压下 0℃ 的空气 (不含 CO_2) 之比。可见，相对密度是一个无量纲量。在工程单位制中还经常用到重度 γ，它与密度的关系为 $\gamma=\rho g$，g 为重力加速度。

按我国国家标准 GB1920—80 规定，在海拔高度 $H=0$，温度 288.15 K 时的气压 $p=$ 101 325 Pa 作为一个标准大气压，它与美国国家标准 USSA—1962 相同，也与国际标准一致。

1.1.3　流体压缩性、可压流与不可压流

当作用在流体上的压强增加时，流体的体积将减小，称为流体的压缩性，常用体积压缩系数 β_p 来表示。它表示当流体温度保持不变，每增加一个单位压强时体积 V 的相对变化率。由于压强增加，流体的体积缩小，故冠以负号：$\beta_p=-\dfrac{1}{V}\dfrac{\mathrm{d}V}{\mathrm{d}p}$，它的单位是 1/Pa。体积压缩系数的倒数是体积弹性模数 E_v，即 $E_v=1/\beta_p=-V\mathrm{d}p/\mathrm{d}V$，它的单位是 Pa。

液体的体积压缩系数一般都很小，或体积弹性模数都非常大，因此液体的压缩性一般都可以忽略不计。

对于气体来说，它的密度随压强的变化与热力过程有关，气体的体积弹性模数随气体状态变化的不同而变化。例如，在等温压缩过程中：$pv=\text{const}$，微分后得

$$p\mathrm{d}v+v\mathrm{d}p=0,\quad \mathrm{d}v/v=-\mathrm{d}p/p$$

说明等温过程中，气体比容的相对减小率等于压强的相对增加率，将此式代入体积弹性模数表达式 $E_v=-\dfrac{v}{\mathrm{d}v}\mathrm{d}p$，即可得到

$$E_v=\frac{p}{\mathrm{d}p}\mathrm{d}p=p \tag{1-2}$$

说明气体作等温压缩时，其体积弹性模数等于作用在气体上的压强。

再比如，当气体作理想绝热压缩时，则

$$pv^k=\text{const}$$

式中，k 为气体的绝热指数，将上式微分后得到

$$pkv^{k-1}\mathrm{d}v+v^k\mathrm{d}p=0\ \Rightarrow\ \mathrm{d}v/v=(-1/k)\mathrm{d}p/p$$

将上式代入 E_v 表达式，可得

$$E_v=\frac{kp}{\mathrm{d}p}\mathrm{d}p=kp \tag{1-3}$$

可知气体作理想绝热压缩时，其体积弹性模数等于绝热指数乘以作用在气体上的压强。例如空气在一个标准大气压下进行绝热压缩时：

$$E_v=kp=1.4\times1.013\times10^5=1.419\times10^5\text{Pa}$$

而在常温下，水的体积弹性模数 $E_v=2.1\times10^9$ Pa，可见气体的体积弹性模数要比液体小得多，即气体的压缩性比液体要大得多。因为气体状态发生变化，其密度变化是剧烈的，因此在一般情况下，必须考虑气体压缩性影响。以后还会证明，$\mathrm{d}p/\mathrm{d}\rho$ 等于声速的平方，所以，气体的压缩性决定于它的密度和当地声速。

对于气体，当气体流速变化时，会引起气体的压强和密度发生变化。在绝能 (无热量和功的交换) 流动中，当气体以低速流动时，由于气流速度变化而引起的气体密度的相对变化

量很小，可以把气体看做不可压缩流体来处理；而对高速气流，压缩性的影响就不能忽略，必须按可压缩流体来处理。气体在喷气发动机中的流动，一般都是高速流动。本教材的重点是研究可压缩流动。

由前面可知，流体的压缩性可表述为在外力作用下流体的体积或密度变化而引起流体压强变化的性质。实际流体都有可压缩的性质，相对来说，气体的可压缩性比较大，而液体的可压缩性比较小。

表 1-1 给出了水的一些基本物理性质，从表 1-1 可查得水的体积弹性模数值，将它与式 (1-3) 值比较，可知空气的可压缩性要比水的大得多，其他的气体和液体的情况亦是如此。

表 1-1　水的物理性质

温度/°C	重度 γ/ ($\times 10^3$N/m^3)	密度 ρ/ (kg/m^3)	动力黏度 μ/ ($\times 10^{-3}$N·s/m^2)	运动黏度 ν/ ($\times 10^{-6}$m^2/s)	弹性系数 E_v/ ($\times 10^9$N/m^2)	表面张力 σ/ (N/m)
0	9.805	999.8	1.781	1.785	2.02	0.075 6
5	9.807	1 000.0	1.518	1.519	2.06	0.074 9
10	9.804	999.7	1.307	1.306	2.10	0.074 2
15	9.798	999.1	1.139	1.139	2.15	0.073 5
20	9.789	998.2	1.002	1.003	2.18	0.072 8
25	9.777	997.0	0.890	0.893	2.22	0.072 0
30	9.764	995.7	0.798	0.800	2.25	0.071 2
40	9.730	992.2	0.653	0.658	2.28	0.069 6
50	9.689	988.0	0.547	0.553	2.29	0.067 9
60	9.642	983.2	0.466	0.474	2.28	0.066 2
70	9.589	977.8	0.404	0.413	2.25	0.064 4
80	9.530	971.8	0.354	0.364	2.20	0.062 6
90	9.466	965.3	0.315	0.326	2.14	0.060 8
100	9.399	958.4	0.282	0.294	2.07	0.058 9

根据流体压缩性影响的大小，可以将流体分为可压缩流体与不可压缩流体两大类。对于大多数流体力学问题来说，因为液体的体积弹性模数很大，压缩性很小，难以被压缩，所以通常情况下可以认为液体是不可压缩流体，例如压强从 101 kPa 增加到 101 MPa 时，水的体积改变量还不到 5%，因此在研究静止液体或流动液体时，通常认为它们是不可压缩的。只有在特殊的情况下，液体才有明显的密度变化，例如研究水中爆破、液压冲击和高压领域等问题时，液体的可压缩性才显示出它的影响 (见例 1-1)。

对于气体而言，无论是静止气体或者是运动气体，它的密度随压强和温度的改变而改变，尤其是压强对密度的影响显著，因此气体是可压缩流体。由于描写可压缩流体的运动方程要比不可压缩流体复杂，为了简化流动问题的处理，往往将流速较低的运动气体 (速度大致小于 0.3 倍的声速) 简化为不可压流体，在允许的精度范围内看作是不可压流体。

【例 1-1】 温度 20°C，一个标准大气压条件下，在一等截面柱状容器内一米高水柱顶部自由表面上，分别施加三种不同的压强 (均为表压)：$P_1 = 10 \times 10^5$ Pa、$P_2 = 100 \times 10^5$ Pa、$P_3 = 1000 \times 10^5$ Pa，求该水柱的压缩量分别是多少？

【解】 从 $\beta_p = -\dfrac{1}{V}\dfrac{\mathrm{d}V}{\mathrm{d}p}$ 出发，有 $\dfrac{\mathrm{d}V}{V} = -\beta_p \mathrm{d}p$，现在 $\mathrm{d}V = A\mathrm{d}H$，体积 $V = AH$，A 为水柱横截面积，在压缩过程中保持不变，H 为水柱高，这样就有 $\displaystyle\int_{H_0}^{H_1} \frac{\mathrm{d}H}{H} = -\int_0^{p_1} \beta_p \mathrm{d}p$，积分此式有 $\ln H_1 - \ln H_0 = -\displaystyle\int_0^{p_1} \beta_p \mathrm{d}p$，若认为在压缩过程中，$\beta_p$ 保持不变，可得 $H_1 = \mathrm{e}^{[\ln H_0 - \beta_p p_1]}$，从表 1-1 查到 E_v，求出 $\beta_p = 1/E_v$，在上式中分别代入三种不同的压强值 $P_1 = 10 \times 10^5\ \mathrm{Pa}/100 \times 10^5\ \mathrm{Pa}/1\,000 \times 10^5\ \mathrm{Pa}$，有 $H_1 = 0.999\,54\ \mathrm{m}/0.995\,42\ \mathrm{m}/0.955\,16\ \mathrm{m}$，即一米水柱在三种不同高压下的压缩量分别为 $\Delta H = 0.46\ \mathrm{mm}/4.58\ \mathrm{mm}/44.84\ \mathrm{mm}$，一米水柱在大致 1 000 个大气压下，将被压缩 45 mm 左右，可见高压下的水也是可以压缩的。

如果采用近似方法，$\dfrac{\Delta V}{V} \approx -\beta_p \Delta p$，那么 $\Delta H \approx -H_0 \beta_p \Delta p$，在上述三种压强下，可得一米水柱的压缩量分别为 0.46 mm/4.59 mm/45.87 mm，与前面的积分计算结果接近。

1.1.4　黏性、有黏流和无黏流

流体的黏性是流体在运动状态下所具有的抵抗剪切变形的能力，黏性是流体的固有属性。但是黏性效应 (例如黏性应力) 只有在运动流体中才能显现出来，静止流体也有黏性，但是没有黏性力。

为了说明流体的黏性，试观察牛顿平板实验：两个平行放置的平板，间距为 h，图示 y 方向为法向，假设平板面积足够大，可以忽略边缘对流体的影响。下板固定，上板以速度 U 向右匀速运动。此时流体作层状流动，在与壁面直接接触处，由于黏性流体附着在壁面上，所以此处的速度为零。稍离壁面，则流体有流动，流动速度 u 随离壁面的距离的增大而逐渐增大，如图 1-1 所示。

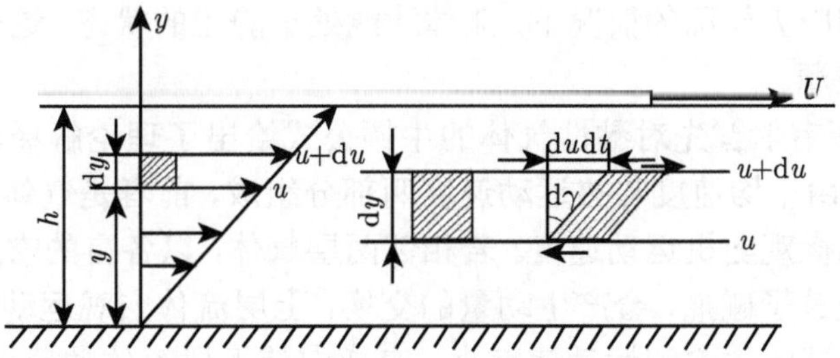

图 1-1　牛顿平板实验

现从流体中取一面积为 A(垂直于纸面)，厚度为 $\mathrm{d}y$ 的流体层，其下层速度为 u，上层速度为 $u + \mathrm{d}u$，由于上下层流速的不同，使这块流体变形，从而产生摩擦力 T，根据牛顿的假说及以后一些学者的证实，摩擦力 T 的大小与面积 A 和速度梯度 $\mathrm{d}u/\mathrm{d}y$ 成正比，并与流体的黏性大小有关，而与压强的大小无关，这称为牛顿内摩擦定律。即

$$T = \mu A \frac{\mathrm{d}u}{\mathrm{d}y}$$

单位面积上的摩擦力即摩擦应力为

$$\tau = T/A = \mu \frac{\mathrm{d}u}{\mathrm{d}y} \tag{1-4}$$

式中，μ 称为动力黏性系数或简称为动力黏度，它的单位为 Pa·s，目前在工程中尚采用泊司 (poise) 为单位，表示为 p，p 与 Pa·s 的关系是

$$1\ \mathrm{p} = 0.1\ \mathrm{Pa \cdot s}$$

在研究流体运动时，常常要用到动力黏度 μ 与流体密度 ρ 的比值，它称为运动黏性系数，简称为运动黏度，以 ν 表示，则 $\nu = \mu/\rho$，单位是 $\mathrm{m^2/s}$，工程中尚采用斯托克斯 (Stokes) 为单位，表示为 st，st 与 $\mathrm{m^2/s}$ 的关系是 $1\mathrm{st} = 10^{-4}\mathrm{m^2/s}$。

由 (1-4) 式可知切应力 τ 的大小取决于速度梯度和动力黏度，而速度梯度可理解为角变形速度，说明如下：设在图 1-1 中，在 t 时刻取一矩形流体微元平面，因上层与下层流速不等，经过 $\mathrm{d}t$ 时间后，这个微元平面由原来的矩形变为锐角平行四边形，角度减小了 $\mathrm{d}\gamma$ (图 1-1)，$\mathrm{d}\gamma/\mathrm{d}t$ 就是角变形速度，它可表示如下：

$$\frac{\mathrm{d}\gamma}{\mathrm{d}t} \approx \frac{\tan \mathrm{d}\gamma}{\mathrm{d}t} = \frac{\dfrac{\mathrm{d}u \cdot \mathrm{d}t}{\mathrm{d}y}}{\mathrm{d}t} = \frac{\mathrm{d}u}{\mathrm{d}y}$$

由此式可知切应力正比于角变形速度即剪切应变率，故 (1-4) 式表明剪切应力与剪切应变率成正比。在同一剪切应力作用下，动力黏度大的流体所产生的剪切应变率，比动力黏度小的流体所产生的剪切应变率要小。因此，常常把流体的黏性认为是流体抵抗剪切变形的能力指标。

由 (1-4) 式还可看到，流体所产生的剪切应变率越小，所需要的剪切应力也越小。只有当流体不受任何剪切应力作用的情况下，流体才能处于静止的状态。这就是流体有别于固体的易流动性产生的根源。

1860 年，马克斯韦尔首先对黏性气体的牛顿公式给出了理论解释。根据气体分子动力学，气体分子的速度由平均速度与热运动速度两部分组成，前者是气体质点的宏观速度，而后者则是气体分子的微观随机运动速度。若相邻两层气体，以各自的宏观速度 u 运动时，由于分子的随机运动及分子碰撞，会产生动量的交换，上层流体宏观运动速度大，交换中使上层流体动量减少，下层流体宏观运动速度小，交换中使下层流体动量增加，根据动量定理，两层气体间就产生一对平行于运动速度方向的力，即剪应力。对上层流体，该力与运动速度方向相反，是一个阻碍流体运动的力；对下层流体，该力与运动速度方向相同，是一个带动流体运动的力。因此这一对力是一种内摩擦力，即作用于流体的黏性力。这也就是产生黏滞现象的原因。

还应指出，由实验所得的牛顿内摩擦定律并非对所有流体都成立。能满足这一定律的流体只是一些分子结构简单的流体，如空气、水等。实验表明，很多流体的剪应力与剪切应变率之间不满足线性关系 (1-4) 式。通常将剪应力与剪切应变率之间满足线性关系 (1-4) 式的流体，称为牛顿流体，而把不满足这一关系的流体称为非牛顿流体。非牛顿流体极为普遍，

如食品工业中的奶油、蜂蜜、蛋白、果浆；建筑材料中的沥青、水泥浆；大多数油类及润滑脂、高分子聚合物溶液、树胶；动物血液等均是非牛顿流体。对它们的利用、加工和输送，都必须涉及其性质，因此非牛顿流体力学近年发展很快。图 1-2 表示牛顿流体与非牛顿流体所服从的规律。本书叙述的都是牛顿流体。

动力黏度的大小与流体的种类有关，例如在同一温度的情况下，油类的 μ 就要比水大得多，而水又比空气大很多。同一种流体，μ 的数值与温度和压强有关，但通常与压强的关系较小，而与温度关系密切。一般液体的动力黏度 μ 和运动黏度 ν 随温度的上升而减小，而气体则随温度的上升而增大。表 1-2 是空气在一个标准大气压下随着温度的不同，动力黏度和运动黏度的变化情况。对比表 1-1 和表 1-2 可以明显看出，水和空气随温度的升高，黏性系数 (动力黏度和运动黏度) 的变化规律正好相反，一般的液体和气体其黏度随温度变化与水和空气类似。产生此现象的原因可用分子运动学的基本概念来理解：从分子运动学可知，由于气体中分子间距大，引起气体黏性的主要因素是分子间的动量交换。温度升高，促使气体分子无规则运动加剧，分子间的动量交换增加，于是宏观表现的气体黏性 (或者黏性系数) 增大。而液体中分子间距小，分子间的内聚力占主要成分，是液体黏性的主要因素，随温度升高，分子间的吸引力减小，从而黏性也随之减小。

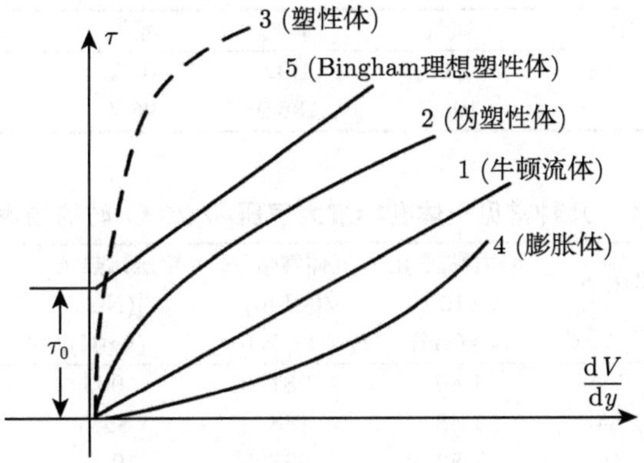

图 1-2　牛顿流体与非牛顿流体

表 1-2　在标准大气压下空气的物理性质

温度/°C	密度 ρ /(kg/m^3)	重度 γ /(N/m^3)	动力黏度 μ /($\times10^{-5}$N·s/m^2)	运动黏度 ν /($\times10^{-5}$m^2/s)
−40	1.515	14.86	1.49	0.98
−20	1.395	13.68	1.61	1.15
0	1.293	12.68	1.71	1.32
10	1.248	12.24	1.76	1.41
20	1.205	11.82	1.81	1.50
30	1.165	11.43	1.86	1.60
40	1.128	11.06	1.90	1.68
60	1.060	10.40	2.00	1.87
80	1.000	9.81	2.09	2.09
100	0.946	9.28	2.18	2.31
200	0.747	7.33	2.58	3.45

水的动力黏度与温度的关系，可以用下面的经验公式近似计算：

$$\mu \approx \frac{\mu_0}{1+0.0337t+0.000\,221t^2}\ (\mathrm{Pa\cdot s}) \tag{1-5}$$

式中，μ_0 是水在 0℃ 时的动力黏度 (Pa·s)，t 为当时的水温 (℃)。

对大多数气体，在压强不太高且保持不变时，动力黏度与温度的关系可以用著名的 Sutherland 经验公式近似计算：

$$\mu \approx \mu_0 \frac{T_0+K}{T+K}\left(\frac{T}{T_0}\right)^{1.5} \quad (\mathrm{Pa\cdot s}) \tag{1-6}$$

式中，μ_0 是气体在 0℃ 时的动力黏度 (Pa·s)，$T_0 = 273.15$ K，T 为气体的绝对温度，系数 K 随气体的不同而不同。

为了用上式计算各种气体在不同温度下的动力黏度，表 1-3 给出了几种气体在一个大气压、温度为 0℃ 时的动力黏度和相应的系数 K。表 1-4 是常见气体在标准大气压和 20℃ 时的物理参数。表 1-5 是常见液体在标准大气压下的物理参数。

表 1-3　采用 Sutherland 公式计算的几种气体的动力黏度和相应的系数 K

气体	空气	氮气	氧气	氢气	二氧化碳	一氧化碳
$\mu_0/(\times 10^{-5}\mathrm{Pa\cdot s})$	1.71	1.66	1.92	0.84	1.38	1.68
系数 K	110.6	106.7	138.9	96.7	222.2	136.1

表 1-4　几种常见气体在标准大气压和 20℃ 时的物理性质

气体	化学符号	分子量	密度 ρ /(kg/m³)	动力黏度 μ /(×10⁻⁵ N·s/m²)	气体常数 R /[(N·m)/(kg·K)]	定压比热 C_p /[(N·m)/(kg·K)]	定容比热 C_v /[(N·m)/(kg·K)]	绝热系数 $\kappa = C_p/C_v$
空气	—	29.0	1.205	1.80	287	1003	716	1.40
二氧化碳	CO_2	44.0	1.84	1.48	188	858	670	1.28
一氧化碳	CO	28.0	1.16	1.82	297	1040	743	1.40
氦气	He	4.0	0.166	1.97	2077	5220	3143	1.66
氢气	H_2	2.02	0.0839	0.90	4120	14 450	10 330	1.40
甲烷	CH_4	16.0	0.668	1.34	520	2250	1730	1.30
氮气	N_2	28.0	1.16	1.76	297	1040	743	1.40
氧气	O_2	32.0	1.33	2.00	260	909	649	1.40
水蒸气	H_2O	18.0	0.747	1.01	462	1862	1400	1.33

存在于自然界中的实际流体都具有一定的黏性，这就是所谓黏性流体或称“有黏流”。现在假想一种流体，即忽略黏性或认为不具有黏性，即 $\mu = 0$，则这种流体在运动时，在接触面上只作用有法向的压力，而没有切向的摩擦力。没有黏性的流体统称“无黏流”，有时候又称“理想流体”①。研究这种假想的流体有其重要意义。由于实际流体具有黏性，使问题的研究和分析变得非常复杂，从这种简化了的理想流体入手，求得它的各种运动规律，然后再把

①流体力学中，将没有黏性的流体称为“无黏流”或“理想流体”。而在气体力学中，则将不考虑黏性和导热性的气体称为“理想气体”，当然这也是无黏流。有些学者将满足气体状态方程 $pv = RT$ 的气体称为“理想气体”(ideal gas)。为了与无黏、无导热的理想气体区分，又将满足气体状态方程 $pv = RT$ 的气体称为“完全气体”(perfect gas)。

黏性的影响考虑进去加以修正，可以使黏性流体的运动分析大为简化。另一方面，由于理想流体的各种规律，在一些情况下，基本上能符合黏性不大的实际流体的运动规律，如水和气体绕过流线型物体的运动，在距离固壁一定距离之后就非常接近无黏的理想流体运动，因而可以提供接近于实际流体的运动模型。此外，还有许多黏性流体力学问题往往都是以无黏流或理想流体的运动规律为基础来进一步分析研究的。

表 1-5　几种常见液体在标准大气压下的物理性质

液体	温度/℃	密度 ρ /(kg/m^3)	比重 S	动力黏度 μ /($\times 10^{-4}$N·s/m^2)	表面张力 σ /(N/m)	蒸发压强 P_v /($\times 10^3$N/m^2)	弹性模数 E_v /($\times 10^6$N/m^2)
苯	20	895	0.90	6.5	0.029	10.0	1030
四氯化碳	20	1588	1.59	9.7	0.026	12.1	1100
原油	20	856	0.86	72	0.03	—	—
汽油	20	678	0.68	2.9	—	55	—
甘油	20	1258	1.26	14 900	0.063	0.000 014	4350
氢	−257	72	0.072	0.21	0.003	21.4	—
煤油	20	808	0.81	19.2	0.025	3.20	—
氧	−195	1206	1.21	2.8	0.015	21.4	—
水银	20	13 550	13.56	15.6	0.51	0.000 17	26 200
水	20	998	1.00	10.1	0.073	2.34	2070

【例 1-2】　图 1-3 所示为油膜润滑的旋转轴承，轴的直径 $d = 150$ mm，润滑部分长 $L = 0.5$ m，转速为每分钟 400 转，轴与轴承的间隙 $\delta = 0.25$ mm，充填的润滑油黏性系数 $\mu = 0.49$ 泊司。求轴承转动时所需功率。

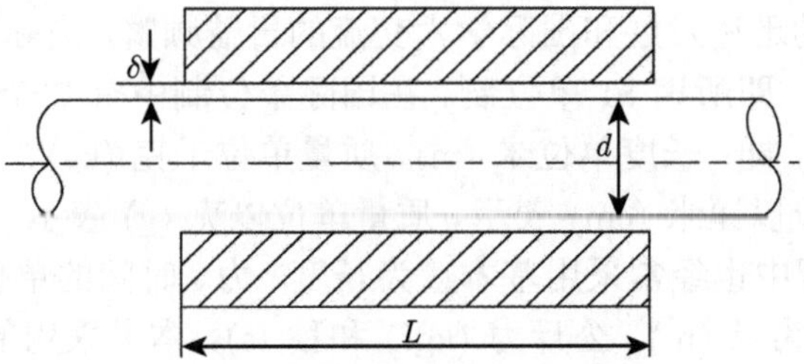

图 1-3　油膜润滑的旋转轴承

【解】　因为 1p= 0.1 Pa·s，则 $\mu = 0.49\text{p} = 0.049$ Pa·s。

先求转动时的摩擦力 F：

$$F = \mu A\frac{\mathrm{d}u}{\mathrm{d}y} \approx \mu A\frac{\Delta u}{\Delta y} = \mu(\pi \mathrm{d}L)\frac{\pi \mathrm{d}n}{60\delta} = 0.049 \times (\pi \times 0.15 \times 0.5)\frac{\pi}{0.000\ 25} = 145.08\mathrm{N}$$

轴转动时所需功率为

$$P = F \cdot u = 145.08 \times 3.141\ 59 = 455.8\mathrm{W}$$

1.2　作用在流体上的力：质量力和表面力

1.2.1　作用在流体上的力

流体上的作用力主要可分为以下两种：

(1) 质量力　它是作用在流体的每个质点上，其大小与流体的质量成正比。对于均质流体，质量力的大小与受作用的流体的体积 V 成正比，所以又称为体积力。最常遇到的质量力是重力和惯性力。重力是由于地球对流体质点的引力而产生的。惯性力通常是由于流体作直线加速运动或曲线运动时而产生的，前者如达朗伯力，后者如离心力。单位质量流体所受到的质量力称为单位质量力，它在 x, y, z 轴上的投影分别以 X, Y, Z 来表示，它们的量纲与加速度的量纲相同。

(2) 表面力　指作用在所研究的流体体积表面上的力，它是由与流体相接触的其他物体 (可以是流体，也可以是固体) 的作用而产生的，并与受作用的流体表面积成比例。表面力可分为作用在分离体表面上的法向力 (通常称为压强力) 和切向力 (通常称为摩擦力) 两种，单位面积上的法向力称为压应力，简称压强，以 p 表示。单位面积上的切向力称为切应力或摩擦应力，通常以 τ 表示。有关这些力的性质及其对流体的各种影响，将在以后各章中叙述。

流体力学的研究中常常采用微元体分析法来分析流体的受力情况。就是从整个流体中取出一个微小的流体体积，分析这个微元体的受力 (一般就是质量力和表面力)、平衡和运动，得出基本的规律，然后再应用到整个流体中去。

1.2.2　单位与量纲

关于单位与量纲的定义在物理学中已叙述过，这里扼要说明以下几点。

(1) 由于科学技术的迅速发展和国际学术交流的日益频繁，国际计量会议制定了一种国际上统一的国际单位制，即所谓 SI 单位制。在国际单位制中有 7 个基本单位，其中与一般流体力学有关的有 4 个，即：长度单位米 (m)、质量单位千克 (kg)、时间单位秒 (s)、温度单位开尔文 (K)。长度单位以厘米 (cm) 表示、质量单位以克 (g) 表示、时间以秒 (s) 表示的称为 CGS 单位制。在工程中也经常采用基本量为长度、力、时间的单位，这称为工程单位制，其中所采用的基本单位为米 (m)、公斤力 (kgf) 和秒 (s)。本书采用的就是 SI 单位制，但在某些章节中，为了叙述方便，有的亦采用工程单位制中的个别单位，如前述的重度 γ。

(2) 一切物理量都可以用基本量的某种组合来表示，而表示一个物理量组合的式子称为这个物理量的量纲，例如在 CGS 或者 SI 单位制中，用 L、M 和 T 分别表示长度、质量和时间三个基本量的量纲，则速度和力的量纲分别为

$$[\text{速度}]=[\mathrm{LT}^{-1}]$$

$$[\text{力}]=[\mathrm{MLT}^{-2}]$$

同理，在工程单位制中用 L、F 和 T 分别表示长度、力和时间三个基本量的量纲时，则质量和动量的量纲各为

$$[\text{质量}]=[\mathrm{FT}^{2}\mathrm{L}^{-1}]$$

$$[\text{动量}] = [\text{FT}]$$

(3) 一个正确的物理方程，其各项量纲必须一致。量纲还可以定出同一物理量不同单位之间的换算系数。另外，应用量纲分析法可以对一些复杂的流体力学问题进行分析研究，这将在后面章节中叙述。

1.3　欧拉平衡方程和等压面

流体静力学是研究流体在外力作用下的平衡规律，也就是说，研究流体在外力作用下处于静止或相对静止的规律，由此可求出流体压强的分布规律及静止流体对固体壁面作用的总压力。当流体处于静止时，流体内部没有相对运动，按前章所述的牛顿内摩擦定律，可知其切应力等于零，显然，这时流体也不呈现黏性。因此，流体静力学所得的结论，对理想流体 ($\mu = 0$) 或黏性流体都是适用的。

1.3.1　流体静压强及其特性

为了叙述静压强的特性，试在静止流体中任取一截面，围绕截面上任意一点 M 取一微小面积 ΔA，设作用于 ΔA 上的力为 ΔP (见图 1-4)，当 ΔA 向 M 点缩小并且趋于 0 时，定义 $\Delta P/\Delta A$ 的极限值为 M 点处流体的静压强，以 p 表示，即

$$p = \lim_{\Delta A \to 0} (\Delta P/\Delta A)$$

静压强的单位是 Pa 或者 N/m^2，其关系是 $1\ \text{Pa} = 1\ \text{N/m}^2$，换算成基本单位制是 $\text{kg/(s}^2 \cdot \text{m)}$。

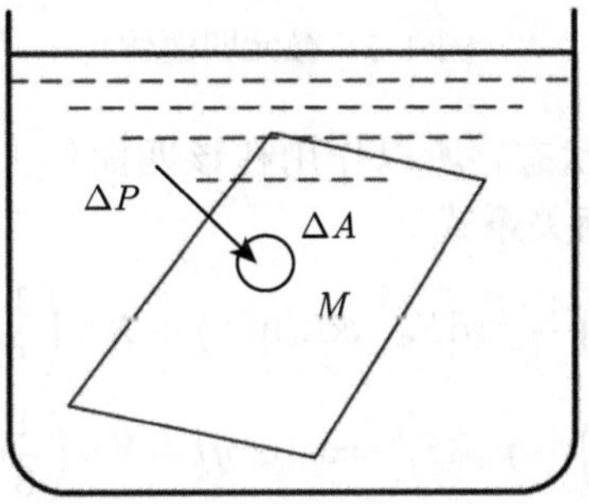

图 1-4　微元上的静压示意图

流体静压强有两个特性：

(1) 流体静压强的方向垂直于作用面并指向流体内部。

(2) 平衡流体中任意点的静压强大小与其作用面的方位无关，只是该点位置坐标的函数，即 $p = f(x, y, z)$。

1. 静压强的第一个特性证明

假设 B 点静压强 p 的方向不垂直于作用面 ΔA，则可将 p 分解成与 ΔA 相切的 p_τ 和垂直于 ΔA 的 p_n。因为流体不能承受剪切力，所以 B 点处流体在力 $p_\tau\Delta A$ 作用下要发生运动，这与流体处于静止状态的前提相矛盾，所以 p_τ=0。另外，设流体作用力在面的外法向，

因流体不能承受拉力，故静止流体在拉力 $\Delta A p_n$ 作用下也要发生运动，这也与流体处于静止的前提相矛盾，所以 B 点处流体静压强的方向只能是垂直于作用面并指向流体内部。

2. 静压强的第二个特性证明

在静止流体中，过任意点 O 做微元四面体 $Oabc$，其边分别与 x,y,z 坐标轴重合，对应长度分别是 $\mathrm{d}x$，$\mathrm{d}y$，$\mathrm{d}z$，如图 1-5 所示。微元体各面的面积分别是 $\frac{1}{2}\mathrm{d}y\mathrm{d}z$，$\frac{1}{2}\mathrm{d}z\mathrm{d}x$，$\frac{1}{2}\mathrm{d}x\mathrm{d}y$ 和 $\mathrm{d}S_n$。

作用在各面形心上的压强分别是 p_x,p_y,p_z,p_n，因为微元体取得足够小，可认为作用在各面上的静压强均匀分布，并且等于各面形心处的静压强，所以作用在各面上的总压力分别为

$$p_x\frac{1}{2}\mathrm{d}y\mathrm{d}z,\ p_y\frac{1}{2}\mathrm{d}x\mathrm{d}z,\ p_z\frac{1}{2}\mathrm{d}x\mathrm{d}y,\ p_n\mathrm{d}S_n$$

此外，在静止流体的四面体上还作用有质量力，其值为 $\boldsymbol{R}\frac{1}{6}\mathrm{d}x\mathrm{d}y\mathrm{d}z$。其中，$\boldsymbol{R}$ 是单位质量的质量力。它的三个方向的分力分别是 X，Y，Z，$\boldsymbol{R}=X\boldsymbol{i}+Y\boldsymbol{j}+Z\boldsymbol{k}$。

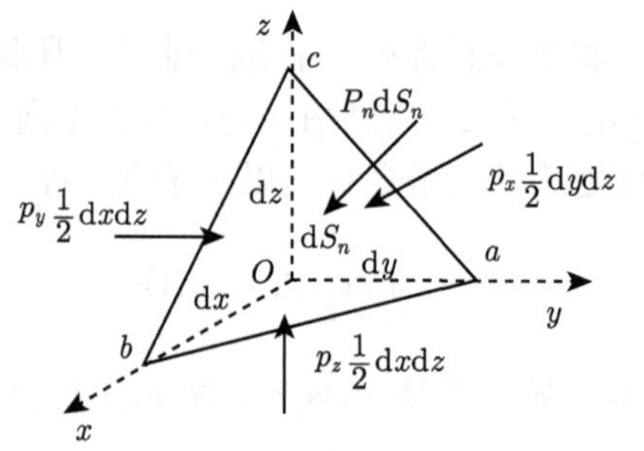

图 1-5　微元四面体

因四面体的流体处于静止状态，所以作用在该四面体上的各力在坐标轴上的投影之和应等于零，于是可得出下列平衡关系式：

$$\begin{cases} p_x\left(\dfrac{1}{2}\mathrm{d}y\mathrm{d}z\right)-p_n\mathrm{d}S_n\cdot\cos(n,x)+X\rho\left(\dfrac{1}{6}\mathrm{d}x\mathrm{d}y\mathrm{d}z\right)=0\\ p_y\left(\dfrac{1}{2}\mathrm{d}x\mathrm{d}z\right)-p_n\mathrm{d}S_n\cdot\cos(n,y)+Y\rho\left(\dfrac{1}{6}\mathrm{d}x\mathrm{d}y\mathrm{d}z\right)=0\\ p_z\left(\dfrac{1}{2}\mathrm{d}x\mathrm{d}y\right)-p_n\mathrm{d}S_n\cdot\cos(n,z)+Z\rho\left(\dfrac{1}{6}\mathrm{d}x\mathrm{d}y\mathrm{d}z\right)=0 \end{cases}$$

式中，(n,x)，(n,y)，(n,z) 为 $\mathrm{d}S_n$ 面的外法向与各坐标轴之间的夹角。因此

$$\mathrm{d}S_n\cdot\cos(n,x)=\frac{1}{2}\mathrm{d}y\mathrm{d}z,\quad \mathrm{d}S_n\cdot\cos(n,y)=\frac{1}{2}\mathrm{d}z\mathrm{d}x,\quad \mathrm{d}S_n\cdot\cos(n,z)=\frac{1}{2}\mathrm{d}x\mathrm{d}y$$

所以

$$\begin{cases} p_x-p_n+\dfrac{1}{3}X\rho\mathrm{d}x=0\\ p_y-p_n+\dfrac{1}{3}Y\rho\mathrm{d}y=0\\ p_z-p_n+\dfrac{1}{3}Z\rho\mathrm{d}z=0 \end{cases}\tag{1-7}$$

令该四面体的体积向坐标原点缩小并趋近于零，即令 $\mathrm{d}x \to 0, \mathrm{d}y \to 0, \mathrm{d}z \to 0$，则四面体的各面都将通过坐标原点。这样，由 (1-7) 式即可求出作用在同一点 (如坐标原点) 但方位不同的作用面上的静压强关系式：

$$p_x = p_y = p_z = p_n$$

上式说明：在静止流体中任意点处的静压强的大小与作用面的方位无关，只是该点位置坐标的函数，即 $p = f(x, y, z)$。

1.3.2　流体平衡微分方程及其积分，等压面

1. 平衡微分方程及其积分

在静止流体中任取一微元六面体，其边长分别为 $\mathrm{d}x, \mathrm{d}y, \mathrm{d}z$，坐标的选取如图 1-6 所示。微元体在质量力和表面力作用下处于静止 (平衡) 状态，由于流体静止，表面力就是压强力。首先分析 x 方向的受力情况。

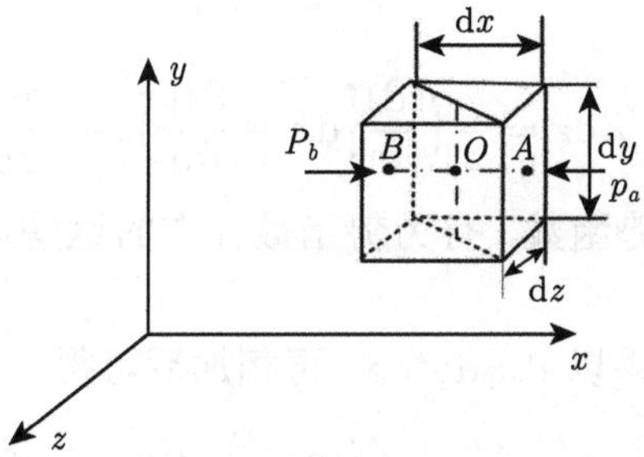

图 1-6　静止流体中任一微元六面体

作用在微元体上的质量力在 x 方向的投影为 $X\rho\mathrm{d}x\mathrm{d}y\mathrm{d}z$。设六面体形心 O 点处的静压强为 p，则作用在 B 点所在面上的总压强力大小为 $\left(p - \dfrac{1}{2}\dfrac{\partial p}{\partial x}\mathrm{d}x\right)\mathrm{d}y\mathrm{d}z$，与 x 正方向一致；作用在 A 点所在面上的总压强力大小为 $\left(p + \dfrac{1}{2}\dfrac{\partial p}{\partial x}\mathrm{d}x\right)\mathrm{d}y\mathrm{d}z$，与 x 正方向相反，此两力相加就是作用在该微元体中 x 方向的总静压力。

由于该微元体处于平衡，所以 x 方向上的质量力与表面力之和等于零，即

$$X\rho\mathrm{d}x\mathrm{d}y\mathrm{d}z - \frac{\partial p}{\partial x}\mathrm{d}x\mathrm{d}y\mathrm{d}z = 0$$

进一步化简可得

$$\left.\begin{aligned} X - \frac{1}{\rho}\frac{\partial p}{\partial x} = 0 \\ Y - \frac{1}{\rho}\frac{\partial p}{\partial y} = 0 \\ Z - \frac{1}{\rho}\frac{\partial p}{\partial z} = 0 \end{aligned}\right\} \tag{1-8}$$

同理，上式称为静止流体平衡微分方程，由欧拉 (Euler) 提出，又称欧拉平衡微分方程，其

矢量形式是

$$\boldsymbol{R}-\frac{1}{\rho}grad\mathrm{d}p=0,\ 即\ \boldsymbol{R}-\frac{1}{\rho}\nabla p=0 \tag{1-9}$$

式中，$\boldsymbol{R}$ 为单位质量的质量力。求解该方程，便可得出静压强 p 的分布规律。

将 (1-8) 式中三个方程式交叉求导 (ρ 为常数)，可得

$$\left.\begin{aligned}\frac{\partial X}{\partial y}=\frac{\partial Y}{\partial x}\\ \frac{\partial Y}{\partial z}=\frac{\partial Z}{\partial y}\\ \frac{\partial Z}{\partial x}=\frac{\partial X}{\partial z}\end{aligned}\right\} \tag{1-10}$$

在数学上，(1-10) 式是表明存在某势函数 $\Pi(x,y,z)$ 的充分必要条件。该势函数与质量力有如下关系：

$$X=-\frac{\partial\Pi}{\partial x}\quad Y=-\frac{\partial\Pi}{\partial y}\quad Z=-\frac{\partial\Pi}{\partial z}$$

由此可得

$$X\mathrm{d}x+Y\mathrm{d}y+Z\mathrm{d}z=-\left(\frac{\partial\Pi}{\partial x}\mathrm{d}x+\frac{\partial\Pi}{\partial y}\mathrm{d}y+\frac{\partial\Pi}{\partial z}\mathrm{d}z\right)=-\mathrm{d}\Pi \tag{1-11}$$

势函数 $\Pi(x,y,z)$ 称为力势函数，有力势函数存在的这些质量力叫做有势的质量力，如重力就是有势的质量力。

将 (1-8) 式中的各式依次乘以 $\mathrm{d}x,\mathrm{d}y,\mathrm{d}z$，再相加后可得

$$X\mathrm{d}x+Y\mathrm{d}y+Z\mathrm{d}z-\frac{1}{\rho}\left(\frac{\partial p}{\partial x}\mathrm{d}x+\frac{\partial p}{\partial y}\mathrm{d}y+\frac{\partial p}{\partial z}\mathrm{d}z\right)=0$$

即

$$X\mathrm{d}x+Y\mathrm{d}y+Z\mathrm{d}z-\frac{1}{\rho}\mathrm{d}p=0 \tag{1-12}$$

将 (1-11) 式代入 (1-12) 式，可得

$$\mathrm{d}\Pi+\frac{1}{\rho}\mathrm{d}p=0 \tag{1-13}$$

如 ρ 为常数，积分上式可得静压强的分布规律：

$$p=-\rho\Pi+C \tag{1-14}$$

式中，积分常数 C 可由流体表面 (或内部) 某已知的力势函数 Π_0 和静压强 p_0 确定，则

$$p=p_0-\rho(\Pi-\Pi_0) \tag{1-15}$$

上式是不可压缩流体平衡微分方程积分后的普遍关系式。

因 $\rho(\Pi-\Pi_0)$ 是由流体密度与力势函数所决定的，而与 p_0 无关，由 (1-15) 式可看出，如 p_0 值改变，则静止流体中各点的 p 也随之有同样大小的变化，这就是帕斯卡定律的依据。在工程上，诸如水压机、液力起重机等机械就是根据帕斯卡定律的基本原理来制造的。

2. 等压面概念

在静止流体中，静压强相等的各点所组成的面称为等压面。在等压面上，因 $p=\text{const}$ 或 $\mathrm{d}p=0$，由 (1-12) 式或 (1-13) 式可得

$$X\mathrm{d}x+Y\mathrm{d}y+Z\mathrm{d}z=\boldsymbol{R}\cdot\mathrm{d}\boldsymbol{s}=0\quad \text{或者}\quad \Pi=\text{const} \tag{1-16}$$

由上式可知：

(1) 等压面与等势面重合，或者说在等压面上各点的势函数值也相等。

(2) (1-16) 式表明：质量力 $\boldsymbol{R}$ 与等压面上微元线段 $\mathrm{d}\boldsymbol{s}$ 的矢量点积等于 0，说明矢量 $\boldsymbol{R}$ 与 $\mathrm{d}\boldsymbol{s}$ 相互垂直，所以作用于静止流体中任一点的质量力必垂直于通过该点的等压面。根据这一性质，如已知质量力的分布，就可以判断出等压面的形状。重力是铅垂向下的，当质量力仅为重力时，其等压面一定是水平面。此外，两种互不掺混的流体处于平衡状态时，其分界面必为等压面。

3. 流体静力学基本方程及其意义

在工程中，最常见的静力学现象是重力场中的静止流体，此时的质量力仅为重力，在图 1-7 所示的重力作用下静止流体中，选取 z 轴向上，静止流体单位质量的质量力为

$$X=0,\quad Y=0,\quad Z=-g。$$

将质量力代入 (1-12) 式，可得

$$\mathrm{d}p=-\rho g\mathrm{d}z=-\gamma\mathrm{d}z \tag{1-17}$$

如果 ρ 为常数，而且液面上的压强为 p_0，即 $z=H$ 时 $p=p_0$，则积分上式可得

$$\int_{p_0}^{p}\mathrm{d}p=-\rho g\int_{H}^{z}\mathrm{d}z=\rho g(H-z)\Rightarrow p=p_0+\rho g(H-z)$$

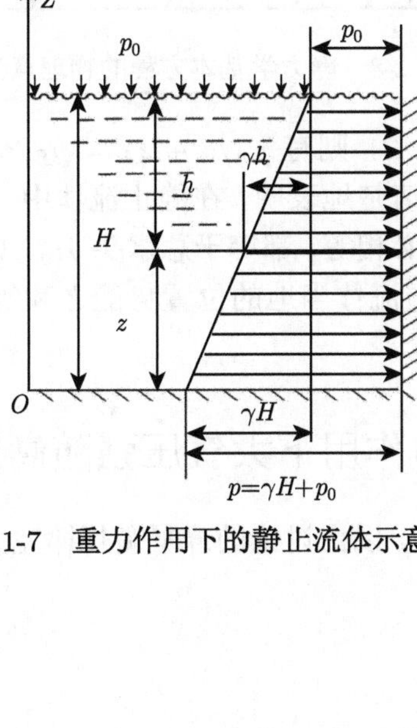

图 1-7　重力作用下的静止流体示意图

从图中可以看出，$(H-z)$ 表示液面下的深度 (即淹没深度，简称淹深)，即 $h=H-z$，那么静止流体液面下深度 h 处的静压强为

$$p=p_0+\rho gh=p_0+\gamma h \tag{1-18}$$

上式称为静力学基本方程。其物理意义是十分明显的，它表明静止流体内深度 h 处的静压强等于液面上的压强 p_0 与以单位面积为底、高为 h 的液柱重量之和。在等压面上，$p=$ 常数，由 (1-18) 式得 h 为常数，可见重力场静止流体的等压面是水平面。

为了进一步理解静力学基本方程的意义，研究图 1-8 所示的静止流体各不同位置的静压关系，并从能量守恒的意义加以说明。

图 1-8 中取 0-0 水平面为基准面，z 轴向上。液面距基准面高度为 H_0，该处压强为自由面的大气压 $p=p_0$，积分 (1-17) 式则得

$$p=p_0+\rho gH_0-\rho gz=p_0+\gamma H_0-\gamma z$$

进一步化简为

$$p/\gamma+z=p_0/\gamma+H_0=H_s=\mathrm{const}\ (\mathrm{m}) \tag{1-19}$$

式中，z 为任意点的位置到基准面的距离，称为位置水头；p/γ 为该点压强的液柱高度，称为压强水头。位置水头与压强水头之和称为总水头或水静能头，以 H_s 表示。在大气环境的静力学问题中，通常以扣除当地大气压强的表压表示流体的压强，此时上式可以表示为

$$(p-p_0)/\gamma+z=H_s-p_0/\gamma=H_0\ (\mathrm{m})$$

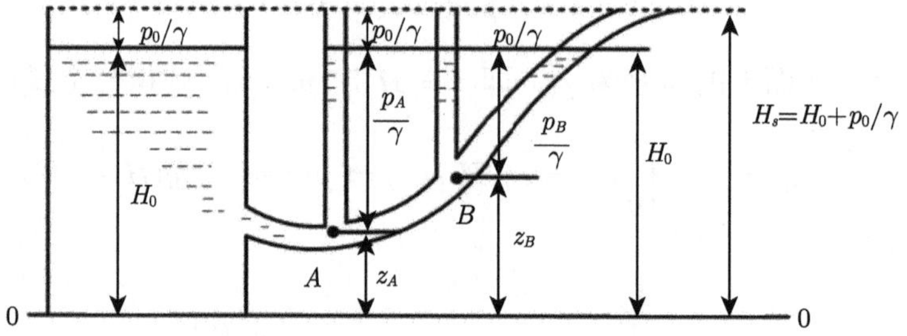

图 1-8　静力学基本方程的物理意义

对于图 1-8 中任意两点 A、B，则有 $p_A/\gamma+z_A=p_B/\gamma+z_B=H_0$ 的关系，注意图中的压强 p_A、p_B 均为表压。该图清楚地表明，在静止流体中，各点的位置水头 z 与压强水头 p/γ 彼此可以不等，但二者之和必相等，都等于总水头 H_0。如果用能量的观点解释，可以理解为静止流体中各点的压力能与流体当地的位置势能之和等于该静止流体的总势能，这就是静力学基本方程的物理意义。

1.4　重力作用下大气压强随高度的变化

对于密度可视为常数的气体，以上讨论的静平衡规律完全适用。这里着重分析在重力作用下大气压强随高度的变化。

1.4.1　气体等温状态下的平衡规律

有状态方程 $\rho = p/RT$，将该式和重力作用下单位质量力 X=0，Y=0，$Z = -g$ 代入 (1-12) 式，有

$$\mathrm{d}p = \frac{p}{RT}(-g\mathrm{d}z) \Rightarrow RT\frac{\mathrm{d}p}{p} = -g\mathrm{d}z$$

积分后，有

$$RT\ln p + gz = C$$

若取 $z = z_0$ 时的压强 $p = p_0$，则积分常数 $C = RT\ln p_0 + gz_0$，代入上式，便得到等温气体在重力作用下的压强随高度的变化规律：

$$p = p_0\mathrm{e}^{-\frac{g}{RT}(z-z_0)} = p_0\mathrm{e}^{-\frac{g}{RT}h} \tag{1-20}$$

式中，$h = z - z_0$ 为相对高度。

1.4.2　国际标准大气

在大气层中，随高度的增加，空气的压强、密度都减小。国际上规定了一种标准大气情况，将空气看作是完全气体 (指满足状态方程 pv=RT 的气体)，在海平面处空气的温度 $T_0 = 288.15$ K，压强 $p_0 = 101\ 325$ Pa，在 24 000 m 高度内将空气分为两层：

1. $H = 0 \sim 11\ 000$ m *为对流层*

在此范围内温度随高度呈线性地降低，高度每升高 1000m，温度约降低 6.5℃，即

$$T = T_0 - 0.0065\ H = 288.15 - 0.0065\ H$$

利用 $\mathrm{d}p = -\rho g\mathrm{d}z$ 和状态方程 $p = \rho RT$，有 $\mathrm{d}p = \dfrac{p}{RT}(-g\mathrm{d}z)$，代入对流层温度分布规律，最后可得 0~11 000 m 范围内大气压强变化规律：

$$p = p_0\left(1 - \frac{0.006\ 5H}{T_0}\right)^{\frac{g}{0.0065R}} \tag{1-21}$$

2. $H = 11\ 000 \sim 24\ 000$ m *为同温层*

在此高度范围，大气温度保持在 216.7 K 不变，即

$$T = 216.7\ \mathrm{K}$$

这样, 由 (1-20) 式就可以直接得到同温层中的压强分布为

$$p = p_{11\mathrm{km}}\mathrm{e}^{-\frac{g}{216.7R}(H-11\ 000)} \tag{1-22}$$

式中，$p_{11\mathrm{km}}$ 表示 11 000 m 处的大气压强，可由 (1-21) 式直接算出

$$p_{11\mathrm{km}} = 101\ 325 \times \left(1 - \frac{0.0065 \times 11\ 000}{288.15}\right)^{\frac{g}{0.0065R}} \approx 22\ 635\mathrm{Pa}$$

1.5　静止流体对固体壁面的作用力

以上所述是静止流体中压强的分布规律。那么，对于一个浸没在流体中的固体壁面，例如水库的大坝、水线以下的船体等，在重力场中的流体对整个固壁的作用力究竟有多大？该作用力又是作用在固壁的什么地方？这就是本节的主要内容。即从流体静压强计算公式出发，确定静止流体对固体壁面总压力的大小、方向和作用点 (即压力中心)。本节所讨论的流体通常是指不可压静态液体。

1.5.1　作用在平面上的总压力

图 1-9 所示为浸没在液体中任意形状的倾斜平板 AB，它与液面的夹角为 θ，面积为 A，设 C 点为平面 AB 的形心，该点在液面下的深度为 h_C。

为分析方便，平面 AB 绕 Oy 轴转 90° 置于纸面上，取 xOy 为参考坐标，Ox 轴为倾斜壁面与液面的交线，Oy 轴顺着倾斜壁。

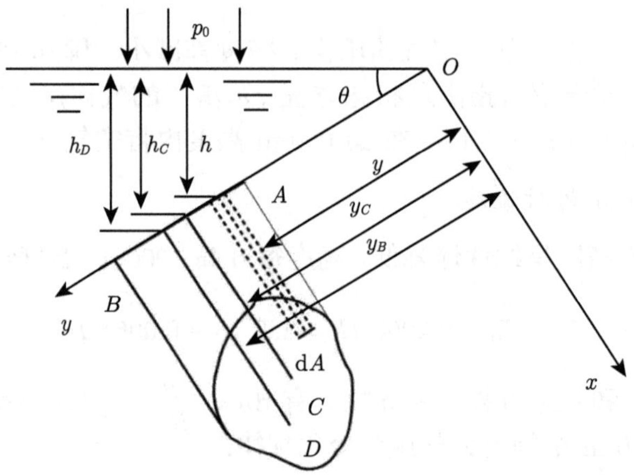

图 1-9　浸没在液体中任意形状的倾斜平板

在 AB 平面上任取微元面积 $\mathrm{d}A$，其形心在液面下的深度为 h。由图可知 $y = h/\sin\theta$。因 $\mathrm{d}A$ 足够小，可认为作用在 $\mathrm{d}A$ 面上各点的压强均等于形心处的压强 p，而且 $\mathrm{d}A$ 平面上各点的压强的方向相同。所以，作用在 $\mathrm{d}A$ 面上的压力为

$$\mathrm{d}F = p\mathrm{d}A = p_0\mathrm{d}A + (\rho g y\sin\theta)\mathrm{d}A \tag{1-23}$$

因 $\mathrm{d}F$ 垂直于 AB 平面，流体作用在 AB 平面上各微元面积上的 $\mathrm{d}F$ 组成平行力系，所以，积分上式便可得到作用在 AB 平面上的总压力：

$$F = p_0A + (\rho g\sin\theta)\int_A y\mathrm{d}A$$

式中，$\int_A y\mathrm{d}A$ 表示 AB 平面对 Ox 轴的面积静力矩，因 $\int_A y\mathrm{d}A = y_C A$，式中，$y_C$ 表示 AB 平面形心 C 点到 Ox 轴的距离。所以

$$F = (p_0 + \rho g h_C)A = p_C A \tag{1-24}$$

式中，h_C 为 C 点在液面下的深度，p_C 为该平面形心处的压强。

上式表示：流体作用在任意形状平面上的总压力 F 等于该平面形心处的压强 p_C 与该平面面积 A 的乘积。总压力 F 的方向垂直指向该平面。

下面再来确定总压力的作用点即压力中心的位置。

设 AB 平面上的压力中心在 $D(x_D, y_D)$ 点。根据平行力系对某轴的静力矩之和应等于合力对同一轴的静力矩的原理，先求对 Ox 轴的静力矩，得

$$Fy_D = \int_A y\mathrm{d}F$$

将 (1-23) 式与 (1-24) 式代入上式，得

$$(p_0 + \rho g h_C)Ay_D = \int_A p_0 y\mathrm{d}A + (\rho g \sin\theta)\int_A y^2\mathrm{d}A \tag{1-25}$$

方程右端第二项积分 $\int_A y^2\mathrm{d}A$ 表示平面面积 A 对 Ox 轴的惯性矩，可用 J_x 表示。根据平行移轴定理，可知 $J_x = J_C + y_C^2 A$，

式中，J_C 表示平面面积 A 对通过其形心 C 点并与 Ox 轴平行的轴的惯性矩。

将上述关系式代入 (1-25) 式，得到压力中心位置：

$$y_D = y_C + \frac{J_C \rho g \sin\theta}{(p_0 + \rho g y_C \sin\theta)A} = y_C + \frac{J_C \gamma \sin\theta}{(p_0 + \gamma y_C \sin\theta)A} \tag{1-26}$$

如不考虑自由液面压强 p_0 而仅仅考虑表压，则压力中心即压力作用点的位置

$$y_D - y_C + \frac{J_C}{y_C A} \tag{1-27}$$

方便起见，可以将压力中心位置表示为自由液面下的深度，那么压力中心的深度

$$h_D = h_C + \frac{J_C \sin\theta}{y_C A} \tag{1-28}$$

根据同样原理，再对 Oy 轴取静力矩，便可得到 x_D 的关系式。但在工程实际中，如矩形、圆、等腰三角形以及椭圆等平面图形，都有纵向对称轴，而压力中心一定在纵向对称轴上，故不必另外计算。

由此可见，压力中心总是在平板的几何中心之下，这是因为液体压强总是随着深度的增加而加大。所以其合力作用点总是在几何中心之下。

表 1-6 列出了几种常见的平面相对于其几何中心 C 的惯性矩 J_C。

如果平板的平面形状是矩形，我们可以用图解法很简洁地求得同样的结果。因为静压沿深度呈线性分布，若不考虑自由面压强，压强分布就是图 1-10 所呈现的三角形，该压强三

角形的高为 h，三角形的底边长 ρgh 或 γh，当平板的宽度为 B 时，该三角形的面积等于 $0.5\gamma h^2$ 乘以板宽 B，数值上就是平板所受作用力的合力 $F=0.5\gamma h^2 B$，说明静止流体作用在平板上的合力等于该平板几何中心处的压强和平板面积的乘积。

表 1-6　平面的惯性矩

图形名称		面积 A	形心 S_C	惯性矩 J_C
矩形	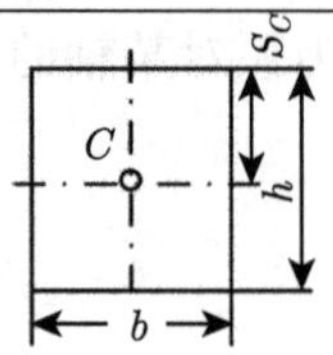	bh	$\frac{h}{2}$	$\frac{bh^3}{12}$
三角形	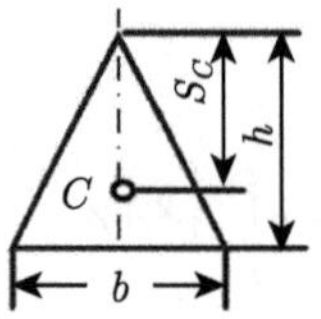	$\frac{bh}{2}$	$\frac{2h}{3}$	$\frac{bh^3}{36}$
等边梯形	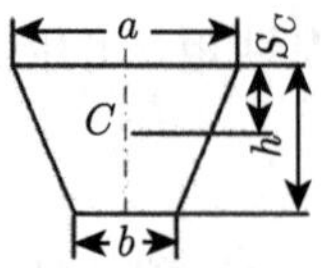	$\frac{(b+a)h}{2}$	$\frac{(2b+a)h}{3(b+a)}$	$\frac{h^3(a^2+4ab+b^2)}{36(b+a)}$
圆	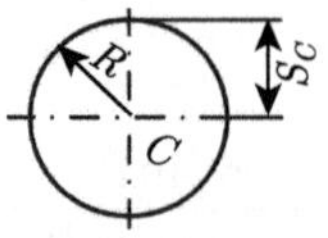	πR^2	R	$\frac{\pi R^4}{4}$
半圆	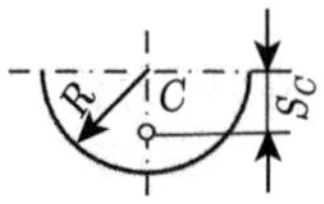	$\frac{\pi R^2}{2}$	$\frac{4R}{3\pi}$	$\frac{(9\pi^2-64)R^4}{72\pi}$
圆环	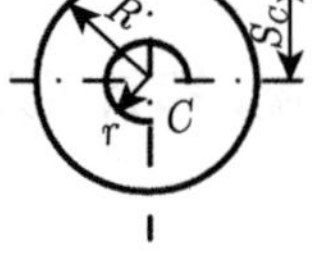	$\pi(R^2-r^2)$	R	$\frac{\pi(R^4-r^4)}{4}$
椭圆	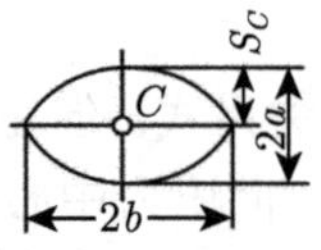	πab	a	$\frac{\pi a^3 b}{4}$

对于矩形平板，液体对平板的合力作用点 D 可直接从压强分布图上确定。因压强分布图为三角形，该分布压强的压力中心就是合力的作用点 D，也就是该三角形的形心，它在液面下 $2/3h$ 处，即 $h_D=2/3h$。对于矩形平板，采用压强三角形来求解合力和力的作用点是最简捷的方法。

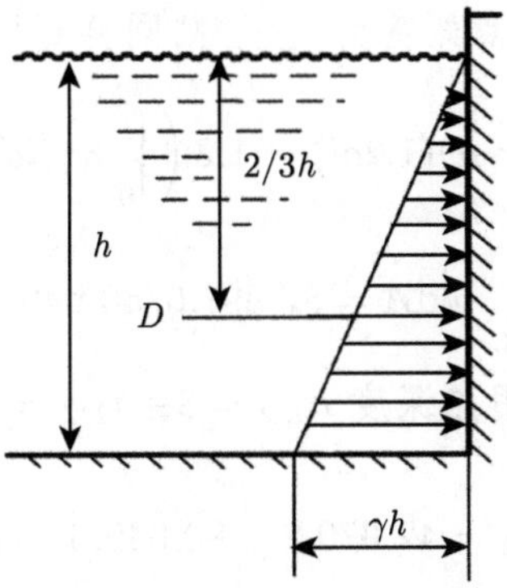

图 1-10　不考虑自由面压强的压强分布三角形

【例 1-3】　图 1-11 所示容器中装着水和油，油的重度为 7848 N/m^3。容器 ABC 侧面为矩形，宽 1.2 m。求作用在侧面 ABC 上的合力及合力作用点。

【解】　作用在 ABC 上的合力可由 AB 和 BC 两部分所受的力合成。因为容器四周受大气压的作用，自由面上也作用着大气压强，所以只需要考虑相对压强 γh 的作用即可。此题有多种解法，这里介绍两种常用的解法：第一种是常规解法；第二种采用压强分布图求解。

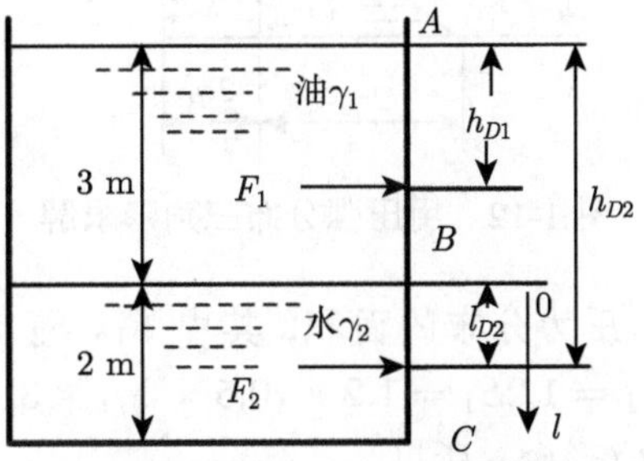

图 1-11　例 1-3 示意图

【解法 1】　AB 面上作用力 F_1 的大小为 AB 面形心的压强与 AB 的面积之积：

$$F_1 = \gamma_1 h_{c1} A_1 = 7848 \times 1.5 \times (3 \times 1.2) = 42\ 379.2\ \mathrm{N}$$

BC 面上的作用力 F_2 是该面形心处的压强与 BC 面的面积 A_2 之乘积：

$$F_2 = p_{c_2} A_2 = (3\gamma_1 + 1\gamma_2) A_2 = [7848 \times 3 + (9\ 810 \times 1)] \times (2 \times 1.2) = 80\ 049.6\ \mathrm{N}$$

AB 面力作用点的深度 h_{D1} 可由求静力矩得到：

$$h_{D1} F_1 = \int_{AB} ph\mathrm{d}A = \int_{AB} \gamma_1 h^2 (1.2\mathrm{d}h) = 1.2\gamma_1 \int_0^3 h^2 \mathrm{d}h = 0.4 \times 7848 \times 27 = 84\ 758.4\ \mathrm{N \cdot m}$$

$$h_{D1} = \frac{1}{F_1} \int_{AB} ph\mathrm{d}A = 84758.4/42\ 379.2 = 2\ \mathrm{m}$$

设 B 点到 BC 面合力 F_2 的作用点距离为 l_{D2}，则同样可以由静力矩求得

$$l_{D2}F_2=\int_{BC}pl\mathrm{d}A=\int_0^2(3\gamma_1+\gamma_2 l)(1.2dl)=1.2\left(\int_0^2 3\gamma_1 ldl+\int_0^2\gamma_2 l^2dl\right)=87\ 897.6\mathrm{N}\cdot\mathrm{m}$$

$$l_{D2}=\frac{1}{F_2}\int_{BC}pl\mathrm{d}A=87\ 897.6/80\ 049.6=1.098\ \mathrm{m}$$

由此得到 BC 面作用力 F_2 的作用点深度 $h_{D2}=3+l_{D2}=4.098\ \mathrm{m}$

总的合力

$$F=F_1+F_2=42\ 379.2+80\ 049.6=122\ 428.8\ \mathrm{N}$$

合力的作用点

$$h_D=\frac{h_{D1}F_1+h_{D2}F_2}{F_1+F_2}\approx 3.3718\ \mathrm{m}$$

【解法 2】 利用压强分布图求解 (图 1-12)。

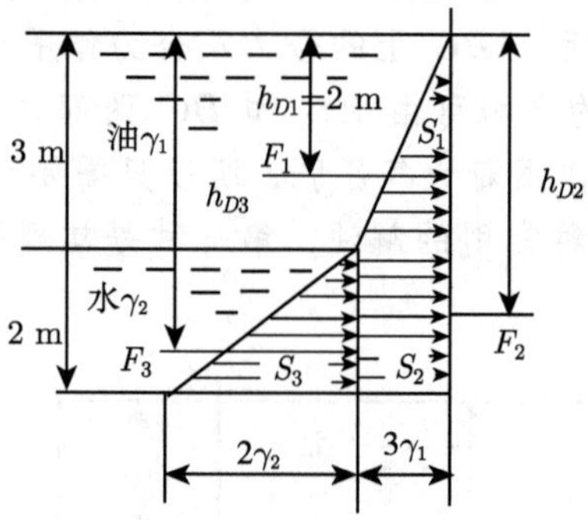

图 1-12　用压强分布三角形求解

若用 S_1、S_2、S_3 分别表示压力分布的面积，其中 S_1、S_3 为三角形，S_2 为矩形，则第一块三角形压强分布的作用力 $F_1=1.2S_1=1.2\times(0.5\times3\gamma_1\times3)=42\ 379.2\ \mathrm{N}$

力的作用点同三角形 S_1 的形心，所以

$$h_{D1}=2/3\times3=2\ \mathrm{m}$$

第二块矩形压强分布的作用力 $F_2=1.2S_2=3\gamma_1\times2\times1.2=56\ 506.6\ \mathrm{N}$

$$h_{D2}=3+1=4\ \mathrm{m}$$

第三块三角形压强分布的作用力 $F_3=1.2S_2=0.5\times2\gamma_2\times2\times1.2=23\ 544\ \mathrm{N}$

$$h_{D3}=3+2/3\times2=4.333\ \mathrm{m}$$

总的力

$$F=F_1+F_2+F_3=122\ 428.8\ \mathrm{N}$$

合力的作用点 $h_D=\dfrac{h_{D1}F_1+h_{D2}F_2+h_{D3}F_3}{F_1+F_2+F_3}\approx3.3718\ \mathrm{m}$，与上面的计算结果完全一样。

【例 1-4】 图 1-13 所示为一密闭水箱，水面上为空气，压力表读数为负 0.147 bar ①，右侧油箱中装着比重为 0.75 的油。为使闸门 AB 保持如图所示平衡状态，必须在 B 点施加多大的力？已知闸门 AB 宽是 1.2 米，A 点为铰链。

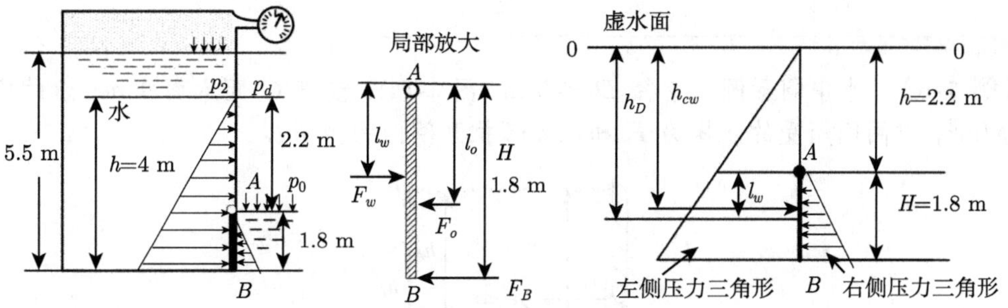

图 1-13　密闭水箱及闸门受力分析图

【解】 (1) 对闸门 AB 做受力分析。闸门 AB 的左侧有水的作用力 F_w，右侧有油的作用力 F_o，作用点至转轴 A 的距离分别为 l_w 和 l_o，由力矩平衡条件有

$$F_B = \frac{F_w l_w - F_o l_o}{H}$$

欲求 F_B，须分别求出 AB 左侧和右侧的作用力 F_w、F_o 及其作用点位置 l_w、l_o。

(2) 设虚水面是本题的解题技巧。在虚水面上，当地的空气压强 p_2 等于右侧油面上的大气压 p_0。在水箱的上方，绝对压强 $p_1 = p_0 - 0.147$ bar，在虚水面处，$p_2 = p_0$，由此有 $p_2 - p_1 = 0.147\ \text{bar} = \gamma \Delta h$。
式中，Δh 为实际水面到虚水面的距离：

$$\Delta h = \frac{14\ 700}{9810} = 1.5\ \text{m}$$

在设了虚水面后，就可以计算左侧水箱的水对闸门 AB 的作用力 F_w 和作用距离 l_w：

$$F_w = \gamma_w h_{cw} A = 9\ 810 \times (2.2 + 0.9) \times (1.2 \times 1.8) = 65\ 688\ \text{N}$$

计算作用距离 l_w 就需要采用公式 (1-28) 并查表 1-6。参见图 1-13，有

$$l_w = h_D - h = h_{cw} + \frac{J_C \sin\theta}{y_C A} - h = h_{cw} + \frac{BH^3}{12}\frac{1}{(h+H/2)BH} - h = (h_{cw} - h) + \frac{H^2}{6(2h+H)}$$

$$l_w = (h_{cw} - h) + \frac{H^2}{6(2h+H)} = (2.2 + 0.9 - 2.2) + \frac{1.8^2}{6(4.4+1.8)} = 0.987\ \text{m}$$

下一步求右侧油箱内的油对阀门 AB 的作用力 F_o 和作用距离 l_o：

$$F_o = \gamma_o h_{co} A = (0.75 \times 9\ 810) \times 0.9 \times (1.8 \times 1.2) = 14\ 303\ \text{N}$$

$$l_o = (2/3) \times h = (2/3) \times 1.8 = 1.2\ \text{m}$$

①“巴”(bar) 是另一种常用的气压单位，1 bar = 10^5 Pa。

根据力矩平衡的条件，要保持闸门如图 1-13 所示的平衡状态，B 点所施加的力 F_B 应该是

$$F_B = \frac{F_w l_w - F_o l_o}{H} = (65\ 688 \times 0.987 - 14\ 303 \times 1.2)/1.8 = 26\ 484\ \text{N} = 26.484\ \text{kN}$$

【例 1-5】 水中圆形闸门直径 D=0.5 m (图 1-14)，铰链 O 距水面 1 m，水的密度为 1000 kg/m^3，求闸门所受的水压力 F 和从外部推开闸门的力 F_A。

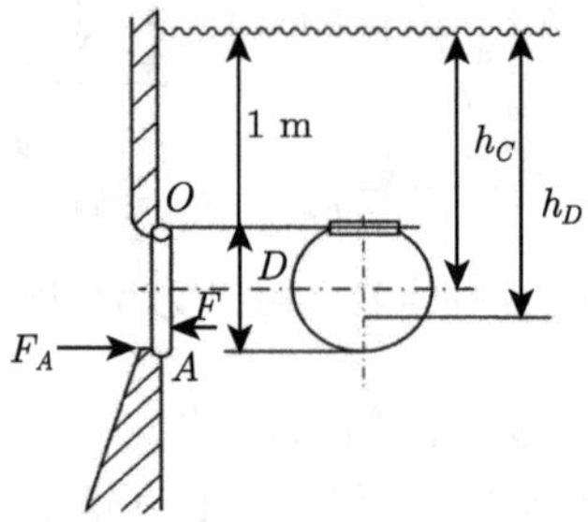

图 1-14　圆形闸门及其受力

【解】 作用在闸门上的力

$$F = \gamma h_C A = 1000 \times 9.81 \times 1.25 \times \frac{\pi}{4} \times 0.5^2 = 2407.7\ \text{N}$$

查表 1-6 得 $h_D = h_C + \dfrac{D^2}{8(2h+D)} = 1.25 + \dfrac{0.5^2}{8(2\times 1 + 0.5)} = 1.2625\ \text{m}$

在 A 点推开圆形闸门的力 F_A 可由对 O 点求矩得到：

$$F_A = 2F(h_D - 1) = 2 \times 2407.7 \times (1.2625 - 1) = 1264\ \text{N}$$

1.5.2　流体对曲面的作用力

对于一个浸没在液体中的一般三维曲面，曲面上各点的法向既不平行，也不一定交于一点。因此，流体作用在曲面各微元面积上的压力也不是平行力系。所以求其合力 (总压力) 就不能像对平面那样采用直接积分的方法，而需要采用三维求力的办法，将作用在曲面各微元面积上的压力 $\text{d}F$ 分解为三个坐标方向的分力 $\text{d}F_x$、$\text{d}F_y$、$\text{d}F_z$，得到三组平行力系，再分别积分求其代数和，即得到总压力在 x, y, z 坐标轴上的分量：F_x, F_y, F_z。

以下就工程上常见的二维曲面为例，说明确定总压力的分析方法及其计算公式，然后再将结论推广到一般三维曲面。

图 1-15 所示为浸没在液面以下的二维曲面 AB，其母线平行于 Oy 轴，即垂直于纸面。A，B 两点的淹深分别是 h_1、h_2。在曲面上任取一微元面积 $\text{d}A = b \cdot \text{d}S$，其形心处的淹深为 h。

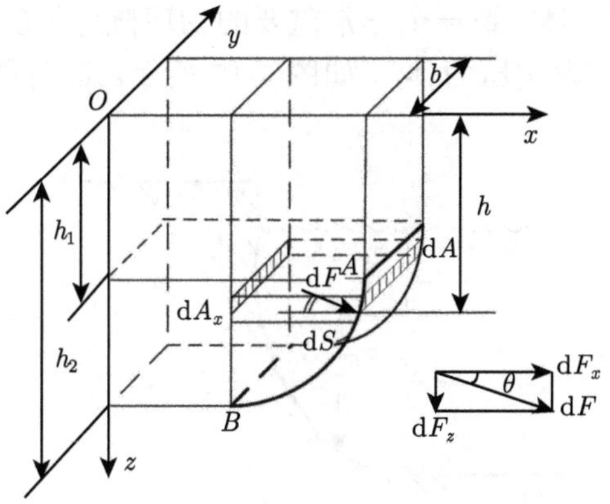

图 1-15　浸没在液面以下的二维曲面示意图

因作用在 $\mathrm{d}A$ 面上的压力 $\mathrm{d}F=(p_0+\rho gh)\mathrm{d}A=(p_0+\gamma h)\mathrm{d}A$，该力在 x、z 轴上的分量为

$$\mathrm{d}F_x=\mathrm{d}F\cos\theta=(p_0+\gamma h)\mathrm{d}A\cos\theta \tag{1-29}$$

$$\mathrm{d}F_z=\mathrm{d}F\sin\theta=(p_0+\gamma h)\mathrm{d}A\sin\theta \tag{1-30}$$

式中，θ 为 $\mathrm{d}F$ 与水平平面 (xOy 面) 的夹角，也是 $\mathrm{d}A$ 与铅垂平面 (yOz 面) 的夹角，则

$$\mathrm{d}A\cos\theta=\mathrm{d}A_x$$

$$\mathrm{d}A\sin\theta=\mathrm{d}A_z$$

分别表示 $\mathrm{d}A$ 在 yOz 和 xOy 面上的投影。代入到 (1-29) 式和 (1-30) 式，并积分，得

$$F_x=\int_{AB}\mathrm{d}F_x=\int_{AB}(p_0+\gamma h)\mathrm{d}A_x=p_0A_x+\gamma h_CA_x=(p_0+\gamma h_C)A_x=P_CA_x \tag{1-31}$$

$$F_z=\int_{AB}\mathrm{d}F_z=p_0A_z+\gamma\int_{AB}h\mathrm{d}A_z \tag{1-32}$$

比较 (1-31) 式和 (1-24) 式可知：F_x 等于作用于该曲面在铅垂面上的投影面积 A_x 上的总压力。因该曲面的投影面是平面，因此按前述平面受力方法，即可确定 F_x 的值及其作用点的位置。如果曲面是封闭的，则水平投影面为 0，即水平分力为 0。

可以看出，(1-32) 式中的积分 $\int_{AB}h\mathrm{d}A_z$ 表示以曲面 AB 为底、垂直向上直至液面 (或液面延长面) 的体积，因该体积的大小决定了 F_z 值，故又称此体积为压力体，以 V_{AB} 表示。积分 $\gamma\int_{AB}h\mathrm{d}A_z=\gamma V_{AB}$ 则代表 AB 曲面以上压力体内液柱的重量，这就是垂直方向液体对 AB 曲面作用力的物理含义。

式 (1-32) 表明，曲面合力的垂直分量等于曲面水平投影面 A_z 上方的自由面压力与压力体内的液体重量之和，即

$$F_z=\int_{AB}\mathrm{d}F_z=p_0A_z+\gamma V_{AB} \tag{1-33}$$

如果不考虑自由面的大气压强，那么曲面合力的垂直分量就等于压力体内的液体重量，且其作用点就在压力体中液体的重心处。

在流体静力学中，“压力体”是一个非常重要的物理概念，它可以是“真实压力体”，如图 1-16 所示；它也可以是“虚构压力体”，如图 1-17 所示。这两种情况下的曲面，垂直方向受力 F_z 的方向正好相反。

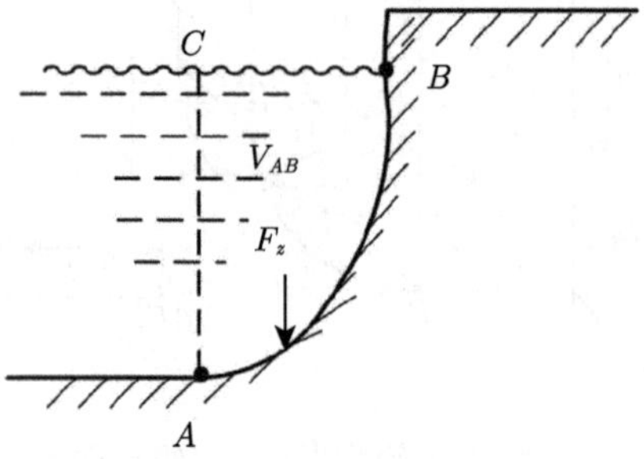

图 1-16 真实压力体

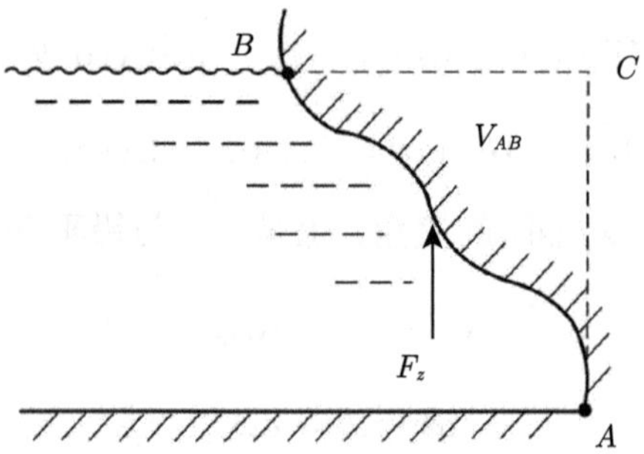

图 1-17 虚拟压力体

如果两图中液体的密度相同，曲面 AB 以上至自由面 (或自由面的延伸面) 的体积 V_{AB} 也相同，则由 (1-33) 式可知，作用在两曲面上的垂直分力 F_z 就大小相同，但其方向不同。从图 1-16 可以看出液体作用在曲面 AB 上的力 F_z 就是包含在体积 V_{AB} 内液体的重力，故体积 V_{AB} 称为真实压力体，力 F_z 的方向铅垂向下；而图 1-17 中液体作用在 AB 曲面上的力实际上可以理解为是向上的“浮力”，它等于体积 V_{AB} 排开液体的重量，所以 F_z 铅垂向上，此时的体积 V_{AB} 称为虚拟压力体。对于处在大气环境下的流体静力学问题，通常不需要考虑自由面的大气压，固体壁面的受力仅仅取决于流体本身。

以上是求二维曲面所受总压力的分析方法及计算公式，亦适用于求解三维曲面所受的总压力，只是还需要确定 F_y。通过类似于 F_x 的计算，即可得 F_y 等于 A_y 平面上所受的总压力。三维曲面所受总压力 F 由其分力 F_x、F_y、F_z 合成而得，即

$$F=\sqrt{F_x^2+F_y^2+F_z^2} \tag{1-34}$$

【例 1-6】 一直径为 D、长度为 L 的圆柱形水坝 (图 1-18)，求水作用在圆柱形水坝上的水平力、垂直力以及力的作用点。

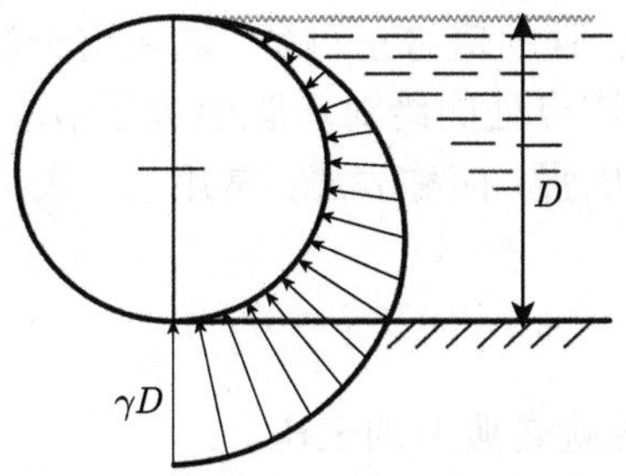

图 1-18　圆柱形水坝上的水压强分布

【解】 图 1-18 绘出了圆柱形水坝表面的压强分布，因为处在大气环境中，圆柱形水坝左侧受到大气压的作用，因此水压沿深度的分布只有 γh 项。作用在该水坝上的水平分力

$$F_x=(\gamma h_C)(DL)=\gamma\frac{D}{2}DL=\frac{\gamma D^2L}{2}$$

力的作用方向向左。力的作用点

$$h_D=h_C+\frac{1}{6}D=\frac{D}{2}+\frac{D}{6}=\frac{2}{3}D$$

作用在半圆柱上的垂直分力可以用压力体的方法求得。由图可见，右上方 1/4 圆柱上是真实压力体，而右下方的 1/4 圆柱上方为虚拟压力体，因此整个圆柱体所受的流体垂直分力

$$F_z=\left(\frac{D^2}{4}+\frac{\pi D^2}{16}\right)L\gamma-\left(\frac{D^2}{4}-\frac{\pi D^2}{16}\right)L\gamma=\frac{\gamma\pi D^2L}{8}$$

方向垂直向上，由此得到合力的大小:

$$F=\sqrt{F_x^2+F_z^2}=\frac{\gamma D^2L}{8}\sqrt{16+\pi^2}$$

对于圆柱体，由于表面压强均指向圆心，所以 F_x、F_z 的合力 $\boldsymbol{F}$ 必通过圆心 O，设合力 $\boldsymbol{F}$ 与水平轴的夹角为 α，则 $\alpha=\tan^{-1}\dfrac{F_z}{F_x}=\tan^{-1}\dfrac{\pi}{4}=38.146°$。

1.6　绝对压强，相对压强，真空度，压强的测量

1.6.1　绝对压强，相对压强，真空度

压强是表征流体物理特性的重要参量，压强 p 有两种计量方法，即绝对压强和相对压强。

以绝对真空为零点计量的压强称为绝对压强，以 p 表示。以当地大气压 p_a 作为零点计量的压强称相对压强或表压，以 p' 表示。则相对压强 = 绝对压强–当地大气压，即

$$p'=p-p_a \tag{1-35}$$

绝对压强的值总是正的，而相对压强的值可正可负，这决定于流体中某点处的绝对压强值与当地大气压强值的相对大小。如该点处的绝对压强值大于 p_a，则 p' 为正值。对于正值的相对压强 p'，又称为表压强或计示压强，简称表压，常用 p_m 表示，即

$$p_m = p - p_a$$

图 1-18 绘出的圆柱形水坝的压强就是典型的表压。

如果某点的绝对压强值小于 p_a，则相对压强 p' 为负值。对负值的 p'，称为负压。真空度用 p_v 表示，$p_v = p_a + p' > 0$，始终为正值。图 1-19 给出了压强值的不同表示方法及其相互关系。

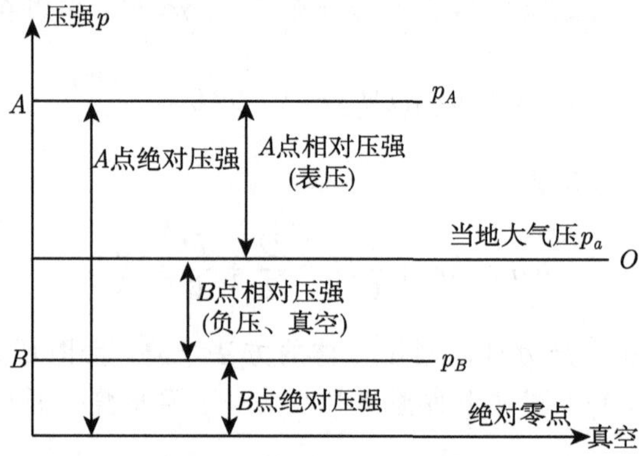

图 1-19　绝对压强、相对压强与真空压强的关系

图 1-19 中 p_A 高于当地大气压，p_B 低于当地大气压，p_A 超出当地大气压的部分 p_m 就是表压。p_B 低于当地大气压的部分称为负压，通常用真空度 p_v 来表示负压，注意真空度为正值。图 1-19 中 A 点的压强也可以用液柱高 h_A 来表示：

$$h_A = (p_A - p_a)/\gamma \tag{1-36}$$

式中，γ 若用水的重度，那得到的 h_A 就是水柱高；它也可以是水银柱高，此时 γ 采用汞的重度。对于当地压强小于大气压的 B 点，$p_B < p_a$，同样也可以用液柱高表示负压的高低。当取 $h_B = (p_a - p_B)/\gamma$ 时，式中 γ 可以是水的重度、酒精或水银的重度，此时的液柱高 h_B 也称为真空度。

1.6.2　压强的测量

测量流体压强的仪器称为压强计。历史上常用的压强计有液柱式压强计与仪表式压强计等，液柱式压强计是以静力学基本原理为依据的，这是一种原始而精准的测量方法，通常需要人工判读，不利于自动化测量。在现代工业及科学研究中则大量采用各种压力传感器、压力变送器来完成自动化高精度的流体压强测量，然而这些传感器的校准还是要用到最经典的液柱式压强计。

下面介绍几种液柱式压强计的基本原理：

1. 测压管压强计

最简单的液柱式压强计就是测压管，它由一根细直的玻璃管直接连在需要测量压强的设备上，管内的液体与被测容器内液体相同，管的上端与大气相通，如图 1-20 所示。根据液体内压强随深度变化的规律 $p = p_a + \rho g h$，可知 A 点的表压或计示压强为

$$p_A = \rho g h \tag{1-37}$$

为避免毛细管作用的影响，测压管的内径一般为 5~10 mm。测压管压强计的优点是比较精确，又能直接将压强显示出来，其缺点是压力测量范围较小，例如表压为一个大气压的水柱就有 10m 左右高度，显然这种测量方法是不方便的，且只能测量液体压强，不能测量气体压强。

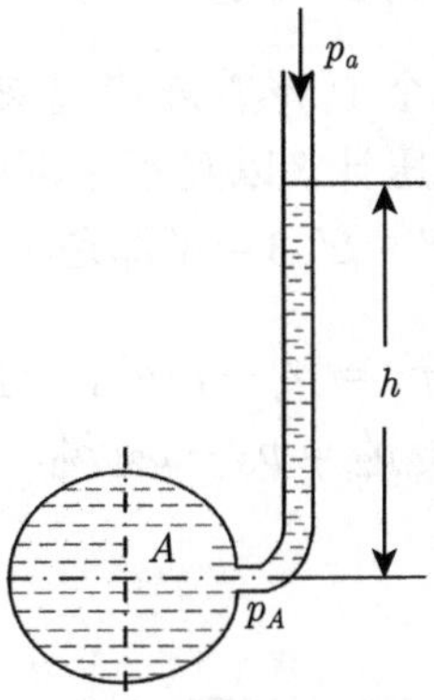

图 1-20 测压管压强计

当被测压强较高或测量气体压强时，可采用以水银为工作介质的 U 形管测压计。

2. U 形管测压计

图 1-21 是 U 形管测压计的原理图，U 形管内装有大于被测流体密度 ρ_1 的工作介质，其密度为 ρ_2，管的一端接在需要测量压强的容器上，另一端与大气相通。如果被测压强较高时，工作介质可以选用水银，被测压强较小时，工作介质可以选用水或者酒精。但是工作介质不能与被测流体相互掺混。U 形管测压计的测量范围较大，但是一般不超过 2.94×10^5 Pa。

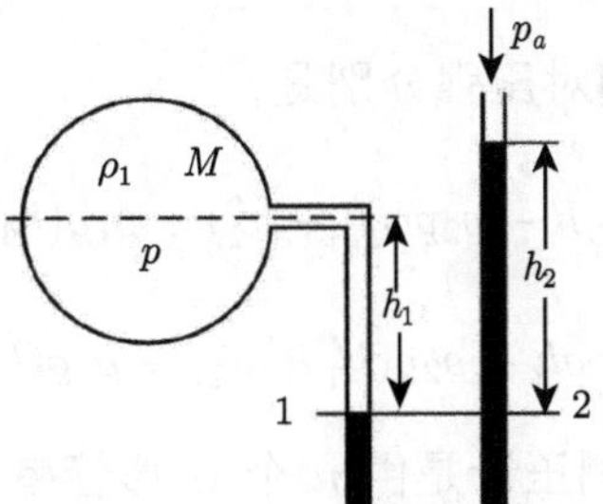

图 1-21 U 形管测压计的原理

被测点的压强可以这样决定：1,2 点为同一等压面上的两点，则

$$p_1 = p + \rho_1 g h_1 \quad p_2 = p_a + \rho_2 g h_2$$

所以

$$p + \rho_1 g h_1 = p_a + \rho_2 g h_2$$

M 点的绝对压强为

$$p = p_a + \rho_2 g h_2 - \rho_1 g h_1 \tag{1-38}$$

M 点的相对压强或表压为

$$p - p_a = \rho_2 g h_2 - \rho_1 g h_1 \tag{1-39}$$

当被测压强较大时，可采用将几个 U 形管连接起来的多 U 形管式测压计。图 1-22 所示为 3 个 U 形管串联相接而组成的测压计。以互不掺混的两种不同密度 $(\rho_1 > \rho_2)$ 的流体作为工作介质，则 $1-1, 1'-1', 2-2, 2'-2', 3-3$ 都是不同的等压面。由图可见：

$$p_A = p_1 - \rho g h, \quad p_1 = p_1' + \rho_1 g h_1, \quad p_1' = p_2 - \rho_2 g h_1'$$
$$p_2 = p_2' + \rho_1 g h_2, \quad p_2' = p_3 - \rho_2 g h_2', \quad p_3 = p_a + \rho_1 g h_3$$

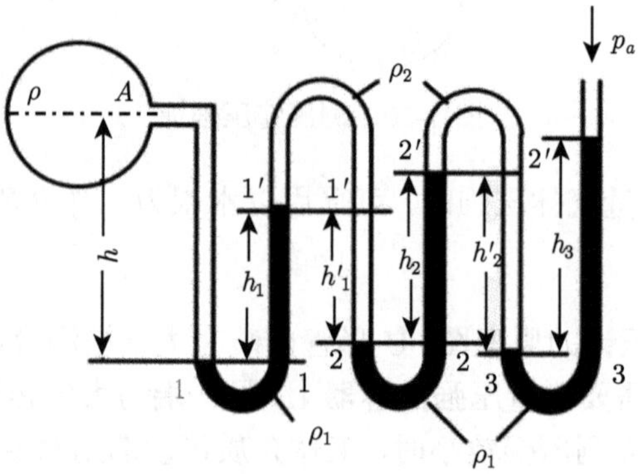

图 1-22　3 个 U 形管式测压计

相加得到容器中 A 点的绝对和相对压强分别是

$$p_A = p_a - \rho g h - \rho_2 g(h_1' + h_2') + \rho_1 g(h_1 + h_2 + h_3) \tag{1-40}$$

$$p_A - p_a = -\rho g h - \rho_2 g(h_1' + h_2') + \rho_1 g(h_1 + h_2 + h_3) \tag{1-41}$$

由上述推导可知，如多管式测压计是由 n 个 U 形管串联形成的，那么被测容器中 A 点的计示压强或表压的一般关系式为

$$p_A - p_a = -\rho g h - \rho_2 g \sum_{i=1}^{n-1} h_i' + \rho_1 g \sum_{j=1}^{n} h_j \tag{1-42}$$

3. 差压计

工程技术中，有时并不一定要知道某点处的压强值，而是要知道某两个不同点的压强差值。这时可采用差压计，图 1-23 所示为水银差压计的工作原理。它的两端分别和不同的压力测点 A、B 相连，可以测出二者之间的压强差。其中 C、D 两点的压强分别是

$$p_C = p_A + \gamma_A(z_1 + h)$$

$$p_D = p_B + \gamma_B z_2 + \gamma_1 h$$

因为 C、D 两点是在等压面上，所以

$$p_A + \gamma_A(z_1 + h) = p_B + \gamma_B z_2 + \gamma_1 h$$

即

$$p_A - p_B = \gamma_B z_2 + (\gamma_1 - \gamma_A)h - \gamma_A z_1 \tag{1-43}$$

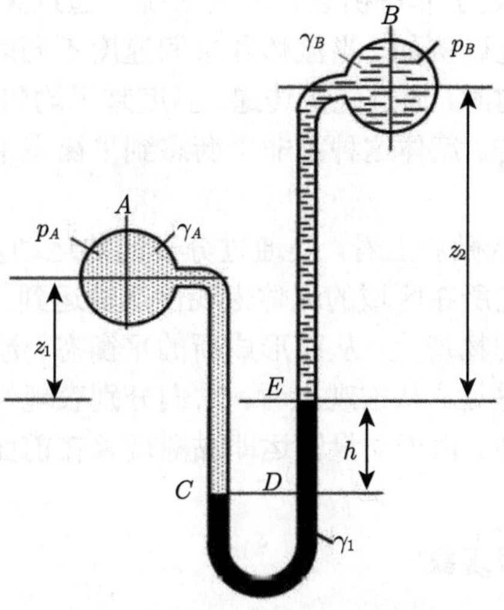

图 1-23　水银差压计原理图

当两个容器中 A、B 两点的位置高度一样，以及两容器中流体的密度同为 ρ 时，则 A、B 两点的压强差可用下式计算：

$$p_A - p_B = (\gamma_1 - \gamma)h \tag{1-44}$$

式中，γ_1 为水银的密度，γ 为被测压强的流体密度。

4. 微压计

微小压强的测量，可采用微压计。图 1-24 是微压计的一例。此种微压计的测压管是倾斜的，用以扩大读数范围以提高测压精度。如果被测流体是气体，考虑到气体的重度比液体重度小得多，则

$$p = p_0 + \gamma h = p_0 + \gamma l \sin\alpha \tag{1-45}$$

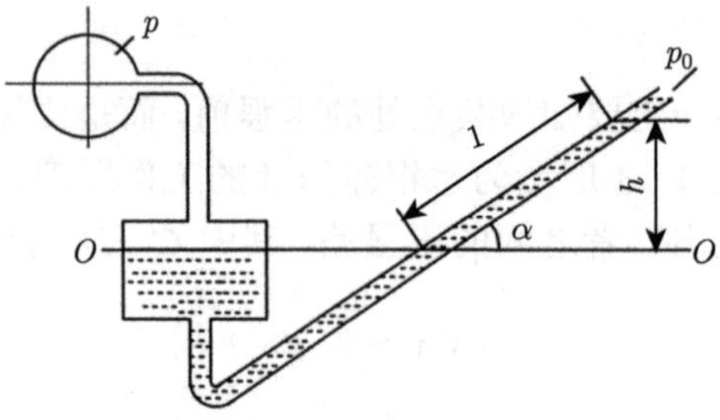

图 1-24　倾斜式微压计原理图

倾斜式测压管中液柱长度比铅垂测压管扩大了 $(1/\sin\alpha)$ 倍，从而提高压强测量人工判读的精度。

1.7　流体的输运性质

如果物质由于某种原因处于非平衡态，那么系统会通过某种机理，产生一种自发的过程，使之趋向一个新的平衡态。例如，当流体各层间速度不同时，通过动量传递，速度趋于均匀；当流体各处温度不均匀时，通过能量传递，温度趋于均匀；当流体各部分密度不同时，通过质量传递，密度趋向均匀。流体这种由非平衡态到平衡态中物理量的传递性质，统称为流体的输运性质。

流体的这种输运性质，从微观上看，是通过分子的热运动及分子的相互碰撞来实现的，分子在无规则运动中，将原先所在区域的流体宏观性质输运到另一个区域，再通过分子的相互碰撞，交换、传递了各自的物理量，从而形成新的平衡态。流体的输运性质，这里主要指动量输运、热能输运、质量输运。从宏观上看，它们分别表现为黏滞现象、导热现象、扩散现象，并具有各自的宏观规律。由于动量输运即黏滞现象在前面已经述及，因此下面主要讨论热能输运和质量输运现象。

1.7.1　热能输运 —— 热传导现象

流体中的传热现象通常以 3 种方式进行：热传导、热辐射及热对流。前者是由于分子的热运动所产生的热能输运现象，而后两者分别是由于电磁波辐射及随流体的宏观运动产生的热迁移现象，前两者即使在静止流体中也存在，而后者则仅存在于运动流体之中。

当静止流体中的温度分布不均匀时，流体的热能通过分子热运动从较高温的区域传递到较低温的区域，这种现象称为热传导现象。1822 年，傅里叶首先进行了最简单的热传导实验 (图 1-25)，得到了傅里叶定律。设在流体中相距为 Δy 的上下两平面上，温度分别稳定地保持为 $T(y+\Delta y)$ 及 $T(y)$，且 $T(y+\Delta y)>T(y)$，由于分子的热运动，单位时间内将热量 Q_y 从上方传至下方，其大小与截面积 A 和两平面温度差 $T(y+\Delta y)-T(y)$ 成正比，与两平面距离 Δy 成反比，即

$$Q_y \propto A\frac{T(y+\Delta y)-T(y)}{\Delta y}$$

当 $\Delta y\to 0$ 时热流量

$$Q_y=-kA\frac{\mathrm{d}T}{\mathrm{d}y}$$

或每单位面积的热流量

$$q_y = Q_y/A = -k\frac{\mathrm{d}T}{\mathrm{d}y} \tag{1-46}$$

式中，k 为流体的热传导系数 (导热系数)，负号表示热量 (或热流量) 的流向与温度梯度方向相反，这就是定常一维热传导的傅里叶定律。气体热传导的微观机理与黏性完全类似，是分子平均热运动动能交换的结果。一般来说，液体的热传导系数仅略依赖于温度而几乎与压强无关，它的数值约较气体的大 1~2 个量级。

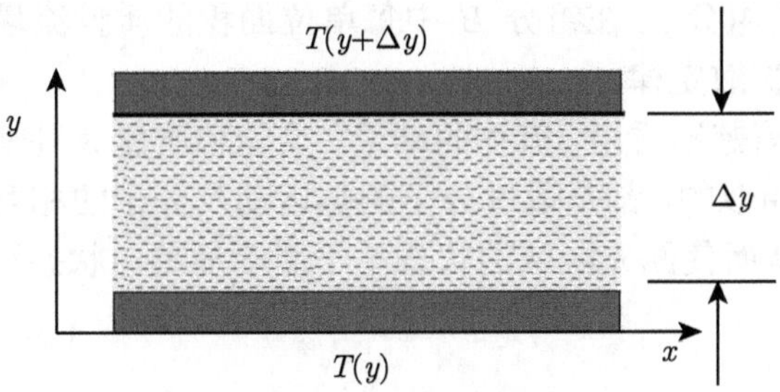

图 1-25　热传导示意图

1.7.2　质量输运 —— 扩散现象

当流体的密度分布不均匀时，流体的质量就会从高密度区迁移到低密度区，这种现象称为扩散现象。它们又可分为两类，一类是在单组分流体中，由于其自身密度差所引起的扩散，称为自扩散；另一类是在两种组分的混合介质 (如气体或液体与可溶固体，两种不相混的液体等) 中，由于各组分的各自密度差在另一组分中所引起的扩散，称为互扩散。一般说来，在解决实际问题中互扩散远比自扩散更为重要。

自扩散：当流体分子进行动量与热能交换时，也同时伴有质量的交换，质量输运的机理与动量和热能输运的机理完全相同。假定在流体中存在一密度分布 $\rho(y)$，其梯度为 $\mathrm{d}\rho/\mathrm{d}y$，由于分子的热运动，流体将从上方迁移到下方，如图 1-26 所示。单位时间所输运的质量与截面积 A 和密度梯度 $\mathrm{d}\rho/\mathrm{d}y$ 成正比，单位时间每单位面积上的输运质量为

$$j = -D\frac{\mathrm{d}\rho}{\mathrm{d}y} \tag{1-47}$$

式中，D 为自扩散系数，负号表示质量的流向与密度梯度方向相反。

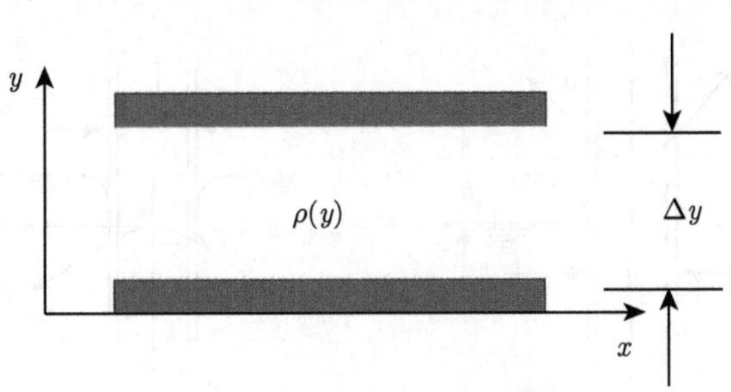

图 1-26　质量输运示意图

互扩散：1855 年，菲克首先发表了双组分混合物互扩散的实验结果，他考虑由组分 A 与 B 组成的混合物系统，各组分均由其各自的高密度区向低密度区扩散，这里为了简便，假定组分 B 为均匀介质，仅考虑组分 A 在组分 B 中的扩散。他的实验结果表明，组分 A 的定常扩散率与它的密度梯度和截面积成正比，或单位时间、单位面积上的质量流量与密度梯度成正比。

$$j_{AB} = -D_{AB}\frac{\mathrm{d}\rho_A}{\mathrm{d}y} \tag{1-48}$$

式中，j_{AB}、D_{AB} 分别为组分 A 在组分 B 中每单位面积的质量流量及扩散系数，通常称这为一维定常的第一菲克扩散定律。

从上面的讨论可以清楚地看出，流体的动量、热能和质量 3 种输运性质，从微观的角度看，它们的形成机理是相似的，都是通过分子的热运动及分子的相互碰撞，输运了它们原先所在区域的宏观性质，从而使原先区域的状态不平衡渐渐趋向状态平衡，同时在宏观上具有类似的表达式。

1.8 流体的表面张力和毛细现象

在液体中由于分子与分子之间具有吸引力，各分子所受力在各方向均相等，因而得到平衡，但在液体自由表面上的分子由于只受到液体内侧分子的吸引力，因而不能达到平衡，液体表面在这种不平衡的吸引力作用下，有力图使其表面缩小的趋势，其结果使自由表面受到张紧的力，这就是表面张力。表面张力一般都很小，在流体力学中往往忽略不计，但由于表面张力而引起的毛细管现象，则在工程中有其实际意义。

将一根直径很小的管子 (例如玻璃管) 插入液体中，则液体与管壁接触，其间有附着力存在，由于管内液面上的表面张力和附着力作用的结果，对于能润湿管壁的液体 (如水或酒精)，其管内液面将高于管外液面，而对于不能润湿管壁的液体 (如水银)，则管内液面将低于管外液面，这种现象称为毛细管现象。现设管的内径为 d(m)，液体的表面张力为 σ(N/m)，接触角为 θ，则管内液面的升高或降低的高度 h (见图 1-27)，可由下式计算：

$$h = \frac{4\sigma\cos\theta}{\rho g d}\ \mathrm{m} \tag{1-49}$$

在常温 (20℃) 下，水与水银和空气接触时的 σ 和 θ 值大致如下：

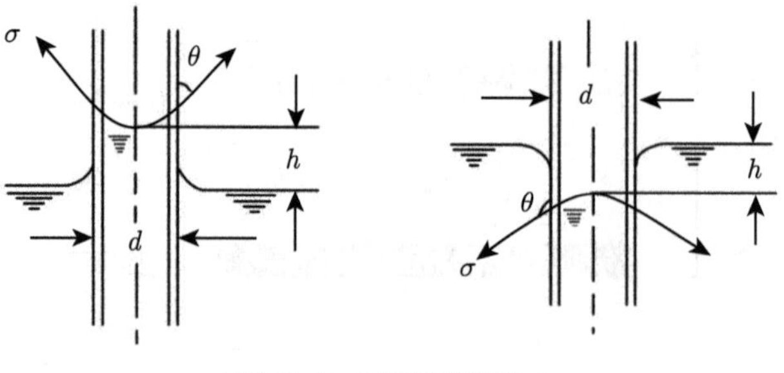

图 1-27　毛细管现象

水：$\sigma = 0.0728\text{N/m}, \theta = 0^\circ \sim 9^\circ$

水银：$\sigma = 0.51\text{N/m}, \theta = 130^\circ \sim 150^\circ$

代入 (1-49) 式，可得

$$\text{水：} h = 30/d \text{ mm}$$

$$\text{水银：} h = 10/d \text{ mm}$$

在细玻璃管内盛以流体，作为测压管用来测量压强时，就须考虑毛细管现象而予以修正。但当水柱测压管内径 $d > 20$ mm，或水银柱测压管内径 $d > 15$ mm 时，则可忽略因毛细管现象所产生的影响。另外，在 U 形测压管内，由于两端的液面都受到相同的毛细管现象影响，相互抵消，所以也可以不考虑这个影响。

习　题

1-1　求氧气在一个标准大气压 20℃ 下的比容、密度和重度。已知气体常数 $R = 259.8$ m^2/s^{2}K。

1-2　试求在常温一个标准大气压下，水的压缩系数与等温变化时空气的压缩系数之比。

1-3　将温度为 20℃，压强为 10^5 Pa，容积为 10 m^3 的空气分别进行等温和绝热压缩到 5×10^5 Pa。求空气的容积。

1-4　有两块平行的平板，两板的间隙为 2 mm，间隙内充满了密度为 885 kg/m^3、运动黏度 $\nu = 0.001\,59$ m^2/ s 的油，两板的相对运动速度为 4 m/s。求作用在平板上的摩擦应力。

1-5　有两个同心圆筒，套在一起，其长度为 300 mm，内筒直径为 200 mm，外筒直径为 210 mm，两筒间充满有相对密度为 0.90 和运动黏度 $\nu = 0.260 \times 10^{-3}$ m^2/s 的液体，现内筒以角速度 $\omega = 10$ rad/s 的速度转动。求转动时所需要的转矩。

1-6　有一动力黏度 $\mu = 0.048$ Pa·s 的流体通过两平行平板的间隙，间隙宽 $\delta = 4$ mm，流体在间隙的速度分布为 $u = \dfrac{cy(\delta - y)}{\delta^2}$，其中 c 为常数，y 为垂直于平板的方向。设最大流速 $u_{\max} = 4$ m/s。试求最大流速在间隙的位置和平板壁面上的切应力。

1-7　一矩形闸门 AB，宽 1 m，左侧为油和水，其中油深 $h_1 = 2$ m，水深 $h_2 = 4$ m，油的重度 $\gamma = 7.84$ kN/m^3，右侧为当地大气，闸门倾角 $\alpha = 60^\circ$ (见习题 1-7 图)。求闸门上所受的压力大小和作用点位置。

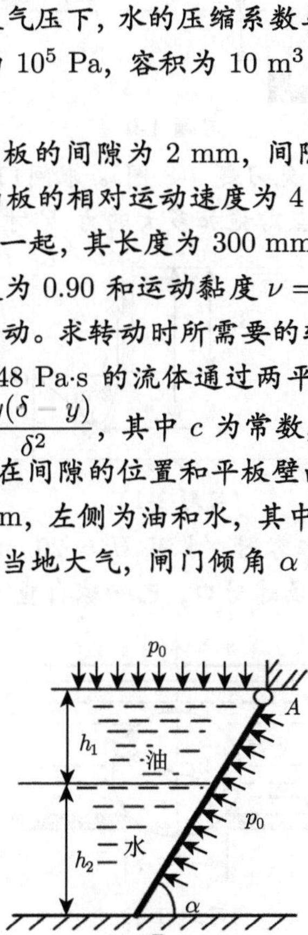

习题 1-7

1-8　如图所示，绕铰链轴 O 转动的自动开启式水闸当左侧水位 H 超过 2m 时，闸门自动开启。若闸门另一侧水位 $h = 0.4$ m，$\alpha = 60°$，求铰链位置 x。

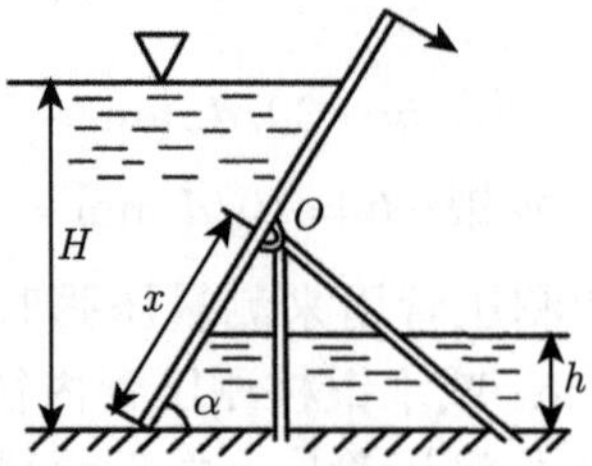

习题 1-8

1-9　如图所示，在高度 $H = 3$ m，宽度 $B = 1$ m 的长方体密闭高压水箱上，用 U 形管连接于水箱底部。矩形闸门可绕 O 点转动，且与水平方向呈 45° 角。测得水柱高 $h_1 = 2$ m，汞柱高 $h_2 = 1$ m，为使闸门关闭，应在闸门底部施加多大的水平作用力 F？水的密度 $\rho = 10^3\text{kg/m}^3$，汞的密度 $\rho = 13.6\times10^3\text{kg/m}^3$。

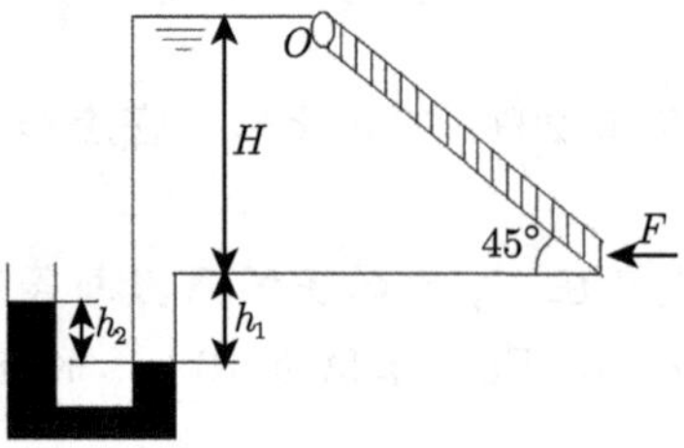

习题 1-9

1-10　水下有 1/4 圆弧状闸门 (见习题 1-8 图)。求闸门所受的水平分力 F_x 和垂直分力 F_y，如果不考虑闸门自重，则在 A 点需施加多大的力 F 才能将闸门打开？

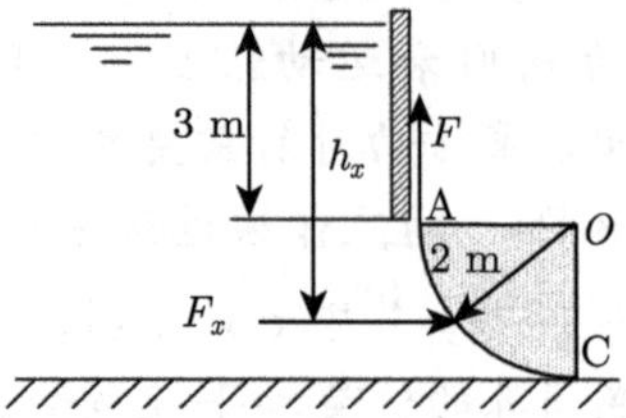

习题 1-10

1-11　如习题 1-9 图所示的盛水容器，水深 $H = 20$ cm，底部开有直径 $d = 5$ cm 的圆孔，孔口用半径 $r = 4$ cm 的空心金属球封口，已知球自重 $G = 2.45$ N，求顶起该球的力。

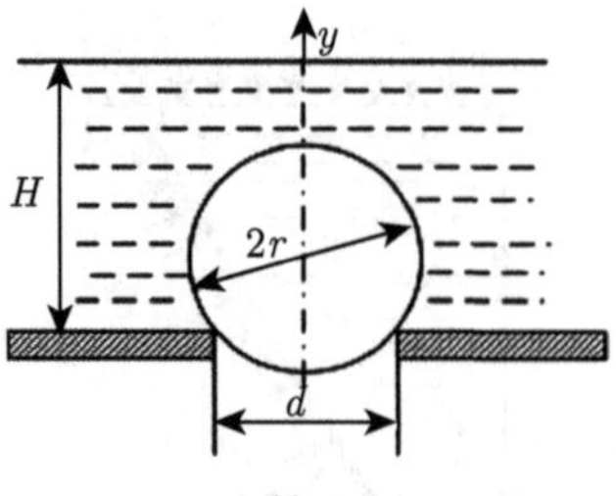

习题 1-11

第2章 流体运动学基本概念

流体运动学是描写流体运动的科学，它研究的是流体的运动规律。本章讲述的内容就是关于流体运动的基本概念，包括流体运动的两种描述方法、流体微团运动基本形式的分析、流体运动的分类以及流函数、势函数和简单的平面势流，本章内容是流体运动分析所必须具备的基础知识。

2.1 流体运动的描述

2.1.1 流场和流体微团

决定流体流动过程的基本定律与一个固定的、可以识别的物质集合有关，这一物质集合被称之为体系。对于体系，既没有物质进入也没有物质离开，在它之外的一切都称之为外界或环境，体系的形状随着时间和所在空间位置不同可能发生变化。

控制体积 (control volume) 则是一个流体可以流过的、虚构的、固定的空间。一般情况下，控制体积形状和空间位置可以改变。但在本书中仅考虑刚性的、没有运动的控制体积。控制体积外表面称为控制面 (control surface)，因此控制面也是一个虚构的、可渗透的、包围全部控制体积的表面。流体总是通过控制面流进或流出控制体积。

流体运动的空间范围称为"流场"。经过管道或明渠流动的流场叫"通道流场"，流体绕过物体流动的流场叫"绕流流场"。尽管充满流场的是流体的分子，但流体力学不讨论微观分子运动，只讨论流体微团 (即宏观质点) 的运动。在刚体动力学中，把每一质点或物体的特性表示为时间的函数，这样的处理在流体力学中是不切实际的，因为在流体中有极大量的单个微团彼此相对运动着。因此，运动流体的特性 (以下称为流动特性或流动参数) 将根据空间位置描述，从而建立一个"特性场"。很明显，空间位置本身并不具特性，它是一个几何点。然而用特性场的概念使我们能导出一些数学表达式来描述流体的流动。这样，我们不是用诸如 $\boldsymbol{V}_i = \boldsymbol{V}_i(t)$ 之类的方程来表示任意一个流体微团 i 的速度，而是用特性场的概念，对所研究流场区域中的每一个空间位置给出一个被认为是空间坐标 (x, y, z) 和时间 t 的函数，而不是流体微团的函数。

2.1.2　研究流体运动的两种方法

在连续介质模型假设下，运动着的流体充满它所占据的空间，流体由无穷多的物质微团或物质质点所构成，这些微团或质点是宏观上充分小、微观上充分大的物质集合。在研究流体宏观运动规律时，这些物质微团被视为无穷小的“点”，以至这些宏观上充分小的物质集合所具有的力学性态可以被看成关于这些质点的连续函数，同时，因为流体微团被认为由许许多多的分子所构造的无穷大物质集合，所以任一个微团都服从热力学的基本原理，具有描述宏观热力学状态的热力学参数。运动永远是物质的运动，在对流体的运动进行分析时，人们可以通过跟踪流体任一微团的运动性态，对整个流体的运动规律进行研究。另一方面，由于流体充满了一个由边界所包围，被称为流场的空间，人们也可以不去追究不同时刻占据空间同一点处不同流体微团的差别，而仅仅着眼于流体在运动过程中各种力学行为在空间的分布及其变化情况，从而同样能实现对流体运动规律的研究。对于流体运动的这两种观察和描述方法，在流体力学中分别被称为拉格朗日法和欧拉法。

(1) 拉格朗日法 (又称体系法) 是研究流场内各个流体质点在不同时刻的位置、流速、压强等参数变化的方法，也就是在跟随流体质点空间运动的时间历程中，记录它的运动参数变化规律的方法。各质点运动状况的总和就构成了整个流体的运动。

设某一起始时刻 $t=t_0$ 时，有一质点位于空间位置 (x_0,y_0,z_0)，而在时刻 t 运动到了 (x,y,z)。显然，质点的空间位置与时间有关，还与该质点起始时刻的空间位置有关。于是，有

$$\left.\begin{aligned} x&=x(x_0,y_0,z_0,t)\\ y&=y(x_0,y_0,z_0,t)\\ z&=z(x_0,y_0,z_0,t)\end{aligned}\right\}\tag{2-1}$$

不同的质点，t_0 时刻所在位置也不同，即有不同的 (x_0,y_0,z_0) 值，显然 (x_0,y_0,z_0) 是区别质点的标识，称为拉格朗日变数。流场中全部质点的运动状况的集合构成了整个流场的运动，而质点在流场中是连续存在的，因而拉格朗日变数在坐标中也连续存在。

根据 (2-1) 式可知，质点的运动速度也是 (x_0,y_0,z_0) 和 t 的函数：

$$\left.\begin{aligned} V_x&=\mathrm{d}x/\mathrm{d}t=x'(x_0,y_0,z_0,t)\\ V_y&=\mathrm{d}y/\mathrm{d}t=y'(x_0,y_0,z_0,t)\\ V_z&=\mathrm{d}z/\mathrm{d}t=z'(x_0,y_0,z_0,t)\end{aligned}\right\}\tag{2-2}$$

(2-2) 式中 x_0、y_0、z_0 不随时间变化。同样，质点的加速度也是拉格朗日变数与时间的函数：

$$\left.\begin{aligned} a_x&=\mathrm{d}V_x/\mathrm{d}t=\mathrm{d}^2x/\mathrm{d}t^2=x''(x_0,y_0,z_0,t)\\ a_y&=\mathrm{d}V_y/\mathrm{d}t=\mathrm{d}^2y/\mathrm{d}t^2=y''(x_0,y_0,z_0,t)\\ a_z&=\mathrm{d}V_z/\mathrm{d}t=\mathrm{d}^2z/\mathrm{d}t^2=z''(x_0,y_0,z_0,t)\end{aligned}\right\}\tag{2-3}$$

流场中流体质点的压强和密度 (或重度) 也同样是 (x_0,y_0,z_0) 和 t 的函数：

$$p=p(x_0,y_0,z_0,t)$$

$$\rho = \rho(x_0, y_0, z_0, t)$$

由此可见，用拉格朗日法可以描写各个质点在不同时刻的参数。因为是描述个别质点的运动，所以用拉格朗日法可以研究流体运动的轨迹和轨迹上各流动参数。但是在多数情况下，使用拉格朗日法来研究流体的运动不太方便，因为要追踪流场中流体质点的空间运动并不容易，只是在一些特殊的场合下，例如研究流体的波动和振荡等情况才用拉格朗日法，在稀薄空气动力学中，也常使用拉格朗日法。

(2) 欧拉法 (又称控制体积法) 是研究限定空间的流场内不同时刻、不同位置上的流体参数变化规律的方法。它把注意力集中在确定的空间点上而不是具体的流体质点上。因此，用这种方法不能表示个别质点从起始到终了的全部运动过程。又由于流体在运动，因此某一空间位置上，在不同时刻为不同的流体质点所占据。欧拉法确定的是占据流场中的全部流体质点的瞬时流动参数，它不需要识别任何特定的流体微团。既然欧拉法是描述流场内不同位置的流体质点的流动参数随时间的变化，所以流动参数将是空间坐标 (x，y，z) 和时间 t 的函数。例如，流体运动的速度可以表示为

$$\left.\begin{aligned} V_x &= V_x(x, y, z, t) \\ V_y &= V_y(x, y, z, t) \\ V_z &= V_z(x, y, z, t) \end{aligned}\right\} \tag{2-4}$$

同样，压强和密度可以表示为

$$p = p(x, y, z, t)$$

$$\rho = \rho(x, y, z, t)$$

在欧拉法中，如果某一个具体的流场，其流动参数如温度、压强、密度、速度等只与空间坐标 (x, y, z) 有关而与时间 t 无关，那么这种流场的流动就称为“定常流”，反之就是“非定常流”，这一重要的基本概念将贯穿本书的始终。在定常流中，流体的流动参数将不随时间而变，表现出流动具有“定常性”；如果流动参数随时间而变，那样的流动就具有“非定常性”。

2.1.3 随流导数、迹线、流线和流管

1. 随流导数

一般来说，用欧拉法表示的流体质点的任何一个物理量 $N(x, y, z, t)$，不论其为矢量还是标量，它对时间的变化率都可以表示为

$$\frac{DN}{Dt} = \frac{\partial N}{\partial t} + V_x \frac{\partial N}{\partial x} + V_y \frac{\partial N}{\partial y} + V_z \frac{\partial N}{\partial z} \tag{2-5}$$

式中，DN/Dt 称为随流导数；$\partial N/\partial t$ 称为当地导数；$V_x(\partial N/\partial x)+V_y(\partial N/\partial y)+V_z(\partial N/\partial z)$ 称为迁移导数。

为了有助于理解 (2-5) 式，图 2-1 表示在笛卡儿坐标系下拉格朗日空间中的微分过程，即随流导数。令 N 表示流体质点的任意物理量，它在特性场中表示为 $N(x, y, z, t)$。然而，在拉格朗日空间中流体质点的坐标 (x，y，z) 也是时间的函数。且 $x = x(t)$，$y = y(t)$，$z = z(t)$。

设 $t=t_0$ 时刻，流体质点位于 $(x_0,\ y_0,\ z_0)$，而在 $t_0+\Delta t$ 时刻，质点移到了 $(x_0+\Delta x,\ y_0+\Delta y,\ z_0+\Delta z)$。在 Δt 时间内，N 的变化可近似地取泰勒级数的一阶项，即

$$\Delta N = N(t_0+\Delta t) - N(t_0) = \\ (\partial N/\partial x)_{t_0+\Delta t}\Delta x + (\partial N/\partial y)_{t_0+\Delta t}\Delta y + (\partial N/\partial z)_{t_0+\Delta t}\Delta z + (\partial N/\partial t)_{t_0}\Delta t$$

上式两边同除 Δt，并取 Δt 趋于零时的极限，得

$$DN/Dt = \lim_{\Delta t\to 0}\frac{N(t_0+\Delta t)-N(t_0)}{\Delta t} = \lim_{\Delta t\to 0}\left[\left(\frac{\partial N}{\partial t}\right)_{t_0} + \left(\frac{\partial N}{\partial x}\right)_{t_0+\Delta t}\frac{\Delta x}{\Delta t} + \left(\frac{\partial N}{\partial y}\right)_{t_0+\Delta t}\frac{\Delta y}{\Delta t} + \left(\frac{\partial N}{\partial z}\right)_{t_0+\Delta t}\frac{\Delta z}{\Delta t}\right]$$

在拉格朗日空间，对于流体质点有 $x=x(t)$，所以

$$\lim_{\Delta t\to 0}\Delta x/\Delta t = \mathrm{d}x/\mathrm{d}t = V_x(t_0)$$

式中，$V_x(t_0)$ 是 t_0 时刻流体质点在 x 方向的速度。同样可得到 $V_y(t_0)$ 和 $V_z(t_0)$，于是上式可进一步简化为

$$DN/Dt = \partial N/\partial t + V_x(\partial N/\partial x) + V_y(\partial N/\partial y) + V_z(\partial N/\partial z) \tag{2-6}$$

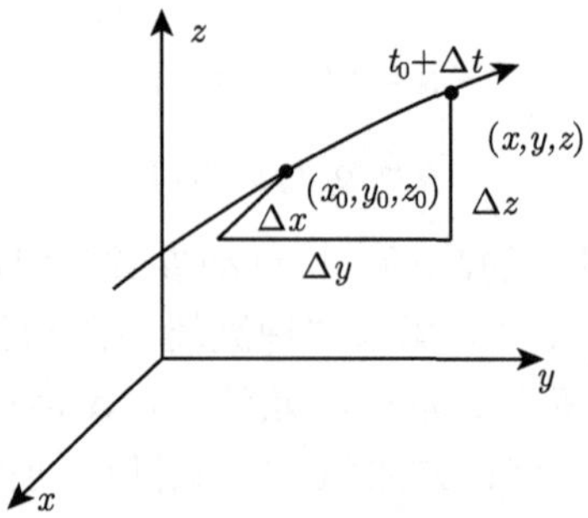

图 2-1　随流导数示意图

从上面的推导过程中不难发现，(2-6) 式中 $\partial N/\partial t$ 反映了物理量 N 随时间的变化率，是由某种非定常流动效应产生的，它反映了流场的非定常性。后三项中的每一项由流体微团在流场中的位置变化所产生，它表征了流场的非均匀性。因此，流动参数的随流导数把该参数的瞬时变化率与流场中该参数的导数联系了起来。欧拉法描述中，特性场是可以直接利用的，所以随流导数把拉格朗日法和欧拉法联系起来了。在这两种描述方法中随流导数具有相同的数值。

由于欧拉法比较简便，并且本书范围着重讨论整体流场的流动特性，所以后述各章都采用欧拉法。根据 (2-6) 式，用欧拉法可给出流场中某质点的加速度为

$$\left.\begin{aligned} a_x &= DV_x/Dt = \partial V_x/\partial t + V_x(\partial V_x/\partial x) + V_y(\partial V_x/\partial y) + V_z(\partial V_x/\partial z) \\ a_y &= DV_y/Dt = \partial V_y/\partial t + V_x(\partial V_y/\partial x) + V_y(\partial V_y/\partial y) + V_z(\partial V_y/\partial z) \\ a_z &= DV_z/Dt = \partial V_z/\partial t + V_x(\partial V_z/\partial x) + V_y(\partial V_z/\partial y) + V_z(\partial V_z/\partial z) \end{aligned}\right\} \tag{2-7}$$

【例 2-1】 分别用拉格朗日法和欧拉法求流体质点的加速度。

$$x = -t - 1 + c_1 \mathrm{e}^t$$

$$y = t - 1 + c_2 \mathrm{e}^{-t}$$

【解】 用拉格朗日法求解。假设当 $t = 0$ 时，对应流体质点的坐标为 (a, b)，代入上式得

$$c_1 = a + 1, c_2 = b + 1$$

因此，用拉格朗日法描述的流体质点的坐标为

$$x = -t - 1 + (a+1)\mathrm{e}^t$$

$$y = t - 1 + (b+1)\mathrm{e}^{-t}$$

流体质点的速度和加速度分别为

$$V_x = \frac{\partial x}{\partial t} = -1 + (a+1)\mathrm{e}^t$$

$$V_y = \frac{\partial y}{\partial t} = 1 - (b+1)\mathrm{e}^{-t}$$

$$a_x = \frac{\partial V_x}{\partial t} = (a+1)\mathrm{e}^t$$

$$a_y = \frac{\partial V_y}{\partial t} = (b+1)\mathrm{e}^{-t}$$

这就是拉格朗日法求得的速度和加速度表达式。表示初始时刻在位置 (a, b) 的那个特定的流体质点在时间历程 t 时刻的速度和加速度。

如果用欧拉法求解。流体质点的速度为

$$V_x = \frac{\mathrm{d}x}{\mathrm{d}t} = -1 + c_1 \mathrm{e}^t = t + x$$

$$V_y = \frac{\mathrm{d}y}{\mathrm{d}t} = 1 - c_2 \mathrm{e}^{-t} = t - y$$

流体质点的加速度可根据 (2-7) 式求得，即

$$a_x = \frac{\partial V_x}{\partial t} + V_x \frac{\partial V_x}{\partial x} + V_y \frac{\partial V_x}{\partial y} + V_z \frac{\partial V_x}{\partial z} = 1 + x + t = c_1 \mathrm{e}^t$$

$$a_y = \frac{\partial V_y}{\partial t} + V_x \frac{\partial V_y}{\partial x} + V_y \frac{\partial V_y}{\partial y} + V_z \frac{\partial V_y}{\partial z} = 1 + y - t = c_2 \mathrm{e}^{-t}$$

此处得到的加速度表达式 a_x 和 a_y 则表示在给定时刻 t 的加速度空间分布。当空间点给定时，表示流经该空间点众多流体质点在不同时刻的加速度，即为欧拉法的实质。

【例 2-2】 非定常二维速度场的欧拉描述在笛卡儿坐标系中给出 $\boldsymbol{V}(x,y,t)=\mathrm{e}^{xt}\boldsymbol{i}+\mathrm{e}^{yt}\boldsymbol{j}$，试确定流体微团在位置 (1, 2)，$t=2$ 时的加速度。

【解】 流体微团的加速度是其速度对时间的变化率，即速度的随流导数。因此

$$a_x=\partial V_x/\partial t+V_x\partial V_x/\partial x+V_y\partial V_x/\partial y$$

$$a_y=\partial V_y/\partial t+V_x\partial V_y/\partial x+V_y\partial V_y/\partial y$$

将 $V_x=\mathrm{e}^{xt}$，$V_y=\mathrm{e}^{yt}$ 代入上式，得

$$a_x=\mathrm{e}^{xt}(t\mathrm{e}^{xt}+x)$$

$$a_y=\mathrm{e}^{yt}(t\mathrm{e}^{yt}+y)$$

在上式代入 $x=1$，$y=2$ 和 $t=2$ 便有 $a_x=\mathrm{e}^2(2\mathrm{e}^2+1)$ 和 $a_y=\mathrm{e}^4(2\mathrm{e}^4+2)$

2. 迹线

迹线是运动流体任一流体质点不同时刻在空间的运动轨迹线。考察图 2-2 所示的某一流体质点的运动轨迹线，在 t 时刻该质点处于 A 点，经过 $\mathrm{d}t$ 时刻，流体质点运动了 $\mathrm{d}\boldsymbol{s}$ 距离到达 B 点，则 $\mathrm{d}\boldsymbol{s}=\boldsymbol{V}\mathrm{d}t$，或者该流体质点的速度 $\boldsymbol{V}=\mathrm{d}\boldsymbol{s}/\mathrm{d}t$，即

$$\boldsymbol{V}=\frac{\mathrm{d}x}{\mathrm{d}t}\boldsymbol{i}+\frac{\mathrm{d}y}{\mathrm{d}t}\boldsymbol{j}+\frac{\mathrm{d}z}{\mathrm{d}t}\boldsymbol{k}=V_x\boldsymbol{i}+V_y\boldsymbol{j}+V_z\boldsymbol{k}=\mathrm{d}\boldsymbol{s}/\mathrm{d}t,$$

就是 $V_x=\dfrac{\mathrm{d}x}{\mathrm{d}t},V_y=\dfrac{\mathrm{d}y}{\mathrm{d}t},V_z=\dfrac{\mathrm{d}z}{\mathrm{d}t}$

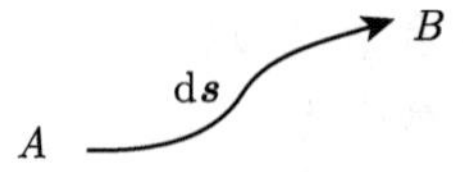

图 2-2　迹线的生成

于是得到以 t 为自变量的迹线微分方程：

$$\frac{\mathrm{d}x}{V_x}=\frac{\mathrm{d}y}{V_y}=\frac{\mathrm{d}z}{V_z}=\mathrm{d}t \tag{2-8}$$

3. 流线

流线是某一瞬时流场中质点的流动方向线。换言之，流线是某一瞬时流场中的一条空间曲线，该曲线上各流体质点所具有的速度方向与该曲线的切线方向重合。

根据上述流线的特性就可以方便地推导出流线方程。

从物理概念上讲，流线上某点的切向矢量 $\mathrm{d}\boldsymbol{s}$ 和该点的速度矢量 $\boldsymbol{V}$ 重合，那么两个相互重合的矢量，它们的各分量必互成比例，即

$$\frac{\mathrm{d}x}{V_x}=\frac{\mathrm{d}y}{V_y}=\frac{\mathrm{d}z}{V_z} \tag{2-9}$$

这就是从物理概念直接推得的流线方程。

从数学上讲，由于流线的切线 d$\boldsymbol{s}$ 与速度 $\boldsymbol{V}$ 重合，所以两者的矢量积为零，即

$$\begin{vmatrix} \boldsymbol{i} & \boldsymbol{j} & \boldsymbol{k} \\ V_x & V_y & V_z \\ \mathrm{d}x & \mathrm{d}y & \mathrm{d}z \end{vmatrix} = 0$$

将上式展开并简化，同样可得流线方程 $\dfrac{\mathrm{d}x}{V_x} = \dfrac{\mathrm{d}y}{V_y} = \dfrac{\mathrm{d}z}{V_z}$，式中速度项隐含有时间 t 和空间坐标 (x, y, z) 在内，注意流线方程中出现的时间 t 是给定值。

将流场中各点的流线同时绘出便得到流线谱，它能形象地描绘出流场内的流动状态，图 2-3 给出了某小轿车在风洞实验时某一瞬时拍摄的“小轿车绕流流场”的流线图。

图 2-3　小轿车风洞实验的流线图

在定常流动中，因各点流速不随时间变化，故流线形状也不随时间而变，流体质点必沿某一确定的流线运动，此时，迹线与流线重合；而在非定常流动中，流线的形状和位置可随时间而改变，因此一般来说，流线和迹线不重合。

根据前面的叙述，可得出流线的如下 4 个性质：

(1) 一般情况下流线不能相交。因为空间每一点只能有一个速度方向，所以不能有两条流线同时通过一点。但有 3 种例外情况：在速度为零的点上，如图 2-4(a) 中的 A 点，通常称 A 点为驻点；流线相交，如图 2-4(a) 中的 B 点，上下翼面两股速度不等的流体在 B 点相交；图 2-4(b) 则是第三种情况，在流体力学中称为“点源”(或“点汇”)，流体从 O 点源源不断地流出 (或流入)，图中的 O 点通常称为奇点，有关这部分的内容将在本章的 2.5 节介绍。

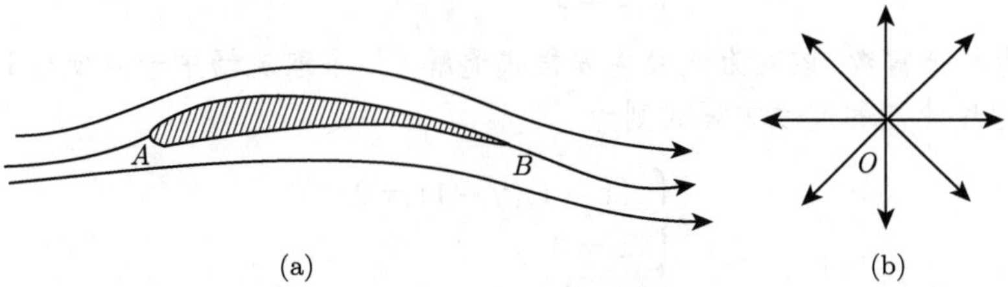

图 2-4　机翼绕流流线与点源流线

(2) 流场中的每一点都有流线通过，由这些流线形成流谱。

(3) 如流动与时间无关，那么流线的形状及位置不随时间而变；如流动与时间有关，则流线的形状及位置就会随时间而变化。

(4) 定常流动时，流线和迹线重合。

4. 流管

在流场中取任一非流线的封闭曲线 C，过曲线 C 的每一点作一流线，这些流线组成的管状表面就是"流管"，见图 2-5。若流管的横截面极小时，则此流管截面上的流动参数可以认为是均匀的，这种流管称为基元流管。

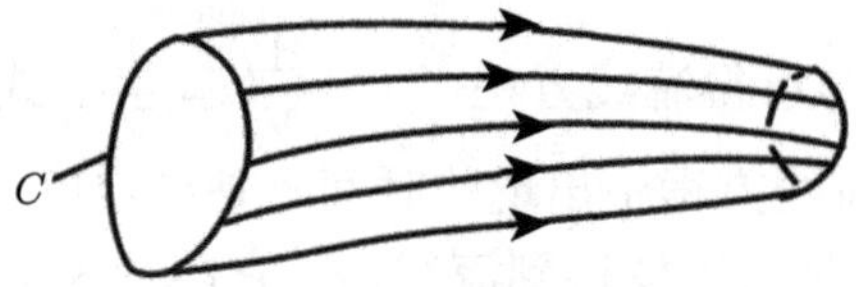

图 2-5 流管的形成

由于流管的侧表面由流线组成，流管表面上流体质点的流动方向始终与组成流管的流线相切，因此将不会有流体穿越流管表面自由出入，流管就像一个虚拟的流体管道，将流管内外流体的流动完全隔绝。定常流中流管的形状不随时间而变，对于无黏定常流动，可以用流管代替一个具有固体壁面的真实管道，所以流管虽然只是一个假想的流动管道，但它却像一个真实的流体管道，将流管内外的流体分开。

【例 2-3】 设有一流场，其欧拉表达式为 $V_x = x + t$，$V_y = -y + t$，$V_z = 0$，求流线方程。

【解】 此流场中的流线微分方程为

$$\frac{\mathrm{d}x}{x+t} = \frac{\mathrm{d}y}{-y+t} = \frac{\mathrm{d}z}{0}$$

式中，t 是定数，根据上式，解两个微分方程式:

$$\frac{\mathrm{d}x}{x+t} = \frac{\mathrm{d}y}{-y+t}, \frac{\mathrm{d}x}{x+t} = \frac{\mathrm{d}z}{0}$$

可得

$$\begin{cases} (x+t)(y-t) = A \\ z = B \end{cases}$$

式中，A、B 为积分常数，该式为流线族方程式通解。如果取流场中一点 $x = 1, y = 2, z = 3$。在 $t = 1$ 时，通过此点的流线方程式则为

$$\begin{cases} (x+1)(y-1) = 2 \\ z = 3 \end{cases}$$

【例 2-4】 有一流场，其 x、y、z 3 个方向的分速度为 $V_x = -ky, V_y = kx$，$V_z = 0$，求它的流线方程并分析流动状况。

【解】 因 $V_z=0$，所以流动是二维的，将 3 个分速度代入流线方程 (2-9) 式得

$$\frac{\mathrm{d}x}{-ky}=\frac{\mathrm{d}y}{kx},\quad 即\ x\mathrm{d}x+y\mathrm{d}y=0$$

此方程式的解为 $x^2+y^2=C$。即流线族是以坐标原点为圆心的同心圆，由第一象限速度分量的正负可以判定流体质点的运动方向是逆时针方向 (图 2-6)。

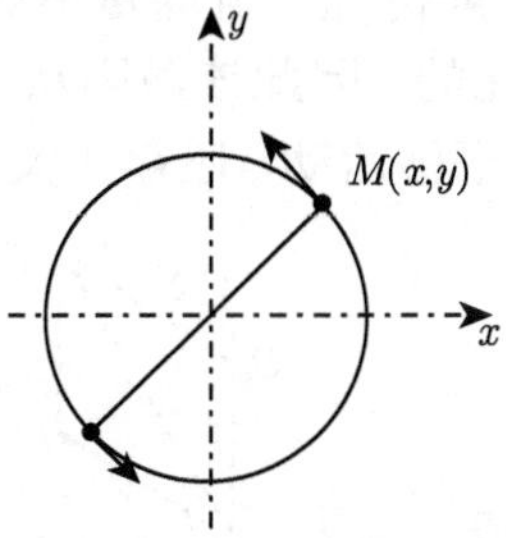

图 2-6　流线及运动

【例 2-5】 设有一流场，其速度表达式为 $V_x=x+t$，$V_y=-y+t$，$V_z=0$，求此流场的迹线方程。

【解】 此运动与时间有关，因此是一个非定常流，流线与迹线不重合。求流线时，时间 t 为某一定值，而求解迹线方程时，时间 t 则为自变量。

将上述速度表达式代入迹线方程 (2-8) 式，并积分可得

$$x=A\mathrm{e}^t-t-1, y=B\mathrm{e}^{-t}+t-1, z=C$$

若当 $t=t_0$ 时，$x=x_0$，$y=y_0$，$z=z_0$，则可求出常数 A、B、C

$$A=\frac{x_0+t_0+1}{\mathrm{e}^{t_0}}, B=\frac{y_0-t_0+1}{\mathrm{e}^{t_0}}, C=z_0$$

于是就有随时间 t 增加的流体质点运动轨迹线表达式，即迹线方程：

$$x=\frac{x_0+t_0+1}{\mathrm{e}^{t_0}}\mathrm{e}^t-t-1, y=\frac{y_0-t_0+1}{\mathrm{e}^{t_0}}\mathrm{e}^t+t-1, z=z_0$$

2.2　流体微团运动分析

在研究流体运动特性时，除分析流线和迹线外，有时还需了解流动参数与流体运动方式的关系。流体的运动形式，除去与刚体运动相同的平移和转动外，还有形状的变化和体积的变化。流体微团形状的变化叫切变运动，微团体积的变化叫膨胀运动。这四种运动都可以通过流动参数表达出来。

2.2.1　流体微团的基本运动形式

为了简单起见，在一个运动的二维流场中，考察一个图 2-7 所示的正方形流体微团，假定在时间 t 该正方形流体微团处在位置 $ABCD$，它的边长为 $\delta x=\delta y$。如果流场是均匀的，即流场中各点的速度 (大小及方向) 均相同，那么经过 δt 时间后，该流体微团将从 $ABCD$ 位置运动到新位置 $A'B'C'D'$，流体微团的大小、形状和方位都没有变化，只是移动了一个位置，这种运动称为平移运动。但一般情况下流场是不均匀的，即流场中各点速度的大小和方向都各不相同，而速度是连续变化的，因此该微团从 t 时刻的位置 $ABCD$ 运动到 $t+\delta t$ 时刻的位置 $A'B'C'D'$，不仅仅存在平移运动，还存在大小、形状和方位的变化，见图 2-7。

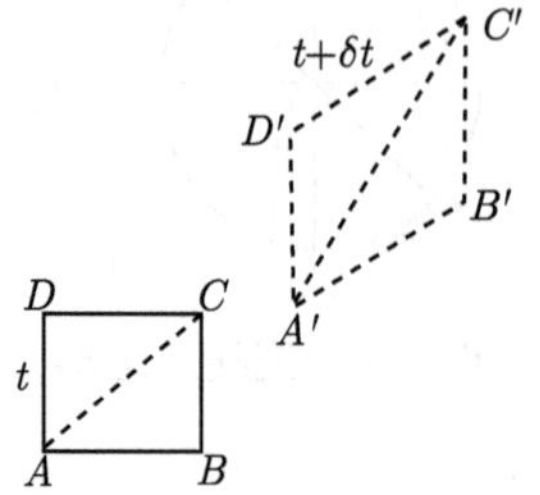

图 2-7　正方形流体微团的一般运动

流体微团在运动过程中的所有这些变化都是同步发生的，可以将这样的一个复杂的一般运动分解为几个简单运动的合成，如图 2-8 所示。

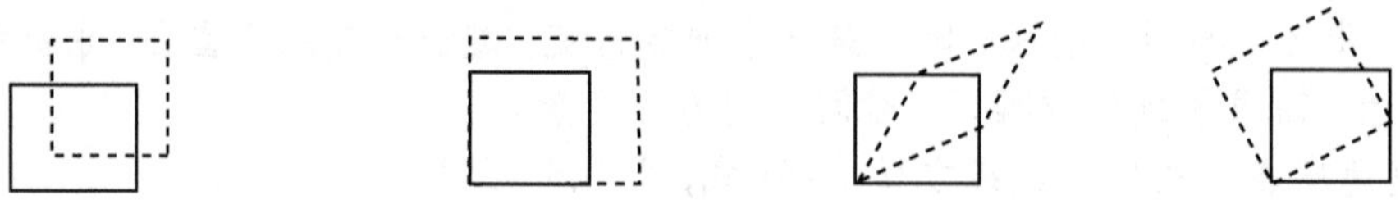

(a) 平移　(b) 线变形和体变形　(c) 角变形　(d) 旋转

图 2-8　流体微团简单运动形式分析

可见正方形流体微团在运动过程中的变形可以分解为位置移动引起的变形，即平移；由各边长度改变的线变形引起的体积 (或面积) 变形，即线变形和体变形；由两边夹角变化引起的形状改变，即角变形；以及由对角线旋转引起的位置变形，即旋转变形。

下面通过图 2-9 研究流体微团从 t 时刻的位置 $ABCD$ 运动到 $t+\delta t$ 时刻的位置 $A'B''C''D''$ 过程中流体微团的线变形、角变形和旋转运动的数学表达式。

在 t 时刻，流体微团 $ABCD$ 的 A 点速度分别为 V_{Ax}、V_{Ay}

在 t 时刻，流体微团 $ABCD$ 的 B 点速度分别为

$$V_{Bx}=V_{Ax}+\left(\frac{\partial V_x}{\partial x}\right)_A\delta x、V_{By}=V_{Ay}+\left(\frac{\partial V_y}{\partial x}\right)_A\delta x$$

在 t 时刻，流体微团 $ABCD$ 的 D 点速度分别为

$$V_{Dx}=V_{Ax}+\left(\frac{\partial V_x}{\partial y}\right)_A\delta y、V_{Dy}=V_{Ay}+\left(\frac{\partial V_y}{\partial y}\right)_A\delta y$$

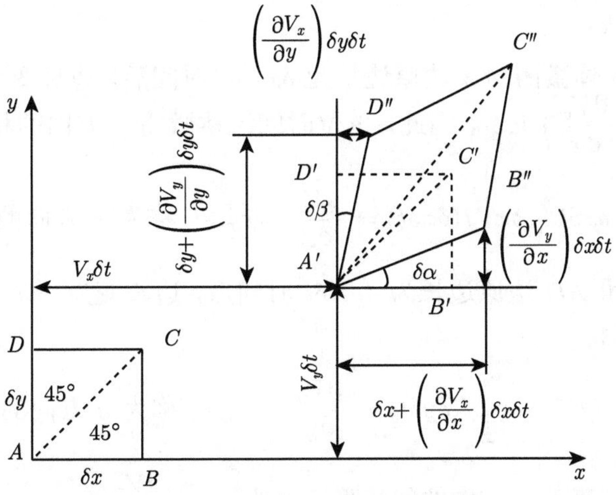

图 2-9　二维流体微团运动的数学分析

经过 δt 时刻流体微团运动到新的位置 $A'B''C''D''$，流体微团的 A 点运动到 A' 点，

$$x \text{ 方向运动距离} = V_x\delta t，y \text{ 方向运动距离} = V_y\delta t$$

流体微团的 B 点运动到 B'' 点，

$$x \text{ 方向运动距离} = V_x\delta t + \left(\frac{\partial V_x}{\partial x}\right)\delta x\delta t$$

$$y \text{ 方向运动距离} = V_y\delta t + \left(\frac{\partial V_y}{\partial x}\right)\delta x\delta t$$

流体微团的 D 点运动到 D'' 点，

$$x \text{ 方向运动距离} = V_x\delta t + \left(\frac{\partial V_x}{\partial y}\right)\delta y\delta t$$

$$y \text{ 方向运动距离} = V_y\delta t + \left(\frac{\partial V_y}{\partial y}\right)\delta y\delta t$$

流体微团从 $ABCD$ 运动到位置 $A'B''C''D''$ 的运动可以分解为两步：第一步，从 $ABCD$ 平移运动到 $A'B'C'D'$，它的形状、体积及方位均保持不变；第二步，从 $A'B'C'D'$ 经过线变形、角变形和旋转运动，到达最终位置 $A'B''C''D''$。从上述简单分析就可以直观地推导出二维流体微团线变形、角变形、旋转运动的数学表达式。

2.2.2　流体微团的平移运动、线变形及体变形、角变形和旋转运动

1. 平移运动

类似于刚体的平移运动，流体微团的平移运动是最基本的运动形式。在运动过程中流体微团除空间位置发生变化外，它的大小、形状、方位等均没有发生改变，在图 2-9 中，流体微团首先从 t 时刻的位置 $ABCD$ 运动到 $t+\delta t$ 时刻的位置 $A'B'C'D'$，尽管位置发生移动，运动到新的位置，但流体微团的尺度、外形和空间指向均保持不变，这就是流体微团的平移运动。这一概念与下一节不可压流的无旋运动有类似之处。

2. 线变形及体变形

从图 2-9 可知，流体微团 AB 边原边长为 δx，δt 时间后，边长变为 $A'B''$，它在 x 方向的投影长度为 $\delta x+\left(\dfrac{\partial V_x}{\partial x}\right)\delta x\delta t$，因此，单位时间流体微团 x 方向的相对伸缩量为

$$\left[\delta x+\left(\frac{\partial V_x}{\partial x}\right)\delta x\delta t-\delta x\right]/(\delta x\delta t)=\frac{\partial V_x}{\partial x}=\varepsilon_x,\varepsilon_x\text{ 称为 }x\text{ 方向的线变形速率。}$$

类似地，流体微团 AD 边原边长为 δy，δt 时间后，边长变为 $A'D''$，单位时间流体微团 y 方向的相对伸缩量为

$$\left[\delta y+\left(\frac{\partial V_y}{\partial y}\right)\delta y\delta t-\delta y\right]/(\delta y\delta t)=\frac{\partial V_y}{\partial y}=\varepsilon_y,\varepsilon_y\text{ 称为 }y\text{ 方向的线变形速率。}$$

类似地，对于三维流动 z 方向的线变形速率为 $\varepsilon_z=\dfrac{\partial V_z}{\partial z}$

$$\left.\begin{aligned}\varepsilon_x&=\frac{\partial V_x}{\partial x}\\ \varepsilon_y&=\frac{\partial V_y}{\partial y}\\ \varepsilon_z&=\frac{\partial V_z}{\partial z}\end{aligned}\right\}\tag{2-10}$$

(2-10) 式表示流体微团边线的相对伸缩量，只要存在流体微团的线变形，其结果就会使流体微团的体积产生膨胀和收缩，即体变形。

设瞬时 t 流体微团的体积为 $\delta v=\delta x\delta y\delta z$，则经过 δt 时间后，由于流体微团产生线变形，它的体积变为

$$\delta v'=\left(\delta x+\frac{\partial V_x}{\partial x}\delta x\delta t\right)\left(\delta y+\frac{\partial V_y}{\partial y}\delta y\delta t\right)\left(\delta z+\frac{\partial V_z}{\partial z}\delta z\delta t\right)$$

将上式展开，略去高阶小量，则得

$$\delta v'=\delta v+\left(\frac{\partial V_x}{\partial x}+\frac{\partial V_y}{\partial y}+\frac{\partial V_z}{\partial z}\right)\delta v\delta t$$

于是，单位时间内流体体积的相对变化率 (即流体微团的体积膨胀率) 为

$$\frac{1}{\delta v}\frac{\mathrm{d}(\delta v)}{\mathrm{d}t}=\frac{1}{\delta v}\lim_{\delta t\to o}\frac{\delta v'-\delta v}{\delta t}=\frac{\partial V_x}{\partial x}+\frac{\partial V_y}{\partial y}+\frac{\partial V_z}{\partial z}$$

上式第二个等号的右端就是速度的散度，即

$$\mathrm{div}\boldsymbol{V}=\nabla\cdot\boldsymbol{V}=\frac{\partial V_x}{\partial x}+\frac{\partial V_y}{\partial y}+\frac{\partial V_z}{\partial z}=\varepsilon_x+\varepsilon_y+\varepsilon_z$$

由以上推导可以看出，流体微团三个线变形速率之和等于流体微团的体积膨胀率，也等于流体运动速度的散度。如果流体运动速度的散度为零，即

$$\mathrm{div}\boldsymbol{V}=\nabla\cdot\boldsymbol{V}=\varepsilon_x+\varepsilon_y+\varepsilon_z=0$$

意味着流体尽管三个方向都可以有线变形速率，但它的体变形速率为零，流体的体积不随时间而变，这就是不可压流体的连续方程，将在第 3 章的 3.2 节具体讨论。

对二维平面流，它的连续方程变成

$$\varepsilon_x + \varepsilon_y = \partial V_x/\partial x + \partial V_y/\partial y = 0$$

说明流体在 x 方向和 y 方向的变形互为补充，一个方向的伸长变形由垂直方向的收缩变形补充，使它的体变形为零。二维平面流的这一连续方程将在本章介绍流函数的 2.4.2 节中得到应用。

3. 角变形

流体微团除了上述的平移运动、线变形之外，还存在角变形，或称为剪切变形。角变形以角变形速率表示，定义为相互垂直的 AB 边、AD 边夹角随时间的平均变化率。

观察图 2-9，当流体微团从 t 时刻的位置 $ABCD$ 运动到 $t+\delta t$ 时刻的位置 $A'B''C''D''$ 时，它的 AB 边运动到 $A'B''$ 位置，AD 边运动到 $A'D''$ 位置，AB 边的转角为 $\delta\alpha$，AD 边的转角为 $\delta\beta$，于是角变形速率定义为

$$\gamma_z = \lim_{\delta t\to o}\frac{1}{2}\left(\frac{\delta\alpha+\delta\beta}{\delta t}\right)$$

从图中可知，$\delta\alpha \approx \tan(\delta\alpha) = \dfrac{\partial V_y}{\partial x}\delta x\delta t\Big/\left(\delta x + \dfrac{\partial V_x}{\partial x}\delta x\delta t\right)$，由于 $\delta x \gg \dfrac{\partial V_x}{\partial x}\delta x\delta t$，因此

$$\delta\alpha = \frac{\partial V_y}{\partial x}\delta t$$

同理 $\delta\beta \approx \tan(\delta\beta) = \dfrac{\partial V_x}{\partial y}\delta y\delta t\Big/\left(\delta y + \dfrac{\partial V_y}{\partial y}\delta y\delta t\right)$ 可得 $\delta\beta = \dfrac{\partial V_x}{\partial y}\delta t$，于是角变形速率

$$\gamma_z = \lim_{\delta t\to 0}\frac{1}{2}\left(\frac{\delta\alpha+\delta\beta}{\delta t}\right) = \frac{1}{2}\left(\frac{\partial V_y}{\partial x}+\frac{\partial V_x}{\partial y}\right)$$

对于三维流动，采用类似的分析方法，可以得到另外两个平面内的角变形速率 γ_x 和 γ_y，则围绕三个轴的角变形速率分别为

$$\left.\begin{aligned}\gamma_x &= \frac{1}{2}\left(\frac{\partial V_z}{\partial y}+\frac{\partial V_y}{\partial z}\right)\\ \gamma_y &= \frac{1}{2}\left(\frac{\partial V_x}{\partial z}+\frac{\partial V_z}{\partial x}\right)\\ \gamma_z &= \frac{1}{2}\left(\frac{\partial V_y}{\partial x}+\frac{\partial V_x}{\partial y}\right)\end{aligned}\right\} \tag{2-11}$$

当 γ 为正时，流体微团产生收缩角变形；当 γ 为负时，流体微团产生扩展角变形。

4. 旋转运动

观察图 2-9 微团上相互垂直的 AB 边、AD 边由于流体微团的运动而产生的夹角 $\delta\alpha$、$\delta\beta$ 随时间的变化率，图中所示的 AB 边、AD 边的转角分别为

$$\delta\alpha = \frac{\partial V_y}{\partial x}\delta t, \delta\beta = \frac{\partial V_x}{\partial y}\delta t$$

如果在 δt 时间内的转角 $\delta\alpha=\delta\beta$，那流体微团只有角变形而没有发生旋转。一般情况下，AB 边、AD 边的转角是不相等的，在这种情况下，流体微团必然发生旋转运动，因此流体微团的旋转与 $\delta\alpha$、$\delta\beta$ 之差有关，若规定逆时针转动为正、顺时针为负，那么夹角 $\delta\alpha$、$\delta\beta$ 随时间的变化率为

$$\lim_{\delta t\to 0}\frac{\delta\alpha}{\delta t}=\frac{\partial V_y}{\partial x},\quad \lim_{\delta t\to 0}\frac{\delta\beta}{\delta t}=\frac{\partial V_x}{\partial y}$$

定义流体微团绕 Oz 轴的旋转角速度为

$$\omega_z=\frac{1}{2}\left(\frac{\partial V_y}{\partial x}-\frac{\partial V_x}{\partial y}\right)$$

同理可以导出绕 Ox、Oy 轴的旋转角速度分别为

$$\omega_x=\frac{1}{2}\left(\frac{\partial V_z}{\partial y}-\frac{\partial V_y}{\partial z}\right)$$

$$\omega_y=\frac{1}{2}\left(\frac{\partial V_x}{\partial z}-\frac{\partial V_z}{\partial x}\right)$$

通常可以用矢量形式表示微团的总体旋转角速度，即

$$\boldsymbol{\omega}=\omega_x\boldsymbol{i}+\omega_y\boldsymbol{j}+\omega_z\boldsymbol{k}$$

$$\boldsymbol{\omega}=\frac{1}{2}\left(\frac{\partial V_z}{\partial y}-\frac{\partial V_y}{\partial z}\right)\boldsymbol{i}+\frac{1}{2}\left(\frac{\partial V_x}{\partial z}-\frac{\partial V_z}{\partial x}\right)\boldsymbol{j}+\frac{1}{2}\left(\frac{\partial V_y}{\partial x}-\frac{\partial V_x}{\partial y}\right)\boldsymbol{k}\tag{2-12}$$

根据场论中速度矢量的旋度 $\boldsymbol{\Omega}$ 表达式，流体微团旋转角速度 $\boldsymbol{\omega}$ 可以表示成

$$\boldsymbol{\omega}=\frac{1}{2}\mathrm{rot}\boldsymbol{V}=\frac{1}{2}\nabla\times\boldsymbol{V}=\frac{1}{2}\boldsymbol{\Omega}$$

式中，速度的旋度 $\boldsymbol{\Omega}$ 又称为涡量：

$$\boldsymbol{\Omega}=\nabla\times\boldsymbol{V}=\begin{vmatrix}\boldsymbol{i} & \boldsymbol{j} & \boldsymbol{k}\\ \dfrac{\partial}{\partial x} & \dfrac{\partial}{\partial y} & \dfrac{\partial}{\partial z}\\ V_x & V_y & V_z\end{vmatrix}$$

若流体微团的旋转角速度 $\boldsymbol{\omega}=0$ 或涡量 $\boldsymbol{\Omega}=0$，流场中的流体微团不绕其自身轴旋转，则流动就是无旋流动；反之，若 $\boldsymbol{\omega}\neq 0$ 或 $\boldsymbol{\Omega}\neq 0$，就是有旋流动，这一重要概念将在 2.3.3 节讨论。

上面从流动的物理模型分析了流体微团的四种基本运动形态，一般情况下，流体微团的运动是由上述四种基本运动形态组合而成，或者说，流体微团的运动总是可以分解为以上这四种基本的运动形态。

通常情况下，流体的运动是连续的，描写流体运动的参数是空间的连续函数，因此我们可以利用数学上连续函数的性质和处理方法来研究流体运动参数的变化规律，例如用泰勒级数研究空间相邻两点间的流体速度是如何随空间坐标而变化的。

基于以上考虑，在流场中某瞬间取一流体微团作为研究对象，见图 2-10，设该瞬间流体微团中心点 $M(x,y,z)$ 的速度为

$$\boldsymbol{V}=V_x\boldsymbol{i}+V_y\boldsymbol{j}+V_z\boldsymbol{k}$$

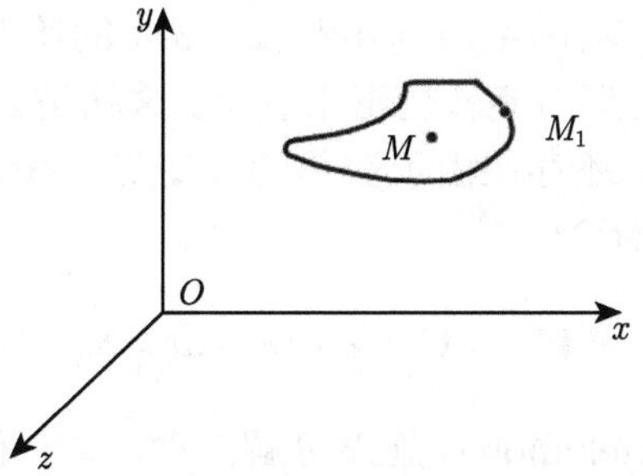

图 2-10　流体微团相邻点的速度变化

流体微团上邻近的另一点 $M_1(x+\delta x,y+\delta y,z+\delta z)$ 在同一瞬时的速度可以用泰勒级数展开来表示，略去二阶以上的小量，得

$$\left.\begin{aligned}V_{x_1}&=V_x+\left(\frac{\partial V_x}{\partial x}\right)_M\delta x+\left(\frac{\partial V_x}{\partial y}\right)_M\delta y+\left(\frac{\partial V_x}{\partial z}\right)_M\delta z\\V_{y_1}&=V_y+\left(\frac{\partial V_y}{\partial x}\right)_M\delta x+\left(\frac{\partial V_y}{\partial y}\right)_M\delta y+\left(\frac{\partial V_y}{\partial z}\right)_M\delta z\\V_{z_1}&=V_z+\left(\frac{\partial V_z}{\partial x}\right)_M\delta x+\left(\frac{\partial V_z}{\partial y}\right)_M\delta y+\left(\frac{\partial V_z}{\partial z}\right)_M\delta z\end{aligned}\right\}\tag{2-13}$$

观察 (2-13) 式可以发现，各等式右边第一项代表了平移速度，表示 M_1 点的运动首先是随 M 点一起作平移运动；其次可以看到，第一式中的 $(\partial V_x/\partial x)_M$，恰好是 M 点流体在 x 方向的线变形速率 ε_x，第二式中的 $(\partial V_y/\partial y)_M$，恰好是 M 点流体在 y 方向的线变形速率 ε_y，第三式的最后一项则是流体在 z 方向的线变形速率 ε_z，说明 M_1 点的运动除了随 M 点一起作平移运动外，还有三个方向的伸缩运动，即线变形运动。从前面的微团分析知道，流体的运动除平移、伸缩外，还有角变形和旋转运动，由此可见，(2-13) 式中的其余各分速度的交叉偏导数项，必然包含流体的角变形 $\boldsymbol{\gamma}$ 和旋转运动 $\boldsymbol{\omega}$ 在内。

在此思想指导下，将 (2-13) 式的各交叉偏导数作一些数学变换，将“隐藏”在式内流体角变形速率 $\boldsymbol{\gamma}$ 和旋转运动角速度 $\boldsymbol{\omega}$“挖掘”出来。

在第一式中人为地增加四项，即 $\pm\dfrac{1}{2}\dfrac{\partial V_y}{\partial x}\delta y\pm\dfrac{1}{2}\dfrac{\partial V_z}{\partial x}\delta z$，然后将第一式改写为

$$\begin{aligned}V_{x1}=&V_x+\frac{\partial V_x}{\partial x}\delta x+\frac{1}{2}\left(\frac{\partial V_x}{\partial y}+\frac{\partial V_y}{\partial x}\right)\delta y+\frac{1}{2}\left(\frac{\partial V_x}{\partial z}+\frac{\partial V_z}{\partial x}\right)\delta z\\&-\frac{1}{2}\left(\frac{\partial V_y}{\partial x}-\frac{\partial V_x}{\partial y}\right)\delta y+\frac{1}{2}\left(\frac{\partial V_x}{\partial z}-\frac{\partial V_z}{\partial x}\right)\delta z\end{aligned}$$

式中，由于 $\dfrac{\partial V_x}{\partial x}=\varepsilon_x$，$\dfrac{1}{2}\left(\dfrac{\partial V_y}{\partial x}+\dfrac{\partial V_x}{\partial y}\right)=\gamma_z$，$\dfrac{1}{2}\left(\dfrac{\partial V_x}{\partial z}+\dfrac{\partial V_z}{\partial x}\right)=\gamma_y$，

$$\frac{1}{2}\left(\frac{\partial V_y}{\partial x}-\frac{\partial V_x}{\partial y}\right)=\omega_z,\ \frac{1}{2}\left(\frac{\partial V_x}{\partial z}-\frac{\partial V_z}{\partial x}\right)=\omega_y,$$

因此

$$\left.\begin{aligned}V_{x1} &= V_x + [\varepsilon_x\delta x + (\gamma_z\delta y + \gamma_y\delta z)] + (\omega_y\delta z - \omega_z\delta y)\\V_{y1} &= V_y + [\varepsilon_y\delta y + (\gamma_x\delta z + \gamma_z\delta x)] + (\omega_z\delta x - \omega_x\delta z)\\V_{z1} &= V_z + [\varepsilon_z\delta z + (\gamma_y\delta x + \gamma_x\delta y)] + (\omega_x\delta y - \omega_y\delta x)\end{aligned}\right\} \tag{2-14}$$

于是流体微团 M 邻近点 $M_1(x+\delta x, y+\delta y, z+\delta z)$ 的速度可以用 M 点的速度 $\boldsymbol{V}$ 与从 M 到 M_1 点由于流体的运动变形与旋转变形来表示。这就是说 M_1 点的速度 $\boldsymbol{V}_1$ 除随 M 点一起运动的平移速度 $\boldsymbol{V}$ 以外，还存在由于流体的线变形、角变形与旋转引起的速度差异。

(2-14) 式也可以用矢量表示为

$$\boldsymbol{V}_1 = \boldsymbol{V} + \boldsymbol{g}\cdot\delta\boldsymbol{r} + \boldsymbol{\omega}\times\delta\boldsymbol{r}$$

这就是著名的海姆霍茨 (Helmholtz) 速度分解定理。式中右端第一项 $\boldsymbol{V}$ 为平移速度；第二项 $\boldsymbol{g}\cdot\delta\boldsymbol{r}$ 为变形 (包括线变形和角变形) 引起的速度变化，符号 $\boldsymbol{g}$ 为变形速度矩阵；第三项 $\boldsymbol{\omega}\times\delta\boldsymbol{r}$ 为旋转引起的速度变化。式中的变形速度矩阵 $\boldsymbol{g}$ 为

$$\boldsymbol{g} = \begin{bmatrix}\varepsilon_x & \gamma_z & \gamma_y\\ \gamma_z & \varepsilon_y & \gamma_x\\ \gamma_y & \gamma_x & \varepsilon_z\end{bmatrix}$$

【例 2-6】 (1) 已知速度分布为 $\boldsymbol{V} = 3t\boldsymbol{i} + xz\boldsymbol{j} + ty^2\boldsymbol{k}$，试计算流体微团的体积膨胀率，并判别该速度场是否为无旋场。

(2) 若速度场为 $V_x = x(1+y^2), V_y = x - y^2$，求在此流场中的点 (2,1) 处的旋转角速度、剪切变形角速度和体积膨胀率。

【解】 (1) 流体微团的体积膨胀率 (即速度的散度) 为

$$\nabla\cdot\boldsymbol{V} = \frac{\partial}{\partial x}(3t) + \frac{\partial}{\partial y}(xz) + \frac{\partial}{\partial z}(ty^2) = 0$$

散度为零的流动表示此速度场没有产生体积的膨胀或压缩，因此这是不可压流场，

而速度的旋度为

$$\nabla\times\boldsymbol{V} = \begin{vmatrix}\boldsymbol{i} & \boldsymbol{j} & \boldsymbol{k}\\ \dfrac{\partial}{\partial x} & \dfrac{\partial}{\partial y} & \dfrac{\partial}{\partial z}\\ V_x & V_y & V_z\end{vmatrix} = (2ty - x)\boldsymbol{i} + z\boldsymbol{k} \neq 0$$

所以流动是有旋的。

(2) 流体微团在点 (2,1) 处的旋转角速度、剪切变形角速度和体积膨胀率分别为

$$\omega_z = \frac{1}{2}\left(\frac{\partial V_y}{\partial x} - \frac{\partial V_x}{\partial y}\right) = \frac{1}{2}(1 - 2xy) = -1.5$$

$$\gamma_z = \frac{1}{2}\left(\frac{\partial V_y}{\partial x} + \frac{\partial V_x}{\partial y}\right) = \frac{1}{2}(1 + 2xy) = 2.5$$

$$\mathrm{div}\boldsymbol{V}=\nabla\cdot\boldsymbol{V}=\frac{\partial V_x}{\partial x}+\frac{\partial V_y}{\partial y}=(1+y^2)-2y=0$$

可以看出，此流场在点 (2,1) 处的流体微团顺时针旋转，虽然没有产生体积膨胀变形，但是产生了角变形。

2.3　流体运动分类

2.3.1　定常流和非定常流

2.1 节介绍欧拉法时，已经简单地说明了定常流和非定常流的区别。根据时间 t 对流动参数是否有影响，可以将流动分为定常流动 (又称稳定流动) 与非定常流动 (又称不稳定流动) 两大类。若流场中所有空间点上的各流动参数不随时间变化，这种流动称为定常流动，否则就称为非定常流动。定常流动中流动参数只是空间坐标的函数，而与时间无关，所以

$$\partial N/\partial t=0 \quad 或 \quad N=N(x,y,z) \tag{2-15}$$

式中，N 可以是速度 V、压强 p、密度 ρ 等参数。

图 2-11 给出了定常流与非定常流的两个简单实例，都是水箱的出水流动，图 2-11(a) 中水箱上方不断补充水量使水箱水位 H 始终保持不变，出水管中各点水流的速度、压强等均不随时间变化，这就是定常流动。图 2-11(b) 的水箱无水量补充，水箱水位随时间不断下降，从出水管流出的水流速度会越来越小，出水管内各点的流动参数也将随时间变化，这就是非定常流动。

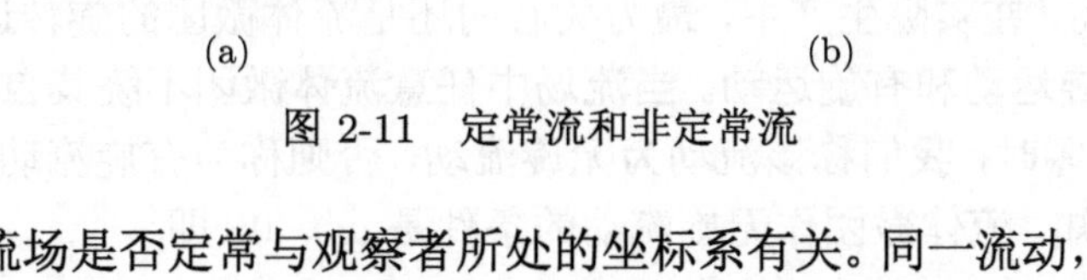

图 2-11　定常流和非定常流

值得一提的是流场是否定常与观察者所处的坐标系有关。同一流动，从不同的坐标系来观察，可以得出不同的结论。例如船在静止的湖水中作匀速直线运动。对于岸上的观察者来说，船所到之处，湖水受扰动，船通过以后，湖水又逐渐归于平静，显然，湖水的这种由静到动再回到静的流动过程是非定常流动。而对于船上的观察者来说，船是静止的，湖水迎面流来，绕船流过，流向后方，而且任意点的湖水流动速度不随时间而变化，因而湖水作定常流动。

由于定常流动的流动参数与时间 t 无关，对于定常流动问题的处理比对非定常流动问题的处理要方便和简单得多，因此，在处理流动问题时，只要有可能，总是通过选择坐标系把非定常流动转化为定常流动来研究。

2.3.2 一维流、二维流、三维流

如果流体在流动中，其流动参数仅是一个空间坐标的函数，则这样的流动称为一维流动，如图 2-12(a) 所示，若该流管进出口速度均匀分布，尽管流管是弯曲的，但流速 V 只是流程 s 的函数，$V = V(s)$，因此这是一维流动。

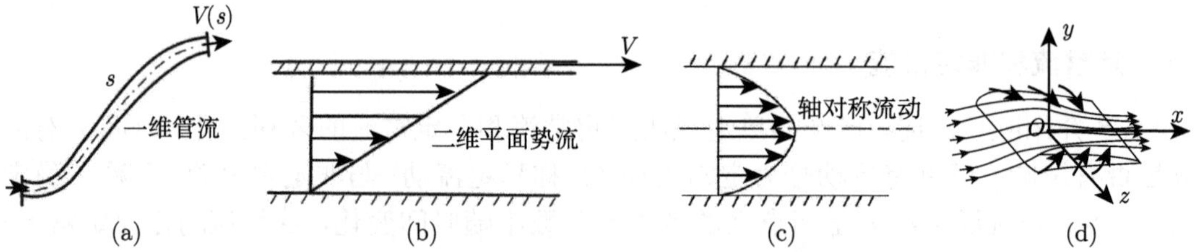

图 2-12 一维流、二维流和三维流

如果流动参数是两个空间坐标的函数，则称为二维流动，二维流动又称为平面流动，图 2-12(b) 是流体在一个无限大固定平板与一个无限大运动平板间的流动速度分布，这是典型的二维平面流动；图 2-12(c) 为圆管中流体速度分布，即轴对称流动，这也是另一种典型的二维流动。如果流动参数是三个空间坐标的函数，则称为三维流动，现实生活中的绝大多数流动问题都是三维流动，如叶轮机械中流体的运动、有限长机翼两端的流动等，见图 2-12(d)。二维流动和三维流动均称为多维流动。如果把时间也考虑进去，则有一维定常流动和一维非定常流动，二维定常流动和二维非定常流动，三维定常流动和三维非定常流动等。

综上所述，在圆柱坐标系中，轴对称流动也属于二维流动，它的特点是流动参数仅是坐标 r、z 的函数，而与 θ 无关，即 $\dfrac{\partial N}{\partial \theta} = 0$。例如，空气沿着一个圆锥物体的对称轴线方向流动，流动参数仅仅沿轴线方向 (z 方向) 和垂直于轴线方向 (r 方向) 发生变化。

2.3.3 有旋流与无旋流

1. *有旋流与无旋流的定义*

由上面的讨论可知，流体微团的运动可以分为平移、旋转、角变形 (剪切变形) 和体变形以及旋转运动。然而，在实际生产中，最为关心的还是流体微团的旋转运动，因此常把流体微团的运动分为无旋运动和有旋运动。当流场中任意流体微团不绕其自身某一瞬时轴转动，即角速度矢量 $\boldsymbol{\omega}$ 为零时，我们称该流动为无旋流动，否则称为有旋流动或旋涡流动。

由 (2-12) 式可知，流体微团作无旋流动的条件是 $\boldsymbol{\omega} = 0$，即

$$\partial V_z/\partial y = \partial V_y/\partial z, \quad \partial V_x/\partial z = \partial V_z/\partial x, \quad \partial V_x/\partial y = \partial V_y/\partial x \tag{2-16}$$

(2-16) 式是判断流动是否有旋的唯一标准。必须注意：判断流场有旋或无旋与流体质点的迹线无关。如图 2-13(a) 和图 2-13(b) 给出了两种定常平行直线流动的速度分布，人们往往容易产生错觉，直观地认为流体的直线运动就一定是无旋流动，其实不然。

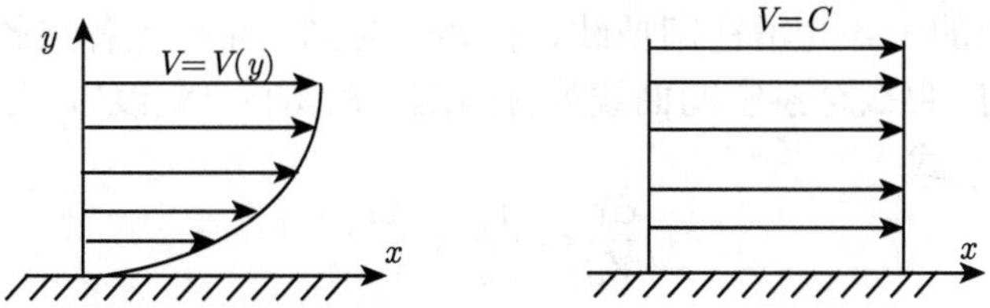

(a) 边界层流动　　(b) 平均平行流动

图 2-13　流体的两种定常平行直线运动

图 2-13 所示两种流动都是二维定常流动，尽管速度方向均平行于 x 轴，但图 2-13(a) 的 $\dfrac{\partial V_x}{\partial y} > 0$，而 $\dfrac{\partial V_y}{\partial x} = 0$，可见围绕 z 轴的旋转角速度 $\omega_z = \dfrac{1}{2}\left(\dfrac{\partial V_y}{\partial x} - \dfrac{\partial V_x}{\partial y}\right) \neq 0$，因此图 2-13(a) 的流动是有旋流。

对于图 2-13(b) 的流动，$\dfrac{\partial V_x}{\partial y} = 0$，同时 $\dfrac{\partial V_y}{\partial x} = 0$，可见围绕 z 轴的旋转角速度 $\omega_z = \dfrac{1}{2}\left(\dfrac{\partial V_y}{\partial x} - \dfrac{\partial V_x}{\partial y}\right) = 0$，因此图 2-13(b) 的流动是无旋流。

【例 2-7】 已知圆管中流体的流动为层流定常流，其流速分布为 $V_x = A(r_0^2 - r^2)$，$V_y=0$，$V_z=0$，其中 $A \neq 0$ 为常数，$r^2 = y^2 + z^2$，判断此流动是否有旋？

【解】 若 ω_x、ω_y、ω_z 均为零，则流动为无旋流动。为此，需求出 ω_x、ω_y、ω_z。根据旋转角速度的定义可得

$$\omega_x = \frac{1}{2}\left(\frac{\partial V_z}{\partial y} - \frac{\partial V_y}{\partial z}\right) = 0, \omega_y = \frac{1}{2}\left(\frac{\partial V_x}{\partial z} - \frac{\partial V_z}{\partial x}\right) = -Az \neq 0, \omega_z = \frac{1}{2}\left(\frac{\partial V_y}{\partial x} - \frac{\partial V_x}{\partial y}\right) = +Ay \neq 0$$

可见，圆管层流动为有旋流动，再次说明流体运动是否有旋与微团的运动轨迹无关。

自然界的流体运动大多数是有旋运动，如运动流体流经障碍物后的尾涡、运动物体表面边界层内的微小漩涡。现代文明的飞速发展更是带来大量与有旋流有关的物理现象，如飞行器、高速列车、船舶航行产生一系列与漩涡密切相关的流动问题，这与飞行器减阻设计、提高叶轮机械的效率等关系重大。

由于旋涡的产生和变化对流体运动有重要的影响，因此，对其进行研究具有实际意义。如果压气机、涡轮、离心泵等旋转的叶轮机械的叶轮外形设计不好，流体会脱离固壁表面，产生旋涡，并消耗机械能，甚至会发生振动和气蚀 (液体机械) 等现象。同时，在物体运动时，其后面的旋涡会使阻力加大，消耗掉物体的可用能量。但是，旋涡并非都是无益的，有时可以利用漩涡加速掺混，利用漩涡来改善流场均匀性等。

2. 有旋流的涡线与涡管

有旋流动的流场中存在流体的旋转角速度 $\boldsymbol{\omega}$，为了更形象地描述和讨论存在旋转角速度 $\boldsymbol{\omega}$ 的旋涡场或涡量场，类似于速度场中定义的流线、流管，涡量场中也定义有涡线、涡管。

涡线是涡量场中的一条光滑空间曲线，在某一时刻，曲线上各点的旋转角速度矢量 $\boldsymbol{\omega}$ 都与该空间曲线相切，那么这条空间曲线就称为这一时刻的“涡线”，见图 2-14。所以，类似于流线微分方程 (2-9) 式

$$\frac{\mathrm{d}x}{V_x}=\frac{\mathrm{d}y}{V_y}=\frac{\mathrm{d}z}{V_z}$$

涡线的微分方程可以写为

$$\frac{\mathrm{d}x}{\omega_x}=\frac{\mathrm{d}y}{\omega_y}=\frac{\mathrm{d}z}{\omega_z} \quad \text{或} \quad \mathrm{d}\boldsymbol{r}\times\boldsymbol{\omega}=0 \tag{2-17}$$

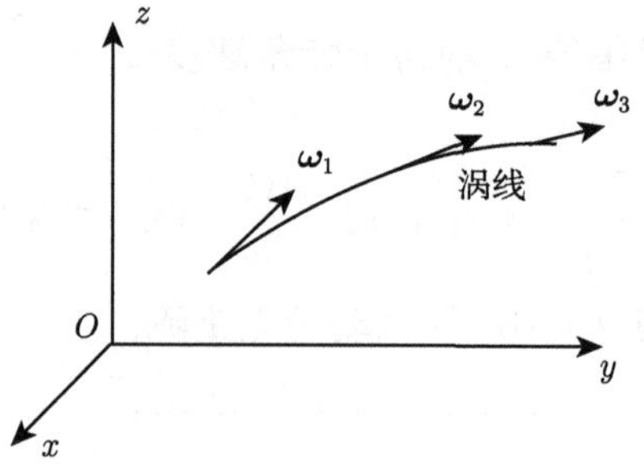

图 2-14　涡线的生成

与前文讨论的流管类似，在旋涡场中也可以勾画出涡管，如图 2-15 所示。我们可以在旋涡场中任取一条非涡线的封闭曲线，过该曲线上的每一点作一条涡线，所有这些涡线组成的管状曲面称为涡管。

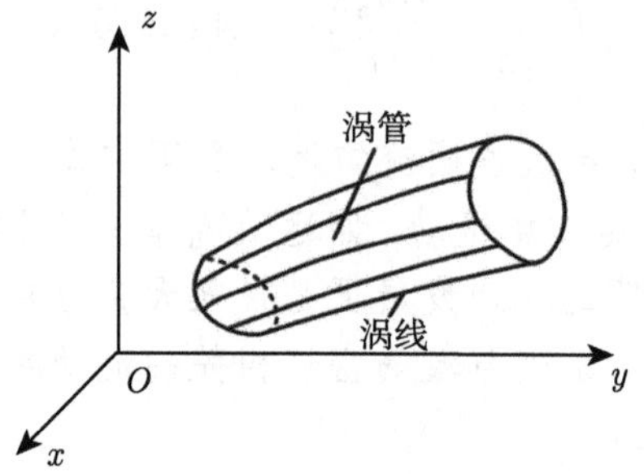

图 2-15　涡管

3. 有旋流的速度环量

速度环量是描写有旋流强度的一个重要物理量，它是指流场中流体运动速度沿某一封闭曲线的线积分。

在一个连续流场中，任取一条封闭曲线 C，沿逆时针方向作该曲线各点速度的线积分，定义为沿该曲线的速度环量 Γ_C，见图 2-16。

$$\Gamma_C=\oint_C \boldsymbol{V}\cdot\mathrm{d}\boldsymbol{s}=\oint_C(V_x\mathrm{d}x+V_y\mathrm{d}y+V_z\mathrm{d}z) \tag{2-18}$$

速度环量的积分通常取逆时针方向为正。

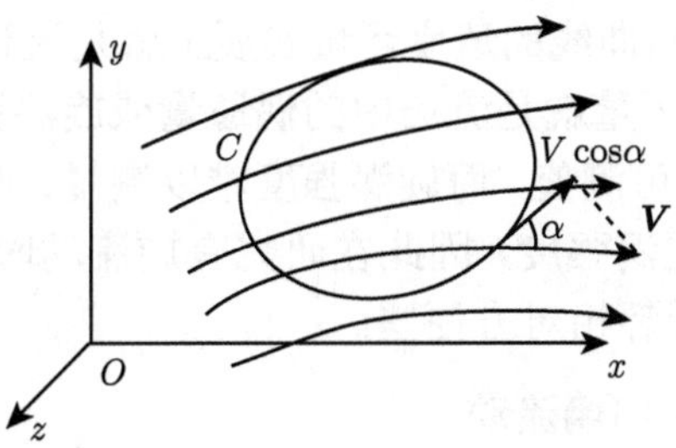

图 2-16　连续流场中的速度环量

4. 速度环量与旋涡强度的关系

速度环量是速度沿封闭曲线的线积分，旋转角速度则是速度的交叉偏导数，这二者的关系很自然地可以用数学上线积分与面积分的斯托克斯公式相联系：

$$\begin{aligned}\Gamma_C &= \oint_C \boldsymbol{V}\cdot \mathrm{d}\boldsymbol{s} = \oint_C V_x\mathrm{d}x + V_y\mathrm{d}y + V_z\mathrm{d}z \\ &= \oiint_A \left[\left(\frac{\partial V_z}{\partial y}-\frac{\partial V_y}{\partial z}\right)\mathrm{d}y\mathrm{d}z + \left(\frac{\partial V_x}{\partial z}-\frac{\partial V_z}{\partial x}\right)\mathrm{d}z\mathrm{d}x + \left(\frac{\partial V_y}{\partial x}-\frac{\partial V_x}{\partial y}\right)\mathrm{d}x\mathrm{d}y\right]\end{aligned}$$

由于

$$\omega_x = \frac{1}{2}\left(\frac{\partial V_z}{\partial y}-\frac{\partial V_y}{\partial z}\right), \omega_y = \frac{1}{2}\left(\frac{\partial V_x}{\partial z}-\frac{\partial V_z}{\partial x}\right), \omega_z = \frac{1}{2}\left(\frac{\partial V_y}{\partial x}-\frac{\partial V_x}{\partial y}\right)$$

代入上式得到

$$\begin{aligned}\Gamma_C &= \oint_C \boldsymbol{V}\cdot \mathrm{d}\boldsymbol{s} = \oint_C V_x\mathrm{d}x + V_y\mathrm{d}y + V_z\mathrm{d}z = \oiint_A 2(\omega_x\mathrm{d}A_x + \omega_y\mathrm{d}A_y + \omega_z\mathrm{d}A_z) \\ &= \oiint_A (\nabla\times\boldsymbol{V})\cdot\mathrm{d}\boldsymbol{A}\end{aligned}$$

或者

$$\Gamma_C = \oint_C \boldsymbol{V}\cdot\mathrm{d}\boldsymbol{s} = \oiint_A (\nabla\times\boldsymbol{V})\cdot\mathrm{d}\boldsymbol{A} = \oiint_A \boldsymbol{\Omega}\cdot\mathrm{d}\boldsymbol{A} \tag{2-19}$$

式中，$\boldsymbol{\Omega}$ 是速度的旋度，又称“涡量”。

显然，(2-19) 式将有旋流的速度环量与相应面积分的“涡通量”联系在了一起。式中的“C”为线积分的封闭曲线，而等式右边的面积 A 恰好是以 C 为边界的空间曲面，如图 2-17 所示。

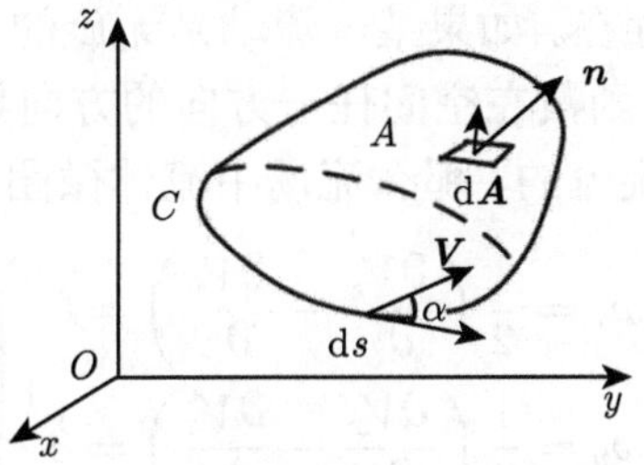

图 2-17　速度环量与涡通量的关系

(2-19) 式表明，沿某一空间曲线的速度环量实质上就是通过该封闭曲线所包围面积的涡通量或旋涡强度。因此，速度环量就是流场中的涡通量或旋涡强度的表征。由于流场中的速度可以测量，因此速度环量是可测值，而旋涡强度难以测量，但是我们可以借助上述公式从速度环量间接地求出流场的旋涡强度，因此在研究有旋流动时，用速度环量代替旋涡强度，无论是实验研究还是理论分析都相对方便些。

2.3.4 绝热流动、等熵流动和均熵流动

在工程热力学中，曾经定义过等熵过程，即可逆的绝热过程为等熵过程。

在许多流动中都伴随有热传递的现象，热量的来源既可以是该部分流体与其外界之间的热交换 (如在燃烧室中的加热，管道流动中通过壁面的热传递等)，也可以是流体内部由物理过程或化学反应而产生。对于没有这类热量的输入或生成，且流体内部的导热系数近似为零的流动，称为绝热流动。绝热流动的特点是壁面法向的温度梯度为零，即

$$\frac{\partial T}{\partial n}=0$$

如果在绝热流动过程中，沿流动方向不存在机械能耗散，则称其为可逆的绝热流动，其熵值沿流向保持不变，这就是等熵流动；对存在机械能耗散的绝热流动则称为不可逆绝热流动，流动的熵值沿流向不断增加。在后续的气体动力学章节中，我们将会了解到，绝热流动的总温 T^* 保持不变，而在等熵流动中，除总温不变外，气流的总压 p^* 也保持不变。

严格的绝热流动是难以实现的，即使没有热量从外部传入或在内部生成，流动中也会伴有不均匀的温度分布，这就会引起热传导的现象。只有当传入与生成的热量都非常小，而且热传导的影响也可略去不计时，才可以近似地认为是绝热流动；而只有忽略流体的黏性 (无内摩擦也就没有内耗散和损失) 与热传导的连续流动，才可以近似地看作是等熵流动。

在等熵流动的基础上，如果整个流场都没有机械能的耗散，那么该流场的流动就是均熵流动。从更一般的概念出发，如果流体在流动过程中，沿某一流线的熵值保持不变，那么沿该流线的流动就是等熵流动，此时整个流场的熵值不见得都相同，只有全流场的熵值为一定值时，该流场的流动才是“均熵”流动。

2.4 势函数与流函数

2.4.1 势函数 φ

势函数只有在无旋流中才存在。如果某一流动是无旋的，则这一流动就是有势的，在流场中必存在一速度势函数，该势函数在空间任一方向的方向导数为这一方向的流动速度。从 2.3.3 节我们知道，若流动是无旋流的，那么流场中流体微团的旋转速度 $\boldsymbol{\omega}$ 处处为零，即

$$\left.\begin{aligned}\omega_x&=\frac{1}{2}\left(\frac{\partial V_z}{\partial y}-\frac{\partial V_y}{\partial z}\right)=0\\\omega_y&=\frac{1}{2}\left(\frac{\partial V_x}{\partial z}-\frac{\partial V_z}{\partial x}\right)=0\\\omega_z&=\frac{1}{2}\left(\frac{\partial V_y}{\partial x}-\frac{\partial V_x}{\partial y}\right)=0\end{aligned}\right\}\tag{2-20}$$

上式也可写为 $\partial V_z/\partial y=\partial V_y/\partial z$，$\partial V_x/\partial z=\partial V_z/\partial x$，$\partial V_y/\partial x=\partial V_x/\partial y$，这意味着在流场中存在一个函数 $\varphi(x,y,z)$，它的方向导数 φ_x、φ_y、φ_z 分别等于该方向的流动分速 V_x、V_y、V_z，即 $\mathrm{grad}\varphi=\nabla\varphi=\boldsymbol{V}$，这一函数就称为速度势函数，简称势函数或速度势，记为 $\varphi(x,y,z)$。如果速度势是具有连续导数的单值函数，则上述无旋条件自动得到满足。

$$\left.\begin{aligned}\frac{\partial V_z}{\partial y}&=\frac{\partial}{\partial y}\left(\frac{\partial\varphi}{\partial z}\right)=\frac{\partial^2\varphi}{\partial y\partial z}=\frac{\partial}{\partial z}\left(\frac{\partial\varphi}{\partial y}\right)=\frac{\partial V_y}{\partial z}\\\frac{\partial V_x}{\partial z}&=\frac{\partial}{\partial z}\left(\frac{\partial\varphi}{\partial x}\right)=\frac{\partial^2\varphi}{\partial z\partial x}=\frac{\partial}{\partial x}\left(\frac{\partial\varphi}{\partial z}\right)=\frac{\partial V_z}{\partial x}\\\frac{\partial V_y}{\partial x}&=\frac{\partial}{\partial x}\left(\frac{\partial\varphi}{\partial y}\right)=\frac{\partial^2\varphi}{\partial x\partial y}=\frac{\partial}{\partial y}\left(\frac{\partial\varphi}{\partial x}\right)=\frac{\partial V_x}{\partial y}\end{aligned}\right\}\tag{2-21}$$

显然，(2-20) 式或 (2-21) 式是势函数存在的充分必要条件。由此可见，在无旋流中必存在势函数。反之，如果流场中存在势函数，则该流场一定是无旋流。所以无旋流与有势流是等价的。在无旋定常流中，势函数只是空间坐标的函数，所以势函数的全微分可以表示为

$$\mathrm{d}\varphi=\varphi_x\mathrm{d}x+\varphi_y\mathrm{d}y+\varphi_z\mathrm{d}z=V_x\mathrm{d}x+V_y\mathrm{d}y+V_z\mathrm{d}z\tag{2-22}$$

从 (2-21) 式、(2-22) 式可以看出，在研究某一具体的无旋流场时，如果我们能够找出描述该流场的特定的势函数 $\varphi(x,y,z)$，那么该流场各点的速度就可以通过势函数求导而获得，进而利用速度与压强关系的伯努利方程 $\mathrm{d}p/\rho+V\mathrm{d}V=0$ (将在第 3 章讨论) 就可以得到全场的压强分布。因此，在流体动力学中，如何寻找描述某一特定无旋流场的势函数 φ 是至关重要的。

对于平面势流，势函数表示为 $\varphi(x,y)$，它的全微分为

$$\mathrm{d}\varphi=\frac{\partial\varphi}{\partial x}\mathrm{d}x+\frac{\partial\varphi}{\partial y}\mathrm{d}y=V_x\mathrm{d}x+V_y\mathrm{d}y。$$

2.4.2　平面流的流函数 ψ

在二维平面流中，如果该流动满足 2.2.2 节提及的二维不可压流连续方程：

$$\varepsilon_x+\varepsilon_y=\partial V_x/\partial x+\partial V_y/\partial y=0\tag{2-23}$$

则在这二维平面流中就必存在一个流函数 ψ，它的作用与有势流中的势函数类似，可以用来描述整个流场。一旦一个连续流场的流函数建立后，通过交叉偏导数就可以得到平面流的速度分布，再由第三章将提及的伯努利方程即可求得全场的压强分布。因此找到一个特定的二维平面流的流函数，就等于知道了该流场的速度、压强。

如前所述，二维平面流的流函数的存在条件是满足连续方程：

$$\partial V_x/\partial x+\partial V_y/\partial y=0$$

该方程也可写为 $\partial V_x/\partial x=-\partial V_y/\partial y$, 对于二维平面流，流线方程可以写成

$$\mathrm{d}x/V_x=\mathrm{d}y/V_y,\ 或\ -V_y\mathrm{d}x+V_x\mathrm{d}y=0$$

由于 $\partial V_x/\partial x = -\partial V_y/\partial y$ 是上式等号左边的 $(-V_y\mathrm{d}x + V_x\mathrm{d}y)$ 为某一函数对坐标全微分的充分必要条件，我们记这个函数为 $\psi(x,y)$，称为流函数。由此有

$$\mathrm{d}\psi = \frac{\partial\psi}{\partial x}\mathrm{d}x + \frac{\partial\psi}{\partial y}\mathrm{d}y = -V_y\mathrm{d}x + V_x\mathrm{d}y \tag{2-24}$$

及

$$V_x = \frac{\partial\psi}{\partial y}, V_y = -\frac{\partial\psi}{\partial x} \tag{2-25}$$

一切二维平面流动的流场，不论是无黏流体还是有黏流体，也不论是有旋流动还是无旋流动，只要它满足连续方程 (2-23) 式，都存在着流函数 $\psi(x,y)$。但是，只有无旋流动才存在势函数。因此，对于二维平面流动，流函数具有更普遍的意义，它是研究平面流的有力工具。

2.4.3 流函数 ψ 的性质

1. 等流函数线就是流线

将流线方程 $-V_y\mathrm{d}x + V_x\mathrm{d}y = 0$ 代入流函数方程 (2-24) 式，可得 $\mathrm{d}\psi = 0$，即 $\psi=$ 常数，这说明等流函数线就是流线。在同一条流线上，ψ 值相同。也正是这个缘故，我们才称函数 $\psi(x,y)$ 为流函数。显然，如果在连续的平面流场中取几个不同的 ψ 值，就得到几条不同的流线。通常将流经物体表面的流线称为零流线，即 $\psi = 0$ 的流线。应该注意的是，目前我们讨论的流函数只是在二维平面流的情况下才存在。在三维流场中不存在流函数，也就不存在等流函数线，但流线依然存在。

2. 两点的流函数值之差等于过此两点连线的流量

在二维平面流的流动平面 xOy 内，任选 A、B 两点，过这两点的流线即为等流函数线，过 A 点的流函数值为 ψ_A，过 B 点的流函数值为 ψ_B，过 A、B 两点的流线构成一平面流管。取连结 A、B 两点的任意曲线，如图 2-18 所示，研究通过曲线 AB 的流量与流函数 ψ_A 和 ψ_B 的关系。

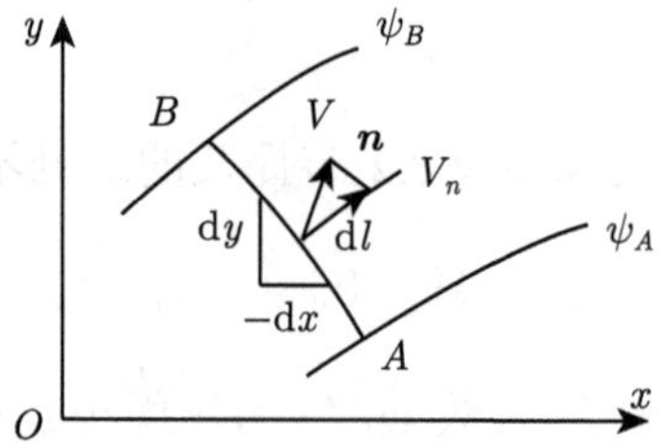

图 2-18 流函数与流量

在曲线 AB 中任取一微段 $\mathrm{d}l$，该微段的法向用 $\boldsymbol{n}$ 表示，则通过微段 $\mathrm{d}l$ 的体积流量为

$$\mathrm{d}Q = V_n\mathrm{d}l$$

式中，V_n 为微段 $\mathrm{d}l$ 的法向速度分量，它与 V_x、V_y 的关系为

$$V_n = V_x\cos(n,x) + V_y\cos(n,y)$$

式中，方向余弦分别为 $\cos(n,x) = \mathrm{d}y/\mathrm{d}l$，$\cos(n,y) = -\mathrm{d}x/\mathrm{d}l$。

代入流量公式，有

$$\mathrm{d}Q=\left(V_x\frac{\mathrm{d}y}{\mathrm{d}l}-V_y\frac{\mathrm{d}x}{\mathrm{d}l}\right)\mathrm{d}l$$

利用流函数与速度的关系式 (2-25)，可得

$$\mathrm{d}Q=-V_y\mathrm{d}x+V_x\mathrm{d}y=\frac{\partial\psi}{\partial x}\mathrm{d}x+\frac{\partial\psi}{\partial y}\mathrm{d}y=\mathrm{d}\psi$$

对上式积分，有

$$Q=\int_A^B\mathrm{d}Q=\int_A^B\mathrm{d}\psi=\psi_B-\psi_A$$

由此可见，二维平面不可压流的流场中任意两点流函数之差，等于过这两点的流线所组成的流管通过的体积流量。

2.4.4　势函数方程和流函数方程 —— 拉普拉斯方程

1. *势函数方程*

在平面定常无旋流中，同时存在势函数 φ 和流函数 ψ，如果将势函数与速度的关系 $\boldsymbol{V}=\nabla\varphi$，即 $V_x=\dfrac{\partial\varphi}{\partial x},V_y=\dfrac{\partial\varphi}{\partial y}$ 代入连续方程 $\partial V_x/\partial x=-\partial V_y/\partial y$，则有

$$\frac{\partial V_x}{\partial x}+\frac{\partial V_y}{\partial y}=\frac{\partial}{\partial x}\left(\frac{\partial\varphi}{\partial x}\right)+\frac{\partial}{\partial y}\left(\frac{\partial\varphi}{\partial y}\right)=\frac{\partial^2\varphi}{\partial x^2}+\frac{\partial^2\varphi}{\partial y^2}=0$$

或者写为

$$\nabla^2\varphi=0 \tag{2-26}$$

这就是不可压平面势流的势函数方程，该方程为拉普拉斯方程，说明不可压平面势流的势函数是调和函数。在势函数和流函数同时存在的条件下，流场中任意点的速度可表示为

$$\left.\begin{aligned}V_x&=\frac{\partial\psi}{\partial y}=\frac{\partial\varphi}{\partial x}\\ V_y&=-\frac{\partial\psi}{\partial x}=\frac{\partial\varphi}{\partial y}\end{aligned}\right\} \tag{2-27}$$

这一对非常重要的关系式，在数学分析中称为柯西–黎曼条件。

2. *流函数方程*

如果将流函数 ψ 与速度的关系式 (2-25) 代入 $\omega_z=0$ 的无旋关系式中，有

$$\frac{\partial V_x}{\partial y}-\frac{\partial V_y}{\partial x}=\frac{\partial}{\partial y}\left(\frac{\partial\psi}{\partial y}\right)-\frac{\partial}{\partial x}\left(-\frac{\partial\psi}{\partial x}\right)=\frac{\partial^2\psi}{\partial x^2}+\frac{\partial^2\psi}{\partial y^2}=0$$

或者写为

$$\nabla^2\psi=0 \tag{2-28}$$

这就是流函数方程，它也是拉普拉斯方程，可见不可压平面势流的流函数也是调和函数。

在推导上述方程时使用了无旋条件，因此流函数方程只是在平面定常不可压势流的情况下才存在。如果平面流是有旋的，那么该流动有流函数存在，但是此时流函数并不满足拉普拉斯方程。从上面的讨论我们知道，平面定常不可压势流的势函数和流函数均满足拉普拉斯方程，因此，只要知道了其中之一，就可以用速度为媒介很方便地求出另一个来。

2.4.5　等势线和等流函数线的正交性

等势函数线是指 $\varphi = C$ 的曲线，沿等势线，$\mathrm{d}\varphi = 0$，即

$$\mathrm{d}\varphi = \frac{\partial \varphi}{\partial x}\mathrm{d}x + \frac{\partial \varphi}{\partial y}\mathrm{d}y = V_x\mathrm{d}x + V_y\mathrm{d}y = 0$$

由上式可得到等势线在流场中任意点 (x, y) 的斜率 $\left(\dfrac{\mathrm{d}y}{\mathrm{d}x}\right)_{\varphi=C} = -\dfrac{V_x}{V_y}$。

同理，等流函数线是指 $\psi = C$ 的曲线，即流线，沿等流函数，$\mathrm{d}\psi = 0$，即

$$\mathrm{d}\psi = \frac{\partial \psi}{\partial x}\mathrm{d}x + \frac{\partial \psi}{\partial y}\mathrm{d}y = -V_y\mathrm{d}x + V_x\mathrm{d}y = 0$$

等流函数线在流场中任意点 (x, y) 的斜率 $\left(\dfrac{\mathrm{d}y}{\mathrm{d}x}\right)_{\psi=C} = \dfrac{V_y}{V_x}$，等势线和等流函数线在点 (x, y) 的斜率乘积 $\left(\dfrac{\mathrm{d}y}{\mathrm{d}x}\right)_{\varphi=C} \times \left(\dfrac{\mathrm{d}y}{\mathrm{d}x}\right)_{\psi=C} = -\dfrac{V_x}{V_y} \times \dfrac{V_y}{V_x} = -1$。

由此可见，在平面定常不可压势流中，等势线和等流函数线正交，它们构成正交网络。

【例 2-8】 已知不可压平面流动的速度分布为：① $V_x = y$，$V_y = -x$；② $V_x = x - y$，$V_y = x + y$。判断是否存在势函数 φ 与流函数 ψ，如果存在，则请求出 φ 和 ψ。

【解】 (1) 由 $V_x = y$，$V_y = -x$ 得到

$$\frac{\partial V_x}{\partial x} = 0, \frac{\partial V_y}{\partial y} = 0$$

满足连续方程，故有流函数，即

$$\psi(x, y) = \int \left(\frac{\partial \psi}{\partial x}\mathrm{d}x + \frac{\partial \psi}{\partial y}\mathrm{d}y\right) = \int (-V_y\mathrm{d}x + V_x\mathrm{d}y) = \int (x\mathrm{d}x + y\mathrm{d}y) = \frac{1}{2}(x^2 + y^2) + C$$
$$= \frac{r^2}{2} + C$$

流线族为同心圆。

下面再来看看是否存在势函数，为此，用无旋条件来判断

$$\frac{\partial V_x}{\partial y} = 1, \frac{\partial V_y}{\partial x} = -1$$

显然，旋度

$$\omega_z = \frac{1}{2}\left(\frac{\partial V_y}{\partial x} - \frac{\partial V_x}{\partial y}\right) \neq 0$$

该流动不是有势流动，因此，不存在势函数。

(2) 由 $V_x = x - y$，$V_y = x + y$

我们发现

$$\frac{\partial V_x}{\partial x} = 1, \frac{\partial V_y}{\partial y} = 1, \frac{\partial V_x}{\partial x} + \frac{\partial V_y}{\partial y} = 1 + 1 = 2 \neq 0$$

所给速度场不满足连续方程，故无流函数。又

$$\frac{\partial V_x}{\partial y}=-1,\frac{\partial V_y}{\partial x}=1,\frac{\partial V_x}{\partial y}\neq\frac{\partial V_y}{\partial x}$$

不能满足无旋条件，故不存在势函数。

2.5　几种简单平面势流及其叠加势流

2.5.1　均直流

均匀直线流动是最简单的平面势流，如果该流动的流速是 $\boldsymbol{V}$，与 x 轴的夹角为 α，那么分速度分别为

$$V_x=V\cos\alpha=\partial\varphi/\partial x$$
$$V_y=V\sin\alpha=\partial\varphi/\partial y$$

由此便得到速度势：

$$\mathrm{d}\varphi=(\partial\varphi/\partial x)\mathrm{d}x+(\partial\varphi/\partial y)\mathrm{d}y=(V\cos\alpha)\mathrm{d}x+(V\sin\alpha)\mathrm{d}y$$

积分后得

$$\varphi=(V\cos\alpha)x+(V\sin\alpha)y+C$$

式中，C 为积分常数，若取 $C=0$，均直流的势函数就是

$$\varphi=(V\cos\alpha)x+(V\sin\alpha)y$$

类似地均直流的流函数：

$$\psi=-(V\sin\alpha)x+(V\cos\alpha)y$$

图 2-19 给出了均直流的流函数线族 (即流线族) 以及正交的等势线族。

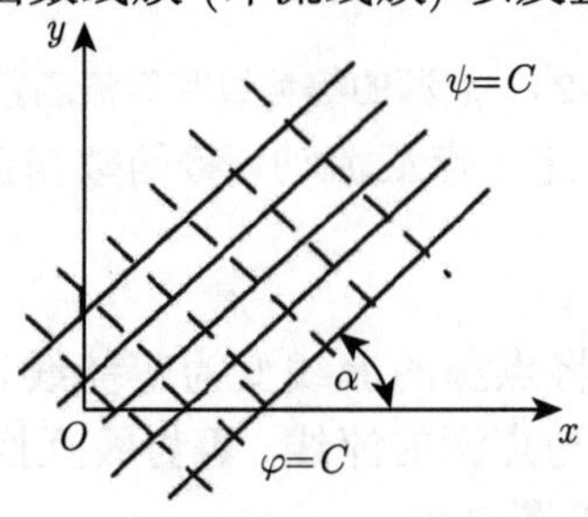

图 2-19　均直流的等势线和流函数线

2.5.2　点源、点汇

顾名思义，假设流体能够源源不断地从平面中一个点以固定的流量 Q 向四周沿径向出流，那么这种假想的流动就是点源 (source)。这个固定的流量 Q 称为点源强度。

如果流体从不同方向以固定的流量 Q 沿径向流向平面中的一个点，而该点能完全吸纳从四周流来的流量，类似于宇宙空间的黑洞，那么这种假想的流动就是点汇 (sink)。事实上，如果将点源的流量 Q 取负值，就构成了点汇流动。点源与点汇是非常有用的基础性势流，如果将它们以不同的方式组合，可以得到许多有意义的流动，这将构成一些实际流动现象的理论解。

如果点源坐落在坐标原点，则流动就只有径向速度 V_r，而切向速度 V_θ 为零，由于流量 Q 守恒，$Q = 2\pi r V_r$，因此径向速度 V_r 随半径 r 的变化等于：

$$V_r = \frac{Q}{2\pi r} = \frac{Q}{2\pi\sqrt{x^2+y^2}}$$

可见点源径向速度 V_r 与半径成反比，当 $r \to 0$ 时，$V_r \to \infty$，这是数学上的奇点。点源的势函数可由极坐标势函数的微分方程求得

$$\mathrm{d}\phi = \frac{\partial\phi}{\partial r}\mathrm{d}r + \frac{\partial\phi}{\partial\theta}\mathrm{d}\theta = V_r\mathrm{d}r + rV_\theta\mathrm{d}\theta = V_r\mathrm{d}r = \frac{Q}{2\pi r}\mathrm{d}r$$

$$\varphi = \frac{Q}{2\pi}\ln r = \frac{Q}{2\pi}\ln\sqrt{x^2+y^2}$$

类似地，流函数 $\psi = \dfrac{Q}{2\pi}\theta = \dfrac{Q}{2\pi}\tan^{-1}\left(\dfrac{y}{x}\right)$

从上述的势函数和流函数表达式可知，点源的等势线是一族同心圆，而等流函数线则是从中心点发出的射线，即流线。图 2-20 给出了点源的等势线和等流函数线。

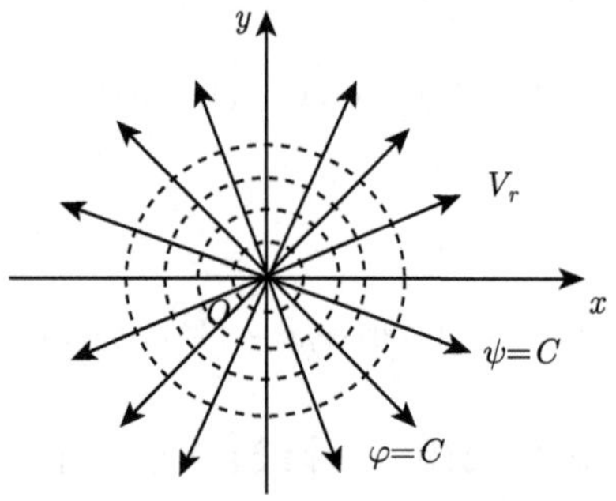

图 2-20　点源的等势线和等流函数线

将点源的流量 Q 取负值就组建了点汇流动，势函数与流函数的表达式与点源相同。

2.5.3　点涡

将点源的等势线变为流线，将点源的流线变为等势线，就形成了著名的基础性平面势流：点涡。换言之，点涡就是一种与点源的流线、等势线互换的流动。它的流线是同心圆，而等势线则是由中心出发的射线，见图 2-21。

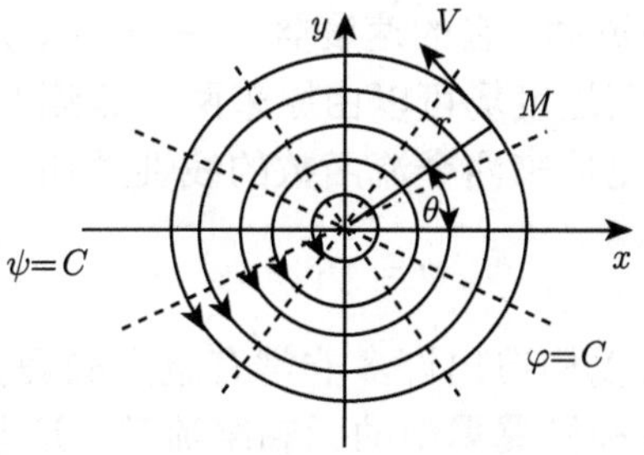

图 2-21　点涡流动

根据点涡的生成原理，将点源的势函数、流函数互换，得到点涡的流函数、势函数表达式，点源流函数

$$\psi=\frac{Q}{2\pi}\theta=\frac{Q}{2\pi}\tan^{-1}\left(\frac{y}{x}\right)$$

变成点涡的势函数

$$\phi=\frac{\Gamma_\theta}{2\pi}\theta=\frac{\Gamma_\theta}{2\pi}\tan^{-1}\left(\frac{y}{x}\right)$$

点源势函数

$$\varphi=\frac{Q}{2\pi}\ln\sqrt{x^2+y^2}$$

变为点涡的流函数

$$\psi=\frac{-\Gamma_\theta}{2\pi}\ln r=-\frac{\Gamma_\theta}{2\pi}\ln\sqrt{x^2+y^2}$$

式中，Γ_θ 称为点涡强度，逆时针方向流动 Γ_θ 为正，点涡流动的特点是没有径向流动，只有切向速度 V_θ：

$$V_\theta=\frac{\partial\phi}{r\partial\theta}=\frac{\Gamma_\theta}{2\pi r},V_r=0$$

可见点涡流动的切向速度与半径成反比。可以证明，点涡运动是无旋运动，因此是有势流动。

在自然界，实际流体在离旋转中心一定距离后的旋转流动可以用点涡模型来描述；在靠近旋转中心的流体由于黏性应力的作用，其流态类似于刚体运动，因此中心体附近这部分流体的运动是有旋流而非势流。

2.5.4　势流的叠加原理

前文已经证明，平面不可压势流的势函数方程和流函数方程都是拉普拉斯方程，而拉普拉斯方程是线性方程，因此，可以利用线性方程叠加原理对简单平面势流进行叠加可以构建复杂的新平面势流。

取两个势函数分别为 φ_1 和 φ_2 的平面势流，它们各自满足拉普拉斯方程 $\nabla^2\varphi=0$。

$$\frac{\partial^2\varphi_1}{\partial x^2}+\frac{\partial^2\varphi_1}{\partial y^2}=0,\quad \frac{\partial^2\varphi_2}{\partial x^2}+\frac{\partial^2\varphi_2}{\partial y^2}=0$$

将这两个分别描写势函数 φ_1 和 φ_2 特性的拉普拉斯方程相加，有

$$\frac{\partial^2(\varphi_1+\varphi_2)}{\partial x^2}+\frac{\partial^2(\varphi_1+\varphi_2)}{\partial y^2}=0$$

可见叠加后获得一个新的流动，它的速度势 $\varphi=\varphi_1+\varphi_2$，仍然满足拉普拉斯方程，因此这个新的流动仍然是势流，其速度场可以由原来两个势流的速度场线性叠加而成。

类似地，对应的流函数就是原来两个流函数的线性叠加：

$$\psi=\psi_1+\psi_2$$

利用平面势流叠加原理可以构造出许多非常有意义的理论流型，例如不可压流体流过圆柱体时的圆柱无黏绕流、各种机翼翼型的无黏绕流等，这些流型将成为实际流动的理论解，并可以预测这些绕流流动的最高理论性能。

2.5.5　螺旋流和偶极流

1. 螺旋流 (点源或点汇 + 点涡)

可以想象，如果将点源流动与点涡流动叠加的话，流体将一面旋转一面由中心向外流出，于是流体将会沿着向外部扩展的螺旋线运动。根据这一构思，将平面势流点源 (或点汇) 流动和平面势流点涡流动叠加便得到一种新的平面势流，称为螺旋流或源环流 (汇环流)，在螺旋流中流体既作旋转运动，同时又作径向运动，它的轨迹呈螺旋状，故称螺旋流。根据势流叠加原理，螺旋流的势函数和流函数分别为

$$\varphi=\frac{Q}{2\pi}\ln r+\frac{\Gamma}{2\pi}\theta$$

$$\psi=\frac{Q}{2\pi}\theta-\frac{\Gamma}{2\pi}\ln r$$

由流函数便可得到流线方程 $Q_\theta-\Gamma\ln r=C$，该式可以写为 $r=\mathrm{e}^{\frac{Q_\theta-C}{\Gamma}}$。

这是一族对数螺线，如图 2-22 所示，它的速度分布为

$$\begin{cases}V_r=\dfrac{\partial\varphi}{\partial r}=\dfrac{Q}{2\pi r}\\[2mm] V_\theta=\dfrac{\partial\varphi}{r\partial\theta}=\dfrac{\Gamma}{2\pi r}\end{cases}$$

工业上，离心泵内流体的运动，旋风燃烧室、旋风除尘器内旋转气流的运动都是属于这种运动。离心泵内导叶通常采用上述对数螺线进行设计。

2. 偶极流 (点源 + 点汇)

将强度为 Q 和 $-Q$ 的点源和点汇无限地靠近并叠加起来，得到一种新的有势流动，这种流动称为偶极流。

为了研究叠加以后的流场，首先研究图 2-23 所示的源汇叠加问题。此时源点和汇点相距 2ε。则叠加而得的新流场势函数为点源和点汇势函数之和。

$$\varphi=\varphi_1+\varphi_2=\frac{Q}{2\pi}(\ln r_1-\ln r_2)=\frac{Q}{2\pi}\ln\frac{r_1}{r_2}$$

式中，r_1 和 r_2 为流场中任意点 $M(x,y)$ 至源点和汇点的距离。由图 2-23 可知

$$r_1=\sqrt{(x+\varepsilon)^2+y^2},\quad r_2=\sqrt{(x-\varepsilon)^2+y^2}$$

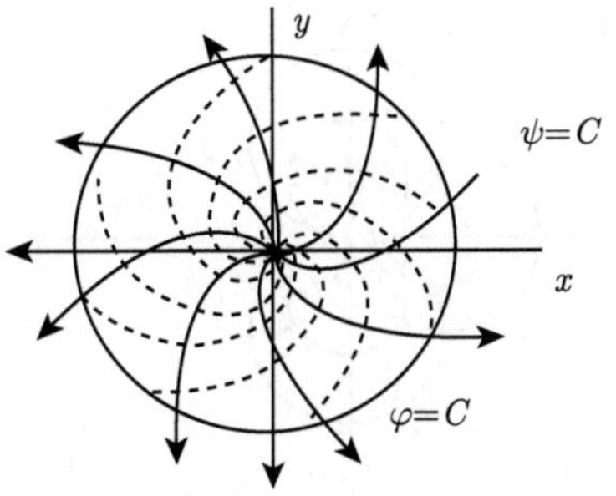

图 2-22　螺旋流

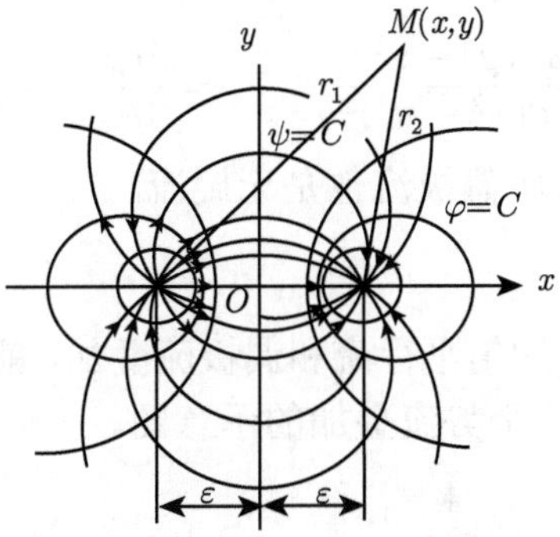

图 2-23　相距 2ε 的源汇流叠加

代入上述势函数表达式中，有

$$\varphi=\frac{Q}{2\pi}\ln\sqrt{\frac{(x+\varepsilon)^2+y^2}{(x-\varepsilon)^2+y^2}}=\frac{Q}{4\pi}\ln\frac{(x+\varepsilon)^2+y^2}{(x-\varepsilon)^2+y^2}=\frac{Q}{4\pi}\ln\left[1+\frac{4x\varepsilon}{(x-\varepsilon)^2+y^2}\right]$$

若使源点和汇点无限地接近，即 ε 趋于 0，并将上式按级数 $\ln(1+z)=z-z^2/2+z^3/3\cdots$ 展开，并近似取第一项，可得这个新势流的势函数：

$$\varphi=\frac{Q}{4\pi}\frac{4x\varepsilon}{(x-\varepsilon)^2+y^2}=\frac{(2\varepsilon Q)}{2\pi}\frac{x}{(x-\varepsilon)^2+y^2}=\frac{M}{2\pi}\frac{x}{(x-\varepsilon)^2+y^2}$$

若在 $\varepsilon\to 0$ 过程中，源强度 Q 不断增加，以保持 $2\varepsilon Q=M=$ 常数，就有极限情况下的得到的叠加新势流——偶极流，它的势函数为

$$\varphi=\frac{M}{2\pi}\frac{x}{x^2+y^2}$$

式中，M 称为该偶极流的偶极子强度，采用类似的方法可以得到它的势函数：

$$\psi=-\frac{M}{2\pi}\frac{y}{x^2+y^2}$$

令 $\varphi=$ 常数、$\psi=$ 常数，可得一系列代表等势线和流线的圆方程，圆心分别在 x 轴和 y 轴上。图 2-24 就是偶极子流动的等势线和等流函数线 (流线)，可见这是四组均通过原点的圆族，圆心在 y 轴的圆族是流线，在 x 轴上的为等势线。

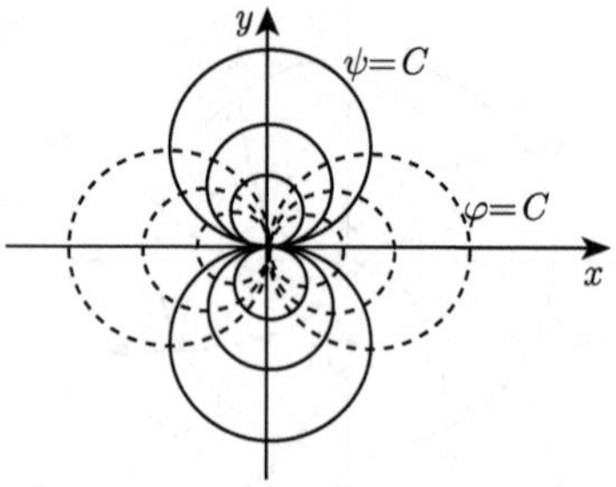

图 2-24 $\varepsilon \to 0$ 的偶极流

有了势函数，则它的速度分布：

$$V_x = \frac{\partial \varphi}{\partial x} = \frac{M}{2\pi} \frac{(y^2 - x^2)}{(x^2 + y^2)^2}, \quad V_y = \frac{\partial \varphi}{\partial y} = -\frac{M}{2\pi} \frac{2xy}{(x^2 + y^2)^2}$$

求出速度的交叉偏导数，即可证明偶极流也是无旋流。

2.5.6 无环量的圆柱绕流

研究表明，如果我们将一个均匀平行流和偶极流叠加，就可以得到理想流体绕圆柱的平面有势流动。图 2-25 绘出了这两个势流叠加的示意图。

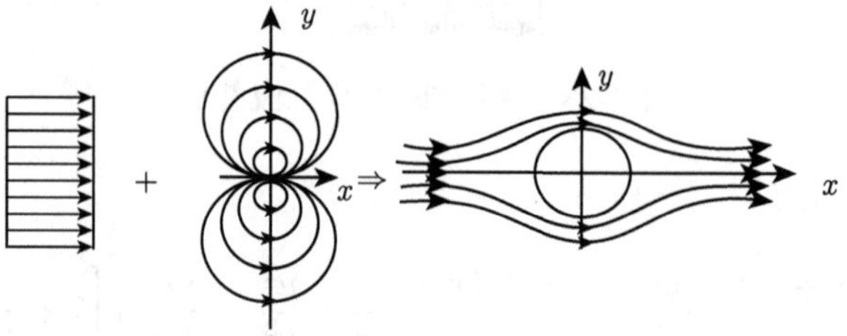

图 2-25 理想流体绕圆柱的流动 (均匀流 + 偶极流 = 圆柱绕流)

对于一个流动平行于 x 轴的流速为 V_∞ 的均匀平行流，其流函数和势函数分别为

$$\psi_1 = V_\infty y, \quad \varphi_1 = V_\infty x$$

对于偶极流，它的流函数和势函数则分别为

$$\psi_2 = -\frac{M}{2\pi} \frac{y}{x^2 + y^2}, \quad \varphi_2 = \frac{M}{2\pi} \frac{x}{x^2 + y^2}$$

根据势流叠加原理，新构成的势流的势函数、流函数分别为上述势流的势函数、流函数的代数和。

$$\psi = \psi_1 + \psi_2 = V_\infty y - \frac{M}{2\pi} \frac{y}{x^2 + y^2} = V_\infty y \left[1 - \frac{M}{2\pi V_\infty (x^2 + y^2)}\right]$$

$$\varphi = \varphi_1 + \varphi_2 = V_\infty x + \frac{M}{2\pi} \frac{x}{x^2 + y^2} = V_\infty x \left[1 + \frac{M}{2\pi V_\infty (x^2 + y^2)}\right]$$

由上述流函数公式可知，在 $y = 0$ 及半径为 R 的圆柱上，流函数 ψ 等于零，这是一条零流线，由此得到 $M = 2\pi V_\infty R$，代入上述流函数和势函数公式得

$$\psi = V_\infty y \left(1 - \frac{R^2}{r^2}\right) = V_\infty \sin\theta \left(r - \frac{R^2}{r^2}\right)$$

$$\varphi = V_\infty x\left(1+\frac{R^2}{r^2}\right) = V_\infty \cos\theta\left(r+\frac{R^2}{r^2}\right) \tag{2-29}$$

这就是复合流动的流函数和势函数表达式。

下面进一步分析这一新的复合流动的主要特点：

(1) 零流线　令上述流函数等于零，即 $\psi=0$，有 $y=0$ 及 $r=R$ 两个解，显然零流线是 x 轴和半径为 R 的圆柱面，即零流线是一条从负无穷远处沿 x 轴来的流线，在圆柱的前驻点与圆柱相撞，分为上下两条流线，沿圆柱的上表面和下表面流动，然后在圆柱的后驻点又汇合成一条流线，再沿 x 轴正向朝正无穷远流去。可见这条流线的特征是与理想流体绕圆柱流动的特征相吻合的，见图 2-26 所示。

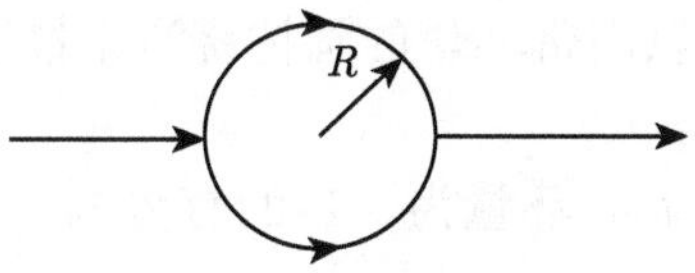

图 2-26　零流线

(2) 远场流动　将势函数 (2-29) 式分别对 x、y 求偏导数，可得这两个方向的分速度分别为

$$V_x = \frac{\partial\varphi}{\partial x} = V_\infty - V_\infty R^2\frac{x^2-y^2}{(x^2+y^2)^2} = V_\infty\left[1-R^2\frac{\cos^2\theta-\sin^2\theta}{r^2}\right]$$

$$V_y = \frac{\partial\varphi}{\partial y} = -V_\infty R^2\frac{2xy}{(x^2+y^2)^2} = -V_\infty R^2\frac{2\cos\theta\sin\theta}{r^2}$$

由上两式可知，当 $r\to\infty$ 时，$V_x=V_\infty, V_y=0$，这表明，在离圆柱体无穷远处，流体速度是平行于 x 轴的流动，且等于均匀平行来流的速度 V_∞。这有力地说明，复合速度势代表了圆柱绕流问题。

(3) 圆柱表面流动　将速度势对径向和切向求偏导数，得到复合流动的径向和切向分速

$$V_r = \frac{\partial\varphi}{\partial r} = V_\infty\cos\theta\left(1-\frac{R^2}{r^2}\right), V_\theta = \frac{\partial\varphi}{r\partial\theta} = -V_\infty\sin\theta\left(1+\frac{R^2}{r^2}\right)$$

在圆柱表面，$r=R$，根据以上两式，可得 $V_r=0, V_\theta=-2V_\infty\sin\theta$，表明在圆柱表面，这新的复合流动是紧紧贴着圆柱表面的，各处的流动速度与圆柱表面相切。在前驻点，$\theta=\pi, V_\theta=0$，在后驻点 $\theta=0, V_\theta=0$，圆柱表面各点的绝对速度 $V_\theta=2V_\infty|\sin\theta|$，当 $\theta=\pm\pi/2$ 时，$V_\theta=2V_\infty$，圆柱表面的速度大小只与角度 θ 有关。又一次证明这种复合流动是理想流体绕圆柱的流动。

(4) 圆柱表面压强分布　因为这种复合流动是有势流，故伯努利方程全场满足 (见第 3 章 3.5 节)。若建立无穷远处与圆柱表面的伯努利方程，则可以导出圆柱表面的压强分布规律：

$$p_\infty + \frac{1}{2}\rho V_\infty^2 = p_s + \frac{1}{2}\rho V_\theta^2 = p_s + \frac{1}{2}\rho(4V_\infty^2\sin^2\theta)$$

由此得到圆柱表面的压强为

$$p_s = p_\infty + \frac{1}{2}\rho V_\infty^2 - \frac{1}{2}\rho(4V_\infty^2\sin^2\theta) = p_\infty + \frac{1}{2}\rho V_\infty^2(1-4\sin^2\theta)$$

圆柱表面的压力系数

$$c_p = (p_s - p_\infty)/\left(\frac{1}{2}\rho V_\infty^2\right) = 1 - 4\sin^2\theta$$

上式表明：在圆柱表面前后驻点的压力系数 $c_p = 1$；而在 $\pm\pi/2$ 时，压力系数达最小值 $c_p = -3$；当 $\theta = \pi/6$、$5\pi/6$、$-\pi/6$、$-5\pi/6$ 时，$c_p = 0$。圆柱表面压强分布的这一规律，可以用来作为圆柱方向的探针使用。

2.5.7 有环量的圆柱绕流——儒科夫斯基升力理论

上节讨论了圆柱绕流的情形。如果在这种流动中，圆柱体本身在作等速旋转，那么，由于黏性作用，圆柱的旋转会带动邻近的流体旋转，被黏性作用带动旋转的流体，其旋转速度与距离成反比。这种运动形式可以用带环量的圆柱绕流来描述，由三种简单的平面势流迭加而成：

均匀平行流 + 偶极流 + 环量为 $-\Gamma$ 的有势涡 = 带环量的圆柱绕流

它们的流函数和势函数分别为

$$\varphi = V_\infty \cos\theta\left(r + \frac{R^2}{r}\right) - \frac{\Gamma}{2\pi}\theta$$

对应的速度分布：

$$V_r = \frac{\partial\varphi}{\partial\psi} = V_\infty\left(1 - \frac{R^2}{r^2}\right)\cos\theta$$

$$V_\theta = \frac{1}{r}\frac{\partial\varphi}{\partial\theta} = -V_\infty\left(1 + \frac{R^2}{r^2}\right)\sin\theta - \frac{\Gamma}{2\pi r}$$

流动如图 2-27(a) 所示。

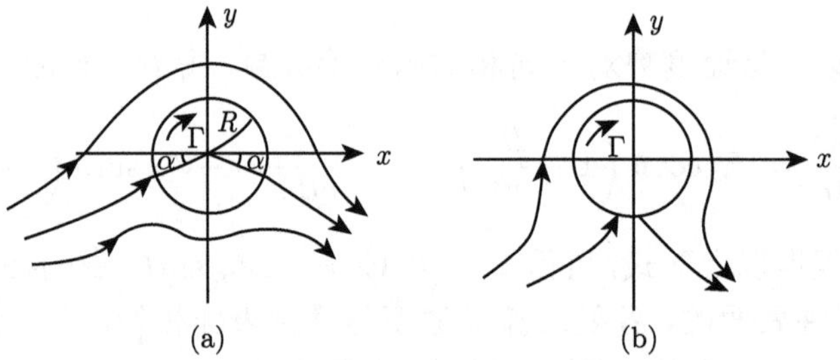

图 2-27　带环量的圆柱绕流的流线分布

在圆柱体表面 $r = R$，$V_r = 0$，$V_\theta = -2V_\infty\sin\theta - \dfrac{\Gamma}{2\pi R}$，在滞止点 $V_\theta = 0$，$\theta = -\alpha$，则

$$\sin\alpha = \frac{\Gamma}{4\pi RV_\infty},\quad \alpha = \sin^{-1}\left(\frac{\Gamma}{4\pi RV_\infty}\right)$$

若 $\sin\alpha = 1$，$\Gamma = 4\pi RV_\infty$，$\alpha = \pi/2$ 则流动见图 2-27(b)。

利用速度分布和伯努利方程，可得到物体表面上压强分布规律：

$$p = p_\infty + \frac{1}{2}\rho V_\infty^2 - \frac{1}{2}\rho\left(-2V_\infty\sin\theta - \frac{\Gamma}{2\pi R}\right)^2$$

$$p - p_\infty = \frac{\rho}{2}V_\infty^2\left[1 - \left(2\sin\theta + \frac{\Gamma}{2\pi RV_\infty}\right)^2\right]$$

写成压强系数：

$$c_p = 1 - \left(2\sin\theta + \frac{\Gamma}{2\pi RV_\infty}\right)^2$$

可见压强分布对称于 y 轴，而不对称于 x 轴，在 x 轴下半部物体表面上的压强均大于 x 轴上半圆面上的压强。这样，流体经过带环量的圆柱体时就产生了升力。通过对物体表面上的压强进行积分就可以得到理想流体流经带环量的圆柱体时的升力 Y 和阻力 X，即

$$Y = F_y = \int_0^{2\pi} -pR\sin\theta \mathrm{d}\theta$$

$$X = F_x = \int_0^{2\pi} -pR\cos\theta \mathrm{d}\theta$$

将物面压强关系式代入上式，积分并简化，可以得到

$$Y = F_y = \int_0^{2\pi} -pR\sin\theta \mathrm{d}\theta = \rho V_\infty \Gamma$$

$$X = F_x = \int_0^{2\pi} -pR\cos\theta \mathrm{d}\theta = 0$$

上式说明，在理想流体流经带环量 (顺时针为正) 的圆柱体时，流体作用在单位长度圆柱体上的升力大小等于流体密度、远前方来流速度和速度环量的乘积，其阻力为零。这就是著名的儒科夫斯基升力定理，它广泛地应用于理论空气动力学上求翼型的升力。

习　题

2-1　已知流体运动的速度分布为 $V_x = -Cy$, $V_y = Cx$, $V_z = 0$，式中 C 是正的常数，试求流线族方程及流体运动方向。

2-2　某一流体运动的速度场为 $\boldsymbol{V} = \frac{C}{r}\boldsymbol{i}_\theta$，式中 C 为常数，$\boldsymbol{i}_\theta$ 是 θ 方向的单位矢量，求该流场中通过 $x=1$，$y=1$ 的流线方程。已知一般情况下的柱坐标流线方程为 $\frac{\mathrm{d}r}{V_r} = \frac{r\mathrm{d}\theta}{V_\theta}$。

2-3　某一平面流场的流体运动速度 $V_x = x^2y + y^2$, $V_y = x^2 - y^2x$，求该流场在点 (1, 2) 处的旋转角速度 ω_z、角变形速率 γ_z 和体积膨胀速率 $\nabla\cdot\boldsymbol{V}$。

2-4　已知某流场的速度分布为 $V_r = 2r(\sin\theta\cos\theta)$, $V_\theta = 2r(\sin^2\theta)$，求该流场的旋转角速度 ω、角变形速率 γ 和体积膨胀速率 $\nabla\cdot\boldsymbol{V}$。

2-5　某流场的流线为绕坐标原点的同心圆，它的速度绝对值为 $|\boldsymbol{V}| = kr^n$，证明该流场中流体微团的角速度 $\omega_z = 0.5k(n+1)r^{n-1}$，若 $\omega_z = 0$，试证明流动的角变形速率 $\gamma_z = -k/r^2$。

2-6　已知平板边界层内流体速度分布为 1/7 次方规律，即 $V_x / V_\infty = (y/\delta)^{1/7}$，式中 δ 为当地边界层厚度。问该流动是有旋流还是无旋流？若是有旋流，请求 $y = 0.8\delta$ 位置流体的旋转角速度 ω_z；若是无旋流，则请求该流动的势函数。

2-7　有一流函数为 $\psi = 3x^2y + (2+t)y^2$ 的流动，试求该流动的速度分布 V_x、V_y 表达式，并求当 $t = 2$ 时位于 $\boldsymbol{r} = \boldsymbol{i} + 2\boldsymbol{j} - 3\boldsymbol{k}$ 点的速度是多少？

2-8　有一流场的流体如同固体那样以固定的旋转角速度 ω 绕固定轴旋转，试确定其流函数和流线方程。

2-9　判断下列流动是有旋流还是无旋流？若是无旋流，则求出对应的速度势函数表达式。

a. $\boldsymbol{V} = (4x+3y)\boldsymbol{i} + 3x\boldsymbol{j}$；

b. $V_x = xy + 20t$，$V_y = 0.5(x^2 - y^2) + t^2$；

c. $V_r = V_\infty \cos\theta(1 - a^2/r^2)$，$V_\theta = -V_\infty \sin\theta(1 + a^2/r^2)$。

2-10　证明下列二维流场：$V_x = x^2 - y^2 + x$，$V_y = -(2xy + y)$ 是连续的无旋流动，并求经过点 (1，2) 的流线方程。

2-11　在点 $(a，0)$ 和 $(-a，0)$ 上有两个等强度的点源，试证明：

a. 在圆 $x^2 + y^2 = a^2$ 上任一点，速度平行于 y 轴；

b. 此速度大小与 y 成反比；

c. y 轴为一条流线。

2-12　在一无限大平板的上方 1 m 处有一个强度 $Q = 10\ \mathrm{m^2/s}$ 的点源，试求该流场的势函数和流函数，并画出流线示意图 (提示：利用势流叠加原理，使壁面成为一条流线)。

2-13　一个水深 H 的盛水大容器底部有一个半径为 r_2 的泄流孔，该小孔上方 h 高度处有一半径为 r_1 的圆板，见习题 2-13 图。假定正对泄流孔的那小部分圆板上压强为零 (表压)，圆板与底部小孔间的流动可视为点汇，且 $r_1 \gg r_2$，$H \gg h$，求圆板所受作用力的表达式 $F = F(r_1, r_2, h, H)$。

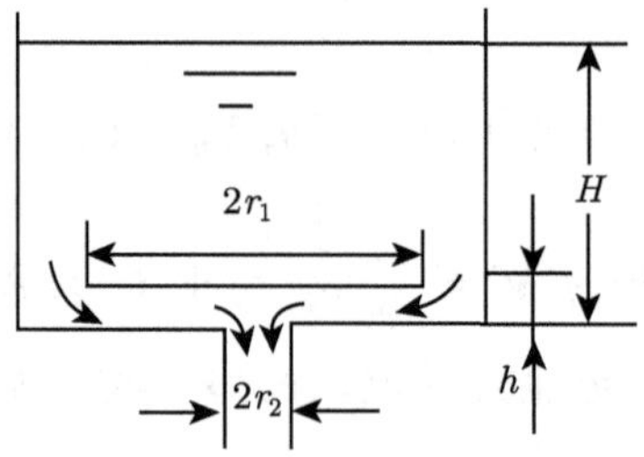

习题 2-13

2-14　有一速度为 60 m/s 的均直流绕长一米、直径 1.2 m 的圆柱流动，若绕该圆柱体有一顺时针方向的环流 (−400 m/s)，已知空气的密度 $\rho = 1.22\ \mathrm{kg/m^3}$，不计流体的黏性和压缩性，求单位长度圆柱体所受的升力。

第3章 流体动力学基本方程

3.1 经典力学的基本定律与雷诺 (Reynolds) 输运定理

经典力学的基本规律也适用于运动流体，其本质是质量守恒、动量守恒 (或者牛顿第二定律) 和能量守恒定律在流体力学中的应用。这些定律可以采用两种形式描述：微分形式的基本方程和积分形式的基本方程。微分形式的基本方程更多的是应用于理论研究和数值计算中，它们能够详尽地描述流场内的流动细节，比如可以得到流场内每一点的流动速度、压强、温度等的分布。而积分形式的基本方程通常用于获得跟流动有关的宏观量，这些量对于工程应用来说是最感兴趣的，比如可以得到流体在管道中运动时的总作用力等，我们将在后面详细介绍微分形式和积分形式的这两种基本方程。

在经典力学中，这些基本定律的研究对象是质量不变的“体系”，通常是形状和质量均不变的固体运动。对运动流体而言，则情况就有所不同，因此当把这些经典力学定律用来描述流体的运动时，就需要把它们作适当的、科学的转换，以适应运动流体的研究。第 2 章已经介绍过了随流导数的概念。通过随流导数，可以在欧拉方法下描述一个物理量的质点导数 (随流的时间变化率)，将经典力学微分方程转换成适合于流体运动的研究，现在我们还需要一个关于积分形式基本方程的转换工具，这就是雷诺输运定理。

雷诺输运定理的作用，是把经典力学中具有普适意义的基本方程转换成适用于流体力学控制体积的基本方程，着眼于该体积内某物理量的总量 (比如总质量、总动量等) 的变化规律。

3.1.1 经典力学的基本定律

我们首先简要分析流体流动的三个基本定律在经典力学 (体系框架下) 的形式。

第一个定律是物质不灭定律，也称为质量守恒定律。它是说，在一个体系内，一定质量的流体不因其运动而改变。写成数学公式是

$$\frac{\mathrm{d}m}{\mathrm{d}t}=0 \tag{3-1}$$

这里的 m 是该体系内的总质量，如果体系内流体的密度为 ρ，体系的体积为 v，那么总质量将是

$$m=\int_v \rho \mathrm{d}v$$

质量守恒定律将是

$$\frac{\mathrm{d}}{\mathrm{d}t}\int_v \rho \mathrm{d}v=0 \tag{3-2}$$

第二个基本定律是动量守恒定律。根据该定律，一个体系内，流体总动量的时间变化率等于作用在该体系上的总作用力。写成数学公式是

$$\frac{\mathrm{d}\boldsymbol{P}}{\mathrm{d}t}=\sum \boldsymbol{F} \tag{3-3}$$

式中，$\boldsymbol{P}=\int_v \rho \boldsymbol{V}\mathrm{d}v$ 是该体系内的总动量。因为体系内的总质量保持不变，但是体积可发生变化，因此方程 (3-3) 中左侧的导数和积分是不可交换的。$\sum \boldsymbol{F}$ 表示作用在该体系上全部外力的矢量和。

如果该体系内流体分布均匀，且所有流体质点的速度 (大小和方向相同)，那么总动量 $\boldsymbol{P}=m\boldsymbol{V}$，因此动量定理成为

$$\frac{\mathrm{d}(m\boldsymbol{V})}{\mathrm{d}t}=\sum \boldsymbol{F} \tag{3-4}$$

再由于体系内 m 保持不变，因此上述方程进一步可以简化为

$$m\frac{\mathrm{d}\boldsymbol{V}}{\mathrm{d}t}=\sum \boldsymbol{F} \tag{3-5}$$

这就是牛顿第二定律。

最后一个基本定律是热力学第一定律。在一个体系内，流体总内能的时间变化率等于它从外界获得的总热量减去其对外所做的功。数学表达式是

$$\frac{\mathrm{d}E}{\mathrm{d}t}=Q-W \tag{3-6}$$

式中，E 是体系的总内能，$E=\int_v \rho e\mathrm{d}v$，$e$ 是单位质量物质的内能。Q 是体系从外界获得的热量，规定体系从外界吸热为正，对外放热为负。W 是体系对外所做的功，规定体系对外做功为正，外界对体系所做的功为负。

3.1.2 雷诺输运定理

雷诺输运定理的实质是把体系总物理量的时间变化率改写成适合控制体积的形式。比较一下三个基本定律，可以看出，体系的总物理量可以统一写成

$$N=\int_v \eta \mathrm{d}v \tag{3-7}$$

式中，η 表示单位体积流体所具有的该物理量 (对应于三个基本定律，它分别等于 ρ、$\rho\boldsymbol{V}$ 和 ρe)，N 可以是标量，也可以是矢量。

为了建立体系和控制体积之间的转换，我们遵循随流导数推导时的基本思想。首先在开始时刻 (t 时刻)，把控制体积取成跟体系一致。在经过 Δt 后，控制体积将保持不变，而体系将随流体流动而产生体积和形状上的变化。接着应用导数的基本定义来推导雷诺输运定理。

图 3-1 所示的有限大小控制体积 V，表面积为 A，把 t 时刻体系所占据的空间取为控制体积，并分为 I 和 II 两块。$t+\Delta t$ 时刻，体系移到了新位置，即由图中的 II 和 III 两块组成，而控制体积依然在原位，由 I + II 两块组成。

体系中该物理量总量的时间变化率为

$$\left(\frac{\mathrm{d}N}{\mathrm{d}t}\right)_{\text{体系}}=\lim_{\Delta t\to 0}\left(\frac{\Delta N}{\Delta t}\right)_{\text{体系}}=\lim_{\Delta t\to 0}\left(\frac{N_{t+\Delta t}-N_t}{\Delta t}\right)_{\text{体系}} \tag{3-8}$$

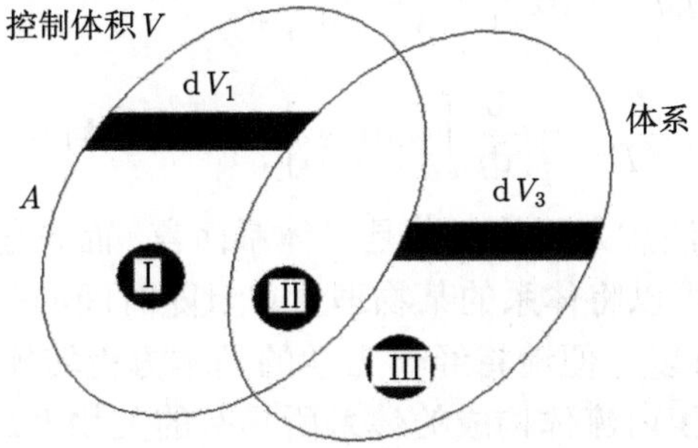

图 3-1　系统和控制体积

这是一个随流导数，应用随流导数符号，则有

$$\frac{DN}{Dt}=\left(\frac{\mathrm{d}N}{\mathrm{d}t}\right)_{\text{体系}}=\lim_{\Delta t\to 0}\left(\frac{N_{t+\Delta t}-N_t}{\Delta t}\right)_{\text{体系}}$$

根据在 t 以及 $t+\Delta t$ 时刻体系占据的空间位置，上式可改为

$$\begin{aligned}\frac{DN}{Dt}&=\lim_{\Delta_t\to 0}\frac{(N_{\mathrm{II}}+N_{\mathrm{III}})_{t+\Delta t}-(N_{\mathrm{I}}+N_{\mathrm{II}})_t}{\Delta t}\\&=\lim_{\Delta t\to 0}\frac{(N_{\mathrm{I}}+N_{\mathrm{II}})_{t+\Delta t}-(N_{\mathrm{I}}+N_{\mathrm{II}})_t}{\Delta t}+\lim_{\Delta t\to 0}\frac{(N_{\mathrm{III}})_{t+\Delta t}}{\Delta t}-\lim_{\Delta t\to 0}\frac{(N_{\mathrm{I}})_{t+\Delta t}}{\Delta t}\end{aligned} \tag{3-9}$$

这里我们在极限表达式中，加减了一项 $(N_{\mathrm{I}})_{t+\Delta t}/\Delta t$。经过这样的变换后，第一项就是控制体积内的当地时间变化率

$$\frac{\partial N}{\partial t}=\frac{\partial}{\partial t}\int_v \eta \mathrm{d}v$$

第二项是 Δt 时间内从控制体积表面流出的该物理量与 Δt 之比，即单位时间内从控制面输出的该物理量。因为 Δt 是小量，因此该部分体积等于 $\int_{A_{\text{out}}}(V\Delta t\cdot \mathrm{d}A)$。其中 A_{out} 是流体输出面的面积。在这部分流体从输出面流出时，同时带走的该物理量是 $\int_{A_{\text{out}}}\eta\,(V\Delta t\cdot \mathrm{d}A)$。所以第二项为

$$\int_{A_{\text{out}}}\eta\,(V\cdot \mathrm{d}A)$$

同样，第三项是单位时间内，流体通过控制面随着流体流入而带进来的相应物理量

$$\int_{A_{\text{in}}} \eta\,(V\cdot \mathrm{d}A)$$

A_{in} 是流体流入控制体积时所通过的控制面。把这些结果代入 (3-9) 式，结果是

$$\frac{DN}{Dt}=\frac{\partial}{\partial t}\int_v \eta \mathrm{d}v+\int_{A_{\text{out}}} \eta\,(V\cdot \mathrm{d}A)-\int_{A_{\text{in}}} \eta\,(V\cdot \mathrm{d}A)$$

因为 $A_{\text{in}}+A_{\text{out}}=A$，且对于输出 $\boldsymbol{V}\cdot \mathrm{d}\boldsymbol{A}>0$，对于输入 $\boldsymbol{V}\cdot \mathrm{d}\boldsymbol{A}<0$，因此有

$$\frac{DN}{Dt}=\frac{\partial}{\partial t}\int_v \eta \mathrm{d}v+\int_{A_{\text{out}}+A_{\text{in}}} \eta\,(\boldsymbol{V}\cdot \mathrm{d}\boldsymbol{A})$$

$$\frac{DN}{Dt}=\frac{\partial}{\partial t}\int_v \eta \mathrm{d}v+\oint_A \eta\,(\boldsymbol{V}\cdot \mathrm{d}\boldsymbol{A}) \tag{3-10}$$

这就是雷诺输运定理，注意方程的左端是对体系而言，而方程的右端则是对控制体积而言。通过雷诺输运定理，就可以将体系的某物理量总量随时间的变化率转换成适合流体运动的控制体积形式。这样就可以方便地将经典力学的基本方程转换成适合流体力学的研究范畴。它表明，某瞬间控制体积内流体构成的体系所具有的某物理总量的随流导数，等于控制体积内的该物理总量的当地时间变化率，加上从控制面上净流出的该物理量的通量。

3.2 连 续 方 程

连续方程的本质是体系中质量守恒在控制体积中的表现。该方程在流体力学中称为连续方程或者质量守恒方程。

3.2.1 用于控制体积的积分形式连续方程

令 $\eta=\rho, N=\int_v \rho \mathrm{d}v$，根据 Reynolds 输运方程有

$$\frac{DN}{Dt}=\frac{\partial}{\partial t}\int_v \eta \mathrm{d}v+\int_A \eta\,(\boldsymbol{V}\cdot \mathrm{d}\boldsymbol{A})$$

式中，N 表示体系的总质量，它保持不变，即 $\dfrac{DN}{Dt}=0$。方程右端是控制体积方程，因此对于控制体积，质量守恒定律就是

$$\frac{\partial}{\partial t}\int_v \rho \mathrm{d}v+\oint_A \rho\,(\boldsymbol{V}\cdot \mathrm{d}\boldsymbol{A})=0 \tag{3-11}$$

这就是用于控制体积的积分形式连续方程。式中第一项表示控制体积内总质量随时间的变化，第二项为控制面净流出的质量流量，若控制面流出质量大于流入质量，则控制体积内总质量随时间减少，反之亦然。

在不同的应用场合下，积分形式的连续方程可以有多种简化形式。

1. 不可压缩流体的连续方程

$$\oint_A (\boldsymbol{V}\cdot \mathrm{d}\boldsymbol{A}) = 0$$

这个形式的连续方程表明，对不可压缩流体，进入控制体积的体积流量与离开控制体积的体积流量相等，即流体在控制体积内既没有堆积也没有消亡。由于是不可压流体，密度不随时间变化，因此，这个方程对定常与非定常流动都是适用的。

2. 定常流动的连续方程

$$\oint_A \rho(\boldsymbol{V}\cdot \mathrm{d}\boldsymbol{A}) = 0$$

3. 一维定常流动的连续方程

对一个管道或者流管内的定常流动，连续方程为

$$\int_{A_1} \rho V \mathrm{d}A = \int_{A_2} \rho V \mathrm{d}A$$

由于是一维定常流动，流动参数如流速和密度在进、出控制面上分布均匀，因此一维流的连续方程就简化为

$$\rho_1 V_1 A_1 = \rho_2 V_2 A_2$$

对于一般的工业管流，有时也用截面平均参数将流动简化为一维管流来进行近似计算。

【例 3-1】 常温常压下的水以 3m/s 的速度流进直径为 10cm 的管道，管道在后端平滑地收缩至直径为 2cm。求管道中水流的流量和出口速度。

【解】 选择如图 3-2 所示的控制体积。流动认为是一维定常管流，输入面和输出面分别是 1 和 2 截面。因为密度为常数，故可使用连续方程的简化形式

$$V_1 A_1 = V_2 A_2$$

代入数据得到 $V_2 = V_1 \dfrac{A_1}{A_2} = 3\dfrac{\pi \times 0.1^2/4}{\pi \times 0.02^2/4} = 75\mathrm{m/s}$

体积流量是 $Q = V_1 A_1 = 3 \times \pi \times 0.1^2/4 = 0.0236\mathrm{m^3/s}$

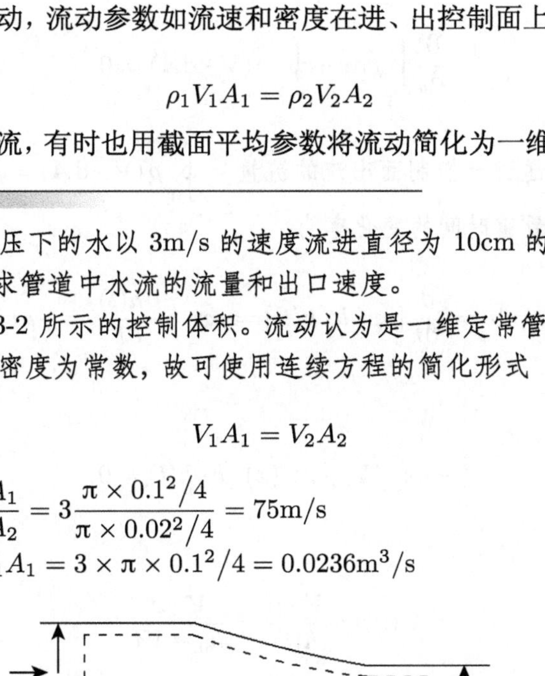

图 3-2　管道流动示意图

【例 3-2】 有一凹字形油槽 (图 3-3)，油面上方有一平板以匀速 V 向下平移，挤压油液向油槽前后两端流动，已知油槽宽度b，油液高度为 $h(t)$，求油液在上平板挤压下的平均流速随位置的变化规律$V(x)$。

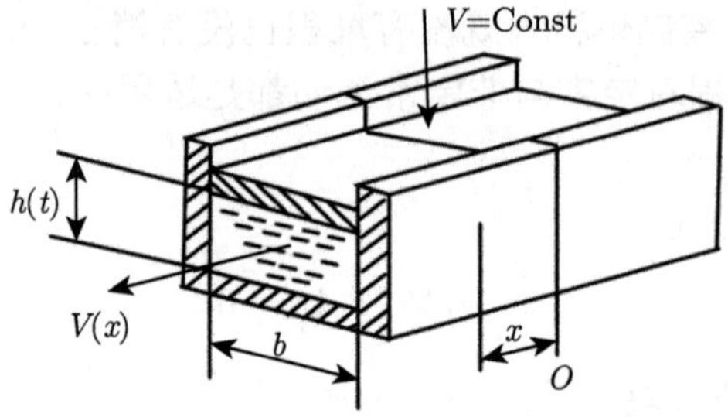

图 3-3　油槽油液非定常出流

【解】 首先判断该流动不是一维流动而是多维流动，而且又是非定常流动，难以用简单的逻辑关系求解，应该采用积分形式的连续方程求解:

$$\frac{\partial}{\partial t}\int_{v}\rho\mathrm{d}v+\oint_{A}\rho\left(\boldsymbol{V}\cdot\mathrm{d}\boldsymbol{A}\right)=0$$

取控制体积 $x\cdot h(t)\cdot b$，通过一控制面出流的流量 $=\oint_{A}\rho\left(\boldsymbol{V}\cdot\mathrm{d}\boldsymbol{A}\right)=\rho V(x)\cdot b\cdot h(t)$，

控制体积内流体质量随时间的变化率为

$$\frac{\partial}{\partial t}\int_{v}\rho\mathrm{d}v=\frac{\partial}{\partial t}\left[\rho x\cdot b\cdot h(t)\right]=\rho x\cdot b\frac{\partial h(t)}{\partial t}=-\rho x\cdot bV$$

由连续方程可知

$$-\rho x\cdot bV+\rho V(x)\cdot b\cdot h(t)=0$$

于是油流的速度:

$$V(x)=\frac{V\cdot x}{h(t)}=\frac{V\cdot x}{h_0-Vt}$$

3.2.2　微分形式的连续方程

为推导微分形式的连续方程，在流场中取图 3-4 所示的微元正六面体为控制体积，其边长分别为 $\mathrm{d}x$、$\mathrm{d}y$、$\mathrm{d}z$，考察该控制体积内流体质量的变化情况。

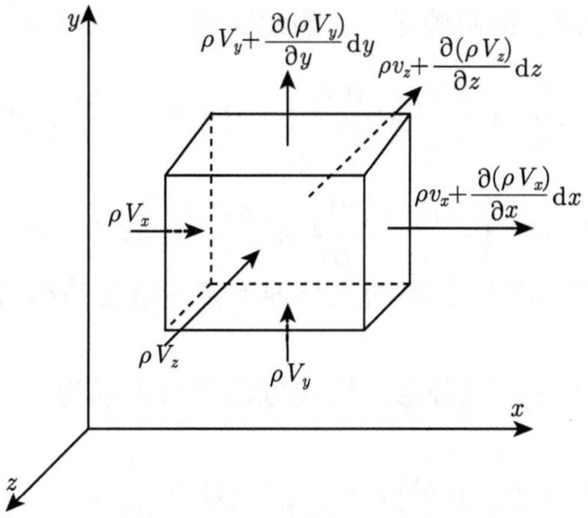

图 3-4　微元正六面体的质量守恒

由图 3-4 可知，沿着 x 方向从左侧控制面 $\mathrm{d}y\mathrm{d}z$ 进入控制体积的质量流量是 $\rho V_x\mathrm{d}y\mathrm{d}z$；而从右侧控制面离开控制体积的质量流量是 $\left[\rho V_x+\dfrac{\partial(\rho V_x)}{\partial x}\mathrm{d}x\right]\mathrm{d}y\mathrm{d}z$。这样，沿着 x 方向从控制面的净流出质量流量为 $\dfrac{\partial(\rho V_x)}{\partial x}\mathrm{d}x\mathrm{d}y\mathrm{d}z$。同理，对于另外两个方向从控制面流出的净质量流量分别为 $\dfrac{\partial(\rho V_y)}{\partial y}\mathrm{d}x\mathrm{d}y\mathrm{d}z$ 和 $\dfrac{\partial(\rho V_z)}{\partial z}\mathrm{d}x\mathrm{d}y\mathrm{d}z$。这样，单位时间从控制面净流出的流体质量为

$$\left[\frac{\partial(\rho V_x)}{\partial x}+\frac{\partial(\rho V_y)}{\partial y}+\frac{\partial(\rho V_z)}{\partial z}\right]\mathrm{d}x\mathrm{d}y\mathrm{d}z$$

由于流体不断从控制面流出，控制体积内的流体不断减少，但控制体积的体积不变，因而控制体积内流体密度必然随之降低，其变化率为 $-\dfrac{\partial\rho}{\partial t}$，这样，单位时间控制体积内流体质量将减少 $-\dfrac{\partial\rho}{\partial t}\mathrm{d}x\mathrm{d}y\mathrm{d}z$。

由质量守恒原理可知，单位时间从控制面净流出的流体质量应该等于控制体积内减少的流体量，即

$$\left[\frac{\partial(\rho V_x)}{\partial x}+\frac{\partial(\rho V_y)}{\partial y}+\frac{\partial(\rho V_z)}{\partial z}\right]\mathrm{d}x\mathrm{d}y\mathrm{d}z=-\frac{\partial\rho}{\partial t}\mathrm{d}x\mathrm{d}y\mathrm{d}z$$

化简并令 $\mathrm{d}x\to0$，$\mathrm{d}y\to0$，$\mathrm{d}z\to0$，取极限得到

$$\frac{\partial\rho}{\partial t}+\frac{\partial(\rho V_x)}{\partial x}+\frac{\partial(\rho V_y)}{\partial y}+\frac{\partial(\rho V_z)}{\partial z}=0 \tag{3-12}$$

这就是直角坐标下微分形式的连续方程。

需要指出，连续方程是一个基本约束。任何流体的连续流动都必须首先满足连续方程。其次连续方程的推导是没有条件的，因此无论对可压缩或不可压缩、层流或湍流均成立。

将连续方程 (3-12) 展开，得到

$$\frac{\partial\rho}{\partial t}+V_x\frac{\partial\rho}{\partial x}+V_y\frac{\partial\rho}{\partial y}+V_z\frac{\partial\rho}{\partial z}+\rho\left(\frac{\partial V_x}{\partial x}+\frac{\partial V_y}{\partial y}+\frac{\partial V_z}{\partial z}\right)=0$$

上式前 4 项之和表示密度的随流导数，因此连续方程也可以写为

$$\frac{D\rho}{Dt}+\rho\left(\frac{\partial V_x}{\partial x}+\frac{\partial V_y}{\partial y}+\frac{\partial V_z}{\partial z}\right)=0 \quad 或 \quad \frac{D\rho}{Dt}+\rho\nabla\cdot\boldsymbol{V}=0 \tag{3-13}$$

也可改写为 $\frac{1D\rho}{\rho Dt}=-\nabla\cdot\boldsymbol{V}=-\left(\frac{\partial V_x}{\partial x}+\frac{\partial V_y}{\partial y}+\frac{\partial V_z}{\partial z}\right)$，式中，$\nabla\cdot\boldsymbol{V}$ 是速度的散度，即体积膨胀率。上式表示流体微团体积膨胀率的大小等于流体微团的相对密度变化率。显然，对不可压缩流体，两边均为零。

对于圆柱坐标系 $(r、\theta、z)$，微分形式连续方程可以表示为

$$\frac{\partial\rho}{\partial t}+\frac{\partial}{r\partial r}(r\rho V_r)+\frac{\partial}{r\partial\theta}(\rho V_\theta)+\frac{\partial}{\partial z}(\rho V_z)=0$$

或者写成 $\frac{D\rho}{Dt}+\rho\left[\frac{\partial(rV_r)}{r\partial r}+\frac{\partial V_\theta}{r\partial\theta}+\frac{\partial V_z}{\partial z}\right]=0$

微分形式的连续方程在特定条件下可以简化。

1. *不可压缩流动*

不论是定常流还是非定常流，因 $D\rho/Dt=0$，因此方程简化为

$$\frac{\partial V_x}{\partial x}+\frac{\partial V_y}{\partial y}+\frac{\partial V_z}{\partial z}=0 \ 或\ \nabla\cdot\boldsymbol{V}=0 \tag{3-14}$$

流体微团的体积膨胀率恒为零，即速度的散度为零。

2. *可压缩定常流动*

因 $\partial\rho/\partial t=0$，故连续方程简化为

$$\frac{\partial(\rho V_x)}{\partial x}+\frac{\partial(\rho V_y)}{\partial y}+\frac{\partial(\rho V_z)}{\partial z}=0 \ 或\ \nabla\cdot(\rho\boldsymbol{V})=0 \tag{3-15}$$

3.3　理想流体动量方程

流体的运动与流体所受作用力之间的关系本质上就是经典力学中的牛顿第二定律。本节将根据牛顿第二定律的普适原理推导无黏理想流体的动量方程，即流体的受力与流体的运动之间的关系。

3.3.1　控制体积的积分形式动量方程

对一个固定质量的体系，经典力学的牛顿第二定律可以表示为：“作用于体系上的全部外力等于该体系具有的动量随时间的变化率”，外力使体系动量发生变化。对于某时刻占据空间固定体积 v 的流体构成的体系，牛顿第二定律可以写为

$$\frac{D}{Dt}\int_v\rho\boldsymbol{V}\mathrm{d}v=\sum\boldsymbol{F}$$

为了将体系的动量随时间的变化率转换成适合流体运动的控制体积形式，就要用到 3.1.2 节推导的雷诺输运方程 (3-10)：

$$\frac{DN}{Dt}=\frac{\partial}{\partial t}\int_v \eta \mathrm{d}v+\int_A \eta\left(\boldsymbol{V}\cdot \mathrm{d}\boldsymbol{A}\right)$$

令 $\eta=\rho\boldsymbol{V}, N=\int_v \rho\boldsymbol{V}\mathrm{d}v$，$N$ 表示体系的总动量，根据 Reynolds 输运方程的物理意义，可知，雷诺输运方程左端为体系的动量随时间变化率，由牛顿第二定律知，它等于所受的全部外力，即 $\dfrac{DN}{Dt}=\sum\boldsymbol{F}$。雷诺输运方程右端为控制体积动量的变化，它包括两部分：控制体积内动量的当地变化率和穿越控制面的动量流率差，这样就得到适合控制体积的积分形式动量方程：

$$\frac{\partial}{\partial t}\int_v \rho\boldsymbol{V}\mathrm{d}v+\oint_A \rho\boldsymbol{V}\left(\boldsymbol{V}\cdot \mathrm{d}\boldsymbol{A}\right)=\sum\boldsymbol{F} \tag{3-16}$$

上式第一项表示控制体积内流体动量随时间的变化率，对定常流动该项为零；第二项表示穿越控制面的流体动量通量，是流出的动量减去流入动量之差，即单位时间净流出控制体积的流体动量，这是流体流过控制体积带来的动量变化，由物理概念可知，正是由于有力的作用才带来动量的变化。因此对控制体积的动量方程可以表述为：“作用在控制体积上的全部外力等于控制体积内动量随时间的变化率加上流体流经控制面带走的净动量”。

积分形式动量方程在直角坐标系下的分量形式为

$$\begin{cases}\dfrac{\partial}{\partial t}\displaystyle\int_v \rho V_x\mathrm{d}v+\oint_A \rho V_x(\boldsymbol{V}\cdot \mathrm{d}\boldsymbol{A})=\dfrac{\partial}{\partial t}\int_v \rho V_x\mathrm{d}v+\oint_A \rho V_x(V_x\mathrm{d}A_x+V_y\mathrm{d}A_y+V_z\mathrm{d}A_z)=\sum F_x\\ \dfrac{\partial}{\partial t}\displaystyle\int_v \rho V_y\mathrm{d}v+\oint_A \rho V_y(\boldsymbol{V}\cdot \mathrm{d}\boldsymbol{A})=\dfrac{\partial}{\partial t}\int_v \rho V_y\mathrm{d}v+\oint_A \rho V_y(V_x\mathrm{d}A_x+V_y\mathrm{d}A_y+V_z\mathrm{d}A_z)=\sum F_y\\ \dfrac{\partial}{\partial t}\displaystyle\int_v \rho V_z\mathrm{d}v+\oint_A \rho V_z(\boldsymbol{V}\cdot \mathrm{d}\boldsymbol{A})=\dfrac{\partial}{\partial t}\int_v \rho V_z\mathrm{d}v+\oint_A \rho V_z(V_x\mathrm{d}A_x+V_y\mathrm{d}A_y+V_z\mathrm{d}A_z)=\sum F_z\end{cases}$$

如果流动定常，则动量方程简化为 $\oint_A \rho\boldsymbol{V}\left(\boldsymbol{V}\cdot \mathrm{d}\boldsymbol{A}\right)=\sum\boldsymbol{F}$。

积分形式动量方程表征了流体的宏观受力与流体运动之间的关系，因而是研究流体机械中运动流体与流体作用力的有效工具，是流体动力学的核心。例如喷气发动机的推力、涡轮机械的流体力、流体弯管的受力等，但是在应用该方程时，必须注意以下一些基本概念：

(1) 积分形式动量方程是对控制体积内的流体而言的，因此在使用该方程时，首先必须在流场中确定合适的控制体积。通常取与流体接触的固体表面为控制面，但是概念上必须清楚，控制面绝对是指流体的表面而不是固体表面。

(2) 方程中的全部外力指作用在控制体积内流体上的力 (包括表面力与质量力)，切勿与固壁受力混为一谈，流体作用在固壁上的力是它的反作用力。

(3) 动量和力都是矢量，除了大小外还有方向。

【例 3-3】 密度为 ρ 的不可压流体流经一个水平放置的渐缩弯管，弯管折转角为 θ，已知流动为定常，弯管进出口截面面积分别为 A_1、A_2，截面上流动参数均布，分别为 p_1、p_2、V_1、V_2，求流体对管壁的作用力 R。

【解】 取弯管进出口截面和弯管内表面为控制体积，如图 3-5 中虚线所示，研究控制体积内的流体运动与流体受力。

根据题意，流动是定常的，且由于弯管水平放置，所以可以不计重力。设管壁对流体的作用力为 $\boldsymbol{R}'$，可见弯管内流体 x 方向受到固壁作用力的分力 R'_x 沿 x 轴负向，y 方向的分力 R'_y 沿 y 轴正向。在这些力的作用下，迫使流体沿管壁的方向转弯。由不可压流动量方程可知，流体全部受力等于出口动量与进口动量之差，分别建立 x、y 方向的动量方程，有

x 方向：$-R'_x + p_1A_1 - p_2A_2\cos\theta = \rho V_2^2 A_2\cos\theta - \rho V_1^2 A_1$

y 方向：$R'_y - p_2A_2\sin\theta = \rho V_2^2 A_2\sin\theta - 0$

化简得

$$R'_x = -\left(p_2 + \rho V_2^2\right)A_2\cos\theta + \left(p_1 + \rho V_1^2\right)A_1$$

$$R'_y = \left(p_2 + \rho V_2^2\right)A_2\sin\theta$$

根据反作用力原理，流体对管壁的作用力为

$$\boldsymbol{R} = -\boldsymbol{R}' = -\left(R'_x\boldsymbol{i} + R'_y\boldsymbol{j}\right)$$

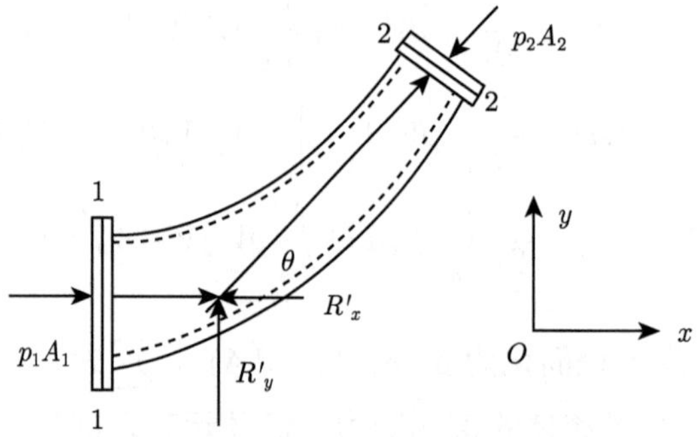

图 3-5　弯管受力分析

【说明】 本题中，由于弯管外部尚受到环境大气的作用，因此弯管受到流体的净作用力要扣除环境大气压强在管外的作用力。为此，采用表压进行计算是合适的。即上述公式中，压强 p_1、p_2 应当按照表压计算，就能得到弯管实际受到的净作用力。

【例 3-4】 水流冲击斜板的力

一股水流冲击板面，如图 3-6 所示，已知流动定常，入射流股的速度为 V_0，流量为 Q_0，斜板倾角为 θ。设各流股在垂直于图面方向的厚度为 1，不计重力及阻力作用，求流体对斜板的冲击总作用力 $\boldsymbol{F}$ 和分流流量 Q_1、Q_2(假定 $V_1 = V_2 = V_0$)。

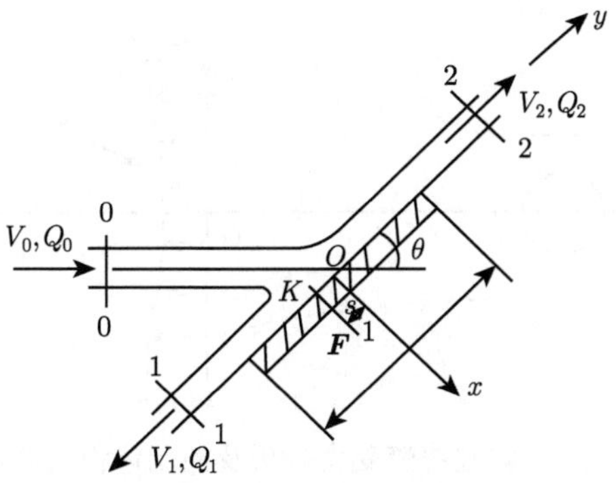

图 3-6　水流冲击斜板

【解】 取截面 0、1、2 和射流全部自由表面及与平板接触的表面所围区域为控制体积。设板对流体的作用力为 $\boldsymbol{F}'$，则流体对板的作用力为 $\boldsymbol{F}=-\boldsymbol{F}'$。

该射流全部暴露在大气环境中，进出口截面的压强等于大气压强，大气压强沿整个控制面的积分为零，$\oint_A p_a \mathrm{d}A=0$，因此可以不计环境大气压强的作用。又因为忽略摩擦作用，所以整个控制面的作用力只有斜板对水流的作用力，它与板面垂直。

建立坐标系如图 3-6，根据动量定理得

x 方向上：$-\boldsymbol{F}'=0-\rho V_0^2 A_0 \sin\theta=-\rho Q_0 V_0 \sin\theta$

y 方向上：$0=\rho V_2^2 A_2+\left(-\rho V_1^2 A_1\right)-\rho V_0^2 A_0 \cos\theta$

$\qquad\qquad =\rho Q_2 V_2-\rho Q_1 V_1-\rho Q_0 V_0 \cos\theta$

式中，A 为射流截面面积，1 截面 y 方向的动量虽为出口动量，但其方向与 y 轴正方向相反。

由流量连续有 $Q_0=Q_1+Q_2$

结合上面 3 式，可得各出流的体积流量：

$$Q_1=0.5Q_0\left(1-\cos\theta\right)$$
$$Q_2=0.5Q_0\left(1+\cos\theta\right)$$

以及斜板对水流的作用力

$$F'=\rho Q_0 V_0 \sin\theta$$

所以，流体对板的作用力大小 $\boldsymbol{F}=-\boldsymbol{F}'$，方向沿 x 轴正向。

【例 3-5】 已知 10 m 长圆柱体的绕流情况如图所示。假设气流不可压，密度为 1.23 kg/m^3，流动为定常，来流速度为 14 m/s，气流流经圆柱体一段距离后速度分布如图 3-7，在尾迹区内，速度呈二次方分布，尾迹区外速度仍为 14 m/s。求圆柱体所受的阻力。

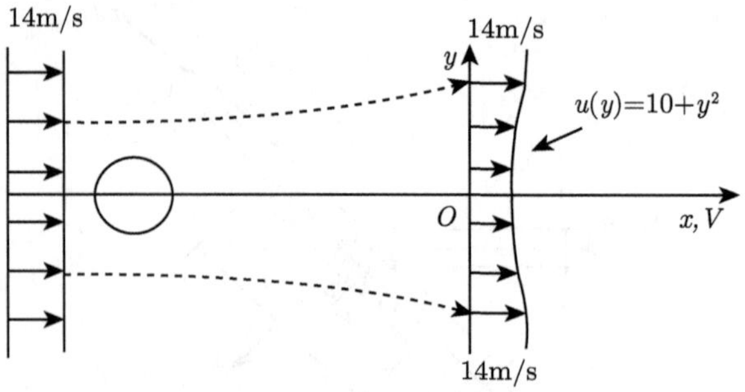

图 3-7　圆柱绕流受力分析及控制体积的选取

【解】　由图可知，气流流过圆柱体时，受到圆柱体的阻滞作用而损耗了动量，在圆柱体下游形成有速度亏损的尾迹区，气流的动量损失就是阻力的成因，因此，这是用动量方程求解作用力的典型例子。

按照图中所给截面的速度分布可知，该截面的尾迹区宽度在 $y=\pm 2$ m 的范围内，因此取经过这上下两点的两条流线作为控制体积的上下侧边界，圆柱上游及下游给定截面作为控制体积的进、出口边界，上下流线和进出口截面组成控制体积的外边界；取圆柱体外表面为控制体积的内边界，这是圆柱体对气流产生阻滞作用的重要边界，整个控制体积如图 3-7 所示，该控制体积出口截面 $y=\pm 2$ m，沿图面垂直方向为圆柱体长度 $B=10$ m，研究控制体积内气体的受力和气体运动的关系。由于整个控制体积内的流动为暴露在大气环境下的低速流动，因此沿内外边界的大气压强力全部抵消，且重力可以不计，整个控制面上气流所受的唯一作用力是圆柱体在内边界上给气流的阻滞力，这是一个沿圆柱周向上下对称且分布不均匀的分布力，可以用一个集中力 D 替代，该力的方向与气流流动方向相反。

控制体积出口速度为二次分布，故必须采用控制体积的积分形式动量方程而不能简单地用出口截面的平均速度求解气流的受力，故有：$\oint_A \rho V_x^2 \mathrm{d}A_x = \sum F_x$，注意控制体积进口动量因为进口截面面积不知道而无法求解，因此必须首先用积分形式的连续方程求出进口截面面积：

$$\int_{A_1} \rho V \mathrm{d}A = \int_{A_2} \rho V \mathrm{d}A$$

假设进口面的高度为 $2h$，因为出口面高度为 4 m，则按照进出口流量相等的条件：

$$\int \rho V \mathrm{d}A = \rho V_\infty 2hB = \rho B \int_{-2}^{2} \left(10 + y^2\right) \mathrm{d}y$$

求出 $h = 68/(3V_\infty)$，然后在流动方向上建立动量方程，求出控制体积内流体受力 D，它等于出口截面动量减去进口截面动量：

$$-D = \rho B \int_{-2}^{2} \left(10 + y^2\right)^2 \mathrm{d}y - \rho B V_\infty^2 2h = -(1728/15)\rho B = -1416.96 \approx -1417(\mathrm{N})$$

得到 $D \approx -1417(\mathrm{N})$，这是圆柱体给流体的作用力，方向向前。

所以，圆柱体所受的流动阻力大小为 1417 N，方向与气流方向相同，指向 x 轴正方向。

3.3.2　理想无黏流体微分形式动量方程——Euler(欧拉)运动方程

在理想无黏流体流场中取一体积为 $\mathrm{d}x\mathrm{d}y\mathrm{d}z$ 的正六面微元体，边长分别为 $\mathrm{d}x$、$\mathrm{d}y$、$\mathrm{d}z$，微元体中心的压强为 p，三坐标轴方向的速度分别为 V_x、V_y、V_z，微元体所受的力有表面力和质量力，因为是理想无黏流体，表面力只有压强力而无剪切力，它的分布如图 3-8 所示。

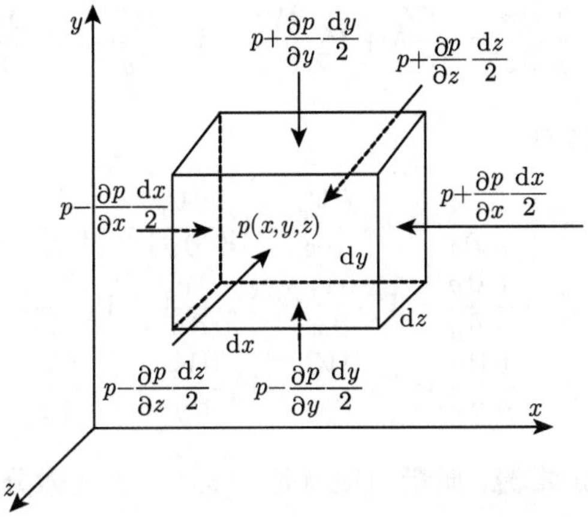

图 3-8　理想无黏流体正六面微元面上的表面力

设该微元体中单位质量流体的质量力为 X、Y、Z，那么在 x 方向流体微团所受的力就是

$$\rho X\mathrm{d}x\mathrm{d}y\mathrm{d}z+\left(p-\frac{\partial p}{\partial x}\frac{\mathrm{d}x}{2}\right)\mathrm{d}y\mathrm{d}z-\left(p+\frac{\partial p}{\partial x}\frac{\mathrm{d}x}{2}\right)\mathrm{d}y\mathrm{d}z=\left(\rho X-\frac{\partial p}{\partial x}\right)\mathrm{d}x\mathrm{d}y\mathrm{d}z$$

根据牛顿第二运动定律，流体微团在 x 方向的表面力和质量力的共同作用下，微元质量 $\rho\mathrm{d}x\mathrm{d}y\mathrm{d}z$ 将会产生 $\frac{\mathrm{d}V_x}{\mathrm{d}t}$ 的加速运动，即 $\left(\rho X-\frac{\partial p}{\partial x}\right)\mathrm{d}x\mathrm{d}y\mathrm{d}z=\frac{\mathrm{d}V_x}{\mathrm{d}t}\rho\mathrm{d}x\mathrm{d}y\mathrm{d}z$，同样地在 y 方向和 z 方向也可得到类似的结果，由此得到三个方向的运动微分方程：

$$X-\frac{1}{\rho}\frac{\partial p}{\partial x}=\frac{\mathrm{d}V_x}{\mathrm{d}t}$$

$$Y-\frac{1}{\rho}\frac{\partial p}{\partial y}=\frac{\mathrm{d}V_y}{\mathrm{d}t}$$

$$Z-\frac{1}{\rho}\frac{\partial p}{\partial z}=\frac{\mathrm{d}V_z}{\mathrm{d}t}$$

这就是著名的理想无黏流体微分形式的运动方程，又称“Euler(欧拉) 运动方程”，给出了流体在质量力、表面压强力作用下的运动规律，是理想流体运动分析的基本方程。写成矢量形式的欧拉运动方程是

$$\boldsymbol{R}-\frac{1}{\rho}\nabla p=\frac{D\boldsymbol{V}}{Dt}\tag{3-17}$$

式中，单位质量的质量力 $\boldsymbol{R}=X\boldsymbol{i}+Y\boldsymbol{j}+Z\boldsymbol{k}$，将上式展开就得到

$$\begin{aligned}
X-\frac{1}{\rho}\frac{\partial p}{\partial x}&=\frac{\partial V_x}{\partial t}+V_x\frac{\partial V_x}{\partial x}+V_y\frac{\partial V_x}{\partial y}+V_z\frac{\partial V_x}{\partial z}\\
Y-\frac{1}{\rho}\frac{\partial p}{\partial y}&=\frac{\partial V_y}{\partial t}+V_x\frac{\partial V_y}{\partial x}+V_y\frac{\partial V_y}{\partial y}+V_z\frac{\partial V_y}{\partial z}\\
Z-\frac{1}{\rho}\frac{\partial p}{\partial z}&=\frac{\partial V_z}{\partial t}+V_x\frac{\partial V_z}{\partial x}+V_y\frac{\partial V_z}{\partial y}+V_z\frac{\partial V_z}{\partial z}
\end{aligned}$$

若流动定常，则方程可简化为

$$\begin{aligned}
X-\frac{1}{\rho}\frac{\partial p}{\partial x}&=V_x\frac{\partial V_x}{\partial x}+V_y\frac{\partial V_x}{\partial y}+V_z\frac{\partial V_x}{\partial z}\\
Y-\frac{1}{\rho}\frac{\partial p}{\partial y}&=V_x\frac{\partial V_y}{\partial x}+V_y\frac{\partial V_y}{\partial y}+V_z\frac{\partial V_y}{\partial z}\\
Z-\frac{1}{\rho}\frac{\partial p}{\partial z}&=V_x\frac{\partial V_z}{\partial x}+V_y\frac{\partial V_z}{\partial y}+V_z\frac{\partial V_z}{\partial z}
\end{aligned}$$

若考虑在重力场中的一维定常流，质量力项就是 $-\rho g\mathrm{d}z$，上述微分形式的动量方程可简化为

$$\mathrm{d}p+\rho V\mathrm{d}V+\rho g\mathrm{d}z=0$$

在 3.5 节中将从该方程推导出非常实用的伯努利方程 (Bernulli's Equation)。

3.4 实际有黏流体动量方程：N-S(纳维-斯托克斯) 方程

上节讨论的理想流体是无黏的，本节将讨论更一般的流体，即有黏的实际流体的运动与流体作用力之间的关系，这就是著名的 Navier-Stokes 方程，简称 N-S 方程，它是现代计算流体力学的理论基础，通常写为“纳维–斯托克斯方程”，它同样满足经典力学牛顿第二定律阐述的规律。由于流体有黏，因此流体的受力将包括表面的剪切应力，问题要相对复杂。

3.4.1 实际有黏流体的应力和应力形式的运动微分方程

运动流体的受力包括质量力和表面力两大部分，质量力仅与流体的质量有关，而与流体是否有黏无关，表面力就不同了，无黏流只有正压强，而有黏流除正压强外，还存在由黏性引起的剪切力。

在有黏运动流体的流场中，每一点的流体都会受到正应力和剪切应力，在 x、y、z 3 个方向上，存在 3 个法向应力 σ_{xx}、σ_{yy}、σ_{zz} 和六个剪切应力 τ_{zx}、τ_{zy}、τ_{xz}、τ_{xy}、τ_{yx}、τ_{yz} 一共九个应力分量，在流体力学中称为应力张量 T，其中每个应力项有两个下标，第一个下标表示应力作用面的法线方向，第二个下标表示应力的实际作用方向，如 τ_{zx} 表示该剪切应力作用在垂直于 z 轴的表面 $\mathrm{d}x\mathrm{d}y$ 上，方向沿 x 轴正向，上述应力张量 $\boldsymbol{T}$ 可以表示为

$$\boldsymbol{T}=\begin{bmatrix}\sigma_{xx} & \tau_{yx} & \tau_{zx}\\ \tau_{xy} & \sigma_{yy} & \tau_{zy}\\ \tau_{xz} & \tau_{yz} & \sigma_{zz}\end{bmatrix}$$

由微元体力矩平衡的原理可以证明，6 个剪切应力分量是两两相等的，即 $\tau_{xy}=\tau_{yx}$、$\tau_{xz}=\tau_{zx}$、$\tau_{yz}=\tau_{zy}$，由此可见，6 个剪切应力中只有 3 个是独立的。

实际有黏流体微分形式运动方程的本质仍是牛顿第二定律 (或动量定理)。与无黏流体运动方程推导类似，在运动的有黏流体流场中，任取一体积为 $\mathrm{d}x\mathrm{d}y\mathrm{d}z$ 的正六面微元体，其边长分别为 $\mathrm{d}x$、$\mathrm{d}y$、$\mathrm{d}z$。微元体中心点的应力为 3 个法向应力 σ_{xx}、σ_{yy}、σ_{zz}，6 个剪切应力 τ_{zx}、τ_{zy}、τ_{xz}、τ_{xy}、τ_{yx} 和 τ_{yz}，微元体中心点三坐标轴方向的速度分别为 V_x、V_y、V_z，微元体所受的力有表面力和质量力，研究它的受力与运动的关系，图 3-9 给出了该微元体 3 个表面上的所有法向应力和剪切应力。

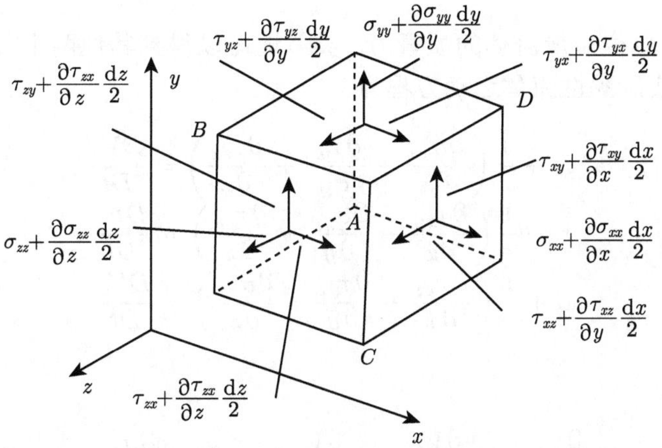

图 3-9 正六面微元体上实际有黏流体的应力分布

首先研究 x 方向上的表面力，可以看出六个表面均存在 x 方向的表面力。

在 DC 面：正应力 $\sigma_{xx}+\dfrac{\partial\sigma_{xx}}{\partial x}\dfrac{\mathrm{d}x}{2}$ ；在 AB 面：正应力 $\sigma_{xx}-\dfrac{\partial\sigma_{xx}}{\partial x}\dfrac{\mathrm{d}x}{2}$

在 BD 面：切应力 $\tau_{yx}+\dfrac{\partial\tau_{yx}}{\partial y}\dfrac{\mathrm{d}y}{2}$ ；在 AC 面：切应力 $\tau_{yx}-\dfrac{\partial\tau_{yx}}{\partial y}\dfrac{\mathrm{d}y}{2}$

在 BC 面：切应力 $\tau_{zx}+\dfrac{\partial\tau_{zx}}{\partial z}\dfrac{\mathrm{d}z}{2}$ ；在 AD 面：切应力 $\tau_{zx}-\dfrac{\partial\tau_{zx}}{\partial z}\dfrac{\mathrm{d}z}{2}$

因此，在 x 方向上总的表面力为上述 6 项应力之和，即

$$\begin{aligned}&\left(\sigma_{xx}+\frac{\partial\sigma_{xx}}{\partial x}\frac{\mathrm{d}x}{2}-\sigma_{xx}+\frac{\partial\sigma_{xx}}{\partial x}\frac{\mathrm{d}x}{2}\right)\mathrm{d}y\mathrm{d}z\\&+\left(\tau_{yx}+\frac{\partial\tau_{yx}}{\partial y}\frac{\mathrm{d}y}{2}-\tau_{yx}+\frac{\partial\tau_{yx}}{\partial y}\frac{\mathrm{d}y}{2}\right)\mathrm{d}x\mathrm{d}z\\&+\left(\tau_{zx}+\frac{\partial\tau_{zx}}{\partial z}\frac{\mathrm{d}z}{2}-\tau_{zx}+\frac{\partial\tau_{zx}}{\partial z}\frac{\mathrm{d}z}{2}\right)\mathrm{d}x\mathrm{d}y\end{aligned}$$

得到 $\mathrm{d}x\mathrm{d}y\mathrm{d}z$ 微元体在 x 方向上总的表面力 $=\left(\dfrac{\partial\sigma_{xx}}{\partial x}+\dfrac{\partial\tau_{yx}}{\partial y}+\dfrac{\partial\tau_{zx}}{\partial z}\right)\mathrm{d}x\mathrm{d}y\mathrm{d}z$，同理，微元体在 y 方向上的表面力 $=\left(\dfrac{\partial\tau_{xy}}{\partial x}+\dfrac{\partial\sigma_{yy}}{\partial y}+\dfrac{\partial\tau_{zy}}{\partial z}\right)\mathrm{d}x\mathrm{d}y\mathrm{d}z$，微元体在 z 方向上的表面力 $=$

$\left(\dfrac{\partial \tau_{xz}}{\partial x}+\dfrac{\partial \tau_{yz}}{\partial y}+\dfrac{\partial \sigma_{zz}}{\partial z}\right)\mathrm{d}x\mathrm{d}y\mathrm{d}z$。

根据牛顿第二定律，在 x 方向有

$$\left(\frac{\partial \sigma_{xx}}{\partial x}+\frac{\partial \tau_{yx}}{\partial y}+\frac{\partial \tau_{zx}}{\partial z}\right)\mathrm{d}x\mathrm{d}y\mathrm{d}z+\rho X\mathrm{d}x\mathrm{d}y\mathrm{d}z=\rho\frac{DV_x}{Dt}\mathrm{d}x\mathrm{d}y\mathrm{d}z$$

令 $\mathrm{d}x\to 0$，$\mathrm{d}y\to 0$，$\mathrm{d}z\to 0$，取极限则有

$$X+\frac{1}{\rho}\left(\frac{\partial \sigma_{xx}}{\partial x}+\frac{\partial \tau_{yx}}{\partial y}+\frac{\partial \tau_{zx}}{\partial z}\right)=\frac{DV_x}{Dt}$$

式中，X 为 x 方向单位质量流体的质量力。类似地可以得到其他两个方向的运动方程，这样，用应力表示的实际黏性流体运动方程为

$$\begin{aligned}X+\frac{1}{\rho}\left(\frac{\partial \sigma_{xx}}{\partial x}+\frac{\partial \tau_{yx}}{\partial y}+\frac{\partial \tau_{zx}}{\partial z}\right)&=\frac{DV_x}{Dt}\\ Y+\frac{1}{\rho}\left(\frac{\partial \tau_{xy}}{\partial x}+\frac{\partial \sigma_{yy}}{\partial y}+\frac{\partial \tau_{zy}}{\partial z}\right)&=\frac{DV_y}{Dt}\\ Z+\frac{1}{\rho}\left(\frac{\partial \tau_{xz}}{\partial x}+\frac{\partial \tau_{yz}}{\partial y}+\frac{\partial \sigma_{zz}}{\partial z}\right)&=\frac{DV_z}{Dt}\end{aligned}$$

该方程也可以写成

$$\left.\begin{aligned}\rho\frac{DV_x}{Dt}&=\rho\left(\frac{\partial V_x}{\partial t}+V_x\frac{\partial V_x}{\partial x}+V_y\frac{\partial V_x}{\partial y}+V_z\frac{\partial V_x}{\partial z}\right)=\rho X+\frac{\partial \sigma_{xx}}{\partial x}+\frac{\partial \tau_{yx}}{\partial y}+\frac{\partial \tau_{zx}}{\partial z}\\ \rho\frac{DV_y}{Dt}&=\rho\left(\frac{\partial V_y}{\partial t}+V_x\frac{\partial V_y}{\partial x}+V_y\frac{\partial V_y}{\partial y}+V_z\frac{\partial V_y}{\partial z}\right)=\rho Y+\frac{\partial \tau_{xy}}{\partial x}+\frac{\partial \sigma_{yy}}{\partial y}+\frac{\partial \tau_{zy}}{\partial z}\\ \rho\frac{DV_z}{Dt}&=\rho\left(\frac{\partial V_z}{\partial t}+V_x\frac{\partial V_z}{\partial x}+V_y\frac{\partial V_z}{\partial y}+V_z\frac{\partial V_z}{\partial z}\right)=\rho Z+\frac{\partial \tau_{xz}}{\partial x}+\frac{\partial \tau_{yz}}{\partial y}+\frac{\partial \sigma_{zz}}{\partial z}\end{aligned}\right\}\tag{3-18}$$

上述方程推导没有任何附加条件，因此是普适方程，但却是不封闭的。方程中有 9 个未知量：3 个速度分量和 6 个应力分量，需要 9 个方程才能求解，目前却只有连续方程和 3 个方向的运动方程，必须补充新的条件方程。

3.4.2　N-S(纳维–斯托克斯) 方程组

为了封闭上述运动方程，Stokes 提出了关于牛顿 (Newton) 流体应力必须遵守的 3 个假设 (Stokes 假设)：

(1) 流体的应力与应变率成线性关系。

(2) 流体各向同性，它的特性与方向无关，因此变形律与坐标系的选择无关。

(3) 当应变率为零时，应力必须化为流体的静止条件。

在上述假设下，经过复杂的推导，可以得到如下的表面应力张量 $\boldsymbol{T}$ 的表达式：

$$\boldsymbol{T}=\begin{bmatrix}\sigma_{xx} & \tau_{yx} & \tau_{zx}\\ \tau_{xy} & \sigma_{yy} & \tau_{zy}\\ \tau_{xz} & \tau_{yz} & \sigma_{zz}\end{bmatrix}$$

$$
= \begin{bmatrix} -p+2\mu\dfrac{\partial V_x}{\partial x}+\lambda\nabla\cdot\boldsymbol{V} & \mu\left(\dfrac{\partial V_x}{\partial y}+\dfrac{\partial V_y}{\partial x}\right) & \mu\left(\dfrac{\partial V_x}{\partial z}+\dfrac{\partial V_z}{\partial x}\right) \\ \mu\left(\dfrac{\partial V_y}{\partial x}+\dfrac{\partial V_x}{\partial y}\right) & -p+2\mu\dfrac{\partial V_y}{\partial y}+\lambda\nabla\cdot\boldsymbol{V} & \mu\left(\dfrac{\partial V_y}{\partial z}+\dfrac{\partial V_z}{\partial y}\right) \\ \mu\left(\dfrac{\partial V_z}{\partial x}+\dfrac{\partial V_x}{\partial z}\right) & \mu\left(\dfrac{\partial V_z}{\partial y}+\dfrac{\partial V_y}{\partial z}\right) & -p+2\mu\dfrac{\partial V_z}{\partial z}+\lambda\nabla\cdot\boldsymbol{V} \end{bmatrix} \tag{3-19}
$$

上式又称广义牛顿定律，式中出现的 λ 为第二黏性系数，通常等于 $-(2/3)\mu$。

把表面应力表达式 (3-19) 代入流体的一般形式的运动方程 (3-18) 中，得到

$$
\left.\begin{aligned}
\rho\frac{DV_x}{Dt}&=\rho X-\frac{\partial p}{\partial x}+\frac{\partial}{\partial x}\left[2\mu\frac{\partial V_x}{\partial x}+\lambda\nabla\cdot\boldsymbol{V}\right]+\frac{\partial}{\partial y}\left[\mu\left(\frac{\partial V_x}{\partial y}+\frac{\partial V_y}{\partial x}\right)\right]+\frac{\partial}{\partial z}\left[\mu\left(\frac{\partial V_x}{\partial z}+\frac{\partial V_z}{\partial x}\right)\right]\\
\rho\frac{DV_y}{Dt}&=\rho Y-\frac{\partial p}{\partial y}+\frac{\partial}{\partial x}\left[\mu\left(\frac{\partial V_y}{\partial x}+\frac{\partial V_x}{\partial y}\right)\right]+\frac{\partial}{\partial y}\left[2\mu\frac{\partial V_y}{\partial y}+\lambda\nabla\cdot\boldsymbol{V}\right]+\frac{\partial}{\partial z}\left[\mu\left(\frac{\partial V_y}{\partial z}+\frac{\partial V_z}{\partial y}\right)\right]\\
\rho\frac{DV_z}{Dt}&=\rho Z-\frac{\partial p}{\partial z}+\frac{\partial}{\partial x}\left[\mu\left(\frac{\partial V_z}{\partial x}+\frac{\partial V_x}{\partial z}\right)\right]+\frac{\partial}{\partial y}\left[\mu\left(\frac{\partial V_z}{\partial y}+\frac{\partial V_y}{\partial z}\right)\right]+\frac{\partial}{\partial z}\left[2\mu\frac{\partial V_z}{\partial z}+\lambda\nabla\cdot\boldsymbol{V}\right]
\end{aligned}\right\} \tag{3-20}
$$

这个方程组就是著名的 Navier-Stokes 方程组 (简称 N-S 方程组)，它是描述黏性流体运动的基本方程。这是一组二阶非线性偏微分方程组，除一些特例外，解析求解相当困难。对大多数流动问题，必须采用数值方法求解。

Navier-Stokes 方程组有两种重要的简化形式。第一，如果在这个方程组中忽略黏性部分的项，就得到了前面介绍的理想流体的运动方程 (即欧拉方程)。第二，对于不可压缩流，当温度变化不大时，通常认为流体的密度 ρ 和动力黏性系数 μ 为常数，那么就可以得到不可压缩流体的 Navier-Stokes 方程：

$$
\left.\begin{aligned}
\frac{DV_x}{Dt}&=X-\frac{1}{\rho}\frac{\partial p}{\partial x}+\nu\left(\frac{\partial^2 V_x}{\partial x^2}+\frac{\partial^2 V_x}{\partial y^2}+\frac{\partial^2 V_x}{\partial z^2}\right)\\
\frac{DV_y}{Dt}&=Y-\frac{1}{\rho}\frac{\partial p}{\partial y}+\nu\left(\frac{\partial^2 V_y}{\partial x^2}+\frac{\partial^2 V_y}{\partial y^2}+\frac{\partial^2 V_y}{\partial z^2}\right)\\
\frac{DV_z}{Dt}&=Z-\frac{1}{\rho}\frac{\partial p}{\partial z}+\nu\left(\frac{\partial^2 V_z}{\partial x^2}+\frac{\partial^2 V_z}{\partial y^2}+\frac{\partial^2 V_z}{\partial z^2}\right)
\end{aligned}\right\} \tag{3-21}
$$

式中，$\nu=\mu/\rho$，称为流体的运动黏度。

上式也可以简化为矢量式

$$
\frac{D\boldsymbol{V}}{Dt}=\boldsymbol{R}-\frac{1}{\rho}\nabla p+\nu\nabla^2\boldsymbol{V}
$$

因为动力黏度 μ 随温度而变化，因此对于不可压流体的非等温流动，μ 为常数的简化是有误差的。

关于 N-S 方程组，有几点值得说明的地方。

(1) N-S 方程组是流体力学最基本、最全面的方程。其他如 Euler 方程组、势流方程等流体力学方程都可以看成是 N-S 方程组的简化形式。只要这些简化条件不满足，都可以采用 N-S 方程组进行详细分析。但是由于求解的困难，通常需要进行数值求解。

(2) N-S 方程的推导引入了牛顿流体的 Stokes 假设，所以该方程组只适用于牛顿流体。对于非牛顿流体，必须用其他关系改写一般形式的运动方程。另外，当存在化学反应或者在多相流中，该方程组需要补充相应的源项。

(3) 关于 N-S 方程组中各项的物理解释。尽管该方程组的本质是牛顿第二定律，但是在流体力学中，方程组中各项有新的名称及独特的物理含义。我们列出其中一个分量式：

$$\underset{①}{\rho\frac{\partial V_x}{\partial t}}+\underset{②}{\rho\left(V_x\frac{\partial V_x}{\partial x}+V_y\frac{\partial V_x}{\partial y}+V_z\frac{\partial V_x}{\partial z}\right)}$$

$$=\underset{③}{\rho X}-\underset{④}{\frac{\partial p}{\partial x}}+\underbrace{\frac{\partial}{\partial x}\left[2\mu\frac{\partial v_x}{\partial x}+\lambda\nabla\cdot\boldsymbol{v}\right]+\frac{\partial}{\partial y}\left[\mu\left(\frac{\partial v_x}{\partial y}+\frac{\partial v_y}{\partial x}\right)\right]+\frac{\partial}{\partial z}\left[\mu\left(\frac{\partial v_x}{\partial z}+\frac{\partial v_z}{\partial x}\right)\right]}_{⑤}$$

式中，各部分通常称为①非定常力项；②惯性力项 (也称对流项)；③质量力项；④压差项；⑤黏性力项 (也称扩散项)。

在这个二阶非线性偏微分方程组中，对流项倾向于使流场中的扰动 (或不均匀性) 迁移并且放大；而扩散项则倾向于抑制这种扰动的增长。在许多情况下，对流项远大于扩散项，因此流动很容易失稳，从而由层流流动变成湍流流动。

最后，为了通过方程组求解流场，需要补充连续方程。在可压缩流的情况下，尚需补充能量方程或者等价的方程。对于非定常流，还要指定相应的边界条件和初始条件。

Navier-Stokes 方程以及不可压 Navier-Stokes 方程和 Euler 方程都是高度非线性的偏微分方程组，很难直接得到它们的解析解。大多数情况下，需要借助于计算机来求得数值解。只有为数很少的几种典型流动，才可以通过直接求解 Navier-Stokes 方程来获得解析解，精确的解析解为流体力学的研究提供了一个非常重要的工具，例如在计算流体力学中，精确的解析解常常是验证算法可行性、准确性的标准。下文讨论的 Couette 流动就是其中一个著名的实例。

3.4.3　N-S 方程的一个经典解析解——Couette 流动

Couette 流动是两个无限大平行平板之间流体的流动，黏性流体在前后压差或运动平板的拖动下产生运动，流体的这种运动形态可以采用微分形式 N-S 方程直接求解。

考虑图 3-10 所示两个平行平板之间的二维黏性流动，假设流动是不可压、定常的，两平板之间的高度为 h，上板以匀速 U 向右运动：

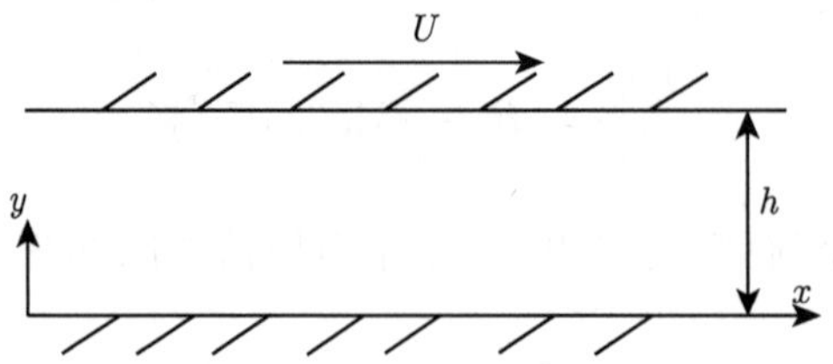

图 3-10　Couette 流动

对于这种流动，$V_y=0$，由不可压二维流的连续方程 $\dfrac{\partial V_x}{\partial x}+\dfrac{\partial V_y}{\partial y}=0$，可知 $\dfrac{\partial V_x}{\partial x}=0$，说明 V_x 与 x 无关，仅仅是 y 的函数，即 $V_x=V_x(y)$，代入二维 N-S 方程，由于流动定常

$$\frac{DV_x}{Dt}=X-\frac{1}{\rho}\frac{\partial p}{\partial x}+\frac{\mu}{\rho}\left(\frac{\partial^2 V_x}{\partial x^2}+\frac{\partial^2 V_x}{\partial y^2}\right)=0$$

不考虑质量力 X，而且压强仅仅是 x 的函数，上述 N-S 方程简化为

$$\mu\frac{\mathrm{d}^2 V_x}{\mathrm{d}y^2}=\frac{\mathrm{d}p}{\mathrm{d}x}$$

积分上式，并使用 $y=0:V_x=0$ 和 $y=h:V_x=U$ 边界条件，可以得到速度 V_x 的形式为

$$V_x(y)=\frac{1}{2\mu}\frac{\mathrm{d}p}{\mathrm{d}x}\left(y^2-hy\right)+\frac{U}{h}y$$

这就是著名的 Couette 流动。在不同的条件下，Couette 流动可以呈现如下几种形式：

(1) 上、下板均静止——速度分布是抛物线分布 $V_x(y)=\dfrac{1}{2\mu}\dfrac{\mathrm{d}p}{\mathrm{d}x}\left(y^2-hy\right)$(图 3-11)。

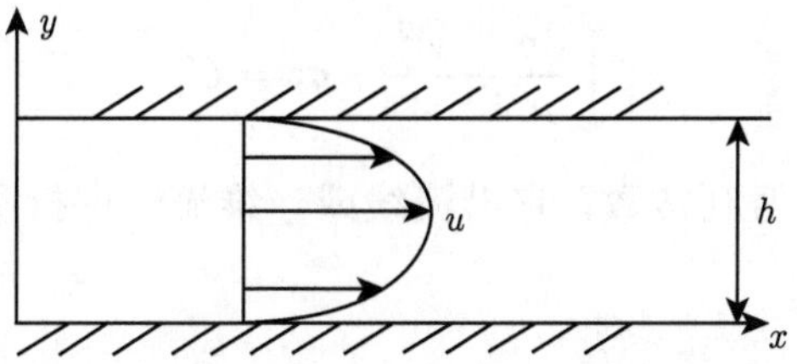

图 3-11　抛物线分布的 Couette 流动的速度图

(2) 上板运动，且流场内无压强梯度——速度呈线性分布 $V_x(y)=\dfrac{U}{h}y$(图 3-12)。

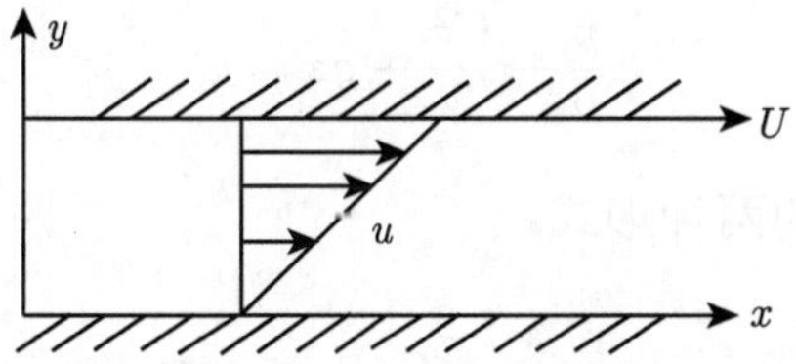

图 3-12　线性分布的 Couette 流动的速度图

(3) 一般的 Couette 流动，是上述两种流动的叠加 $V_x(y)=\dfrac{1}{2\mu}\dfrac{\mathrm{d}p}{\mathrm{d}x}\left(y^2-hy\right)+\dfrac{U}{h}y$(图 3-13)。

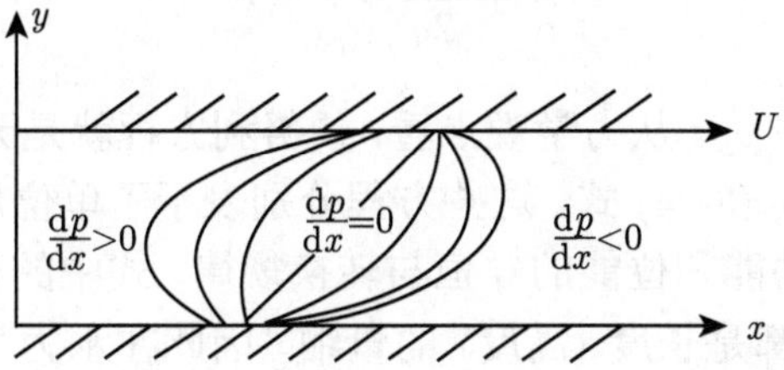

图 3-13　一般情况下 Couette 流动的速度分布图

从图 3-13 可知，当 $\mathrm{d}p/\mathrm{d}x < 0$ 时，顺压强梯度将有助于流体的运动，而 $\mathrm{d}p/\mathrm{d}x > 0$ 时，逆压强梯度将阻碍流体的运动。

3.5　不可压和可压流伯努利方程

伯努利方程是理想流体运动方程在简化条件下得到的代数方程，它直观地给出了流场中压强、密度和速度的变化规律。鉴于描述流体运动 (即使在理想流体假设下) 的微分方程高度复杂，这个简单的代数关系获得了广泛的应用，因此伯努利方程是流体力学中极为重要的基本关系之一。

伯努利方程有多种推导的方法。本节从 3.3 节推导的一维定常理想无黏流体微分形式的动量方程出发：

$$\mathrm{d}p + \rho V \mathrm{d}V + \rho g \mathrm{d}z = 0$$

沿一维流的流线或流管积分上式，可以得到

$$\int \frac{\mathrm{d}p}{\rho} + \frac{V^2}{2} + gz = C$$

式中，积分常数 C 称为伯努利常数，它沿流线或一维流管保持不变。显然，上式中的积分 $\int \frac{\mathrm{d}p}{\rho}$ 与流体是否可压有关。

3.5.1　不可压流伯努利方程

不可压流，密度 ρ 保持不变，很容易就得到不可压流的伯努利方程：

$$\frac{p}{\rho} + \frac{V^2}{2} + gz = C \tag{3-22}$$

伯努利方程也可以写为另外的两种形式：

$$p + \frac{1}{2}\rho V^2 + \rho g z = C \tag{3-23}$$

或者 $\frac{p}{\rho g} + \frac{V^2}{2g} + z = C$，即

$$\frac{p}{\gamma} + \frac{V^2}{2g} + z = C \tag{3-24}$$

式中，γ 是流体的重度，$\gamma = \rho g$。从力学观点看，伯努利方程就是无黏流体定常流动中的机械能守恒定律。从 (3-22) 式到 (3-24) 式，这些方程分别表示了单位质量流体、单位体积流体和单位重量流体的压力能、动能和位能的守恒与转换规律，式中的积分常数 C 就是总能量。

鉴于 (3-24) 式中各项都是长度 (高度) 的量纲，因此在水力学中，常常把前面三项分别称为压强水头、速度水头和高度水头 (位置水头)，而积分常数 (即总能) 称为总水头。有时也把位置水头加上压强水头称为静水头 (或测压管水头)。

伯努利方程在工程实际中得到广泛的应用，只要流动是连续的一维流动，就可以沿流线或流管选择两个感兴趣的不同位置建立伯努利方程：

$$\frac{p_1}{\gamma}+\frac{V_1^2}{2g}+z_1=\frac{p_2}{\gamma}+\frac{V_2^2}{2g}+z_2$$

从这个方程可以看出，连续流动的不可压流体，两个不同截面的速度、压强和高度是如何相互变化的。

如果不可压流体的流动在同一水平面内进行，或者流场中坐标 z 的变化与其他流动参数变化相比可以忽略不计时，那么伯努利方程简化为

$$p+\frac{1}{2}\rho V^2=C=p^* \tag{3-25}$$

式中，积分常数 C 可以想像为流体速度被滞止为零时的压强，流体力学中将这种压强称为“滞止压强”或“总压”，用 p^* 表示，式中的 p 称为“静压”，式中的 $\frac{1}{2}\rho V^2$ 称为该流动流体的“动压”，可见在不可压流中，流体的总压 p^* 由流体的静压和流体的动压两部分组成。

3.5.2　可压流伯努利方程

对于可压缩流体，密度不再是常数，如果是等熵流动的理想气体，运用压强和密度的等熵关系式 $p=C\cdot\rho^k$，就可以得

$$\int\frac{1}{\rho}\mathrm{d}p=\int\frac{c}{p^{1/k}}\mathrm{d}p=c\left(1-\frac{1}{k}\right)^{-1}p^{1-\frac{1}{k}}=\frac{k}{k-1}\frac{p}{\rho}$$

式中，k 是绝热指数。因此，等熵过程下，理想气体在重力场中的伯努利方程为

$$\frac{k}{k-1}\frac{p}{\rho}+\frac{V^2}{2}+gz=C \tag{3-26}$$

必须注意，上式的推导运用了等熵过程的条件，因此在使用该方程时必须满足此限定条件。

对于可压缩的气体，重力影响通常可以忽略不计，那样就有

$$\frac{k}{k-1}\frac{p}{\rho}+\frac{V^2}{2}=C$$

由热力学中焓 h 和内能 u 的关系式以及理想气体状态方程 $p=\rho RT$ 和声速 c 的表达式，上述可压流伯努利方程还可以写成

$$\frac{k}{k-1}\frac{p}{\rho}+\frac{V^2}{2}=\frac{k}{k-1}RT+\frac{V^2}{2}=C_pT+\frac{V^2}{2}=h+\frac{V^2}{2}=C$$

又　$h=C_pT$，$u=C_vT$，$C_p-C_v=R$，声速 $c=\sqrt{kRT}$ 可得

$$u+\frac{p}{\rho}+\frac{V^2}{2}=C$$

$$\frac{c^2}{k-1}+\frac{V^2}{2}=C$$

这就是常用的可压流伯努利方程的几种表达式。

3.6 伯努利方程的应用

3.6.1 伯努利方程的扩展

伯努利方程在实际工程应用中常常需要作某些修正，以充分发挥该方程的作用。

1. 考虑黏性流动损失的不可压流伯努利方程

实际流体由于有黏性存在，在流动过程中不可避免总是有能量损失，设流体从 1 截面流动到 2 截面的能量损失为 h_w，这样就有

$$\frac{p_1}{\gamma}+\frac{V_1^2}{2g}+z_1=\frac{p_2}{\gamma}+\frac{V_2^2}{2g}+z_2+h_w \tag{3-27}$$

流动损失 h_w 必然导致流体的压强降低。对于一个已知的流管，1、2 截面的速度 (动能) 受连续方程的制约，不能随意变化；1、2 截面的高度 (位置势能) 也是确定的。因此黏性引起的机械能损失，必然伴随着流体压力能的减少。所损失掉的机械能转化为流体的热能，这就是为什么一个实际的水平等直径管流沿流向的压强会越来越低的原因。

在实际问题中，我们常常把 h_w 表示成动压头的形式，即

$$h_w=K\frac{V^2}{2g}$$

式中，K 为损失系数，其计算将在第 5 章中讨论。

2. 实际总流伯努利方程

实际管流中，除了黏性引起流动损失外，截面流速分布的不均匀也给一维流的伯努利方程应用带来不确定性。在工程问题中，我们常常希望把问题简化为一维流动，最简便的方法就是采用截面参数的平均值，并引入系数 α 进行修正。

这样就得到实际总流的伯努利方程：

$$\frac{p_1}{\gamma}+\alpha_1\frac{\overline{V}_1^2}{2g}+z_1=\frac{p_2}{\gamma}+\alpha_2\frac{\overline{V}_2^2}{2g}+z_2+\overline{h}_w \tag{3-28}$$

分析表明，对于层流流动，α=2，而对于大多数工程上实际的湍流流动，此值近似为 1.01~1.10。实际计算中，常将其近似为 1.0。式中 $\bar{h}_w$ 为单位重量流体从截面 1 到截面 2 时损失掉的机械能。上式也反映了实际总流中，沿程截面上的机械能转换关系。为方便起见，实际使用时常省略平均流速与平均损失水头上面的横杠。

3. 沿程有能量输入输出的情况

流体经过泵或者风机时将获得能量，而经过水轮机或者空气涡轮机时将失去能量。设单位重量的流体获得 (或失去) 的能量为 H，对进口 1 和出口 2 截面可以建立如下的伯努利方程：

$$\frac{p_1}{\gamma}+\frac{\alpha_1V_1^2}{2g}+z_1\pm H=\frac{p_2}{\gamma}+\frac{\alpha_2V_2^2}{2g}+z_2+h_w \tag{3-29}$$

按此写法，当 H 前取正号时，表示流体获得了能量；反之则表示流体失去能量。当然也可以将 H 放在右侧，但含义相反。

4. 有分流或汇流的情况

有分流或者汇流的情况，伯努利方程是不能直接使用的。但是借助于能量守恒原理，可以写出有分流或者汇流时的伯努利方程，如对于图 3-14 左边有分流的情况：

$$Q_1\left(\frac{p_1}{\gamma}+\frac{\alpha_1V_1^2}{2g}+z_1\right)=Q_2\left(\frac{p_2}{\gamma}+\frac{\alpha_2V_2^2}{2g}+z_2\right)+Q_3\left(\frac{p_3}{\gamma}+\frac{\alpha_3V_3^2}{2g}+z_3\right) \tag{3-30}$$

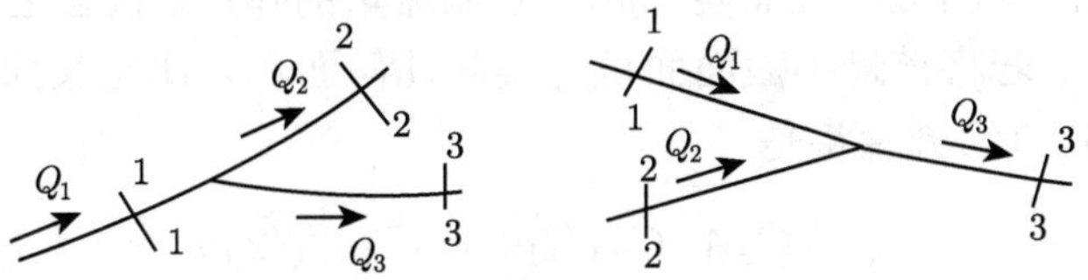

图 3-14　有分流和汇流的管路

在上面括号中，也可以考虑把流动损失和输入或输出能量包含在内。

3.6.2　伯努利方程的应用举例

在实际使用伯努利方程时，需要清楚是否满足伯努利方程的要求。根据不同的条件，使用前面不同形式的伯努利方程。

1. 小孔出流

一个敞口的大容器内盛有液体，容器的侧壁开一个小孔 (图 3-15)。设孔口与液体自由面的高度差为 h，不考虑流体的黏性。求孔口出流的速度。

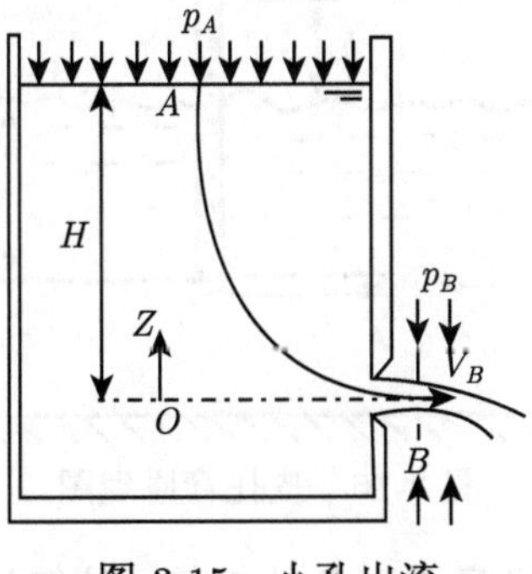

图 3-15　小孔出流

首先，这是一个不可压流的流动问题，液体在小孔的孔口处将流动势能转换为流动动能，因此可以采用不可压流伯努利方程求解。为此，在自由液面和孔口面上沿流线 A-B 使用伯努利方程，就有

$$\frac{p_A}{\gamma}+\frac{V_A^2}{2g}+z_A=\frac{p_B}{\gamma}+\frac{V_B^2}{2g}+z_B$$

由于自由液面的面积比孔口大得多，从流量连续的角度出发，液面自由面下降的速度 V_A 与孔口出流的速度 V_B 相比可以忽略不计，$V_A\approx 0$，同时自由液面和孔口截面的流体压强都等于当地大气压强，即 $p_A=p_B=p_0$，$z_A-z_B=H$，可得

$$V_B=\sqrt{2gH}$$

可见小孔出流的速度只与液面高度 H(或 h) 有关，而与液体的性质无关。

由于流体的黏性、孔口阻力等因素，实际出流速度将小于上述理论值，因此需加以修正：

$$V_B = C_v\sqrt{2gh}$$

式中，C_v 称为速度系数，通常在 0.96~0.99。

进一步，当流体通过小孔出流时，流线不可能突然转折，因此管口处的流管呈现先收缩后扩张的形状，中间产生的最小截面实际起了限制流量的作用。换言之，孔口实际出流截面没有几何出口面积大。若将该最小截面面积与实际几何面积之比定义为面积收缩系数 (记为 C_a)，那么实际通过孔口的流量将是

$$Q = C_a A \cdot C_v\sqrt{2gh} = C \cdot A\sqrt{2gh}$$

式中，$C{=}C_aC_v$ 称为流量系数，其值取决于具体的孔口形状以及流动状态，典型的值在 0.65 左右。

2. **皮托管** (Pitot tube)

皮托管是测量运动流体总压的最常用的工具，它的管口面向来流，运动流体在皮托管内完全滞止下来，来流的动能全部转换成压力能，这个压强通常称为“总压强”，简称“总压”，如果配以当地的静压，就可以方便地由伯努利方程确定流体的流速。

首先我们考虑在不可压流例如液体中运用皮托管测量流速的方法。图 3-16 是皮托管工作的原理图。

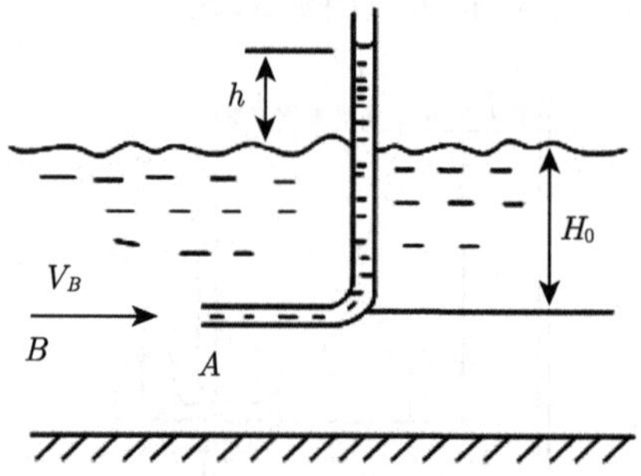

图 3-16　皮托管原理图

如图所示，它是一根两端开口弯成直角的细管，该管浸入流动的液面以下 H_0 深度处，它的一开口端 A 朝向来流方向，运动液体在皮托管内完全滞止，运动液体的动能完全转换成静止液体的压力能，因此管内压强就是总压且等于 p_A，由于总压高于自由液面压强，使得管内液面高出外部自由液面 h 高度。从 A 点逆流向沿水平流线取一未受测管影响的 B 点，B 点的流速即为希望测量的流体速度。对 A、B 两点使用伯努利方程：

$$\frac{V_A^2}{2g} + \frac{p_A}{\gamma} + z_A = \frac{V_B^2}{2g} + \frac{p_B}{\gamma} + z_B$$

因为 $V_A = 0$，高度 $z_A = z_B$，代入上式，就有

$$p_A = \frac{\rho V_B^2}{2} + p_B$$

又因为 $p_A = \gamma(H_0 + h)p_a$，$p_B = \gamma H_0 p_a$，代入上式就得到 B 点的液流速度：

$$V_B = \sqrt{2gh}$$

这就是皮托管利用伯努利方程测量流体速度的原理。

皮托管也广泛地应用于测量气体的运动速度，例如飞行器的“空速管”，就可以用来测量飞行器相对于当地大气的相对飞行速度。图 3-17 是皮托管基本构造示意图。

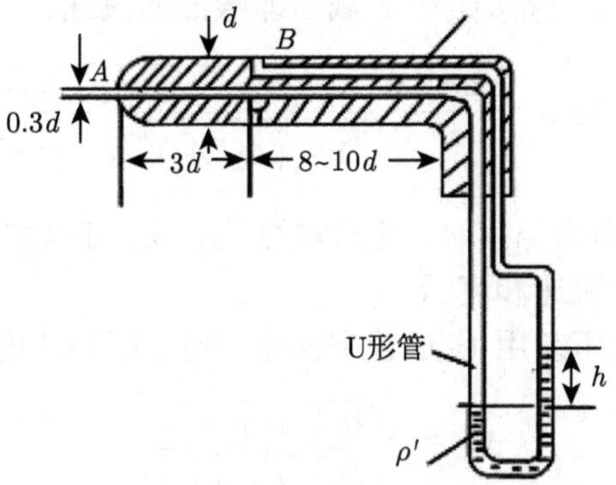

图 3-17　皮托测速管的基本构造示意图

这是一个同时有中心孔以及壁面测孔的双层套管。中心通孔用于测量来流总压，在离开头部一定距离 (通常是 3~5 倍皮托管外径) 的壁面沿周向均布开若干个孔，用于测量当地的静压。总压与静压分别经由套管的内外流道引出，与外部的差压计或压强传感器相连。这样流体的运动速度就是

$$V = \sqrt{2g(p_A - p_B)/\gamma}$$

作为最经典的压差测量方法，图中的皮托管是用 U 形管差压计测量液柱高 h，如果用 γ_1 表示被测流体重度，γ_2 为 U 形管内测量流体的重度。那么所测流体的速度

$$V = \sqrt{2gh(\gamma_2 - \gamma_1)/\gamma_1}$$

3. **文丘里管** (Venturi tube)

文丘里管又称文氏管，它是一个中间有收缩段的管道，中间最小截面称为喉道，工程实践中广泛用来测量流体流量。图 3-18 为文丘里管的示意图，本节主要介绍其工作原理，具体使用可参见第 11 章。

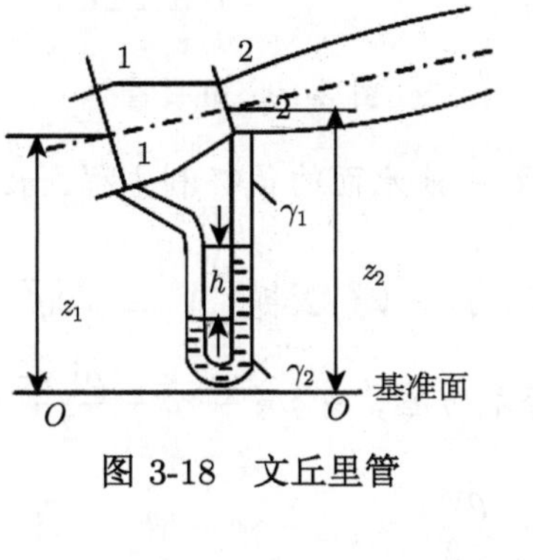

图 3-18　文丘里管

文氏管的收缩段前截面 1 和喉部截面 2 两处开与壁面垂直的静压测孔，用以测量两截面的静压差。根据测得的静压差和截面面积就可以计算出管道的流量。

建立 1-2 截面间流体运动的伯努利方程：

$$\frac{V_1^2}{2g}+\frac{p_1}{\gamma}+z_1=\frac{V_2^2}{2g}+\frac{p_2}{\gamma}+z_2$$

由连续方程 $V_1=(A_2/A_1)V_2$，得文氏管 2 截面即喉部的流速：

$$V_2=\frac{\sqrt{2g\left[(z_1+p_1/\gamma)-(z_2+p_2/\gamma)\right]}}{\sqrt{1-(A_2/A_1)^2}}$$

从而流量 $Q=V_2A_2$。因为 A_1、A_2 是已知的，z_1、z_2 可以方便地测出，p_1、p_2 可用测压计得到，因此可求得管中的流速和流量。

如果管道水平放置，且压差用 U 形管来测量，则上面的速度公式可进一步简化为

$$V_2=\frac{\sqrt{2g\left(\gamma_2/\gamma_1-1\right)h}}{\sqrt{1-(A_2/A_1)^2}}$$

其中，γ_1 是被测流体的重度，γ_2 是 U 形管中液体的重度。

【例 3-6】 如图 3-19 所示的一个虹吸管，已知 a=1.8 m，b=3.6 m，水自池 A 引出至 C 端流入大气，若不计损失，设大气压强为 10 m 水柱，求:①管中流速及管内最高位置之 B 点绝对压强;②若 B 点绝对压强下降到 0.24 m 水柱以下时，将发生汽化，如 C 端保持不动，问欲不发生汽化，a 不能超过多高？

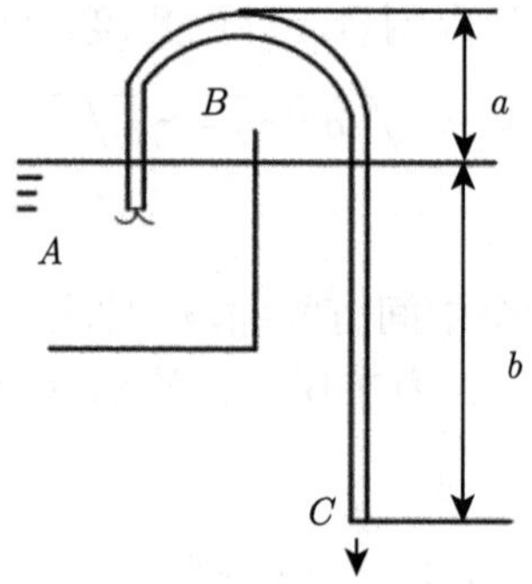

图 3-19　虹吸管

【解】 沿流线建立 C 端及 A 池水面的伯努利方程，水面处流速近似为零，出口端压强近似为大气压强，则立即有

$$gb=V^2/2,\text{即}\quad V=\sqrt{2gb}$$

再对 B 端及水面建立伯努利方程，有 $p_B+\gamma a+\dfrac{\rho V^2}{2}=p_a$，可以解得

$$p_B=p_a-\gamma a-\frac{\rho V^2}{2}=p_a-\gamma a-\gamma b=4.6\gamma=45\ 126\ \mathrm{N/m^2}$$

为使 B 点不发生汽化，必须

$$p_B/\gamma > 0.24 \text{ mH}_2\text{O}$$

因此，管长 a 的长度限制为

$$a < \frac{p_a - p_B}{\gamma} - \frac{V^2}{2g} = 10 - 0.24 - 3.6 = 6.16 \text{ m}$$

3.7　动量矩方程

在前面的动量定理中，我们确定了作用力大小的计算方法。但是在确定力的作用线时，常常需要应用动量矩定理。另外，动量矩定理在分析旋转机械中的流体运动时，也用来把旋转速度跟其他流动参数联系起来。

力矩的概念已经学过，它等于 $\boldsymbol{r} \times \boldsymbol{F}$，其中 $\boldsymbol{r}$ 是力 $\boldsymbol{F}$ 到坐标原点的矢径。类似可以定义动量矩为 $\boldsymbol{r} \times \dot{m}\boldsymbol{V}$(图 3-20)。在处理矢量叉乘时，必须按照右手法则来确定力矩和动量矩的方向。

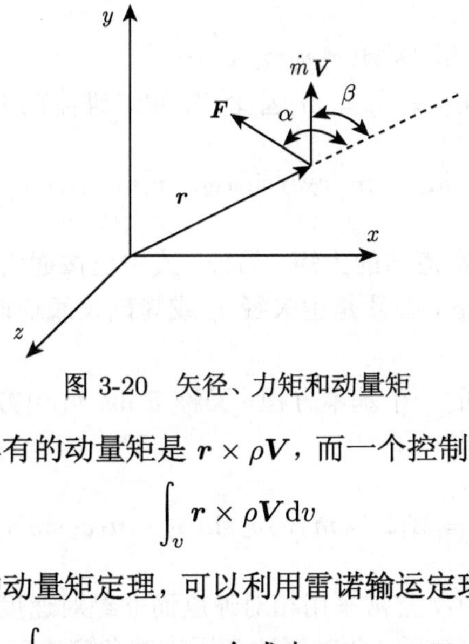

图 3-20　矢径、力矩和动量矩

因为单位体积流体所具有的动量矩是 $\boldsymbol{r} \times \rho\boldsymbol{V}$，而一个控制体积 v 内的总动量矩是

$$\int_v \boldsymbol{r} \times \rho\boldsymbol{V} \mathrm{d}v$$

为了得到适用于控制体积的动量矩定理，可以利用雷诺输运定理 (3-10)：

$$\frac{DN}{Dt} = \frac{\partial}{\partial t}\int_v \eta \mathrm{d}v + \oint_A \eta\,(\boldsymbol{V} \cdot \mathrm{d}\boldsymbol{A}),\ \text{令式中}\eta = \boldsymbol{r} \times \rho\boldsymbol{V},\ N = \int_v \boldsymbol{r} \times \rho\boldsymbol{V} \mathrm{d}v$$

根据动量矩定理，作用在一个体系上总动量矩随时间的变化率 DN/Dt 等于外界作用在该体系上的所有外力矩 $\sum \boldsymbol{r} \times \boldsymbol{F}$，因此有

$$\sum \boldsymbol{r} \times \boldsymbol{F} = \frac{\partial}{\partial t}\int_v \boldsymbol{r} \times \rho\boldsymbol{V} \mathrm{d}v + \oint_A \boldsymbol{r} \times (\rho\boldsymbol{V})\,(\boldsymbol{V} \cdot \mathrm{d}\boldsymbol{A}) \tag{3-31}$$

这就是流体力学中关于控制体积的动量矩定理。对于二维定常流动，动量矩定理可以大大简化。

以一个叶轮的两个相邻叶片之间的流道子午面为例 (图 3-21)。假设该子午面平行于 xy 平面，与 z 轴垂直。在流道的进口截面上，流体的质量流量为 m_1，平均 (绝对) 流速为 v_1，进口面上流入的动量矩为

$$\left[\iint_{A_1} \boldsymbol{r}\times(\rho\boldsymbol{V})(\boldsymbol{V}\cdot \mathrm{d}\boldsymbol{A})\right]_z = \iint_{A_1}[\boldsymbol{r}\times\boldsymbol{V}]_z(\rho\boldsymbol{V}\cdot\mathrm{d}\boldsymbol{A}) = \boldsymbol{r}_1 v_1 \dot{m}_1 \sin\alpha_1$$

这里 α_1 是进口截面位置矢径 $\boldsymbol{r}_1$ 与进口速度 v_1 之间的夹角。

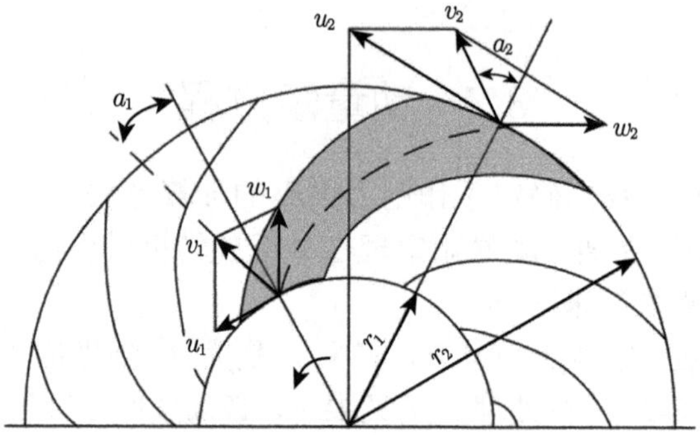

图 3-21　叶轮机械中的流动

同理可得出口面上流出的动量矩 $r_2 v_2 \dot{m}_2 \sin\alpha_2$

由于进出口流量相同，$\dot{m}_1 = \dot{m}_2 = \dot{m}$ 因此，定常二维流动下的动量矩定理为

$$M_z = \dot{m}(r_2 v_2 \sin\alpha_2 - r_1 v_1 \sin\alpha_1) \tag{3-32}$$

这里的 M_z 是叶轮施加给流体的力矩。另外，式中已按通常的约定，取 M_z 的正方向为正 z 方向。因此角度 α_1 与 α_2 必须是由矢径 $\boldsymbol{r}$ 或其延长线逆时针转到与速度 v 重合时的角度。

上述方程是叶轮机械中的一个基本方程，又称 Euler 叶轮方程。根据该方程，叶轮中流体获得或失去的功率为

$$P = M_z\omega = \dot{m}(u_2 v_2 \sin\alpha_2 - u_1 v_1 \sin\alpha_1)$$

在实际叶轮问题的分析中，常常采用相对速度而非绝对速度。气流进出叶轮的方向是通过进气角、落后角、偏转角等表示，此时要注意用这些角度来确定气流在进出口处的各种速度关系。

【例 3-7】 图 3-22 所示的某洒水器，其流量恒定，$Q = 6\times10^{-4}\ \mathrm{m^3/s}$，每个喷嘴的面积为 A=1 cm^2，臂长 R=30 cm。不计阻力。求：①转速；②如果让它不动，应施加多大外力矩？

【解】 此本是典型的动量矩问题，取包含洒水器的圆柱体为控制体积 (图中的虚线)。

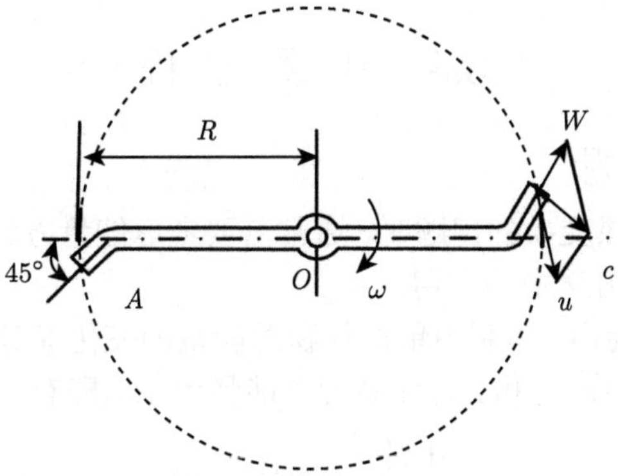

图 3-22　洒水器

根据动量矩定理:

$$\sum \boldsymbol{r}\times\boldsymbol{F}=\frac{\partial}{\partial t}\int_v \boldsymbol{r}\times\rho\boldsymbol{V}\mathrm{d}v+\oint_A \boldsymbol{r}\times(\rho\boldsymbol{V})(\boldsymbol{V}\cdot\mathrm{d}\boldsymbol{A})$$

在洒水器稳定旋转的情况下，上式非定常项为零，对控制体积施加的外力矩 $\boldsymbol{M}$ 就等于流出和流入控制面的动量矩流率之差: $\boldsymbol{M}=\oint_A \boldsymbol{r}\times(\rho\boldsymbol{V})(\boldsymbol{V}\cdot\mathrm{d}\boldsymbol{A})$

由图 3-22 可见，水从中心孔流入，因此流入控制面的动量矩为零。从图中出流的速度分布可知，$\boldsymbol{\omega}$ 为流体的相对速度，$\boldsymbol{u}$ 为牵连速度，即圆周速度 $u=Rw$，所以出流的绝对速度为 $\boldsymbol{c}=\boldsymbol{\omega}+\boldsymbol{u}$。因此动量矩方程为

$$\begin{aligned}\boldsymbol{M}&=\oint_A \boldsymbol{r}\times(\rho\boldsymbol{V})(\boldsymbol{V}\cdot d\boldsymbol{A})=\rho Q\boldsymbol{R}\times\boldsymbol{c}=\rho Q\boldsymbol{R}\times(\boldsymbol{\omega}+\boldsymbol{u})=\rho Q\left[\boldsymbol{R}\times\boldsymbol{\omega}+\boldsymbol{R}\times(\boldsymbol{w}\times\boldsymbol{R})\right]\\&=\rho Q\left(R\omega\sin 45^\circ-R^2w\right)\boldsymbol{k}\end{aligned}$$

即 $M=\rho Q\left(R\omega\sin 45^\circ-R^2w\right)$。

(1) 如果不施加外力矩，则 $\boldsymbol{M}$=0。由此，得到

$$R\omega\sin 45^\circ-R^2w=0$$

$$w=\frac{\omega\sin 45^\circ}{R}$$

注意有两个喷嘴，因此喷嘴内水流速度

$$\omega=Q/A=6\times10^{-4}/2\times10^{-4}=3\ \mathrm{m/s}$$

转速 $w=\omega\sin 45^\circ/R=3\times\sin 45^\circ\ /\ 0.3\approx7.07(1/\mathrm{s})$。

(2) 如果不让洒水器转动，则 $w=0$，

需施加的外力矩 $M=\rho QR\omega\sin 45^\circ\approx0.3818\mathrm{N}\cdot\mathrm{m}$。

3.8 能 量 方 程

3.8.1 积分形式的能量方程

在涉及与外界有功和热交换的问题时，通常需要考虑能量方程。流体力学中的能量方程是热力学第一定律在流体力学中的应用。

根据该定律，单位时间内，体系中单位体积总能量的变化率等于由外界传入体系的热量 $\dot{Q}$ 与外界对体系所做的功 $\dot{W}$ 之和。若体系的总能量为 E，即有

$$\left.\frac{\mathrm{d}E}{\mathrm{d}t}\right|_{\text{体系}}+\dot{W}=\dot{Q}$$

这里已隐含规定了体系对外界做功为正，外界传入的热量为正。

由于单位体积流体所具有总能量可表示为 $\eta=\rho\left(e+\dfrac{V^2}{2}\right)$，而体系中的总能量为 $\int_v \rho\left(e+\dfrac{V^2}{2}\right)\mathrm{d}v$，因此按照雷诺输运定理，立即得到流体力学中积分形式的能量方程：

$$\frac{\partial}{\partial t}\int_v \rho\left(e+\frac{V^2}{2}\right)\mathrm{d}v+\oint_A \rho\left(e+\frac{V^2}{2}\right)\cdot(\boldsymbol{V}\cdot\mathrm{d}\boldsymbol{A})=\dot{Q}-\dot{W} \tag{3-33}$$

下面讨论流体对外界做功和外界传入热量的情况。

由于作用在流体上的力分为质量力和表面力，因此流体对外界做功即为克服质量力和表面力所做的功。

流体克服质量力 R 和表面力 τ 所做的功分别为

$$\dot{W}_R=-\int_v \rho\boldsymbol{R}\cdot\boldsymbol{V}\mathrm{d}v$$

$$\dot{W}_\tau=-\oint_A \boldsymbol{\tau}\cdot\boldsymbol{V}\mathrm{d}\boldsymbol{A}=-\oint_A \boldsymbol{n}\cdot\boldsymbol{\tau}\cdot\boldsymbol{V}\mathrm{d}\boldsymbol{A}=-\oint_A(\boldsymbol{\tau}\cdot\boldsymbol{V})\cdot\mathrm{d}\boldsymbol{A}$$

外界传给流体的热量可以通过两种方式：热传导和热辐射。根据傅里叶定律，单位时间通过控制体积的单位表面面积，经由热传导方式由外界传入的热量为

$$\dot{Q}_1=\oint_A k\nabla T\cdot\mathrm{d}\boldsymbol{A}$$

若外界按辐射方式传递给控制体积单位体积的热量为 q_R，则辐射传入的总热量为

$$\dot{Q}_2=\int_v q_R\mathrm{d}v$$

把所有这些都代入方程 (3-33)，得到

$$\begin{aligned}&\frac{\partial}{\partial t}\int_v \rho\left(e+\frac{V^2}{2}\right)\mathrm{d}v+\oint_A \rho\left(e+\frac{V^2}{2}\right)\cdot(\boldsymbol{V}\cdot\mathrm{d}\boldsymbol{A})\\&=\int_v q_R\mathrm{d}v+\oint_A k\nabla T\cdot\mathrm{d}\boldsymbol{A}+\int_v \rho\boldsymbol{R}\cdot\boldsymbol{V}\mathrm{d}v+\oint_A(\boldsymbol{\tau}\cdot\boldsymbol{V})\cdot\mathrm{d}\boldsymbol{A}\end{aligned} \tag{3-34}$$

这是最完整的积分形式的能量方程。下面对该能量方程进行几点说明。

1. 关于质量力的讨论

(3-34) 式反映了总能量的转换情况，但其中没有包含重力 (或其他有势力的) 势能，因此在质量力做功项中，必须包含重力在内。容易证明，也可以在总能量中包含势能，但是重力将不能包含在质量力做功中，否则重复计算了。

这样做的理由是：

当质量力有势时, $\boldsymbol{F}=-\nabla U$，如重力场中 $U=gz$，此时质量力所做的功为

$$W=\int_v \rho \boldsymbol{F}\cdot \boldsymbol{V}\mathrm{d}v=-\int_v \nabla U\cdot \rho \boldsymbol{V}\mathrm{d}v=-\int_v \nabla\cdot(U\rho \boldsymbol{V})\,\mathrm{d}v-\int_v U\nabla\cdot(\rho \boldsymbol{V})\,\mathrm{d}v$$

按连续方程，$\nabla\cdot(\rho \boldsymbol{v})=-\partial\rho/\partial t$，因此上面方程的最后一项为

$$\int_v U\left(\partial\rho/\partial t\right)\mathrm{d}v=\int_v\left(\partial\rho U/\partial t\right)\mathrm{d}v$$

上述等式是因为 U 跟时间无关，因此重力做功为

$$W=\int_v \rho \boldsymbol{F}\cdot \boldsymbol{V}\mathrm{d}v=-\int_v\left[\frac{\partial \rho U}{\partial t}+\nabla\cdot(\rho U\boldsymbol{V})\right]\mathrm{d}v$$

将其在 (3-34) 式中单独抽出，移到左边，并且用 gz 代替 U，能量方程 (3-34) 式便可写成

$$\frac{\partial}{\partial t}\int_v \rho\left(e+\frac{V^2}{2}+gz\right)\mathrm{d}v+\oint_A \rho\left(e+\frac{V^2}{2}+gz\right)\cdot(\boldsymbol{V}\cdot\mathrm{d}\boldsymbol{A})$$

$$=\int_v q_R\mathrm{d}v+\oint_A k\nabla T\cdot\mathrm{d}\boldsymbol{A}+\int_v \rho f\cdot \boldsymbol{V}\mathrm{d}v+\oint_A(\boldsymbol{\tau}\cdot\boldsymbol{V})\cdot\mathrm{d}\boldsymbol{A} \tag{3-35}$$

但此时，质量力做功项中不再包含重力，只包含那些非有势力的力。

2. 其他形式的能量方程

(1) 旋转机械中的能量方程　旋转机械中，常常把流体克服表面力所做的功分解成轴功率、黏性功率和流动功率之和：

$$\dot{W}=\dot{W}_s+\dot{W}_\mu+\dot{W}_p$$

轴功率是流体对机械设备 (如透平机械) 所做的功 (为正) 或者机械设备 (如泵) 对流体所做的功 (为负)。黏性功率是流体克服控制面上的黏性力所做的功。对于理想流体，黏性功为零。流动功率是流体克服控制面上的压强力所做的功。整个控制面上的流动功率为

$$\dot{W}_p=\oint_A p(\boldsymbol{V}\cdot\boldsymbol{n})\,\mathrm{d}A=\oint_A\frac{p}{\rho}\rho(\boldsymbol{V}\cdot\boldsymbol{n})\,\mathrm{d}A$$

考虑这些因素，在旋转机械中的能量方程常写成

$$\frac{\partial}{\partial t}\int_V \rho\left(e+\frac{V^2}{2}+gz\right)\mathrm{d}V+\oint_A\left(e+\frac{V^2}{2}+\frac{p}{\rho}+gz\right)\cdot(\rho\boldsymbol{V}\cdot\mathrm{d}\boldsymbol{A})=\dot{Q}-\dot{W}_s-\dot{W}_\mu \tag{3-36}$$

(2) 焓形式的能量方程　在 (3-35) 式中，表面力做功为

$$\oint_A (\boldsymbol{\tau}\cdot\boldsymbol{V})\,\mathrm{d}A=\oint_A [(-pI+\mu\boldsymbol{\varepsilon})\cdot\boldsymbol{n}\cdot\boldsymbol{V}]\,\mathrm{d}A=-\oint_A p\,(\boldsymbol{n}\cdot\boldsymbol{V})\,\mathrm{d}A+\oint_A(\mu\boldsymbol{\varepsilon}\cdot\boldsymbol{n})\cdot\boldsymbol{V}\mathrm{d}A$$

式中，$\boldsymbol{\varepsilon}$ 为应变率，因此可以把压强力做功提取到左边来，得到

$$\frac{\partial}{\partial t}\int_V\rho\left(e+\frac{V^2}{2}+gz\right)\mathrm{d}V+\oint_A\rho\left(e+\frac{V^2}{2}+\frac{p}{\rho}+gz\right)\cdot(\boldsymbol{V}\cdot\mathrm{d}\boldsymbol{A})$$

$$=\int_V q_R\mathrm{d}V+\oint_A k\nabla T\cdot\mathrm{d}\boldsymbol{A}+\int_V\rho\boldsymbol{f}\cdot\boldsymbol{V}\mathrm{d}V+\oint_A(\mu\boldsymbol{\varepsilon}\cdot\boldsymbol{n})\cdot\boldsymbol{V}\mathrm{d}A$$

这样右边的表面力做功只有黏性力所做的功。用焓 $h=e+p/\rho$ 可把能量方程写成

$$\frac{\partial}{\partial t}\int_V\rho\left(e+\frac{V^2}{2}+gz\right)\mathrm{d}V+\oint_A\rho\left(h+\frac{V^2}{2}+gz\right)\cdot(\boldsymbol{V}\cdot\mathrm{d}\boldsymbol{A})$$

$$=\int_V q_R\mathrm{d}V+\oint_A k\nabla T\cdot\mathrm{d}\boldsymbol{A}+\int_V\rho\boldsymbol{f}\cdot\boldsymbol{V}\mathrm{d}V+\oint_A(\mu\boldsymbol{\varepsilon}\cdot\boldsymbol{n})\cdot\boldsymbol{V}\mathrm{d}A \tag{3-37}$$

这种形式的能量方程也是实际中常常使用的。也可以将上式简记为

$$\frac{\partial}{\partial t}\int_V\rho\left(e+\frac{V^2}{2}+gz\right)\mathrm{d}V+\oint_A\rho\left(h+\frac{V^2}{2}+gz\right)\cdot(\boldsymbol{V}\cdot\mathrm{d}\boldsymbol{A})=\dot{Q}-\dot{W} \tag{3-38}$$

式中，$\dot{Q}$、$\dot{W}$ 分别代表了与外界进行的热与功 (但不含压强力做功) 交换速率。

3. 能量方程与伯努利方程的关系

在一维定常流动下能量方程可以简化为

$$\dot{Q}-\dot{W}=\dot{m}_1\left[h_1+\frac{V_1^2}{2}+gz_1\right]-\dot{m}_2\left[h_2+\frac{V_2^2}{2}+gz_2\right]$$

对于单位质量流体，有

$$q-w=(h_1-h_2)+\frac{(V_1^2-V_2^2)}{2}+(gz_1-gz_2)$$

$$=(e_1-e_2)+\left(\frac{p_1}{\rho_1}-\frac{p_2}{\rho_2}\right)+\frac{(V_1^2-V_2^2)}{2}+(gz_1-gz_2)$$

进一步假设流体与外界无热交换，且除了压强力做功外无其他功的交换，则有

$$e_2-e_1=\left(\frac{p_1}{\rho_1}-\frac{p_2}{\rho_2}\right)+\frac{(V_1^2-V_2^2)}{2}+(gz_1-gz_2) \tag{3-39}$$

这就是伯努利方程，这里的 e_2-e_1 表现为功的损耗。因此伯努利方程是能量方程的特例。事实上，(理想流体的) 伯努利方程是没有考虑跟外界有功和热交换，也没有内部损失的能量方程，当需要考虑流体内部损失时，就需要采用扩展形式的伯努利方程，即 (3-39) 式。因此

(3-39) 式比伯努利方程更深刻地说明了流动过程中机械能的变化情况。而当考虑与外界有功和热交换时，伯努利方程就不再是反映能量交换的关系式了。

【例 3-8】 两股水流进入容器中进行混合，如图 3-23 所示。如果管①的进口条件是 T_1=80℃, $\dot{m}_1$=80 kg/s，而管②的进口条件是 T_2=50℃, $\dot{m}_2$=100 kg/s，试确定出口管 3 处的水温。

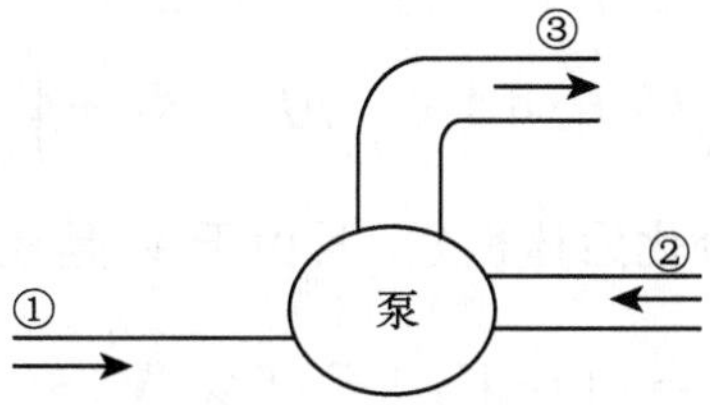

图 3-23　混水器

【解】 从连续方程，可以得到出口管③的流量是 $\dot{m}_3=\dot{m}_1+\dot{m}_2$=180 kg/s。再根据能量方程：

$$\dot{m}_1 h_1+\dot{m}_2 h_2=\dot{m}_3 h_3$$

因为 h=C_pT，而 C_p 在常温下是固定的，因此上式简化为

$$\dot{m}_1 T_1+\dot{m}_2 T_2=\dot{m}_3 T_3$$

$$T_3=(\dot{m}_1 T_1+\dot{m}_2 T_2)/\dot{m}_3$$

将 $T_1=273.15+80=353.15$ K、$T_2=273.15+50=323.15$ K 和流量 $\dot{m}_1$= 80 kg/s、$\dot{m}_2$ = 100 kg/s 等数据代入，可求得 T_3=63.33℃。

【例 3-9】 某涡轮喷气发动机，空气进入压气机时的温度 T_1=290 K，经过压气机压缩后，出口温度上升至 T_2=450 K。假设压气机进出口的空气流速近似相等，如果通过压气机的空气流量为 53.2 kg/s, 求带动压气机所需的功率 (设空气比热为常数)(图 3-24)。

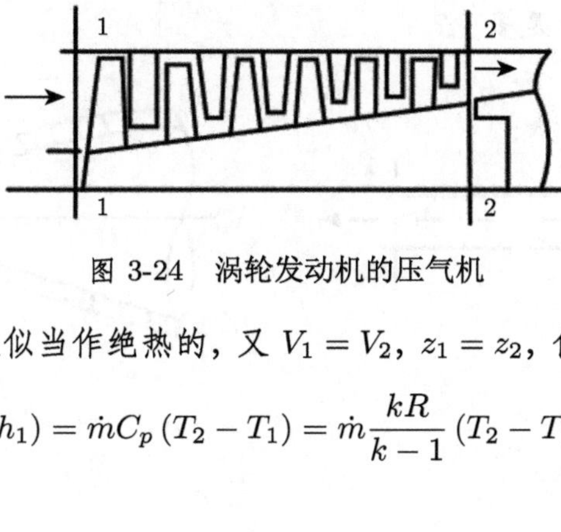

图 3-24　涡轮发动机的压气机

【解】 把这个过程近似当作绝热的，又 $V_1=V_2$，$z_1=z_2$，代入能量方程，得

$$-\dot{W}_s=\dot{m}\left(h_2-h_1\right)=\dot{m}C_p\left(T_2-T_1\right)=\dot{m}\frac{kR}{k-1}\left(T_2-T_1\right)=-8552.1\ \text{kW}$$

负号表示外界对流体做功。

3.8.2　微分形式的能量方程

根据 (3-35) 式

$$\frac{\partial}{\partial t}\int_v \rho\left(e+\frac{V^2}{2}\right)\mathrm{d}v+\oint_A \rho\left(e+\frac{V^2}{2}\right)\cdot(\boldsymbol{V}\cdot\mathrm{d}\boldsymbol{A})$$
$$=\int_v q_R\mathrm{d}v+\oint_A k\nabla T\cdot\mathrm{d}\boldsymbol{A}+\int_v \rho\boldsymbol{f}\cdot\boldsymbol{V}\mathrm{d}v+\oint_A([\tau]\cdot\boldsymbol{V})\cdot\mathrm{d}\boldsymbol{A}$$

利用 Gauss 定理，把面积分化为体积分，且由于 V 是任意的控制体积，可以得到

$$\rho\frac{D}{Dt}\left(e+\frac{V^2}{2}\right)=\rho(\boldsymbol{f}\cdot\boldsymbol{V})+\nabla\cdot(\tau_{ij}\cdot\boldsymbol{V})+\nabla\cdot(k\nabla T)+q_R \tag{3-40}$$

这就是微分形式的能量方程。这里的 τ_{ij} 是流体的应力分量，上述方程右边第二项是由于黏性导致的耗散功。同样，也可以将势能部分包含在总能量中，但质量力中不含重力。也可以写成用焓表示的微分形式能量方程。

习　　题

3-1　比容 $v=0.381\,6\ \mathrm{m^3/kg}$ 的汽轮机废气由一直径 $d_0=100\ \mathrm{mm}$ 的主管进入废气储罐，再从该储罐经由两出气管道流出，流动为定常。已知两出气管的流量分别为 $\dot{m}_1=500\ \mathrm{kg/h}$ 和 $\dot{m}_2=1\,500\ \mathrm{kg/h}$，两出气管内的平均流速均是 25 m/s。试求主管内的废气平均流速 V_0 和两出气管的直径 d_1、d_2。

3-2　一个体积 $W=0.05\ \mathrm{m^3}$ 的高压空气罐，通过出口面积 $A=65\ \mathrm{mm^2}$ 的放气阀突然向外界放气，已知出口处气流速度 $V=311\ \mathrm{m/s}$、密度 $\rho=6.13\ \mathrm{kg/m^3}$。设气罐内空气物性在任一时刻都是均匀的。求放气开始 $t=0$ 瞬间，气罐内空气密度随时间的变化率 $(\mathrm{d}\rho/\mathrm{d}t)_{t=0}$。

3-3　高压水枪冲击煤层以实现水力采煤，已知水枪出口直径为 30 mm，水流平均速度 $V_1=50\ \mathrm{m/s}$，流动定常且不考虑水流的质量力和摩擦力，水的密度为 $1000\ \mathrm{kg/m^3}$，求水枪喷射的水流对煤层的冲击力是多少？

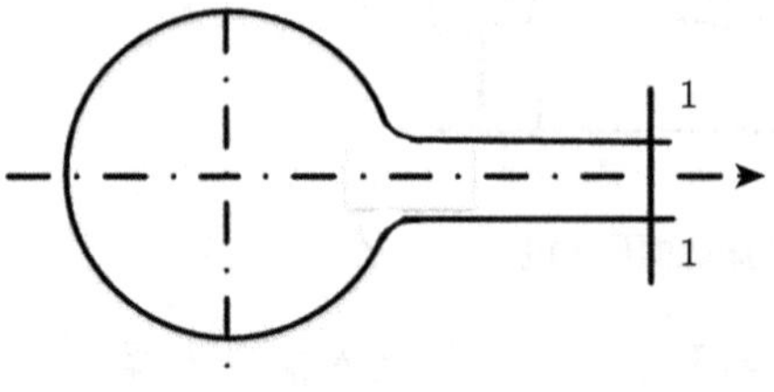

习题 3-2

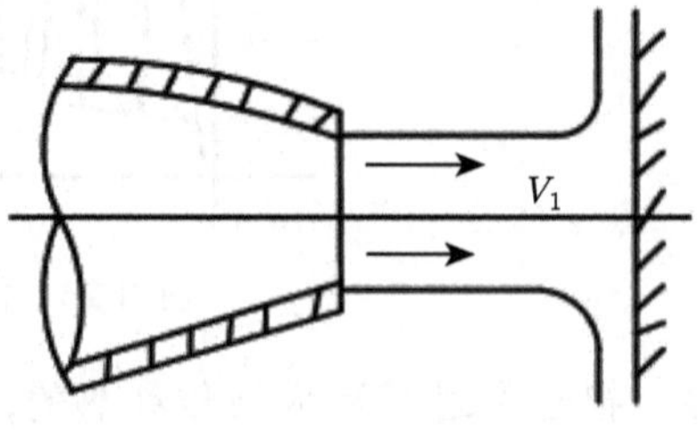

习题 3-3

3-4　某火箭发动机在标准大气条件下，在地面水平试验台试车，发动机点火后已知最大瞬时流量为 $\dot{m}_{\max} = 100$ kg/s，喷管出口排气压强 $p_e = 0.15$ MPa、排气温度 $T_e = 1500$ K，喷管出口截面面积 $A_e = 0.2$ m^2，气体常数 $R = 467.208$J/(kg·k)，$k = 1.33$，求该发动机试车台所受的最大推力 (大小、方向)。

3-5　试用动量定理证明轴流透平机 (轴流涡轮机) 气流对每片叶片的切向作用力为 $F_u = (\dot{m}/z)(C_1 \cos\alpha_1 + C_2 \cos\alpha_2)$、轴向作用力 $F_z = (p_1 - p_2)lt + (\dot{m}/z)(C_1 \sin\alpha_1 - C_2 \sin\alpha_2)$，式中 $\dot{m}$ 为轴流透平机流过的质量流量，t 为叶片的节距，z 为叶片数，l 为叶片高度，p_1 和 p_2 分别为叶轮进出口的压强。叶轮进出口的速度三角形如图所示，W 为气流相对速度，C 为气流绝对速度，β 为相对气流角，α 为绝对气流角。叶轮转速恒定，气体质量力不计。

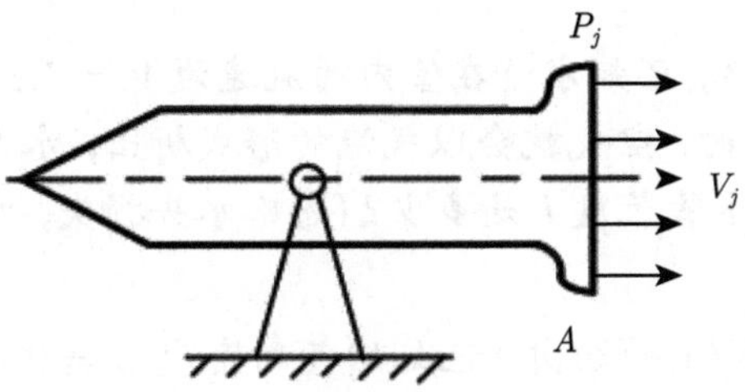

习题 3-4

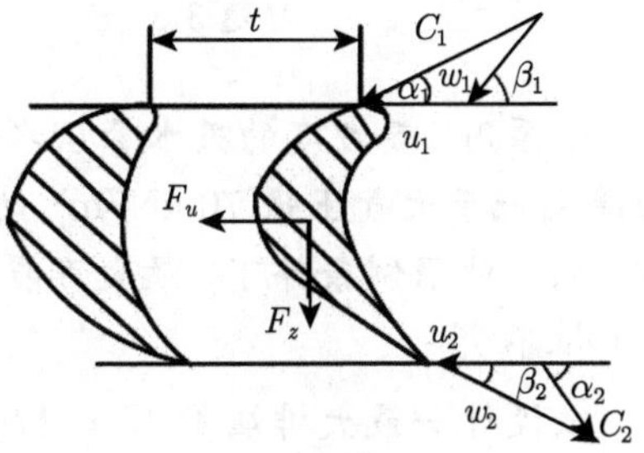

习题 3-5

3-6　密度为 ρ 的不可压有黏流体以均匀的流速 V_∞ 平行于平板流过，形成壁面处速度为零的边界层。已知平板末端边界层厚度为 δ，此处的流速沿高度分布为 $V_1(y)/V_\infty = (y/\delta)^{1/7}$，平板宽度 b，求平板所受的阻力。

3-7　出口面积为 A 的固定喷管，在压力作用下喷射出平均速度为 V 的水流。一倾角 α 的平板以匀速 U 迎着这一定常射流运动。已知水的密度为 ρ，若不计重力和损失，求保持该平板运动所需的功率表达式。

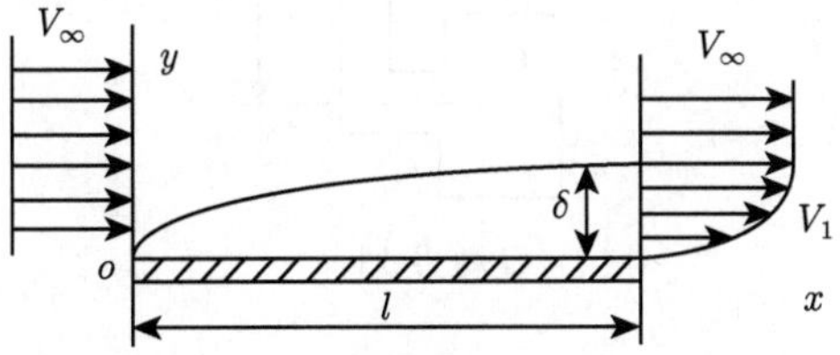

习题 3-6

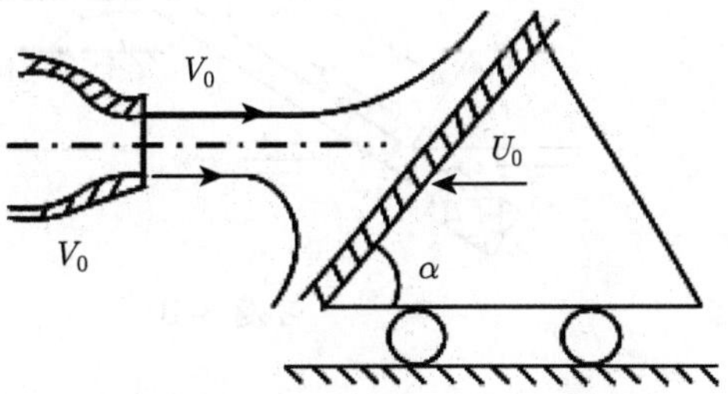

习题 3-7

3-8　如图的等直径引射器，高速主流从中心管路在 1-1 截面以速度 V_1 喷出，引动四周的流体以速度 V_2 流入引射器，两股物性相同的流体在等直段内剧烈摩擦和掺混，到达出口截面 3-3 以均匀的速度 V_3 流出。假设流动定常，忽略流体与壁面的摩擦，1-1 截面两股流体压强相同，已知 $A_1 = 0.001$ m^2、$A_3 = 0.01$ m^2、$V_1 = 30$ m/s、$V_2 = 3$ m/s、$\rho = 1\,000$ kg/m^3，求 V_3 和进出口压差 $p_3 - p_1$。

3-9　两个相距 b、半径为 R 的平行圆板间充满油液，以相对速度 V 靠近，将圆板间的

油液向四周挤出，求:

① 油速 V_r 随径向位置 r 的变化规律;

② 两板间油液的压强 p 随间隙 $b(t)$ 和径向位置 r 的变化规律。

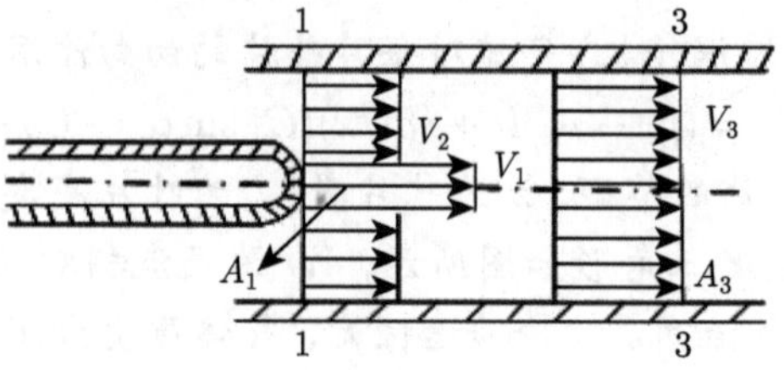

习题 3-8

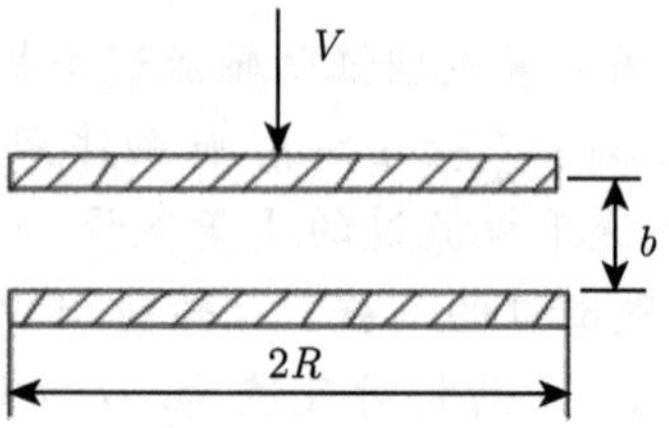

习题 3-9

3-10　水泵用 1:5 坡度的吸水管从水池抽水，已知水流在管内的流速为 $V = 1.8$ m/s，若管内压强降到低于大气压强 70 kN/m^2 的负压时，空气就会以气泡的形式析出，水泵就不能正常工作。问在此限制条件下，最大可能的吸水管长度 l 是多少?(忽略水头损失，水池中水静止，且水位不变)

3-11　欲设计一最大排烟量 $G = 176.2$ kN/h 的烟囱，已知烟气的密度 $\rho = 0.7$ kg/m^3，周围空气的密度 $\rho_a = 1.2$ kg/m^3，烟囱内烟气的流动损失 $\Delta p = 0.035\rho HV^2/(2d)$，式中 V 为烟气平均速度，H 为烟囱高度。若烟囱直径 $d = 1$ m，为保证烟囱底部烟气的负压不小于 10 mm 水柱，则烟囱的最小高度 H 应该是多少? 烟囱内部 $H/2$ 处的压强又是多少?

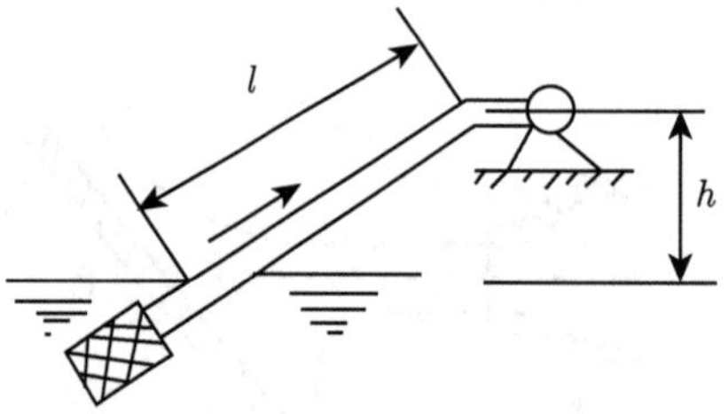

习题 3-10

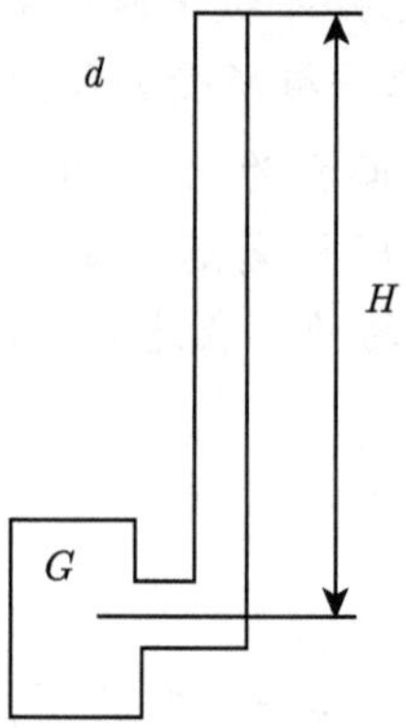

习题 3-11

3-12　一恒定水位 h 的水箱底部 $x = 0$ 处，有一截面积 A_0 的小孔，水在重力作用下自然出流，求下落水流的截面积随距离 x 的变化规律 $A(x)$。

3-13　直径 10 cm 的虹吸管从上游水库内引水，各管段的垂直距离见图，若不计水头损失，求该虹吸管的流量及 A、B 点的压强。

3-14　如图一垂直变截面油管在油泵压力下向上方输油，采用充水的 U 形管差压计测量 A、B 段的压差。已知油的比重为 0.83，油管的内径 $d_1 = 105$ mm、$d_2 = 350$ mm，U 形管内水位差 $h = 0.43$ m，若不计损失，求输油管内的质量流量。

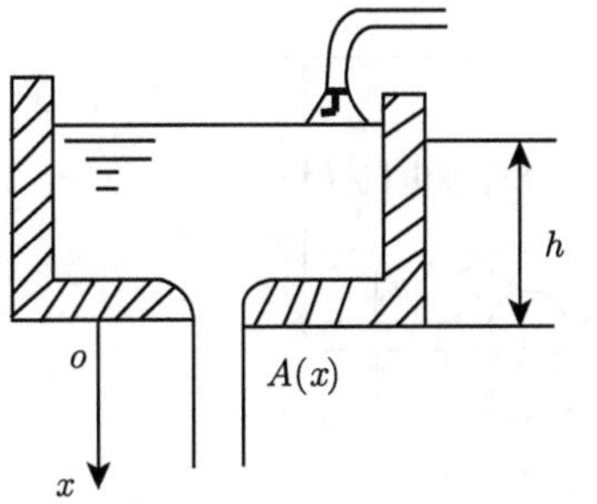

习题 3-12

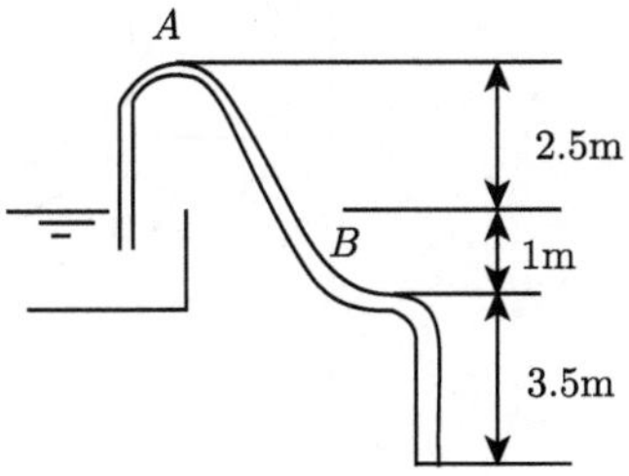

习题 3-13

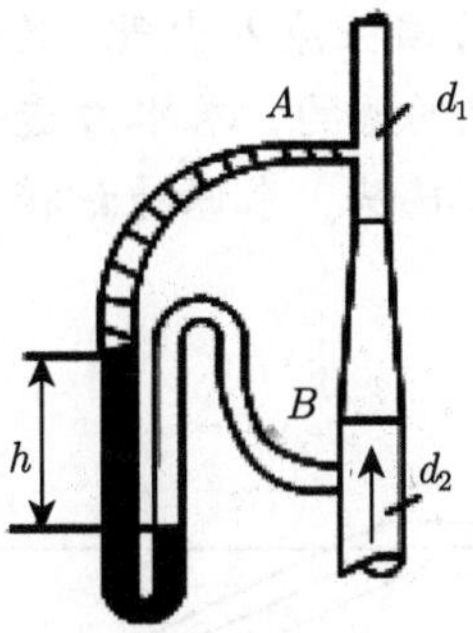

习题 3-14

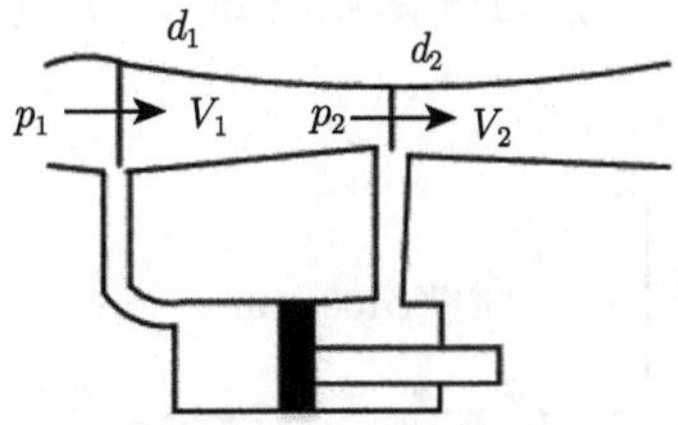

习题 3-15

3-15　水流通过图示的文丘里管，在 1、2 截面产生压差，利用此压差驱动下方的活塞，已知 $d_1 = 10$ mm、$d_2 = 7$ mm、$V_1 = 4.5$ m/s，活塞直径 $D = 20$ mm，文丘里管和活塞腔均水平放置，忽略损失和活塞杆直径，求活塞受力。

3-16　如图所示的三通送水管，已知各管的直径和流量分别为 $d_1 = 40$ cm、$Q_1 = 500$ L/s；$d_2 = 30$ cm、$Q_2 = 300$ L/s；$d_3 = 20$ cm。测得总管压强 $p_g = 77$ kN/m^2，若不计损失，三管水平放置，求另外两管内的水流压强是多少？

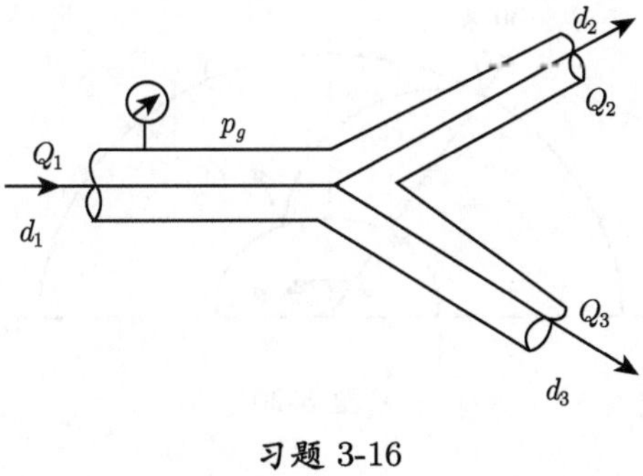

习题 3-16

3-17　图示的水轮发电机上游水库水位高 h，已知出水管直径 d，水的密度为 ρ，若不计各种损失且流动为定常，求：

①水库最大可能的出水体积流量 $Q_{\max}$；

②水轮机功率与流量的关系；

③最大功率时的流量及水能利用效率。

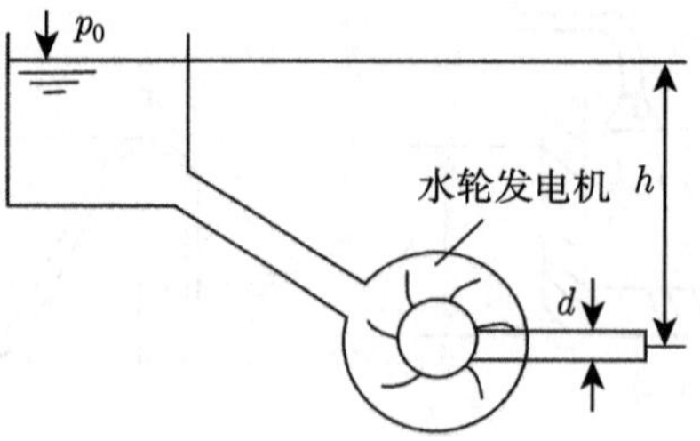

习题 3-17

3-18 水流从 30 m 水位高的蓄水池流出，冲击一水力透平 (turbine，涡轮机) 向外做功，做功后的水流经 $\phi150$ mm 出水管冲到一块折角为 90° 的挡板流入大气。已知挡板受到的水流冲击力为 890 N，流动为定常，忽略摩擦及挡板处水流的重力，求水力透平发出的功率。

3-19 密度为 ρ 的流体以流速 V 流过图示的偏心管接头，求保持该接头固定不动需施加的外力矩 T。

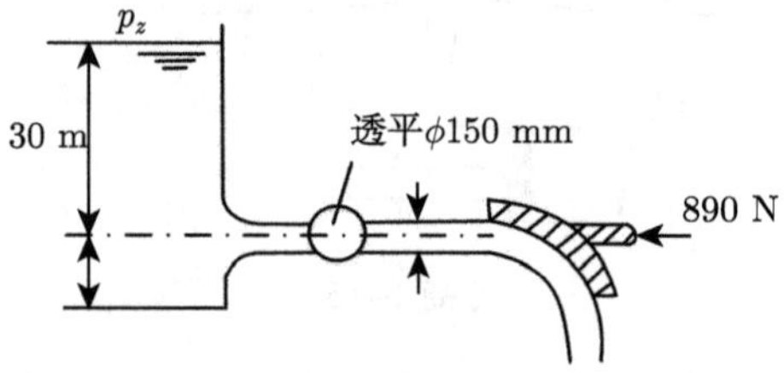

习题 3-18

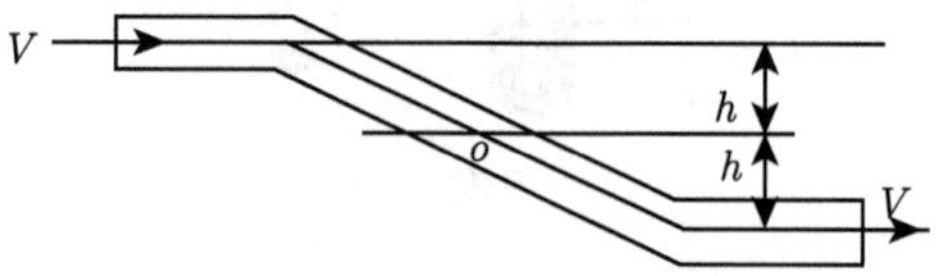

习题 3-19

3-20 图示一混流泵的叶轮，其内径 $d_1 = 20$ cm、外径 $d_2 = 40$ cm，叶片宽度 (即垂直于纸面方向)$b = 4$ cm，水在叶轮入口处沿径向以 V_1 速度流入，在出口处以速度 V_2 与径向成 30° 角流出，已知流过叶轮的水流重力流量为 $G = 900$ N/s，叶轮转速 n=1450 r/min。若不计损失，求水在叶轮入口处的速度 V_1 和出口处的速度 V_2 以及水泵的输入功率。

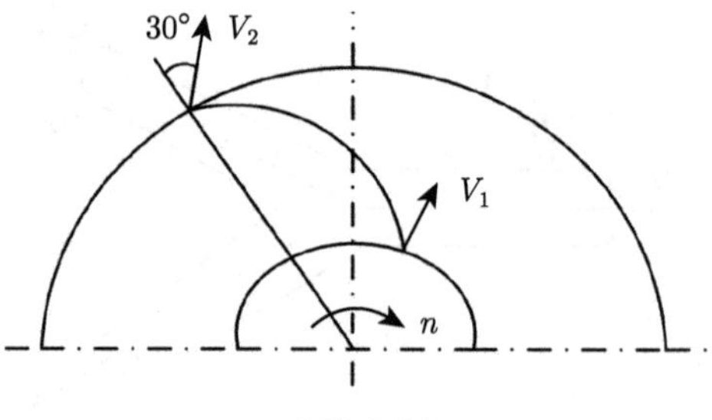

习题 3-20

第4章 相似原理

流体力学的发展历程证明，试验研究是理解、掌握流体运动规律和流体受力的必要环节。问题是如何合理地组织试验才能达到预定的目的？如果人们欲通过试验确定图 4-1 所示某物体在流体中运动的阻力 R，经过观察分析，得知该类物体的流动阻力 R 与流体密度 ρ、流体动力黏度 μ、物体相对于流体的运动速度 V 和物体特征尺寸 d 有关，因此该类物体的流动阻力可以表示成下列函数关系式，即 $R = R(\rho, \mu, V, d)$。

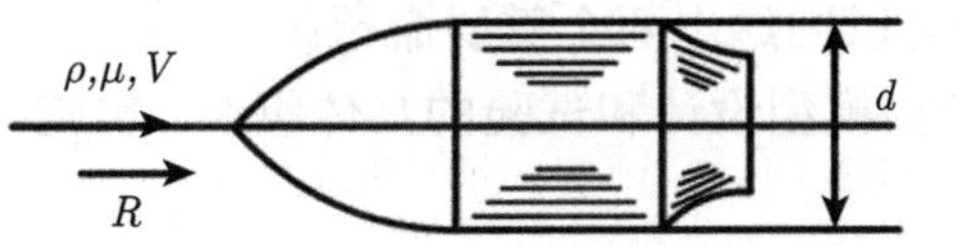

图 4-1　通过试验测量某物体的流动阻力

试验方案 1

为了确定在可能的 ρ、μ、V、d 变化范围内该物体的流动阻力 R，可以采用全场扫描的方法来安排试验：

做 10 个外形相似但尺度 d 不同的模型，在 10 种不同的速度 V、3 种流体动力黏度 μ(改变流体温度)、3 种密度 ρ(更换流体或改变温度) 的条件下进行测阻力 R 的试验，这样就需要安排 900 次试验，便可以得到该物体在 900 种不同工况下的实际阻力。这是一种准确、可靠但耗费巨大的研究方法。

试验方案 2

运用本章将学习的相似理论的 π 定理，用 ρ、V、d 作为基本物理量，将阻力 R 和动力黏度 μ 无因次化为欧拉数 $Eu = R/(\rho V^2 d^2)$ 和雷诺数 $Re = \rho V d/\mu$，选择合适的参数配置得到 10 种不同的雷诺数并安排 10 次测阻力 R 的试验，得到图 4-2 那样的相似参数关系 $Eu = \varphi(Re)$ 的试验曲线，只要安排 10 次试验即可搞定。

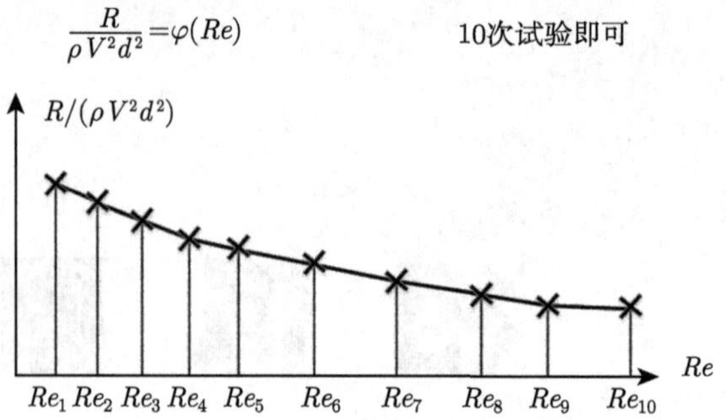

图 4-2　物体阻力系数 (欧拉数) 曲线

可见运用本章即将介绍的相似理论可以大大简化试验次数。然而紧接着的问题就是试验结果怎么用？图 4-2 所示的物体阻力系数 (欧拉数) 曲线怎么样能变为具体的阻力值 R？

第二个例子是为研究直径 $\phi152$ 炮弹以 600m/s 速度飞行于 30℃及 104 kPa 大气中的阻力，设计了 1/6 缩比的弹体模型，在相同马赫数的超声速风洞中吹风试验测得模型阻力为 35N，已知风洞工作段温度为 −18℃，压强为 70 kPa，那么 $\phi152$ 实弹在真实大气条件下的阻力应该是多少？若凭简单的直觉和盲目的猜测，可以得到下列答案：

答案 1：应该是 35 N 的 6 倍，因为是 1/6 的缩比模型；

答案 2：应该是 35 N 的 36 倍，因为阻力与面积有关；

答案 3：也许是 35 N 的 216 倍？

实际上，以上的 3 种估计都不对。那么实弹的阻力究竟应该是多少？

从上面的两个例题中可以归纳出两个重要命题：

(1) 如何设计试验？包括模型设计和试验的具体组织、实施；

(2) 试验结果怎么用？

本章介绍的相似理论将回答上述问题。任何流体机械的最终设计定型都必须进行完善的试验研究，真实环境下的试验研究，是最可靠、最重要的研究途径。早期，人们曾经直接用实物进行流体动力学试验，以探求那些用数学方法无法解决的复杂流动现象及其规律。但是这种方法得到的试验结果只能用于同样条件下的流动现象，对于某些流体机械和设备 (如大型客机、高超声速飞行器、潜艇、高速列车、大型水坝、大型锅炉等)，由于实物尺度巨大，或流动环境超高速、超高温、超高压的苛刻条件，在研究阶段用实物进行流体动力学试验并不现实，因为实物可能还不存在。因此缩比模型的试验研究是任何在流体中运动的流体机械必不可少的研究手段。

人们通过长期的生产实践和科学试验，终于探索和总结出了一种探索流体流动规律的行之有效的方法——在相似理论指导下的模型试验。这是解决实际工程流动问题的必经途径。

目前世界上已经有了大量各种尺度的模拟环境下的地面试验设备，如各种速度范围的风洞、水洞、水槽等，为模型试验提供了必不可少的模拟环境。

问题是如何进行模型的流体动力学试验？

本章内容就是针对流体动力学的模型试验研究而展开的，它将回答以下几个关键问题：

(1) 如何设计试验。包括试验模型的设计、试验方案的规划和实施；

(2) 如何处理和应用试验结果。

上述问题的解决牵涉到相似原理与相似准则等基本概念，本章将简要地介绍这些基本概念、基本方法及其在工程实际中的应用。

4.1　相 似 现 象

流体动力学模型试验的必要条件是模型和实物必须流动 “相似”。流动现象相似的首要条件应该是几何相似，在此基础上，流动的运动学参数如速度等、动力学参数如受力等都应满足一定的相似关系，那这两个流动现象就是动力学相似的。

4.1.1　几何相似

“相似” 的概念，最初产生在几何学中。几何上的相似图形，其对应部分的比值为一定常数。如图 4-3 所示的两个相似三角形，它们具有如下相似性质：各对应边长成比例，各对应角彼此相等，即

$$\frac{l_1'}{l_1}=\frac{l_2'}{l_2}=\frac{l_3'}{l_3}=\frac{h'}{h}=C_l=\text{常数}$$

$$\angle\alpha_1=\angle\alpha_1';\quad \angle\alpha_2=\angle\alpha_2';\quad \angle\alpha_3=\angle\alpha_3'$$

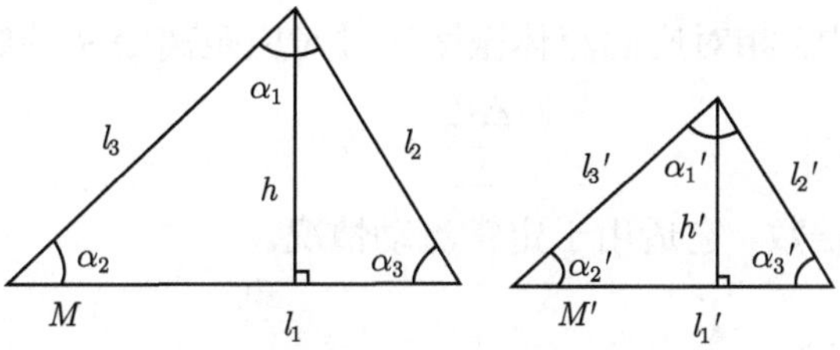

图 4-3　相似三角形

上式中的比例常数 C_l 称为几何相似倍数。两个空间相似的几何图形也具有相同的相似性质，即各对应边的比例相等，对应角彼此相等。

反过来讲，两个三角形相似的必要条件是各对应边成比例，这是 “相似条件”，满足此条件的两个三角形一定相似。

流体力学中的几何相似是指实物与模型的空间对应部分的线段长度成比例，且对应的夹角相等。也就是说，试验模型必须完全按实物的尺度以一定的比例缩小或放大 (通常是缩小的模型，称为缩比模型)，实物与模型对应线段长度的比值称为几何相似倍数，用 C_l 表示，即

$$l'/l=C_l$$

在气动力吹风试验中，相似倍数 C_l 有时简称为 “缩比”。式中，l 代表实物的任一线段长度，如翼型弦长、管流的管长、管径、管壁粗糙度 Δ 等。l' 代表模型上对应的线段长度。由于几何相似，各对应部分的线段长度均成同一比例，故面积和体积也必成一定的比例，即

$$A'/A=l'^2/l^2=C_l^2\quad V'/V=l'^3/l^3=C_l^3$$

显然，几何相似的实质是，模型流动空间的形状与实物流动空间形状相似。几何相似是流动现象相似的必要条件。

4.1.2 运动相似

在两个几何相似的流动现象中，如果各对应点上对应时刻流动速度的方向一致，大小成比例，则这两个流动现象运动相似。图 4-4 给出了在两个直径不同的圆管中，流体作层流流动时的速度分布曲线。两者速度的方向都平行于管中的中心线，并且同一时刻各对应半径上(即对应点) 速度互成比例：

$$V'/V = V_1'/V_1 = V_2'/V_2 = \cdots = V_n'/V_n = C_v$$

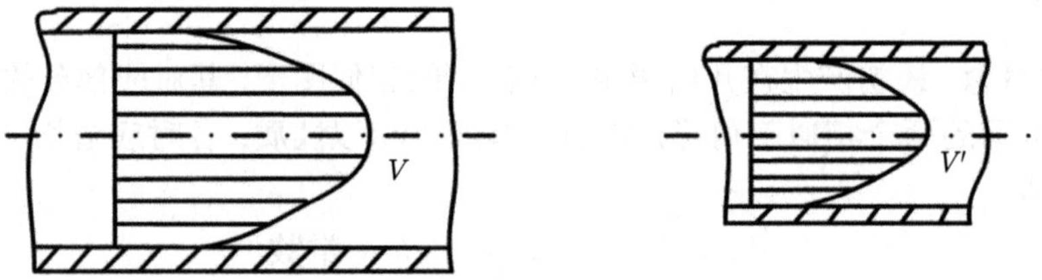

图 4-4 两个相似的管流流动

式中，C_v 是速度相似倍数。所谓 “对应时刻” 是指时间历程相似，即对应的时间间隔成比例。运动相似的定常流流动中，相对应的流体微团通过对应距离 ΔS 的时间成一定的比例：

$$\frac{\Delta t_p'}{\Delta t} = C_t$$

式中，C_t 称为时间相似倍数，它适用于定常流动情况。

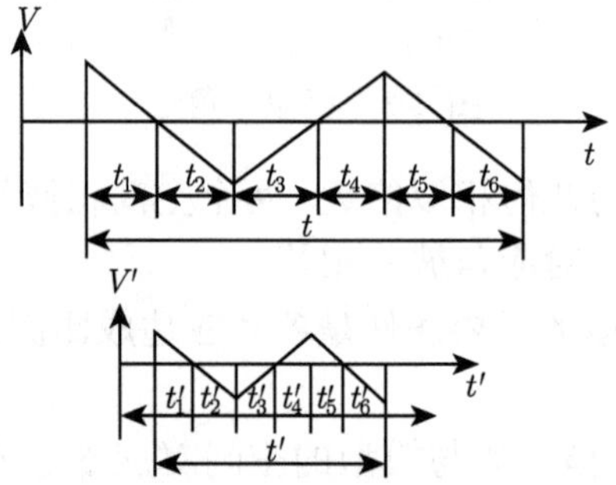

图 4-5 非定常管内流动对应点的 $v-t$ 图线

对于非定常流，各点的速度和压强随时间的变化而变化，图 4-5 给出了两种假想的非定常管内流动对应点的速度随时间变化的曲线，二者对应速度变化的对应时间间隔互成比例：

$$t_1'/t_1 = t_2'/t_2 = t_3'/t_3 = t_4'/t_4 = t_5'/t_5 = \cdots = t'/t = C_t$$

式中，C_t 也是时间相似倍数。

因为 $V = \Delta S/\Delta t$，故两个运动相似的流动必有

$$C_v = \frac{V'}{V} = \frac{\Delta S'/\Delta t'}{\Delta S/\Delta t} = \frac{C_l}{C_t}$$

由此可见，C_v、C_l、C_t 三个相似倍数之间有一定的关系，当其中的任何两个比例常数知道后，第三个相似倍数即可由上式确定。

由几何相似和运动相似的条件，很容易推出对应流体微团的加速度的相似关系：

$$C_a = \frac{a'}{a} = \frac{\Delta V'/\Delta t'}{\Delta V/\Delta t} = \frac{C_v}{C_t} = \frac{C_l}{C_t^2}$$

此外，根据流线的定义可知，两个运动相似的流动，其流线的形状是相似的。

4.1.3 动力相似

动力相似是指两个运动相似的流动中，在对应时刻、对应点上作用在流体上所有外力的方向对应一致，大小互成比例，且这些力性质相同。

图 4-6 给出了从两个相似流动对应点上取出的两个几何相似的流体微团，作用于其上的压强、剪切力和质量力不仅方向一致，而且大小互成比例，即

$$\frac{F_{p'}}{F_p} = \frac{F_{\tau'}}{F_\tau} = G'/G = C_f$$

式中，C_f 为动力相似倍数 (或力相似倍数)，动力相似实质上就是流动空间中力场的几何相似。

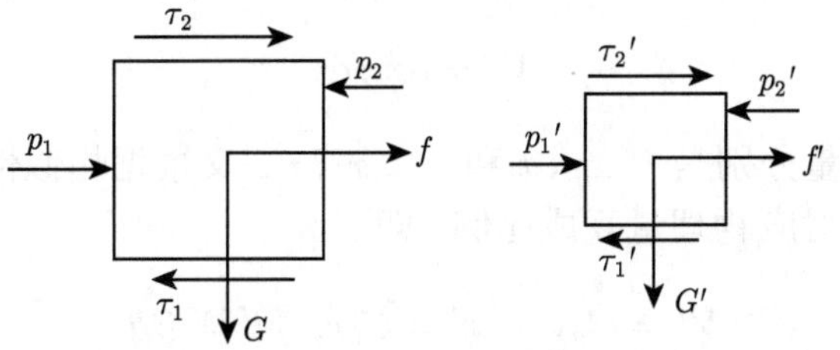

图 4-6 动力相似且几何相似的两个流体微团

在各种工程设备中，流体流动现象的相似除了上述几何相似、运动相似和动力相似这三个必要的相似条件外，还可能包括流动过程中其他物理量 (如温度、密度、黏度等) 的相似。

相似的物理现象的“相似性质”及“相似条件”是进行模型研究所必须了解和掌握的内容，所以下面将对流体流动的“相似性质”和“相似条件”做详细讨论。

4.2 相似理论——相似三定理

相似三定理是相似理论的主要内容，也是模型试验研究的主要理论基础，这里只从实用的角度介绍相似三定理的内容，而不进行严密的证明。

4.2.1 相似第一定理

相似第一定理亦称相似正定理：彼此相似的现象必定具有数值相等的相似准则。

那什么是“相似准则”？这一概念将在下面具体介绍。一架马赫 2 飞行的超声速飞机，如果与超声速风洞中缩比模型试验的流动是相似的，那它们的马赫数 M 必定相同，这个都等于 2 的无因次量“马赫数 M”就是相似准则。

相似第一定理的结论是在分析相似现象的相似性质后得出的。为了深入理解这一结论，需要从分析相似性质入手。

彼此相似的两个现象具有以下 4 个性质：

性质 1　因为相似的现象都属于同一类现象，因此它们都可以用完全相同的完整方程组 (包括描述现象的基本方程及单值性条件即定解条件) 来描述。

性质 2　表征相似现象的一切物理参数，在空间的对应点和时间上的对应时刻，其同名物理量之比为常数。若第一个现象的任一物理量用 φ 表示，与其相似的第二个现象的相应物理量用 φ' 表示，则有 $\varphi' = C_\varphi \varphi$或$\varphi'/\varphi = C_\varphi$，系数 C_φ 称为物理量 φ 的"相似倍数"。

性质 3　相似现象必然发生在几何相似的空间中，所以相似流场几何形状必定相似。

性质 4　彼此相似的现象，各物理量的相似倍数并不相互独立，而是存在一定的联系，这些特定的依存关系可以用"相似准则"来表述。这是因为相似现象的各类物理量各自互成比例 (性质 2)，而描述现象的基本方程又相同 (性质 1)。所以表征现象的各物理量必然相互制约。为了更好地理解这一性质，下面举一个简单的例子来说明。

有一质点沿 x 轴作直线运动，其运动方程为

$$V = \mathrm{d}x/\mathrm{d}t \tag{a}$$

另一质点的运动与上面的质点的运动相似，则根据相似性质 1，其运动方程为

$$V' = \mathrm{d}x'/\mathrm{d}t \tag{b}$$

表示两质点运动的物理量分别是 V、x、t 和 V'、x'、t'。又根据相似性质 2，第二个现象的各物理量与第一个现象的对应物理量互成比例，即

$$V' = C_v V, \quad x' = C_l x, \quad t' = C_t t \tag{c}$$

将 (c) 式代入 (b) 式，得

$$\frac{C_v C_t}{C_l} V = \frac{\mathrm{d}x}{\mathrm{d}t} \tag{d}$$

把此式与 (a) 式比较，显然，只有相似倍数之间满足 $C_v C_t / C_l = 1$，两个流体质点的运动才相似。这就是相似性质 4 所述各物理量相似倍数之间的一种约束关系。

可以把上面的相似倍数关系写成用符号 St 表示的无量纲量形式，即

$$St = Vt/x = V't'/x'$$

说明彼此相似的流体运动质点对应时刻、对应空间点上 V、x、t 所组成的无量纲综合量 St 的值是相等的。这个无量纲综合量 St 就是描写两个流体质点运动相似的"相似准则"。

从上述相似现象的简单分析中，可以直观地推得相似第一定理：彼此相似的现象必定具有数值上相等的相似准则。它阐明了相似现象中各物理量之间存在一定的内在关系。

前面所举的质点运动的简单例子，只是用来说明相似准则的概念及相似第一定理的内容。对于复杂的流动现象，常常同时有几个相似准则，如不可压缩黏性流体的不稳定等温流动共有 4 个相似准则：①斯特劳哈尔准则 $St = Vt/l$；②雷诺准则 $Re = \rho Vl/\mu$；③弗劳德准则 $Fr = gl/V^2$；④欧拉准则 $Eu = p/(\rho V^2)$ 或 $Eu = \Delta p/(\rho V^2)$。

同一流场内，某一时刻的不同点 (或不同截面) 或同一位置的不同时刻，相似准则可能会有不同的数值。但彼此相似的流场在对应时刻、对应点 (或对应截面上)，同一相似准则的数值是相等的。因此，相似准则并不是 "常量"，而只能称为 "不变量"。

4.2.2 相似第二定理

相似第二定理 (或称相似逆定理) 指出，凡同一种类的现象，若单值性条件相似，而且由表征现象的各定性物理量所组成的相似准则在数值上相等，则这些现象必定相似。

相似第二定理讨论的是现象相似的充分条件 (也是必要条件)，即满足什么条件，现象才相似，这正是模型试验所必须遵守的条件。因为要使模型中的现象与原型中的现象相似，就必须满足相似性条件。相似第二定理阐明现象相似的条件如下：

相似条件 1 彼此相似的现象是服从于同一自然规律的现象，因此都可以用完全相同的方程组来描述。简言之，描述相似现象的基本方程组相同。

相似条件 2 单有相同的基本方程还不能说两个现象相似，单值性条件相似是第二个充分必要条件。前文已指出，单值性条件是把某一具体现象从具有同一自然规律的无数现象中区别出来的标志。对于同一种类的两个流动现象，若它们的单值性条件完全相同，例如流动的起始条件、边界条件相似，则二者是完全相同的同一流动现象；若两个流动现象的单值性条件相似，那么这两个流动现象可能相似，反之若两个流动现象的单值性条件既不相同也不相似，那么这两个流动现象不可能相似更谈不上完全相同。所以要使两流动现象相似，就必须保证二者的单值性条件相似。

相似条件 3 由各定性物理量所组成的相似准则在数值上相等是现象相似的第三个条件。从上述相似性质可知，两个相似的流动现象不仅描述现象的基本方程相同，表征流动的各物理量相似，而且各物理量的相似倍数相互制约，具体表现为定性量组成的相似准则在数值上相等。

由上面的讨论可知，对于一般流体的流动现象，其相似的充分必要条件可表示为流动的几何相似、运动相似和动力相似，及其相似准则在数值上相等。这是因为流体流动的基本方程均相同 (N–S 方程、连续方程等)，流体所受各力、流动域的几何条件，及运动的初值、边值条件等决定了流体的流动现象。

4.2.3 相似第三定理

相似第三定理 (或称相似 π 定理)：描述某现象的各种物理参数之间的关系可表示成相似准则 π_1，$\pi_2 \cdots \pi_n$ 之间的函数关系，即

$$F(\pi_1, \pi_2, \pi_3 \cdots \pi_n) = 0 \tag{4-1}$$

这种关系称为 "准则关系式" 或 "准则方程式"。

根据相似第一定理，彼此相似的现象，相似准则保持相等的数值，所以它们的准则方程式也是相同的。如果在整理模型试验数据时，将其整理成准则方程式，那么这种准则方程式就可以推广到所有与之相似的实物流动中去。这样，可以通过模型试验的方法，全面地了解实物的流动现象，特别是在那些无法用分析法求解的情况下，就可以用模型试验研究方法，得到由试验结果整理成的准则方程式。

描写某一特定现象的 n 个相似准则 π_1，$\pi_2\cdots\pi_n$ 中，可以分为“定性准则”π_d 和“非定性准则”π_u 两大类，定性准则是决定现象的准则，当它们确定以后，现象即被决定，非定性准则也随之被决定，于是，相似准则关系式 $F(\pi_1,\pi_2,\pi_3\cdots\pi_n)=0$ 可以改写为

$$\pi_{ui}=f_i(\pi_{d1},\pi_{d2}\cdots\pi_{dm})\quad(i=1,2\cdots n-m) \tag{4-2}$$

式中，π_{ui} 为第 i 个非定性准则；π_{dm} 为第 m 个定性准则。

从上面介绍的相似理论内容可以看出，相似理论实际上是指导模型试验研究的理论，它解决了模型试验时应注意的问题，概括起来有：

(1) 模型试验前，为了使模型流动现象与原型 (实物) 流动现象相似，首先必须几何相似，按照一定的缩比关系制作试验模型，使两者的流动属同一类现象，并使其单值性条件相似，由各流动参数所组成的定性准则在数值上相等并依此组织模型试验。(相似第二定理)

(2) 模型试验时，为了得到流动现象的全部信息，必须测量出各相似准则所包含的一切参数。(相似第一、第二定理)

(3) 模型试验后，必须把试验数据整理成相应的相似准则和准则方程式 (4-1)、(4-2)，这样就可以将模型试验结果推广到与模型试验相似的流动现象中去，从而使试验结果具有应用价值。(相似第三定理)

4.3　相似准则的确定

由前面讨论的相似理论可知，进行模型试验首先必须确定该现象包含哪些相似准则。那么如何来确定一个现象所包含的相似准则呢？研究表明，导出相似准则的基本方法有两类，一类是方程分析法，另一类是量纲分析法。下面将分别讨论这两类方法。

4.3.1　方程分析法

方程分析法是利用描述现象的基本微分方程组和全部单值性条件来导出相似准则的。它从主导流动的基本方程出发，因此这种方法仅仅适用于那些已知描述该流动的基本方程及其全部单值性条件的流动现象。通常采用的方程分析法有两种，即相似转换法和积分类比法。下面以不可压缩黏性流体的非定常等温流动为例来阐述相似转换法的基本思路。

1. 写出描述现象的基本微分方程组

连续方程：

$$\frac{\partial V_x}{\partial x}+\frac{\partial V_y}{\partial y}+\frac{\partial V_z}{\partial z}=0 \tag{4-3}$$

运动方程：

$$\left.\begin{aligned}
&\frac{\partial V_x}{\partial t}+V_x\frac{\partial V_x}{\partial x}+V_y\frac{\partial V_x}{\partial y}+V_z\frac{\partial V_x}{\partial z}=X-\frac{1}{\rho}\frac{\partial P}{\partial x}+\frac{\mu}{\rho}\left(\frac{\partial^2 V_x}{\partial x^2}+\frac{\partial^2 V_x}{\partial y^2}+\frac{\partial^2 V_x}{\partial z^2}\right)\\
&\frac{\partial V_y}{\partial t}+V_x\frac{\partial V_y}{\partial x}+V_y\frac{\partial V_y}{\partial y}+V_z\frac{\partial V_y}{\partial z}=Y-\frac{1}{\rho}\frac{\partial P}{\partial y}+\frac{\mu}{\rho}\left(\frac{\partial^2 V_y}{\partial x^2}+\frac{\partial^2 V_y}{\partial y^2}+\frac{\partial^2 V_y}{\partial z^2}\right)\\
&\frac{\partial V_z}{\partial t}+V_x\frac{\partial V_z}{\partial x}+V_y\frac{\partial V_z}{\partial y}+V_z\frac{\partial V_z}{\partial z}=Z-\frac{1}{\rho}\frac{\partial P}{\partial z}+\frac{\mu}{\rho}\left(\frac{\partial^2 V_z}{\partial x^2}+\frac{\partial^2 V_z}{\partial y^2}+\frac{\partial^2 V_z}{\partial z^2}\right)
\end{aligned}\right\} \tag{4-4}$$

2. 列出上述方程的全部单值性条件即定解条件

几何条件——流动空间的几何形状及其大小，例如流体管流的管径 d、管长 l 等；

物理条件——流动介质的物理属性，如密度 ρ，动力黏度 μ 等；

边界条件——每一具体的流动都受边界条件的影响和限制，例如管流的进、出口的速度分布、壁面上的流动速度 V_b；

初始条件——起始时刻，流场中各流动参数，对定常流则不需要此条件。

3. 写出各物理量的相似倍数表达式

若以上标“′”表示与该流动相似的一个新的流动，分别写出关于这两个相似流动现象的速度、压强、密度、质量力和坐标的相似倍数：

$$\left.\begin{array}{l} V_x'/V_x = V_y'/V_y = V_z'/V_z = C_v, \quad p'/p = C_p \\ \rho'/\rho = C_\rho, \mu'/\mu = C_\mu, X'/X = Y'/Y = Z'/Z = C_g \\ x'/x = y'/y = z'/z = C_l \end{array}\right\} \tag{4-5}$$

4. 相似转换

将上述联系两个相似流动现象的相似倍数表达式 (4-5) 分别代入描写初始流动现象的连续方程 (4-3) 式和运动方程 (4-4) 式，稍加整理可以得到

连续方程：

$$\frac{C_v}{C_l}\left(\frac{\partial V_x}{\partial x} + \frac{\partial V_y}{\partial y} + \frac{\partial V_z}{\partial z}\right) = 0 \tag{4-6}$$

x 方向的运动方程为

$$\begin{aligned} &\frac{C_v}{C_t}\frac{\partial V_x}{\partial t} + \frac{C_v^2}{C_l}\left(V_x\frac{\partial V_x}{\partial x} + V_y\frac{\partial V_x}{\partial y} + V_z\frac{\partial V_x}{\partial z}\right) \\ =&C_g X - \frac{C_P}{C_\rho C_l}\frac{1}{\rho}\frac{\partial p}{\partial x} + \frac{C_\mu C_v}{C_\rho C_l^2}\frac{\mu}{\rho}\left(\frac{\partial^2 V_x}{\partial x^2} + \frac{\partial^2 V_x}{\partial y^2} + \frac{\partial^2 V_x}{\partial z^2}\right) \end{aligned} \tag{4-7}$$

y 方向和 z 方向的运动方程与此类似。

比较相似转换前后的连续方程 (4-3) 式与 (4-6) 式及运动方程 (4-4) 式 x 方向分式与 (4-7) 式。可以看出各项的系数

$$\frac{C_v}{C_t} = \frac{C_v^2}{C_l} = C_g = \frac{C_p}{C_\rho C_l} = \frac{C_\mu C_v}{C_\rho C_l^2} \quad 和 \quad \frac{C_v}{C_l} = 任意$$

从而可得 $\frac{C_v C_t}{C_l} = 1\frac{C_g C_l}{C_v^2} = 1\frac{C_p}{C_\rho C_v^2} = 1\frac{C_\rho C_v C_l}{C_\mu} = 1$，把 (4-5) 式代入上面的相似指标关系式中，经整理可得下列相似准则：

$$\left.\begin{aligned}
&\frac{Vt}{l}=\frac{V't'}{l'} &&\text{记}St=\frac{Vt}{l}\\
&\frac{V^2}{gl}=\frac{V'^2}{g'l'} &&\text{记}Fr=\frac{V^2}{gl}\\
&\frac{p}{\rho V^2}=\frac{p'}{\rho' V'^2} &&\text{记}Eu=\frac{p}{\rho V^2}\\
&\frac{\rho Vl}{\mu}=\frac{\rho' V'l'}{\mu'} &&\text{记}Re=\frac{\rho Vl}{\mu}
\end{aligned}\right\} \tag{4-8}$$

可见对于不可压缩黏性流体的非定常等温流动，共有 4 个独立的相似准则，它们分别是斯特劳哈尔数 (或称斯特劳哈尔准则，下同)St、弗劳德数 Fr、欧拉数 Eu 和雷诺数 Re。

5. 从具体问题的单值性条件求得上述相似准则的确切数值

上述四个相似准则对一般的不可压非定常等温黏性流体的流动都适合，而对于某一具体的流动问题，例如水在一定的温度、压强下沿一定直径的管道内流动，那么可以由具体的流动参数即单值性条件求出斯特劳哈尔数 St、弗劳德数 Fr、欧拉数 Eu 和雷诺数 Re 的具体数值。关于斯特劳哈尔数 St、弗劳德数 Fr、欧拉数 Eu 和雷诺数 Re 这些准则的物理意义将在下面 4.3.3 节讨论。

4.3.2　量纲分析法

前面介绍了根据描述流动现象的基本微分方程和单值性条件来确定相似准则的方法，但是有些未知流动现象往往由于不明了其基本方程的形式，相似准则确定就不能再用上述的方程分析法，而不得不借助于下面介绍的量纲分析法。

自然界中各种物理量都是以某种规律性关系相连的，人们将其中一些单一的物理量定义为“基本量”，例如时间、长度、质量、温度等，并给定它们的度量单位。例如时间的单位可以是秒 s、分 min、时 h 等，可以用统一的符号 [t] 表示时间的量纲；长度的单位可以是厘米 cm、米 m、千米 km 等，可以用统一的符号 [L] 表示长度的量纲；质量的单位可以是克 g、千克 kg 等，同样可以用统一的符号 [M] 表示质量的量纲；温度的单位是摄氏度，可以用符号 [T] 表示温度的量纲。除以上这些基本量之外，其他一些可以由基本量的单位组合而成的物理量定义为“导出量”，导出量的量纲可以用基本量量纲的指数幂乘积的形式来表示。

描述流动现象的物理量中，“基本量”的量纲主要有以下 4 种：时间 [t] 、长度 [L]、质量 [M] 和温度 [T]，它们的单位取决于采用的单位制。

描述流动现象的物理量中，“导出量”的单位和量纲主要有以下几种：

速度的单位	m/s	速度的量纲	$[\mathrm{V}]=\mathrm{L}/\mathrm{t}^1$
加速度的单位	$\mathrm{m/s^2}$	加速度的量纲	$[\mathrm{a}]=\mathrm{L}/\mathrm{t}^2$
力的单位	N 或 $\mathrm{kg\cdot m/s^2}$	力的量纲	$[\mathrm{F}]=\mathrm{ML}/\mathrm{t}^2$
面积的单位	$\mathrm{m^2}$	面积的量纲	$[\mathrm{A}]=\mathrm{L}^2$
压强、应力单位	$\mathrm{N/m^2}$ 或 $\mathrm{kg}/\left(\mathrm{m\cdot s^2}\right)$	压强、应力量纲	$[\mathrm{p}]=\mathrm{M}/\left(\mathrm{L}^1\mathrm{t}^2\right)$

密度的单位	kg/m^3	密度的量纲	$[\rho] = ML^{-3}$
动力黏度单位	$N \cdot s/m^2$ 或 $kg/(m \cdot s)$	动力黏度量纲	$[\mu] = M/\left(L^1t^1\right)$
运动黏度单位	m^2/s	运动黏度量纲	$[\nu] = L^2/t^1$
功的单位	$N \cdot m$ 或 $kg \cdot m^2/s^2$	功的量纲	$[W] = ML^2/t^2$
功率的单位	$kg \cdot m^2/s^3$	功率的量纲	$[N] = ML^2/t^3$

......

下面介绍量纲分析法的基本思想。相似准则是无量纲量，因此，用量纲分析法寻求相似准则，实质上就是分析流动现象中各个物理参数的量纲，并将各物理量进行适当组合，使之结合成各种有确切物理意义的无量纲量，从而得到该流动现象的无量纲方程式 (即准则方程式)。

量纲分析时，除了要利用相似准则是一个无量纲量外，还将依据以下两个基本论据:

(1) 尽管有时不能准确地给出流体流动现象的基本方程，但是自然界中一切物理现象都有其内在的规律，其规律应该可以用完整的物理方程来表示。

(2) 任何完整的物理方程，必须符合量纲和谐条件，即方程中各项的量纲相同。

下面通过实例介绍如何用量纲分析方法导出相似准则。

【例 4-1】 根据试验和分析得知：黏性不可压缩流体在管内作定常等温流动，其流动与流速 V、管道直径 d、压强 p、密度 ρ、动力黏度 μ 及重力加速度 g 有关，试分析其相似准则。

【解】 第一步，将所有与这种等温黏性不可压管流有关的 i 个相似准则 π_i 表述为影响流动各物理量 V、d、p、ρ、μ 及 g 的幂次乘积:

$$\pi_i = V^a \cdot d^b \cdot p^c \cdot \rho^d \cdot \mu^e \cdot g^f \tag{a}$$

有 i 个相似准则 π_i，指数 a, b, c, d, e, f 就有 i 组不同的取值。

上述方程等式左右两端均是无因次量，将右端各物理量写成量纲的形式，分析各基本量的量纲

$$[\pi_i] = \left[Lt^{-1}\right]^a [L]^b \left[ML^{-1}t^{-2}\right]^c \left[ML^{-3}\right]^d \left[ML^{-1}t^{-1}\right]^e \left[Lt^{-2}\right]^f \tag{b}$$

上式左边是无量纲量 π_i，因此上式右边也应该是无量纲量，即长度、质量、时间的量纲为零:

长度的量纲为零	$a + b - c - 3d - e + f = 0$
质量的量纲为零	$c + d + e = 0$
时间的量纲为零	$-a - 2c - e - 2f = 0$

上述方程组中有 6 个未知数 a、b、c、d、e、f，但只有 3 个方程，所以求解时分别令其中 3 个未知数为不同数值，从而获得不同的解，根据线性代数可知只有 3 个独立的解。

令 $c = 0$, $e = 0$, $f = 1$，则 $a = -2$, $b = 1$, $d = 0$，可得 $\pi_1 = V^2/gl = Fr$;

令 $c = 0$, $e = 1$, $f = 0$，则 $a = -1$, $b = -1$, $d = -1$，可得 $\pi_2 = \dfrac{\mu}{\rho V l} = \dfrac{1}{Re}$;

令 $c = 1$, $e = 0$, $f = 0$，则 $a = -2$, $b = 0$, $d = -1$，可得 $\pi_3 = \left(p/\rho V^2\right) = Eu$。

由此可见，用量纲分析法所得结果与方程分析法的结果是一样的。

若再令 $a=3$，$b=3$，$c=3$，则 $d=2$，$e=-5$，$f=-2$，

$$\pi_4=\frac{V^3l^3p^3\rho^3}{\mu^5g^2}=\left(\frac{\rho^5V^5l^5}{\mu^5}\right)\left(\frac{p^3}{\rho^3V^6}\right)\left(\frac{V^4}{g^2l^2}\right)=\pi_2^{-5}\pi_3^3\pi_1^{-2}$$

显然 π_4 不是独立的相似准则，实际上是 Re、Eu、Fr 三个准则的幂次的乘积。

本例中，描述现象的物理量有 6 个，这些量中基本量纲有 3 个，得到的独立相似准则数则是 $6-3=3$ 个。对于其他现象，都存在如下的规律：某个现象由 i 个物理量所描述，而这些物理量的基本量纲有 j 个，则可得到 $m=i-j$ 个独立的无量纲综合量 (相似准则)。

用量纲分析法导出相似准则，还可采用下述步骤：

(1) 根据对所研究的现象的认识，确定影响这个现象的全部 i 个物理量 (含有量纲常数)；

(2) 从 i 个物理量中选取 j 个与基本量纲个数相同、互为独立的量 (即一个量的量纲不能由其他量的量纲导出，它们还必须包含全部基本量纲)，例如 n_1、n_2、n_3 作为基本物理量；

(3) 因其他任意物理量 n，可用一个无量纲数 π 和这 j 个基本物理量指数幂的乘积来表示。于是从其他物理量中，每次轮取一个，连同 j 个基本物理量组成一个 π 项，$\pi_\theta=\dfrac{n}{n_1^q n_2^b n_3^c}$。$a$、$b$、$c$ 由量纲和谐原理确定。

【例 4-2】 根据观察分析，影响管内流动压强损失的因素有管内平均流速 V、流体密度 ρ、管道直径 d、管长 l、流体的动力黏度 μ、管壁粗糙度 Δ。试用 π 定理确定水平放置有压管道压强损失 Δp 的函数关系式及相似准则。

【解】 依据题意，影响管内有压流动的主要因素有 7 个，它们分别是管内平均流速 V、流体的密度 ρ、管径 d、管长 l、动力黏度 μ、管壁粗糙度 Δ、流动压差 (压强损失)Δp。

选 V、d、ρ 三个互为独立的变量为基本物理量，这三者包含了 [L]、[M]、[t] 三个基本量纲 (通常选一个代表几何的量，一个表征运动的量，另一个与力或质量有关的量)。写出 $7-3=4$ 个 π 的表达式：

$$\pi_1=\frac{\Delta p}{V^{a_1}d^{b_1}\rho^{c_1}};\quad \pi_2=\frac{\mu}{V^{a_2}d^{b_2}\rho^{c_2}};\quad \pi_3=\frac{l}{V^{a_3}d^{b_3}\rho^{c_3}};\quad \pi_4=\frac{\Delta}{V^{a_4}d^{b_4}\rho^{c_4}}$$

根据分子分母的量纲相同的原则，可求出各 π 项中的指数 $(a_1,b_1,c_1)\cdots$ 等值，现以 π_1 为例

$$[\pi_1]=\frac{\left[\mathrm{ML^{-1}t^{-2}}\right]}{\left[\mathrm{Lt^{-1}}\right]^{a_1}[\mathrm{L}]^{b_1}\left[\mathrm{ML^{-3}}\right]^{c_1}}$$

$$\left.\begin{array}{l}\text{对}\,[\mathrm{M}]\,\text{有}\,c_1=1\\ \text{对}\,[\mathrm{L}]\,\text{有}\,a_1+b_1-3c_1=-1\\ \text{对}\,[\mathrm{t}]\,\text{有}\,a_1=2\end{array}\right\}\text{解得}\left\{\begin{array}{l}a_1=2\\ b_1=0\\ c_1=1\end{array}\right.$$

代入原式得到与压强损失有关的相似准则 $\pi_1=\Delta p/(\rho V^2)=Eu$

类似地可得 $\pi_2=\mu/(\rho Vd)=1/Re$，$\pi_3=l/d$，$\pi_4=\Delta/d$。可知 π_2 就是雷诺数，π_3 就是相对管长，π_4 就是管壁的相对粗糙度。

根据相似 π(4-1) 式和 (4-2) 式，我们可以将与压强损失有关的相似准则 π_1 表述成其余 3 个准则的函数:

$$\pi_1 = f(\pi_2, \pi_3, \pi_4), \text{即} Eu = f(1/Re, l/d, \Delta/d)$$

对于本例给出的管内有压流动，实验发现，其压强损失 Δp 与相对管长 l/d 成正比，于是上式可以改写为

$$Eu = \frac{l}{d} f_1(1/Re, \Delta/d) \quad \text{即} \quad \frac{\Delta p}{\rho V^2} = \frac{l}{d} f_1(1/Re, \Delta/d)$$

于是管流的压强损失

$$\Delta p = 2f_1(1/Re, \Delta d)\frac{l}{d}\frac{\rho V^2}{2} \text{或写成压头损失 (单位为 m) 的形式:}$$

$$h_f = \frac{\Delta p}{\rho g} = 2f_1\left(\frac{1}{Re}, \frac{\Delta}{d}\right)\frac{l}{d}\frac{V^2}{2g} = \lambda\frac{l}{d}\frac{V^2}{2g}$$

这就是著名的达西 (Darcy) 公式，它对类似的管流都适用，式中 $\lambda = 2f_1(1/Re, \Delta/d)$ 为无量纲数，称为沿程损失系数，该系数只与管流的雷诺数和相对粗糙度有关，因此只要在不同的雷诺数和相对粗糙度下测得沿程损失系数 λ，那么对类似的管内流动就可以用此公式预测流动损失 Δp 或 h_f，这些内容将在后面作详细介绍。

量纲分析法表明，对一些较复杂的物理现象，即使无法建立描述现象的微分方程，但只要知道这些现象包含哪些物理量，就可以求出它们的相似准则，从而提供了找出现象间规律性的可能，量纲分析的实用价值就在于此。不过，如果对流动现象缺乏深入了解，对表征流动现象的物理量决定得不正确或遗漏了其中某些项，那么，用量纲分析法得出的结果就将是错误的或是不全面的。为了避免出现差错，就必须进行大量的实验和理论分析，获得丰富的资料，对表征流动现象的物理量作出正确的判断和选取。另外，在进行量纲分析时，不能去掉有量纲的常数，如气体常数 R 等。

相似准则的形式可以有多种，改变准则形式的方式有下列几种:

(1) 相似准则的幂次，即 π^n (n 为整常数) 仍是相似准则。如 $Fr = V^2/(gl)$ 是相似准则，那么 $\left(V^2/gl\right)^{-1} = gl/V^2$ 仍是相似准则，习惯上仍称为 Fr 准则;

(2) 相似准则的幂次的乘积，即 $\pi_1^{n_1} \cdot \pi_2^{n_2} \cdot \cdots \cdot \pi_k^{n_k}$ ($n_1, n_2, \cdots n_k$ 为整常数) 仍是相似准则。如 $Fr \cdot Re^2 = g\rho^2 l^3/\mu^2 = Ga$，$Ga$ 称为伽利略准则，其物理意义为重力与黏性力的比值;

(3) 相似准则的和与差，即 $\pi_1 \pm \pi_2$ 仍是相似准则。若 $\pi_1 = g\rho l^2/\sigma$ 及 $\pi_2 = g\rho' l^2/\sigma$ 是相似准则，那么

$$(\pi_1 - \pi_2)^{-1} = \frac{\sigma}{g(\rho - \rho')l^2} = We$$

式中，σ 为液体的表面张力，ρ、ρ' 分别为液相、气相物质的密度，We 仍是相似准则，称之为“韦伯准则”，其物理意义为气液两相接触过程中其相似表面张力与重力的比值;

(4) 相似准则与任何常数的和或差，即 $\pi \pm \alpha$ (α 为常数) 仍是相似准则。若 V/V_{cr} 是无量纲速度，那么 $V/V_{cr} - 1 = (V - V_{cr})/V_{cr}$ 也是相似准则;

(5) 相似准则中任一物理量用其差值代替仍是相似准则。如欧拉准则 $Eu = p/(\rho V^2)$ 中的压强可用压差 Δp 代替，$\Delta p/(\rho V^2)$ 仍为相似准则，并仍称为欧拉准则。

4.3.3 常用相似准则的物理意义

从上文不可压缩黏性流体的非定常等温流动的分析得到了斯特劳哈尔数 St、弗劳德数 Fr、欧拉数 Eu 和雷诺数 Re，下面讨论这些准则的物理意义。

斯特劳哈尔准则 (又称斯特劳哈尔数) $St = Vt/l$

改写成 $St = \dfrac{Vt}{l} = \dfrac{V^2/l}{V/t} = \dfrac{\text{迁移加速度}}{\text{当地加速度}} = \dfrac{\rho V^2/l}{\rho V/t} = \dfrac{\text{迁移惯性力}}{\text{当地惯性力}}$，可以看出，$St$ 数是流动的非定常性引起的流体微团迁移惯性力与该流体微团当地惯性力之比，它反映了流场中流体微团的非定常效应程度。若两个非定常流动的 St 数相同，则它们的速度场随时间变化的快慢相似。

弗劳德数 $Fr = V^2/gl$ 或者 $Fr = V/\sqrt{gl}$

因为 $Fr = \dfrac{V^2}{gl} = \dfrac{\rho V^2/l}{\rho g} = \dfrac{\text{惯性力}}{\text{重力}}$，物理上，弗劳德数表征了惯性力与重力间的量级之比，一个表征流速高低的无量纲量。在两个几何相似的流场中，当其重力相似时，对应点上对应时刻的 Fr 必相等；反之，如果两个流动对应点上对应时刻的 Fr 不相等，则这两个流动也一定不是重力相似的。因此，常把 Fr 准则称为重力相似准则。

欧拉数 $Eu = p/(\rho V^2)$

其意义为作用在流体微团上的压强与该流体微团的惯性力之比，它是两个相似流动中压强分布相似的准则。一般情况下欧拉准则不是决定性准则，但是对于管中的水击或对于气穴等流动现象则必须考虑 Eu 准则。在航空航天领域，欧拉数通常写成压强系数 $C_p = 2\Delta p/(\rho V^2)$ 的形式，例如，在表示物体表面压强分布的压强系数，以及升力系数和阻力系数等中经常用到。

雷诺数 $Re = \rho Vl/\mu$ 或 $Re = Vl/\nu$

可改写成 $Re = \dfrac{\rho Vl}{\mu} = \dfrac{\rho V^2}{\mu V/l} = \dfrac{\text{惯性力}}{\text{黏性力}}$，可见雷诺数 Re 表示流体流动的惯性力与黏性力之比。若流体流动的雷诺数高，则该流动的黏性影响就小，可以近似当作无黏性流体处理；反之低雷诺数流动的黏性影响力就大。与惯性力的量级相比，黏性摩擦力的量级要大得多，因此可以忽略惯性力的作用。

除了上述 4 个相似准则外，常用的相似准则还有：

马赫数 $Ma = V/c$

马赫数是流体速度与当地声速之比，是气体可压缩性的度量。在实际应用中，常常将大于 0.3 左右的流动马赫数作为考虑气体可压缩性的起始点，也是飞行器飞行速度或者气流流动速度大小的度量。

韦伯数 $We = \dfrac{\rho V^2 l}{\sigma}$

物理上，韦伯数表征了惯性力与表面张力间的量级之比。

上面讨论的 St、Fr、Eu、Re、Ma 和 We 这些无量纲数，在相似理论中称为相似准则或者相似判据，它们是判断两个流动现象是否相似的依据。

在航空航天领域，最常用的相似准则是马赫数 Ma、雷诺数 Re 和欧拉数 Eu。而欧拉数通常又写成压强系数 C_p 的形式，如升力系数 $C_y = Y/(0.5\rho V^2 A)$ 为飞行器单位参考面积的

升力 Y/A 与来流 "动压头"$0.5\rho V^2$ 之比，阻力系数 $C_D = D/(0.5\rho V^2 A)$ 则定义为单位参考面积阻力 D/A 与来流"动压头"之比等。

4.4　流体动力学的模型试验研究

4.4.1　全面力学相似的模型试验

按照上述分析，如果要两个流动达到全面相似，就必须使模型和原型两种流动完全满足几何相似、运动相似和动力相似，且具有相似的初始条件和边界条件，也应使所有相似准则 $(Re, Eu, Fr, Ma\cdots)$ 分别相等，实际上这是难以办到的。例如，研究某一黏性不可压缩流体的定常流动，尽管只有两个相似准则 Re 和 Fr，要使模型 (m) 和实物 (p) 的 Re 和 Fr 都相等是难以实现的。例如取模型为实物的 1/10 缩比，那么

(1) 要满足 $(Re)_p = (Re)_m$，即 $\dfrac{V_p l_p}{\nu_p} = \dfrac{V_m l_m}{\nu_m}$，若两种流动的介质一样，即 $\nu_p = \nu_m$，且模型尺寸为原型尺寸的 $\dfrac{1}{10}$，即 $C_l = \dfrac{l_p}{l_m} = 10$，则应有 $C_v = \dfrac{V_p}{V_m} = \dfrac{l_m}{l_p} = \dfrac{1}{C_l} = \dfrac{1}{10}$，即要求模型中的流速应为实物中的 10 倍。

(2) 要满足 $(Fr)_p = (Fr)_m$，即 $\dfrac{V_p^2}{g_p l_p} = \dfrac{V_m^2}{g_m l_m}$，假设 $g_p = g_m$，在 $C_l = \dfrac{l_p}{l_m} = 10$ 的情况下，则应有 $V_p/V_m = C_v = \sqrt{C_l} = \sqrt{10} \approx 3.16$，即要求模型中的流速应为原型中流速的 1/3.16。显然这与第一项的要求是矛盾的，也就是说不能同时满足模型和实物 Fr 数与 Re 数都相等的条件。

解决这一矛盾的办法只有直接用实物来做试验，如果实物巨大，那这种试验根本就不可能进行。另一个可能的方法就是在模型中使用与实物中不同黏度的流体。例如本例中取速度比 $C_v = 3.16$ 以满足 Fr 相等的要求，而同时要满足 Re 相等的要求，就应使 $\dfrac{\nu_p}{\nu_m} = \dfrac{V_p}{V_m}\dfrac{l_p}{l_m} = C_v C_l = 31.6$，这就是说，模型试验中必须使用运动黏度 ν 为原型 1/31.6 的流体，这当然是很难做到的。

由此可见，即使仅有两个相似准则也难以满足完全相等的条件，若有 3 个以上相似准则时，其模型试验就更难组织，除介质的选择受限制外，其他物理量也会受到限制。为了解决这个矛盾，在工程上常常采用近似相似的办法来处理，即保留现象中起主要作用的相似准则，忽略次要的相似准则。就上面讨论的黏性不可压缩流体定常流动问题来说，如果流动是黏性起主要作用，则保留 Re 准则而忽略 Fr 准则；反之若流动是重力起主要作用，则保留 Fr 数相等，而忽略 Re 相似准则。

4.4.2　近似相似的模型试验

上面的分析显示，当不可能同时满足多个相似准则数值相等的条件时，只有保留起主要作用的相似准则而舍去次要因素来指导模型试验，这时就必须对各相似条件逐一分析，对那些主要的、起决定作用的相似准则，应当尽量加以保证；而对那些次要的准则只须近似满足，甚至忽略。这样既方便组织模型试验又不至于引起较大的试验误差。

(1) 相似流动应该是同类介质的流动，实物是液体流动，模型试验原则上也应该是液体流动，然而从相似原理出发，气体试验也可以替代液体试验。一般而言，气体是可压缩流体，但是当 $Ma \leqslant 0.3$ 时，压缩性影响很小，可以近似认为是不可压缩流体，只要关键相似准则相同，也可以用气体中的模型试验来替代实物中的液体流动，即用低速气流“模化”液体流动现象，这样可以大大简化试验。

(2) 在无压明渠等流动问题中，重力起主导作用，而黏性力则处于次要地位，因此，重力相似准则 Fr 就是主要相似准则。这在水利工程上得到广泛的应用。

(3) 实际流体在管内的有压流动、深水潜体运动和大气中物体的低速运动等情况，影响流动的主要作用力是黏性力或湍流阻力，它决定流动阻力的大小，而重力则处于次要地位，因此雷诺数 Re 成了主要相似准则。这种方法在管内流动、液压技术、流体机械的模化试验中得到广泛应用。

(4) 在上述管内流动中，Re 是主要相似准则，那么，是否一定需要 $(Re)_p = (Re)_m$ 呢? 如此，假设在小尺寸模型试验中使用与原型同样的流体，在雷诺数 $Re = Vd/\nu$ 相同的条件下，则需要试验流速大大增加；如果流动介质是气体，则高速度可能使得必须要考虑压缩性的影响。幸亏流动的一种特性 ——“自模性”—— 给我们带来极大的方便。当 Re 小于某一数值(第一临界值，又称下临界雷诺数 Re_{cri}) 时，流动处于层流状态。在层流状态范围内，流体的速度分布彼此相似而与雷诺数 Re 无关，这种现象称为流动的“自模性”，此时即便是黏性力起主导作用的情况也不需要模型试验的雷诺数 Re 与实物严格相等，只要大致相等或在同一数量级即可。例如，流体在圆管中作层流流动时，只要 Re 小于某一临界值 $Re_{\text{cri}} \approx 2\,300$，流体沿横截面的流速分布都是一个轴对称的旋转抛物面，而与 Re 无关，常将 $Re < Re_{\text{cri}}$ 的范围叫做“第一自模化区”。当 $Re > Re_{\text{cri}}$ 时，流动处于由层流向湍流的过渡状态，这时流动速度分布随 Re 变化较大；但是当 $Re \geqslant Re_{\text{cri2}}$ (第二临界值) 时，流体的速度分布又一次彼此相似，阻力的相似并不要求 Re 相等，即与 Re 无关，流动再次进入“自模化”状态，此时称 $Re \geqslant Re_{\text{cri2}}$ 的流动范围为“第二自模化区”。因此只要原始实物的流动雷诺数 Re 处于自模化区以内，模型试验与原型的 Re 就不必相等，只须与原型处于同一自模化区就可以了。也就是说，在同一自模化区内，即使 Re 不相等，其黏性力也是自动相似的。对于管内充分发展的湍流流动，当流动处于自模化区时，影响流动的主要作用力为湍流阻力，由于湍流阻力对于动力相似没有提出新的相似准则，湍流阻力的相似会自动得到满足，因此只要保证模型流动处在自模化区，并不要求模型和实物的 Re 数相等，就可实现流动现象相似。

如果流场中的流体是气体，通常可忽略重力的影响，因此不必考虑 Fr，这时只须考虑压强的影响，即保证流动欧拉数 Eu 相等就可以了。研究飞行器在大气中的高速飞行时，气体的压缩性起主导作用，这时飞行马赫数 Ma 就是模型试验首先必须满足的条件，而流动欧拉数 Eu 即压强系数相等就是处理试验结果的必要条件。

4.4.3　试验研究的基本要点

试验研究的理论基础是相似原理，因此在进行模型试验时应注意下述几个问题。

1. 模型和实物必须几何相似

这是模型试验的先决条件。至于模型缩比，这要根据相似分析的需求和现有的或拟建设试验条件决定。

2. 所研究的问题有几个相似准则?

例如前文讨论的不可压黏性流体的非定常等温流动这一大类流动现象，有四个独立的相似准则：雷诺数 Re、欧拉数 Eu、弗劳德数 Fr 和斯特劳哈尔数 St。

例 4-1 研究的不可压黏性流体的定常等温流动现象，就少了一个与非定常特性相关的斯特劳哈尔数 St，共有三个独立的相似准则：Re、Eu 和 Fr。

以上讨论的是一般性问题，对于某一具体的流动问题，则应针对这一具体问题找出控制这一具体问题的特有相似准则。例 4-2 讨论的管内有压流动问题，经分析得出流动相似的相似准则应该是 $\pi_1 = Eu$ 欧拉数、$\pi_2 = Re$ 雷诺数、$\pi_3 = l/d$ 相对管长和 $\pi_4 = \Delta/d$ 管壁相对粗糙度。

又如飞行器在空气中的飞行，模型试验除几何相似外，通常考虑的相似准则有雷诺数 Re、欧拉数 Eu 和马赫数 Ma。

3. 满足相似条件的所有相似准则中，哪些是决定性相似准则?

在所有的相似准则中要分清主次，找出决定性准则，忽略次要准则。例如，物体在空气中做低速 ($M < 0.3$) 运动时，空气的压缩性可以忽略，因此试验决定性准则是 Re，处理试验结果的准则是欧拉数 Eu；而在模拟空气中 $Ma > 0.3$ 的外流流动现象时，空气的压缩性不能忽略，反映压缩性影响的相似准则 Ma 则成了决定性准则；在模拟管内的气体流动现象时，往往伴随着气体的分离等复杂流动现象，此时考虑黏性效应的雷诺数影响不容忽略，往往需要兼顾雷诺数和马赫数的影响来针对具体问题具体处理。

4. 根据决定性相似准则组织模型试验

良好的试验规划和试验组织是试验成功的关键。首先应该根据决定性相似准则在相等的条件下设计模型，包括模型缩比的选择、试验设备的选择、流体介质的选择、试验状态的选择等；其次是考虑试验中应测量哪些物理量，以便由试验中测定的各种物理量来得到相似准则的具体定量数值。

5. 怎样整理试验数据?

所有试验结果必须整理成无量纲量的形式。因为在彼此相似的现象中只有无量纲量的数值才相等，只有这种结果在几何相似的流动中才具有普遍意义。

6. 怎样将试验结果换算到原型系统中去?

根据相似原理，在相似准则相等的条件下，将试验得到的无量纲量推广到原型系统中，进而得到所需的有量纲量。例如飞行器模型在一定马赫数 Ma 的风洞中吹风试验，测得飞行器模型的升力系数 C_y、阻力系数 C_D，实际上这就是欧拉数 Eu。根据相似理论，真实飞行器在同样马赫数下也具有相同的升力系数 C_y 和相同的阻力系数 C_D，于是就可以推算出实际飞行器在该马赫数下的升、阻力。

7. 试验结果的可信度分析

包括必要的重复性试验及试验数据的统计分析，给出试验结果的可信度。

【例 4-3】 一输油管，直径 $d = 4.0$ cm，管段中设有阀门弯头等装置，为了测定其油液通过时的压头损失，拟在试验室用空气对该管进行模型试验。试确定：①若管中油流速度为 4 cm/s，则试验用的风速应取多少？②若用空气流试验时测得的压强损失为 0.9 N/cm^2，则油液流过相应管段时的压强损失为多少？(已知 $\rho_{油}$=900 kg/m^3，$\rho_{气}$=1.2 kg/m^3，温度 t=20℃时 $\nu_{油}$=0.01 cm^2/s，$\nu_{气}$=0.16 cm^2/s)

【解】 由题意知，管中油液通过的 $Re = Vd/\nu = 4 \times 4/0.01$=1 600<2300，为层流黏性起主要作用，因此要实现流动相似就要保证二者雷诺数相同

$$(Vd/\nu)_{油} = (Vd/\nu)_{气}$$

因试验时仍用原管道，即

$$\mathrm{C}_l = d_{气}/d_{油} = 1$$

由上式可得试验的速度比

$$C_\nu = V_{气}/V_{油} = \nu_{气}/\nu_{油} = 0.16/0.01 = 16$$

这样就有试验风速

$$V_{气} = C_\nu V_{油} = 16 \times 4 = 64 \text{ cm/s}$$

试验时应取风速为 64 cm/s。

其次，由于满足雷诺数相似准则，二者流动现象相似，因此 Eu 数必相等，即

$$\left(\Delta p/\rho V^2\right)_{油} = \left(\Delta p/\rho V^2\right)_{气}$$

$$\Delta p_{油} = \frac{\rho_{油} V_{油} 2}{\rho_{气} V_{气} 2} \Delta p_{气} = \frac{900}{1.2} \times (1/16)^2 \times 0.9 = 2.64 \text{N/cm}^2$$

即油液通过相应管段时的压强损失为 2.64 N/cm^2。

【例 4-4】 一小球在水中以 1.5 m/s 的速度运动时，测得它受到的阻力为 4.5 N。另一个直径为其两倍的小球在风洞中。试确定两种流动动力相似时，空气的速度应为多少？在此速度下风洞中小球受到的阻力是多少？设已知空气的运动黏度 $\nu_{气}$ 是水的 13 倍，空气的密度 $\rho_{气}$ 为 1.28 kg / m^3。

【解】 ①由于球在流体介质中受到的阻力主要是黏性力，因此雷诺数必相等，即

$$V_g d_g / \nu_g = V_w d_w / \nu_w$$

式中，下标 g 表示空气，下标 w 表示水。

$$V_g = V_w \cdot (d_w/d_g)(\nu_g/\nu_w) = 1.5 \times 0.5 \times 13 = 9.75 \text{ m/s}$$

②对于小球运动，描述流动的参数有：小球所受阻力 D、小球直径 d、小球运动速度 V、流体的密度 ρ 和动力黏度 μ。

两种流动动力相似，表征其受力特性的欧拉数 Eu 即阻力系数必相等

$$C_D = \frac{D/A}{\rho V^2}, \text{即} C_D = \left(\frac{D/A}{\rho V^2}\right)_w = \left(\frac{D/A}{\rho V^2}\right)_g$$

可得 $D_g = \dfrac{(\rho V^2)_g}{(\rho V^2)_w}\dfrac{A_g}{A_w}D_w = \dfrac{(\rho V^2)_g}{(\rho V^2)_w}\dfrac{d_g^2}{d_w^2}D_w$，代入已知参数有

$$D_g = 4.5 \times 1.28/10^3 \times (2/1)^2 \times (9.75/1.5)^2 = 0.973\ 4 \text{ N}$$

如果对此流动进行量纲分析，可得流动相似准则除 Re、Eu 外还可以直接用阻力表示

$$Ne = \frac{D}{\rho d^2 V^2}(\text{称为牛顿准则})$$

流动相似时有 $Ne = \dfrac{D_g}{\rho_g d_g^2 V_g^2} = \dfrac{D_w}{\rho_w d_w^2 V_w^2}$，那么同样可以得到空气中试验的小球阻力

$$D_g = 4.5 \times 1.28/10^3 \times (2/1) \times (9.75/1.5)^2 = 0.973\ 4 \text{ N}$$

【例 4-5】 拟用模型试验来研究某直升机涡轴发动机的特型尾喷管流动，试确定模型的缩比 C_l、模型试验进气气流的速度 V_m。已知该涡轴发动机尾喷管进口直径为 350 mm，进口气流总压 $p* = 0.11$ MPa，进气总温 $T* = 600$ K，进气流速度 $V = 150$ m/s。模型试验气流进气总压 $p*_m = 0.1$ MPa，进气总温 $T*_m = 300$ K。

【解】 该喷管形状独特，内部流动复杂且存在气流分离现象，因此模型实验需要满足雷诺数 Re 相同和进气气流马赫数相同的条件。首先计算进气气流马赫数 Ma，根据已知的发动机尾喷管进气条件，利用第 7 章气体动力学基本公式可以算出实际尾喷管的进口马赫数

$$Ma = \frac{V}{c} = \frac{V}{\sqrt{kRT}} \approx 0.308\ 37$$

进气气流的压强 $p \approx 0.102\ 98$ MPa、温度 $T \approx 588.802$ K、密度 $\rho \approx 0.6093$ kg/m^3

进气气流的动力黏度 $\mu \approx \mu_0 \dfrac{T_0 + K}{T + K}\left(\dfrac{T}{T_0}\right)^{1.5} \approx 1.736\ 50\mu_0$

模型试验的进气马赫数应当与实际尾喷管的进气马赫数相同，即

$$M_m = 0.308\ 37$$

由模型试验的进口总温总压可以算出模型试验的进气参数：

进气压强 $p_m \approx 0.093\ 619$ MPa、温度 $T_m \approx 294.903$ K、密度 $\rho_m \approx 1.0616\ \mathrm{kg/m^3}$

模型试验的进气速度 $V_m = Ma_m\sqrt{kR_mT_m} \approx 106.078$ m/s

模型试验进气气流的动力黏度 $\mu_m \approx \mu_{0m}\dfrac{T_0+K}{T+K}\left(\dfrac{T}{T_0}\right)^{1.5} \approx 1.061\ 68\mu_{0m}$

模型试验必须保证与实物的雷诺数相等，即 $\dfrac{\rho Vd}{\mu}=\left(\dfrac{\rho Vd}{\mu}\right)_m$，由此可得模型试验的缩比，可以认为实物与模型试验 $\mu_0=\mu_{0m}$

模型缩比 $C_l=\dfrac{d_m}{d}=\dfrac{\rho V}{\rho_mV_m}\dfrac{\mu_m}{\mu}\approx 0.476\ 3$

因此，根据相似原理，所设计的喷管直径应当为 $d_m = 0.476\ 3d \approx 166.7$ mm

实际上在设计喷管模型时，可以将喷管直径取整为 $d_m = 165$ mm

在喷管模型试验时，控制进口速度 $V_m = 106$ m/s

此时，喷管模型流动与实际喷管流动相似，包括流动参数分布的流场特性相似，压强的无因次参数 Eu 分布相同。

由于模型试验的尺度只有实物的 47%，进口面积只有实物的 22%左右，模型试验的空气流量将只有实物喷管的 17%，这将大大减少试验所需的真空泵或压气机功率消耗和试验难度。

【例 4-6】 为研究直径 152 炮弹以 610.83 m/s 速度飞行于 30℃及 104 kPa 大气中的阻力，设计了 1/6 缩比的弹体模型，在超音速风洞中吹风试验测得模型阻力为 35 N，已知风洞工作段温度为−18℃，压强为 70kPa，求真实炮弹上的阻力。

【解】 这是本章开始时给出的炮弹飞行阻力风洞试验结果的分析，是利用相似原理进行的一个典型的模型试验。炮弹作超声速飞行，流体的可压缩性必须考虑，而流动的黏性影响相对较小，雷诺数的影响可以忽略，因此模型试验的风洞马赫数必须与实弹飞行的马赫数相同，使得模型试验与实弹飞行的两个现象相似，而相似现象又有相同的相似准则，在目前的情况下，模型与实弹二者的欧拉数必定相同，因此实弹的阻力可以通过相同的欧拉数或阻力系数来求得。

实弹飞行马赫数$M=\dfrac{V}{a}=\dfrac{V}{\sqrt{\gamma RT}}=\dfrac{610.83}{\sqrt{1.4\times 287.06\times 303.15}}\approx 1.75$，因此风洞试验就必须在马赫 1.75 的风洞中进行，这样可得风洞中气流速度：

$$V_m = M\sqrt{\gamma RT_m} = 1.75\times\sqrt{1.4\times 287.06\times 255.15}\approx 560.38\ \mathrm{m/s}$$

两种流动动力相似，表征其受力特性的欧拉数 Eu 即阻力系数 C_D 必相等

$C_D=\left(\dfrac{D}{\rho V^2A}\right)_m=\left(\dfrac{D}{\rho V^2A}\right)_p$，下标$m$代表模型，下标$p$代表实物，由此可得实弹的阻力

$D_p=D_m\left(\dfrac{\rho_p}{\rho_m}\right)\left(\dfrac{d_p}{d_m}\right)^2\left(\dfrac{V_p}{V_m}\right)^2$，式中密度可由状态方程求，代入相关参数可得

$$D_p=D_m\left(\frac{P_pT_m}{P_mT_p}\right)\left(\frac{d_p}{d_m}\right)^2\left(\frac{V_p}{V_m}\right)^2=35\times\frac{104\ 000\times 255.15}{70\ 000\times 303.15}\times\frac{36}{1}\times\left(\frac{610.83}{560.38}\right)^2\approx 1871.3\ \mathrm{N}$$

可见实弹阻力为 1871.3N。它既非风洞测得阻力的 6 倍，也不是 36 倍，更不是 216 倍，而是根据相似理论得到的风洞实测阻力 53.5 倍左右。

习　题

4-1　气流通过一等直管道，拟用缩小为 1/4 的透明模型中通过水流的办法进行试验。已知，气体的密度 ρ_g =1.2 kg/m^3，运动黏度 V_g =0.15 cm^2/s；水的密度 ρ_w =1 000 kg/m^3，运动黏度 V_w =0.01 cm^2/s。实物的气流流速为 24 m/s。试确定:(1) 模型中的水流速度；②若测得模型单位管长的压降为 13.8 N/m^2，则实物中单位管长的压降为若干？

4-2　试验水流经过边长为 50 mm 的正方形管道，流速为 3.6 m/s，测得 3 m 管长的沿程损失为 940 mm 水柱高，试确定在动力相似的条件下，空气流经边长为 1 m 的正方形管道时，流速应为多少？并计算 90 m 管长以水柱高表示的沿程损失为若干？已知空气密度为 1.23 kg/m^3，运动黏度 ν 为 1.458×10^{-5}m^2/s，水的运动黏度 ν 为 1.180×10^{-6}m^2/s。

4-3　对烟气在 600℃的热处理炉中的运动情况，拟用 10℃的水流模型来研究。若模型与实物之比为 1/10，则流速之比应为多少？已知烟气的运动黏度 V 为 9×10^{-5}m^2/s。

4-4　设影响小球在流体中沉降阻力 D 的因素有流体的密度 ρ、动力黏度 μ、小球直径 d 及沉降速度 V 等，用量纲分析法证明沉降阻力 $D = \mu^2/\rho f(\rho V d/\mu)$。

4-5　有一直径为 d、密度为 ρ 的圆球在充满密度为 ρ_1、动力黏度为 μ_1 的无限空间中沉降。试用量纲分析法来确定其沉降速度 $V = f(d, g, \rho, \rho_1, \mu_1)$ 的关系式。

4-6　一个潜艇模型在 25 个大气压的空气中进行试验，空气流速是 12 m/s，模型尺寸是实物的 1/10，在试验速度下模型承受 120 N 的阻力。已知在大气压下空气的运动黏度是水的 13 倍，空气的密度是 1.26 kg/m^3，当实物和模型之间存在动力学相似时，实物的速度是多少？在这个速度下，它将消耗多少功率？

4-7　实物螺旋桨在水中旋转速度为 n=400 r/min。模型尺寸为实物的 1/10，试确定下列两种情况下模型螺旋桨的转速: ①保持摩擦力相似时；②保持重力相似时。

4-8　某建筑物模型在低速风洞中吹风，在来流风速为 8 m/s 时，测得迎风面压强为 40 Pa，背风面压强为−24 Pa。若来流温度不变，而风速增加至 10 m/s，请预估该建筑物模型的迎风面、背风面压强将是多少？

4-9　已知某汽车高 $h = 1.5$ m，地面最大速度 $V = 120$ km/h，拟在风洞中测定其阻力系数，已知该风洞的最大风速 $V_{\max} = 45$ m/s，求:

(1) 该汽车模型的最小高度应该是多少？

(2) 风洞试验测得对应汽车实物 100km/h 工况下模型阻力 $D = 1.8$ kN，问该汽车实物在 $V = 100$ km/h 的阻力。

4-10　设已知 $Re = f(V, l, \rho, \mu)$，试用量纲分析法来确定雷诺数表达式中的变量结构。

4-11　试用量纲分析法确定当压差恒定时油液从小孔流出流速表达式中的变量结构。设已知此流速决定于压差、孔径大小、重力加速度以及油液的黏度和密度。

4-12　已知湍流切应力 $\tau = f(l, V, \rho, \mu, \Delta)$，式中 l 为某特征长度，Δ 为管壁粗糙度，试用量纲分析法确定上述函数关系中自变量的结构。

第5章 湍流基础与不可压管流损失

实际流体总是有黏性的，黏性的存在必将导致壁面摩擦阻力的出现，波音 747 客机发动机功率的 40%左右被飞机表面的摩擦阻力所消耗。另一方面，黏性通过流体内摩擦将机械能转化为其他形式的能量，例如热能、声能、振动能等，使流体做功能力下降。

虽然实际流体的黏性是产生流动损失的根本原因，但是不同的流态和流动历程产生损失的方式及大小均不同。在工程实际中，如何尽可能减少损失往往是首先要考虑的问题，如天然气、自来水、石油等在长距离管道的输送过程中，就需要科学、合理布置管路，并恰当地布置增压泵以弥补管流的水头损失，以最经济的成本保证按足够的压强、流量达到流体输运的目的。为了正确计算管内流动的机械能损失，为了采取科学合理的措施减少流动损失，甚至为了巧妙地利用流动损失，就必须深入分析流体的运动形态、流体流经的表面、管道的物理特性与流动损失的关系，这便是本章学习的主要内容。

5.1 层流、湍流和流动损失分类

5.1.1 雷诺实验和层流、湍流

1883 年，英国物理学家雷诺公布了他的著名实验 (后被命名为雷诺实验)，首次用流动显示的方法直观地对流体运动的两种形态：层流和湍流现象进行了描述，并给出了决定流态的判别参数及其与机械能损失的关系。

图 5-1 所示为雷诺实验。水位不变且尺寸足够大的水箱 A 提供水源，水流经透明且水平放置、内径为 d 的玻璃长管 EF 流出。玻璃管 E 的进口做成喇叭形，且伸入水箱 A 的内部以让水流顺畅地流入管内。在玻璃管 E 的末端安装有阀门 F 用来改变管中水流的速度，实验中玻璃管内水流的平均速度 V 可以通过秒表和量筒 M 测得。为了观测玻璃管中的流体运动情况，在水箱上方安置一盛有颜色水的玻璃瓶 B，并通过细管 D 将颜色水引至玻璃管的入口处。为了尽量减小颜色水的注入所带来的扰动，选择的颜色水重度与水相当，且通过阀门 C 控制其出口流速与当地水流速度接近。另外，在玻璃管 E 的上、下游还装有两根

测压管，以监测管路的水头损失。

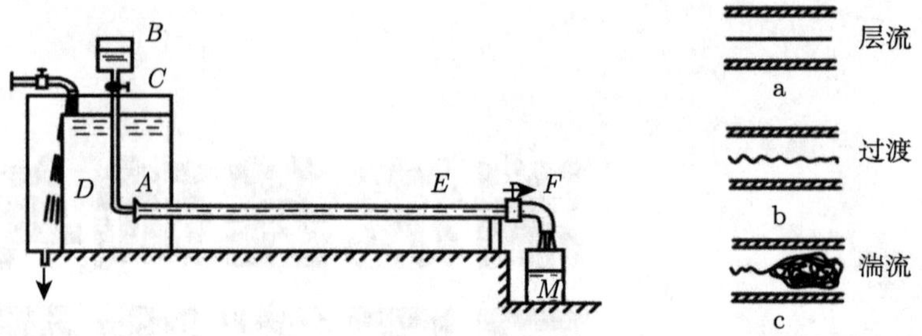

图 5-1　雷诺实验

实验分如下步骤进行：

(1) 微微开启阀门 F，使玻璃管 E 中的水流缓慢流动，同时调整阀门 C 的开度使颜色水缓慢地流入水流中。此时可以看到，不论颜色水的引入点放置在玻璃管 E 入口的何处位置，玻璃管 E 中的染色流束鲜明而细直 (图 5-1 中的 a)。说明玻璃管 E 中的流体在稳定地沿轴向平行流动，流体质点无横向运动，各流体层之间界限分明，互不掺混，流体这样的运动状态称为层流。

(2) 缓慢增加阀门 F 的开度，玻璃管 E 中的水流速度 V 随之增加，在一定的流速范围内管中的流体仍能保持层流状态。当流速增加到某一临界值 V_{cr}' 后，流体质点开始出现横向运动，染色流束不再保持平直，开始弯曲、摆动，但染色流束与周围的水流仍然层次分明，互不掺混，见图 5-1b。

(3) 继续开大阀门 F 使玻璃管 E 中的水流加速，此时染色流束波动的幅度将急剧增大直至完全断裂，并与周围的水流质点相互混掺，使得下游玻璃管内整个截面的水流均被染色，如图 5-1c 所示。这说明该区域的流体质点在流向下游的同时，被叠加上 “杂乱无章” 的轴向和横向运动，处于无规则的乱流状态，流体的这种运动状态称为湍流 (或紊流)。而图 5-1b 所示的流动状态则是流体流态发生转变时常出现的过渡状态，过渡状态所对应的速度范围一般较小。

(4) 当流态处于湍流状态时，若逐渐关闭阀门 A 并使得流速低于某一临界值 V_{cr} 后，此时玻璃管 E 中的染色流束迅速变得清晰，表明流体又从湍流状态转变为了层流状态。

5.1.2　流态的判别

雷诺实验的结果似乎说明了一个问题：流速的大小决定了流体运动的形态。然而大量的实验数据表明，除了流体的运动速度以外，还有流动的特征尺度 (如圆管的直径 d)、流体的运动黏度 ν 对流体的流态也对流体运动的形态有着直接影响。相似理论证实以上 3 个影响流体流态的物理量可以整理成一无量纲数 Vd/ν，即第 4 章中学习到的雷诺数 Re。人们通过大量的实验，发现判别或预测流体流态的关键参数是雷诺数。这使得我们对流态的判别大大简化。

由量纲分析和相似理论可知，对几何相似的流动，不论流速大小，不论选用何种流体，也不论断面的几何尺寸，只要雷诺数相等，其流态就应该一致，只要雷诺数没有越过某一临界值，其流态就应保持不变。然而，进一步的研究表明临界雷诺数还与施加于流体的扰动、壁面的粗糙程度等密切相关。如雷诺实验的第 3 步即层流向湍流转变研究时，得到的临界雷诺数 $Re'_{\rm cr} = V'_{\rm cr}d/\nu$ 一般为 13 800，但若管壁十分光滑，且尽可能消除实验台振动、外界噪声、注水和排水干扰等，该临界值可达 5×10^5。这样一来，临界雷诺数本身取值的不确定几乎使其失去了实用价值，幸运的是雷诺实验第 4 步即湍流向层流转变的研究结果表明由于流体本身处于紊乱状态，对外界的干扰并不敏感，此时的临界雷诺数 $Re_{\rm cr}$ 取值较为稳定，经验数值为 2 320。但明显小于 13 800 的 $Re'_{\rm cr}$，这说明流体从紊乱复归平稳比从平稳过渡到紊乱需要更低的雷诺数。从雷诺数的定义 $Re = Vd/\nu$ 可知，若直径和黏度不变，流体运动速度的变化就代表雷诺数的变化，图 5-2 就给出了这一变化过程的整体概念。一般，称流体由层流向湍流转变的临界雷诺数为上临界雷诺数 $Re'_{\rm cr}$，称流体由湍流向层流转变的临界雷诺数为下临界雷诺数 $Re_{\rm cr}$。由于上临界雷诺数的取值很不稳定，在工程计算中无法使用，而对于同一类流动而言 (如管流或边界层流动)，下临界雷诺数的取值能在非常宽广的流动条件下保持恒定，因此常取下临界雷诺数作为层流和湍流的流态判别准则：

当 $Re <$ 下临界雷诺数 $Re_{\rm cr}$ 时，流动为层流，通常取 $Re_{\rm cr}\approx 2320$；

当 $Re >$ 上临界雷诺数 $Re'_{\rm cr}$ 时，流动为湍流；

当 $Re_{\rm cr} < Re < Re'_{\rm cr}$ 时，流动可能为层流，也可能为湍流，取决于初始流态。若无特别说明，本书中的临界雷诺数均指下临界雷诺数。

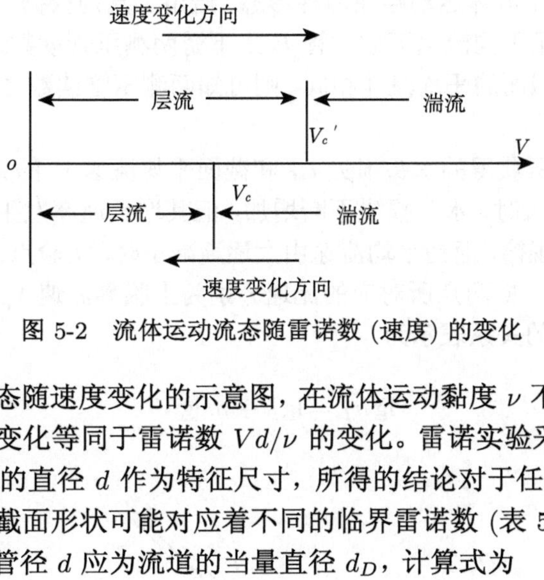

图 5-2　流体运动流态随雷诺数 (速度) 的变化

图 5-2 就是流体流态随速度变化的示意图，在流体运动黏度 ν 不变、流体流动的管径 d 不变的情况下，速度的变化等同于雷诺数 Vd/ν 的变化。雷诺实验采用圆管作为研究对象，在计算雷诺数时以圆管的直径 d 作为特征尺寸，所得的结论对于任意横截面形状的管内流动均适用，只是不同的截面形状可能对应着不同的临界雷诺数 (表 5-1)。另外，如果管道为非圆截面，雷诺数中的管径 d 应为流道的当量直径 d_D，计算式为

$$d_D = 4A/P$$

式中，A 为横截面面积，P 为截面上流体与固体壁面接触的周长 (称为湿周)。

表 5-1　各种截面流道所对应的临界雷诺数

流道截面形状	圆截面	正方形	正三角形	同心环缝	偏心环缝
临界雷诺数 $Re_{\rm cr}$	2320	2070	1930	1100	1000

【例 5-1】 在直径 $d = 32$ mm 的管路中，流动着液压油，已知流量为 3 L/s。油液运动黏度 $\nu = 30 \times 10^{-2}$ cm^2/s, 试确定: (1) 流动状态; (2) 在此条件下的临界流速。

【解】 (1) 判别流态

$$V = Q/A = 4 \times 3 \times 10^3/(\pi \times 3.2^2) = 373 \text{ cm/s}$$

$$Re = Vd/\nu = 373 \times 3.2/0.30 = 3979 > 2300，故流动为湍流状态。$$

(2) 若液压油温度不变，ν 为定值。在 3.2 cm 管径条件下，临界流速

$$V_{\mathrm{cr}} = Re_{\mathrm{cr}} V/d = 2300 \times 0.3/3.2 = 216 \text{ cm/s}$$

可见欲使该管中油流为层流，流速应降低到 216 cm/s 以下。

5.1.3 水头损失与流速的关系

雷诺实验不仅指明了流体运动存在两种形态，给出了判别依据，同时还揭示了沿程水头损失与流态的关系。记录不同流速下玻璃管 E 上下游两测压管读数之差 (参见图 5-1)，由于 E 为等截面管，两测量截面的平均流速相同，则可知两测压管读数之差即为两测量截面间流动的沿程水头损失 h_f。

图 5-3 给出了实验所获得的水头损失 h_f 和截面平均流速 V 的关系。可以看出，当管内的平均流速由小逐渐增大时，水头损失不断增加，但其增长速率发生了多次变化，构成了如 $AEBCD$ 线所示的上升规律，而当平均流速由大逐渐减小时，实验点则沿 $DCEA$ 线移动，其中 AB、DE 为直线，B、E 两点所对应的流速分别为上临界流速 V'_{cr} 和下临界流速 V_{cr}。为此，可将各段 h_f 和 V 的关系表示为

$$\lg h_f = \lg k + m \lg V \tag{5-1}$$

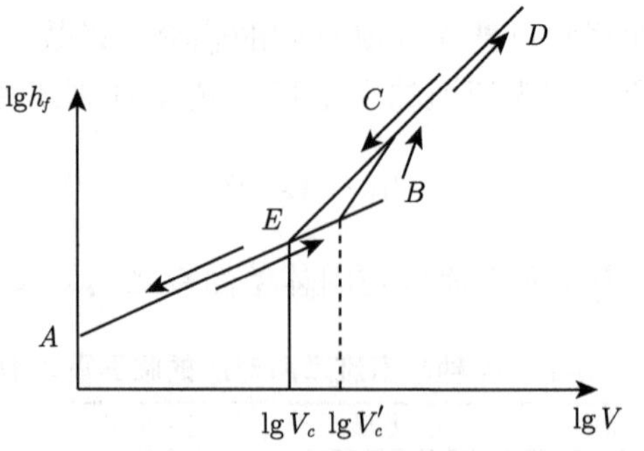

图 5-3　雷诺实验中水头损失与流速的关系

亦即有 $h_f = kV^m$。由实验曲线测得，AB 段 m 的取值为 1，DE 段 m 的取值为 2.0，而 BC 段 m 的取值则在 1.75 ～ 2.0 的范围内变化。这说明，对于层流，流动水头损失 h_f 与平均流速 V 的一次方成正比，而对于湍流流动 h_f 与 V 的 1.75 ～ 2.0 次方成正比。可见流体流动时沿程水头损失的大小不仅与流速相关，还与流体流动状态密切相关。为了正确地计算管流的沿程水头损失，必须首先判定其流动状态，而后根据流动状态采用不同的规律进行计算。

在管流中，总的流动损失 h_w 包括两大部分，即沿程损失 h_f 和局部损失 h_ξ，即 $h_w = \sum h_f + \sum h_\xi$，本章将就这两种损失分别作详细的分析并推导相应的计算方法。

5.2 湍 流 基 础

与层流相比，湍流是自然界和工程技术中存在的主要流态，但由于其流动的复杂性，这座“古老的堡垒”在一百多年来不懈的研究下，至今仍未能攻克，也看不到完全攻克的希望。因此，目前湍流仍是流体力学中的一大研究热点和难点，大量的研究工作集中在湍流的流动机理、现象描述、预测以及控制等方面。

5.2.1 湍流的一般定义和描述

至今，尚未有一个公认的定义能够全面描述湍流的所有特征。事实上，人们对湍流的认识和理解是一个不断深入、逐渐全面的过程。雷诺当时将湍流描述为一种蜿蜒曲折、起伏不定的流动 (sinuous motion)，而泰勒则认为湍流是常在流体流过固体表面或相同流体的分层流动中出现的一种不规则流动。后来辛策给出的描述是：湍流是流体运动的一种不规则的情形，在湍流中各种流动的物理量随时间和空间坐标而呈现随机的变化，但具有明确的统计平均值。

以上描述均不确切，自 20 世纪 60 年代以来，湍流试验技术得到了飞速发展，特别是在流动显示技术、数据采集技术和图像分析技术等方面取得较大进步，这使得人们对湍流现象有了进一步的认识。现在普遍认为，湍流并不是完全不规则的随机运动，在表面上看来不规则的运动背后实际上隐藏着某些可检测的有序 (或有规律) 运动，称为“拟序运动”。事实上，湍流流场中充满了许多不同尺度的相互掺混、相互嵌套的涡旋 (图 5-4)，形成了一个个湍流微团，并使得各点速度的大小和方向时刻进行着脉动。其中小尺度涡旋导致的物理量脉动具有随机性，而大尺度涡旋所导致的流体微团运动则被认为是具有一定的组织性和有序性。一般，湍流场中最大涡旋的尺度与流动区域的特征尺度相当，如圆管湍流中的圆管直径、湍流边界层中的边界层厚度等。而最小涡旋的尺度则与流体的分子黏性有关，与流动区域的特征尺度无关，一般来说湍流中最小涡旋的尺度要远大于分子的自由程。例如在大气条件下气体的平均自由程 $l \approx 10^{-4}$ mm，对于平均速度小于 100 m/s 的湍流场，其最小涡旋的尺度为

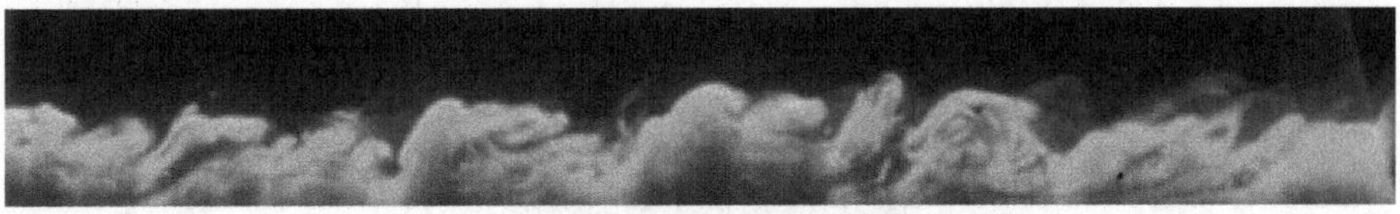

图 5-4 湍流边界层内的涡旋结构

10^{-2} mm 量级。因此湍流中由黏性决定的最小涡旋尺度不可能小到使流动在其中成为不连续的流体。这一结论的重要性在于人们能够运用 N-S 方程组来描述湍流流动，反过来湍流场中任一空间点的速度、压强、密度等瞬态值均必须满足该方程，而不能真正的无规则、随机地变化。然而 N-S 方程组的高度非线性却使得依靠解析法求解三维、时间相关湍流的全部细节变得极端艰难，另外从理论上讲可以采用电子数字计算机进行数值求解，但这对计算机资源的消耗十分巨大，在目前只能对低雷诺数、简单流动进行分析。

工程实际问题显然无法等到计算机足够强大那一天再进行解决，为此人们逐步发展了基于统计平均的湍流半经验理论。

5.2.2　湍流的统计平均和半经验理论

工程实际中关心的是湍流场中各参数的平均量以及它们之间的相互关系，如平均速度 $\overline{V}$、平均压强 $\overline{p}$、平均边界层厚度 $\overline{\delta}$ 等，而对湍流的内部结构或各物理量的瞬态值并不感兴趣。为此，基于湍流是完全不规则的随机运动这一认识，雷诺首先运用统计方法来描述湍流的随机运动，从而获得了工程实际中关注的平均量之间的关系。

对于某个为随机函数 $A(\boldsymbol{r},t)$ 的瞬态物理量 A，可以有时间平均、空间平均、系综平均等方法来获得其平均值。湍流理论中使用最广泛的是时间平均法，故仅对此进行详细介绍。

1. 时间平均和时均值

若湍流运动是平稳随机的，那么在同一空间点 $\boldsymbol{r}_0$ 上，相同条件下两次测量的 $A(\boldsymbol{r}_0,t)$ 随时间的变化曲线必然不同，如图 5-5 中的 A_{I} 和 A_{II}，但在相当长的时间周期 T 内，$A(\boldsymbol{r}_0,t)$ 仍是围绕一个相同的平均值 $\overline{A}^t(\boldsymbol{r}_0)$ 在脉动。因而可以采用各物理量的时间平均值来对湍流场进行研究，时间平均值 $\overline{A}^t(\boldsymbol{r}_0)$ 的定义为

$$\overline{A}^t(\boldsymbol{r}_0)=\lim_{T\to\infty}\frac{1}{T}\int_{t_0-T/2}^{t_0+T/2}A(\boldsymbol{r}_0,t)\mathrm{d}t \tag{5-2}$$

如果在不同的 t_0 时刻做多次重复实验得到的平均值 $\overline{A}^t(\boldsymbol{r}_0)$ 与积分时刻 t_0 无关，那这种湍流称为准定常湍流。

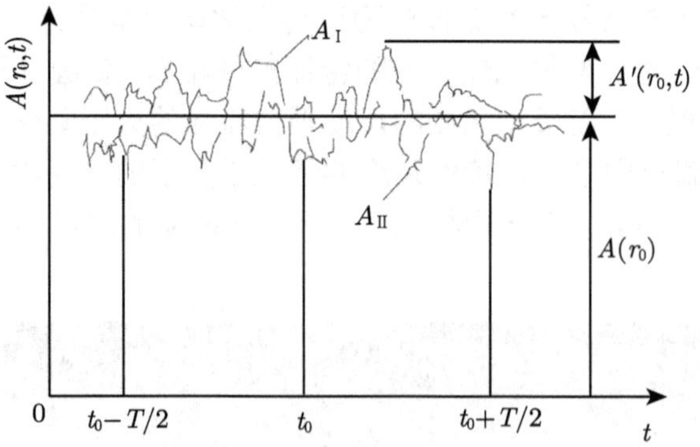

图 5-5　时间平均的概念

设 A、B、C 为湍流物理量的瞬时值，$\bar{A}\bar{B}\bar{C}$ 为物理量的时间平均值 (为表述方便，下文将时间平均记号中的上标 t 略去，且将时间平均值简称为时均值)，A'、B'、C' 为物理量的脉动值，即 $A=\bar{A}+A'$,$B=\bar{B}+B'$,$C=\bar{C}+C'$，容易证明时间平均具有如下运算规律：

$$\overline{\overline{A}}=\bar{A},\overline{A'}=0$$

$$\overline{A\pm B}=\bar{A}\pm\bar{B},\overline{\bar{A}B'}=0,\overline{\bar{A}B}=\bar{A}\bar{B},\overline{AB}=\bar{A}\bar{B}+\overline{A'B'}$$

$$\overline{ABC}=\bar{A}\bar{B}\bar{C}+\bar{A}\overline{B'C'}+\bar{B}\overline{A'C'}+\bar{C}\overline{A'B'}+\overline{A'B'C'}$$

$$\overline{\frac{\partial A}{\partial x_i}}=\frac{\partial\bar{A}}{\partial x_i},\overline{\frac{\partial^2 A}{\partial x_i^2}}=\frac{\partial^2\bar{A}}{\partial x_i^2},\overline{\frac{\partial A}{\partial t}}=\frac{\partial\bar{A}}{\partial t},\overline{\frac{\partial A'}{\partial x_i}}=0,\overline{\frac{\partial^2 A'}{\partial x_i^2}}=0,\overline{\frac{\partial A'}{\partial t}}=0 \tag{5-3}$$

有了时间平均的定义及运算规律之后，便可将湍流场中各物理量如速度、压强等的瞬态值表示为 $V=\overline{V}+V'$、$p=\bar{p}+p'$ 的形式并代入 N-S 方程中进行运算，式中 $\overline{V}$、$\bar{p}$ 分别为时均速度和时均压强，V'、p' 为脉动速度和脉动压强。并且，可以将湍流运动理解为流体在按一定的时均参数如时均速度、时均压强等在运动。这样，前面我们学习的有关定义及计算公式、方程在基于时间平均的基础上同样适用于湍流。如连续方程、伯努利方程等。

必须指出，引入时均值的概念虽然对湍流的研究带来很大的方便，但它掩盖了湍流脉动运动的本质，因此当分析湍流运动的流动机理时，必须考虑流体质点及微团间互相掺混带来的动量交换、质量交换等因素的影响，例如研究湍流的流动阻力、分析横截面的流速分布规律等时，就必须考虑到参数脉动、质点脉动所带来的影响，否则将造成较大的误差，甚至得到错误的规律。

工程上，为了刻画脉动的强弱，常采用湍流强度的概念，它定义为

$$\varepsilon=\sqrt{\overline{V_x'^2}+\overline{V_y'^2}+\overline{V_z'^2}}/\overline{V} \tag{5-4}$$

式中，$\overline{V}$ 为时均速度。

2. **雷诺方程及雷诺应力**

如前所述，湍流流动每时每刻均遵守 N-S 方程，为此可以从 N-S 方程着手来分析湍流脉动所带来的影响。为了简化推导过程，以不可压常物性流体为例进行分析。

瞬态的连续方程和动量方程为

$$\left.\begin{aligned}
&\frac{\partial V_x}{\partial x}+\frac{\partial V_y}{\partial y}+\frac{\partial V_z}{\partial z}=0\\
&\rho\left(\frac{\partial V_x}{\partial t}+V_x\frac{\partial V_x}{\partial x}+V_y\frac{\partial V_x}{\partial y}+V_z\frac{\partial V_x}{\partial z}\right)=\rho X-\frac{\partial p}{\partial x}+\frac{\partial}{\partial x}\left(\mu\frac{\partial V_x}{\partial x}\right)+\frac{\partial}{\partial y}\left(\mu\frac{\partial V_x}{\partial y}\right)+\frac{\partial}{\partial z}\left(\mu\frac{\partial V_x}{\partial z}\right)\\
&\rho\left(\frac{\partial V_y}{\partial t}+V_x\frac{\partial V_y}{\partial x}+V_y\frac{\partial V_y}{\partial y}+V_z\frac{\partial V_y}{\partial z}\right)=\rho Y-\frac{\partial p}{\partial y}+\frac{\partial}{\partial x}\left(\mu\frac{\partial V_y}{\partial x}\right)+\frac{\partial}{\partial y}\left(\mu\frac{\partial V_y}{\partial y}\right)+\frac{\partial}{\partial z}\left(\mu\frac{\partial V_y}{\partial z}\right)\\
&\rho\left(\frac{\partial V_z}{\partial t}+V_x\frac{\partial V_z}{\partial x}+V_y\frac{\partial V_z}{\partial y}+V_z\frac{\partial V_z}{\partial z}\right)=\rho Z-\frac{\partial p}{\partial z}+\frac{\partial}{\partial x}\left(\mu\frac{\partial V_z}{\partial x}\right)+\frac{\partial}{\partial y}\left(\mu\frac{\partial V_z}{\partial y}\right)+\frac{\partial}{\partial z}\left(\mu\frac{\partial V_z}{\partial z}\right)
\end{aligned}\right\} \tag{5-5}$$

将上述方程中的速度、压强的瞬时值用时均值与脉动值之和表示，然后对方程的两端各项取时间平均，忽略质量力随时间的变化，并考虑到 ρ、μ 随时间不变，经推导可以得到

$$\left.\begin{aligned}
&\frac{\partial \overline{V_x}}{\partial x}+\frac{\partial \overline{V_y}}{\partial y}+\frac{\partial \overline{V_z}}{\partial z}=0\\
&\rho\frac{D\overline{V_x}}{Dt}=\rho X-\frac{\partial \overline{p}}{\partial x}+\frac{\partial}{\partial x}\left(\mu\frac{\partial \overline{V_x}}{\partial x}-\rho\overline{V_x'V_x'}\right)+\frac{\partial}{\partial y}\left(\mu\frac{\partial \overline{V_x}}{\partial y}-\rho\overline{V_x'V_y'}\right)+\frac{\partial}{\partial z}\left(\mu\frac{\partial \overline{V_x}}{\partial z}-\rho\overline{V_x'V_z'}\right)\\
&\rho\frac{D\overline{V_y}}{Dt}=\rho Y-\frac{\partial \overline{p}}{\partial y}+\frac{\partial}{\partial x}\left(\mu\frac{\partial \overline{V_y}}{\partial x}-\rho\overline{V_y'V_x'}\right)+\frac{\partial}{\partial y}\left(\mu\frac{\partial \overline{V_y}}{\partial y}-\rho\overline{V_y'V_y'}\right)+\frac{\partial}{\partial z}\left(\mu\frac{\partial \overline{V_y}}{\partial z}-\rho\overline{V_y'V_z'}\right)\\
&\rho\frac{D\overline{V_z}}{Dt}=\rho Z-\frac{\partial \overline{p}}{\partial z}+\frac{\partial}{\partial x}\left(\mu\frac{\partial \overline{V_z}}{\partial x}-\rho\overline{V_z'V_x'}\right)+\frac{\partial}{\partial y}\left(\mu\frac{\partial \overline{V_z}}{\partial y}-\rho\overline{V_z'V_y'}\right)+\frac{\partial}{\partial z}\left(\mu\frac{\partial \overline{V_z}}{\partial z}-\rho\overline{V_z'V_z'}\right)
\end{aligned}\right\}\tag{5-6}$$

这就是不可压缩流体的湍流平均运动方程，由雷诺首先导出，故常称为雷诺方程。可以看到，时均速度的分布遵守连续方程，没有多出任何项，而各动量方程右端表示黏性应力梯度的括号中则多出了 3 个具有 $-\rho\overline{V_i'V_j'}$ 形式的项。由于 $-\rho\overline{V_i'V_j'}$ 具有应力的量纲，雷诺在导出此方程后，将其附加在黏性应力项中，并把该项解释为由于湍流脉动而作用在流体上的附加应力，这一附加的应力常称为雷诺应力或湍流应力。雷诺应力共有 6 个独立的项，分别为 $\rho\overline{V_x'V_x'}$、$\rho\overline{V_y'V_y'}$、$\rho\overline{V_z'V_z'}$、$\rho\overline{V_x'V_y'}$、$\rho\overline{V_y'V_z'}$、$\rho\overline{V_z'V_x'}$，其中前 3 项、后 3 项分别表示由于湍流脉动而导致的附加法向应力和附加切向应力，常称为雷诺正应力、雷诺切应力，一般用 $\tau_{t,ij}$ 表示。

从雷诺方程的推导和物理本质可知，雷诺应力并不是分子黏性应力，而是由于流体微团湍流脉动所导致的附加动量交换而引起的。如果在某一湍流流场中取一微元控制体积 $\mathrm{d}x\mathrm{d}y\mathrm{d}z$，见图 5-6，设在垂直 x 轴的微元表面 $\mathrm{d}y\mathrm{d}z$ 上有脉动速度 V_x'、V_y' 和 V_z'，则该微元表面通过的动量除了以时均速度进行计算的那部分以外，还因湍流脉动引起了附加的动量交换，且 $\mathrm{d}t$ 时间内通过此表面的附加动量交换在 x、y、z 方向的分量分别为

$$\rho V_x'V_x'\mathrm{d}y\mathrm{d}z\mathrm{d}t, \rho V_x'V_y'\mathrm{d}y\mathrm{d}z\mathrm{d}t, \rho V_x'V_z'\mathrm{d}y\mathrm{d}z\mathrm{d}t$$

于是，单位时间内通过单位面积控制面流出控制体积的平均附加动量分量为 $\rho\overline{V_x'V_x'}$、$\rho\overline{V_x'V_y'}$ 和 $\rho\overline{V_x'V_z'}$，由动量定理可知作用于单位面积的该控制面上的反作用力为 $-\rho\overline{V_x'V_x'}$、$-\rho\overline{V_x'V_y'}$ 和

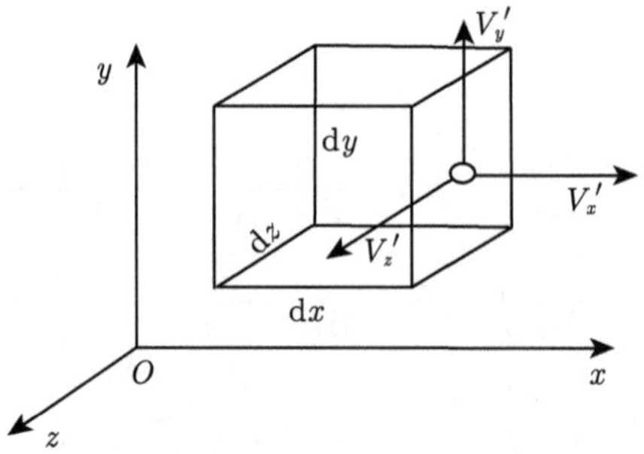

图 5-6　微元控制体积表面的雷诺应力

$-\rho\overline{V_x'V_z'}$，即为雷诺应力。雷诺应力是湍流中由流体微团横向速度脉动引起的相邻的具有不同时均纵向速度的流体层之间的动量交换形成的。

雷诺方程虽然能够正确地描述湍流运动，且其中的多数项以时均参数的形式表达，但雷诺应力的存在却带来了巨大的麻烦，那就是方程组的封闭问题：将雷诺方程与连续方程联立后，方程式只有 4 个，而雷诺应力的出现使未知数由 6 个增加到 10 个，因此雷诺方程是一个不封闭的方程组，这也是湍流理论研究中的一个主要难题。为了使方程封闭，必须有描述雷诺应力的附加表达式。研究表明纯粹依靠数学演绎的办法是无济于事的，必须或多或少地引入一些已有的经验或人为的假设，将雷诺应力的行为模型化，即所谓的湍流模式理论。寻找合适的湍流模型一直困扰着流体力学工作者和工程师们，成为一个著名的难题，直到今天还没有一种普适的湍流模型能够适用于所有的湍流流动问题。在现有众多的湍流模式中，有一类方法应用最为广泛，那就是所谓的湍流半经验理论。

3. 普朗特混合长度理论

普朗特混合长度理论是一种应用最为广泛的湍流半经验理论。这种理论利用部分得到实验证明的一些假设去建立雷诺应力与流场中时均量之间的关系，以解决湍流基本方程的封闭性问题。

普朗特认为，在湍流运动中可以假设存在这么一个特征长度，湍流微团在运行过程中一直保持其原有流动特征及参数 (如时均流速、动量等)，直至在运行了这个特征长度后才与周围其他的流体微团完全掺混，失去其原有特征。流体微团运行的这个距离称为混合长度，上述假设即为普朗特混合长度假设。

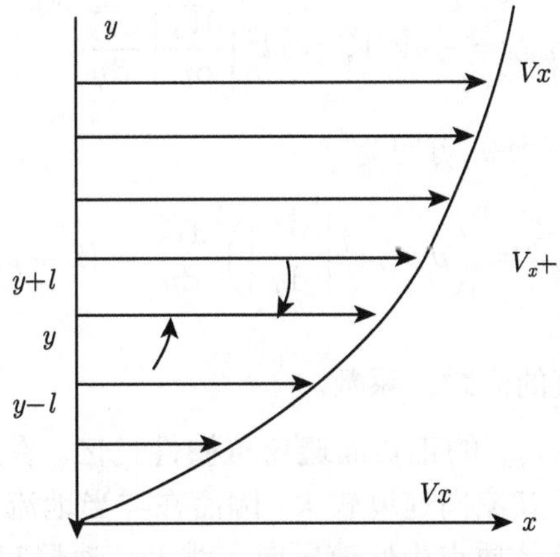

图 5-7 混合长度分析

为了便于说明问题，选取流经固体壁面附近的准定常、二维平行湍流流动为研究对象，其时均流速分布如图 5-7 所示，考察横向位置 y 处流体层的流体质点脉动情况。虽然整个流场中流体的横向时均速度 $\overline{V_y}$ 为零，但由于湍流脉动仍存在流体质点的横向运动。根据普朗特混合长度假设，湍流横向脉动所导致的恰好在该层发生动量交换的流体质点可能来自 $(y+l)$ 层或 $(y-l)$ 层，而由这两层脉动过来的流体质点在掺混前的流向速度分别为 $\overline{V_x}\big|_{y+l}$ 和 $\overline{V_x}\big|_{y-l}$，这与原来处于该层的流体质点的流向速度 $\overline{V_x}\big|_{y}$ 不一致，于是分别导致

了流向脉动速度 $+\left.\frac{\mathrm{d}\overline{V}_x}{\mathrm{d}y}\right|_y l$、$-\left.\frac{\mathrm{d}\overline{V}_x}{\mathrm{d}y}\right|_y l$。另一方面，由于流体质点的脉动速度遵守连续方程 $\frac{\partial V_x'}{\partial x}+\frac{\partial V_y'}{\partial y}=0$，且流体质点的流向速度脉动是由于横向速度脉动所导致的质点横向迁移所致，因此两方向速度脉动数值的大小必定相关。一般认为两者的数值线性相关，且量级相同，即

$$\left|V_y'\right|=c\left|V_x'\right|=c\left|\frac{\mathrm{d}\overline{V}_x}{\mathrm{d}y}\right|l$$

式中，c 为正的比例常数。而由前分析可知，向下的横向速度脉动导致了正的流向速度脉动，而向上的横向速度脉动则导致了负的流向速度脉动，即 V_x' 与 V_y' 的符号始终相反，因此有

$$-\rho\overline{V_x'V_y'}=-\rho\left[-cl^2\left(\frac{\mathrm{d}\overline{V}_x}{\mathrm{d}y}\right)^2\right]$$

将上式中的比例常数 c 归并到已经引入但尚未确定的特征距离 l 中去，于是作用在两相邻流体层间的雷诺切应力可写为

$$\tau_{t,yx}=-\rho\overline{V_x'V_y'}=\rho l^2\left(\frac{\mathrm{d}\overline{V}_x}{\mathrm{d}y}\right)^2 \tag{5-7}$$

当时均流速梯度改变符号时，显然雷诺切应力也应改变符号，为了使上式更有通用性，应将其进行改写，以保证数值大小不变但能够随时均速度梯度的改变而自动调整符号，即

$$\tau_{t,yx}=-\rho\overline{V_x'V_y'}=\rho l^2\left|\frac{\mathrm{d}\overline{V}_x}{\mathrm{d}y}\right|\frac{\mathrm{d}\overline{V}_x}{\mathrm{d}y} \tag{5-8}$$

于是，湍流中总的黏性切应力 τ 可写为

$$\tau=\tau_{yx}+\tau_{t,yx}=\left(\mu+\rho l^2\left|\frac{\mathrm{d}\overline{V}_x}{\mathrm{d}y}\right|\right)\frac{\mathrm{d}\overline{V}_x}{\mathrm{d}y}=(\mu+\mu_t)\frac{\mathrm{d}\overline{V}_x}{\mathrm{d}y} \tag{5-9}$$

式中，$\mu_t=\rho l^2\left|\frac{\mathrm{d}\overline{V}_x}{\mathrm{d}y}\right|$，即为湍流的涡黏性系数。

事实上，可以这样来理解 $\tau_{t,yx}$ 的正负而避免机械性记忆。在上面的例子中，流体质点由高速层向下跳入低速层，由于其流向速度较大，因而在与当地流体质点混合后起到了加速低速层流体运动的作用，而当流体质点由低速层向上跳入高速层时，则起到了减缓高速层流体运动的作用。于是，流体质点脉动所导致的结果是阻碍流体层间的相对运动，抹平流体层间的速度梯度，也就是使上层流速较快的流动变缓，而使下层流速较慢的流动加速，这与产生分子黏性的分子无规则热运动的效果是一致的。因此，一般情况下，雷诺切应力的方向总是与分子黏性应力的作用方向相同。

为了使上式能够应用，还必须确定流场中混合长度 l 的分布规律。在普朗特的理论中，混合长度只能靠实验来确定。已有的实验数据表明，对于受到固体壁面约束的湍流流动而言，混合长度 l 与离开壁面的距离 y 直接相关，一般有以下经验公式：

相当接近壁面的湍流区 $l=\kappa y$，其中 κ 为卡门常数，一般取 0.40；

远离壁面的湍流区 $l=$ 常数。

综上所述，普朗特混合长度理论把湍流流动中的脉动速度、雷诺应力与时均速度场联系了起来，因而使得雷诺方程组封闭。结合已有的实验数据或经验公式能够解决一些实际问题，如求解平板附近或圆管中的湍流流速分布等，这显示了普朗特混合长度理论的合理性和实用性。但是，同时我们也应看到，从严格意义上来讲普朗特混合长度理论是存在一些缺陷的。例如，将流体质点的湍流脉动与分子无规则的热运动相类比，并借用分子运动论中的分子自由行程的概念等，我们知道，流体是连续充满空间的，因此流体质点在脉动过程中不可能直到运行混合长度 l 后才与其他流体质点发生动量交换。另一方面，流体质点的湍流脉动与分子的无规则热运动是有差别的，分子热运动是真正的随机运动，其强度主要与流体的热力学状态如温度有关，而流体质点的湍流脉动却具有一定的有序性，不是真正的随机运动，且脉动强度与具体的流动状况相关。因此，普朗特混合长度理论的实用性主要得益于其能够充分利用已有的实验数据来确定不同流动场合下的混合长度 l，也正是由于这一点，才将其列为湍流半经验理论学说的典型代表。

5.3　圆管中的流速分布及沿程损失计算

如图 5-8 所示，流体以均匀的速度流入管道，由于黏性及壁面滞止作用的存在，近壁区流体的流速将会降低，且随着流体向下游流动黏性的影响区间越来越大，横截面上受影响的流体越来越多，因此沿流动方向各截面的速度分布不断改变，直至经过一段距离 L 后，横截面上的速度分布曲线才能保持相似。离进口距离在 L 以内的流动区间称为进口起始段，而以后区间的管流流动则称为充分发展的层流或湍流。本节中所研究的均为充分发展的管流流动。

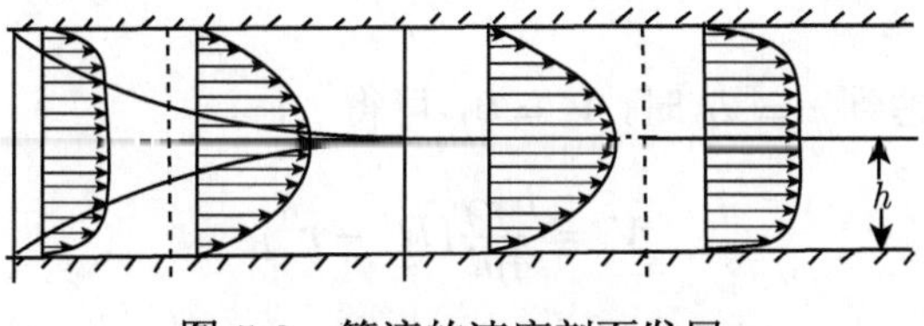

图 5-8　管流的速度剖面发展

等截面直圆管内流体的流动是一种特殊的流动现象。不难知道，管内流动是轴对称的，因此任何时均流动参数沿周向的梯度均为零。对于充分发展的管内流动而言，流线与管轴线平行，因此时均径向速度、周向速度均为零。这样，由连续方程可知，流体流动的时均轴向速度与 x 无关，即各横截面上的时均速度分布不仅相似，且完全相同。

5.3.1　充分发展的等直圆管层流流动

对于任意放置的内径为 R 的等直圆管，建立坐标系如图 5-9 所示，z 轴与管轴线重合且指向流动方向，h 轴铅直向上。既然各截面的速度分布完全相同，因此可在等直圆管中任取一段进行分析。在圆管中取一轴心线与 z 轴重合、半径为 r、长为 l 的圆柱形流体进行受力分析，该圆柱形流体所受的力有重力 G、两端面上的压力，以及侧表面上的摩擦力。考虑到等截面直圆管中，不可压黏性流体的层流流动是符合缓变流条件的，因此在横截面上有 $p+\gamma h=$ 常数。于是，圆柱体两端面上的压强积分应为其面积与形心处压强的乘积。这样，图示圆柱体所受各力在 z 方向投影的合力为

$$F_z = p_1A - p_2A + \gamma lA\sin\theta - 2\pi rl\tau$$

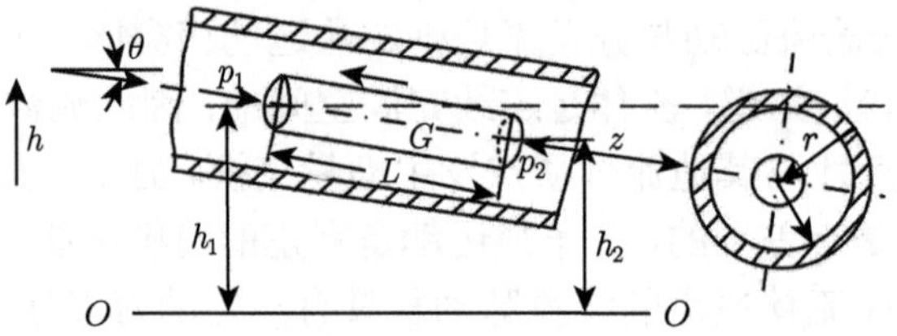

图 5-9　等截面直圆管内的层流流动分析

由于管内流动稳定，且沿流动方向的加速度为零，故应有 $F_z=0$。同时注意到 $l\sin\theta=h_1-h_2$，且管内为层流流动，$\tau=-\mu \mathrm{d}V/\mathrm{d}r$，这样上式可简化为

$$\frac{(p_1/\gamma+h_1)-(p_2/\gamma+h_2)}{l} = -\frac{2}{r\gamma}\mu\frac{\mathrm{d}V}{\mathrm{d}r}$$

由于上式中的 p_1、p_2 是圆管轴线上的压强，故上式左端只是 z 的函数，与 r 无关，而 V 只是 r 的函数，与 z 无关，因此上式右端只是 r 的函数。可见，只有等式两端为同一常数时，上式才能成立。考虑到等直圆管的层流流动中，各截面的速度分布完全相同，沿程动压头不发生变化，因此上式的左端可写为 h_f/l，此即意味着单位管长上的总水头下降值为常数。于是有

$$\mathrm{d}V = -\frac{h_f\gamma}{2\mu l}r\mathrm{d}r$$

对上式积分，且考虑到 $r=R$ 时，$V=0$，可得

$$V = \frac{h_f\gamma}{4\mu l}(R^2-r^2) \tag{5-10}$$

此即圆管内层流流动的速度分布函数。可以看出，V 在管内沿半径方向按抛物线规律分布(图 5-10)，在截面上的分布图形构成一个旋转抛物面。据此，可以计算层流圆管流动的各种参数。

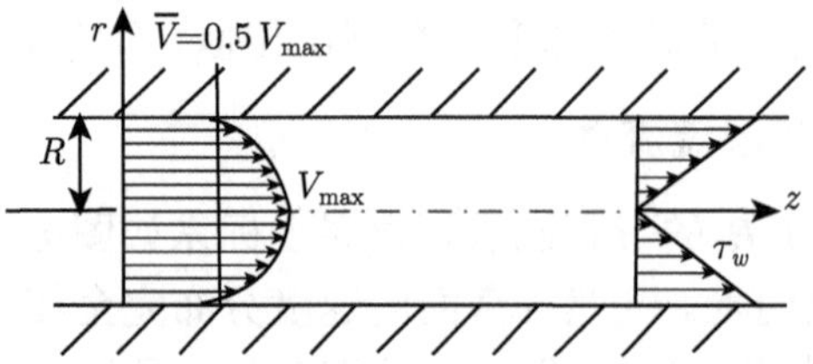

图 5-10　圆管内层流流动的速度及黏性切应力的分布

1. 流量

进行简单的积分运算即可得通过圆管的总流量 Q

$$Q=\int_0^R \frac{h_f\gamma}{4\mu l}(R^2-r^2)\cdot 2\pi r\mathrm{d}r=\frac{\pi R^4 h_f\gamma}{8\mu l} \tag{5-11}$$

上式被称为哈根—泊肃叶定律 (或圆管的流量定律)，它表明等直圆管中充分发展的层流流动的体积流量正比于管径的 4 次方和单位管长上损失的总水头，反比于流体的动力黏度。哈根—泊肃叶定律与精密的实验测量结果完全一致，因此证明了 N-S 方程的适用性。另外，哈根—泊肃叶定律还常被用来测定流体的黏度。

2. 最大流速和平均流速

显然，横截面上的最大流速可在轴线上取得，为

$$V_{\max}=\frac{h_f\gamma}{4\mu l}R^2 \tag{5-12}$$

而截面的平均流速则为

$$\overline{V}=\frac{Q}{\pi R^2}=\frac{h_f\gamma}{8\mu l}R^2=\frac{V_{\max}}{2} \tag{5-13}$$

3. 切应力分布

由牛顿内摩擦定律，可知切应力分布为

$$\tau=-\mu\frac{\mathrm{d}V}{\mathrm{d}r}=\frac{h_f\gamma}{2l}r \tag{5-14}$$

因此，充分发展的圆管层流中，横截面上的切应力随 r 呈线性分布，如图 5-10 所示，在圆管轴线处为零，在管壁处最大，为 $\tau_w=\dfrac{h_f\gamma R}{2l}=4\mu\dfrac{\overline{V}}{R}$。

4. 沿程损失计算

由哈根–泊肃叶定律可得，充分发展的等直圆管中的层流流动在经过 l 的距离后，沿程损失的水头为

$$h_f=\frac{8\mu lQ}{\pi R^4\gamma}=\frac{8\mu l\left(\overline{V}\pi R^2\right)}{\pi R^4\gamma}=\frac{32\mu l\overline{V}}{D^2\rho g}=\frac{64}{\rho\overline{V}D/\mu}\frac{l}{D}\frac{\overline{V}^2}{2g}=\frac{64}{Re}\frac{l}{D}\frac{\overline{V}^2}{2g}=\lambda\frac{l}{D}\frac{\overline{V}^2}{2g} \tag{5-15}$$

这是圆管层流沿程损失计算的重要公式，式中 λ 为沿程损失系数 $\lambda=64/Re$。

上式表明，圆管层流沿程损失与相对管长 l/D 成正比，与平均流速成正比，沿程损失系数 λ 只与 Re 有关，与管壁粗糙度无关。另外，对于等直圆管内的层流流动，沿程损失仅表现为压强的下降，流体所具有的动压头 $\rho V^2/2$ 并不下降，也就是说流体克服前进阻力所消耗的是其原具有的压强水头与高度水头。

5. 消耗功率计算

在长度为 l、内径为 R 的等直圆管中，以层流的方式输送流量为 Q 的流体，由沿程摩擦损失所消耗的功率为

$$N=\gamma Qh_f=\gamma Q\frac{8\mu l\bar{V}}{R^2\rho g}=\frac{8\mu lQ^2}{\pi R^4} \tag{5-16}$$

由此可见，在一定的 Q 及 l、R 条件下，作层流流动的流体黏度越小，则消耗的功率也越小。为此在输送石油时，常常将油液加热降低其黏性，从而达到减少功率损失的目的。

5.3.2　充分发展的圆管湍流流动

1. 圆管湍流的多层结构

流体在等直圆管中作层流流动时，横截面的速度呈抛物线分布。当圆管中的流体运动为充分发展的湍流流动时，流体质点剧烈的横向湍流脉动导致了附加的动量交换，使得截面的速度分布比层流流动要均匀，或者说速度剖面要更加饱满，见图 5-11。

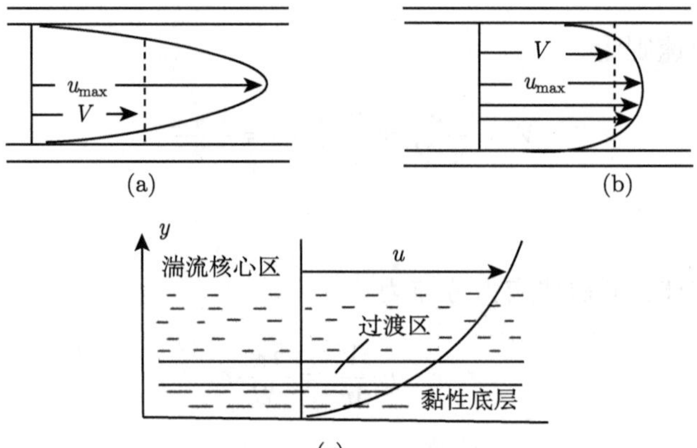

图 5-11　圆管层流、湍流的速度分布及湍流分布的多层结构

与圆管层流相比，圆管湍流速度分布的另一个显著特点是存在多层结构。因为湍流流动中的黏性切应力包括分子黏性切应力和雷诺切应力两部分，随着离壁距离的变化，两者的重要性也随之发生变化。图 5-11(c) 给出了充分发展的圆管湍流横截面的时均速度分布，湍流的速度分布大致可分为黏性底层、过渡区和湍流核心区 3 个区域。

黏性底层：在靠近管壁的一层薄薄的流体区域中，由于壁面的约束作用，流体质点的脉动行为 (包括脉动的概率和脉动速度的大小) 在此受到显著限制，流体的分子黏性作用占据了主导地位，因而这一薄层被称之为黏性底层。黏性底层里的流动在绝大部分时间内表现为层流状态，且流体的时均运动速度随着离壁距离的减小而急剧下降，直至壁面上为零。黏性底层很薄，通常只有几分之一毫米，其具体厚度与雷诺数等参数有关。黏性底层的厚度随着雷诺数的增加而下降。本文中，黏性底层的厚度用 δ' 表示。

过渡区：在湍流核心区和黏性底层之间存在着范围很小的区域，即为过渡区。在过渡区中，流体质点脉动的概率由黏性底层中的 0 向湍流核心区的 1 变化，且分子黏性切应力和雷

诺切应力的地位相当，过渡区中的流动现象比较复杂，目前还没有找到比较好的分析方法。一般将过渡区纳入湍流核心区中处理。

湍流核心区：在离壁不远处到圆管中心的大部分流动区域，流体质点时时刻刻在进行着剧烈的脉动，雷诺切应力在此占据了主导地位，而分子黏性切应力则可以忽略，这一区间被称为湍流核心区。湍流核心区中，由于流体质点剧烈的横向脉动，时均流速分布相对均匀。

2. 水力光滑管和水力粗糙管

受材料本身、加工方法以及使用条件等因素的影响，任何管壁表面都不会绝对地平整和光滑，都会出现不同程度的凹凸不平。如图 5-12 所示，凹凸不平的平均尺寸称为管壁的绝对粗糙度，记为 Δ。而 Δ 与管径的比值 Δ/D 称为管壁的相对粗糙度，记为 $\overline{\Delta}$。表 5-2 中列出了工业上常用的各种管壁的绝对粗糙度。

图 5-12　管壁粗糙度

表 5-2　各种管壁的绝对粗糙度

表面性质	Δ/mm
锅炉用碳钢管及珠光体合金钢管	0.08
锅炉用奥氏体钢管	0.01
干净的黄铜、铜及铝制管道	0.001 5 ~ 0.01
精制的镀锌钢管	0.25
普通的镀锌钢管	0.39
普通的新铸铁管	0.25 ~ 0.42
在煤气管路上使用一年后的钢管	0.12
钢板制成的管道及平整的水泥管	0.33
涂柏油的钢管	0.12 ~ 0.21
旧的生锈钢管	0.60

实验表明，在湍流流动中，管壁表面凹凸不平对流动影响的大小并不单纯取决于粗糙度的绝对大小，而是由绝对粗糙度 Δ 与黏性底层厚度 δ' 的相对大小关系决定。按照 Δ 和 δ' 的大小，可将管道分为 3 种类型 (见图 5-13)：

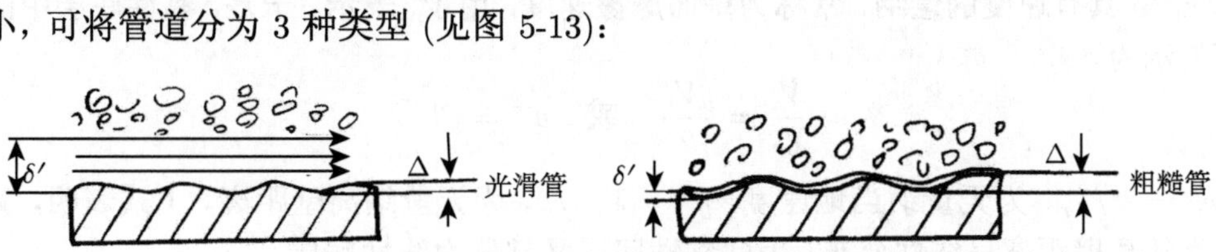

图 5-13　水力光滑管和两种水力粗糙管

水力光滑管：当 $\Delta < \delta'$ 时，管壁的粗糙凸起完全淹没在黏性底层中，壁面附近的流体绕过粗糙凸起时不发生脱离现象，此时管壁的粗糙与否对湍流核心区的流动几乎没有影响，流体好像在理想的完全光滑管中流动，处于这种流动情况下的管道称为水力光滑管。

过渡水力粗糙管：当 $\delta' \leqslant \Delta \leqslant 14\delta'$ 时，管壁的粗糙凸起开始部分暴露在黏性底层之外，当湍流区中的流体流过时，将会在粗糙物的背风侧引起漩涡，造成附加的能量损失。此时，管壁的绝对粗糙度越大，流动的雷诺数越高 (即黏性底层越薄)，由壁面粗糙所造成的附加能量损失也将越大。处于这种流动情况下的管道称为过渡水力粗糙管。

完全水力粗糙管：当 $\Delta > 14\delta'$ 时，黏性底层完全被破坏，且由于其厚度相对于粗糙物高度而言为小量，故雷诺数的变化对附加能量损失的影响较小，壁面粗糙所造成的附加能量损失仅与绝对粗糙度 Δ 有关。处于这种流动情况下的管道称为完全水力粗糙管。

有一点需要强调，所谓的水力光滑、粗糙并不是绝对的，而是随着 Re 数的改变可能会发生变化。如对于某一 Re 数下的水力光滑管，当 Re 数增加至一定的值时，由于黏性底层的厚度 δ' 随 Re 数的增大而减小，壁面凸出物的顶部就会 “伸出” 黏性底层，变为过渡水力粗糙管甚至完全水力粗糙管。显然，管壁粗糙度越大，则离开水力光滑管的 Re 数就越小。

3. 圆管湍流的横截面速度分布规律

分析水力光滑状态下的圆管横截面速度分布规律，需要使用几点经过实验验证的知识：近壁流动区域内黏性剪切应力为常数，湍流核心区内黏性剪切应力呈线性分布，且圆管轴线上为 0，普朗特混合长度的分布为

$$l = \kappa y\sqrt{1 - y/R}$$

式中，y 为离壁距离，κ 为卡门常数。于是，可以对圆管湍流的速度分布进行分层讨论。为了便于分析，过渡区被直接归并到湍流核心区中进行处理。

黏性底层：在黏性底层中，黏性切应力主要由分子黏性切应力构成，湍流黏性切应力在此可以忽略。因此，结合假设条件可知

$$\tau_w = \tau = \mu \mathrm{d}V/\mathrm{d}y$$

式中，τ_w 为壁面剪切应力。积分上式，并应用无滑移固壁边界条件有

$$\tau_w y = \mu V \quad 或 \quad \frac{y\sqrt{\tau_w/\rho}}{\nu} = \frac{V}{\sqrt{\tau_w/\rho}}$$

由于 $\sqrt{\tau_w/\rho}$ 具有速度的量纲，常称为壁面摩擦速度，用 V_τ 表示。于是，黏性底层中的速度分布可表示为

$$\frac{V}{V_\tau} = \frac{yV_\tau}{\nu} \quad 或 \quad u^+ = y^+ \tag{5-17}$$

式中，$u^+ = V/V_\tau$，为无量纲当地速度，$y^+ = V_\tau y/\nu$，为无量纲离壁距离。上式表明，黏性底层的速度随离壁距离呈线性分布，因此黏性底层又常称为线性底层。

湍流核心区在湍流核心区，湍流黏性切应力占主导地位，分子黏性切应力可以忽略，即 $\tau = \rho l^2(\mathrm{d}V/\mathrm{d}y)^2$。由黏性切应力线性分布假设，$\tau = \tau_w(1 - y/R)$，$l = \kappa y\sqrt{1 - y/R}$ 有

$$\frac{\mathrm{d}V}{\mathrm{d}y} = \frac{1}{l}\sqrt{\frac{\tau}{\rho}} = \frac{1}{\kappa y}\sqrt{\frac{\tau_w}{\rho}} = \frac{V_\tau}{\kappa y}$$

积分后可得

$$\frac{V}{V_\tau}=\frac{1}{\kappa}\ln y+C'=\frac{1}{\kappa}\ln\frac{yV_\tau}{\nu}+C \tag{5-18}$$

由于上述分析仅对湍流核心区和过渡区有效，也就是说只能应用至黏性底层的顶端，而不能直接应用到固体壁面，因此上式中的积分常数 C 需要结合黏性底层的速度分布来确定。设黏性底层的厚度为 δ'，则在黏性底层的顶端应同时满足 (5-17) 式和 (5-18) 式，即

$$\frac{V'_\delta}{V_\tau}=\frac{\delta'V_\tau}{\nu}\quad \frac{V'_\delta}{V_\tau}=\frac{1}{\kappa}\ln\frac{\delta'V_\tau}{\nu}+C$$

定义 $Re'_\delta=V'_\delta\cdot\delta'/\nu$，并注意到 $V'_\delta/V_\tau=\sqrt{Re'_\delta}$，有

$$C=\sqrt{Re'_\delta}-\frac{1}{\kappa}\ln\sqrt{Re'_\delta}$$

根据尼古拉兹的光滑圆管湍流实验结果，若卡门常数 κ 取 0.4，则 $C=5.5$。于是，湍流核心区的速度分布可由下式描述：

$$\frac{V}{V_\tau}=2.5\ln\frac{yV_\tau}{\nu}+5.5=5.76\log\frac{yV_\tau}{\nu}+5.5\quad 或\quad u^+=2.5\ln y^+ +5.5 \tag{5-19}$$

可见湍流核心区速度随离壁距离呈对数规律分布，故湍流核心区常被称为对数律区。

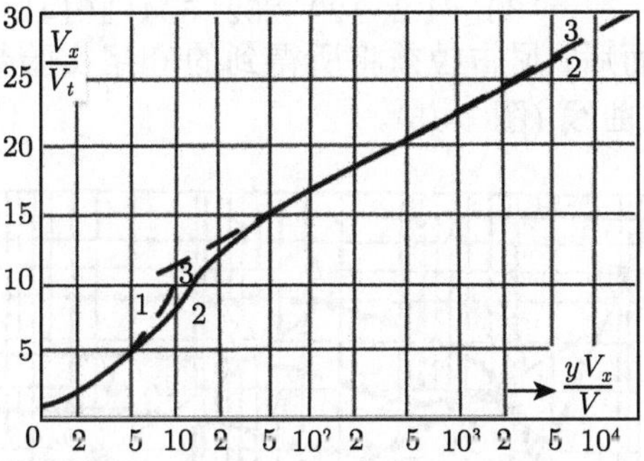

图 5-14　圆管湍流的时均速度分布

图 5-14 给出了实验获得的圆管湍流的时均速度分布曲线，与 (5-17) 式、(5-19) 式的对比，图中纵坐标为线性坐标，横坐标采用对数坐标。实线 2 为实验曲线，虚线 1、虚线 3 分别代表 (5-17) 式、(5-19) 式的结果。可以看出，在 $5<y^+<30$ 以外 (即过渡区以外) 的大部分区间，实验数据与两式吻合得很好。

前面给出的光滑圆管湍流速度分布是基于半经验半理论的方法得到的，除此以外，人们还纯粹依据实验数据整理出了更加简洁易用的指数分布公式：

$$u^+=8.7(y^+)^{\frac{1}{n}} \tag{5-20}$$

式中，指数 n 随着流动雷诺数的增大而增大，一般 $n=6\sim10$。当 $Re=1.1\times10^5$ 时，$n=7$，此即常用的 1/7 次律，由卡门首先得出。表 5-3 列出了在不同的雷诺数下，实验所获得的 n 以及由此而求得的 $\overline{V}/V_{\max}$，回想起层流时 $\overline{V}/V_{\max}=0.5$，可见湍流的速度分布比层流均

匀，且雷诺数越高，分布越均匀。这是湍流区内流体质点剧烈脉动所导致的附加动量交换的结果。

表 5-3　圆管湍流中 n、$\overline{V}/V_{\max}$ 随流动雷诺数变化的经验关系

Re	4.0×10^3	2.3×10^4	1.1×10^5	1.1×10^6	2.0×10^6	3.2×10^6
n	6.0	6.6	7.0	8.8	10	10
$\overline{V}/V_{\max}$	0.79	0.81	0.82	0.85	0.87	0.87

4. 尼古拉兹实验

尼古拉兹采用实验的方法，在不同粗糙度的圆管中，实测了沿程损失系数随流动雷诺数的变化规律，并总结出相应的计算公式，为等直圆管流动损失的准确估算作出了重要的贡献。

一般而言，管流中沿程损失系数 λ 的取值与雷诺数 Re 和管壁相对粗糙度 $\overline{\varDelta}$ 有关，即

$$\lambda = f(Re, \overline{\varDelta}) \tag{5-21}$$

尼古拉兹在实用中用调节流速的办法改变实验雷诺数，并人为地在光滑圆管内敷上粒度均匀的砂粒，通过改变砂粒的大小来获得标准粗糙度的管道，以确定 λ 与 Re、$\overline{\varDelta}$ 的具体关系。尼古拉兹共研究了 6 种不同粗糙度的圆管，对应的相对粗糙度分别为

$$\overline{\varDelta} = \frac{1}{30}, \frac{1}{61.2}, \frac{1}{120}, \frac{1}{252}, \frac{1}{504}, \frac{1}{1014}$$

雷诺数范围为 $600\sim10^6$。而后，尼古拉兹将所得到的 6 组实验数据绘在了同一对数坐标系中，得到了著名的尼古拉兹曲线 (图 5-15)。

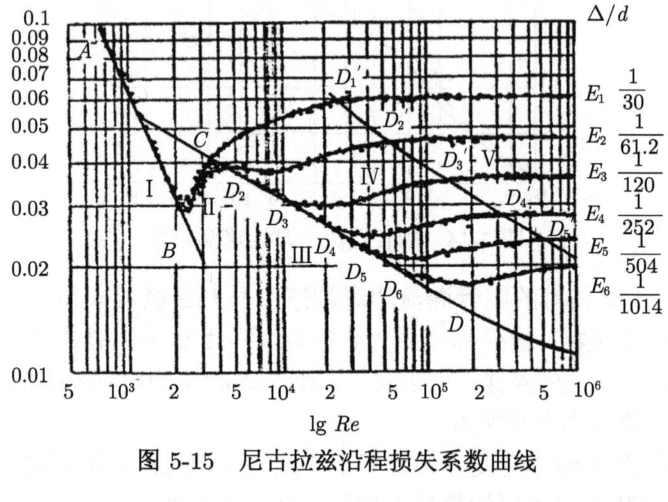

图 5-15　尼古拉兹沿程损失系数曲线

图 5-15 表明，沿程损失系数 λ、流动雷诺数 Re 与管壁相对粗糙度 $\overline{\varDelta}$ 的关系较为复杂，但可以分为 5 个区域进行描述。

层流区：图中的 AB 直线段，对应的雷诺数较小，大致范围为 $Re\leqslant2320$，即管内流动为层流状态。在这一区域，6 种粗糙度下的实验点均聚集在同一条直线上，该直线的斜率为 -1。因此，圆管层流流动的沿程损失系数 λ 与相对粗糙度 $\overline{\varDelta}$ 无关，只与雷诺数 Re 有关，且具体关系为 $\lambda=64/Re$，这与前面获得的理论公式一致。

过渡区：图中的 BC 段，对应的雷诺数范围为 $2320 < Re \leqslant 4000$，此时管内流动处于由层流向湍流的过渡区域，故称为过渡区。在此区域，实验点较为分散，规律性不明显。此区域沿程损失系数 λ 可近似采用湍流光滑管区计算方法。

湍流光滑管区：图中的 CD 段，此时流动处于湍流流态。可以看到，各种粗糙度下均有不同长度区间的实验点同落在曲线 CD 上。对于落在 CD 线上的实验点，此时又有 λ 只与 Re 相关、与 $\overline{\Delta}$ 无关的特点，亦即管面是否粗糙对流动损失无明显影响，故称为湍流光滑区 (即水力光滑管区)。但是可以看出，相对粗糙度越大，落在 CD 线上的雷诺数范围越小，即越早离开湍流光滑管区。因此，湍流光滑区的雷诺数上限与 $\overline{\Delta}$ 有关，而不是一个不变的常数。根据尼古拉兹的实验，湍流光滑区的雷诺数范围为 $4000 < Re \leqslant 26.98(\overline{\Delta})^{-8/7}$。由图还可看出，当 $Re < 10^5$ 时，CD 线近似为斜率等于 $-1/4$ 的直线，即有 λ 与 $Re^{-0.25}$ 成正比，而当 $Re > 10^5$ 时，CD 线表现为曲线。一般可根据下式计算湍流光滑管区的沿程损失系数 λ：

$$
\begin{aligned}
&Re < 10^5\text{时，}\lambda = 0.3164/Re^{0.25}\\
&Re > 10^5\text{时,}\lambda = 0.0032/Re^{0.237}
\end{aligned}
\tag{5-22}
$$

若将 $\lambda = 0.3164/Re^{0.25}$ 代入沿程损失 h_f 的计算公式，易知 h_f 与 $\overline{V}^{1.75}$ 成正比，故常将湍流光滑管区称为 1.75 次方阻力区。

湍流过渡粗糙管区：图中 CD 线和 $D_1'D_6'$ 线之间的区域。在此区间，不同粗糙度下实验点的连线均从 CD 线上不同的位置分离出来，即 λ 与 Re、$\overline{\Delta}$ 均相关。这是由于雷诺数增加后黏性底层变薄，壁面粗糙物的影响开始体现，与雷诺数一同决定沿程损失系数 λ 的大小，因此这一区间称为过渡粗糙管区。该区间所对应的上限雷诺数和下限雷诺数均与管壁的相对粗糙度有关，一般取 $26.98(\overline{\Delta})^{-8/7} < Re \leqslant 4\,160(2\overline{\Delta})^{-0.85}$。进一步分析该区间的实验曲线可以看出，由于管壁粗糙度的存在，在相同的 Re 数下，粗糙管的 λ 值一定大于光滑管的 λ 值，且相对粗糙度越大 λ 值也越大。通常，过渡粗糙管区的沿程损失系数 λ 按下式计算：

$$
\lambda = 0.11\left(\overline{\Delta} + 68\ /\ Re\right)^{0.25} \tag{5-23}
$$

湍流完全粗糙管区：$D_1'D_6'$ 线以上的区域。当雷诺数增大到一定程度后，黏性底层被完全破坏，其厚度相对于粗糙物高度而言为小量，管内流动处于完全水力粗糙状态。因此，不同相对粗糙度的实验点都规则地聚集在水平直线附近，此时 λ 只与 $\overline{\Delta}$ 相关、与 Re 无关，这样沿程水头损失与速度的平方成正比，因此该区常被称为阻力平方区。该区所对应的雷诺数范围为 $Re > 4\,160\left(2\overline{\Delta}\right)^{-0.85}$，一般采用下式计算该区间的沿程损失系数 λ：

$$
\lambda = \left(2\lg\frac{1}{2\overline{\Delta}} + 1.74\right)^{-2} \tag{5-24}
$$

需要注意的是，尼古拉兹实验中采用的是人工粗糙管，而工程实际中的管道壁面粗糙物不可能如此均匀分布，必须按照能量损失相同的原则对工业管道进行分类和粗糙度的转换，即折算成当量粗糙度 Δ, 表 5-2 列出的即为当量粗糙度。

另外，对于非圆截面管道流动的沿程损失计算，只要将管径用水力当量直径计算即可。

在与沿程损失相关的管道流动计算中，可能有如下三类问题：

(1) 水头损失问题：已知 d、l、Q 或 $\overline{V}$、ρ、μ 和 g，求压头损失 h_f；

(2) 流量问题：已知 d、l、h_f、ρ、μ 和 g，求流速 $\overline{V}$ 或体积流量 Q；

(3) 尺度问题：已知 Q、l、h_f、ρ、μ 和 g，求管道的直径 d。

【例 5-2】水头损失问题　一直径为 0.2 m、长度为 500 m 的铸铁输油管，其中油的体积流量为 0.2 $\mathrm{m^3/s}$，若管道倾斜向下放置，轴线与水平线呈 10° 夹角，且已知油的密度 $\rho = 900\ \mathrm{kg/m^3}$，运动黏度 $\nu = 0.000\ 01\ \mathrm{m^2/s}$，管道的当量粗糙度为 $\varDelta = 0.26$ mm，试确定：(1) 压头损失 h_f；(2) 静压降 Δp。

【解】　流速 $\overline{V} = Q/\pi R^2 = \dfrac{0.2}{\pi(0.1)^2} = 6.3662\ \mathrm{m/s}$

雷诺数 $Re = \dfrac{\overline{V}d}{\nu} = \dfrac{6.366\ 2 \times 0.2}{0.000\ 01} = 127\ 324$

相对粗糙度 $\overline{\varDelta} = \dfrac{\varDelta}{d} = \dfrac{0.26}{200} = 0.0013$

过渡粗糙管区的雷诺数下界为 $26.98 \times \left(\overline{\varDelta}\right)^{-8/7} = 53\ 628$

过渡粗糙管区的雷诺数上界为 $4\ 160 \times \left(2\overline{\varDelta}\right)^{-0.85} = 655\ 188$

因此管内流动处在过渡粗糙管区内，则沿程阻力系数为

$$\lambda = 0.11\left(\overline{\varDelta} + 68/Re\right)^{0.25} = 0.022\ 76$$

于是，沿程压头损失为

$$h_f = \lambda \frac{l}{d}\frac{\overline{V}^2}{2g} = 0.022\ 76 \times \frac{500}{0.2} \times \frac{(6.366\ 2)^2}{2 \times 9.81} = 117.5\ \mathrm{m}$$

因为 $h_f = \Delta p/\rho g + \Delta z = \Delta p/\rho g + l\sin 10^\circ$

则

$$\Delta p = \rho g(h_f - l\sin 10^\circ) = 900 \times 9.81 \times 30.676 = 270\ 838\ \mathrm{Pa}$$

【例 5-3】流量问题　一铸铁输油管，直径为 0.3 m，管长 100 m，沿程压头损失为 8 m，且已知油的密度 $\rho = 950\mathrm{kg/m^3}$，运动黏度 $\nu = 0.00\ 002\ \mathrm{m^2/s}$，管道相对粗糙度 $\overline{\varDelta} = 0.0002$，试计算管内平均流速和体积流量。

【解】　首先由沿程损失压头的计算公式有

$$h_f = \lambda \frac{l}{d}\frac{\overline{V}^2}{2g} = \lambda \times \left(\frac{100}{0.3}\right) \times \left[\frac{\overline{V}^2}{2 \times 9.81}\right] = 8\ \mathrm{m} \quad 或 \quad \lambda \cdot \overline{V}^2 = 0.471\,(\mathrm{m/s})^2$$

但我们看到，确定管内的平均流速 $\overline{V}$ 时必须知道损失系数 λ 的大小，而 λ 却与雷诺数 Re 有关，因此本身又是 $\overline{V}$ 的函数。这里，我们通过迭代来解决问题，先假设一个 λ 的初始值，而后计算 $\overline{V} = \sqrt{0.471/\lambda}$ 以及 Re，再由尼古拉兹获得的经验公式确定一个更准确的 λ 值，如此重复。一般情况下，此迭代过程收敛得相当快。λ 的初始值可以这样获得，认为流动

处于完全粗糙管区，则只需相对粗糙度的值便可以估计出 λ 的大致量级。这里，$\overline{\Delta}=0.0002$，则有 λ 的初值为 0.014。同时确定过渡粗糙管区的雷诺数下界为 $26.98\left(\overline{\Delta}\right)^{-8/7}=455\ 445$。于是，迭代过程如下：

取初值 $\lambda=0.014$，则 $\overline{V}=\sqrt{0.471/0.014}=5.80\ \mathrm{m/s}$，$Re=\overline{V}d/\nu=86\ 850$，此时流动处于湍流光滑管区，则可根据 Re 得到新的 $\lambda=0.0181$；

新值 $\lambda=0.0181$，则 $\overline{V}=\sqrt{0.471/0.0181}=5.10\ \mathrm{m/s}$，$Re=\overline{V}d/\nu=76\ 648$，此时流动处于湍流光滑管区，则可根据 Re 得到新的 $\lambda=0.018\ 6$；

新值 $\lambda=0.0186$，则 $\overline{V}=\sqrt{0.471/0.0186}=5.03\ \mathrm{m/s}$，$Re=\overline{V}d/\nu=75\ 402$，此时流动处于湍流光滑管区，则可根据 Re 得到新的 $\lambda=0.0186$。至此，我们收敛到了具有三位有效数字的 λ 的解，得到

平均流速 $\overline{V}=5.03\ \mathrm{m/s}$

体积流量 $Q=\pi R^2\bar{V}=0.356\ \mathrm{m^3/s}$

在工程实际中，上述求解过程常通过计算机编程实现。

【例 5-4】尺度问题　一铸铁输油管，管长 100 m，体积流量 $Q=0.356\ \mathrm{m^3/s}$，沿程压头损失为 8 m，且已知油的密度 $\rho=950\ \mathrm{kg/m^3}$，运动黏度 $\nu=0.000\ 02\ \mathrm{m^2/s}$，管道绝对粗糙度 $\Delta=0.06\ \mathrm{mm}$，试计算管径和管内平均流速。

【解】　首先由沿程损失压头的计算公式有

$$h_f=\lambda\frac{l}{d}\frac{\overline{V}^2}{2g}=\lambda\left(\frac{100}{d}\right)\left[\frac{0.356^2}{2\times 9.81\times(\pi d^2/4)^2}\right]=8\ \mathrm{m}$$

可得 $d=0.666\lambda^{1/5}$

$$Re=\frac{\overline{V}d}{\nu}=\frac{4Q}{\pi\nu d}=\frac{4\times 0.356}{\pi\times 0.000\ 02\times d}=\frac{22\ 664}{d}\quad \overline{\Delta}=\frac{0.000\ 06}{d}$$

由于 λ 与 Re 和 $\overline{\Delta}$ 有关，而这两个变量中均含有管径 d，因此管径的大小难以直接确定。这里我们仍采用迭代的办法进行求解。先假设一个 λ 的初始值，而后计算 $d=0.666\lambda^{1/5}$ 以及 Re、$\overline{\Delta}$，再由尼古拉兹获得的经验公式确定一个更准确的 λ 值，如此重复。取尼古拉兹曲线图纵坐标的近似中点 0.03 作为 λ 的初始值，具体迭代过程如下：

取初值 $\lambda=0.03$，则 $d=0.666\lambda^{1/5}=0.33\ \mathrm{m}$，$Re=22\ 664/d=68\ 678$，$\overline{\Delta}=0.000\ 18$，过渡粗糙管区的雷诺数下界为 $26.98\left(\overline{\Delta}\right)^{-8/7}=513\ 725$，此时流动处于湍流光滑管区，则可根据 Re 得到新的 $\lambda=0.0190$；

新值 $\lambda=0.019\ 0$，则 $d=0.666\lambda^{1/5}=0.30\ \mathrm{m}$，$Re=22\ 664/d=75\ 547$，$\overline{\Delta}=0.0002$，此时流动仍处于湍流光滑管区，则可根据 Re 得到新的 $\lambda=0.018\ 6$；

新值 $\lambda=0.018\ 6$，则 $d=0.666\lambda^{1/5}=0.30\ \mathrm{m}$，此次迭代管径未变，因此 $\lambda=0.0186$。

满足要求的解为

$$d=0.30\ \mathrm{m},\quad \overline{V}=\frac{4Q}{\pi d^2}=5.03\ \mathrm{m/s}$$

5.4　局部损失

因流道的形状发生突变 (如突然扩大、突然缩小、急剧转弯、通道中的障碍物等) 而使流体的流速大小和方向被迫急剧改变，并伴随着撞击、漩涡、剪切等现象，使流体消耗了大量的机械能。这种集中发生的机械能损失称为**局部损失**，常用 h_ξ 表示单位重量流体的局部损失。由于这类流动现象极为复杂，目前主要借助实验来确定局部损失。已有的大量实验表明，局部损失的计算可以写成如下形式：

$$h_\xi = \xi \cdot (V^2/2g) \tag{5-25}$$

式中，ξ 为局部损失系数，通常依靠实验来确定。

工程实际中产生局部损失的形式多种多样，管道突缩或突扩、管道弯曲、管道渐扩等是其中最为典型的几类形式，下面将对其流动特征及相应的局部损失计算方法进行逐一介绍。

5.4.1　典型局部损失区域的流动特征及损失计算

1. 管道突扩损失

图 5-16 所示为突扩管道的流动情况。当管道的流通截面突然扩大时，运动流体不可能瞬间充满整个突然扩大的截面，流体在突扩截面下游产生剧烈的漩涡运动而消耗了可观的机械能，从而产生因截面突扩而造成的局部损失。

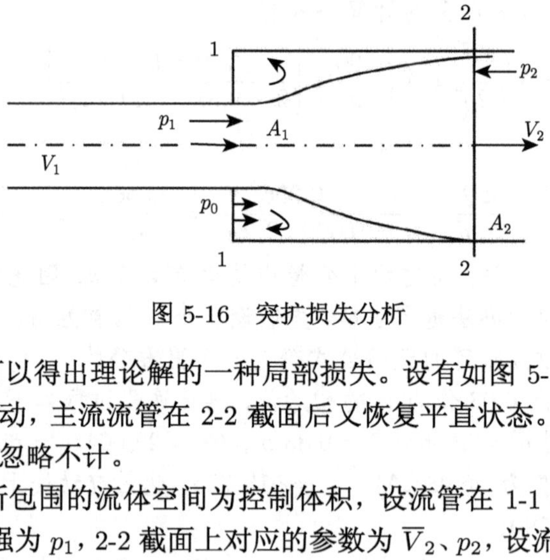

图 5-16　突扩损失分析

突扩是目前唯一可以得出理论解的一种局部损失。设有如图 5-16 所示的从截面 A_1 突然扩大到 A_2 的水平流动，主流流管在 2-2 截面后又恢复平直状态。设 1-1 到 2-2 的扩张段距离很短，沿程损失可忽略不计。

取 1-1、2-2 截面所包围的流体空间为控制体积，设流管在 1-1 进口截面的平均流速为 $\overline{V}_1$，1-1 整个截面上压强为 p_1，2-2 截面上对应的参数为 $\overline{V}_2$、p_2，设流体为不可压，即 $\rho = C$，在 1-1 与 2-2 截面间对运动流体建立伯努利方程有

$$\frac{p_1}{\gamma} + \frac{\alpha_1 \overline{V}_1^2}{2g} = \frac{p_2}{\gamma} + \frac{\alpha_2 \overline{V}_2^2}{2g} + h_\xi$$

式中，h_ξ 为单位重量流体的局部损失。当管内流动为湍流时，可取 $\alpha_1 = \alpha_2 = 1$，则得

$$h_\xi = \frac{p_1 - p_2}{\gamma} + \frac{\overline{V}_1^2 - \overline{V}_2^2}{2g} \tag{5-26}$$

在 1-1、2-2 截面间建立连续方程和动量方程：

$$\overline{V}_1 A_1 = \overline{V}_2 A_2 \tag{5-27}$$

$$(p_1 - p_2)A_2 = \rho(\overline{V}_2^2 A_2 - \overline{V}_1^2 A_1) \tag{5-28}$$

将连续方程 (5-27)、动量方程 (5-28) 两式代入 (5-26) 式有

$$h_\xi = (\overline{V}_1 - \overline{V}_2)^2/2g \quad \text{或}$$

$$h_\xi = \left(1 - \frac{A_1}{A_2}\right)^2 \frac{\overline{V}_1^2}{2g} = \xi_1 \frac{\overline{V}_1^2}{2g} \quad h_\xi = \left(\frac{A_2}{A_1} - 1\right)^2 \frac{\overline{V}_2^2}{2g} = \xi_2 \frac{\overline{V}_2^2}{2g} \tag{5-29}$$

这就是由流体力学基本方程推导的突扩局部损失计算公式，式中 ξ_1、ξ_2 为突扩局部损失系数，它只与突扩前后的面积比有关：

$$\xi_1 = \left(1 - \frac{A_1}{A_2}\right)^2 \quad \xi_2 = \left(1 - \frac{A_2}{A_1}\right)^2 \tag{5-30}$$

若流体从管道流入一个很大的容器，此时 $A_1/A_2 \approx 0$，有 $\xi_1 = 1$，说明流体的动能在很短的距离内被完全耗散为热能 (图 5-17)，最后流体趋于静止。

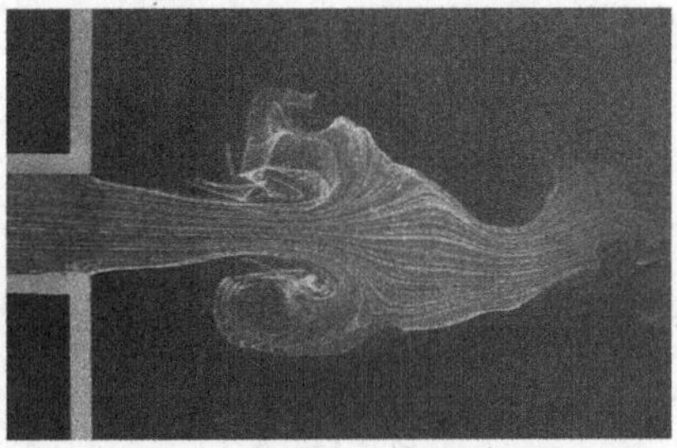

图 5-17　流体从小管道流入大容器时的流动形态

以上推导的突扩管道局部损失系数 ξ 只适用于阻力平方区的湍流流动，工程实际中的一般流动往往都处于阻力平方区，实验表明上述公式均能很好地使用。实际上，所有流体力学教参上给出的局部损失系数均为阻力平方区的 ξ 值，是一个与流动雷诺数无关的量。

2. 管道突缩损失

图 5-18 所示为突缩管道附近的流动情况。流体从大管道流向小管道时，流线发生弯曲，流管在突缩的入口下游形成特有的缩颈现象，流体在角区和缩颈与壁面之间均形成漩涡，造成不可逆的流动损失。

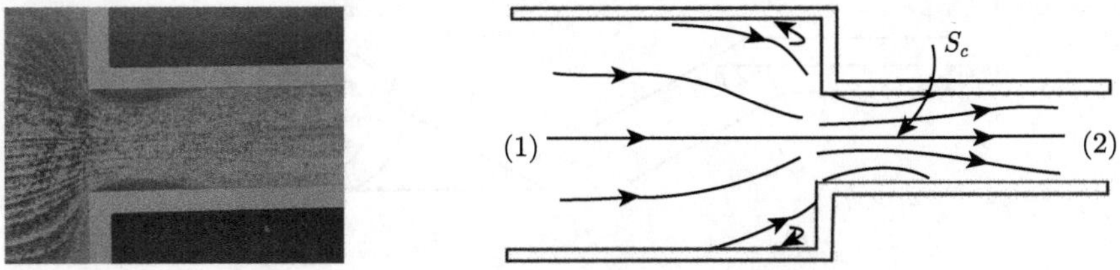

图 5-18　突缩损失流动显示和流体运动形态分析

管道突缩所导致的局部损失系数只能由实验确定。结果表明，损失大小主要取决于面积收缩比 A_1/A_2 以及小管道进口边缘状况。对于锐缘突缩管道而言，若以损失后的流体动压头作为参照，则局部损失系数可近似表示为

$$\xi_2 = 0.5 \times (1 - A_2/A_1) \tag{5-31}$$

突缩流动损失可用下式计算：

$$h_\xi = \xi_2 \frac{\overline{V}_2^2}{2g} \tag{5-32}$$

表 5-4 中列出了不同面积收缩比下锐缘突缩管道局部损失系数的实验数据。从表中可以看出，面积收缩比越大，局部损失系数也越大，流体从一个巨大的空间突然流入相对细小的管道，局部损失系数约为 0.5，若以下游动能计，有将近一半的动能被损失掉。

表 5-4　锐缘突缩管道的局部损失系数

A_2/A_1	0.01	0.1	0.2	0.3	0.4	0.5	0.6	0.7	0.8	0.9	1.0
ξ_2	0.5	0.47	0.45	0.38	0.34	0.3	0.25	0.2	0.15	0.09	0.0

小管道进口边缘形状对局部损失的影响规律是：将小管道插入容器中使损失增加，将进口锐缘倒圆则有利于减小损失，且在一定的范围内倒圆半径越大损失越小 (图 5-19)。

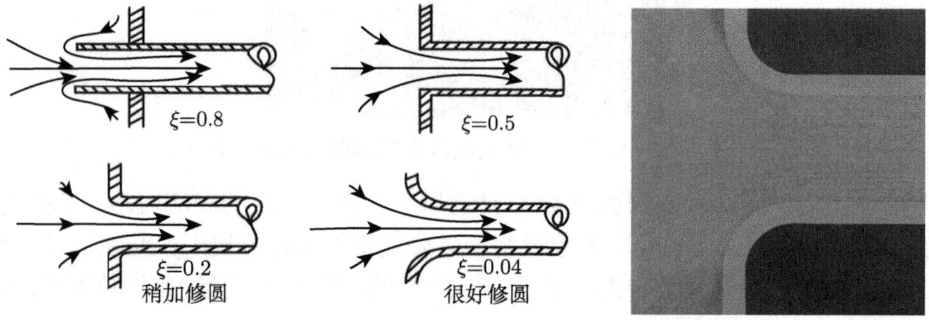

图 5-19　不同进口边缘形状时的局部损失系数和流态

3. 弯曲管道流动损失计算和流态分析

管道弯曲所导致的局部损失只能通过实验确定。

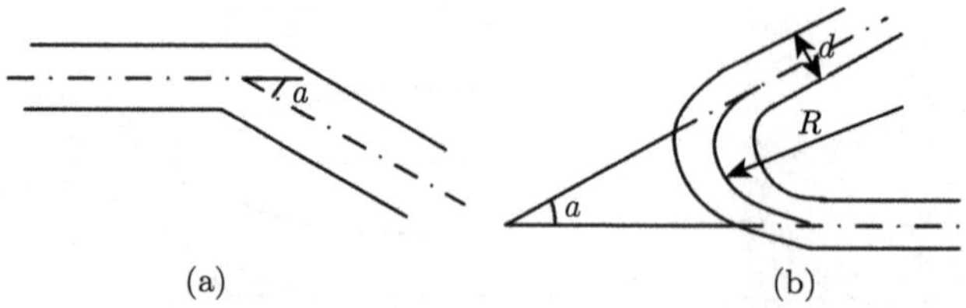

图 5-20　急剧弯曲管和逐渐弯曲管

研究表明，对于图 5-20 左图所示的未倒圆的等直径急剧弯曲管道，其局部损失系数由拐弯角 α 决定，可用下式进行估算

$$\xi = 0.946\sin^2\left(\frac{\alpha}{2}\right) + 2.05\sin^4\left(\frac{\alpha}{2}\right) \tag{5-33}$$

若对折转处采用圆角过渡 (图 5-20(b))，则局部损失系数会显著下降，且过渡圆的半径越大，下降越明显，此时的局部损失系数可以采用下式进行估算：

$$\xi = \left[0.131 + 0.163\left(\frac{d}{R}\right)^{3.5}\right] \cdot \left(\frac{\alpha}{90^\circ}\right) \tag{5-34}$$

式中，d 为管道直径，R 为转弯半径。表 5-5 列出了 $\alpha = 90^\circ$ 时不同弯度 d/R 的实验局部损失系数。可以看出，弯曲管道的 d/R 对局部损失系数有着显著影响，局部损失随 d/R 的增加而加大。

表 5-5　转角为 90° 的逐渐弯曲管道损失系数

d/R	0.2	0.4	0.5	0.6	0.7	0.8	0.9	1.0	1.2	1.4	1.6	1.8	2.0
ξ	0.132	0.14	0.15	0.16	0.18	0.21	0.24	0.29	0.44	0.66	0.98	1.41	1.98

弯管流动是工业实际中常遇到的情况，图 5-21 所示为流体流经典型弯管的流动情况。

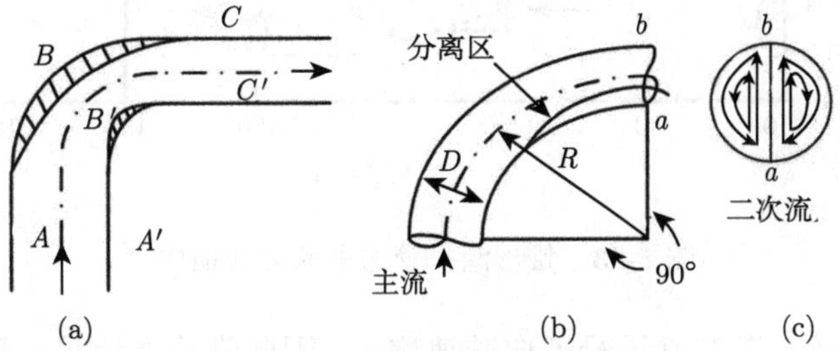

图 5-21　典型弯曲管道流动分析

主流在管壁的强制偏转下其流线将发生弯曲，运动流体在离心力作用下，在截面 B 前，外侧附近的流体减速扩压，而由于流量连续，内侧流体将增速减压。大约在截面 B 附近，外壁的压强达到最高点，内壁的压强达到最低点。在截面 B 后，内侧极可能出现流动分离现象，造成漩涡损失。另外，弯管流动中还存在二次流动这一特殊的流动现象。由于外侧的压强始终高于内侧，这一压差就会驱动外壁附近的流体沿两侧壁面流向内壁附近，以填充主流流管由于惯性偏向外侧而腾出的空间，于是在截面上形成了一对反向旋转的对涡，即二次流动，见图 5-21(c)。二次流动与主流流动叠加，使得流体质点的运动轨迹呈螺旋状，这种螺旋状流动强化了各流体层间的摩擦与掺混，带来了附加的流动损失，称为二次流损失。

弯管流动在航空航天领域中较为常见，如风洞的拐弯段、飞行器的进气道、压气机和涡轮中的叶栅通道等。图 5-22 便是某亚声速双 S 弯进气道内的流动情况，可以看出该进气道由多个弯段组成，管内的二次流动十分复杂。

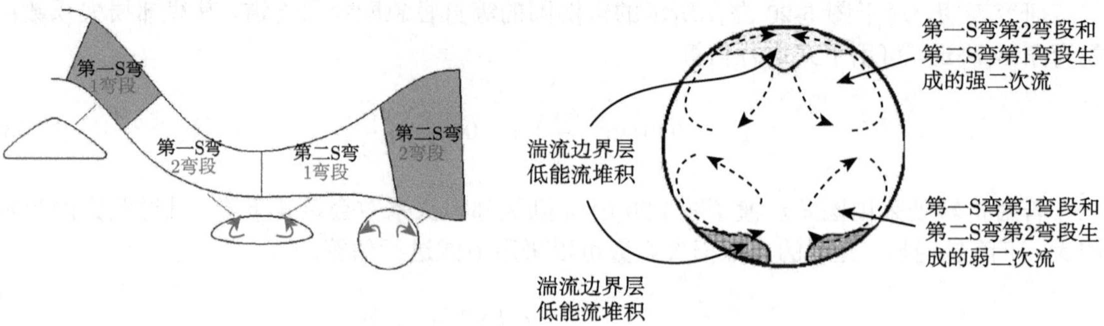

图 5-22　某亚声速飞行器双 S 弯进气道内的流动情况

4. 管道渐扩损失

由于突扩管道损失巨大，工程实际中常采用渐扩管道来替代突扩管道以减少局部损失。

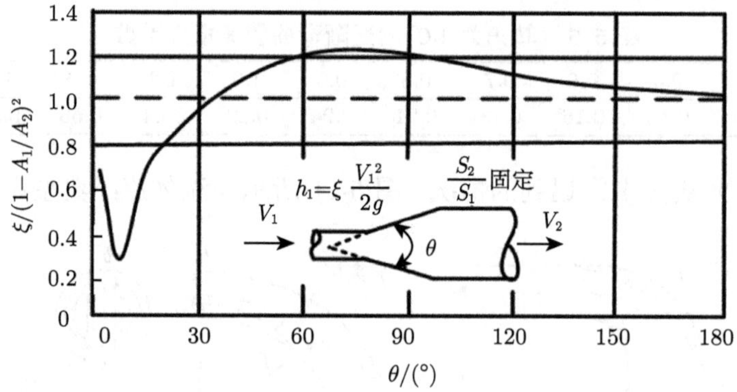

图 5-23　锥形渐扩管道中的局部损失

对亚声速流动而言，渐扩管道沿流向减速增压，因此常称之为扩压器。在扩压器的设计中，扩张角 θ 是一个非常重要的参数，它不仅决定了扩压效率或流动损失的大小，还决定了渐扩管道的长度。扩张角 θ 过大可能使逆压梯度过大，造成局部流动分离而使损失急剧上升，扩张角 θ 过小则会便宜管道过长，沿程损失加大。图 5-23 给出了锥形渐扩管道的局部损失系数随锥角的变化曲线，该图表明，就局部损失而言存在一个最佳扩张角 θ，图中 θ 为 8° 时损失最小，而当 $\theta > 35°$ 时有 $\xi/(1-A_1/A_2)^2 > 1$，即渐扩管道的局部损失甚至比突扩管道局部损失还要大。必须指出，渐扩管道的局部损失系数还与进出口直径、进口流动条件等相关。在工程实际中，如何实现短管道的大扩压是一个受到较多关注的技术难题。

5. 其他管道构件的流动损失

黏性流体在流经其他一些管件 (如各种阀门、分叉管道等) 时，一般都会在特定的地方发生流动分离而形成涡流区 (图 5-24)，带来较大的漩涡损失。

一些常见管件，如闸阀、角阀等的局部损失系数详细资料可参阅各种流体力学教参。

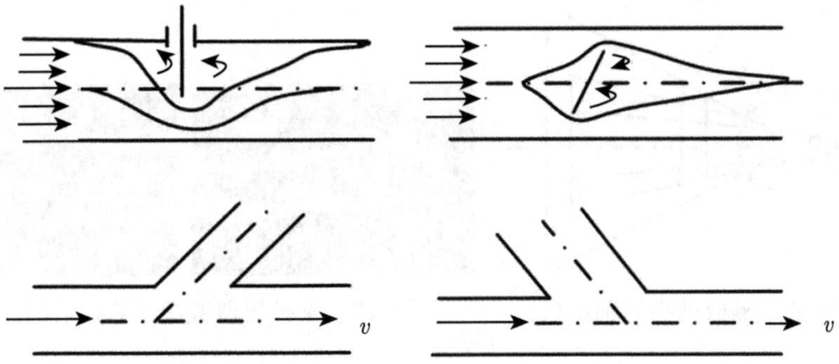

图 5-24　阀门的绕流流动分叉管的流态

5.4.2　减少管内局部损失的方法

减少流动损失是设计各种流体机械或管路时必须考虑的重要问题。下面将介绍几种常用的减少局部损失的流动控制方法。

1. 采用弯曲管道和导流叶片

前文提到，管道弯曲时的局部损失与转弯角 α、管道直径 d 及转弯半径 R 有关。为了减少损失，应尽量采用小的转弯角 α 和大的 R/d。然而在很多情况下，管道的设计在尺寸方面受到了严格的限制，R/d 一般都很小，此时可以在弯管内安装导流叶片，将其分割为多个流道进行拐弯，从而达到增加 R/d 的目的。图 5-25 就是弯管内设置导流片前后的流动图谱，可见导流片可以显著抑制弯道内侧的涡流区。某直角弯头的局部损失系数 $\xi = 1.1$，安装导流片后降为 $\xi = 0.4$，而当导流叶片呈流线月牙形时，$\xi = 0.25$。可见安装导流叶片，并选择合理的叶片截面形状，对减少局部损失有显著效果，但是采用导流叶片后会增加流动的摩擦损失，所以往往需要结合具体情况综合考虑。

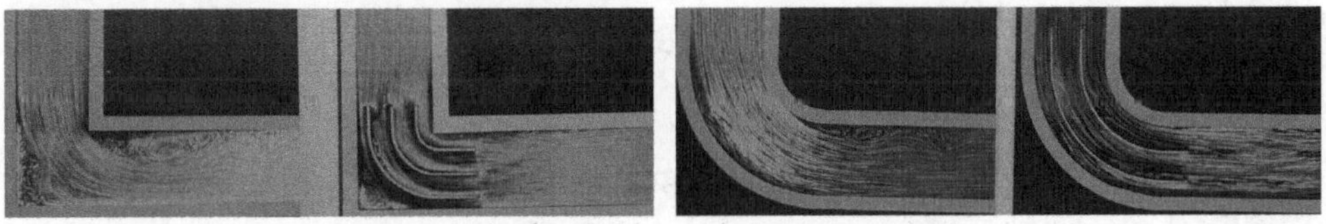

图 5-25　减少弯曲管道中局部损失的措施

2. 带分流隔板和边界层抽吸的渐扩管道

相对于突扩管道而言，采用渐扩管道能显著降低局部损失。在设计渐扩管时，通常应尽可能采用小的扩张角以防止流动分离。但有时渐扩管道的长度受限，扩张角较大，管内可能出现分离流而使局部损失骤增。此时可在管道中设置隔板将流道分割，减小各流道的扩张角，以尽可能避免流动分离和漩涡区的产生 (图 5-26)。但隔板的引入会增加壁面摩擦损失，因此隔板的设置需综合考虑。除此之外，工程实际中还常常采用壁面抽吸的办法将近壁低能流移除，达到抑制漩涡区、减小损失的目的。图 5-27 所示为某扩压器抽吸前后的流动状况，抽吸后分离区消失，可见抽吸的效果显著。

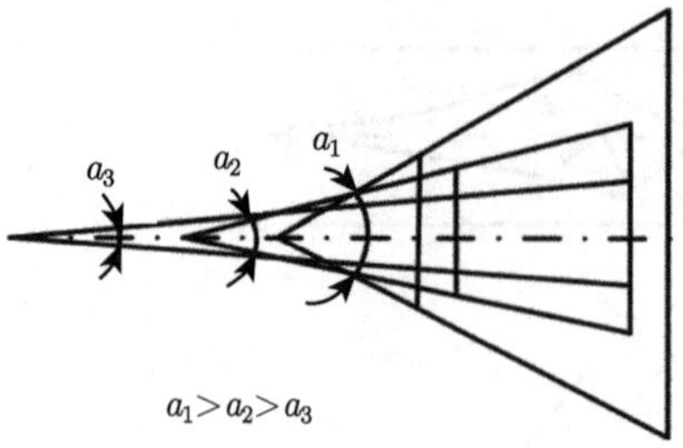

图 5-26 设置分流隔板减小局部损失

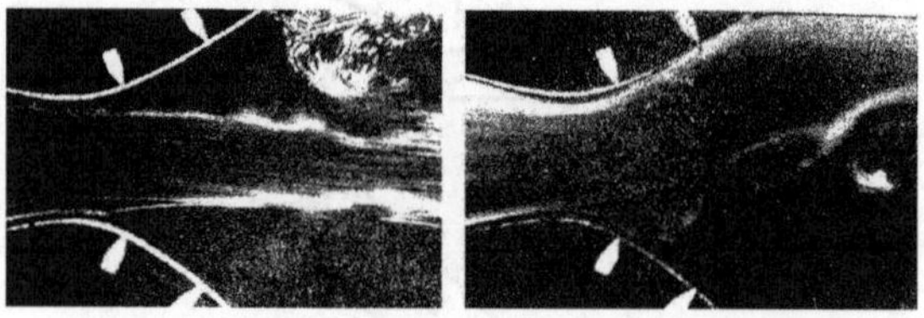

图 5-27 某扩压器壁面抽吸前后的流动状况

3. 分叉管道设计

对于分叉管道，应尽量减小总管流向与支管流向之间的夹角 α(一般小于 30°)。但有时受空间的约束，可能出现总管与支管垂直的情况 (如三通)，此时可采用圆滑过渡代替直角过渡 (图 5-28)，可安装分流板 (或合流板) 以进一步减少流体的流动损失，如图 5-29 所示。

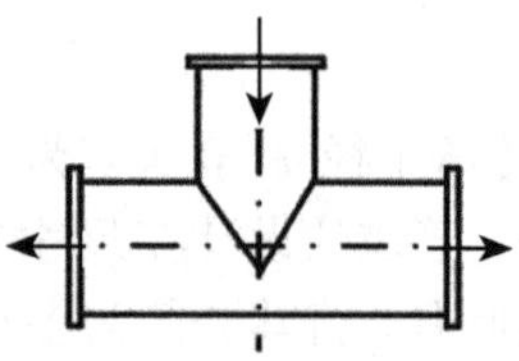

图 5-28 直角三通和圆角三通

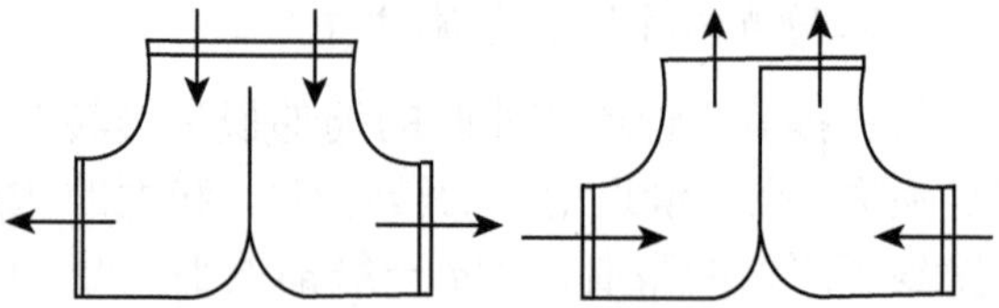

图 5-29 带分流板或合流板的圆角三通

对于若干股流体汇流的流动情况，除了尽量减少汇流角之外，还需适当增加流道截面积以保持流速基本不变，见图 5-30，以尽可能减少各流股汇流过程中相互掺混的损失。

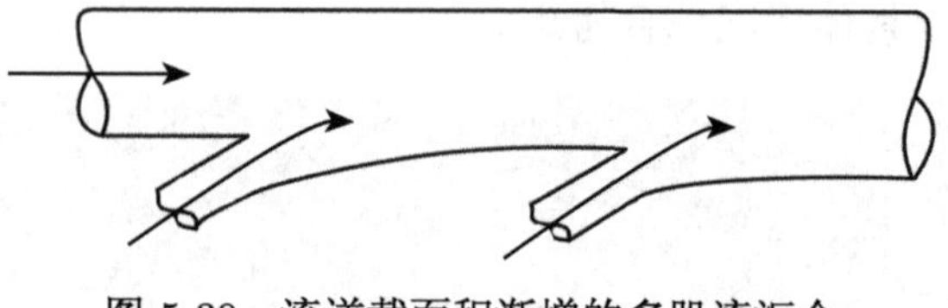

图 5-30 流道截面积渐增的多股流汇合

5.4.3 局部损失的利用 ——迷宫式篦齿封严

局部损失并不只是有害无利的流动现象，在一些特殊的情况下，就可以巧妙地利用它达到运动部件密封的目的。图 5-31 就是利用突扩损失实现 “迷宫式篦齿封严” 的原理。

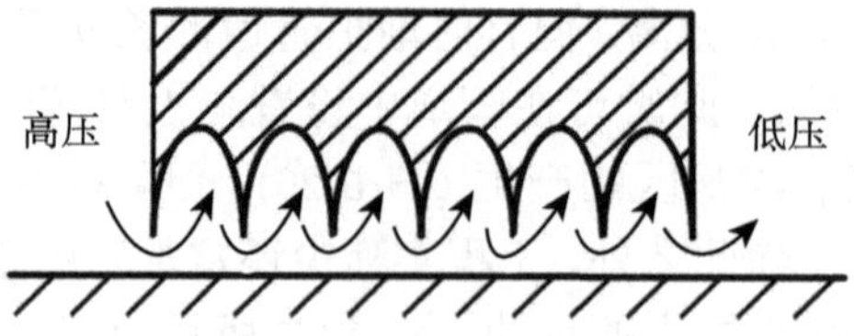

图 5-31 迷宫式篦齿封严

图中上、下是两个既不能接触又必须密封且存在相对运动的部件，左右两端是不同压强的流体，左端高压，右端低压。高压流体经过一道又一道的篦齿狭缝，流入一个又一个相对狭缝而言的大空腔，经历一次又一次的突扩损失，每一次突扩由于 $A_1/A_2 \approx 0$，局部损失系数 $\xi = 1$((5-30) 式)，流体压力能损失巨大。多次突扩损失使左侧高压流体流经多道篦齿后，原有的高压压力能消耗殆尽，在最后一道篦齿两端的压强基本平衡，加上缝隙极小，因此流体泄漏量很小，从而达到运动部件密封的目的。

迷宫式密封已广泛应用于航空涡轮发动机转子——静子、喷管试验台等既不能接触、又必须密封的特殊场合，效果良好。

5.5　管路计算基础

在 5.4 节中曾介绍过管流的沿程损失计算，并将其分为水头损失问题、流量问题、尺度问题等三类问题。在工程实际中这三类问题均可能出现，且往往同时存在沿程损失和局部损失，管路的形式也更为多样，可能有串联、并联甚至管网等形式，因而管路计算是一个较为复杂的问题。目前，已开发了各种工程软件用于管路设计和计算。本节仅介绍管路计算的基础知识。由 5.1 节可知，管路中总的压头损失等于各管段上沿程损失和局部损失之和，即

$$h_w = \sum h_f + \sum h_\xi = \sum \lambda_i \frac{l_i}{d_i}\frac{V_i^2}{2g} + \sum \xi_j \frac{V_j^2}{2g} \tag{5-35}$$

在计算沿程损失之前，若能确定管路中流动的 Re 数，则可根据 Re 数确定流动所属区域及相应的沿程损失系数 λ，而局部损失系数也可通过查表或公式计算获得，因此其总损失水头 h_w 可以一次计算得出。但是当流量或管径 d 为待求值 (即流量问题、尺度问题) 时，上式存在多个互相关联的未知量，需通过迭代计算进行求解。

串联管路和并联管路是管路系统的基本组成形式，其中串联管路又可分为同径串联和异径串联两类。下面将简要介绍各种管路形式的基本概念、参数分布特征及一般的计算方法。管路系统与电路系统在多方面存在某种形式的类同，读者在阅读时可自行对比。

5.5.1　同径串联管路

若管路仅一条支路，且各段管路的流通截面积相同，则称之为同径串联管路 (图 5-32)。

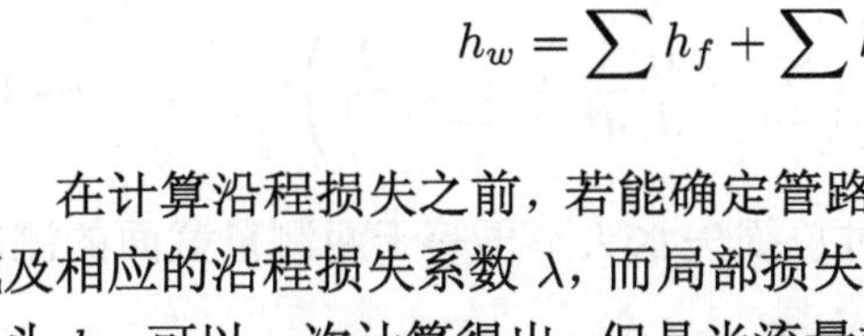

图 5-32　同径串联管路

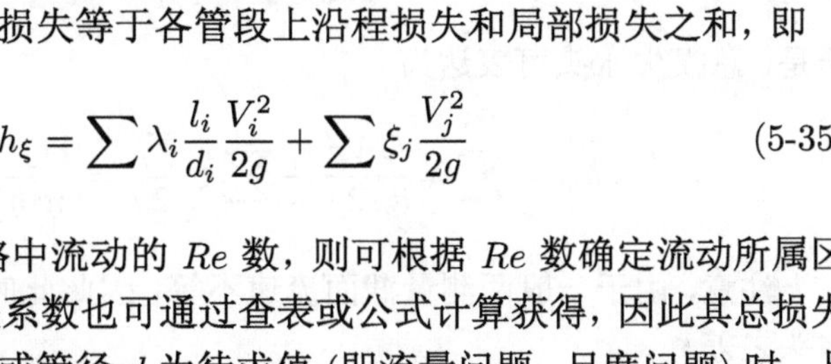

图 5-33　异径串联管路

由流量连续可知，同径串联管路中各截面上的平均流速相等。以 l_i、λ_i、ξ_i 分别表示各管段长度、沿程损失系数以及局部损失系数，则总损失水头可表达为

$$h_w = \left(\sum \lambda_i \frac{l_i}{d} + \sum \xi_i\right) \frac{V^2}{2g} = \left(\sum \lambda_j \frac{l_i}{d} + \sum \xi_i\right) \frac{8Q^2}{\pi^2 g d^4} \tag{5-36}$$

在断面 A 和断面 B 间建立伯努利方程有

$$z_A + \frac{p_A}{\gamma} + \frac{\alpha_A V_A^2}{2g} = z_B + \frac{p_B}{\gamma} + \frac{\alpha_B V_B^2}{2g} + h_w \tag{5-37}$$

由于 $V_A = V_B$，且可认为 $\alpha_A = \alpha_B$，于是可知同径串联管路中的总损失水头即为两断面测压水头之差，即

$$h_w = \Delta H = (z_A + p_A/\gamma) - (z_B + p_B/\gamma) \tag{5-38}$$

5.5.2 异径串联管路

若管路仅一条支路，且各管段的管径不完全相同，则称之为异径串联管路 (图 5-33)。根据连续方程有

$$4Q/\pi = V_1 d_1^2 = V_2 d_2^2 = K = V_n d_n^2$$

于是，总损失水头可表达为

$$h_w = \sum \lambda_i \frac{l_i}{d_i} \frac{V_i^2}{2g} + \sum \xi_j \frac{V_j^2}{2g} = \frac{8Q^2}{\pi^2 g} \left(\sum \lambda_i \frac{l_i}{d_i} \frac{1}{d_i^4} + \sum \xi_j \frac{1}{d_j^4}\right) \tag{5-39}$$

注意，由于一般两测量截面流速不等，因此此时总损失水头不再等于两测量截面的测压水头之差。

异径串联管路系统中，在管段和管段的联接处可能有附加流量交换 q_1、$q_2 \ldots$。此时，仍可通过累计各管段水头损失的办法求管路系统的总损失水头，只是需要注意各管段的流量变化。总损失水头可采用下式计算:

$$h_w = \sum \left(\lambda_i \frac{l_i}{d_i} + \xi_i\right) \frac{8Q_i^2}{\pi^2 g d_i^4} \tag{5-40}$$

式中，$Q_i = Q_{i-1} - q_{i-1}$，ξ_i 为第 i 管段的局部损失系数之和。

5.5.3 并联管路

自同一位置分叉又在另一位置汇合的两条或两条以上的管段称为并联管路 (图 5-34)。

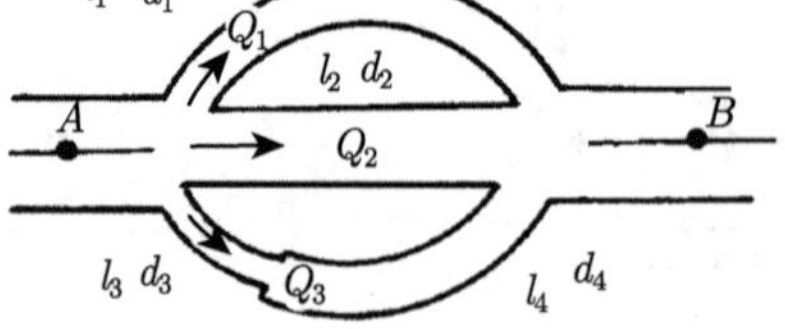

图 5-34　并联管路

组成并联管路的各支管可以是同径串联管路、异径串联管路或更小一级的并联管路。并联管路系统在工程实际中应用较为普遍，如锅炉的省煤器、过热器、变压器的散热管等。并联管路具有如下特点：

(1) 组成并联管路系统的各支管段的压头损失相同 (假定汇合处的流体掺混均匀，因而压强相同、流速均匀)，即有 $h_{AB}=h_1=h_2=K=h_i$。

(2) 总流量为各支管流量之和，即 $Q=\sum Q_i$。

在并联管路系统中，若各支管的流动阻力 $\sum(\lambda_i \cdot l_i/d_i+\xi_i)$ 相同时，其流速应相等。

5.5.4　枝状管网系统

自总管某一位置分出两根或以上的支管而不再汇合的管路系统为枝状管路系统。当枝状管路系统的支管上又有一级或多级子分叉管路时，称之为枝状管网系统 (图 5-35)。

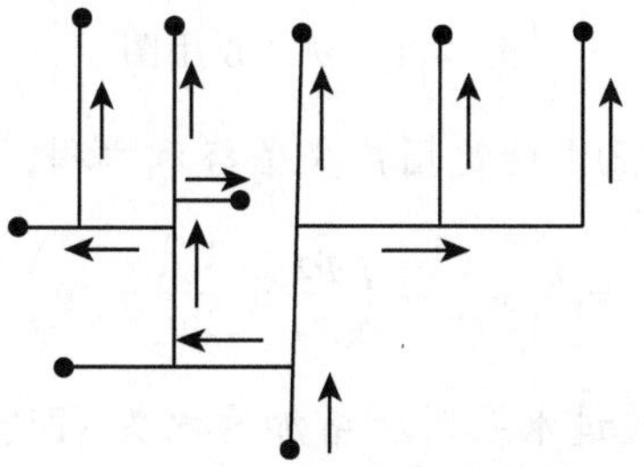

图 5-35　枝状管网系统

枝状管网系统在工程中使用较多，它较环状管网系统便于安装，节省费用，但可靠性较差，一般用于生活用水、农业灌溉用水等。在设计枝状管网系统时，各管段的管材、长度、管径以及要求的水头和流量等往往都是已知的，需要确定的是水塔的高度或泵的扬程，而这是由损失最大的支路决定的。因此，需要对每一条支路进行计算。事实上，对于枝状管网系统的每一分支均可按有流量泄漏的串联管路进行计算。

5.5.5　环状管网系统

自总管某一位置分出两根或以上的支管，并存在两个或两个以上的汇合点的管路系统为环状管网系统。环状管网系统的优点是其流量能自行分配，若某一管段出现局部损坏，可由其他管路自动补给，因而具有较高的可靠性，但环状管网的布置较为复杂，相对而言投资较高。环状管网在通风、给水等工程系统中被广泛采用。环状管网的计算以及设计比前面介绍的几种管路要复杂得多，在本书中不作介绍。

【例 5-5】　如图 5-36，通过水泵将水由一水池抽向另一更高的水池，其体积流量为 0.005 m^3/s，已知两水池水面的高度差为 30 m，输送管道管径为 0.05 m，总长为 120 m，$\overline{\Delta}=0.001$。管路中有多处局部损失，请计算水泵所需的功率。已知水的密度 $\rho=1000\ kg/m^3$，运动黏度为 $\nu=1.519\times10^{-6}m^2$ / s。管道中各种局部损失如下表所示：

局部损失类型	进口	出口	球阀 (全开)	90° 弯段	闸板阀 (半开)
ξ	0.5	1.0	6.9	0.15	2.7

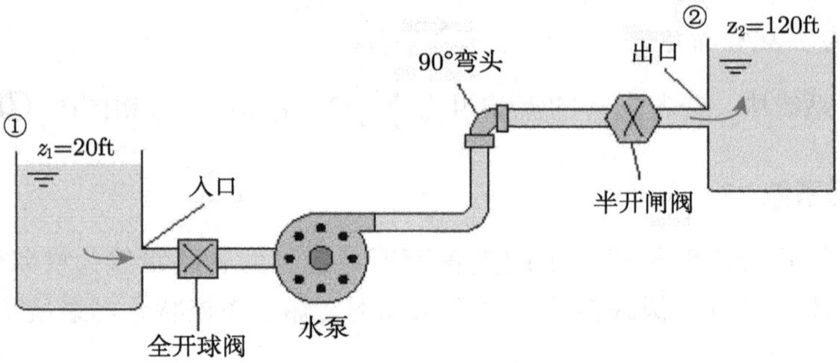

图 5-36　例 5-5 用图

【解】 在两水池水面①、②之间运用广义伯努利方程，有

$$\frac{p_1}{\rho g}+\frac{V_1^2}{2g}+z_1+h_{\text{pump}}=\left(\frac{p_2}{\rho g}+\frac{V_2^2}{2g}+z_2\right)+h_f+\sum h_\xi$$

式中，h_{pump} 为单位重量流体通过水泵时所增加的水头 (即扬程)。由于 p_1、p_2 均为大气压强，且 $V_1=V_2\approx 0$ m/s，因此

$$h_{\text{pump}}=\Delta z+h_f+\sum h_\xi=30+\left(\lambda\frac{l}{d}+\sum\xi\right)\cdot\frac{V^2}{2g}$$

式中，V 为管道中的平均流速，$V=\dfrac{4Q}{\pi d^2}=2.546$ m　$Re=\dfrac{Vd}{\nu}=83\ 805$

湍流过渡粗糙管区的雷诺数下界为 $26.98\left(\overline{\Delta}\right)^{-8/7}=72\ 379$，该区域雷诺数上界为 $4\ 160\left(2\overline{\Delta}\right)^{-0.85}=818\ 875$，管内流动处于湍流过渡粗糙管区，则可由 (5-23) 式计算沿程损失系数 $\lambda=0.0253$。

于是，水泵所需提供的压头为

$$h_{\text{pump}}=\Delta z+h_f+\sum h_\xi=30+\left(0.0253\times\frac{120}{0.05}+11.4\right)\times\frac{2.546^2}{2\times 9.81}\approx 53.836\text{ m}$$

假设水泵的效率为 0.7，则所需的功率为

$$P_{\text{pump}}=\frac{\rho g Q h_{\text{pump}}}{0.7}=\frac{1000\times 9.81\times 0.005\times 53.836}{0.7}\approx 3.772\text{ kW}$$

【例 5-6】 某供水系统由三种不同管径组成 (图 5-37)，已知管径 $d_1=0.3$ m，$d_2=0.2$ m，$d_3=0.15$ m，管长 $l_1=l_2=l_3=100$ m，粗糙度 $\Delta=0.125$ mm，求保证正常

供水量 $Q_1 = Q_2 = Q_3 = 0.05\ \mathrm{m^3/s}$ 时水塔的水位 h。(局部损失不计，水的运动黏度为 $1.008\times10^{-6}\ \mathrm{m^2\ /\ s}$)

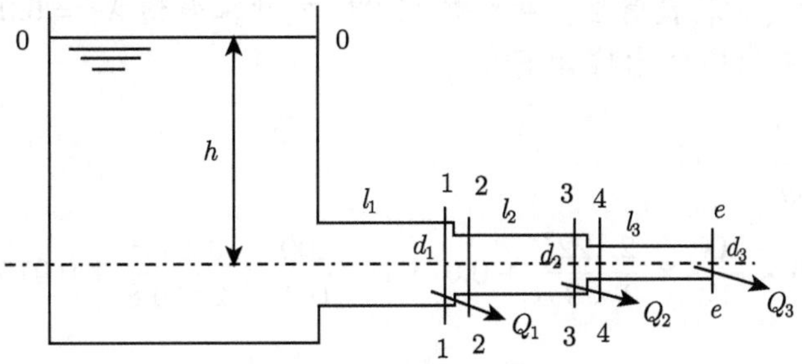

图 5-37　例 5-6 用图

【解】 在水塔水面 0-0 截面和管道出口 $e-e$ 截面之间运用广义伯努利方程，有

$$\frac{p_0}{\rho g}+\frac{V_0^2}{2g}+z_0=\left(\frac{p_e}{\rho g}+\frac{V_e^2}{2g}+z_e\right)+h_f+h_\xi$$

式中，p_0、p_e 均为大气压强，

$$h_f=\sum_{i=1}^{3}\lambda_i\frac{l_i}{d_i}\frac{V_i^2}{2g}\text{，按题意不计局部损失，故}h_\xi=0, V_0\approx0$$

$$V_1=4(Q_1+Q_2+Q_3)/\left(\pi d_1^2\right)=4\times0.05\times3/(\pi\times0.3^2)=2.122\ \mathrm{m/s}$$
$$V_2=4(Q_2+Q_3)/(\pi d_2^2)=4\times0.05\times2/(\pi\times0.2^2)=3.183\ \mathrm{m/s}$$
$$V_3=4Q_3/(\pi d_3^2)=4\times0.05\times1/(\pi\times0.15^2)=2.829\ \mathrm{m/s}$$
$$V_e=V_3\text{，因此有}h=z_0-z_e=\frac{V_3^2}{2g}+\sum_{i=1}^{3}\lambda_i\frac{l_i}{d_i}\frac{V_i^2}{2g}$$

h 为水塔的水位，现在确定各段的沿程损失系数：

(1) 第一段

$$Re_1=V_1d_1/\nu=2.122\times0.3/(1.003\times10^{-6})=634696$$

过渡粗糙管区雷诺数下界 $26.98\left(\overline{\Delta}_1\right)^{-8/7}=196\ 852<Re_1$

过渡粗糙管区雷诺数上界 $4\ 160\left(2\overline{\Delta}_1\right)^{-0.85}=1\ 723\ 449>Re_1$

因此流动处于过渡粗糙管区，可根据 (5-23) 式计算得到 $\lambda_1=0.0166$。

(2) 第二段

$$Re_2=V_2d_2/\nu=3.183\times0.2/(1.003\times10^{-6})=634696$$

过渡粗糙管区雷诺数下界 $26.98\left(\overline{\Delta}_2\right)^{-8/7}=123\ 849<Re_2$

过渡粗糙管区雷诺数上界 $4\ 160\left(2\overline{\Delta}_2\right)^{-0.85}=1\ 221\ 011>Re_2$

因此流动也处于过渡粗糙管区，可根据 (5-23) 式计算得到 $\lambda_2=0.0181$。

(3) 第三段

$$Re_3=V_3d_3/\nu=2.829\times0.15/(1.003\times10^{-6})=423081$$

过渡粗糙管区雷诺数下界 $26.98\left(\overline{\varDelta}_3\right)^{-8/7}=89\ 147<Re_3$

过渡粗糙管区雷诺数上界 $4160\left(2\overline{\varDelta}_3\right)^{-0.85}=956\ 141>Re_3$

因此流动仍处于过渡粗糙管区，可根据 (5-23) 式计算得到 $\lambda_3=0.0195$。

于是，可计算水塔所需的水位如下:

$$
\begin{aligned}
h&=\frac{V_3^2}{2g}+\sum_{i=1}^{3}\lambda_i\frac{l_i}{d_i}\frac{V_i^2}{2g}\\
&=\frac{2.829^2}{2\times9.8}+0.0166\times\frac{100}{0.3}\times\frac{2.122^2}{2\times9.8}+0.018\ 1\times\frac{100}{0.2}\times\frac{3.183^2}{2\times9.8}+0.019\ 5\times\frac{100}{0.15}\times\frac{2.829^2}{2\times9.8}\\
&=11.669\text{m}
\end{aligned}
$$

【例 5-7】 如图 5-38 所示并联管路系统，总管的体积流量 $Q=0.15\ \text{m}^3/\text{s}$，已知各支管的参数为 $d_1=0.1$ m、$l_1=150$ m、$\lambda_1=0.025$，$d_2=0.15$ m、$l_2=180$ m、$\lambda_2=0.02$，$d_3=0.1$ m、$l_3=180$ m、$\lambda_3=0.025$。求通过各支管的体积流量 Q_1、Q_2、Q_3。(忽略局部损失)

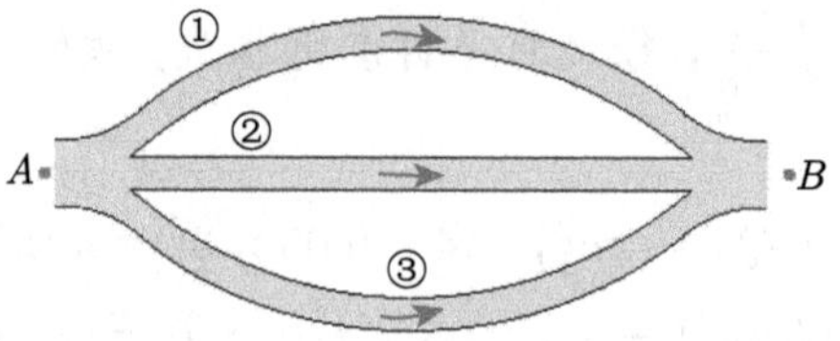

图 5-38　并联管路系统

【解】 总管和各支管流量连续有

$$Q_1+Q_2+Q_3=0.15\ \text{m}^3/\text{s} \tag{a}$$

由并联管路系统的流动特点，可知各支管中损失的水头相等，即

$$h_{f1}=h_{f2}=h_{f3}\quad 或\quad \lambda_1\frac{l_1}{d_1}\frac{1}{2g}\left(\frac{4Q_1}{\pi d_1^2}\right)^2=\lambda_2\frac{l_2}{d_2}\frac{1}{2g}\left(\frac{4Q_2}{\pi d_2^2}\right)^2=\lambda_3\frac{l_3}{d_3}\frac{1}{2g}\left(\frac{4Q_3}{\pi d_3^2}\right)^2$$

将各有关数据代入上式并整理得

$$2.813Q_1=Q_2 \tag{b}$$

$$0.913Q_1=Q_3 \tag{c}$$

联立 (a)、(b)、(c) 解得 $Q_1=0.031\ 7\ \text{m}^3/\text{s}$, $Q_2=0.089\ 3\ \text{m}^3/\text{s}$, $Q_3=0.029\ 0\ \text{m}^3/\text{s}$。

【例 5-8】 如图 5-39 所示，总管自水池引出水后，从 B 点分叉，经支管 2、3 分别于 C、D 两点流入大气。已知 C、D 两点与水池水面的高度差均为 $h=8.77$m，$l_1=l_2=$

400 m, $l_3 = 600$ m, $d_1 = 0.2$ m, $d_2 = 0.1$ m, $d_3 = 0.15$ m, $\lambda_1 = \lambda_2 = \lambda_3 = 0.025$, B 点外泄流量 $q = 12.2 \times 10^{-3}\ \mathrm{m^3/s}$, 不计局部损失。求 Q_1、Q_2、Q_3。

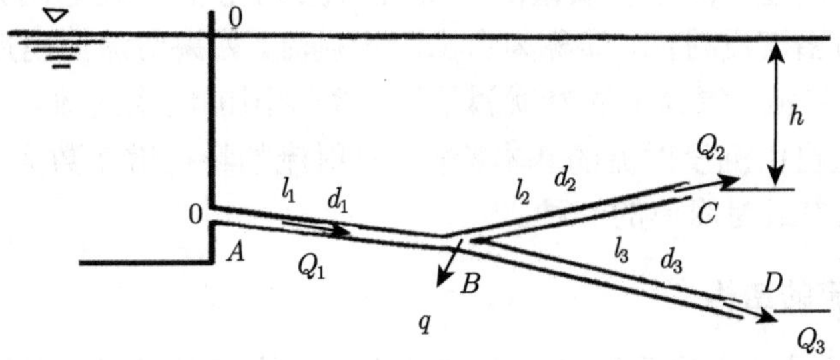

图 5-39　例 5-8 用图

【解】 各管段上的流动损失为

$$h_{w1} = \lambda_1 \frac{l_1}{d_1}\frac{V_1^2}{2g} = \frac{8}{\pi^2 g}\lambda_1 \frac{l_1 Q_1^2}{d_1^5} \quad h_{w2} = \frac{8}{\pi^2 g}\frac{\lambda_2 l_2 Q_2^2}{d_2^5} \quad h_{w3} = \frac{8}{\pi^2 g}\frac{\lambda_3 l_3 Q_3^2}{d_3^5}$$

沿管路 ABC 在 0-0 截面与出口 C 截面之间建立伯努利方程，有

$$h = z_0 - z_c = \frac{8}{\pi^2 g}\left[\frac{\lambda_1 l_1 Q_1^2}{d_1^5} + \frac{\lambda_2 l_2 Q_2^2}{d_2^5} + \frac{\alpha_2 Q_2^2}{d_2^4}\right]$$

沿管路 ABD 在 0-0 截面与出口 D 截面之间建立伯努利方程，有

$$h = z_0 - z_D = \frac{8}{\pi^2 g}\left[\frac{\lambda_1 l_1 Q_1^2}{d_1^5} + \frac{\lambda_3 l_3 Q_3^2}{d_3^5} + \frac{\alpha_3 Q_3^2}{d_3^4}\right]$$

又节点的流量应平衡，故有 $Q_1 - q = Q_2 + Q_3$

将有关数据代入上面三式得 $8.77 = 2584.72 Q_1^2 + 83\,538.28 Q_2^2$

$$8.77 = 2584.72 Q_1^2 + 16\,501.39 Q_3^2$$

$$Q_1 - 1.22 \times 10^{-3} = Q_2 + Q_3$$

求解得 $Q_1 = 40.47 \times 10^{-3}\ \mathrm{m^3/s}$ 、$Q_2 = 8.7 \times 10^{-3}\ \mathrm{m^3/s}$、$Q_3 = 19.57 \times 10^{-3}\ \mathrm{m^3/s}$

5.6　湍流射流的基本特性

射流是指流体在一定的压强作用下从小孔、喷嘴或管道等流出并进入较大空间而形成的继续扩散的流动。射流中继续扩散的流体微团不停地进行强烈的无规则脉动，进而实现了与周围介质的动量交换、热量交换和质量交换，在绝大多数情况下射流都处在湍流状态。射流现象在日常生活及工程实际中极为普遍，如航空航天器发动机喷管的燃气喷流、石油化工喷射泵的蒸汽射流、消防喷枪的水射流、工业中的引射器等。因此，研究射流具有重要的实际意义。

当射流流出后不受固壁边界的限制，而在某一空间中自由扩张的喷射流动称为自由射流。如果射流的温度、密度与周围介质的温度、密度相同，并且周围介质是静止不动的，射流经过与周围介质的动量、能量和质量的交换后，最终“沉没”在周围介质之中，这种情况下的射流称为等温自由沉没射流，简称为自由沉没射流。如果射流流出后其发展受到壁面的限制，则称之为约束射流，气体引射器就属于这一类受限的约束射流。

本节仅学习等温自由沉没射流的基本特性，且射流的特征雷诺数大于临界雷诺数，即为湍流射流，这是射流中最为简单的一种。

5.6.1　自由沉没射流的结构

图 5-40 所示为流体以一定压强从一个宽度为 $2b_0$ 的矩形喷嘴或直径为 $2r_0$ 的轴对称喷嘴流出后的流动图谱，由此可以分析自由沉没射流的基本结构。假设流体在喷嘴截面上以均匀的流速 V_0 射出，且特征雷诺数 $2V_0r_0/\nu > Re_{\mathrm{cr}}$，为湍流射流。射流离开喷嘴后的流动过程可以大致描述如下：由于流体微团的不规则运动，特别是流体微团的横向速度脉动，使得射流与周围的介质不断进行质量与动量的交换，故引动周围介质沿射流流向运动，将周围静止流体不断地卷吸到射流中来，于是射流的质量增加，射流的宽度或直径加大，但射流本身的平均速度逐渐减小，故射流与周围静止介质的动量差和能量差逐渐减小以至最后完全消失，射流宛如被周围的介质所完全吞没。

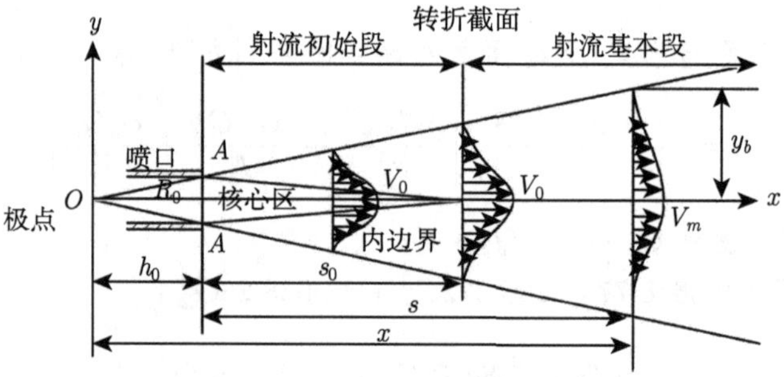

图 5-40　自由沉没射流的基本结构

对自由沉没射流的大量观测和分析表明，它大致可以分为两部分，即射流初始段和射流基本段。事实上，这两者之间存在一个射流过渡段，但由于较短往往被简化为一个过渡截面。在图 5-40 中 x 轴和 y 轴的原点设在射流外边界的交点上，该点称为射流的极点。从极点到喷嘴出口截面 $A-A$ 的距离为 h_0，射流初始段的长度为 s_0，从极点开始的距离用 x 表示，从喷口开始的距离用 s 表示。

1. *射流初始段*

射流刚离开喷嘴，在 $A-A$ 截面上流速 V_0 可视为均匀分布。射流在沿 x 方向的流动过程中不断地引动周围介质，使射流变得越来越宽，而射流主体的速度却逐步降低。通常把速度等于 0.01 倍中心流速的地方称为射流外边界，把流体速度保持出口初速度的边界称为射流的内边界，把流体速度保持出口初始速度的区域称为射流的核心区。在轴对称射流条件下，射流核心区是一个以喷嘴面积为底面积、射流初始段长度 s_0 为高度的圆锥体。射流外边界和内边界之间的区域称为射流边界层。显然射流边界层随 x 距离的增加而扩大，它一边向外扩展，带动周围更多的静止流体进入射流中；一边又向射流中心扩展，使射流核心区逐步减小，直到扩展到射流中心线上，射流核心区消失为止。从射流出口到射流核心区末端的一段称为射流初始段。在射流初始段，射流中心线上的速度始终保持为射流的出口速度 V_0。射流初始段的长度随喷嘴的几何形状和初始流动状态而变，在矩形平面射流情况下约为 $12b_0$，在轴对称射流情况下约为 $10r_0$。

2. 射流基本段

在射流初始段之后，随着射流边界层的不断发展，射流轴线上的速度连续下降，直至射流完全"沉没"在外部静止流体当中。射流初始段后至射流消失前的区域通常称为射流基本段。实验与理论分析表明，射流基本段的流动可以设想为从射流外边界交点 O 的一个点源喷射出流体的流动，点 O 为射流基本段的极点。因此，若定义外边界处的 y 值 y_b 为射流的半宽度，则有射流宽度与 x 呈线性关系，即

$$y_b = kx \tag{5-41}$$

式中，k 值由实验归纳而得。对于轴对称射流，有 $k = 3.4a$，其中 a 取决于喷口速度分布的均匀程度：

$a = 0.066$——喷口速度分布均匀；

$a = 0.070$——喷口中心速度 V 高出平均速度 $\overline{V}$ 达 10%；

$a = 0.076$——喷口中心速度 V 高出平均速度 $\overline{V}$ 达 25%。

3. 射流过渡段和过渡截面

图 5-40 给出的是理想化的湍流射流物理模型。实际的湍流射流中，在射流初始段和射流基本段之间并没有一个明显的分界面，而存在一个过渡区域，称为射流的过渡段。由于该区域范围不大，在工程应用中，为简单起见，可以略去此段，而以过渡截面代之。

5.6.2 自由沉没射流的参数分布规律

1. 截面总动量的守恒性

实验表明，自由沉没射流各截面上压强分布基本上是均匀的，等于射流边界上的介质压强。这样，整个射流内的压强均相同，故作用于整个射流之上的 x 方向的合外力为零。因此，自由射流在流动过程中通过各个截面的 x 方向总动量必然守恒，均等于喷管出口截面射流的原始动量，即

$$J = \int_A \rho V^2 \mathrm{d}A = \rho_0 V_0^2 A_0 = \text{const} \tag{5-42}$$

式中，V_0、A_0 分别表示喷管出口处的速度和截面积，A 为射流任一截面处射流的截面积。对每一个射流流动都有一个确定的动量值 J，因此 J 是决定射流状态的重要特征量。

2. 剖面速度分布的相似性

实验和理论分析均表明，自由沉没射流任意截面上的横向速度与纵向速度相比是很小的，可以忽略不计。因此，从工程应用的角度出发，可以认为沿射流中心轴的速度分量 V_x 即

可表征射流的速度特性。

图 5-41 给出了特留彼尔测定的轴对称射流基本段 5 个测量截面的速度分布曲线，其中左图展示的为有量纲量，右图展示的为无量纲量，射流的初始速度是 87 m/s。图中，x 表示各测量截面到喷口的距离，y 表示射流的横向尺寸，V_m 为该截面轴心处的速度，$y_{0.5}$ 为该截面上速度恰好等于 $V_m/2$ 处的 y 坐标。该图表明，随着离开喷口距离的增加，射流的有量纲速度分布逐渐变得平坦，同时射流宽度增加。但若分别采用 V_m、$y_{0.5}$ 对纵、横坐标进行无量纲化，则可发现 5 个截面的速度分布重叠在同一条曲线上。因此，湍流射流基本段内不同截面的速度分布是相似的，可以用与雷诺数无关的无因次速度分布曲线来统一表示，该曲线具有高斯分布的形式，可近似写为

$$\frac{V}{V_m}=\mathrm{e}^{-\left(\frac{y}{y_{0.5}}\right)^2} \tag{5-43}$$

上述特性称为自由沉没射流速度分布的相似性或自模性。

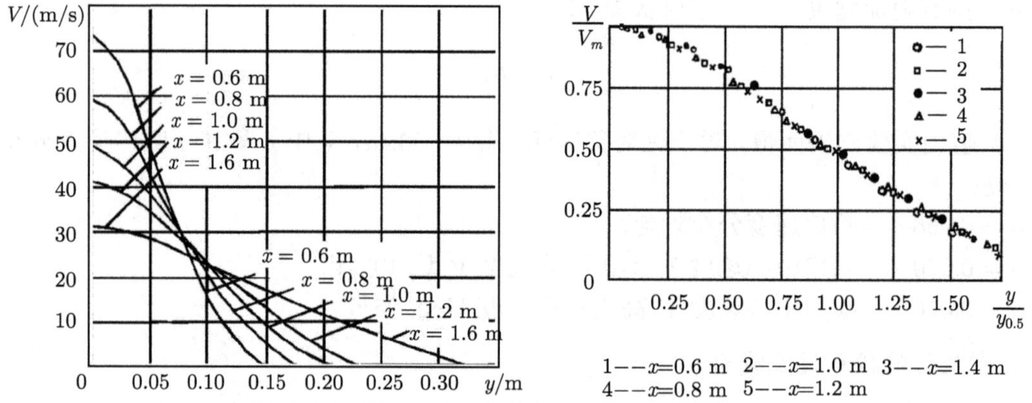

图 5-41 轴对称射流基本段中不同截面上的速度分布 (左：有量纲量；右：无量纲量)

俄国科学家阿勃拉莫维奇通过实验证实，在射流的初始段，速度分布同样存在相似性。为了简化起见，人们采用一个统一的半经验公式来描述轴对称湍流射流初始段和基本段的速度分布规律：

$$\frac{V}{V_m}=\left[1-\left(\frac{y}{y_b}\right)^{1.5}\right]^2 \tag{5-44}$$

上式中需要注意的是，在射流初始段，y_b 是指射流边界层 (即自由剪切层) 的全部宽度；在射流基本段，y_b 则是指射流的半宽度，即射流外边界到射流轴线的距离。

3. 自由沉没射流中心速度 V_m 的衰减规律

前面确定了轴对称自由沉没射流任意截面上速度分布的相似关系，然而若想得到任意截面上具体的有量纲速度分布，则需利用实验获得的射流外边界扩展规律 $y_b(x)$，进一步确定轴心速度的衰减规律 $V_m(x)$。

自由沉没射流的轴心速度衰减规律可由动量守恒关系和速度分布的相似性得到。对于不可压缩轴对称射流，由动量守恒有

$$2\int_0^{y_b} V^2 y\mathrm{d}y = V_0^2 R_0^2 \tag{5-45}$$

改写成无量纲形式为

$$\left(\frac{V_m}{V_0}\right)^2\left(\frac{y_b}{R_0}\right)^2 2\int_0^1\left(\frac{V}{V_m}\right)^2\left(\frac{y}{y_b}\right)\mathrm{d}\left(\frac{y}{y_b}\right)=1$$

将 (5-44) 式代入，则有

$$\left(\frac{V_m}{V_0}\right)^2\left(\frac{y_b}{R_0}\right)^2 2\int_0^1\left[1-\left(\frac{y}{y_b}\right)^{1.5}\right]^4\left(\frac{y}{y_b}\right)\mathrm{d}\left(\frac{y}{y_b}\right)=1$$

于是，经简单计算可得

$$y_b/R_0=2.736V_0/V_m \tag{5-46}$$

上式与实验结果有一定偏差，根据实验应将系数修正为 3.3，则有

$$V_m/V_0=3.3R_0/y_b \tag{5-47}$$

再将射流半宽 $y_b=3.4ax$ 代入上式，可得

$$V_m/V_0=3.3R_0/y_b=0.97R_0/(ax) \tag{5-48}$$

这就是轴对称射流的轴心速度随 x 的变化关系，可见它与离喷口的距离 x 成反比。

4. 自由沉没射流的流量增加规律

在不可压缩轴对称自由沉没射流中，任一横截面上所通过的体积流量可计算如下：

$$Q=2\pi\int_0^{y_b}Vy\mathrm{d}y=2\pi V_m y_b^2\int_b^1\left(\frac{V}{V_m}\right)\left(\frac{y}{y_b}\right)\mathrm{d}\left(\frac{y}{y_b}\right)$$

$$=2\pi R_0^2V_0\left(\frac{y_b}{R_0}\right)^2\left(\frac{V_m}{V_0}\right)\int_0^1\left(\frac{V}{V_m}\right)\left(\frac{y}{y_b}\right)\mathrm{d}\left(\frac{y}{y_b}\right)$$

令 $Q_0=\pi R_0^2V_0$ 表示喷口流出的初始体积流量，将 y_b/R_0、V/V_m 代入并积分得

$$Q/Q_0=2.8(V_0/V_m)$$

实验表明，上式与实际情况略有差别，其系数应修正为 2.13，因此有

$$Q/Q_0=2.13(V_0/V_m) \tag{5-49}$$

在过渡截面上，有 $V_m=V_0$，于是 $Q/Q_0=2.13$，可见经过射流初始段的流动，已经有 1.13 倍于射流初始体积流量的外部流量被卷入射流之中。而且随着离开喷口距离的增加，越来越多的周围介质被引动并进入射流，但由于射流动量守恒，因此射流的流速将不断地降低，以致射流最终被周围介质所“淹没”。

得到流量 Q 的计算公式后，可马上得到射流的面平均流速 $\overline{V}$：

$$\overline{V}=\frac{\overline{V}}{V_0}V_0=\frac{Q/A}{Q_0/A_0}V_0=\frac{Q}{Q_0}\frac{A_0}{A}V_0=2.13\frac{V_0}{V_m}\left(\frac{R_0}{y_b}\right)^2V_0$$

$$= \left(2.13\frac{V_0}{V_m}\right)\left(3.3\frac{V_0}{V_m}\right)^{-2} V_0 \approx 0.2V_m \tag{5-50}$$

上式说明，在轴对称自由沉没射流的基本段，面平均流速约为中心流速的 20%。综合前面获得的各参数分布规律，可以发现射流的一个有趣的特性：如果已知射流的喷口直径 $2R_0$ 及出口流量 Q_0，那么对射流基本段的任意截面而言，只要知道中心速度 V_m，便可立即从 (5-47)、(5-49) 和 (5-50) 式求出该射流截面的半宽 y_b、流量 Q 和平均流速 $\overline{V}$。

5. 其他特征参数的计算

(1) 过渡截面距离 x_0

在射流的过渡截面，有 $V_m = V_0$，由 (5-48) 式可知

$$\frac{V_m}{V_0} = 1 = 0.97\frac{R_0}{ax_0}$$

于是过渡截面到射流极点的距离为

$$x_0 = 0.97R_0/a \tag{5-51}$$

(2) 过渡截面半宽

由于 $y_b = 3.4ax$，在过渡截面 $x = x_0 = 0.97R_0/a$，因此过渡截面的半宽为

$$y_b = 3.4ax = 3.3R_0 \tag{5-52}$$

(3) 极点到喷口的距离 h_0

由三角形的相似原理，有

$$R_0/h_0 = y_b/x_0 = 3.4a$$

可得

$$h_0 = 0.29R_0/a \tag{5-53}$$

若 a 取 0.07，则有 $h_0 \approx 4R_0$，表明对于轴对称自由沉没射流而言，极点到喷口的距离约为 4 倍喷口半径。

(4) 射流核心区长度 s_0

射流核心区长度或初始段长度 $s_0 = x_0 - h_0$，因此有

$$s_0 = (0.97 - 0.29)R_0/a = 0.68R_0/a \tag{5-54}$$

若 a 取 0.07，则有 $s_0 \approx 10R_0$，说明射流核心区的长度约为 10 倍喷口半径。

(5) 射流扩张角 θ

因为射流的宽度 $y_b = 3.4ax$，因此有

$$\tan(\theta/2) = \mathrm{y_b/x} = 3.4\mathrm{a} \tag{5-55}$$

若 a 取 0.07，则有 $\theta = 2\tan^{-1}(3.4 \times 0.07) \approx 28°$，即轴对称射流的全扩张角为 28° 左右。

习　题

5-1　试证明两无限大固定平行平板间层流的平均速度是最大流速的 2/3。

5-2　当薄翼的运动方向和其弦长平行时，一般当 $Re_x = 2.8 \times 10^6$ 时，边界层流动开始转变成湍流，式中 x 表示自边缘算起的距离，若翼面以 20 m/s 的速度运动，试就下列 20 ℃的流体，求出湍流转捩点：(1) 空气；(2) 水。

5-3　大气压下 20 ℃的水和 20 ℃的空气，流过同一光滑管道，如果管道内流动时沿程损失系数相等，求在同管长相同压差下二者的体积流量比。

5-4　当 Re=3500 时，光滑管内的流动可能是层流也可能是湍流。设 20 ℃的水流过内径为 50.8 mm、长为 1.3 m 的光滑管，求：

(1) 湍流和层流时的平均流速比、沿程损失比和管壁剪切应力之比；

(2) 湍流时的两端压差 (设管道水平放置)；

(3 层流时管中心的流速。

5-5　水管流量 $Q = 0.02\ \mathrm{m^3/s}$，管直径 $d = 200$ mm，流体密度 $\rho = 1000\ \mathrm{kg/m^3}$，运动黏度 $\nu = 1.306 \times 10^{-6}\ \mathrm{m^2/s}$，测得轴线处速度 $u_{\max} = 1.2$ m/s。假设管流处于水力光滑阶段，试求管壁切应力 τ_w。

5-6　在直径 $d = 30$ mm 的管道上用水作沿程损失试验，测得相距 120 m 两点的压强差为 33 cm 水银柱 (假设管道水平放置)。已知 $Q = 0.23\ \mathrm{m^3/s}$，求沿程损失系数 λ 为多少？

5-7　矩形光滑管道的边长分别为 a、b，截面积 ab 一定，且水平放置，设流动为层流。求流过一定流量时单位长度上的有效压头差最小时的 a/b 值。

5-8　在如图所示的倾斜管道中，密度为 $\rho = 900\ \mathrm{kg/m^3}$、运动黏度为 $\nu = 0.0002\ \mathrm{m^2/s}$ 的油沿着管道向上流动，1、2 两点的参数如图中所示。假定流动处于层流状：

(1) 证明流动是向上的；

(2) 计算 1、2 两点之间的沿程损失 h_f，计算流量 Q，平均流速 V 以及雷诺数 Re。流动确实是层流吗？

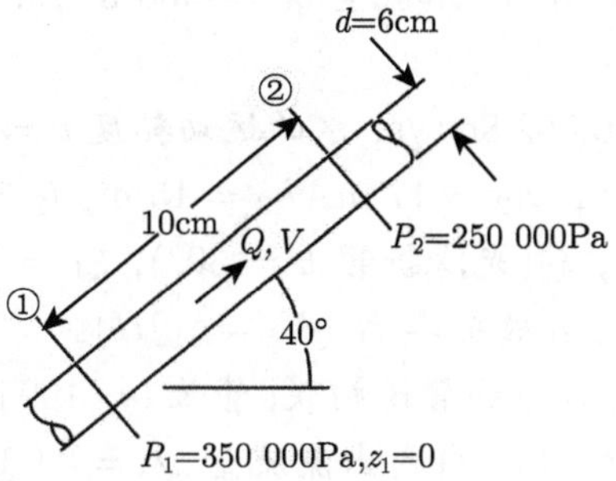

习题 5-8

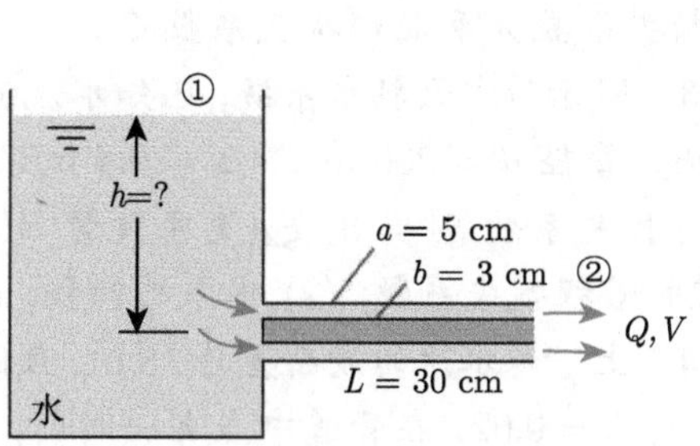

习题 5-9

5-9　如图所示，环形管道的长度为 30 m，为了维持管中的流量为 0.01 m^3/s，水箱的高度 h 应该为何值？忽略进口效应，并取水的参数 $\rho = 1\ 000\ kg\ /\ m^3$，$\nu = 1.02 \times 10^{-6}\ m^2/s$，管壁的粗糙度为 0.046 mm。

5-10　图示为测定弯管局部损失系数 ξ 的装置。已知弯管 $d = 50$ mm，测点间弧长 $l = 0.8$ m，管内流动沿程损失系数 $\lambda = 0.003$，通过水量 $Q = 15\ m^3/h$，$\nu = 1.5\times10^{-6} m^2/s$，$h = 20$ mm，求 ξ。

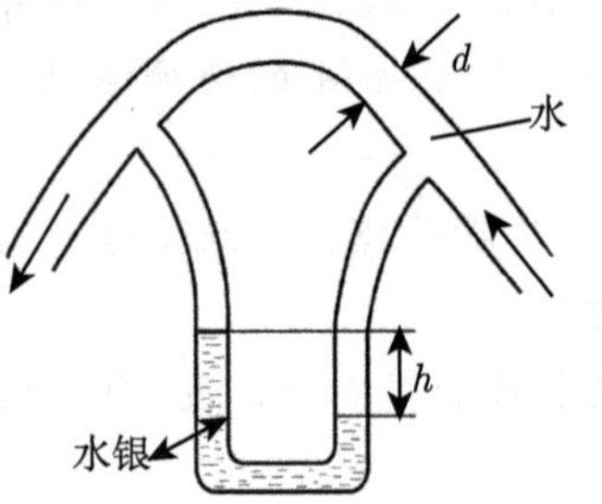

习题 5-10

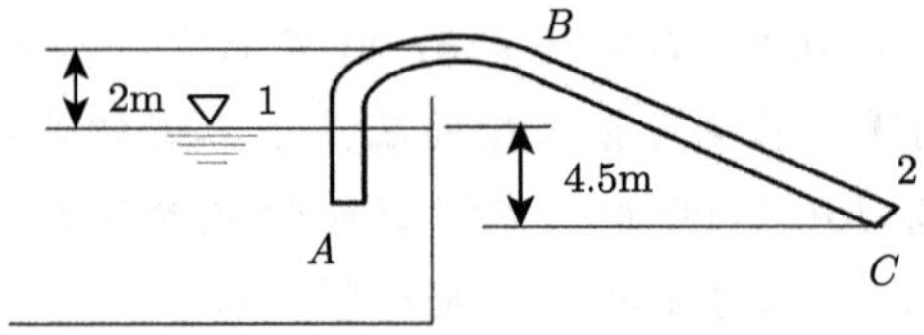

习题 5-11

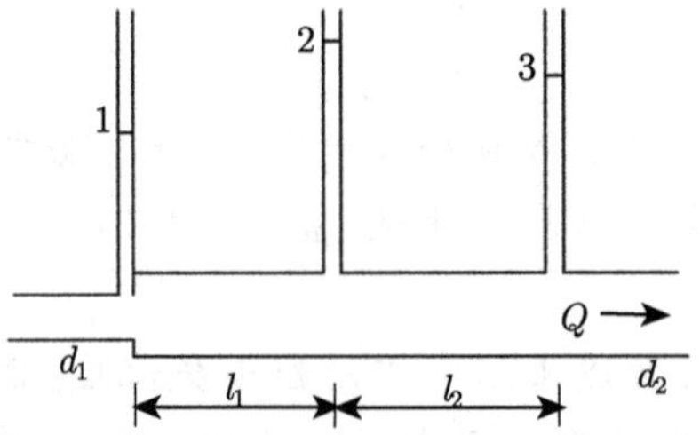

习题 5-12

5-11　虹吸管从水箱吸引水流入大气。已知 $d = 15$ mm，管口至管最高点的管长为 6 m，全管长 20 m，设 $\lambda = 0.025$，进口 $\xi_1 = 0.8$，直角弯头 $d/R = 0.5$，折转角 $\theta = 30°$(按光滑管的 ξ)，求虹吸管流量和最高点处的压强。

5-12　不同管径的两管道的连接处截面突然扩大。管道 1 的管径 $d_1 = 0.2$ m，管道 2 的管径 $d_2 = 0.3$ m。为了测量管 2 的沿程损失系数 λ 以及截面突然扩大的局部损失系数 ζ，在突扩处前面装一个测压管，在其他地方再装两个测压管，如图所示。已知 $l_1 = 1.2$ m，$l_2 = 3$ m，测压管水柱高度 $h_1 = 80$ mm，$h_2 = 162$ mm，$h_3 = 152$ mm，水流量 $q_v = 0.06\ m^3/s$，试求沿程水头损失系数 λ 和局部损失系数 ζ。

5-13　图示为水泵抽水系统，已知水流流量 $Q = 0.062\ 8 m^3/s$，水的运动黏度 $\nu = 1.519 \times 10^{-6} m^2/s$，管径 $d = 200$ mm，$\Delta = 0.4$ mm，$h_1 = 3$ m，$h_2 = 17$ m，$h_3 = 15$ m，$l_2 = 12$ m，各处局部损失系数 $\xi_1 = 3$，ξ_2(直角弯管 $d/R = 0.8$)，ξ_3(光滑折管 $\theta = 30°$)，$\xi_4 = 1$。求：(1) 管道的沿程损失系数；(2) 水泵的扬程；(3) 水泵的有效功率 $N_e(N_e = \gamma QH)$。

5-14　上下两水池的液面差为 18 m，且保持不变，其中由管道相联，管长 $l = 100$ m，管径 $d = 0.1$ m，$\lambda = 0.02$，在管道中点有一阀门，当阀门打开时，自由出流流量 $Q_3 = 0.002\ m^3/s$，不计局部损失，求：

(1) 在阀前、后管中流量各为多少？

(2) 在离管道出口距离 $l' = 30\,\text{m}$ 处放置一单管测压计其液面与上游水池液面高度差多少？

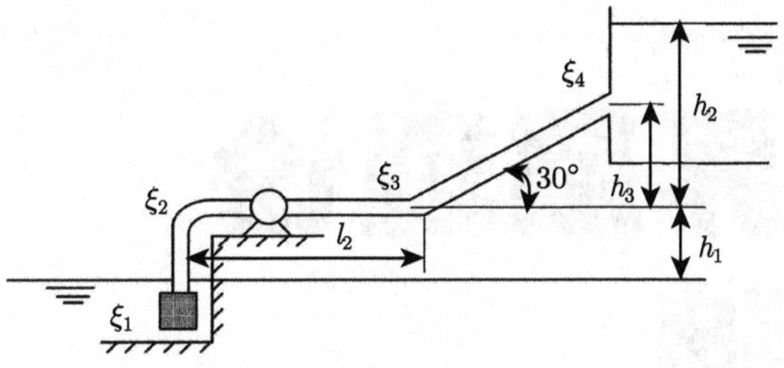

习题 5-13

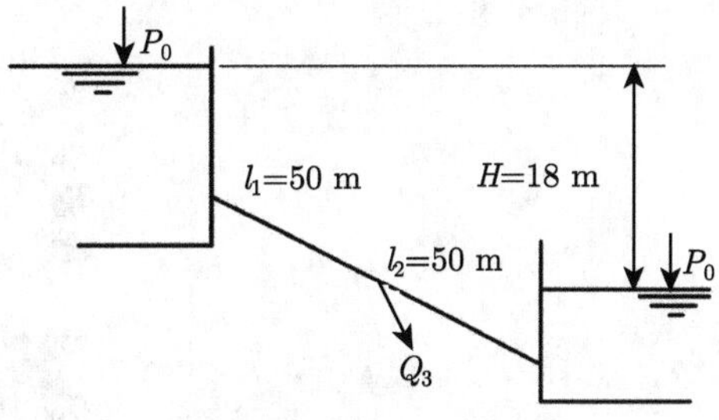

习题 5-14

5-15　用等直径管输送液体，如果流量不变，管长不变，液体黏度不变，将管道直径减小一半，试问在层流、湍流平方阻力区两种情况下，其压强损失比原来增大多少倍？

5-16　如图所示的并联和串联管道，主管中水的总流量为 $0.1\ \text{m}^3/\text{s}$, 仅考虑沿程损失，且 $\lambda = 0.02$，求各支管流量及 AB 段的能量损失。

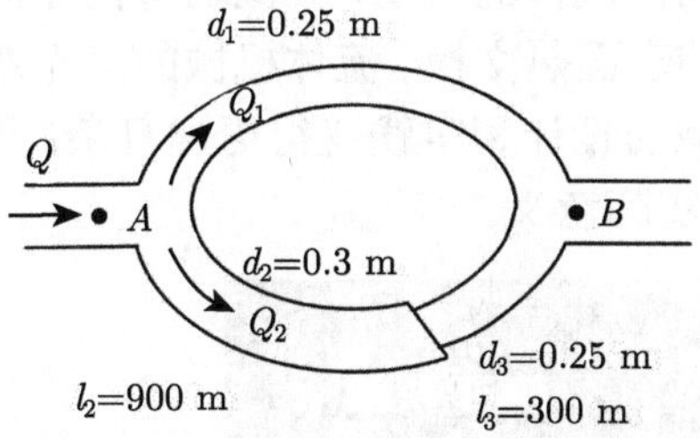

习题 5-16

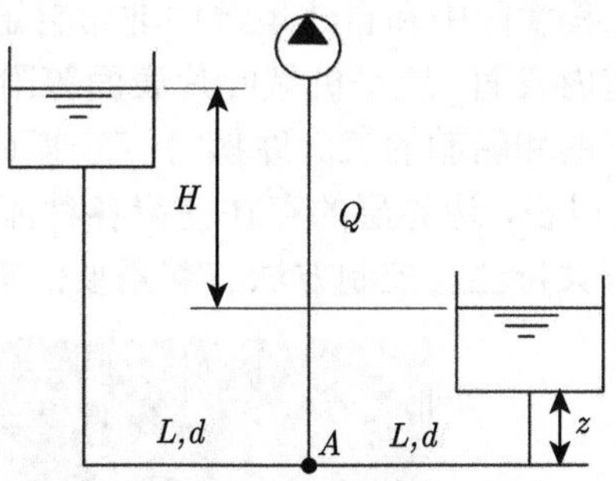

习题 5-17

5-17　流量 $Q = 0.004\ \text{m}^3/\text{s}$ 的油泵从两个油箱中吸油，两油箱原始液面差 $H = 0.5\ \text{m}$，两油箱到节点 A 的油管长度和直径相同，均为 $L = 10\ \text{m}, d = 50\ \text{mm}$。仅计其沿程损失，已知 $\lambda = 0.03$。试确定:

(1) 油泵开始吸油时每个油箱流出的流量;

(2) 当液面差 H 为何值时，由较低油箱流出的流量将等于零;

(3) 节点 A 应在较低油箱下 z 为何处时，才使得较高油箱泄空后空气不致于进入泵内，而较低油箱能完全泄空。

5-18　一轴对称射流测得 $V_0 = 50\ \text{m/s}$，在某一截面最大速度 $V_\text{m} = 5\ \text{m/s}$，试求该截面上气体流量为多少倍射流初始流量？

5-19　已知一轴对称射流出口截面直径为 1 m, $a = 0.07$，求: 距出口截面 20 m，离开射流中心 $y = 1\ \text{m}$ 处的气体速度与出口速度之比。

5-20　已知一轴对称自由沉没射流距喷口中心 $x = 20\ \text{m}$, $y = 2\ \text{m}$ 处的气体流速为 5 m/s，喷流初始段长度 $s_0 = 1\ \text{m}$，求喷口出口处的初始流量 Q_0。(取 a=0.07)

第6章 边界层理论基础

当实际有黏流体平滑地绕流过某一物体时，在壁面附近将形成一个沿流向逐渐增厚、沿壁面法向速度梯度较大的薄层，称为边界层 (boundary layer，又称附面层，见图 6-1)。边界层流动在工程实际中和自然现象中非常普遍，如飞行器和船舶与运动流体接触的外表面、各类内流管道内表面、透平机械叶片表面等附近区间内流体的流动，其流动特性在很大程度上影响着飞行器和船舶的表面摩擦力、高速飞行器的表面热交换、流体机械的工作效率乃至稳定性等。可以说，边界层的存在使得各种流体机械的设计和实践变得更加复杂。因此，掌握边界层的有关特性及控制方法有着重要的理论和实际意义。

图 6-1　超声速弹体周围的流动

6.1　边界层理论的历史背景

19 世纪下半叶，理论流体力学趋于完善，成功地解决了许多问题，但在某些方面，如流体沿物体壁面流动时的摩擦阻力、管内流动的压强损失却无法与试验一致，甚至截然相反，以圆柱绕流为例，根据势流原理的分析，圆柱受到的阻力应该为零，然而实际情况却不为零。

1904 年，德国科学家普朗特 (Ludwig Prandtl，1875~1953) 在大量的实验观察基础上，首次提出了边界层流动的概念及分区处理的思想。他认为，对于如空气、水等具有普通黏性的流体绕物体流动时，黏性的影响仅仅局限于贴近壁面的薄层内。在薄层外，黏性的影响很弱，可以忽略，应用经典的非黏性流体力学方程 (欧拉方程) 来求解此区域的流动是可行的。然而在薄层内，黏性项与惯性项为同一量级，故不能忽略。普朗特把这一薄层称为边界层，并根据在高雷诺数下边界层非常薄这一前提，对黏性流体力学方程 (N-S 方程) 进行了简化，得到了边界层微分方程，后人称之为普朗特方程。四年后，普朗特的博士生布拉修斯 (Blasius) 运用这一方程求解了零压强梯度的平板边界层问题，得到了摩擦阻力的计算公式，且其结果与实验数据基本吻合，第一次用实例验证了边界层理论的有效性，从此边界层理论便正式成为流体力学的一个分支而迅速发展起来。它使得 N-S 方程首次被用来成功解决了工程实际问题，也促使了理论流体力学和实验流体力学这两个流体力学逐渐融合。在其后的数十年中，边界层理论在解决许多的工程实际问题中发挥了巨大的作用，如流动阻力、对流传热、物质扩散估算以及翼型、扩散通道设计等。

边界层理论最初的应用是与势流理论相结合的：物面附近采用边界层理论，而在离开物面附近采用势流理论 (后被扩展到欧拉方程)。在计算流体力学与实验流体力学高度发展的今天，已经很少采用这种复杂的处理方法，但是边界层理论的基本原理对于解决今天的流体力学与气体动力学问题仍然具有重要的理论意义和实用价值。

6.2 边界层的基本概念

6.2.1 边界层的形成

本章研究的边界层是指 “速度” 边界层，这就是说，只有当物面与黏性流体之间存在相对运动的时候，才会形成边界层。

设在速度为 V_0 的均匀来流中顺着流动方向放置一块平板 (图 6-2)。由于流体具有黏性，紧贴壁面的流体必然附着在物体表面上，其相对流速为零。随着距壁面法向距离的增加，壁面对流体的滞止影响减弱，流速不断增大，至一定距离处就接近了 V_0。若流动的雷诺数远大于 1，则壁面对流体的滞止作用被局限在一薄层内，此即边界层。在这一薄层内，流体的流速由外边界的外流速度急剧下降到壁面的零，速度梯度较大，即使流体具有较小的黏性系数，所表现出来的黏性力也较大，因此黏性力与惯性力具有相同的量级，不能忽略。另外，由以上描述可以看出，边界层内的流动为有旋流动。

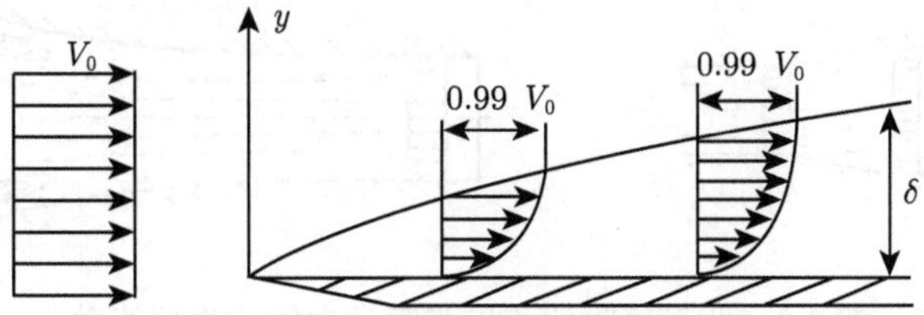

图 6-2 平板边界层的形成

通常定义当地流速达到 $0.99V_0$ 时的离壁面距离为边界层的厚度 δ。其中 V_0 为当地边界层外的主流流速，下文将用 U_e 代替 V_0，下标 “e” 表示边界层外缘。必须指出，边界层的厚度 $\delta(x)$ 沿程是不断增加的，但边界层 $0.99U_e$ 组成的外边缘线并不是流线，在这条边缘线上不断有外部自由流的流体穿越此外边缘线流入边界层内。

6.2.2 边界层的发展

通常意义下的边界层发展有两层含义：其一是固体壁面上流体流动形成的边界层物理厚度 δ(或称绝对厚度) 沿流向不断增厚；其二是边界层内流体的流动会由初始的层流流态向湍流流态转捩。下面就这两方面的内容分别加以讨论：

1. *边界层的增厚和厚度增长规律* $\delta=\delta(x)$

边界层的厚度 δ 沿流向不断增加，影响 δ 增厚的因素主要有雷诺数、沿流向的压强梯度以及固体壁面的粗糙度等。从本质上说，边界层厚度是随雷诺数变化而变化的。因为在边界层内黏性力项和惯性力项具有相同量级。边界层内惯性力项 $\rho u\dfrac{\partial u}{\partial x}$ 具有的量级为 $\rho\dfrac{U_e^2}{x}$，黏性力项 $\mu\dfrac{\partial^2 u}{\partial y^2}$ 具有的量级为 $\mu\dfrac{U_e}{\delta^2}$，两者相当，因此有

$$\rho\frac{U_e^2}{x}\sim\mu\frac{U_e}{\delta^2}\quad \text{或}\quad \frac{\delta}{x}\sim\sqrt{\frac{\nu}{U_e x}}=\frac{1}{\sqrt{Re_x}}\quad \text{即}\delta\sim x/\sqrt{Re_x} \tag{6-1}$$

这表明，边界层的物理厚度或绝对厚度 δ 沿流随距离 x 的增加及雷诺数 Re_x 的减小而变厚。边界层的厚度通常很薄。例如，20℃的水沿平板流动，若平板长 $L=1\text{m}$，$\nu=1\times10^{-6}\ \text{m}^2/\text{s}$，来流速度 $U_e=1\ \text{m/s}$，求得 $Re_x=(U_eL)/\nu=10^6$，如果边界层保持层流，则可以算出当地边界层厚度大致为 $\delta\sim L/\sqrt{Re_x}\approx1\ \text{mm}$。但必须注意，无论流动雷诺数如何高，壁面附近的边界层决不会消失。

研究表明，沿流向的压强梯度会显著影响边界层厚度的增长规律 (图 6-3)。对于亚声速的收缩管道流动，流体的加速会使截面压强沿流向逐渐降低，即存在 $\mathrm{d}p/\mathrm{d}x<0$ 的顺压梯度，压差力的作用给边界层内的低能流不断补充机械能。因此，相对于 $\mathrm{d}p/\mathrm{d}x=0$ 的平板边界层而言，收缩管道中边界层的增厚速度要缓慢一些，甚至可能沿流向逐渐变薄。对于亚声速扩张管道流动，主流区中的压强沿流向不断增高，即存在 $\mathrm{d}p/\mathrm{d}x>0$ 的逆压梯度，沿流向不断升高的压强逐渐阻滞边界层内流体的运动，使边界层增厚速度要比平板边界层更快。当管道截面积的增长速率 (或扩张角) 大到一定程度时，往往会由于边界层内流体的动能不足以抵御逆流向压差力的作用，出现流动方向与主流反向的倒流，即所谓的边界层分离。

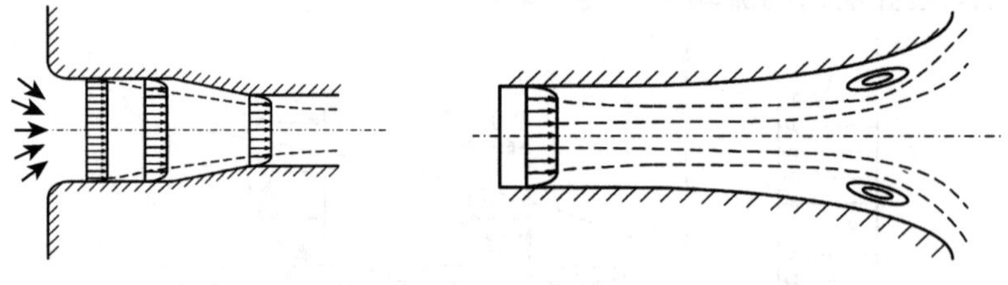

图 6-3　亚声速收敛和扩张管道中的边界层流动

2. *边界层的转捩*

边界层内的流动形态有层流和湍流之分。实验观察表明，在一般情况下，流体从物体前缘或管道进口段形成层流边界层，而后由某一位置开始，层流状态被破坏，呈现出过渡的脉动流动状态，然后逐渐转变为湍流边界层，而湍流边界层的厚度增长要比层流边界层迅速。

图 6-4 为流体流过平板时的边界层发展示意图，图中 $L.B$ 段代表层流边界层，$Tran.$ 为边界层从层流向湍流转变的过渡区域，称为转捩段，$T.B$ 代表湍流边界层。转捩段内边界层流动极为复杂，在工程实际中为方便起见，常将转捩段长度近似认为是零，认为在转捩点边界层的流态由层流转变为湍流。转捩点处的雷诺数 Re_x 称为边界层的临界雷诺数 $Re_{x,c}$。该临界雷诺数 $Re_{x,c}$ 与来流的初始扰动、流体的可压缩性 (马赫数)、沿流向的压强梯度、物体表面的粗糙度、壁面的加热或冷却效果等有关。一般而言，流向逆压梯度、主流初始扰动、壁面粗糙度等的增加均会导致边界层临界雷诺数下降，使转捩提前。

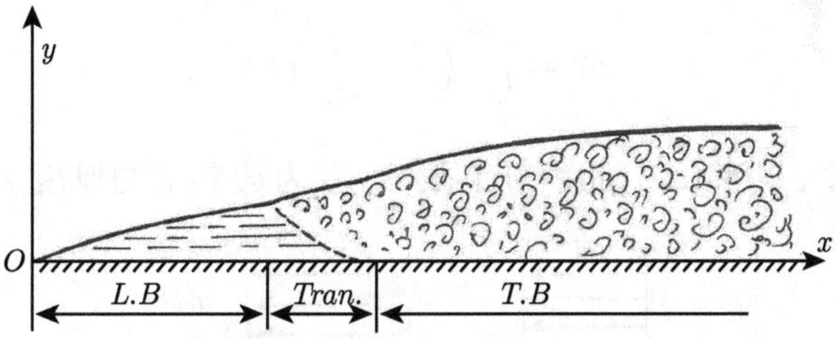

图 6-4　平板边界层的转捩

由于层流边界层的特性与湍流边界层不同，因此在计算时必须首先确定转捩点的位置，然后再对层流区和湍流区采取不同的方法进行计算。

边界层的转捩与壁面的摩擦阻力和高速流动时的表面热流密切相关。为了降低飞行器的摩擦阻力，在雷诺数不高的流动中，通常希望边界层尽可能保持层流，因为层流边界层的摩擦阻力小于湍流边界层，为此采取尽可能光滑的表面、改变型面设计控制流向压强梯度、在适当位置吸气或微吹气以保持物面的流动为层流流态，例如民用飞机或体育竞赛用飞机常将机翼翼型最厚点的位置后挪，使机翼上表面逆压强梯度的出现位置尽可能靠后，保持较大面积的层流边界层，从而达到降低壁面摩擦阻力的目的，这种翼型称为层流翼型。而对于极易发生边界层分离而使阻力大增的流动，则希望确保边界层发生从层流向湍流的转捩，因为湍流边界层抵抗分离的能力高于层流边界层。现在的高超声速飞行器常常采用边界层转捩带以确保高空低雷诺数下强制实现边界层从层流向湍流的转捩。

6.2.3　边界层厚度参数的定义和形状因子

1. 边界层的物理厚度 δ

定义 $u = 0.99U_e$ 处的离壁距离为边界层的物理厚度 δ。但是这样定义的边界层厚度在实际使用中有一定的困难。因为流速自壁面为零增加至 U_e 是一个渐变的过程，且越向 U_e 逼近流速的分布越趋平缓，$u = 0.99U_e$ 的确切高度很难准确测定。考虑到工程实际中关心的是边界层的存在导致的宏观效果，因此采用某种积分形式定义的边界层厚度将是比较实用的。工程中常采用以下三种与边界层速度分布有关的且具有明确物理意义的积分形式厚度。

2. 边界层的位移厚度 δ^*

在固体壁面附近的边界层中，由于流速受到壁面的阻滞而降低，使得在这个区域内所通过的流量较之理想流体流动时所能通过的流量减少，相当于固体壁面向流动区域内移

动了一个距离 δ^* 后理想流体流动所通过的流量 (如图 6-5)。这个距离称为边界层的位移厚度。

根据定义有 $\rho_e U_e \delta^* = \int_0^{\infty} (\rho_e U_e - \rho u)\mathrm{d}y$，即

$$\delta^* = \int_0^{\infty} \left(1 - \frac{\rho u}{\rho_e U_e}\right) \mathrm{d}y \tag{6-2}$$

若流体不可压，则可简化为

$$\delta^* = \int_0^{\infty} \left(1 - \frac{u}{U_e}\right) \mathrm{d}y \tag{6-3}$$

注意在实际计算中，可将式中的积分上限 ∞ 取为边界层的厚度 δ。

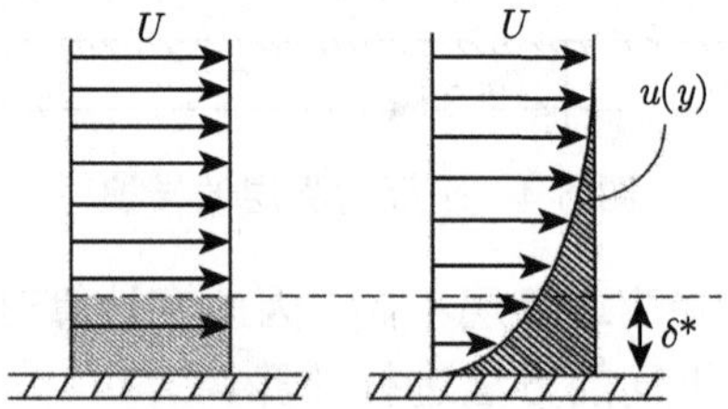

图 6-5　边界层的位移厚度 δ^*

边界层的位移厚度具有明显的物理意义：由于边界层的存在排移了厚度为 δ^* 的非黏性流体的流量，可以把物面各点都向流场内部移动一个距离 $\delta^*(x)$，从而得到假想物面，让理想流体绕这个假想物面流动，其流场在边界层的外部与黏性流动的流场相同。在实际问题中，往往需要考虑边界层的存在对外部流场的影响。例如对于一个矩形截面的风洞试验段，为了保证试验段内沿流向速度恒定，不能将上下、左右壁面设计成相互平行的一个平直段，应有一个向外的边界层位移厚度修正量，例如将壁面设计成具有不大于 $0.5°$ 的扩张角；在超声速进气道的波系设计和喉道设计时也必须考虑边界层的影响，进行必要的修正。

3. *边界层的动量损失厚度 θ*

与不考虑边界层相比，边界层内流速的降低不仅使通过的流体流量减少，还使得通过的流体动量也相应减少。边界层中实际通过的流体动量为 $\int_0^{\infty} \rho u^2 \mathrm{d}y$，如这些质量的流体均具有势流速度 U_e，则其动量为 $\int_0^{\infty} \rho u U_e \mathrm{d}y$，两者的动量之差相当于将固体壁面再向流动区域内部移动了 θ 的距离，此即边界层的动量损失厚度。

根据定义有 $\rho_e U_e^2 \theta = \int_0^{\infty} \rho u (U_e - u)\mathrm{d}y$，即

$$\theta = \int_0^{\infty} \frac{\rho u}{\rho_e U_e} \left(1 - \frac{u}{U_e}\right) \mathrm{d}y \tag{6-4}$$

对不可压流体有

$$\theta = \int_0^{\infty} \frac{u}{U_e} \left(1 - \frac{u}{U_e}\right) \mathrm{d}y \tag{6-5}$$

图 6-6 给出了边界层内 $\dfrac{u}{U_e}$、$1-\dfrac{u}{U_e}$ 及 $\dfrac{u}{U_e}\left(1-\dfrac{u}{U_e}\right)$ 的分布情况，比较各部分的面积即可以得到 $\theta<\delta^*<\delta$。

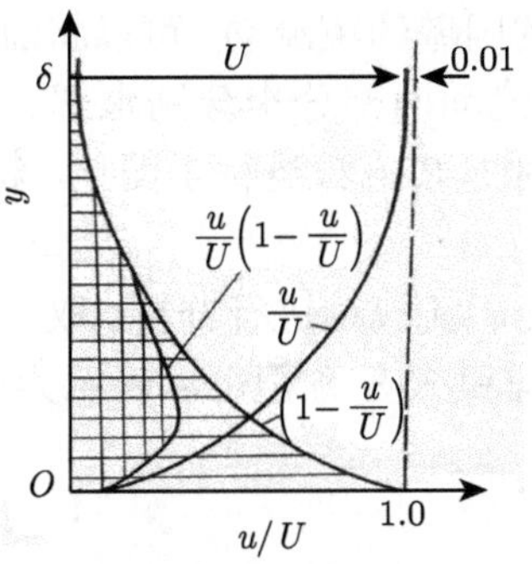

图 6-6　边界层内各速度相关量的分布

动量损失厚度也具有明显的物理意义：由于边界层的存在损失了厚度为 θ 的非黏性流体的动量。显然 θ 也只是 x 的函数。

4. **边界层的能量损失厚度 δ_e**

边界层中流体速度的降低也使得通过流体的动能减少，按照前面同样的分析，令能量损失厚度为 δ_e，则有

$$\delta_e=\int_0^{\infty}\frac{\rho u}{\rho_e U_e}\left(1-\frac{u^2}{U_e^2}\right)\mathrm{d}y \tag{6-6}$$

5. **边界层的形状因子 H**

边界层的形状因子 H 是描写边界层流态的一个非常有用的物理量，定义形状因子

$$H=\delta^*/\theta \tag{6-7}$$

它表示边界层内流量亏损与动量亏损的比值，是描述边界层内速度分布形状的参数。显然，形状因子 $H\geqslant 1$，平板湍流边界层的 H 值为 1.3 左右，平板层流边界层的 H 值约为 2.6。H 越小边界层的速度剖面就越饱满，一般情况下湍流边界层的速度分布要更为饱满 (图 6-7)，这是由于湍流边界层中流体质点的横向脉动导致了附加动量交换的缘故。在实际流动中，常常根据边界层的形状因子来判定或预测边界层是否出现分离，对于层流边界层，当 $H\geqslant 3.5$ 时边界层就极易发生分离。

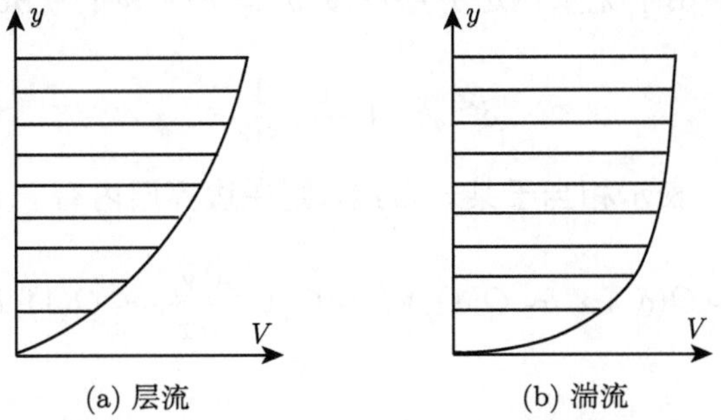

(a) 层流　(b) 湍流

图 6-7　层流、湍流边界层内速度剖面的对比

6.3　边界层微分方程

普朗特指出，对于高雷诺数的固壁约束流动，可以将流动区间分为忽略黏性影响的外部势流和黏性起主导作用的边界层流动两部分来分别求解。普朗特还根据边界层厚度为小量的特点，采用数量级分析的办法对 N-S 方程进行了简化，获得了边界层微分方程，从而使得对其求解成为可能。

根据以上思路，对不可压二维层流流动进行分析。取 x 轴与壁面贴合，y 轴垂直于壁面，忽略壁面曲率及质量力，连续方程和 N-S 方程可以表示为

$$\left.\begin{aligned}&\frac{\partial V_x}{\partial x}+\frac{\partial V_y}{\partial y}=0\\&\frac{\partial V_x}{\partial t}+V_x\frac{\partial V_x}{\partial x}+V_y\frac{\partial V_x}{\partial y}=-\frac{1}{\rho}\frac{\partial p}{\partial x}+\frac{\mu}{\rho}\left(\frac{\partial^2 V_x}{\partial x^2}+\frac{\partial^2 V_x}{\partial y^2}\right)\\&\frac{\partial V_y}{\partial t}+V_x\frac{\partial V_y}{\partial x}+V_y\frac{\partial V_y}{\partial y}=-\frac{1}{\rho}\frac{\partial p}{\partial y}+\frac{\mu}{\rho}\left(\frac{\partial^2 V_y}{\partial x^2}+\frac{\partial^2 V_y}{\partial y^2}\right)\end{aligned}\right\}\tag{6-8}$$

为了比较式中各项的大小，选取主流速度 U_e，壁面的特征长度 L 及密度 ρ 对式中的各变量进行无量纲化，有

$$x^*=x/L,y^*=y/L,V_x^*=V_x/U_e,V_y^*=V_y/U_e,t^*=tU_e/L,p^*=p/\rho U_e^2$$

于是 (6-8) 式可改写成

$$\left.\begin{aligned}&\frac{\partial V_x^*}{\partial x^*}+\frac{\partial V_y^*}{\partial y^*}=0\\&\frac{\partial V_x^*}{\partial t^*}+V_x^*\frac{\partial V_x^*}{\partial x^*}+V_y^*\frac{\partial V_x^*}{\partial y^*}=-\frac{\partial p^*}{\partial x^*}+\frac{1}{Re}\left(\frac{\partial^2 V_x^*}{\partial x^{*2}}+\frac{\partial^2 V_x^*}{\partial y^{*2}}\right)\\&\frac{\partial V_y^*}{\partial t^*}+V_x^*\frac{\partial V_y^*}{\partial x^*}+V_y^*\frac{\partial V_y^*}{\partial y^*}=-\frac{\partial p^*}{\partial y^*}+\frac{1}{Re}\left(\frac{\partial^2 V_y^*}{\partial x^{*2}}+\frac{\partial^2 V_y^*}{\partial y^{*2}}\right)\end{aligned}\right\}\tag{6-9}$$

式中，$Re=\rho U_e L/\mu$。

对于高雷诺数流动，由于无量纲边界层厚度 $\delta^*=\delta/L\sim 1/\sqrt{Re}$，有 $\delta^*\ll 1$。因此存在如下量级顺序：

$$\delta^{*2},\delta^*,1,\frac{1}{\delta^*},\frac{1}{\delta^{*2}}$$

若使用符号 $\sim O(\quad)$ 表示相当于某一量级，则在边界层内有

$$x^*\sim O(1),y^*\sim O(\delta^*),t^*\sim O(1),V_x^*\sim O(1),\frac{\partial V_x^*}{\partial x^*}\sim O(1),Re\sim O\left(\frac{1}{\delta^{*2}}\right)$$

由连续方程

$$\partial V_y^*/\partial y^*=-\partial V_x^*/\partial x^*\sim O(1),\text{则有}V_y^*\sim O(\delta^*)$$

于是，可以分析 N-S 方程在边界层流动中各项的量级如下：

$$\frac{\partial V_x^*}{\partial t^*}+V_x^*\frac{\partial V_x^*}{\partial x^*}+V_y^*\frac{\partial V_x^*}{\partial y^*}=-\frac{\partial p^*}{\partial x^*}+\frac{1}{Re}\left(\frac{\partial^2 V_x^*}{\partial x^{*2}}+\frac{\partial^2 V_x^*}{\partial y^{*2}}\right) \tag{6-10}$$

$$1 \qquad 1\times 1 \qquad \delta^*\frac{1}{\delta^*} \qquad\qquad \delta^{*2}\left(1 \qquad \frac{1}{\delta^{*2}}\right)$$

$$\frac{\partial V_y^*}{\partial t^*}+V_x^*\frac{\partial V_y^*}{\partial x^*}+V_y^*\frac{\partial V_y^*}{\partial y^*}=-\frac{\partial p^*}{\partial y^*}+\frac{1}{Re}\left(\frac{\partial^2 V_y^*}{\partial x^{*2}}+\frac{\partial^2 V_y^*}{\partial y^{*2}}\right) \tag{6-11}$$

$$\delta^* \qquad 1\times \delta^* \qquad \delta^*\frac{\delta^*}{\delta^*} \qquad\qquad {\delta^*}^2\left(\delta^* \qquad \frac{1}{\delta^*}\right)$$

略去上式中一阶及一阶以上的小量，保留所有压强梯度项，并还原为有量纲量，可得

$$\left.\begin{aligned}&\frac{\partial V_x}{\partial x}+\frac{\partial V_y}{\partial y}=0\\&\frac{\partial V_x}{\partial t}+V_x\frac{\partial V_x}{\partial x}+V_y\frac{\partial V_x}{\partial y}=-\frac{1}{\rho}\frac{\partial p}{\partial x}+\nu\frac{\partial^2 V_x}{\partial y^2}\\&\frac{1}{\rho}\frac{\partial p}{\partial y}=0\end{aligned}\right\} \tag{6-12}$$

(6-12) 式中的第三式说明边界层内垂直于壁面方向的压强保持不变，即边界层内任意截面上的压强分布都是均匀的，它仅是 x 的函数，且近似等于边界层外缘处的主流压强 $p_e(x)$。因此，边界层内的压强分布是已知量，完全由外部势流决定，也可以说外部势流的压强分布可以穿透边界层而作用在物面上。而外部势流的压强梯度可由伯努利方程 $\dfrac{\mathrm{d}p_e}{\mathrm{d}x}=-\rho U_e\dfrac{\mathrm{d}U_e}{\mathrm{d}x}$ 得出，因此边界层的微分方程式还可写为

$$\left.\begin{aligned}&\frac{\partial V_x}{\partial x}+\frac{\partial V_y}{\partial y}=0\\&\frac{\partial V_x}{\partial t}+V_x\frac{\partial V_x}{\partial x}+V_y\frac{\partial V_x}{\partial y}=U_e\frac{\mathrm{d}U_e}{\mathrm{d}x}+\nu\frac{\partial^2 V_x}{\partial y^2}\\&\frac{1}{\rho}\frac{\partial p}{\partial y}=0\end{aligned}\right\} \tag{6-13}$$

上式即为普朗特于 1904 年提出的二维不可压层流边界层微分方程，因此也称为普朗特边界层微分方程。以上讨论的是层流情况，事实上将 (6-13) 式稍作变形，便可适用于湍流边界层。具体过程如下：

$$\left.\begin{aligned}&\frac{\partial V_x}{\partial x}+\frac{\partial V_y}{\partial y}=0\\&\frac{\partial V_x}{\partial t}+V_x\frac{\partial V_x}{\partial x}+V_y\frac{\partial V_x}{\partial y}=-\frac{1}{\rho}\frac{\mathrm{d}p_e}{\mathrm{d}x}+\frac{1}{\rho}\frac{\partial \tau}{\partial y}\\&\frac{1}{\rho}\frac{\partial p}{\partial y}=0\end{aligned}\right\} \tag{6-14}$$

其中

$$\begin{cases} \tau = \mu \dfrac{\partial V_x}{\partial y} & \text{层流} \\ \tau = \mu \dfrac{\partial V_x}{\partial y} - \rho \overline{V_x' V_y'} & \text{湍流} \end{cases}$$

由前面的推导可知，边界层微分方程是 N-S 方程在特定情况下的简化形式，其成立的条件是高雷诺数近壁流动，且边界层未分离。若外部势流解已经获得，结合 (6-15) 式所给出的边界条件则可对该方程进行求解，但实际上由于外部势流和边界层流动间的耦合作用，求解过程往往需要通过迭代完成。

$$\begin{cases} y = 0, V_x = 0, V_y = 0 \\ y = \delta, V_x = U_e \end{cases} \tag{6-15}$$

虽然边界层方程较之 N-S 方程是大大简化了，动量方程只剩下了 x 方向的一个，且由原来的椭圆型变为抛物型，但由于该方程仍然是非线性的，数学上求解依旧较为困难，目前只能对一些典型情况求得其精确解。

6.4　边界层的动量积分方程

边界层微分方程表征了各流动参数之间内在的物理联系和边界层内流场的流动细节，具有一定的普适性，但要在任意条件下对边界层微分方程进行精确求解是不现实的。从工程实用的角度出发，一种可近似求出边界层内的平均流动特性的冯 · 卡门边界层动量积分方程可能更为方便。

对于任意的二维不可压边界层流动，取图 6-8 所示的控制体积 $ABCDE$ 来推导冯 · 卡门边界层动量积分方程。其中 BC 为边界层的外边界，AE 为固壁面，与壁面垂直的两个平行平面 AB 和 CE 相距为 $\mathrm{d}x$，垂直于纸面方向的宽度为单位值，由于边界层内沿壁面法向压强梯度为零，故 AB、CE 界面上的压强均匀分布。

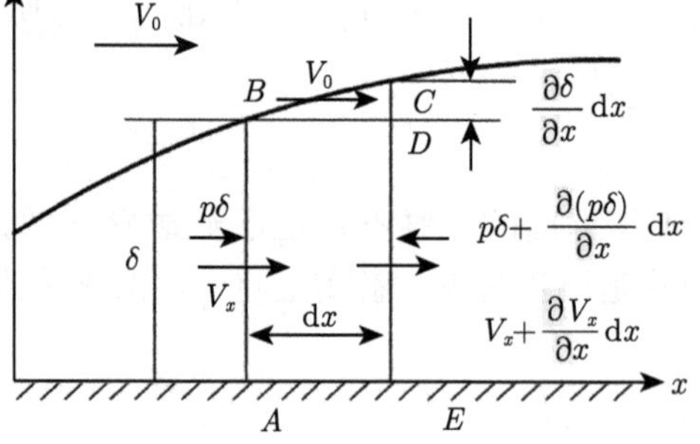

图 6-8　动量积分方程的推导

作用在各控制面上沿 x 方向的作用力为

AB 面：$p\delta$

CE 面：$-\left[p\delta + \dfrac{\partial (p\delta)}{\partial x}\mathrm{d}x\right]$

BC 面：$\left(p+\frac{\partial p}{\partial x}\cdot\frac{\mathrm{d}x}{2}\right)\frac{\partial\delta}{\partial x}\mathrm{d}x$

AE 面：$-\tau_w\mathrm{d}x$

对上述各项求和，并忽略高阶小量，可得作用在各控制面上的 x 方向合力为

$$\sum F_x=-\left(\tau_w+\delta\frac{\partial p}{\partial x}\right)\mathrm{d}x \tag{6-16}$$

流过各控制面的 x 方向动量的净流出流率为

AB 面：$-\int_0^\delta\rho V_x^2\mathrm{d}y$

CE 面：$\int_0^\delta\rho V_x^2\mathrm{d}y+\frac{\partial}{\partial x}\left(\int_0^\delta\rho V_x^2\mathrm{d}y\right)\mathrm{d}x$

BC 面：根据连续方程可知，通过 BC 面流进的流量应当等于通过 CE 面流出的流量与通过 AB 面流进的流量之差加上控制体积内流体质量随时间的变化率，即

$$\begin{aligned}&\int_0^\delta\rho V_x\mathrm{d}y+\frac{\partial}{\partial x}\left(\int_0^\delta\rho V_x\mathrm{d}y\right)\mathrm{d}x-\int_0^\delta\rho V_x\mathrm{d}y+\frac{\partial}{\partial t}\left[\left(\int_0^\delta\rho\mathrm{d}y\right)\mathrm{d}x\right]\\&=\frac{\partial}{\partial t}\left(\int_0^\delta\rho\mathrm{d}y\right)\mathrm{d}x+\frac{\partial}{\partial x}\left(\int_0^\delta\rho V_x\mathrm{d}y\right)\mathrm{d}x\end{aligned}$$

因此流出的 x 方向动量为 $-U_e\left[\frac{\partial}{\partial t}\left(\int_0^\delta\rho\mathrm{d}y\right)\mathrm{d}x+\frac{\partial}{\partial x}\left(\int_0^\delta\rho V_x\mathrm{d}y\right)\mathrm{d}x\right]$。

由动量守恒定律可知，作用在控制体积上的力应等于控制体积内动量的增加率与净流出控制面的动量流率之和，于是有

$$-\left(\tau_w+\delta\frac{\partial p}{\partial x}\right)=\frac{\partial}{\partial t}\left(\int_0^\delta\rho V_x\mathrm{d}y\right)-U_e\frac{\partial}{\partial t}\left(\int_0^\delta\rho\mathrm{d}y\right)+\frac{\partial}{\partial x}\left(\int_0^\delta\rho V_x^2\mathrm{d}y\right)-U_e\frac{\partial}{\partial x}\left(\int_0^\delta\rho V_x\mathrm{d}y\right) \tag{6-17}$$

此即边界层的动量积分方程，也称为冯 · 卡门边界层积分方程，它适用于可压缩流体的层流或湍流边界层流动。对于不可压缩流体的定常流动，上式简化为

$$\frac{\tau_w}{\rho}=-\frac{\delta}{\rho}\frac{\mathrm{d}p}{\mathrm{d}x}-\frac{\mathrm{d}}{\mathrm{d}x}\int_0^\delta V_x^2\mathrm{d}y+U_e\frac{\mathrm{d}}{\mathrm{d}x}\int_0^\delta V_x\mathrm{d}y \tag{6-18}$$

对上式中的各项进一步变形如下：

$$\frac{\delta}{\rho}\frac{\mathrm{d}p}{\mathrm{d}x}=-U_e\frac{\mathrm{d}U_e}{\mathrm{d}x}\int_0^\delta\mathrm{d}y=-\frac{\mathrm{d}U_e}{\mathrm{d}x}\int_0^\delta U_e\mathrm{d}y$$

$$U_e\frac{\mathrm{d}}{\mathrm{d}x}\int_0^\delta V_x\mathrm{d}y=\frac{\mathrm{d}}{\mathrm{d}x}\left(\int_0^\delta U_eV_x\mathrm{d}y\right)-\frac{\mathrm{d}U_e}{\mathrm{d}x}\int_0^\delta V_x\mathrm{d}y$$

于是 (6-18) 式可整理为

$$\frac{\tau_w}{\rho}=\frac{\mathrm{d}}{\mathrm{d}x}\left(U_e^2\int_0^\delta\frac{V_x}{U_e}\left(1-\frac{V_x}{U_e}\right)\mathrm{d}y\right)+U_e\frac{\mathrm{d}U_e}{\mathrm{d}x}\int_0^\delta\left(1-\frac{V_x}{U_e}\right)\mathrm{d}y$$

亦

$$\frac{\tau_w}{\rho}=\frac{\mathrm{d}}{\mathrm{d}x}\left(U_e^2\theta\right)+U_e\frac{\mathrm{d}U_e}{\mathrm{d}x}\delta^* \tag{6-19}$$

或

$$\frac{C_f}{2}=\frac{\tau_w}{\rho U_e^2}=\frac{\mathrm{d}\theta}{\mathrm{d}x}+(2+H)\cdot\frac{\theta}{U_e}\cdot\frac{\mathrm{d}U_e}{\mathrm{d}x} \tag{6-20}$$

(6-19) 式或 (6-20) 式是适用于定常、不可压、带压强梯度的层流或湍流边界层的动量积分方程，根据此方程可以计算边界层的厚度和壁面摩擦阻力。可以看出，动量积分关系式包含有 3 个未知量：动量厚度 θ、位移厚度 δ^*、τ_w(或动量厚度 θ、形状因子 H、C_f)，为了使方程封闭必须再补充两个方程。

当利用 (6-20) 式来描述顺流向放置的平板边界层流动时，由于势流流速沿流向不发生变化，因此方程简化为

$$\frac{\tau_w}{\rho U_e^2}=\frac{\mathrm{d}\theta}{\mathrm{d}x}\ 或 \tau_w\mathrm{d}x=\mathrm{d}\left(\rho U_e^2\theta\right) \tag{6-21}$$

由此可以明显地看出动量积分方程的物理意义：作用在 $\mathrm{d}x$ 段上的壁面摩擦阻力等于这一段平板边界层中流体在 x 方向损失的动量。

6.5　边界层的求解

前面，我们建立了描述边界层流动的微分方程和积分方程，然而上述方程的求解并非易事，目前已发展了多种边界层的求解方法。大致可分为三大类：精确解法、积分关系式的近似解法以及数值解法，其中精确解法又包括相似性解和级数解，近似解法的种类则更是多达数十种，在计算机技术和计算流体力学高度发展的今天，已经能够对边界层进行三维 N-S 方程数值求解，前两类边界层方程解法的重要性已逐渐降低，为此本节不准备详细论述边界层的各种解法，而只是进行概念介绍和过程描述。

6.5.1　边界层的相似解法

相似解是边界层研究中的一类重要解法，该类求解方法以边界层微分方程为基础，布拉休斯曾用其获得了平板边界层的精确解。当边界层方程具有相似解时，其流速的分布具有如下性质：若把任意 x 断面的流速分布图形 $V_x(x,y)\sim y$ 中的 V_x、y 坐标采用合适的尺度因素进行无量纲化，则不同 x 断面的流速分布图形均相同。

如图 6-9，对于任意的流向位置 x_1、x_2，采用当地势流流速 U_e 作为流速的尺度因素，并取某一函数 $g(x)$ 作为 y 坐标的尺度因素，若流动存在相似解则有

$$\frac{V_x\left(x_1,y/g(x_1)\right)}{U_e(x_1)}=\frac{V_x\left(x_2,y/g(x_2)\right)}{U_e(x_2)} \tag{6-22}$$

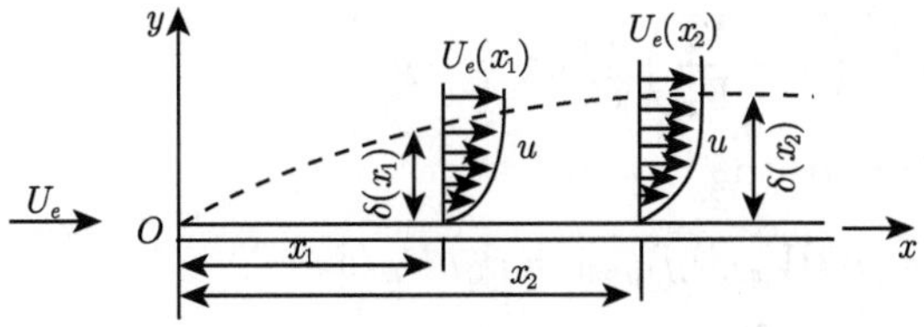

图 6-9　边界层中速度剖面的相似性

换言之，若用坐标图表示，以 $\eta = y/g(x)$ 为横坐标，$f = V_x/U_e$ 为纵坐标，则有 $f(x_1,\eta) = f(x_2,\eta)$，即 f 仅为 η 的函数，采用一条曲线 $f(\eta)$ 便可描述边界层内任意断面的速度分布。一般称 η 为相似变量，由于 η 是相似速度场中的唯一自变量，因此可以将边界层偏微分方程转化为常微分方程，使求解变得相对简单。然而，并不是所有的不可压缩层流边界层流场都存在相似解，研究表明，只有当外部势流速度分布为 $U_e = cx^m$ 或 $U_e = ce^{mx}$ 时，才存在相似解。满足上述条件的典型流动有：平板绕流、尖劈绕流等。

6.5.2　边界层的数值解法

边界层的数值解以计算机技术和计算方法等为基础，涉及大量的数值运算。目前边界层的数值求解方法主要有：有限差分法、有限元法、边界元法、控制体积法、有限分析法等。大多数的边界层数值求解有以下 3 个步骤：

(1) 划分求解区域：将需要求解的区域分成多个小单元，每个单元由若干节点组成；

(2) 数值离散：用近似函数将微分方程写为代数方程；

(3) 对给定的初始条件和边界条件进行离散，在此条件下求解单元上的代数方程组，直至满足精度要求，即得到微分方程的数值近似解。

随着数值计算技术的迅速发展，边界层的数值求解已获得广泛的应用。

6.5.3　边界层的近似解法

以卡门动量积分方程为基础的边界层近似解法，求解步骤大致如下：

(1) 利用势流理论求出物面速度分布，作为边界层积分方程中的势流速度；

(2) 补充两个方程：边界层内速度分布 $V_x(x,y)$ 和壁面剪应力 $\tau_w(x) = \mu(\partial V_x/\partial x)_{y=0}$；

(3) 将卡门动量积分方程与上述两个补充方程组合，使其成为与 δ 相关的一个常微分方程，而该方程往往较容易求解。

必须指出，若速度场 $V_x(x,y)$ 已经准确知道，则可以直接计算壁面剪切应力、边界层位移厚度等参数，就没有利用上述过程求解的必要。卡门动量积分法的优点在于无需精确知道速度场的分布，只需假设合理的速度分布，便可较为准确地求得边界层的各项积分量。

6.5.4　平板边界层近似求解

1. 用卡门动量积分求解平板层流边界层

假定边界层内的速度分布为 $V_x/U_e = f(\eta)$，其中 $\eta = y/\delta$，则有

位移厚度　$\delta^* = \displaystyle\int_0^\delta \left(1 - \frac{V_x}{U_e}\right) \mathrm{d}y = \alpha_1 \delta$

动量损失厚度　$\theta = \int_0^\delta \left(1-\frac{V_x}{U_e}\right)\frac{V_x}{U_e}\mathrm{d}y = \alpha_2\delta$

形状因子　$H = \delta^*/\theta = \alpha_1/\alpha_2$

壁面剪切应力　$\tau_w = \mu(\partial V_x/\partial y)_{y=0} = \beta_0\mu U_e/\delta$

式中，$\alpha_1 = \int_0^1 (1-f)\mathrm{d}\eta$，$\alpha_2 = \int_0^1 f(1-f)\mathrm{d}\eta$，$\beta_0 = f'(0)$。于是，边界层动量积分方程 (6-20) 可写为

$$\frac{1}{2}\frac{\mathrm{d}\theta^2}{\mathrm{d}x} + \left(2+\frac{\alpha_1}{\alpha_2}\right)\frac{\theta^2}{U_e}\frac{\mathrm{d}U_e}{\mathrm{d}x} = \frac{\alpha_2\beta_0\nu}{U_e} \tag{6-23}$$

这是关于 θ^2 的一阶线性常微分方程，它的解为

$$\theta^2 = e^{-\int_0^x \left(2+\frac{\alpha_1}{\alpha_2}\right)\frac{2}{U_e}\frac{\mathrm{d}U_e}{\mathrm{d}x}\mathrm{d}x} \cdot \int_0^x \frac{2\alpha_2\beta_0\nu}{U_e} e^{\int_0^x \left(2+\frac{\alpha_1}{\alpha_2}\right)\frac{2}{U_e}\frac{\mathrm{d}U_e}{\mathrm{d}x}\mathrm{d}x}\mathrm{d}x \tag{6-24}$$

求出 $\theta(x)$ 之后，便可得到边界层的厚度 δ、位移厚度 δ^* 以及壁面剪切应力 τ_w。对于均匀流中与流向平行放置的平板边界层，沿流向势流流速不变，有 $\mathrm{d}U_e/\mathrm{d}x = 0$，则

$$\theta = \sqrt{2\alpha_2\beta_0}\sqrt{\nu x/U_e} \tag{6-25}$$

上述求解过程的先决条件是必须首先给定一个合理的边界层内速度分布，这可以有多种不同的速度分布函数。表 6-1 所示为采用各种假设的速度分布函数时，由动量积分方程获得的平板边界层的近似解，表中还列出了布拉修斯精确解以进行比较。可以看出，采用这些假定的速度分布所求得的 δ^*、θ、τ_w 都具有一定的精度。

表 6-1　均匀流中平板层流边界层近似解与精确解比较

假定的速度型	$\frac{\delta}{x}\sqrt{Re_x}$	$\frac{\delta^*}{x}\sqrt{Re_x}$	$\frac{\theta}{x}\sqrt{Re_x}$	$\frac{1}{2}C_f\sqrt{Re_x}$	$H=\frac{\delta^*}{\theta}$
$f(\eta)=\eta$	3.46	1.732	0.577	0.289	3.05
$f(\eta)=2\eta-\eta^2$	5.47	1.826	0.731	0.365	2.50
$f(\eta)=1.5\eta-0.5\eta^2$	4.64	1.740	0.646	0.323	2.69
$f(\eta)=2\eta-2\eta^2+\eta^4$	5.84	1.751	0.685	0.343	2.55
$f(\eta)=\sin(\pi\eta/2)$	4.80	1.743	0.655	0.328	2.66
布拉修斯精确解	5.00	1.721	0.664	0.332	2.60

2. 用卡门动量积分法求解平板湍流边界层

若平板边界层内的流动全部是湍流，其速度分布要比层流复杂得多，最常用的办法是采用指数律的速度分布来计算：

$$V_x/U_e = (y/\delta)^{1/n} = \eta^{1/n} \tag{6-26}$$

由简单计算可知

$$\delta^* = \frac{1}{n+1}\delta, \theta = \frac{n}{(n+1)(n+2)}\delta \tag{6-27}$$

将上述关系代入沿流向势流流速不变的动量积分方程 (6-21) 式，有

$$\frac{C_f}{2}=\frac{\tau_w}{\rho U_e^2}=\frac{\mathrm{d}\theta}{\mathrm{d}x}=\frac{n}{(n+1)(n+2)}\cdot\frac{\mathrm{d}\delta}{\mathrm{d}x}\text{或}\tau_w=\frac{n}{(n+1)(n+2)}\cdot\rho U_e^2\frac{\mathrm{d}\delta}{\mathrm{d}x} \tag{6-28}$$

问题在于 (6-28) 式左边的 τ_w 如何表示。由于指数律是一个纯经验式，虽然它较准确地描述了湍流边界层内绝大部分区间的速度分布，但它不适于黏性底层，因而不能用 $\mu(\partial V_x/\partial y)_{y=0}$ 来求 τ_w。研究表明，切应力 τ_w 与边界层速度 V_x、流体密度 ρ、流体黏度 v 以及 y 等有关，即 $\tau_w=f(\rho,V_x,v,y)$，经量纲分析可得 $\dfrac{V_x^2\rho}{\tau_w}$ 和 $\dfrac{y\sqrt{\tau_w/\rho}}{v}$ 两个无量纲参数。由相似 π 定理可知 $V_x=\sqrt{\dfrac{\tau_w}{\rho}}f\left[\dfrac{y\sqrt{\tau_w/\rho}}{v}\right]$，考虑到 V_x 应与 $y^{\frac{1}{n}}$ 成比例，因此 f 的形式应为

$$f\left[\frac{y\sqrt{\tau_w/\rho}}{v}\right]=K\left[\frac{y\sqrt{\tau_w/\rho}}{v}\right]^{\frac{1}{n}}+C$$

结合边界条件 $y=0$ 时 $V_x=0$，可得 $C=0$。于是有 $V_x=K\rho^{-\frac{n+1}{2n}}v^{-\frac{1}{n}}\tau_w^{\frac{n+1}{2n}}y^{\frac{1}{n}}$，经整理得

$$\tau_w=K'\rho\frac{V_x^2}{2}\left(\frac{v}{yV_x}\right)^{\frac{2}{n+1}}=K'\rho\frac{U_e^2}{2}\left(\frac{v}{\delta U_e}\right)^{\frac{2}{n+1}} \tag{6-29}$$

式中，$K'=2K^{-\frac{2n}{n+1}}$。

将 (6-29) 式代入 (6-28) 式可得

$$\frac{n}{(n+1)(n+2)}\rho U_e^2\frac{\mathrm{d}\delta}{\mathrm{d}x}=K'\frac{\rho U_e^2}{2}\left(\frac{v}{\delta U_e}\right)^{\frac{2}{n+1}} \tag{6-30}$$

对上式积分可解得

$$\delta=\left[\frac{(n+3)(n+2)}{2n}K'\right]^{\frac{1+n}{3+n}}\left(\frac{U_e x}{v}\right)^{-\frac{2}{3+n}}x \tag{6-31}$$

于是，只要给定指数律的 n 值，并确定 K' 的取值后即可得到计算结果。若取 $n=7$，$K'=0.0466$，则其计算结果如下所列：

$$\begin{aligned}&\delta/x=0.382\cdot Re_x^{-1/5}\\&\delta^*/x=0.0477\cdot Re_x^{-1/5}\\&\theta/x=0.0371\cdot Re_x^{-1/5}\\&C_f=0.0594\cdot Re_x^{-1/5}H=1.286\end{aligned} \tag{6-32}$$

且可计算长为 L、宽为 b 的平板上所受的阻力以及平均阻力系数为

$$D=b\int_0^L\tau_w\mathrm{d}x=b\int_0^L\frac{n}{(n+1)(n+2)}\rho U_e^2\frac{\mathrm{d}\delta}{\mathrm{d}x}\mathrm{d}x=b\rho U_e^2\frac{n}{(n+1)(n+2)}\delta_L$$

$$=0.0371 \cdot \rho U_e^2 bL \cdot Re_L^{-1/5}$$

$$C_{\rm D} = \frac{D}{0.5\rho U_e^2 bL} = 0.074\,2 \cdot Re_L^{-1/5} \tag{6-33}$$

实践表明，上述结果在 $Re_\delta = 5 \times 10^5 \sim 1.2 \times 10^6$ 范围内与实验值非常一致。

比较上述平板层流边界层和湍流边界层的结果，可以看出

(1) 层流边界层中，$\delta \propto X^{0.5}$，发展慢。湍流边界层中，$\delta \propto X^{0.8}$，发展快，增厚快；

(2) 层流边界层速度分布不饱满，形状因子 H 大。湍流边界层速度分布较“饱满”，形状因子 H 小，携带的平均动量要大，因此不易分离；

(3) 湍流边界层摩擦阻力大，$D \propto U^{1.8}$，$D \propto L^{0.8}$；层流边界层摩擦阻力小，$D \propto U^{1.5}$，$D \propto L^{0.5}$；层流阻力明显小于湍流阻力。

3. 平板混合边界层的近似计算

实际的平板边界层往往是前段为层流状态，在一定距离后发展为湍流状态，此即平板混合边界层。由于混合边界层内的流动情况较为复杂，特进行如下假设以便于计算：

(1) 不存在过渡区，即边界层的流态在转捩点突然由层流转变为湍流；

(2) 湍流边界层的厚度变化、切应力分布都从平板前缘开始计算。

根据上述假设并参照图 6-10，宽为 b、长为 l 的平板混合边界层中，层流边界层长度为 OA，湍流边界层长度为 AB，那么该平板的摩擦阻力 D 应等于层流边界层的摩擦阻力 $D_{L,OA}$ 与湍流边界层的摩擦阻力 $D_{T,AB}$ 之和，而 $D_{T,AB} = D_{T,OB} - D_{T,OA}$，式中 $D_{T,OB}$ 和 $D_{T,OA}$ 为假设湍流边界层均是从平板前缘开始的 OB 段和 OA 段阻力。

因此 $D = D_{L,OA} - D_{T,OA} + D_{T,OB} = \left(C_{D1}\dfrac{x_{\rm cr}}{l} - C_{D2}\dfrac{x_{\rm cr}}{l} + C_{D3}\right) lb\dfrac{\rho U_e^2}{2}$

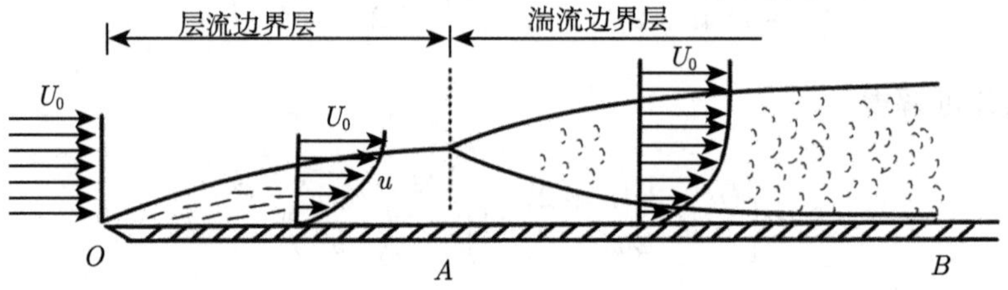

图 6-10 平板混合边界层的计算

式中，C_{D1} 为 OA 段按层流边界层计算得到的平均摩擦阻力系数，C_{D2} 为 OA 段按湍流边界层计算得到的平均摩擦阻力系数，C_{D3} 为 OB 段按湍流边界层计算得到的平均摩擦阻力系数；而 $x_{\rm cr}$ 为层流边界层长度，边界层流动到达此距离后发生从层流向湍流的转捩。

于是，平板混合边界层的平均摩擦阻力系数可按下式计算：

$$C_D = C_{D3} - (C_{D2} - C_{D1})\frac{x_{\rm cr}}{l} = C_{D3} - (C_{D2} - C_{D1})\frac{Re_{x_{\rm cr}}}{Re_l} = C_{D3} - \frac{A}{Re_l} \tag{6-34}$$

式中，$A = (C_{D2} - C_{D1})\, Re_{x_{\rm cr}}$，其取值随 $Re_{x_{\rm cr}}$ 的变化如表 6-2 所列。

表 6-2 A 的取值随 $Re_{x_{cr}}$ 的变化

$Re_{x_{cr}}$	3×10^5	5×10^5	10^6	3×10^6
A	1050	1700	3300	8700

6.6 边界层的分离及控制

6.6.1 边界层的分离现象描述

平板边界层是各种边界层中最为简单的一种，平板边界层外的势流流场中压强及流速均保持为常数，且由于边界层内压强取决于边界层外缘的势流压强，因此整个边界层内的压强也保持为常值，即 $p=C, \mathrm{d}p/\mathrm{d}x=0$。

然而，当流体流经曲壁时，由于流动的过流截面积沿程发生变化，因而外部势流的流速沿程将发生变化，压强也随之变化，此时边界层内的流动将受到外部势流流动的显著影响。以图 6-11 中所示的亚声速凸壁流动为例进行分析：

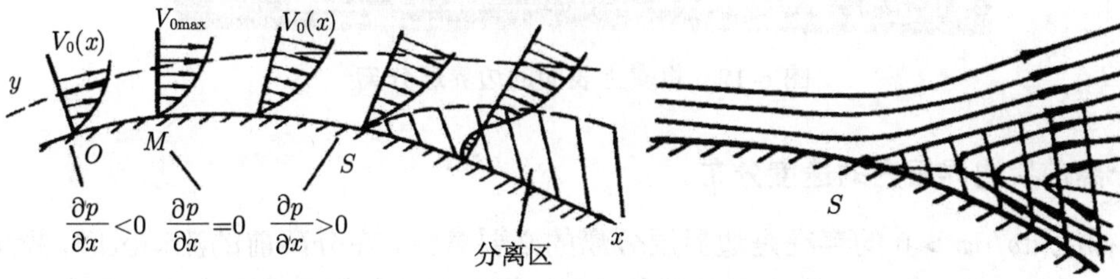

图 6-11 亚声速凸壁流动边界层分离及其速度分布

(1) 在最高点 M 以前，物面上升，过流截面沿流向不断减小，流速渐增而压强不断下降，即有 $\partial U_e(x)/\partial x>0$、$\partial p/\partial x<0$。在此流动区域中，虽然边界层内流体受壁面的滞止作用而不断消耗动能，但由于顺流向压差力的推动作用，不断有压强能转化为动能，因此边界层气流有足够的动能维持向前的流动；

(2) 在物面的最高点 M 处，流速达到最大而压强降至最低；

(3) 在 M 点以后，由于流道扩大，流速渐减，压强则不断增加，即有 $\partial U_e(x)/\partial x<0$、$\partial p/\partial x>0$。在此流动区域中，边界层中流体的动能不但要克服黏性剪切力而被消耗为热能，还要抵抗逆流向压差力的作用而部分地转化为压强能，边界层迅速增厚；

(4) 若流动的逆压梯度足够大，当流体流到物面的某一点 S 时，壁面附近流体质点的动能已被完全消耗掉，因而停滞不前，但离壁面稍远处的流体仍在向前流动；

(5) S 点以后，压强继续升高，使物面附近的流体被迫反方向倒流，并迅速扩展。于是上游来的边界层流体被回流的流体挤开而脱离壁面，此即所谓的边界层分离，S 点则称为边界层的分离点。

当边界层发生分离时，在分离点下游出现回流漩涡区，此时由于其影响区间急剧增加，边界层厚度为小量的前提不再成立，故边界层理论不能适用。在大部分情况下，边界层的分离带来的总是负面影响：在边界层分离后的漩涡区内，其机械能损失非常大，并将显著影响外部势流流动，往往使得分离区内的静压远低于未分离时的值，故使得阻力增加；此外，分离可能导致非定常流动，在壁面上产生周期性的激振力。例如，在飞机翼面上，一旦发生边界层分离 (图 6-12)，其升力就会显著降低，阻力就会显著增大，即出现一种所谓的失速状态。又如在流体机械的叶轮或扩压器里，一旦发生分离，不仅性能会降低，而且还可能引起喘振，使机械剧烈地振动，甚至造成损坏，因此避免边界层分离在设计上是很重要的。

图 6-12　机翼上表面的边界层分离

6.6.2　分离前后边界层内的速度分布

逆压梯度 $\mathrm{d}p/\mathrm{d}x > 0$ 的存在是边界层分离的必要条件。在分离前的流动区间，壁面剪切应力 $\tau_w = \mu\left(\partial V_x/\partial y\right)_{y=0} > 0$，它阻滞流体运动，指向与流体运动方向相反，且它随 x 的增加而减小，直至边界层脱离壁面 (参见图 6-11)。

在分离点，有 $\left(\partial V_x/\partial y\right)_{y=0} = 0$，即速度剖面在壁面处与 y 轴相切，此时的壁面剪切应力 $\tau_w = 0$。

在分离点下游，有壁面处 $\left(\partial V_x/\partial y\right)_{y=0} < 0$，流体在壁面附近将逆主流方向流动，流速为负值，此即为分离的充分条件，也是判别分离点的依据。图 6-13 给出了边界层分离前、分离点和分离后的速度分布。在工程实践中，近壁面及分离点附近的速度不易测准，由实验数据求得的 $\partial V_x/\partial y$ 的值不一定准确，故常用形状因子 H 来大致判别流动是否会发生分离。

总之，流动的分离发生在 $\left(\partial V_x/\partial y\right)_{y=0} = 0$ 或 $\tau_w = 0$ 处。严格来说，在其上游 $(\partial V_x/\partial y)_{y=0} > 0$，在其下游 $(\partial V_x/\partial y)_{y=0} < 0$。

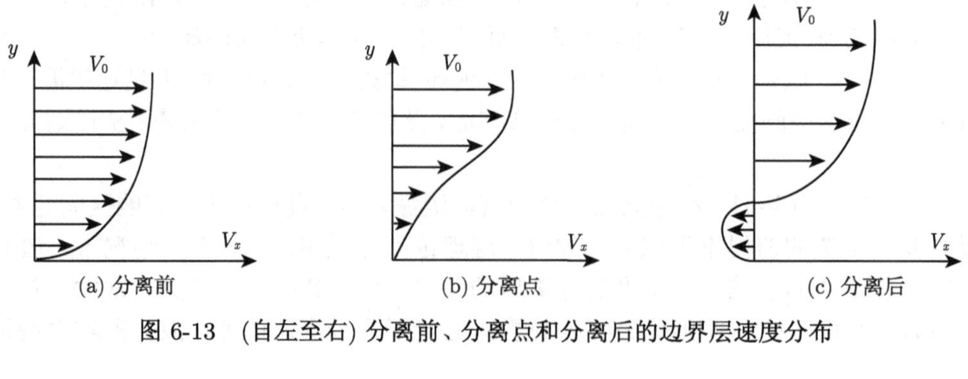

(a) 分离前　　(b) 分离点　　(c) 分离后

图 6-13　(自左至右) 分离前、分离点和分离后的边界层速度分布

6.6.3　湍流边界层的分离

当边界层保持为湍流流态时，流体质点的剧烈脉动使得流体层间的动量交换加强，速度剖面变得更为饱满，因而它抵御逆压梯度的能力高于层流边界层，往往能够延缓甚至抑制边界层的分离。

湍流边界层分离最显著的一个特点是非定常性。研究表明，湍流边界层的分离是一个非定常的脉动流动过程，分离往往不是发生在一个固定点，这种脉动主要是由于各种尺度的漩涡周期性 (或非周期性) 脱落造成的。由于湍流边界层分离流动的脉动性，因此不能简单地在某一点沿主流方向将流场分成分离区和未分离区。为此，常采用顺流率 γ_d 来定量描述湍流边界层在分离过程中的非定常性。顺流率的定义如下：

$$\gamma_d = \lim_{T\to\infty}\frac{1}{T}\int_{t_0}^{t_0+T}\alpha \mathrm{d}t,\ \text{其中}\alpha = \begin{cases} 0, \text{流体倒流} \\ 1, \text{流体顺流} \end{cases}$$

其物理意义为流体顺流累计时间与总观测时间的百分比。在描述湍流边界层的分离流动时，常根据顺流率的大小定义几个有代表性的点，分别为

(1) 早期脱离点 (常记为 ID 点)，该处的 γ_d 为 0.99，倒流仅占 1%的时间；

(2) 间歇性短暂脱离点 (常记为 ITD 点)，该处的 γ_d 为 0.80；

(3) 暂时脱离点 (常记为 TD 点)，该处的 γ_d 为 0.50，即顺流与倒流时间各占一半，该处壁面切应力的时均值 τ_w 为零。通常认为，湍流边界层的分离从 TD 点开始。

湍流边界层一旦分离后，其分离区内的雷诺正应力明显增大，而雷诺切应力则明显降低。实验结果表明，分离区内的雷诺正应力通常为分离前的 5 倍左右。

6.6.4　边界层的控制

边界层的控制包含两层含义：边界层流态控制和边界层分离控制。

1. 边界层流态的控制

边界层流态有层流流态和湍流流态之分。层流边界层的摩擦阻力要小于湍流边界层，而湍流边界层抵抗分离的能力高于层流边界层，因此在工程应用上如果以减阻为主要目的，那就希望边界层尽可能地保持层流；如果以防止、减少边界层分离为主要目的，那就希望边界层尽快地从层流转捩为湍流。出于不同的目的，所希望边界层的流态也就不同。

有翼飞行器的层流翼型就是一种使机翼表面保持为大范围层流，以减小阻力而设计的翼型。与普通翼型相比，层流翼型的最大厚度位置更靠后缘，前缘半径较小，上表面比较平坦，尽量使翼型上的最低压强点向后靠，以加长顺压梯度段长度，上翼面气流在更长的距离上继续加速，努力保持其边界层为层流，以达到降低翼型总摩擦阻力为目的。

层流翼型是翼型发展的重要里程碑。美国国家航空咨询委员会 (NACA) 在 20 世纪 40 年代中期发布了著名的 NACA 系列翼型族，其中按所希望的压强分布设计的 NACA6 和改进的 NACA6A 系层流翼型最为成功，被广泛应用于高亚速飞机和超音速飞机上，以获得翼面较宽的层流范围。

为保持边界层为层流，近年来还有推迟、抑制边界层转捩的研究正在进行，例如在边界层可能转捩的位置附近采取某种频率、相位和幅值可控的表面激励措施，实现整个表面的层流流态，从而实现减阻的目的，研究成果可能在未来的高性能民航机上获得应用。

从另一个角度出发，有时为了避免边界层分离，就希望确保边界层的流态为湍流，实现全湍流流态以尽可能避免边界层的分离，常常在边界层刚开始发展的地方人为地设置边界层转捩装置，强制实现边界层由层流向湍流的转捩。具体内容见下文的边界层分离控制。

2. 边界层分离的控制

边界层的分离会使流体完全不按预先设计的理想型面流动，显著增加流体中运动物体的阻力，降低内通道或流体机械内部流动过程的效率，因此边界层的分离控制在理论和工程上均受到了足够的重视。目前，防止或减缓边界层分离的控制技术可分为两大类：首先是在型面设计阶段通过改变势流流动参数来控制边界层的发展，防止分离，如控制压强梯度分布的流线型物体的设计、扩压器的扩张角选择、弯曲管道的型线设计等。若设计的型面分离不可避免时，则可以通过直接改变边界层的性质来达到延缓或抑制分离的目的，如采用人工转捩技术、采用涡流发生器增加边界层流体的动量、采用边界层的抽吸、边界层的吹除等。其中人工转捩、涡流发生器这类不需要额外能源的控制技术称为边界层的“无源控制”；而边界层的抽吸、吹除等需要提供额外能源的控制措施称为“有源控制”。

(1) 无源控制——边界层人工转捩

与层流边界层相比，湍流边界层难于分离，因此当边界层在层流流态下可能分离时，若在分离之前的适当位置采取某种措施将边界层强制转捩为湍流，就能够推迟或防止边界层分离的发生，达到减阻或降低流动损失的目的。边界层的强制转捩措施有很多种，例如增加壁面粗糙度以促使层流边界层向湍流的转捩，在壁面设置特殊形状的与当地边界层厚度相当的转捩带，例如粘贴适当直径的绊线、安装锯齿状的转捩条、颗粒状多面体突起组成的转捩带等等，在这些人工转捩装置的扰动下，层流界层就迅速转捩为湍流流态。图 6-14 给出了同一圆球，在相同的来流条件下，其表面未装和安装了绊线时的流动显示结果，其中图 6-14(a) 对应未装绊线状态，图 6-14(b) 对应安装了绊线的状态。可以看出，安装绊线后，圆球表面边界层的分离点显著向后移动，背风侧的分离区明显缩小，因而能较大幅度地降低圆球所受到的压差阻力。

(2) 无源控制：叶片式涡流发生器

前面已经指出，边界层的分离是由于壁面附近流体动能在强逆压梯度以及黏性耗散的作用下迅速减少，以致不能克服逆流向的压差力而产生的。因此，若在物体表面上垂直于壁面成对安装一些与主流方向成一定迎角的矩形、梯形小叶片，由于叶片的迎风面压强高、背风面压强低，则在叶片的上端会产生由迎风侧绕向背风侧的二次流动，形成诱导涡。从紧贴物面的叶尖拉出的诱导涡沿流向不断发展，将边界层外的高能气流卷吸至边界层内，而将边界层内的低能气流扫掠向外侧，获得额外能量增益的边界层就有可能抵御当地的逆压梯度，达到防止或抑制边界层分离的目的。这样的叶片称为机械涡流发生器，其高度一般与当地边界层的厚度相当，由于它不需要消耗额外的能源，因此称为“无源控制”。目前，这种无源控制的叶片式涡流发生器已广泛应用在飞机的进气道、机翼及机身上 (图 6-15)。

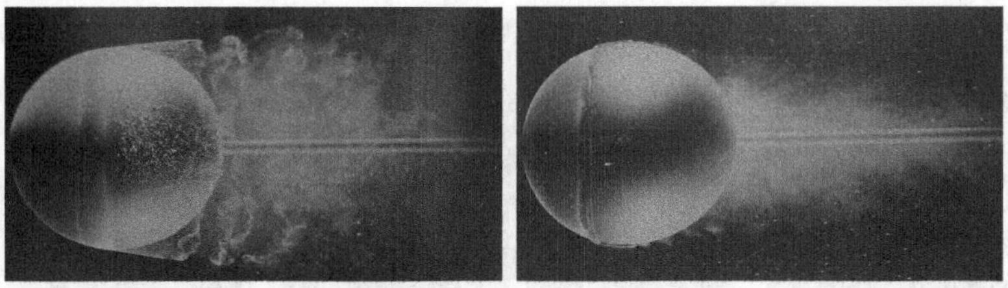

(a)　　　　　　　　　　　　　　　　　　(b)

图 6-14　绊线对圆球流动的影响

(a) 进气道内通道　　　　　　　　　　　　(b) 机翼表面

图 6-15　叶片式涡流发生器的应用

(3) 有源控制：气动涡流发生器

气动涡流发生器的工作原理与叶片式涡流发生器类似。它是在壁面上将具有较高能量的气体沿一定的方向以多缝或多孔的形式注入即将分离的边界层流区，通过高能射流与低能边界层气流之间的掺混作用产生适当旋向的涡流，从而加强边界层与外部主流的动量交换，达到防止或推迟分离的目的。由于它利用额外的气体射流形成涡流以实现边界层分离的控制，故又称为气动涡流发生器，这种控制方式属于 “有源控制”。该类涡流发生器的主要优点在于射流的参数可控，便于实现自动控制，能方便地与流场主动控制技术相结合。当然它的缺点也很明显：需要提供附加的能源。

(4) 有源控制：边界层吸除

处理壁面附近低能流最直接有效的方法便是在分离前的适当位置将这部分流体抽走。其具体措施可以是在壁面上设置窄缝或小孔，或直接改用多孔材料制作壁面，而后将其与某一适当的低压源相连，便可吸除壁面附近 “疲劳不堪” 的流体，从而有效地推迟或防止边界层的分离 (图 6-16)。这是一种非常有效的边界层控制措施，已被广泛地应用在航空、航天各种高速、低速边界层的流动控制之中，图 6-17 展示了吸除措施对扩压器中边界层分离的控制效果，可见分离边界层的吸除重又使流体实现了 “贴壁” 流动。另外，由于壁面吸除使其后的边界层又从头开始发展，往往还能起到推迟边界层转捩的效果。

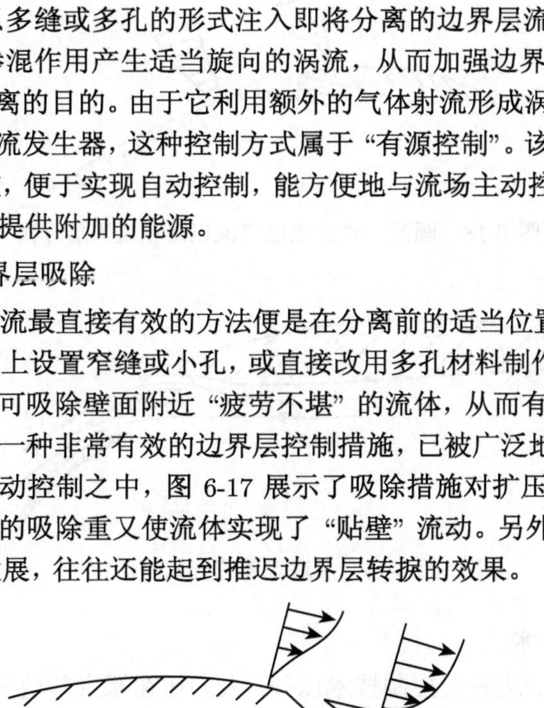

图 6-16　吸除低能流以防止边界层分离

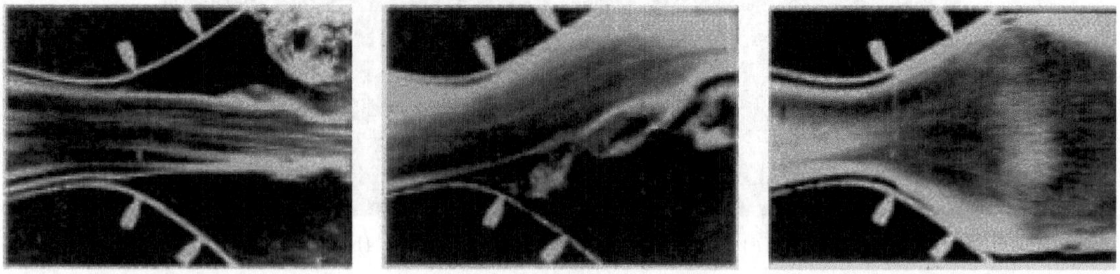

(a) 未吸除　(b) 上侧吸除　(c) 两侧吸除

图 6-17　采用吸除措施抑制扩压器中的边界层分离

(5) 有源控制：边界层吹除

另一类防止边界层分离的有效措施是通过窄缝或小孔顺流向吹入高能气流，带动原本"疲惫不堪"的边界层气流，使其重新获得充足的动能以抵抗逆流向的压差力，防止边界层分离 (图 6-18)。当固壁为曲率较大的凸面时，沿壁面切向注入的射流还存在附着壁面的效应 (常称为 coanda 效应)，因而抑制边界层分离的效果更加明显。在飞机起飞、降落的低速飞行段，往往通过后退襟翼增加翼型的弯度和机翼升力面的面积以保持足够的升力，为了防止大弯度翼型升力面气流的分离，利用翼型下表面的高压气流从后退襟翼的缝隙中沿襟翼上表面喷出，从而消除大弯度翼型后端的气流分离 (图 6-19)。

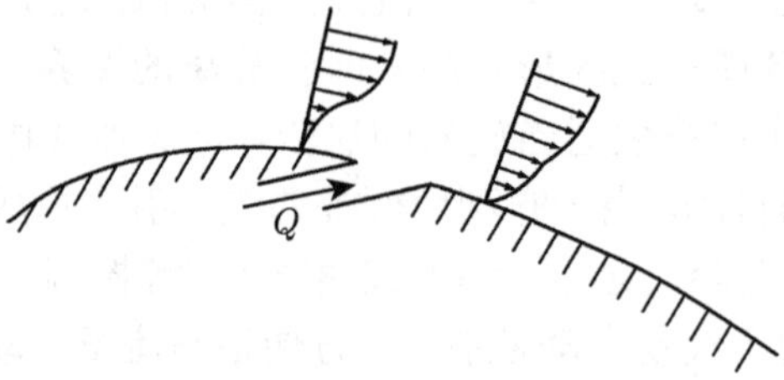

图 6-18　顺流向吹出高能气流以防止边界层分离

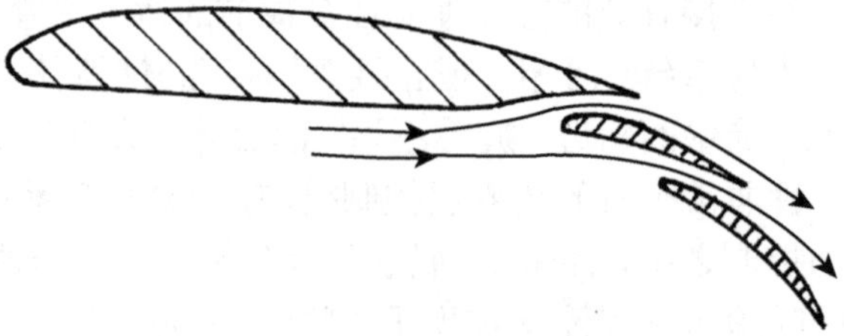

图 6-19　后退襟翼的气流流动

(6) 其他有源控制技术

除了以上几种常用的边界层控制技术以外，人们还在探索其他的各种利用流体的物理、化学性质来控制边界层流动的新方法，例如利用零质量合成射流 (synthetic jet) 的周期性涡环来影响边界层流态的方法、利用壁面微激励改变边界层流动的方法、利用壁面放电单元形成局部气体电离的控制方法即边界层的等离子体控制技术等，这些方法都能在实验室的条件下实现，表现出对边界层有一定的控制能力。例如等离子体控制就是在壁面附近形成局部的电离气体，通过带电粒子和中性粒子的混合、碰撞、电磁场—流场的耦合等机制对边界层气流进行操控，以实现抑制边界层分离、减阻等目的，目前这些控制技术仍处于机理研究阶段。美国 NASA 兰利研究中心曾研究该技术在低速条件下对低速翼型大攻角边界层分离的抑制 (图 6-20)；国内空军装备研究院近年曾利用楔面等离子体技术成功地改变了超声速流的斜激波角，见图 6-21。

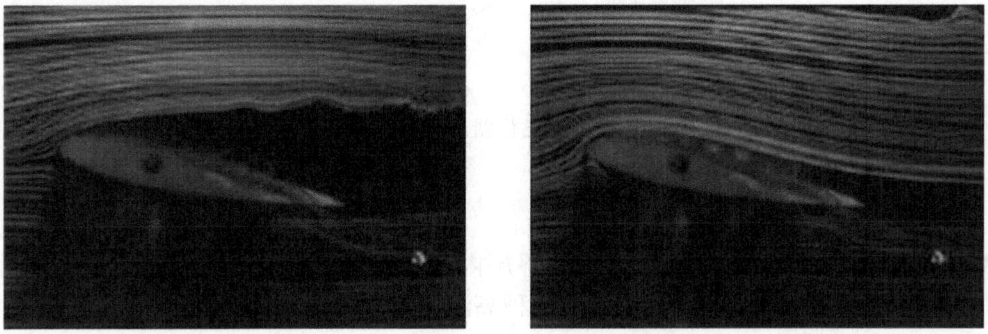

(a) 等离子体关　　(b) 等离子体开，分离区明显减小

图 6-20　采用等离子体技术抑制低速边界层的分离

(a) 等离子体关　　(b) 等离子体开，斜激波角增大

图 6-21　用等离子体技术改变超声速流斜激波角的研究

6.7　高超声速流边界层简介

高超声速 (hypersonic) 这一术语是我国著名科学家钱学森于 1946 年在他的一篇重要论文中提出的，半个世纪以来在航天事业的推动下，高超声速空气动力学得到了迅速的发展。高超声速流是指速度远大于声速的流动，通常用自由流马赫数大于 5 作为界限，但这一马赫数并不是绝对的，一般还与飞行器的具体形状有关：对于钝体，$M_\infty > 3$ 就开始出现高超声速流的特征；而对于细长体，M_∞ 要高达 10 时才开始出现高超声速流动的特征。

在高超声速条件下，由于特殊的流动环境及高马赫数的特点，其边界层流动具有如下特殊流动现象 (图 6-22)。

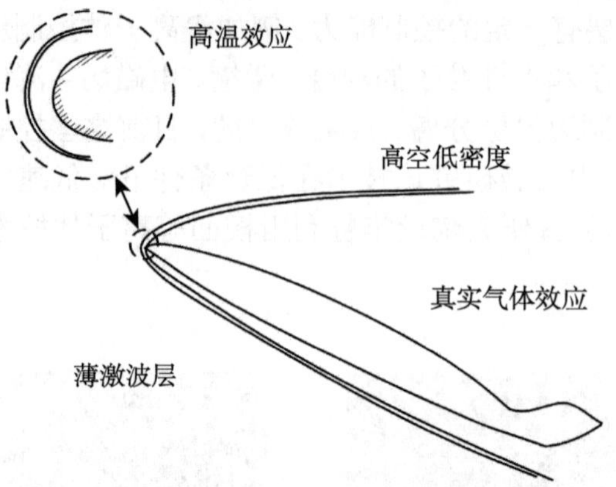

图 6-22　高超声速飞行器周围的特殊流动现象

1. *高温效应*

高超声速流动具有很大的动能，在边界层内由于黏性效应将大量的动能转化为气体的内能，故导致了边界层内温度显著升高，这种高温升成为高超声速边界层的主要特征，使得边界层内气体的黏性系数增加，密度减小，最终导致边界层快速增厚。可以证明，高超声速条件下，层流边界层厚度 δ 与自由流马赫数 M_∞ 及雷诺数 Re_x 的关系可表示为

$$\delta \propto xM_\infty^2/\sqrt{Re_x} \tag{6-35}$$

可以看出，高超声速条件下边界层的厚度与自由流马赫数的平方成正比。可见随飞行马赫数的增加，边界层将迅速变厚。

2. *薄激波层效应*

高超声速流动条件下，激波与物面间的夹角很小，二者之间的流区称为激波层，高超条件下的激波层很薄，而另一方面边界层的厚度增长加速，因此边界层厚度与激波层相比不能当作小量，甚至在整个激波层内均存在黏性的显著影响，故经典的普朗特边界层理论失效。同时，边界层的存在及生长规律对外部流动将产生较大影响，而外部流动的变化又会反过来影响边界层的发展规律，边界层流动与外部流动间存在强耦合作用。

3. *高 Ma 数、低 Re 数效应*

高超声速流的条件下，$\partial p/\partial y = 0$ 不一定总是成立。对二维可压缩定常流 y 方向动量方程的量级分析表明，只有当 kM_∞^2: $O(1)$ 时 (k 为气体的比热比)，$\partial p/\partial y$ 才为小量。但如果来流马赫数极高，M_∞ 大到使 $\dfrac{1}{kM_\infty^2} \sim \dfrac{1}{\sqrt{Re_\infty}}$ 时，$\partial p/\partial y$ 可以为 $O(1)$ 的量级。因此，对于极高马赫数和较低雷诺数的高超声速流动，沿边界层法向各点的压强 p 为常数的结论未必成立。通常，当飞行高度大于 30km 后，由于大气密度的变化导致 Re_∞ 大幅降低，就应该考虑边界层方程的有效性。另一方面，由于外部流动马赫数很高，边界层内的部分气流可能为超声速，因此在边界层内可能有激波、膨胀波渗入，这一点也使得边界层内可能存在显著的法向压强梯度。

4. 真实气体效应

由于高超声速气流通过黏性滞止和激波压缩而减速时，大量的动能被转化为气体的内能，使得边界层内的气流温度可以达到非常高的值。例如，1969 年 7 月 24 日 "阿波罗" 飞船在完成人类历史上第一次登月飞行之后重返地球时，在某一轨道点上 (高度 53 km，马赫数 32.5) 的近壁气流温度达 10000 K 以上。一般在一个大气压的条件下，当温度在 800 K 以下时，气体的比热近似为常数，当温度超过 800 K 时，气体分子的振动自由度开始被激发，气体比热变成温度的函数，当温度达到 2000 K 时，空气中的氧气开始离解，在 4000 K 时空气中的氮气开始离解，当温度在 9000 以上 K 时，将出现电离现象，空气将变成部分电离的等离子体。可以看出，当温度在 2000 K 以上时，空气中的气体组元将大大增加，且各组分间可能发生多达数十种的化学反应，因此，高超声速来流条件下，边界层内的高温足以激发分子内的振动能，引起气体的离解甚至电离，这使得边界层内的流动变得极为复杂。另外，此时边界层内的高温气流与外部气流及固壁面之间的传热问题变得非常突出。

5. 低密度效应

高超声速飞行器一般在大气密度很低的高空持续飞行，低密度效应对流动的影响相当重要。当飞行高度极高时，密度可以如此之低，以致分子的平均自由程与飞行器的特征长度可能具有相同的量级。此时，空气介质不再呈现连续性，必须采用与连续流完全不同的方法来研究这种流动。

习　题

6-1　已知边界层的速度分布由下式给出：$V_x/V_0 = 1 - \mathrm{e}^{-K(y/\delta)}$，式中 δ 为边界层的厚度，试求：

(1) K 的值；

(2) 位移厚度 δ^*；

(3) 动量损失厚度 θ；

(4) 能量损失厚度 δ_e。

6-2　设边界层中的速度分布为 $u/U = a + b\sin(cy/\delta)$，试用定义计算边界层的位移厚度 δ^*、动量损失厚度 θ、能量损失厚度 δ_e 和形状因子 H。

6-3　证明边界层内任意一个 $x = \mathrm{const}$ 的截面上有：

(1) $\delta > \delta^* > \theta$；

(2) $\delta > \delta^* + \theta$。

上述结论适用于非定常流吗？

6-4　20 ℃的空气以 25 m/s 的速度流过一薄平板，就下列边界层厚度，估算该处到薄板前缘的距离 x：

(1) 10 cm；

(2) 1 mm。

6-5　沿平板流动的两种介质，一种是标准状态的空气，其流速为 30 m/s，另一种是 20 ℃的水，其流速为 1.5 m/s，求二者在同一位置处的层流边界层厚度之比。

6-6　假定平板层流边界层内速度分布为 $V_x/V_0 = a + b(y/\delta) + c(y/\delta)^2$，用边界层方程求 δ、δ^*、θ、C_f 及 C_D。

6-7　20 ℃、1 atm 的氦在相距 20 cm 的两平行平板间以流速 26 m/s 流动，已知 $\gamma = 1.63\ \mathrm{N/m^3}$，$\mu = 1.97\times10^{-5}\mathrm{N\cdot s/m^2}$，设边界层自入口开始增长，估计上、下边界层相遇时的下游位置。

6-8　海平面标准空气以 18 m/s 的速度通过一光滑平板，当流动为层流发展至某一临界雷诺数 $Re_{x,\mathrm{crit}}$ 而后变为湍流，假设 $Re_{x,\mathrm{crit}} = 8\times10^5$。问在 x 为多少时，边界层的厚度为 6 mm?

6-9　长度为 l 的二维平板与来流平行，试用动量定理证明 $C_D = 2\theta_l/l$，在这里 C_D 为平板一侧阻力系数，θ_l 为 $x = l$ 处的边界层动量损失厚度。

6-10　一块宽 3 m、长 1.5 m 的光滑薄平板放置在空气流中，空气流速为 60 m/s，空气压强为 $10^5\ \mathrm{N/m^2}$，温度为 25 ℃。求:

(1) 设整个平板都是层流边界层，后端的边界层厚度及其单面阻力;

(2) 设整个平板都是湍流边界层，后端的边界层厚度及其单面阻力。

6-11　水在 6 m 长、3 m 宽的平板上流动，已知水的流速为 6 m/s，水温为 20 ℃，整个平板均处于湍流边界层情况，试根据 1/7 指数关系式计算湍流边界层厚度及单面阻力。

6-12　一块 45 cm×90 cm 的薄板沉浸在 20℃的流动甘油流场中，甘油流速为 7 m/s，试就下面的情况计算其黏滞阻力及至其边缘的边界层厚度:

(1) 短边与流向平行;

(2) 长边与流向平行。

6-13　在习题 6-12 中，若流体为 20℃的水，假设流动为全层流或者全湍流，试重解之。

第 7 章 气体动力学的基本概念

气体与液体的差别主要在于它的压缩性和热力学属性。气体高速运动时，它的压缩性使其密度和压强出现显著的变化，由于密度和压强同时也是热力学参数，它们的变化使气体的温度、熵、焓等热力学参数变化，因而气体的运动必然伴随着热力过程。气体运动的基本定律除了质量守恒定律、牛顿第二定律外，还有热力学第一定律和第二定律。

气体实际上是有黏性和导热性的，但是为了抓住主要因素，本章以后忽略气体的黏性和导热性，即只讨论不考虑黏性和导热性的理想气体动力学性质。

7.1 微弱扰动在气流中的传播

7.1.1 声速和马赫数

声速是指微弱扰动在流体介质中的传播速度，它在可压缩流体动力学研究中有着重要的作用。现以半无限长直管内的一维流动来推导声速公式 (图 7-1)。

初始时刻，管内流体静止，密度为 ρ，压强为 p。活塞由静止突然变速至 $\mathrm{d}V$ 后，以 $\mathrm{d}V$ 恒速运动 ($\mathrm{d}V$ 为一小量)。活塞微弱的变速运动使管内气体受到微弱扰动。活塞附近的气体受到扰动，其速度、密度和压强分别为 $\mathrm{d}V$、$\rho+\mathrm{d}\rho$ 和 $p+\mathrm{d}p$，而无穷远处仍为静止的未受扰气体。受扰和未受扰的分界面就是微弱扰动波，它以声速 c 向右运动。

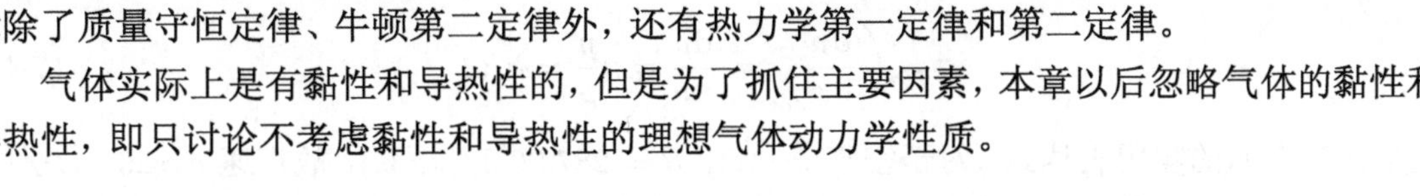

图 7-1 微弱扰动在半无限长管中的传播

需要指出，微弱扰动波的传播速度 c 与波后气体质点的运动速度 $\mathrm{d}V$ 不同，因为扰动是以波的形式向无穷远处传播，而不是随质点向无穷远运动。在静止的坐标系中，波以速度 c

向右运动，波左侧受扰动气流以速度 $\mathrm{d}V$ 向右运动，波右侧未受扰气流静止。若采用与波一起运动的坐标系，这时波是静止的，波左侧气流以 $c-\mathrm{d}V$ 速度向左运动。而右侧气流以速度 c 向左运动，取波两侧为控制体积 (图 7-1(b) 中虚线) 写出连续方程和动量方程：

$$\rho c A=(\rho+\mathrm{d}\rho)(c-\mathrm{d}V)A$$
$$(p+\mathrm{d}p)A-pA=\rho A c[-(c-\mathrm{d}V)+c]$$

经整理，略去二阶小量得 $\rho\mathrm{d}V=c\mathrm{d}\rho$ 和 $\mathrm{d}p=\rho c\mathrm{d}V$，合并二式可得声速

$$c^2=\mathrm{d}p/\mathrm{d}\rho$$

在一般情况下，压强可表示为密度 ρ 和熵 s 的函数 $p=p(\rho,s)$，因此

$$\frac{\mathrm{d}p}{\mathrm{d}\rho}=\left(\frac{\partial p}{\partial \rho}\right)_s+\left(\frac{\partial p}{\partial s}\right)_\rho\frac{\mathrm{d}s}{\mathrm{d}\rho}$$

在微弱扰动的传播过程中，流体密度、压强的变化都是无穷小量，且时间短暂，黏性和导热的作用可忽略不计，声波中的压强、密度关系必定是等熵关系，因此声速应该准确地写为

$$c^2=\left(\frac{\partial p}{\partial \rho}\right)_s \tag{7-1a}$$

对于完全气体的等熵过程有 $p/\rho^k=$ 常数，因而

$$c^2=\left(\frac{\partial p}{\partial \rho}\right)_s=\frac{\mathrm{d}p}{\mathrm{d}\rho}=k\frac{p}{\rho}=kRT \tag{7-1b}$$

这是计算声速的实用表达式，对于空气 k=1.4，$R=287.06\ \mathrm{J/(kg\cdot K)}$，故声速 $c\approx 20.047\sqrt{T}$。

声速是流体压缩性的标志之一。对于不可压流体，密度 ρ 值不变，$c=\sqrt{(\partial p/\partial\rho)_s}\to\infty$，说明扰动会立即传至无穷远处。对可压缩流体，$c$ 为有限值，且压缩性越大，c 越小。

三维空间中点源发出的微弱扰动会向四面八方传播，这种弱扰动波是球面波。在任一方向上，微弱扰动波的传播速度都是当地声速。

衡量运动流体的压缩性不仅用声速，而且还用马赫数 M 来表示。马赫数定义为某点处气流速度 V 与当地声速 c 之比，即

$$M=V/c \tag{7-2}$$

由 $C_V=R/(k-1)$ 得 $M^2=\dfrac{V^2}{c^2}=\dfrac{2}{k(k-1)}\dfrac{V^2/2}{C_VT}$，可见马赫数的平方可以理解为气流的动能与气流的内能之比，因此，这也是气体宏观动能与气体分子无规则运动内能比值的度量。可以证明，对于一维定常绝能等熵流动有 $\mathrm{d}\rho/\rho=-M^2(\mathrm{d}V/V)$，或 $|(\mathrm{d}\rho/\rho)/(\mathrm{d}V/V)|=M^2$，这表明 M 越高，速度的相对变化引起的密度相对变化 $|\mathrm{d}\rho/\rho|$ 越大，当 $M<0.3$ 时，有 $|(\mathrm{d}\rho/\rho)/(\mathrm{d}V/V)|<0.09$，密度随速度改变的变化较小，可以近似把气体当作不可压流来处理。

7.1.2 微弱扰动在气流中的传播规律

在运动的气流中，微弱扰动相对于气流以声速向各方向传播。设有一个均匀的流场，速度为 $\boldsymbol{V}$，在 $t=0$ 时刻流场中某点产生的微弱扰动，将以球面波的形式在流场向四周传播，并且传播速度是流场进度 V 与声波传播进度 c 的叠加。图 7-2 中 (a)、(b)、(c) 分别为亚声

速、声速和超声速气流中微弱扰动波的传播情况。图中三个球面代表了 t=0、1/3Δt、2/3Δt 三个时刻产生的三道扰动波在 $t=\Delta t$ 时刻的空间位置，最大的球面表示 $t=0$ 时刻产生的扰动波在 $t=\Delta t$ 时刻的位置，球面半径为 $c\Delta t$，最小的球面表示 t=2/3Δt 时刻产生的扰动波在 $t=\Delta t$ 时刻的位置，图 7-2 的 (a)、(b)、(c) 三幅图表示目前恰好是 $t=\Delta t$ 时刻，前面时刻产生的各道扰动波在亚声速流场、声速流场、超声速流场中各自的相对位置，当前 Δt 时刻扰动源处在最左端，运动距离为 $V\Delta t$。从图中可以看到：亚声速流中，扰动会向上游传播，其影响范围是全流场的。声速流和超声速流中，扰动不能向上游传播，影响范围限于以扰动源为顶点、以通过该点的气流流动方向为中心线的圆锥范围。这个圆锥称为马赫锥，圆锥面代表马赫波面，它是扰动影响区域的边界，是受扰动和未受扰动区域的分界面。圆锥的半锥角称为马赫角，用 μ 表示，由图中几何关系可以得到

$$\sin\mu=\frac{c\Delta t}{V\Delta t}=\frac{1}{M},\quad \mu=\sin(1/M)^{-1} \tag{7-3}$$

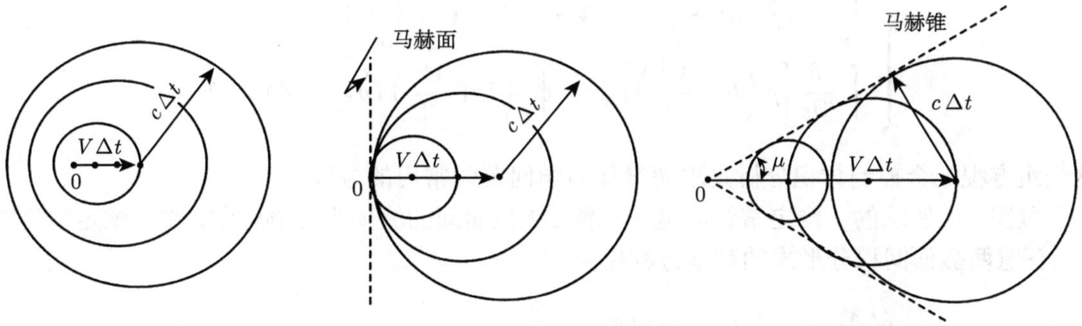

(a) 亚声速　(b) 声速　(c) 超声速

图 7-2　微弱扰动在气流中的传播

显然，声速流中，马赫角 $\mu=90°$，流动影响区为图中平面后的一半空间。

7.1.3　亚声速气流和超声速气流的差别

从以上讨论可看出，扰动在亚声速气流中可以向上游传播，而在超声速气流中则不能向上游传播，这是亚声速气流和超声速气流的本质差别。因而，在亚声速气流中，气流在扰动源的上游就会受到扰动的影响，气流的参数和流动方向就要产生变化；在超声速气流中，气流直到马赫锥的锥面上才受到扰动。图 7-3 是亚声速气流和超声速气流绕平板翼的流线图，翼型的前后顶点是扰动源。在亚声速气流中，气流未到机翼之前就已感知下游存在障碍物，流线会提前发生弯曲，而超声速气流要在撞到马赫线或激波后，才会发生偏转。

(a) 亚声速流　(b) 超声速流

图 7-3　平板翼绕流的流线图

7.2　理想气体流动的基本方程组和边界条件

求解流动问题是在适当的初始条件和边界条件下，利用流动的基本方程组解出速度场、压强场、密度场和温度场，进而确定流体与物体之间的作用力和热交换。

7.2.1　基本方程

第 3 章中我们已得到流体的基本方程——连续方程、动量方程和能量方程。由于理想气体可忽略质量力，且不计黏性力，所以理想气体流动的基本方程可由第 3 章得到的基本方程略去质量力和黏性力得到。下面写出无外功交换时的理想气体运动基本方程的几种形式。

积分形式的基本方程组为

$$\begin{cases} \displaystyle\int_v \frac{\partial \rho}{\partial t} \mathrm{d}v + \oint_v \rho \boldsymbol{V} \cdot \mathrm{d}\boldsymbol{A} = 0 \\ \displaystyle\int_v \frac{\partial (\rho \boldsymbol{V})}{\partial t} \mathrm{d}v + \oint_A \rho \boldsymbol{V} (\boldsymbol{V} \cdot \mathrm{d}\boldsymbol{A}) = \boldsymbol{F} + \oint_A p \mathrm{d}\boldsymbol{A} \\ \displaystyle\int_v \frac{\partial}{\partial t} \left[\rho \left(h + \frac{V^2}{2} \right) \right] \mathrm{d}v + \oint_A \left(h + \frac{V^2}{2} \right) (\rho \boldsymbol{V} \cdot \mathrm{d}\boldsymbol{A}) = \dot{Q} \end{cases} \tag{7-4}$$

这一组方程配合控制体积分析是求解气体力学问题时常用的方程。

取图 7-4 所示的一维定常管流里 1-1 和 2-2 截面间的流体为控制体积，在一维定常流动中，任意两截面间积分形式的基本方程组为

$$\begin{cases} (\rho V A)_1 = (\rho V A)_2 = \text{const} \\ \sum F = F + p_1 A_1 - p_2 A_2 = \dot{m} (V_2 - V_1) = (\rho V^2 A)_2 - (\rho V^2 A)_1 \\ \left(h_2 + \dfrac{V_2^2}{2} \right) - \left(h_1 + \dfrac{V_1^2}{2} \right) = \dot{q} \end{cases} \tag{7-5}$$

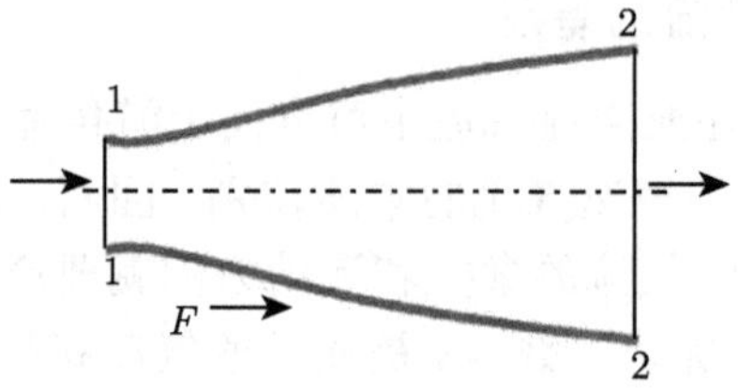

图 7-4　一维定常管流分析

直角坐标系 (x, y, z) 下微分形式的基本方程组为

$$\frac{\partial \rho}{\partial t} + \frac{\partial (\rho V_x)}{\partial x} + \frac{\partial (\rho V_y)}{\partial y} + \frac{\partial (\rho V_z)}{\partial z} = 0 \tag{7-6a}$$

$$\frac{\mathrm{d}V_x}{\mathrm{d}t} = \frac{\partial V_x}{\partial t} + V_x \frac{\partial V_x}{\partial x} + V_y \frac{\partial V_x}{\partial y} + V_z \frac{\partial V_x}{\partial z} = -\frac{1}{\rho} \frac{\partial p}{\partial x} \tag{7-6b}$$

$$\frac{\mathrm{d}V_y}{\mathrm{d}t} = \frac{\partial V_y}{\partial t} + V_x \frac{\partial V_y}{\partial x} + V_y \frac{\partial V_y}{\partial y} + V_z \frac{\partial V_y}{\partial z} = -\frac{1}{\rho} \frac{\partial p}{\partial y} \tag{7-6c}$$

$$\frac{\mathrm{d}V_z}{\mathrm{d}t}=\frac{\partial V_z}{\partial t}+V_x\frac{\partial V_z}{\partial x}+V_y\frac{\partial V_z}{\partial y}+V_z\frac{\partial V_z}{\partial z}=-\frac{1}{\rho}\frac{\partial p}{\partial z} \tag{7-6d}$$

$$\begin{aligned}\frac{\mathrm{d}}{\mathrm{d}t}\left(h+\frac{V^2}{2}\right)=&\frac{\partial}{\partial t}\left(h+\frac{V^2}{2}\right)+V_x\frac{\partial}{\partial x}\left(h+\frac{V^2}{2}\right)+V_y\frac{\partial}{\partial y}\left(h+\frac{V^2}{2}\right)\\&+V_z\frac{\partial}{\partial z}\left(h+\frac{V^2}{2}\right)-\frac{1}{\rho}\frac{\partial p}{\partial t}=\dot{q}\end{aligned} \tag{7-6e}$$

7.2.2　熵方程和声速方程

把 (7-6b)、(7-6c)、(7-6d)3 式分别乘以 V_x、V_y、V_z 后相加，经整理后可得

$$\begin{aligned}\frac{\mathrm{d}}{\mathrm{d}t}\left(\frac{V^2}{2}\right)=&\frac{\partial}{\partial t}\left(\frac{V^2}{2}\right)+V_x\frac{\partial}{\partial x}\left(\frac{V^2}{2}\right)+V_y\frac{\partial}{\partial y}\left(\frac{V^2}{2}\right)+V_z\frac{\partial}{\partial z}\left(\frac{V^2}{2}\right)\\=&-\frac{1}{\rho}\left(V_x\frac{\partial p}{\partial x}+V_y\frac{\partial p}{\partial y}+V_z\frac{\partial p}{\partial z}\right)\end{aligned}$$

利用矢量记号，可把上式写成

$$\frac{\mathrm{d}}{\mathrm{d}t}\left(\frac{V^2}{2}\right)=\frac{\partial}{\partial t}\left(\frac{V^2}{2}\right)+\boldsymbol{V}\cdot\nabla\left(\frac{V^2}{2}\right)=-\frac{1}{\rho}(\boldsymbol{V}\cdot\nabla p) \tag{7-7}$$

把上式和 $h=C_pT$ 代入到 (7-6e) 式并写成矢量形式可得

$$C_p\frac{\mathrm{d}T}{\mathrm{d}t}-\frac{1}{\rho}\frac{\mathrm{d}p}{\mathrm{d}t}=\dot{q}$$

由完全气体状态方程 $p=\rho RT$ 和热力学关系式 $\mathrm{d}s=C_p\dfrac{\mathrm{d}T}{T}-R\dfrac{\mathrm{d}p}{p}$，可得

$$\frac{\partial s}{\partial t}+\boldsymbol{V}\cdot\nabla s=\frac{\dot{q}}{T} \tag{7-8a}$$

(7-8a) 式就是可逆过程的热力学第二定律的数学关系式，对于考虑黏性的不可逆流动，式中“=”为“>”号。(7-8a) 式称为熵方程。以上讨论表明，理想气体的流动是可逆的，能量方程式 (7-6e) 和熵方程式 (7-8a) 是等价的。

当流动为绝热无黏性时，(7-8a) 式为

$$\frac{\partial s}{\partial t}+\boldsymbol{V}\cdot\nabla s=0 \tag{7-8b}$$

表明沿流线为等熵流动。说明理想气体作绝能流动时，没有机械能的损失。(7-8b) 式 $\dfrac{\mathrm{d}s}{\mathrm{d}t}=0$，结合熵的表达式 $\mathrm{d}s=C_v\dfrac{\mathrm{d}p}{p}-C_p\dfrac{\mathrm{d}\rho}{\rho}$ 和声速 $c^2=k\dfrac{p}{\rho}$，可得到 $\dfrac{\mathrm{d}p}{\mathrm{d}t}=c^2\dfrac{\mathrm{d}\rho}{\mathrm{d}t}$，即

$$\frac{\partial p}{\partial t}+\boldsymbol{V}\cdot\nabla p=c^2\left(\frac{\partial\rho}{\partial t}+\boldsymbol{V}\cdot\nabla\rho\right) \tag{7-9}$$

此式称为声速方程，它与声速 (7-1) 式有相同的解。对于绝能等熵流动，声速方程与能量 (7-6e) 式是等价的，可以代替能量方程。

7.2.3 状态方程

微分形式的基本方程组 (7-6) 式中，有 6 个变量 ρ、V_x、V_y、V_z、h 和 p，增加状态方程 $p=p(\rho,h)$，可使方程组封闭。对于完全气体，状态方程为

$$p=\rho RT=\frac{k-1}{k}\rho h \tag{7-10}$$

若用声速方程代替能量方程式 (7-6e)，仍有 6 个变量 ρ 、V_x、V_y、V_z、C^2 和 p，此时可用 $c^2=k\dfrac{p}{\rho}$ 来使方程组封闭。

7.2.4 气体动力学方程

对于理想气体的定常绝热流动，由 (7-6a)、(7-7)、(7-9) 三式得

$$\left.\begin{array}{l}\text{连续}\rho\nabla\cdot\boldsymbol{V}+\boldsymbol{V}\cdot\nabla\rho=0\\ \text{动量}\boldsymbol{V}\cdot\nabla\left(\dfrac{V^2}{2}\right)=-\dfrac{1}{\rho}\boldsymbol{V}\cdot\nabla p\\ \text{声速}\boldsymbol{V}\cdot\nabla p=c^2\boldsymbol{V}\cdot\nabla\rho\end{array}\right\}$$

消去 $\boldsymbol{V}\cdot\nabla p$ 和 $\boldsymbol{V}\cdot\nabla\rho$ 的项，得

$$\boldsymbol{V}\cdot\nabla\left(\frac{V^2}{2}\right)-c^2\nabla\cdot\boldsymbol{V}=0 \tag{7-11a}$$

这是气体动力学方程，它在直角坐标系下的形式为

$$\begin{aligned}&\left(V_x^2-c^2\right)\frac{\partial V_x}{\partial x}+\left(V_y^2-c^2\right)\frac{\partial V_y}{\partial y}+\left(V_z^2-c^2\right)\frac{\partial V_z}{\partial z}+V_xV_y\left(\frac{\partial V_y}{\partial x}+\frac{\partial V_x}{\partial y}\right)\\&+V_yV_z\left(\frac{\partial V_z}{\partial y}+\frac{\partial V_y}{\partial z}\right)+V_zV_x\left(\frac{\partial V_x}{\partial z}+\frac{\partial V_z}{\partial x}\right)=0\end{aligned} \tag{7-11b}$$

气体动力学方程给出了理想气体定常绝热流动中速度场 $\boldsymbol{V}$ 与温度场 kRT 间的关系式。

7.2.5 初始条件和边界条件

以上讨论的各种形式的方程组是理想气体流动都必须满足的基本方程组，对于具体的流动问题，要根据具体的流动给定适当的边界条件，若为非定常流动，还要给定初始条件，才能由基本方程组解得具体问题的解。

1. 初始条件

对于非定常流动，需要给定初始时刻 $t=t_0$ 时所有变量的空间分布，用 $\boldsymbol{r}$ 表示空间位置矢量，则要给定

$$\rho(t_0,\boldsymbol{r})=\rho_0(\boldsymbol{r})\ ,\ \boldsymbol{V}(t_0,\boldsymbol{r})=\boldsymbol{V}_0(\boldsymbol{r})\ ,\ p(t_0,\boldsymbol{r})=p_0(\boldsymbol{r}) \tag{7-12}$$

式中，$\rho_0(\boldsymbol{r})$、$\boldsymbol{V}_0(\boldsymbol{r})$、$p_0(\boldsymbol{r})$ 等为已知的空间坐标的函数。

2. 壁面边界条件

由于无黏，理想气体沿壁面的流动会有相对滑动，当壁面无渗透时，气体流动的方向必定与壁面相切，因此理想气体的壁面边界条件为速度方向与壁面法向垂直，即无穿透壁面边界条件。

设不随时间变化的壁面的方程为 $f(x,y,z)=0$, 则壁面任一点处的法向为 $\nabla f=\left(\dfrac{\partial f}{\partial x},\dfrac{\partial f}{\partial y},\dfrac{\partial f}{\partial z}\right)$, 因此壁面边界条件的数学表达式为 $\boldsymbol{V}\cdot\nabla f=0$, 即

$$V_x\frac{\partial f}{\partial x}+V_y\frac{\partial f}{\partial y}+V_z\frac{\partial f}{\partial z}=0 \tag{7-13}$$

对于二维流动，设壁面方程为 $y=y(x)$，壁面边界条件为

$$\frac{V_y}{V_x}=\frac{\mathrm{d}y}{\mathrm{d}x} \tag{7-14}$$

3. 自由表面边界条件

当喷管的气流射向大气时，射流与外界大气的分界面是自由表面。在自由表面上，射流压强应等于外界压强，故自由表面边界条件为

$$p=p_a$$

当两股射流同向汇合时，在射流分界点上必须满足压强相等、流向相同的条件。

4. 无穷远处边界条件

在无穷远处, 一般是给定速度 V_∞、压强 p_∞ 和密度 ρ_∞。

7.3　几个重要的气流参数

在可压缩流体动力学中，我们用速度 V、压强 p、温度 T 和密度 ρ 等参数来描述流场中一点处的流动状态。在许多情况下，选择一个参考状态，把流动参数与参考状态的参数进行比较，可以把流动描述得更透彻，研究问题也更方便。参考状态可根据研究的需要适当地选取，最常用的参考状态有滞止状态和临界状态。

7.3.1　滞止参数

滞止状态是一个重要的参考状态。它是指气流从某一流动状态绝能等熵地减速滞止到 $V=0$ 时所达到的状态。

滞止状态下的参数称为滞止参数，如滞止压强 $p*$、滞止温度 $T*$、滞止密度 $\rho*$ 等，滞止参数也称为总参数——总压强、总温、总密度等，而把气流中的原有参数称为静参数。

从定义中可以看到，滞止状态要求按绝能等熵的方式滞止, 因此滞止参数是由现有状态的参数唯一确定的、理想状态下的参数，与实际流动过程是否绝能等熵无关。

因为流场中每一点都有各自相应的滞止状态，所以滞止参数是点函数。

图 7-5 给出了气动试验中常用的获取滞止压强的方法。在被测流场中的某一待测点，将一支皮托管 (pitot tube) 正对气流方向，然后将皮托管的气流引入某种测压计，例如 U 形管测压计，气流在 U 形管的一端完全滞止下来，假设该滞止过程完全绝能等熵，那么测压计的读数就是被测点的滞止压强或总压强，简称总压。

利用一维定常绝能等熵流动的基本方程，可以导出滞止参数与静参数的关系。在一维定常绝能流动中的任意两点间有能量方程

$$h_2+\frac{1}{2}V_2^2=h_1+\frac{1}{2}V_1^2$$

由此，在现有的静参数和滞止参数之间，上式成为

$$h^*=h+\frac{1}{2}V^2 \tag{7-15}$$

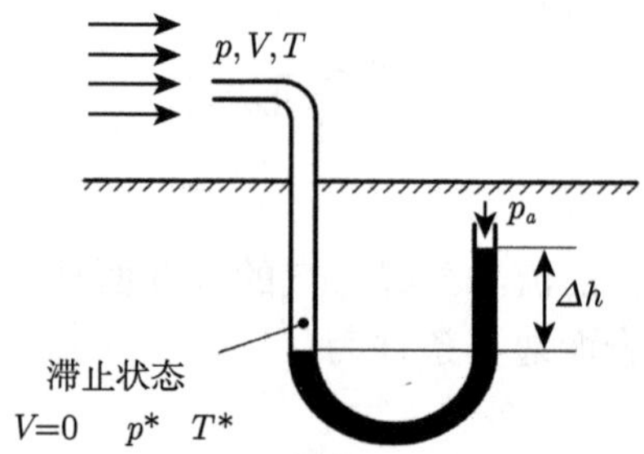

图 7-5　气流的滞止状态

此式表明：滞止焓包含气体的静焓 h 和气流滞止时由动能 $V^2/2$ 转变成的焓两部分, 它代表气流具有的总能量。

对于定比热完全气体, $h=C_pT$, 上式可改写为

$$T^*=T+\frac{1}{2C_p}V^2 \tag{7-16}$$

式中，$\dfrac{1}{2C_p}V^2$ 相当于动能转变成焓而引起的温度升高, 因此又称为动温。

实际上，由热力学第一定律可以得到一维定常流动一般的能量方程:

$$\left(h_2+\frac{1}{2}V_2^2\right)-\left(h_1+\frac{1}{2}V_1^2\right)=\dot{q}-w$$

或写成

$$h_2^*-h_1^*=\dot{q}-w \tag{7-17}$$

当流动为绝能时, 则为

$$h_2^*=h_1^* \tag{7-18}$$

对完全气体为

$$T_2^*=T_1^* \tag{7-19}$$

两式表明，绝能流动的总焓和总温不变。

由于 $C_p = \dfrac{kR}{k-1}$，(7-16) 式可写成

$$T^* = T + \frac{k-1}{2kR}V^2 = T\left(1+\frac{k-1}{2}\frac{V^2}{c^2}\right) = T\left(1+\frac{k-1}{2}M^2\right) \tag{7-20}$$

又由于滞止过程是绝能等熵的过程，有等熵关系

$$\frac{p^*}{p} = \left(\frac{\rho^*}{\rho}\right)^k = \left(\frac{T^*}{T}\right)^{\frac{k}{k-1}} = \left(1+\frac{k-1}{2}M^2\right)^{\frac{k}{k-1}} \tag{7-21}$$

以上两式就是滞止参数与静参数之间的关系，可以看出，总参数和静参数的比值只决定于气流的马赫数。

由 (7-21) 式可知，对于绝能等熵的流动，$(p^*/T^*)^{\frac{k}{k-1}}=$ 常数，即总压 p^* 保持不变。

【例 7-1】 如图 7-6，贮气箱中空气总压 $p_1^* = 2.934\times10^5$ Pa，总温 $T_1^* = 288$ K，通过喷管进入压强 $p_a = 9.81\times10^4$ Pa 的大气中，若喷管出口截面压强 p_2 和大气压强相等，求出截面上气流速度。(假定喷管中的流动绝能等熵)

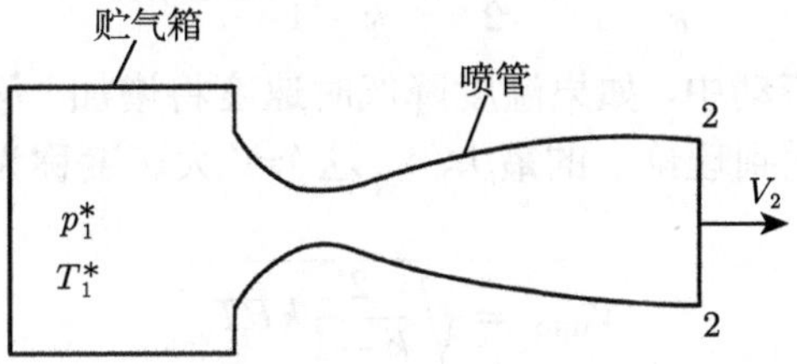

图 7-6　喷管系统

【解】 由于流动绝能等熵，所以 T^*、p^* 不变，则气流在出口面上

$$p_2^* = 2.943\times10^5\text{Pa}, T_2^* = 288\text{K}, p_2 = 9.81\times10^4\text{Pa}$$

$$\therefore M_2 = \sqrt{\frac{2}{k-1}\left[\left(\frac{p_2^*}{p_2}\right)^{\frac{k-1}{k}} - 1\right]} = 1.3578$$

$$T_2 = T_2^*/\left(1+\frac{0.4}{2}M_2^2\right) = 210.413 \text{ K}$$

$$C_2 = \sqrt{kRT_2} = 290.795 \text{ m/s}$$

$$V_2 = M_2\cdot C_2 = 394.85 \text{ m/s}$$

【例 7-2】 接上题，设喷管中流动有摩擦损失，故为绝能熵增流动，此时出口气流总压 $p_2^* = 0.95p_1^*$，求出口气流速度。

【解】 $M=\sqrt{\frac{2}{k-1}\left[\left(\frac{0.95p_1^*}{p_2}\right)^{\frac{k-1}{k}}-1\right]}=1.320\ 65$

$$T_e=T_2^*/\left(1+\frac{k-1}{2}M_e^2\right)=213.519\ \text{K}$$

$$C_2=\sqrt{kRT_2}=292.933(\text{m/s})$$

$$V_2=M_2\cdot C_2=386.863(\text{m/s})$$

比较上述两例可见，由于有摩擦的流动比理想流动的出口总压低，使出口气流的速度 (动能) 减少，因此总压降低反映了气流做功能力下降。通常用总压比表征气流做功能力的大小。

7.3.2 极限速度

对于完全气体绝能流动，气流的总温保持不变，由 $C_p=\dfrac{kR}{k-1}$，可以将能量方程写成

$$\frac{kRT}{k-1}+\frac{V^2}{2}=\frac{kRT^*}{k-1}=\text{const} \tag{7-22}$$

上式说明，完全气体绝能流动中，如果温度降低时速度将增加，假设温度降到零，则气流的焓全部转化为动能，速度达到理论上的最大值，这个最大速度称为极限速度，记为 $V_{\max}$，由上式可得

$$V_{\max}=\sqrt{\frac{2}{k-1}kRT^*}$$

对绝能流动来说，$V_{\max}$ 是常数。极限速度是气流温度达到绝对零度时理论上的极限值，实际上是达不到的，常被用作参考速度。

7.3.3 临界参数

能量方程 (7-22) 也可以改写成

$$\frac{c^2}{k-1}+\frac{V^2}{2}=\frac{kRT^*}{k-1}=\text{const} \tag{7-23}$$

这是 $(V-c)$ 平面上的一个椭圆方程。从图 7-7 中可以看出，在 $V=0$ 和 $V=V_{\max}$ 之间存在着一个 $V=c$ 的状态，即 $M=1$ 的状态，这就是临界状态。

与滞止状态一样，临界状态也是一种假想的状态。流动中一点处的临界状态，是从该点的现有状态开始以绝能等熵的方式变化到 $V=c$，即 $M=1$ 时的状态。流场中只有在声速点才是临界状态。

临界状态的参数称为临界参数，有临界速度 V_{cr}、临界声速 C_{cr}、临界压强 p_{cr}、临界温度 T_{cr} 和临界密度 ρ_{cr} 等。

在临界状态，$V_{\text{cr}}=C_{\text{cr}}$，由 (7-23) 式可得

$$V_{\text{cr}}=C_{\text{cr}}=\sqrt{\frac{2}{k+1}kRT^*} \tag{7-24}$$

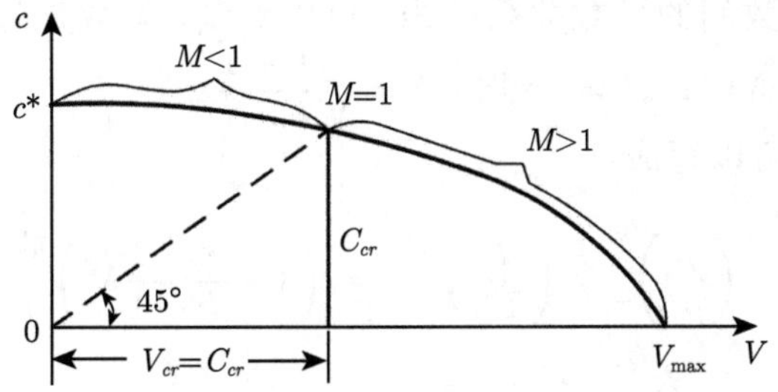

图 7-7　$V-c$ 平面上的速度椭圆

在 (7-21) 式中令 $M=1$，可以得到临界参数与相应总参数之比

$$\frac{p_{\mathrm{cr}}}{p^*}=\left(\frac{\rho_{\mathrm{cr}}}{\rho^*}\right)^k=\left(\frac{T_{\mathrm{cr}}}{T^*}\right)^{\frac{k}{k-1}}=\left(\frac{2}{k+1}\right)^{\frac{k}{k-1}} \tag{7-25}$$

对于空气 $k=1.4$，则有 $p_{\mathrm{cr}}/p^*=0.5283$, $\rho_{\mathrm{cr}}/\rho^*=0.6339$，$T_{\mathrm{cr}}/T^*=0.8333$。

需要说明，声速和临界声速是两个不同的概念。声速是气流现有状态下的声速，$c=\sqrt{kRT}$ 由当地静温确定；而临界声速则是临界状态下的声速，$c_{\mathrm{cr}}=\sqrt{\dfrac{2k}{k+1}RT^*}$ 由当地总温确定。只有在声速点上，两者才是相等的。

7.3.4　速度系数

在气体动力学中, 马赫数 $M=V/c$ 是无量纲速度。速度系数是另一个无量纲速度，它定义为气流速度与临界声速之比，以 λ 表示：

$$\lambda=\frac{V}{c_{\mathrm{cr}}}$$

在绝能流动中，临界声速为常数，因此 λ 与 V 成正比，计算方便；而用 M 数, 由于 c 为变量，M 数与 V 的关系就比较复杂。另一方面，在绝能流动中，当 V 增大到 $V_{\max}$ 时，M 趋于 ∞，而 $\lambda_{\max}=\dfrac{V_{\max}}{c_{\mathrm{cr}}}=\sqrt{\dfrac{k+1}{k-1}}$ 是有限值，这样在制作图表曲线时，用 λ 数表示就十分方便。λ 数与 M 数之间存在着如下的对应关系：

$$M^2=\frac{V^2}{c^2}=\frac{V^2}{c_{\mathrm{cr}}^2}\frac{c_{\mathrm{cr}}^2}{c^2}=\lambda^2\frac{\dfrac{2k}{k+1}RT^*}{kRT}$$

所以

$$M^2=\lambda^2\frac{2}{k+1}\left(1+\frac{k-1}{2}M^2\right)$$

整理得

$$\lambda^2=\frac{(k+1)\,M^2}{2+(k-1)\,M^2}=\frac{\dfrac{k+1}{2}M^2}{1+\dfrac{k-1}{2}M^2} \tag{7-26}$$

或

$$M^2=\frac{2\lambda^2}{(k+1)-(k-1)\,\lambda^2}=\frac{\dfrac{2}{k+1}\lambda^2}{1-\dfrac{k-1}{k+1}\lambda^2} \tag{7-27}$$

图 7-8 是 λ 数与 M 数间的函数关系曲线，可以看到，λ 数是随 M 数单调递增的，且 M=0 时，λ=0；M=1 时，λ=1；$M=\infty$ 时，$\lambda=\sqrt{\dfrac{k+1}{k-1}}$。

利用 λ 数，(7-21) 式可以写成

$$\frac{p}{p^*}=\left(\frac{\rho}{\rho^*}\right)^k=\left(\frac{T}{T^*}\right)^{\frac{k}{k-1}}=\left(1-\frac{k-1}{k+1}\lambda^2\right)^{\frac{k}{k-1}} \tag{7-28}$$

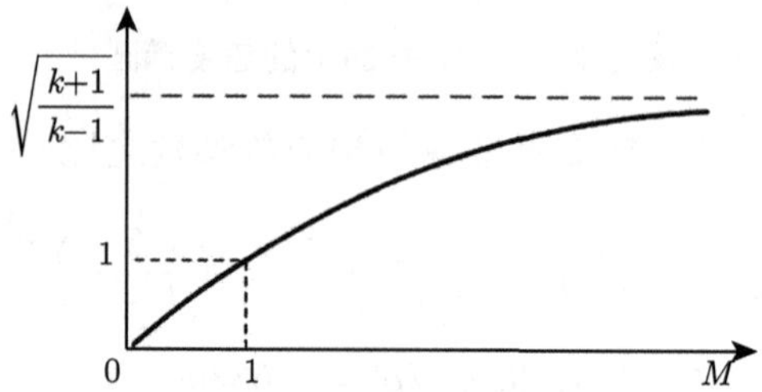

图 7-8　$\lambda-M$ 的函数曲线

【例 7-3】 某发动机的尾喷管 (图 7-9)，进口燃气参数 $p_1^*=2.36\times10^5$ Pa，$T_1^*=790$ K，出口截面处于临界状态，尾喷管的总压恢复系数 $\sigma=0.98$。求出口截面的流速、静温和静压。[设燃气绝热指数 $k=1.33$，气体常数 $R=287.4\text{J}/(\text{kg}\cdot\text{K})$]

【解】 由于出口达到临界状态，因此 $\lambda_e=1$，此外 $p_e^*=p^*\cdot\sigma=0.98p^*$。所以

$$\frac{T_e}{T^*}=1-\frac{k-1}{k+1}\lambda_e^2=0.858\ 37\Rightarrow T_e=678.1116\ \text{K}$$

$$\frac{p_e}{p_e^*}=\left(1-\frac{k-1}{k+1}\lambda_e^2\right)^{\frac{k}{k-1}}\approx0.540\ 364\Rightarrow p_e=1.25\times10^5\text{Pa}$$

$$V_e=\sqrt{kRT_e}\approx509.12\text{m/s}$$

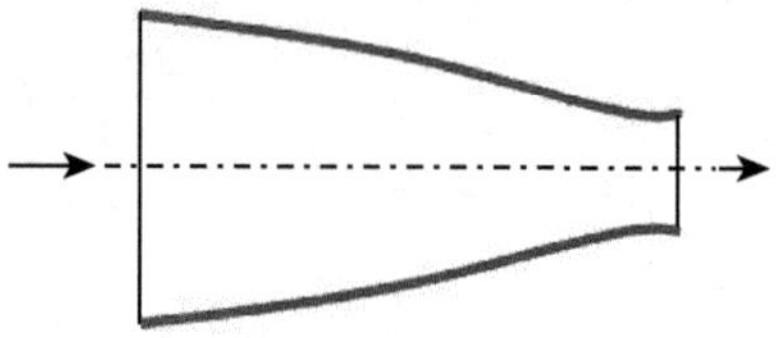

图 7-9　尾喷管示意图

7.4　气体动力学函数及其应用

在气体动力学中，把 p/p^*、ρ/ρ^*、T/T^* 等一类用速度系数 λ 数或马赫数 M 表示的函数称为气体动力学函数。最常用的气动函数有温度比 $\tau(\lambda)$、压强比 $\pi(\lambda)$、密度比 $\varepsilon(\lambda)$、流量函数 $q(\lambda)$、$y(\lambda)$ 以及冲量函数 $Z(\lambda)$ 、$f(\lambda)$、$r(\lambda)$。

这些函数以 λ 数或 M 数为自变量，可以为复杂的气动计算提供极大的便利。在气动力学发展的早期，曾将这些函数制成数表或曲线，以避免繁琐的人工计算，为气动力的估算提供函数值读取的便利。在计算机技术迅猛发展的今天，这些气动函数可以方便地编入计算机程序进行快速数值计算。本节将分别介绍这三类共 8 个气动函数。

7.4.1　函数 τ、π、ε

函数 τ、π、ε 是静参数与总参数之比，它们的定义是 $\tau=\dfrac{T}{T^*}$，$\pi=\dfrac{p}{p^*}$，$\varepsilon=\dfrac{\rho}{\rho^*}$。由 (7-28) 式，$\tau$、$\pi$、$\varepsilon$ 可写成 λ 的函数

$$\tau(\lambda)=\frac{T}{T^*}=1-\frac{k-1}{k+1}\lambda^2 \tag{7-29a}$$

$$\pi(\lambda)=\frac{p}{p^*}=\left(1-\frac{k-1}{k+1}\lambda^2\right)^{\frac{k}{k-1}} \tag{7-29b}$$

$$\varepsilon(\lambda)=\frac{\rho}{\rho^*}=\left(1-\frac{k-1}{k+1}\lambda^2\right)^{\frac{1}{k-1}} \tag{7-29c}$$

由 (7-21) 式，它们也可写成 M 的函数

$$\tau(M)=\left(1+\frac{k-1}{2}M^2\right)^{-1} \tag{7-30a}$$

$$\pi(M)=\left(1+\frac{k-1}{2}M^2\right)^{\frac{k}{1-k}} \tag{7-30b}$$

$$\varepsilon(M)=\left(1+\frac{k-1}{2}M^2\right)^{\frac{1}{1-k}} \tag{7-30c}$$

图 7-10 是 $k=1.4$ 时的 τ、π、ε 曲线图，可见，它们随 λ 或 M 的增加从 1 降到 0。

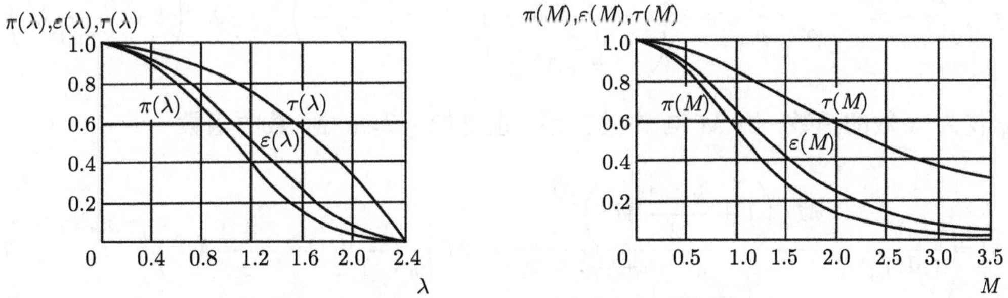

图 7-10　分别用 λ 和 M 表示的 τ、π、ε 函数曲线

【例 7-4】　如图 7-11，在超声速喷管流动中，已知截面 1-1 上静压 $p_1=5.88\times10^5$ Pa，总温 $T_1^*=310$ K，速度系数 $\lambda_1=0.6$，截面 2 上静温 $T_2=243$ K。求气流在截面 2-2 上的压强和速度系数。(假定气流是绝能等熵的)

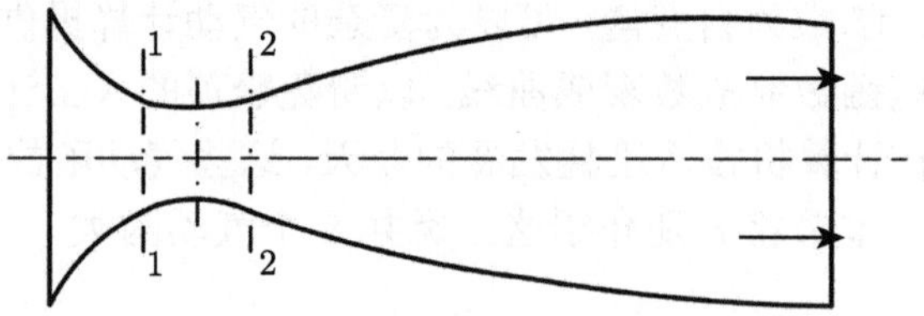

图 7-11　超声速喷管流动

【解】　由于绝能等熵，所以 $T_1^* = T_2^* p_1^* = p_2^*$。

$$\tau(\lambda_2) = 1 - \frac{k-1}{k+1}\lambda_2^2 = \frac{T_2}{T^*} \Rightarrow \lambda_2 = 1.1388 \quad \pi(\lambda_2) = \left(1 - \frac{k-1}{k+1}\lambda_2^2\right)^{\frac{k}{k-1}} = 0.426\,4$$

$$p_2 = p_2^* \pi(\lambda_2) = p_1^* \pi(\lambda_2) \approx 3.114 \times 10^5 \mathrm{Pa}$$

7.4.2　流量函数

在气动问题的研究分析和实际计算中，流量是个至关重要的物理量，这里要介绍的流量函数有举足轻重的地位。

在一维流动中，某一截面上的流量 $\dot{m}$ 可写成

$$\dot{m} = \rho V A = \frac{\rho V}{(\rho V)_{\mathrm{cr}}} (\rho V)_{\mathrm{cr}} A \tag{7-31}$$

式中，$\rho V = \dot{m}/A$ 是单位面积的流量，称为密流；$\rho V/(\rho_{\mathrm{cr}} V_{\mathrm{cr}})$ 则为无量纲密流，流量函数 q 就定义为无量纲密流。

$$q(\lambda) = \frac{\rho V}{(\rho V)_{\mathrm{cr}}} = \lambda \cdot \frac{\rho}{\rho^*} \cdot \frac{\rho^*}{\rho_{\mathrm{cr}}} = \lambda \left(\frac{1 - \dfrac{k-1}{k+1}\lambda^2}{\dfrac{2}{k+1}}\right)^{\frac{1}{k-1}} = \left(\frac{k+1}{2}\right)^{\frac{1}{k-1}} \cdot \lambda \cdot \left(1 - \frac{k-1}{k+1}\lambda^2\right)^{\frac{1}{k-1}}$$

可见 q 仅为 λ 数的函数，由 M 与 λ 的关系，也可把 q 写成 M 数的函数

$$q(M) = \frac{\rho V}{(\rho V)_{\mathrm{cr}}} = \frac{M\Big/\left(1 + \dfrac{k-1}{2}M^2\right)^{\frac{k+1}{2(k-1)}}}{\left(\dfrac{2}{k+1}\right)^{\frac{k+1}{2(k-1)}}} = M\left[\frac{2}{k+1}\left(1 + \frac{k-1}{2}M^2\right)\right]^{-\frac{k+1}{2(k-1)}} \tag{7-32}$$

图 7-12 为 q 的函数曲线 $q(\lambda)$ 和 $q(M)$。可看到，当 $\lambda<1$ 时，q 为递增的；当 $\lambda=1$ 时，$q(1)=1$ 达到最大值；当 $\lambda>1$ 时，q 为递减的。$q\leqslant 1$ 说明 $\rho V \leqslant \rho_{\mathrm{cr}} V_{\mathrm{cr}}$，可见截面上流动达到临界时通过的密流最大。由于

$$\rho_{\mathrm{cr}} = \rho^* \left(\frac{2}{k+1}\right)^{\frac{1}{(k-1)}} = \frac{p^*}{RT^*}\left(\frac{2}{k+1}\right)^{\frac{1}{(k-1)}} \qquad V_{\mathrm{cr}} = c_{\mathrm{cr}} = \sqrt{\frac{2k}{k+1}RT^*}$$

代入 (7-31) 式，得

$$\dot{m}=\rho VA=\sqrt{\frac{k}{R}}\cdot\sqrt{\left(\frac{2}{k+1}\right)^{\frac{k+1}{k-1}}}\frac{p^*}{\sqrt{T^*}}\cdot A\cdot q(\lambda) \tag{7-33}$$

记 $K=\sqrt{\frac{k}{R}\left(\frac{2}{k+1}\right)^{\frac{k+1}{k-1}}}$

对空气，$k=1.4$ ，R=287.06 J/(kg·K)，有 $K=0.040\ 414\ 2(\mathrm{s}\sqrt{\mathrm{K}}/\mathrm{m})$

(7-33) 式是气动分析和计算中的一个非常重要的公式，用此公式对一维定常绝能等熵流动的分析，可以得到一些重要的结论。

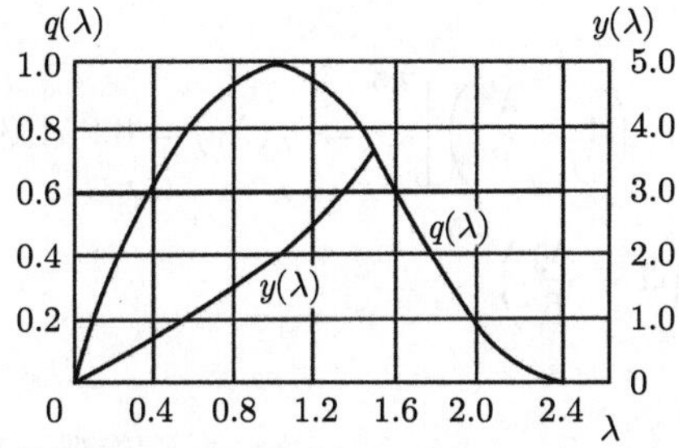

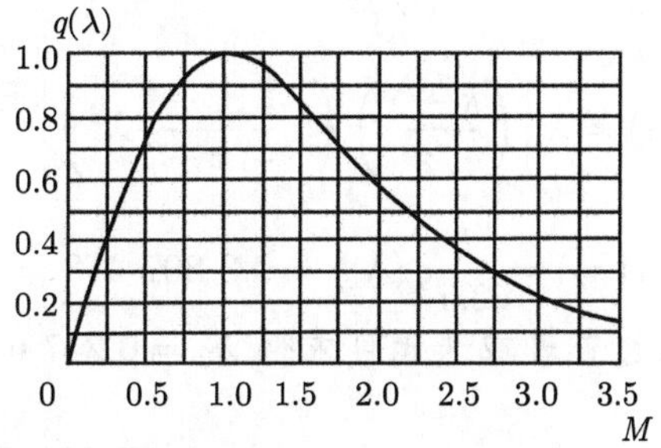

图 7-12　流量函数 $q(\lambda)$ 和 $q(M)$ 的函数曲线

一维定常流动中，各个截面的流量相等，即 $\dot{m}=K\frac{p^*}{\sqrt{T^*}}Aq(\lambda)=$ 常数

由于流动绝能等熵，p^*、T^* 也保持不变，所以有

$$Aq(\lambda)=\text{常数} \tag{7-34}$$

(1) 当气流为亚声速时，若气流加速，λ 增大，$q(\lambda)$ 也增大，管道截面积必减小；

(2) 气流为超声速时，若气流加速，λ 增长，$q(\lambda)$ 却减小，管道截面积必增大；

(3) 当 λ=1 时，$q(\lambda)$=1，达到最大值，相应的截面必是最小截面。

可见，要使亚声流加速成超声流，应使用先收缩再扩张的管道。

另一个流量函数 $y(\lambda)$ 定义为

$$y(\lambda)=q(\lambda)/\pi(\lambda) \tag{7-35}$$

把 $q(\lambda)=\pi(\lambda)y(\lambda)$ 代入到 (7-33) 式中，得

$$\dot{m}=K\frac{p}{\sqrt{T^*}}Ay(\lambda) \tag{7-36}$$

在已知气流静压时，可用 $y(\lambda)$ 流量函数来计算流量。

【例 7-5】　如图 7-13 所示扩张管内的流动，已知进出口面积比 $A_2/A_1=2.5$，进口速度系数 $\lambda_1=0.8$，求出口截面气流速度系数 λ_2(假定流动绝能等熵)。

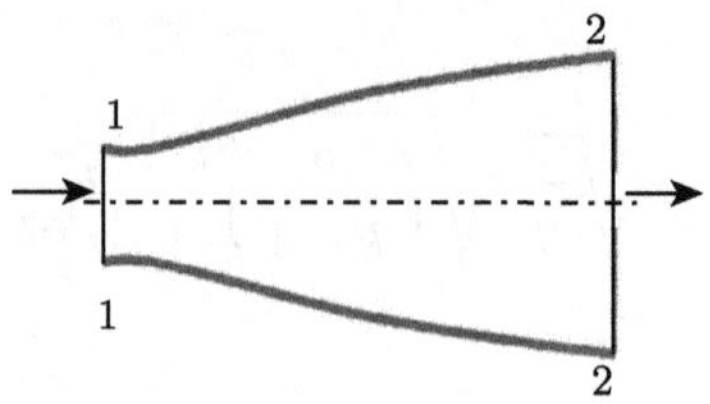

图 7-13　扩张管流动

【解】 由于流动等熵、连续，所以可以采用总温总压表示的连续方程:

$$\dot{m} = K\frac{p^*}{\sqrt{T^*}}Aq(\lambda),\quad \text{在截面1-1和2-2之间，就有}A_1q(\lambda_1) = A_2q(\lambda_2)$$

$$q(\lambda) = \lambda\left[\left(\frac{k+1}{2}\right)\left(1-\frac{k-1}{k+1}\lambda^2\right)\right]^{\frac{1}{k-1}} = \lambda\left[1.2\times\left(1-\frac{\lambda^2}{6}\right)\right]^{2.5} \Rightarrow q(\lambda_1) = 0.951\ 87$$

$$\therefore q(\lambda_2) = \frac{1}{2.5}q(\lambda_1) = 0.3\ 807\ 473 = 1.2^{2.5}\cdot\lambda_2\cdot\left(1-\frac{\lambda_2^2}{6}\right)^{2.5}$$

通过查表或迭代可求得 $\lambda_2 = 0.247\ 65$

【例 7-6】 在某压气机的出口截面上，截面积 $A = 0.1\ \mathrm{m}^2$，测得静压 $p = 4.12\times10^5$ Pa，总温 $T^* = 480$ K，流量 $\dot{m} = 50$ kg/s，求出口截面的总压 p^*。

【解】 由于知道流量和出口截面的面积、静压、总温，采用流量方程求解是非常方便的。

$$\dot{m} = \rho VA = \frac{kp}{kRT}VA = \sqrt{\frac{k}{RT}}pMA = \sqrt{\frac{k}{R}}\frac{p}{\sqrt{T}}M\sqrt{1+\frac{k-1}{2}M^2}A,\ \text{由此可以得到}$$

$$M\sqrt{1+0.2M^2} = \sqrt{\frac{R}{k}}\frac{\dot{m}}{pA}\sqrt{T^*}\approx 0.3807,\ \text{两边平方，解得}M = 0.3755$$

$$\therefore p^* = p\left(1+0.2M^2\right)^{3.5}\approx 4.541\times10^5\ \mathrm{Pa}$$

7.4.3　冲量函数

若要求图 7-14 所示的一维管流的气动力时，可以对所研究管流内部的气体取控制体积，并对该控制体积内的气体施加动量方程:

$$F = (p_2A_2 + \dot{m}V_2) - (p_1A_1 + \dot{m}V_1) \tag{7-37}$$

式中，组合量 $\dot{m}V + pA$ 称为冲量，用 $I = \dot{m}V + pA$ 表示。上式表明: 控制体积内流体受力等于该控制体积进出口截面冲量之差。

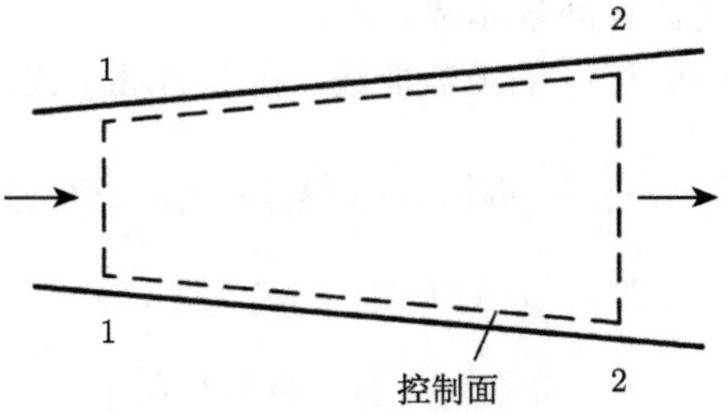

图 7-14　一维管道流动

根据冲量计算的需要，定义三个冲量函数 Z、f 和 r

$$Z(\lambda)=\lambda+\frac{1}{\lambda} \tag{7-38a}$$

$$f(\lambda)=\left(\frac{2}{k+1}\right)^{\frac{1}{k-1}}\cdot q(\lambda)\cdot Z(\lambda) \tag{7-38b}$$

$$r(\lambda)=\pi(\lambda)/f(\lambda) \tag{7-38c}$$

所以

$$\begin{aligned}
I&=\dot{m}\left[\lambda\cdot c_{\mathrm{cr}}+\frac{c_{\mathrm{cr}}}{\lambda}\frac{k+1}{2k}\left(1-\frac{k-1}{k+1}\lambda^2\right)\right]=\dot{m}\cdot c_{\mathrm{cr}}\cdot\left[\lambda+\frac{k+1}{2k}\frac{1-\dfrac{k-1}{k+1}\lambda^2}{\lambda}\right]\\
&=\frac{k+1}{2k}\dot{m}\cdot c_{\mathrm{cr}}\cdot\left[\frac{2k}{k+1}\lambda+\frac{1-\dfrac{k-1}{k+1}\lambda^2}{\lambda}\right]\\
&=\frac{k+1}{2k}\dot{m}\cdot c_{\mathrm{cr}}\cdot\left(\lambda+\frac{1}{\lambda}\right)=\frac{k+1}{2k}\cdot\dot{m}\cdot c_{\mathrm{cr}}\cdot Z(\lambda)
\end{aligned}$$

进一步由流量 (7-33) 式有

$$\begin{aligned}
I&=\dot{m}V+pA=\frac{k+1}{2k}\sqrt{\frac{k}{R}\left(\frac{2}{k+1}\right)^{\frac{k+1}{k-1}}}\cdot\frac{p^*}{\sqrt{T^*}}\cdot A\cdot q(\lambda)\cdot\sqrt{\frac{2kRT^*}{k+1}}\cdot Z(\lambda)\\
&=\left(\frac{2}{k+1}\right)^{\frac{1}{k-1}}\cdot p^*\cdot A\cdot q(\lambda)\cdot Z(\lambda)=p^*A\cdot f(\lambda)
\end{aligned}$$

还有

$$I=p^*A\cdot f(\lambda)=\frac{p}{\pi(\lambda)}\cdot A\cdot f(\lambda)=pA/r(\lambda)$$

综合以上推导结果，冲量有三种计算式，分别利用 3 个冲量函数

$$I=\frac{k+1}{2k}\cdot\dot{m}\cdot c_{\mathrm{cr}}\cdot Z(\lambda) \tag{7-39a}$$

$$I=p^*A\cdot f(\lambda) \tag{7-39b}$$

$$I=pA/r(\lambda) \tag{7-39c}$$

当已知 p^* 或 p 时，用后两式计算冲量非常方便。

图 7-15 是 $Z(\lambda)$、$f(\lambda)$ 和 $r(\lambda)$ 的函数曲线。利用 (7-39) 式、(7-37) 式可写成

$$F=\frac{k+1}{2k}\cdot\dot{m}\left[c_{\mathrm{cr}2}\cdot Z(\lambda_2)-c_{\mathrm{cr}1}\cdot Z(\lambda_1)\right] \tag{7-40a}$$

$$F=\left[p^*Af(\lambda)\right]_2-\left[p^*Af(\lambda)\right]_1 \tag{7-40b}$$

$$F=\left[pA/r(\lambda)\right]_2-\left[pA/r(\lambda)\right]_1 \tag{7-40c}$$

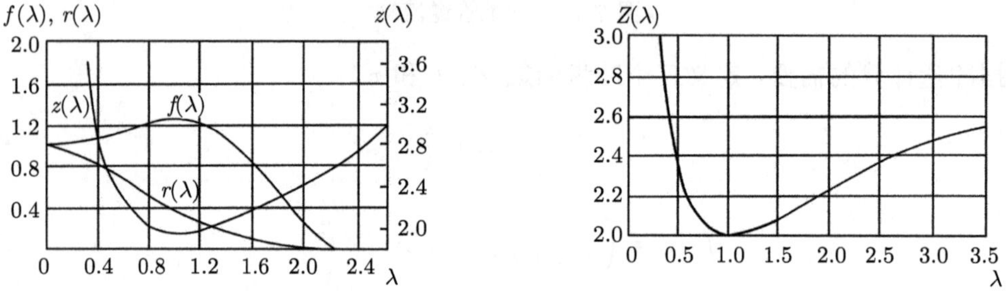

图 7-15　冲量函数 Z、f、r 的曲线

【例 7-7】 燃气 ($k=1.33$) 在直管中流动 (图 7-16)，进口参数为 $T_1^*=750$ K，$p_1^*=2.55\times10^5$ Pa，$\lambda_1=0.35$。已知在管内加入燃气的热量为 $q=1.17\times10^3$ kJ/kg。不考虑管壁的摩擦力，求出口气流参数 T_2^*、p_2^*、λ_2。[$c_p=1.15\text{kJ}/(\text{kg}\cdot\text{K})$]

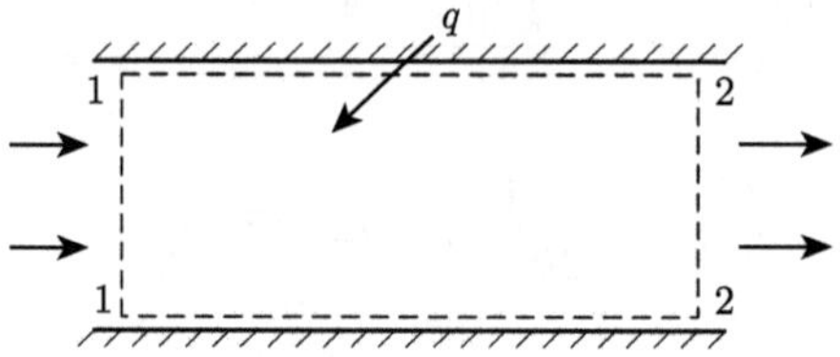

图 7-16　例 7-7 的控制体积

【解】 首先由能量方程求出口截面的气流总温

$$q=c_p\left(T_2^*-T_1^*\right)\Rightarrow T_2^*=1767.39\ \text{K}$$

无摩擦，故气流动量保持不变，$F=\dfrac{k+1}{2k}\cdot\dot{m}\cdot\left[c_{\mathrm{cr}2}\cdot Z(\lambda_2)-c_{\mathrm{cr}1}\cdot Z(\lambda_1)\right]=0$ 知

$$c_{\mathrm{cr}2}z(\lambda_2)=c_{\mathrm{cr}1}z(\lambda_1)\Rightarrow z(\lambda_2)=\sqrt{\frac{T_1^*}{T_2^*}}z(\lambda_1)$$

$$=2.089\ 2=\frac{1}{\lambda_2}+\lambda_2\Rightarrow\lambda_2=\begin{cases}1.346\ 6\\0.742\ 61\end{cases}$$

亚声速流动，取 0.742 61。

由于动量方程还可以写为 $[p^*Af(\lambda)]_1 = [p^*Af(\lambda)]_2$，所以

$$p_2^* = p_1^* \frac{f(\lambda_1)}{f(\lambda_2)} = 0.874\ 432\ 7 p_1^* \approx 2.23 \times 10^5\ \text{Pa}$$

加热带来总压损失，总压恢复系数为

$$\sigma = \frac{p_2^*}{p_1^*} = 0.8744$$

【例 7-8】 两股空气流混合 (图 7-17)，混合前参数为 $T_1^* = 300\ \text{K}$, $T_2^* = 900\ \text{K}$, $p_1^* = p_2^* = 1.962 \times 10^5\ \text{Pa}$，流量 $\dot{m}_1 = 60\ \text{kg/s}, \dot{m}_2 = 40\ \text{kg/s}$，已知 $A_1 = A_2 = 0.22\ \text{m}^2$，$A_3 = A_1 + A_2$，略去管壁与气流间的摩擦，并设气流与外界无热量交换，求混合后气流参数 T_3^*、p_3^*、λ_3。

图 7-17　两股空气流的混合

【解】 由能量方程

$$\dot{m}_1 \cdot c_{p1} \cdot T_1^* + \dot{m}_2 \cdot c_{p2} \cdot T_2^* = \dot{m}_3 \cdot c_{p3} \cdot T_3^*$$

忽略 c_p 的变化，混合后气体总温 $T_3^* = \dfrac{\dot{m}_1 T_1^* + \dot{m}_2 T_2^*}{\dot{m}_1 + \dot{m}_2} = 540\ \text{K}$

由于 $\dot{m} = \sqrt{\dfrac{k}{R}\left(\dfrac{2}{k+1}\right)^{\frac{k+1}{k-1}}} \dfrac{p^*}{\sqrt{T^*}} \cdot A \cdot q(\lambda) \Rightarrow q(\lambda) = \dfrac{\dot{m} \cdot \sqrt{T^*}}{K \cdot p^* \cdot A} \Rightarrow \begin{cases} q(\lambda_1) = 0.5954 \\ q(\lambda_2) = 0.6879 \end{cases}$

查表得 $\lambda_1 = 0.404\ 72$，$\lambda_2 = 0.486\ 926$，所以

$$z(\lambda_1) = \frac{1}{\lambda_1} + \lambda_1 = 2.875\ 56 \quad z(\lambda_2) = 2.559\ 44$$

动量未发生变化，亦即 $I_1 + I_2 = I_3$

$$\dot{m}_1 \cdot c_{\text{cr1}} \cdot z(\lambda_1) + \dot{m}_2 \cdot c_{\text{cr2}} \cdot z(\lambda_2) = \dot{m}_3 \cdot c_{\text{cr3}} \cdot z(\lambda_3)$$

$$z(\lambda_3) = \frac{\dot{m}_1 \cdot c_{\text{cr1}} \cdot z(\lambda_1) + \dot{m}_2 \cdot c_{\text{cr2}} \cdot z(\lambda_2)}{\dot{m}_3 \cdot c_{\text{cr3}}} = 2.6077 \Rightarrow \lambda_3 \approx 0.467\ 18$$

动量方程还可以写成

$$p_1^* A_1 \cdot f(\lambda_1) + p_2^* A_2 \cdot f(\lambda_2) = p_3^* A_3 \cdot f(\lambda_3)$$

可以算出出口截面总压

$$p_3^* = 1.945 \times 10^5\ \text{Pa}，\text{小于混合前气流的总压}$$

上述结果表明，两股总压相等的气流混合，尽管不计管壁摩擦，结果却使总压下降，这是由于两股气流速度不同造成混合损失的缘故。

习　题

7-1　试由伯努力方程 $V\mathrm{d}V + \mathrm{d}p/\rho = 0$ 导出不可压流 $\rho=$ 常数和等熵流动 $p = C\rho^k$ 时的总压 p^* 与静参数 p、ρ、V 的关系式。

7-2　飞机以每小时 2124.5 km 的速度在 11 km 的高空飞行，求飞行马赫数。

7-3　飞机在 20 km 高空飞行，马赫数为 1.5，求气流滞止压强和滞止温度。

7-4　测得吸气式风洞的实验段的压强为 $p = 0.744 \times 10^5$ Pa，实验室中的大气压强为 1.013×10^5 Pa，温度为 15 ℃，求实验段中气流速度、温度和马赫数。

7-5　已知气流速度为 360 m/s，温度为 288 K，压强为 101 kPa，求临界速度、临界压强、临界温度和速度系数、滞止压强和滞止温度。

7-6　已知管道某截面的参数为 M=0.3，$p^* = 2 \times 10^5$ Pa，$T^* = 340$ K，管道直径 $D = 0.1$ m，若流体为空气，求通过截面的质量流量。

7-7　设计一扩压器，已知流动绝热，流量 $\dot{m} = 1$ kg/s，总温 $T^* = 15$℃，气体为空气，进口马赫数 $M = 0.8$，进口压强 $p_1 = 78.5$ kPa，出口压强 $p_2 = 90.3$ kPa。

(1) 若流动等熵，求进出口直径；

(2) 若流动有损失，总压恢复系数 $\sigma = p_2^*/p_1^* = 0.95$，求进出口直径。

7-8　在 10 km 高空飞行的涡喷发动机的进气扩压器的质量流量为 25 kg/s，已知进气扩压器进口处 $V_1 = 200$ m/s，$p_1 = 0.35 \times 10^5$ Pa，$T_1 = 230$ K，出口截面积为 0.5 m^2，假设流动绝能等熵，求气流对扩压器的作用力。

7-9　流场中任意点处压强系数可定义为 $c_p = \dfrac{p - p_\infty}{\dfrac{1}{2}\rho_\infty V_\infty^2}$

证明 $c_p = \dfrac{2}{kM^2}\left\{\left[1 + \dfrac{k-1}{2}M_\infty^2\left(1 - \dfrac{V^2}{V_\infty^2}\right)\right]^{\frac{k}{k-1}} - 1\right\}$。

第8章 膨胀波、压缩波和激波

膨胀波、压缩波和激波是超声速气流中的特殊流动现象。超声速气流在加减速或改变流动方向时，总是伴随着膨胀波、压缩波或激波，因此掌握这些波的运动规律、物理本质和计算方法，对超声速飞行器和超声速推进系统的设计和性能分析是十分重要的。本章主要研究两类波，第一类是膨胀波和压缩波，它们都属于等熵波，流动是可逆的；第二类是激波，包括正激波和斜激波，这是一种伴随着巨大流动损失的强烈的压缩过程，流动是不可逆的，因此，也是熵增的流动。本章将介绍这两类波的产生、性质、波前后气动参数的计算方法；阐明等熵波 (膨胀波和压缩波) 之间、激波之间、激波和等熵波之间的相交、反射等物理现象的规律和参数计算方法。

8.1 超声速气流中的扰动波

均匀超声速气流沿二维平板流动，如果在平板上某处有一粒“小沙子”，这一小沙子对超声速气流是一种微弱扰动，从超声速气流的性质我们知道，该扰动就会沿马赫线向外传播，见图 8-1 所示。气流与这道扰动传播线即马赫波线的夹角就是马赫角 μ，它等于 $\mu=\sin^{-1}(1/M)$

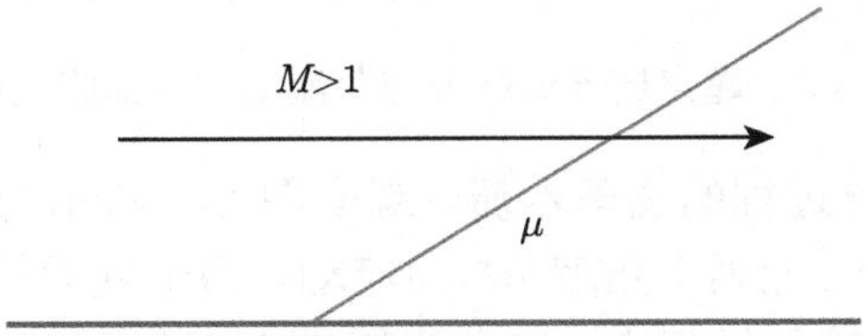

图 8-1 超声速气流中的马赫波线

图 8-2 是超声速喷管中气流流动的纹影照片，从图中我们可以清楚地看到，沿着喷管的上下壁面有一系列的“斜线”发出，这是由于喷管型面的连续变化而对气流形成一系列的转向扰动，因此就产生一系列的扰动传播线，即扰动波，通常人们称这种无限微弱的扰动波为马赫波。如果气流穿过这一系列的马赫波压强降低、速度增加，那这些马赫波就是膨胀波，

超声速气流绕外钝角流动就会从转角处产生一系列膨胀波；如果气流穿过这一系列的马赫波压强增加、速度降低，那这些马赫波就是压缩波。

图 8-2　超声速喷管中的马赫波线

8.2　膨胀波、压缩波的形成及其特点

超声速气流在物面附近受物面形状影响加速或减速时，物面形状的变化对超声速气流来说就是一种扰动，该扰动从物面形状改变的地方出发，沿当地马赫线向超声速主气流传播，这就形成了超声速气流中特有的膨胀波或压缩波，本节主要讨论这种在超声速气流中由微弱扰动产生的膨胀波、压缩波的形成规律及其主要特征。

8.2.1　几何边界产生的膨胀波

一股均匀的二维定常超声速气流绕外钝角或凸壁偏转 δ 角流动时，就会产生如图 8-3 所示那样的膨胀波扇 DOE，它由一系列非常微弱的等熵膨胀波所组成，马赫数为 M_1 的超声速气流在穿越这膨胀波扇过程中，气流连续地偏转并加速膨胀，以偏角 δ 和增大了的 M_2 离开膨胀波扇，加速后气流流向与最后一道膨胀波的夹角就是马赫角 $\mu_2 = \sin^{-1}(1/M_2)$ 。

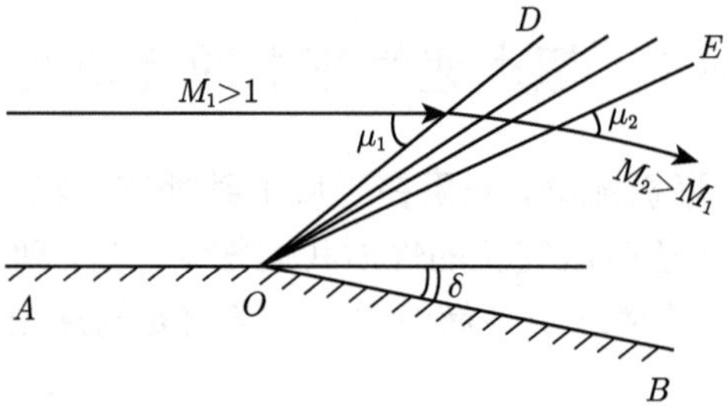

图 8-3　超声速气流绕外钝角流动产生膨胀波扇

为了更清楚地说明这一过程的物理本质，观察图 8-4 所示的一均匀二维定常超声速气流在平壁面 O 点向外偏转一无限小角度 $\mathrm{d}\delta$ 的流动。由于壁面的微小偏转，使超声速气流在 O 点受到一微弱扰动，壁面转折点 O 对超声速气流而言就是一个扰动源，该扰动必然沿着从 O 点发出的马赫线 OL 向超声速气流传播，它与超声速来流方向的夹角就是马赫角 $\mu = \sin^{-1}(1/M)$。因为来流是均匀的，所以马赫线 OL 为一直线，在 O 点超声速来流偏转了 $\mathrm{d}\delta$ 角，相当于使流动截面积扩大，超声速气流流动面积的扩大意味着气流膨胀加速，速度增加，压强、密度下降，壁面在 O 点的扰动使气流膨胀，因此人们称这种从 O 点出发的马赫波线 OL 为膨胀波。

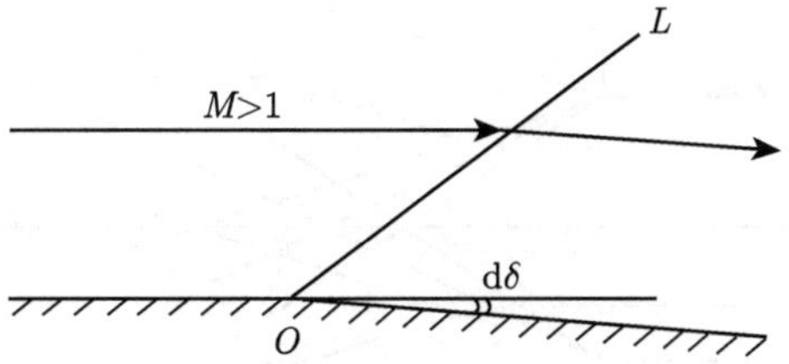

图 8-4　超声速气流的微小偏转流动

显然，由 O 点产生的壁面转折扰动信号只能传递到波线 OL 的下游，而不能逆流前传至波线 OL 的上游，因此，超声速气流在“撞”上波线 OL 之前，不可能觉察到任何来自 O 点的壁面偏转扰动，气流参数保持不变，一旦气流“撞”上 OL 波，就受到一个偏转 $\mathrm{d}\delta$ 的膨胀扰动，气流参数随即发生微小变化。

如果超声速气流 M_1 流过一个有限转角 δ 的外钝角 AOB 时 (见图 8-3)，气流首先碰上由 O 点发出的第一道马赫线 OD，OD 与来流的夹角为马赫角 $\mu_1 = \sin^{-1}(1/M_1)$，气流在穿过 OD 后，流动方向偏转一微小角度并加速减压，但是它的当地流向角并不与 OB 面平行，气流必然继续偏转膨胀，因此由 O 点出发会产生一系列的马赫线，即膨胀波线，形成著名的膨胀波扇 DOE。气流在穿越整个膨胀波扇的过程中，它的速度、马赫数不断增加，气流方向不断偏向 OB 面，当穿越最后一道膨胀波线 OE 后，马赫数从 M_1 增加到 M_2，流动方向平行于 OB 面。由于 M_2 大于 M_1，所以气流的当地马赫角 $\mu_2 = \sin^{-1}(1/M_2)$ 小于 $\mu_1 = \sin^{-1}(1/M_1)$。人们通常把这种超声速气流绕外钝角的膨胀加速流动称为普朗特—梅耶 (Prandtl-Meyer) 流动。由 O 点发出的膨胀波扇为普朗特—梅耶膨胀波扇。普朗特—梅耶流动具有下列特点：

(1) 超声速气流在外钝角拐角处必产生一扇形膨胀波束，此膨胀波束是由无限多的马赫波所组成，若来流是直线均匀流，则这些马赫线都是直线。

(2) 气流每经一道马赫波，参数就发生无限小的变化，因而在穿越整个膨胀波束时，气流参数将连续发生变化。对无黏、无传热的理想气体，该流动过程是等熵过程。

(3) 沿膨胀波束中的任一道马赫线，所有的气动参数均相同。马赫线就是超声速气流中的特征线 (关于特征线的概念将在第十章介绍)。

8.2.2　压力边界产生的膨胀波

当气流由超声速喷管以超声速出流，或气体在收缩喷管以声速出流时，如果气体在出口截面的压强大于环境压强，则气体在出流过程中将继续膨胀，直到气体在射流边界上的压强等于外界环境压强时为止，这一膨胀过程必伴随着一系列的膨胀波。如果喷管是矩形截面的，喷管出口的上下后缘棱边形成两个“线扰动源”，产生两束膨胀波扇，见图 8-5, 气流离开喷管后又穿越这些膨胀波扇连续地加速减压，直到与环境压强相等为止。

这就是由压力边界条件所决定的超声速流膨胀过程。超声速气流绕外钝角的流动则是由几何边界决定的膨胀过程，二者产生膨胀波的原因不同，但流动的物理图谱却非常相似，其气流膨胀加速的物理本质是一样的。

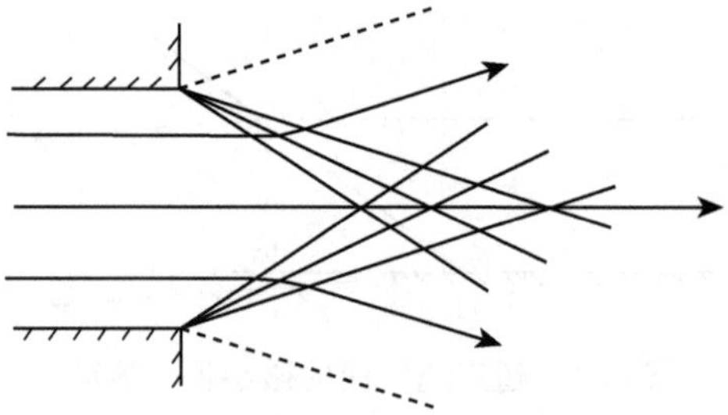

图 8-5 矩形喷管出口膨胀波扇的形成

8.2.3 等熵压缩波

当均匀的超声速气流流过一缓慢变化的二维凹曲面时，气流受到曲面的连续压缩，曲面的每一微小弯曲扰动将以扰动传播线——马赫线的形式伸向主流区，于是自曲面母线的每一点都会发出含有曲面压缩信息的马赫波，这一系列的马赫波形成了带有曲面压缩信息的马赫波束，气流在穿越每一道这样的马赫波时都感受到来自曲面的微弱压缩信号，偏转了一极其微小的角度，因此这种马赫波又称为压缩波，它们与膨胀波一样，都是等熵波。当气流在穿越整束压缩波系时，被强制转过与曲面一样的角度，流束面积减小，气流等熵地减速增压，如图 8-6 所示。由于过程是可逆的，因此这可以被认为是超声速气流从右至左在上壁面绕外钝角的膨胀加速过程的 “逆” 过程，这一概念在设计等熵压缩面时是非常有用的，下壁面实际上就是一条流线。所以图中表示的同一组等熵波束可以有两种理解：如果气流自左至右沿凹曲面流动则产生压缩波，若气流自右至左绕上壁面外钝角流动则是膨胀波，压缩波和膨胀波在这一特定的问题中是统一的，二者都是马赫波，即等熵波。

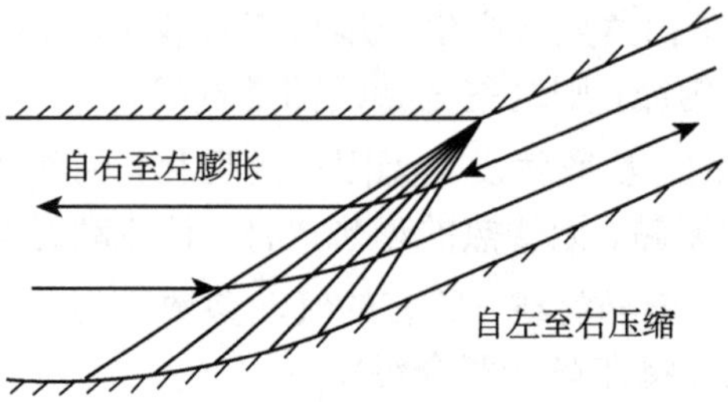

图 8-6 下壁凹曲面与等熵压缩波/上壁外钝角与等熵膨胀波

8.3 普朗特–梅耶 (Prandtl-Meyer) 膨胀波的计算

气流流过膨胀波或压缩波时是等熵的，即在整个膨胀波扇或压缩波扇前后，气流的总压、总温、总密度等总参数保持不变。气流的静参数只是马赫数的函数，而马赫数的大小又与气流的偏转角度有关。因此，人们可以首先找出气流偏转角 δ 与波后气流马赫数的关系，然后根据等熵流气动函数的关系得到气流偏转角和波后其他气动参数的关系。图 8-7 表示一均匀超声速流偏转了一个无限小的角度 $-\mathrm{d}\delta$ 的流动图谱。

以 V 表示图中左方自由来流的超声速速度，经过膨胀波 OD 后气流有一微小的加速，

速度增加为 $V+\mathrm{d}V$，方向偏转了 $-\mathrm{d}\delta$，可以将波前后的速度分解为沿波线的切向分量和垂直于波线的法向分量，见图 8-7，因为波前后的切向分量不变，就有

$$V_\tau = V\cos\mu = (V+\mathrm{d}V)\cos(\mu-\mathrm{d}\delta) \tag{8-1}$$

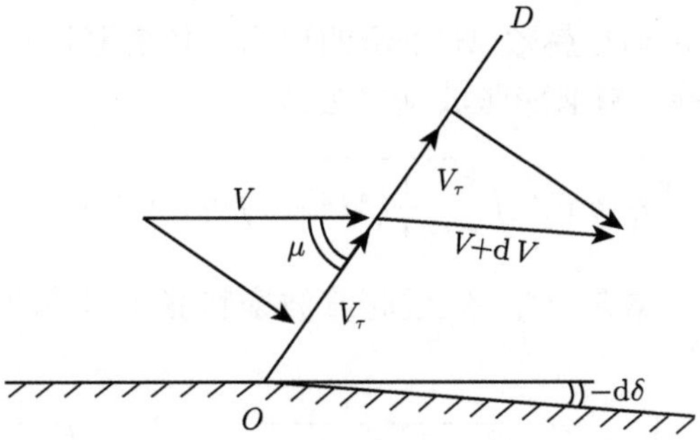

图 8-7　膨胀波前后的气流流态

把式中 $\cos(\mu-\mathrm{d}\delta)$ 展开成

$$\cos(\mu-\mathrm{d}\delta) = \cos\mu\cos\mathrm{d}\delta + \sin\mu\sin\mathrm{d}\delta \tag{8-2}$$

对于无限小的偏转角 $\mathrm{d}\delta$，有 $\cos\mathrm{d}\delta\approx 1$ 和 $\sin\mathrm{d}\delta\approx\mathrm{d}\delta$，将方程 (8-2) 简化后代入 (8-1)，略去高阶量，可以得到

$$\frac{\mathrm{d}V}{V} = -\tan\mu\cdot\mathrm{d}\delta \tag{8-3}$$

由图 8-7 可见

$$\tan\mu = \frac{1}{\sqrt{M^2-1}} \tag{8-4}$$

将 (8-3) 式、(8-4) 式合并，就有

$$\mathrm{d}\delta = -\sqrt{M^2-1}\frac{\mathrm{d}V}{V} \tag{8-5}$$

这就是普朗特—梅耶流的控制微分方程，若想对此方程进行积分，还需要补充速度 V 与马赫数 M 的关系

$$V^2 = M^2c^2 = M^2kRT$$

对等熵流，温度比 $T^*/T = 1+(k-1)M^2/2$，将此方程代入上式，就可以得到速度与马赫数的关系

$$V^2 = M^2kRT = M^2kRT^*/\left(1+\frac{k-1}{2}M^2\right) = \frac{M^2kRT^*}{1+\dfrac{k-1}{2}M^2} \tag{8-6}$$

对此式取对数，有 $2\ln V = \ln(M^2kRT^*) - \ln\left(1+\dfrac{k-1}{2}M^2\right)$，微分之，可得

$$\frac{\mathrm{d}V}{V} = \frac{1}{1+\dfrac{k-1}{2}M^2}\frac{\mathrm{d}M}{M} \tag{8-7}$$

利用 (8-7) 式，从 (8-5) 式中消去 $\mathrm{d}V/V$，就有

$$\mathrm{d}\delta = -\frac{\sqrt{M^2-1}}{1+\frac{k-1}{2}M^2}\frac{\mathrm{d}M}{M} \tag{8-8}$$

这就是用气流偏转角 δ 和马赫数 M 表示的理想气体膨胀波流动的控制微分方程，积分此式，便得到著名的普朗特—梅耶膨胀波基本公式

$$\delta = -\sqrt{\frac{k+1}{k-1}}\tan^{-1}\sqrt{\frac{k-1}{k+1}(M^2-1)}+\tan^{-1}\sqrt{M^2-1}+C \tag{8-9}$$

如果超声速来流的马赫数是 M_1，经过膨胀波扇膨胀了 δ 角加速到 M_2，那么 M_1、M_2 和 δ 的关系可以表示为

$$\begin{aligned}\delta = &-\sqrt{\frac{k+1}{k-1}}\left[\tan^{-1}\sqrt{\frac{k-1}{k+1}(M_2^2-1)}-\tan^{-1}\sqrt{\frac{k-1}{k+1}(M_1^2-1)}\right]\\&+\left[\tan^{-1}\sqrt{M_2^2-1}-\tan^{-1}\sqrt{M_1^2-1}\right]\end{aligned} \tag{8-10}$$

式中，只有 M_1、M_2、δ 三个量，如果给定了波前马赫数和气流偏转角，则可以通过上式求出波后的气流马赫数，然后利用等熵关系式求出波后的 p、ρ、T 等参数。

如令初始来流为声速流，即波前马赫数等于 1，上式便简化为

$$\delta = -\sqrt{\frac{k+1}{k-1}}\tan^{-1}\sqrt{\frac{k-1}{k+1}(M_2^2-1)}+\tan^{-1}\sqrt{M_2^2-1} \tag{8-11}$$

利用此式，只要给定气流偏转角 δ，便可以计算出波后气流的马赫数。给定一系列的 δ 值，可以得到对应的一系列马赫数。这一事实提示我们，任何马赫数大于 1 的均匀超声速气流，都可以设想为是从马赫数等于 1 的声速气流经过膨胀波偏转某一确定的角度 δ 之后得到的，这样可以大大简化膨胀波问题的分析、计算，以致可用一个通用的数值表或通用的程序来求解。

令

$$\nu(M) = \sqrt{\frac{k+1}{k-1}}\tan^{-1}\sqrt{\frac{k-1}{k+1}(M^2-1)}-\tan^{-1}\sqrt{M^2-1} \tag{8-12}$$

式中，$\nu(M)$ 称为**普朗特—梅耶函数**，其大小取决于气流的性质和马赫数的高低，$\nu(M)$ 的量纲是角度单位，故又称 $\nu(M)$ 为普朗特—梅耶角。

(8-12) 式十分重要，是计算膨胀波、压缩波必不可少的关系式。该式的物理意义也是非常明确的，它表示气流从马赫 1 开始加速到目前的 M 数，等熵地膨胀 (偏转) 了 $\delta=\nu(M)$ 角度。可以看出，已知马赫数 M 求膨胀角 $\delta=\nu(M)$ 容易，反过来若是从膨胀偏转角 $\delta=\nu(M)$ 反求马赫数 M 就比较困难。

历史上，人们将此公式制成 $\nu(M)$ 与马赫数 M 的数表或曲线以便查找或作工程估算之用，文末的附录中就有等熵膨胀的数表供读者参考。但是对一个非线性函数，查表插值求解既麻烦又不精确。在计算机技术已经十分普及的今天，可以采用数值计算的方法获得非常精确的数值解。

若膨胀加速到马赫数趋于无穷大时，气体的全部内能 100%转化为动能，那么它的膨胀偏转角趋于某个定值：

$$\nu_{\max} = \frac{\pi}{2}\left(\sqrt{\frac{k+1}{k-1}} - 1\right) \tag{8-13}$$

若气体的 $k = 1.4$，例如空气，它的最大膨胀角 $\nu_{\max} \approx 130.45°$

等熵压缩可以理解为普朗特—梅耶膨胀过程的逆过程，因此完全可以利用上述膨胀波的计算公式来计算等熵压缩过程的气动参数。

【例 8-1】 马赫数 1.4 的空气，绕一外钝角偏转了 20°，已知来流的初始静压和静温分别是 $p_1 = 101\ 325\ \text{N/m}^2$，$T_1 = 288\ \text{K}$，求膨胀后气流的马赫数、静压和静温。流动假设是绝热等熵的。

【解】 由 $M_1 = 1.4$，根据公式 (8-12)，可得

$$\nu(M_1) = \sqrt{\frac{k+1}{k-1}}\tan^{-1}\sqrt{\frac{k-1}{k+1}(M_1^2-1)} - \tan^{-1}\sqrt{M_1^2-1} = \nu(1.4) = 8.9870°$$

说明空气从马赫 1 开始膨胀了 8.987 0° 到马赫 1.4，在此基础上又膨胀了 20°，相当于空气从马赫 1 开始膨胀了 28.987 0° 到 M_2：

$$\nu(M_2) = \nu(M_1) + 20° = 28.9870°$$

迭代求解，得到

$$M_2 = 2.095\ 9$$

因为流动是绝能等熵的，故总温、总压不变，这样就得到

$$T^* = \frac{T}{\tau(\lambda)} = \frac{T}{1 - \dfrac{k-1}{k+1}\lambda^2} = T/\tau(M) = T\left(1 + \frac{k-1}{2}M^2\right) = 400.896\ \text{K}$$

$$p^* = \frac{p}{\pi(\lambda)} = \frac{p}{\left(1 - \dfrac{k-1}{k+1}\lambda^2\right)^{\frac{k}{k-1}}} = p/\pi(M) = p\left(1 + \frac{k-1}{2}M^2\right)^{\frac{k}{k-1}} = 322\ 443.73\ \text{N/m}^2$$

$$T_2 = T_1\frac{\tau(M_2)}{\tau(M_1)} = 0.740\ 99T_1 = 213.4\ \text{K}$$

$$p_2 = p_1\frac{\pi(M_2)}{\pi(M_1)} = 0.350\ 23p_1 = 35\ 487\ \text{N/m}^2$$

【例 8-2】 接上题，马赫数 2.0959 的空气，绕一内凹壁偏转了 20°，已知来流的初始静压和静温分别是 $p_1 = 35\ 487\ \text{N/m}^2$，$T_1 = 213.4\ \text{K}$，求压缩后的气流马赫数、静压和静温。假设流动绝能等熵。

【解】 参见图 8-6，超声速气流沿凹壁流动，由 $M_1=2.0959$，根据 (8-12) 式有

$$\nu(M_1)=\sqrt{\frac{k+1}{k-1}}\tan^{-1}\sqrt{\frac{k-1}{k+1}(M_1^2-1)}-\tan^{-1}\sqrt{M_1^2-1}=\nu(2.0959)=28.9870°$$

这就是说，马赫 2.0959 的空气如果等熵压缩了 28.987 0° 的话，那么最终马赫数将等于 1，而现在气流只是压缩了 20°，还有 8.987 0° 的可压缩量，因此此时的马赫数 M_2 就是相当于从马赫 1 开始等熵膨胀了 8.9870° 所得到的马赫数，即 $\nu(M_2)=\nu(M_1)-20°=8.9870°$，这样就可以再由式 (8-12) 迭代反算或查表得到 $M_2=1.4$，因为压缩过程是绝能等熵的，所有一旦知道气流的 M_1 和 M_2，就可以利用上例的方法求出气流经 20° 的压缩后的静压和静温，得到

$$p_2=101\ 325\ \mathrm{N/m^2}\quad T_2=288\ \mathrm{K}$$

【例 8-3】 空气流在二维平面喷管出口马赫数 $M_e=2.0$，出口压强 $p_e=1.3666$ 倍外界大气压强 p_a，求气流离开喷管出口后的偏转角 δ。

【解】 显然，气流在出口后会产生一束膨胀波，经过膨胀波加速后的气流压强等于大气压强 p_a，马赫数由 $M_e=2.0$ 增加为 M_2，气流在该膨胀过程中，总压保持不变，因此有

$$p_e(1+0.2M_e^2)^{3.5}=p_a(1+0.2M_2^2)^{3.5}$$

$$(1+0.2M_2^2)^{3.5}=(p_e/p_a)(1+0.2\times 4)^{3.5}\approx 10.6929$$

$$M_2=\sqrt{5\times(10.6927^{1/3.5}-1)}\approx 2.2$$

气流偏角 $\delta=\nu(M_2)-\nu(M_e)=\nu(2.2)-\nu(2)$，且

$$\nu(M_2)=\sqrt{\frac{k+1}{k-1}}\tan^{-1}\sqrt{\frac{k-1}{k+1}(M_2^2-1)}-\tan^{-1}\sqrt{M_2^2-1}=\nu(2.2)\approx 31.7325°$$

$$\nu(M_e)=\sqrt{\frac{k+1}{k-1}}\tan^{-1}\sqrt{\frac{k-1}{k+1}(M_e^2-1)}-\tan^{-1}\sqrt{M_e^2-1}=\nu(2.0)\approx 26.3798°$$

$$\delta=\nu(M_2)-\nu(M_e)\approx 5.3527°$$

8.4 膨胀波的反射和相交

在超声速进气道和超声速喷管中，在翼型表面和超声速叶栅通道中，除了会遇到前面所述的膨胀波和压缩波的问题外，还会遇到膨胀波与压缩波在壁面或自由边界上的反射，以及这些波之间的相交问题。本节将讨论二维平面膨胀波与压缩波的反射和相交规律，并研究这些波反射和相交后流动参数的计算方法。

本节对膨胀波、压缩波的反射、相交问题作了一定的简化。如当气流的膨胀偏转角 δ 不是很大时，例如只有几度，膨胀波扇的张角较小，我们在图中可以用一道波线来代替这束膨胀波扇，这道简化的膨胀波的波角，可以用膨胀波扇的第一道波的波角来表示；当转角较大时，在图中可以用有限的几道马赫波线表示整个膨胀波区。

8.4.1　膨胀波在固体壁面上的反射

设有一如图 8-8 所示的二维平面超声速气流通道，上壁面为一平行于来流的平壁 EBD，下壁面在 A 点有一个膨胀折角 δ，这时在 A 点必产生一束膨胀波 AB。上游 1 区均匀超声速来流经过膨胀波束 AB 后，外折了 δ 角，速度增加，流动方向与壁面 AC 平行，AB 波束与上壁面的相交区在 B，那么 B 区以后的气流与 A 点后的气流同样应该平行于 AC 面向下偏转 δ 角，这样势必在 B 区后气流离开 EBD 壁面向下流动，在上壁面形成局部的 “真空”，当然，实际上气流流动必然沿着上壁面与壁面平行的方向流动，这就意味着 B 区对 2 区的气流造成一个向 BD 壁面偏转 δ 角的膨胀扰动，也就是说，从 B 区将产生一束反射的膨胀波，使得 2 区的超声速气流经过 BF 波束后向上壁面偏转了 δ 角，方向与上壁面平行。这就是膨胀波在固体壁面的反射。通常称 AB 波束为入射波，BF 为反射波束。

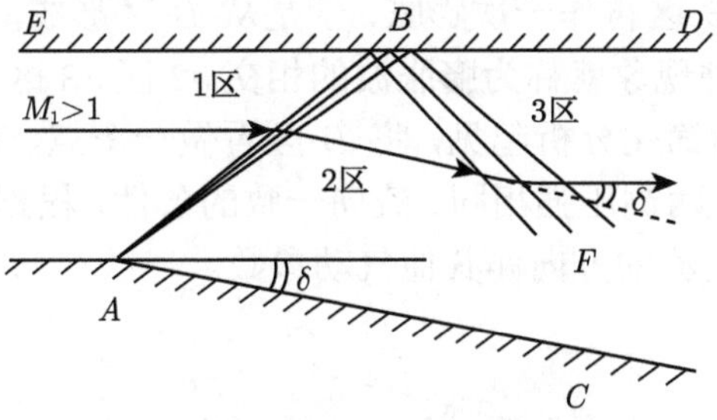

图 8-8　膨胀波在固体壁面的反射

由此我们知道，膨胀波在固体壁面的反射仍然是膨胀波，3 区的气流相对与 1 区而言，连续膨胀了两次，每次的偏转角都是 δ，所以 3 区气流参数应该是 1 区气流膨胀两倍 δ 角的结果。

如果上壁面在 B 区沿流线也向下偏转 δ 角，使 B 区后的壁面与气流方向平行，那么膨胀波束 AB 就不会在 B 区产生反射的膨胀波束 BF，这种情况就是所谓的 “消波” 设计。由于 AB 是膨胀波扇，所以消波设计的上壁面 B 区应该是一段由流线生成的曲线。

【例 8-4】 参见图 8-8，空气以马赫数 2 的均匀来流，绕一外钝角偏转了 5°，求 2 区和 3 区的流动马赫数，设流动是等熵绝热的。

【解】 由 $M_1=2$，根据公式 (8-12) 有

$$\nu(M)=\sqrt{\frac{k+1}{k-1}}\tan^{-1}\sqrt{\frac{k-1}{k+1}(M^2-1)}-\tan^{-1}\sqrt{M^2-1}=\nu(2)\approx 26.3798^\circ$$

即 1 区气流相当于从 $M_0=1$ 膨胀了 26.3798° 达到了 $M_1=2$，从 1 区到 2 区，空气流偏转了 5°，则 2 区的气流相当于从 $M_0=1$ 膨胀了 $\nu(M_2)=\nu(M_1)+5^\circ=31.3798^\circ$。通过查表或直接从普朗特—梅耶公式反求马赫数，可以得到 2 区的马赫数 $M_2=2.1864$。

从 2 区到 3 区，气流又膨胀了 5°，$\nu(M_3) = \nu(M_2) + 5° = 31.3798° + 5° = 36.3798°$，由此得到 3 区气流的马赫数 $M_3 = 2.3849$，见下表。

区域	马赫数	$\nu(M)$	马赫角 μ
1 区	2.0	26.3798°	30°
2 区	2.1864	31.3798°	27.2173°
3 区	2.3849	36.3798°	24.7909°

8.4.2 异族膨胀波的相交

假设一平行超声速气流在上下均为平壁面的 A'、A 点分别向外偏转 $|\delta_2|$、$|\delta_1|$，如图 8-9 所示，气流在折点 A' 和 A 分别产生两束膨胀波，分别用 $A'B$ 和 AB 表示。1 区气流穿过 $A'B$ 波束后向上偏转 δ_2 角进入 3 区，平行于 $A'C'$ 壁面运动；1 区气流穿过 AB 波束后向下偏转 δ_1 角进入 2 区，流动方向平行于 AC 壁面。可以看出，如果气流像这样流下去，在 B 区以后将会造成一个夹角 $\delta_1 + \delta_2$ 的楔形真空区，它对 2 区和 3 区的气流势必产生一个负的压强扰动，迫使气流在 B 区再作一次膨胀，于是从 B 区形成两束新的膨胀波，如图中的 BD 波束和 BD' 波束，这种现象就称为膨胀波的相交。2 区、3 区气流通过 BD 波束和 BD' 波束后，进入 4 区汇合。为简化分析起见，将 B 区看做一个点，在由 B 点出发的上下两股气流的交汇面上，必须满足两侧压强相同、流向一致的条件，根据以上这两个条件和膨胀波的性质，就可以确定 4 区气流的方向和其他气动参数。

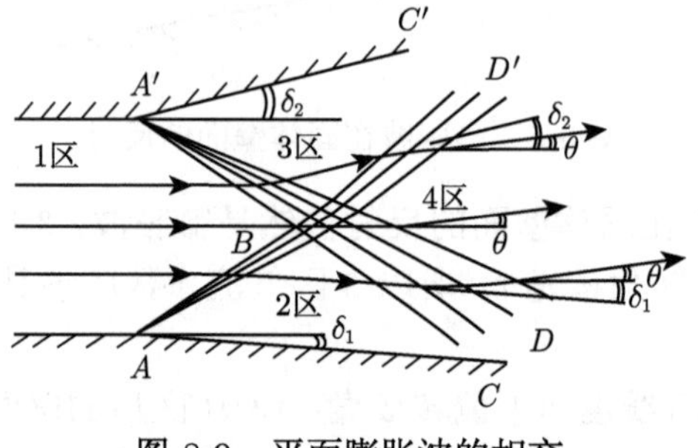

图 8-9　平面膨胀波的相交

因为气流经过膨胀波时是等熵的，所以以上四个流区的总压、总温都相同，也就是说，4 区上下两部分的总压、总温相同，静压也相同，因此 4 区上下两部分的马赫数必然一样，温度、密度也相同。由此可以得出结论，在 4 区中，上下两股气流实际上汇合成为具有同样参数的一股气流。

既然 4 区上下两股气流有相同的马赫数和完全相同的其他气动参数，那么可以推断出，从 1 区穿过 2 区进入 4 区和从 1 区穿过 3 区进入 4 区应该有相同的总膨胀角。假设 4 区相对于 1 区气流方向的偏角为 θ，那么

从 1 区到 2 区，$\nu(M_2) = \nu(M_1) + \delta_1$

从 2 区到 4 区，$\nu(M_4) = \nu(M_2) + (\delta_1 + \theta) = [\nu(M_1) + \delta_1] + \delta_1 + \theta = \nu(M_1) + 2\delta_1 + \theta$

从 1 区到 3 区，$\nu(M_3) = \nu(M_1) + \delta_2$

从 3 区到 4 区，$\nu(M_4)=\nu(M_3)+(\delta_2-\theta)=[\nu(M_1)+\delta_2]+\delta_2-\theta=\nu(M_1)+2\delta_2-\theta$
与此可得 $\nu(M_4)=\nu(M_1)+2\delta_1+\theta=\nu(M_1)+2\delta_2-\theta$
因此 4 区气流的方向角 $\theta=\delta_2-\delta_1$

此结果也可以从气流的偏转角大小来分析。从 1 区穿过 2 区进入 4 区的气流总偏转角为 $2\delta_1+\theta$，从 1 区穿过 3 区进入 4 区的气流总偏转角为 $2\delta_2-\theta$，由此就可以得到 $2\delta_1+\theta=2\delta_2-\theta$，也可以得到 4 区气流的方向角

$$\theta=\delta_2-\delta_1 \tag{8-14}$$

将此结果代入 $\nu(M_4)$ 的表达式，有

$$\nu(M_4)=\nu(M_1)+2\delta_1+\theta=\nu(M_1)+2\delta_1+\delta_2-\delta_1=\nu(M_1)+\delta_1+\delta_2$$

或者

$$\nu(M_4)=\nu(M_1)+2\delta_2-\theta=\nu(M_1)+2\delta_2-\delta_2+\delta_1=\nu(M_1)+\delta_1+\delta_2$$

$$\nu(M_4)-\nu(M_1)=\delta_1+\delta_2$$

上式说明 4 区气流是 1 区气流膨胀了 $\delta_1+\delta_2$ 角度后得到的，这样，4 区气流的参数可按 1 区气流膨胀偏转了 $\delta_1+\delta_2$ 角度来计算。

作为一个特例，如果 $\delta_1=\delta_2$，即流动是对称的，那么 4 区气流的流向角 $\theta=0$，4 区气流总的膨胀角为 $\delta_1+\delta_2=2\delta_1=2\delta_2$，上下对称的中心流线可以看成“固壁”，气流流动就成为膨胀波在固体壁面上的反射。

【例 8-5】 参见图 8-9，已知 $M_1=1.257$，$\delta_1=2°$，$\delta_2=4°$，$p_1=101\ 325\ \mathrm{N/m^2}$ 求：

(1) 4 区气流方向、马赫数和压强；

(2) 膨胀波束 AB、$A'B$、BD、BD' 的第一道波线与 1 区气流的夹角。

【解】 (1) 由 (8-14) 式得知 4 区气流与来流的夹角，即气流方向角

$$\theta=\delta_2-\delta_1=4°-2°=2°$$

4 区气流相对于 1 区气流的总膨胀角为

$$\delta_1+\delta_2=2°+4°=6°$$

根据普朗特—梅耶公式 $\nu(M)=\sqrt{\dfrac{k+1}{k-1}}\tan^{-1}\sqrt{\dfrac{k-1}{k+1}(M^2-1)}-\tan^{-1}\sqrt{M^2-1}$ 及来流马赫数 $M_1=1.257$，容易算出 $\nu(M_1)=5.013\ 89°$，这就是说 1 区气流是从 $M_0=1$ 的声速气流膨胀加速了 5.013 89° 达到 $M_1=1.257$，因此 4 区气流可以设想为从马赫 1 总共膨胀偏转了

$$5.013\ 89°+\delta_1+\delta_2=5.013\ 89°+2°+4°=11.013\ 89°=\nu(M_4)$$

已知 $\nu(M_4) = 11.013\ 89°$，再用普朗特—梅耶公式迭代求解或查表，就可得到 4 区气流马赫数 $M_4 = 1.469\ 67$ 及压强比 $p_4/p_4^* = 0.284\ 58$，这样 4 区气流的压强

$$p_4 = (p_4/p_4^*)(p_1^*/p_1)\,p_1 = 0.744\ 08p_1 \approx 75\ 393.9\ \text{Pa}$$

(2) AB 和 $A'B$ 波束的第一道波 (或称为头波) 与波前气流的方向角就是波前气流 $M_1 = 1.257$ 的马赫角

$$\mu_1 = \sin^{-1}(1/M_1) = 52.7067°$$

为求 BD 和 BD' 波束的头波与来流方向的夹角，需首先求出它们相对于 2 区和 3 区气流的马赫角 μ_2 和 μ_3，2 区气流相对于马赫 1 的气流总偏转角为 $5.013\ 89° + \delta_1 = 5.013\ 89° + 2° = 7.013\ 89° = \nu(M_2)$，这样由 $\nu(M_2) = 7.013\ 89°$ 再用普朗特—梅耶公式迭代求解或查表，就可得到 2 区气流马赫数和马赫角

$$M_2 = 1.330\ 52 \quad \mu_2 = 48.728\ 19°$$

类似地，3 区气流的马赫数和马赫角分别为

$$M_3 = 1.400\ 93 \quad \mu_3 = 45.545\ 78°$$

由图 8-9 可见，BD 头波相对于 1 区气流的方向角为

$$\delta_1 + \mu_2 = 2° + 48.728\ 19° = 50.728\ 19°$$

而 BD' 头波相对于 1 区气流的方向角为

$$\delta_2 + \mu_3 = 4° + 45.545\ 78° = 49.545\ 78°$$

根据以上计算结果，可以将各区的气流参数列表如下：

区域	马赫数	$\nu(M)$	马赫角 μ
1 区	1.257 00	5.013 89°	52.706 74°
2 区	1.330 52	7.013 89°	48.728 19°
3 区	1.400 93	9.013 89°	45.545 78°
4 区	1.469 67	11.013 89°	42.876 72°

8.4.3 膨胀波在自由边界上的反射

假设有一均匀平行的超声速气流在两平行平板之间流动，到达 AA' 出口截面喷入周围静止气体中，在 AA' 截面下游形成一股二维超声速射流，该射流的边界称为自由边界，在射流边界上，射流和周围环境的压强相等。

如果这一股超声速射流在出口截面 AA' 的压强 p_1 大于环境压强 p_a，则气流在 A 和 A' 必产生各自的膨胀波扇，气流穿过膨胀波扇加速膨胀后，压强等于周围的环境值 p_a，图 8-10 就是这种流动的简化示意图，气流在出口截面下游穿过膨胀波束 AB 和 $A'B$ 分别向外偏折 δ 角，使 2 区和 3 区气流的压强等于环境压强，即 $p_2 = p_3 = p_a$。

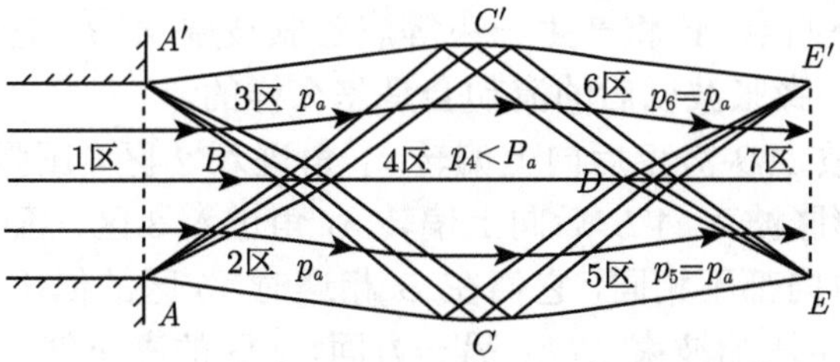

图 8-10　膨胀波在自由边界反射简图

从图中可以发现，由于流动的对称性，以 B 区为分界的 2 区和 3 区气流的流动将相互以 2δ 的角度离开，这样，势必在 B 区下游形成一楔角为 2δ 的楔形 "真空区"，显然这是不可能的，2 区、3 区气流必然在从 B 区出发的两束膨胀波中继续膨胀加速，填补这 "真空区"，使 4 区上下气流的流动方向一致，也就是说，从 B 区出发形成膨胀波束 BC 和 BC'，使 2 区和 3 区气流重新向内偏转 δ 角膨胀到均匀平行流的 4 区，从 B 区出发的膨胀波束与射流边界交于 C、C'。

气流从 2、3 区进入 4 区时，又膨胀了一次 δ 角，因此，4 区内部气体的压强 p_4 将低于 2 区和 3 区的压强，即 $p_4 < p_a$。

显然，此时外界气体将压缩射流，在射流中产生两束压缩波束 CD 和 $C'D$，波后 5 区和 6 区的气流向内偏转一个 δ 角，使得这两个区域内的气流压强重新等于外界压强，即 $p_5 = p_6 = p_a$。

进一步分析可以看出，5 区、6 区气流在压缩波束相交区 D 的下游将 "相撞" 而互相挤压，超声速气流的相互 "挤压" 必然以压缩波的形式出现，从相交区 D 出发形成新的压缩波束 DE 和 DE'，5、6 区气流经过 δ 角的压缩到达流向一致的 7 区。由于这些膨胀波束和压缩波束均是等熵波，因此 7 区的气流流动参数就又恢复到 1 区的流动参数，完成一个膨胀—压缩循环。

根据以上分析可以看出，与固体边界的反射相反，膨胀波在自由边界上反射为压缩波，而压缩波在自由边界上则反射为膨胀波。

8.4.4　膨胀波和压缩波的相交

图 8-11 给出了典型的二维平面膨胀波和压缩波的相交过程。

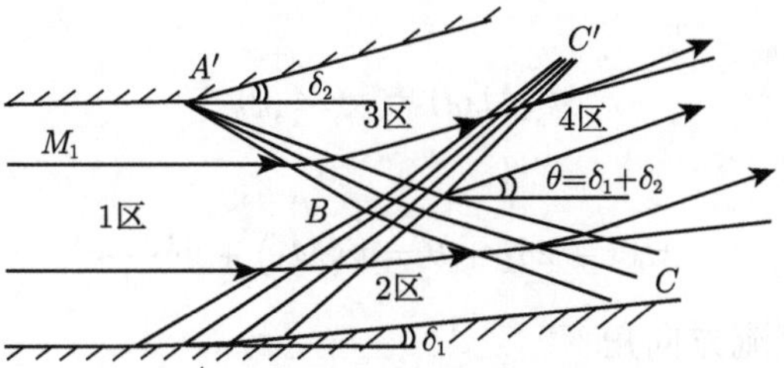

图 8-11　膨胀波和压缩波的相交

假设一平行超声速气流在上下壁面的 A、A' 点分别向上偏转 δ_1、δ_2 角，如果内凹折点 A 代表的是如图 8-6 那样的一段连续内凹曲面，那么气流在 A 附近就会形成一束等熵压缩

波 AB。与此同时，在外凸点 A' 将产生一束等熵膨胀波扇 $A'B$，它们相交于 B。下面来分析气流经过这些压缩波、膨胀波以后的流动会是怎么样的。

1 区气流穿过压缩波 AB 波束后向上偏转 δ_1 角进入 2 区，压强上升，马赫数降低，在上半部，1 区气流穿过膨胀波束 $A'B$ 后向上偏转 δ_2 角进入 3 区，压强降低而马赫数增加，2 区、3 区气流的压强和方向都不相同，它们在 B 相遇时，3 区的低压气流将受到 2 区高压气流的压缩，于是从 B 产生压缩波束 BC'；另一方面，2 区的高压气流将向 3 区方向膨胀，产生膨胀波束 BC，原来较低压强的 3 区气流经过压缩波 BC' 之后，压强提高，速度降低；原来较高压强的 2 区气流经过膨胀波 BC 之后，压强降低，速度提高，这样就使得上下两股气流在 4 区压强相同，且流向也一致。由于整个流动过程都可以看作是等熵的，即总压保持不变，而 4 区两股气流汇合时压强又相等，说明这两股气流的马赫数相同。马赫数相同的上下两股气流尽管膨胀、压缩的经历不同，但最终的膨胀偏转角是一样的。

假设 4 区气流相对于 1 区气流方向的偏角为 θ，那么从 1 区到 2 区，气流压缩了 δ_1 角，马赫数降低，$M_2 < M_1$，压强上升，$p_2 > p_1$

$$\nu(M_2) = \nu(M_1) - \delta_1$$

从 1 区到 3 区，气流膨胀了 δ_2 角，马赫数上升，$M_3 > M_1$，压强下降，$p_3 < p_1$

$$\nu(M_3) = \nu(M_1) + \delta_2$$

从 2 区到 4 区，气流从 M_2 膨胀了 $(\theta - \delta_1)$ 角，马赫数上升，$M_{4d} > M_2$，压强下降

$$\nu(M_{4d}) = \nu(M_2) + (\theta - \delta_1) = [\nu(M_1) - \delta_1] + \theta - \delta_1 = \nu(M_1) - 2\delta_1 + \theta$$

从 3 区到 4 区，气流从 M_3 压缩了 $(\theta - \delta_2)$ 角，马赫数下降，$M_{4u} < M_3$，压强上升

$$\nu(M_{4u}) = \nu(M_3) - (\theta - \delta_2) = [\nu(M_1) + \delta_2] - \theta + \delta_2 = \nu(M_1) + 2\delta_2 - \theta$$

由于膨胀波、压缩波均是等熵波，故 4 区上下的总压相同，且静压也相同，因此上下的马赫数 M_{4u} 和 M_{4d} 也必相同

$$M_{4d} = M_{4u}$$

即

$$\nu(M_{4d}) = \nu(M_{4u})$$

或者写成

$$\nu(M_1) - 2\delta_1 + \theta = \nu(M_1) + 2\delta_2 - \theta$$

从此式就可以求出 4 区气流方向角

$$\theta = \delta_1 + \delta_2$$

这样，4 区气流相对于 1 区气流的总膨胀角 (或总压缩角) 应该是

$$\nu(M_{4d}) = \nu(M_1) - 2\delta_1 + \theta = \nu(M_1) - 2\delta_1 + \delta_1 + \delta_2 = \nu(M_1) + \delta_2 - \delta_1$$

或者

$$\nu(M_{4u}) = \nu(M_1) + 2\delta_2 - \theta = \nu(M_1) + 2\delta_2 - \delta_1 - \delta_2 = \nu(M_1) + \delta_2 - \delta_1$$

即

$$\nu(M_4) - \nu(M_1) = \delta_2 - \delta_1$$

应该特别说明的是，4 区的气流方向角 $\theta = \delta_1 + \delta_2$ 与 4 区相对于 1 区的气流总膨胀角(或总压缩角)$\delta_2 - \delta_1$ 是两个完全不同的概念，后者表示的是气流总的膨胀或压缩程度，不要混淆。

如果压缩角 δ_1 大于上壁面的膨胀角 δ_2，那么总的效果是 4 区马赫数小于 1 区马赫数，$(\delta_2 - \delta_1) < 0$ 代表的是总压缩角；反之，若 $(\delta_2 - \delta_1) > 0$，总的效果是膨胀加速。

根据上面的分析可知，由 1 区参数及总膨胀角 $\delta_2 - \delta_1$(或总压缩角 $\delta_2 - \delta_1 < 0$) 就可以利用 (8-12) 式求出 4 区的马赫数 M_4，然后再利用等熵关系式求出其余的气动参数。

如果通道上下的折角大小相同，即 $\text{abs}(\delta_2) = \text{abs}(\delta_1)$，那么 $\delta_2 - \delta_1 = 0$，意味着 4 区气流与 1 区气流的参数完全相同，但 4 区气流将向上偏转一个大角度，其值为 $\theta = \delta_1 + \delta_2 = 2\delta$。

可以证明，压缩波和压缩波相交，将产生两道新的压缩波，各流区以及波后流场参数计算与此相似。

以上讨论了膨胀波 (压缩波) 的反射和相交的几种基本形式。在实际的超声速流中，膨胀波 (压缩波) 的反射、相交问题，大多数可以分解为这几种基本的形式来进行分析和计算。

8.5　激波的形成和正激波

8.5.1　激波的形成

激波是自然界常见的物理现象。从广义的角度讲，地壳内部的地震波、输水管道内的水锤波、大气中的闪电雷鸣，以及流星、陨石穿透大气层坠落过程中的巨大轰鸣等自然现象都伴随着各种激波现象。在人类文明发展的历史进程中，炸药的发明，核裂变、核聚变机理的掌握，大大促进了爆炸过程的军事、民事应用，开创了非自然的激波现象。因此，广义地说，任何介质中参数突跃的运动界面都可以看作是广义的激波。

在气体动力学中，激波同样也是气动参数发生突跃变化的界面，是一种只发生在超声速气流中的特殊的流动现象。

在航空发展的历程中，突破“声障”曾经是人们努力的目标，因为一旦飞行器的速度接近或达到当地声速时，飞行器的局部表面会产生激波，使飞行器阻力大增，操控困难，而当飞行速度超过当地声速，飞行器的前缘部位对气流造成强烈的压缩而形成参数突跃变化的激波。超声速风洞试验时，当超声速气流扑向试验模型时，由于扰动不能逆流前传，超声速气流在撞击试验模型前，并没有感知下游有试验模型的存在，气流只有在撞击到模型并在模型头部或前缘部位突然减速并局部堆积起来之后，才知道下游有“障碍物”存在，所堆积并减速的气流与上游自由来流的分界面就是激波。气流穿过激波，其压强、密度、温度均突然升高，流速突然下降，出现了气动参数不连续变化的间断面。间断面的存在是激波现象的本质，它伴随着巨大的机械能损失，是一个不可逆的熵增过程，激波的存在，对工作在超声速气流中的物体，如超声速飞行器的性能有重大影响。

8.5.2　激波的分类

激波是超声速气流中的强压缩过程，超声速气流穿越固定激波，或者运动激波在静止气体中的传播，都是一个不可逆的熵增过程，穿越激波，气流总压突降。为了研究气流穿越各种激波的流动过程，通常从激波的形态将激波区分为以下三种：

(1) 正激波：气流方向与波面垂直，见图 8-12(a)；

(2) 斜激波：气流方向与波面不垂直，例如当超声速气流流过二维斜楔时的情况，见图 8-12(b)；

(3) 曲激波：又称弓形波，波面为曲面，例如当超声速气流流过钝头体，在物体前方往往产生脱体的曲面激波，见图 8-12(c)。

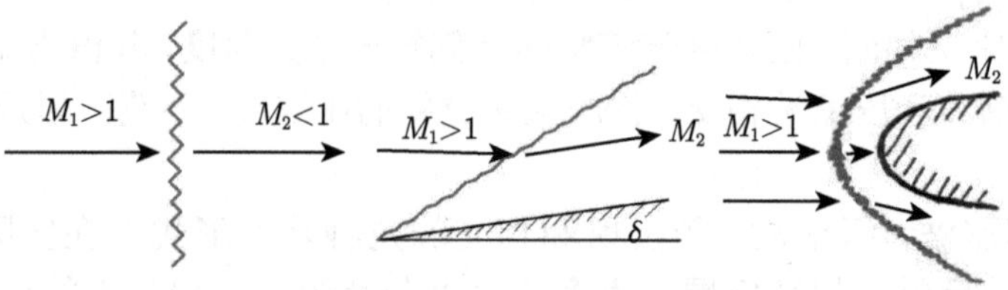

(a) 正激波　(b) 斜激波　(c) 曲激波

图 8-12　三种典型的激波

对于一个固定的坐标系，如果以激波相对于该坐标系运动与否来区分的话，还可以将激波划分为固定激波和运动激波两大类。下文建立的激波关系式是针对固定激波而言的。对于运动激波，则需要通过坐标变换将坐标系移动到激波波面上，把运动激波变为固定激波后再进行分析和计算。

8.5.3　正激波的计算

本文采用一维定常流的基本方程来推导并分析正激波前后气流参数的关系式。假设有一等截面直管，超声速理想气体以 V_1 的速度流经其中，在此管流中取一小段用虚线表示的空间为控制体积，见图 8-13 中虚线所示，控制体积的进口截面为 1，出口截面为 2，研究超声速气流穿越此控制体积可能发生的流动过程 (注意，此时并没有假定控制体积内部有激波存在)：

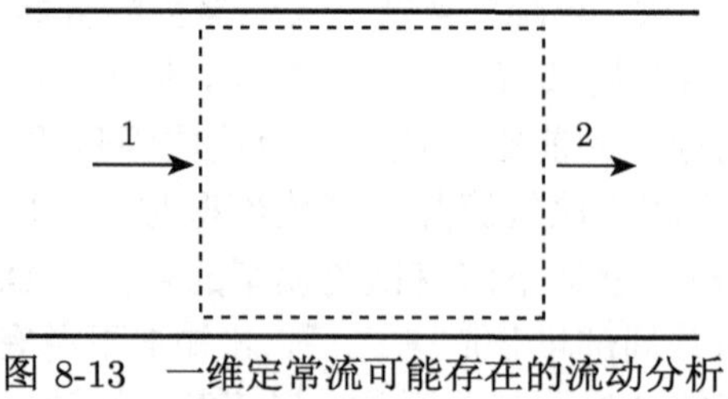

图 8-13　一维定常流可能存在的流动分析

对此简单的一维流控制体积内部的气体建立连续方程、动量方程和能量方程：

连续方程　$\rho_1 V_1 = \rho_2 V_2$

动量方程　$p_1 + \rho_1 V_1^2 = p_2 + \rho_2 V_2^2$

能量方程　$h_1 + V_1^2/2 = h_2 + V_2^2/2$

再利用气体状态方程 $p = \rho RT$ 和声速表达式 $c^2 = kRT$，连续方程可以改写为

$$\rho V = \frac{p}{RT}V = \frac{kp}{kRT}V = \sqrt{\frac{k}{R}}\frac{p}{\sqrt{T}}M$$

于是有

$$\frac{p_1}{\sqrt{T_1}}M_1 = \frac{p_2}{\sqrt{T_2}}M_2 \tag{8-15a}$$

由动量方程出发，式中的 $p + \rho V^2 = p + \dfrac{kp}{kRT}V^2 = p + kpM^2 = p(1 + kM^2)$，得到

$$p_1(1 + kM_1^2) = p_2(1 + kM_2^2) \tag{8-15b}$$

因为焓

$$h = C_P T = kRT/(k-1) = c^2/(k-1)$$

代入能量方程，得到

$$\frac{T_2}{T_1} = \frac{2 + (k-1)M_1^2}{2 + (k-1)M_2^2} \tag{8-15c}$$

连解方程 (8-15a)、(8-15b)、(8-15c)，得到控制体积进出口马赫数的重要关系

$$\frac{M_1\sqrt{2 + (k-1)M_1^2}}{1 + kM_1^2} = \frac{M_2\sqrt{2 + (k-1)M_2^2}}{1 + kM_2^2}$$

这是一个关于控制体积进出口气流马赫数的二次方程，显然存在两个解：一个是数学上的弱解，物理上对应于进出口马赫数不变的弱解；另一个是数学上不连续的强解，对应于物理上的正激波解。

数学上的弱解$M_1 = M_2$物理上的马赫波解

$$\text{数学上的强解}M_2 = \sqrt{\frac{2 + (k-1)M_1^2}{2kM_1^2 - (k-1)}}\text{物理上的正激波解} \tag{8-15d}$$

这就是著名的正激波前后马赫数关系式，即普朗特激波关系式。

显然。正激波后的马赫数 $M_2 < 1$，$M_1 > M_2$，波后气流总是亚声速，当波前马赫数趋于无穷大时，可得 $M_{2\min} = \sqrt{(k-1)/(2k)}$，如果假设气体的比热比 $k = 1.4$ 不变，那么正激波后最小的极限马赫数 $M_{2\min} = 1/\sqrt{7} \approx 0.377\ 964$。

下面推导正激波前后速度系数 λ_1、λ_2 的关系，还是从基本方程出发

$$p_1 + \rho_1 V_1^2 = p_2 + \rho_2 V_2^2$$

分别除以 $\rho_1 V_1$ 和 $\rho_2 V_2$ 得到

$$V_1 - V_2 = \frac{p_2}{\rho_2 V} - \frac{p_1}{\rho_1 V_1} \tag{8-15e}$$

从能量方程出发

$$C_P T+\frac{V^2}{2}=\frac{kRT}{k-1}+\frac{V^2}{2}=\frac{kRT^*}{k-1}=\frac{c^2}{k-1}+\frac{V^2}{2}=\frac{k+1}{2(k-1)}c_{\mathrm{cr}}^2 \tag{8-15f}$$

式中，$c_{\mathrm{cr}}=\sqrt{2kRT^*/(k+1)}$ 为马赫数等于 1 时的临界声速，因为气流穿过激波是一个绝热过程，激波前后总温不变，因此临界声速也保持不变，这样由 (8-15f) 式可得

$$\frac{p_1}{\rho_1}=\frac{k+1}{2k}c_{\mathrm{cr}}^2-\frac{k-1}{2k}V_1^2 \quad 和 \quad \frac{p_2}{\rho_2}=\frac{k+1}{2k}c_{\mathrm{cr}}^2-\frac{k-1}{2k}V_2^2$$

代入 (8-15e) 式就有正激波前后速度之积 $V_1V_2=c_{\mathrm{cr}}^2$ 的重要结论，根据速度系数的定义 $\lambda=V/c_{\mathrm{cr}}$，得到正激波

$$\lambda_1\lambda_2=1 \quad 或 \quad \lambda_2=1/\lambda_1 \tag{8-16}$$

在正激波理论中，式 (8-15d) 和式 (8-16) 是非常重要的结论。

当波前马赫数趋于无穷大时，速度系数 $\lambda\to\sqrt{(k+1)/(k-1)}$，所以波后气流的速度系数 $\lambda_{2\,\min}=\sqrt{(k-1)/(k+1)}$，若 $k=1.4$，那么正激波后最小的速度系数

$$\lambda_{2\,\min}=1/\sqrt{6}\approx 0.408\ 248$$

将式 (8-15d) 代入方程 (8-15b) 和方程 (8-15c)，从式中消去 M_2，便得到用波前马赫数 M_1 或速度系数 λ_1 表示的正激波前后气动参数关系式

$$\frac{p_2}{p_1}=\frac{2k}{k+1}M_1^2-\frac{k-1}{k+1}=\frac{(k+1)\lambda_1^2-(k-1)}{(k+1)-(k-1)\lambda_1^2} \tag{8-17}$$

$$\frac{T_2}{T_1}=\left(\frac{2k}{k+1}M_1^2-\frac{k-1}{k+1}\right)\left[\frac{k-1}{k+1}+\frac{2}{(k+1)M_1^2}\right]=\frac{(k+1)\lambda_1^2-(k-1)}{\lambda_1^2[(k+1)-(k-1)\lambda_1^2]} \tag{8-18}$$

利用连续方程，正激波前后的密度比

$$\frac{\rho_2}{\rho_1}=\frac{p_2}{p_1}\frac{T_1}{T_2}=\frac{V_1}{V_2}=\frac{(k+1)M_1^2}{2+(k-1)M_1^2}=\frac{\lambda_1}{\lambda_2}=\frac{1}{\lambda_2^2}=\lambda_1^2 \tag{8-19}$$

类似地，可以得到正激波前后的总压比

$$\begin{aligned}\frac{p_2^*}{p_1^*}=&\frac{p_2^*p_2p_1}{p_2p_1p_1^*}=\left\{\left(\frac{2k}{k+1}M_1^2-\frac{k-1}{k+1}\right)\left[\frac{k-1}{k+1}+\frac{2}{(k+1)M_1^2}\right]^k\right\}^{\frac{1}{i-k}}\\ =&\lambda_1^{\frac{2k}{k-1}}\left(\frac{(k+1)-(k-1)\lambda_1^2}{(k+1)\lambda_1^2-(k-1)}\right)^{\frac{1}{k-1}}\end{aligned} \tag{8-20}$$

在超声速风洞实验特别是在高超声速风洞实验时，往往采用皮托管 (Pitot tube) 测出波后总压 p_2^* 加上波前总压 p_1^*，利用上式确定来流的马赫数 M_1 或速度系数 λ_1。

在超声速气流中，也可以用图 8-14 所示的皮托管测出波后总压 p_2^* 加上波前静压 p_1 来决定来流马赫数

$$\frac{p_2^*}{p_1}=\left(\frac{k+1}{2}\right)M_1^2\left(\frac{\dfrac{k+1}{2}M_1^2}{\dfrac{2k}{k+1}M_1^2-\dfrac{k-1}{k+1}}\right)^{\frac{1}{k-1}} \tag{8-21}$$

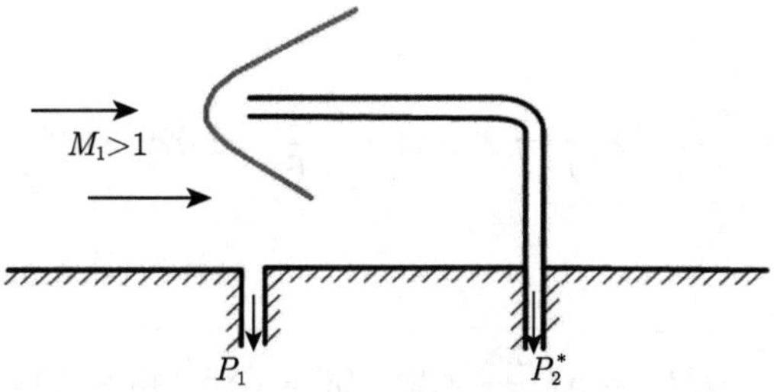

图 8-14　皮托管测量马赫数

气流穿过正激波是一个伴随有巨大损失的不可逆过程，正激波前后的熵增

$$\Delta S = S_2 - S_1 = R\ln\left(\frac{p_1^*}{p_2^*}\right) > 0$$

从连续方程、动量方程、能量方程等基本方程出发，可以得到表示激波前后压强比 p_{21}、密度比 ρ_{21} 和温度比 T_{21} 之间关系的一组重要公式，即朗金–雨贡钮 (Rankine-Hugonic) 激波绝热关系式：

$$p_{21} = \frac{p_2}{p_1} = \frac{1-\alpha\rho_{21}}{\rho_{21}-\alpha} \quad \rho_{21} = \frac{\rho_2}{\rho_1} = \frac{1+\alpha p_{21}}{p_{21}+\alpha} \quad T_{21} = \frac{T_2}{T_1} = \frac{p_{21}(\alpha+p_{21})}{\alpha p_{21}+1} \tag{8-22}$$

式中，系数 $\alpha = (k+1)/(k-1)$，对于空气 $k = 1.4$，因此 $\alpha = 6$。

朗金–雨贡钮 (Rankine-Hugonic) 激波绝热关系式中不包含激波角，它对任何一道激波都成立，一定的激波压比对应于一定的密度比和温度比，与激波的倾斜程度无关，所以朗金–雨贡钮激波关系式适用于各种激波。

总之，超声速气流穿过激波，其压强、密度、温度都升高，速度、马赫数均下降。因为气流穿越激波是不可逆的熵增过程，故总压有很大损失，但总温保持不变。

【例 8-6】 超声速气流穿过正激波，温度由波前的 10℃上升到波后的 576.3℃，求波前气流速度 V_1。

【解】 运用正激波关系式和波前后总温不变的条件，先求正激波前后的温度比 =(273+576.3)/283=3，空气 $k = 1.4$，则

$$T = T^*\left(1-\frac{k-1}{k+1}\lambda^2\right) = T^*\left(1-\frac{1}{6}\lambda^2\right)$$

得到温度比与激波前后速度系数的关系

$$\frac{T_2}{T_1} = \frac{6-\lambda_2^2}{6-\lambda_1^2} = \frac{6-1/\lambda_1^2}{6-\lambda_1^2} = 3$$

式中利用了关系式 (8-16)，$\lambda_1\lambda_2 = 1$，有

$$18 - 3\lambda_1^2 = 6 - 1/\lambda_1^2 \Rightarrow 3\lambda_1^4 - 12\lambda_1^2 - 1 = 0$$

解得 $\lambda_1 \approx 2.020\ 313$。

得到气流总温

$$T^* = T_1 / \left(1 - \frac{\gamma - 1}{\gamma + 1}\lambda_1^2\right) = 283 / \left(1 - \frac{1}{6} \times 2.020\ 313^2\right) \approx 885.143\ \text{K}$$

临界声速

$$c_{\text{cr}} = \sqrt{\frac{2\gamma}{\gamma + 1}RT^*} = \sqrt{\frac{2.8}{2.4} \times 287.06 \times 885.143} \approx 544.460\ 6\ \text{m/s}$$

气流速度

$$V_s = \lambda_1 c_{\text{cr}} \approx 2.020\ 313 \times 544.4606 \approx 1\ 099.98 \approx 1\ 100\text{m/s}$$

8.6 斜激波前后参数的计算

8.6.1 斜激波和正激波的关系

假设有二维平面定常绝热超声速气流流过一楔角为 δ 的平面斜楔时，超声速气流被强迫改变了流动方向，偏转了 δ 角，若来流马赫数足够大，就会从斜楔的尖部产生一道与来流方向倾斜的平面激波，激波波面与来流方向的夹角 β 称为激波角，如图 8-15 所示。

斜激波问题可以用前面讨论过的正激波解来分析。将图 8-15 所示的激波前后气流速度 V_1、V_2 分解为垂直于波面的法向分速 V_{n1}、V_{n2} 与平行于波面的切向分速 $V_{\tau1}$、$V_{\tau2}$。激波前后的切向分速是不变的，$V_{\tau1}=V_{\tau2}$，而垂直于波面的法向分速相当于穿过一道正激波，那么上一节讨论的关于正激波的结论就可以直接运用到本节的斜激波情况。这就是说，如果用

$$V_{n1} = V_1 \sin\beta,\ V_{n2} = V_2 \sin(\beta - \delta)$$

代替正激波前后的速度，建立激波前后的连续方程、动量方程、能量方程，就可以得到斜激波前后各种气动参数变化的关系式。可以设想，这一组公式中，必然包含斜激波的激波角 β 在内，因此解决斜激波问题的关键就在于激波角 β 如何确定。

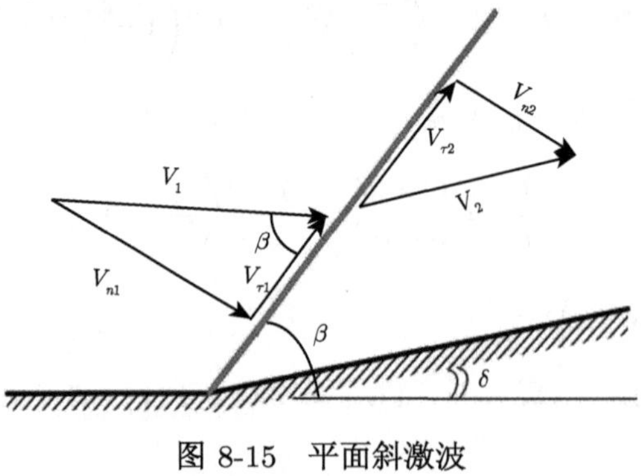

图 8-15　平面斜激波

8.6.2 斜激波的激波角 β 和气动参数计算

参看图 8-15，考虑到 $V_{\tau1} = V_1\cos\beta V_{\tau2} = V_2\cos(\beta-\delta) = V_\tau$，$V_{n1} = V_1\sin\beta = V_\tau\tan\beta$，$V_{n2} = V_\tau\tan(\beta-\delta)$ 可得气流的法向分速之比

$$V_{n1}/V_{n2} = \frac{\rho_2}{\rho_1} = \frac{\tan\beta}{\tan(\beta-\delta)} \quad M_{n1} = \frac{V_{n1}}{c_1} = \frac{V_1\sin\beta}{c_1} = M_1\sin\beta$$

将正激波前后密度关系式 (8-19) 中的 M_1 用 $M_{n1} = M_1\sin\beta$ 替代，就有

$\dfrac{\rho_2}{\rho_1} = \dfrac{(k+1)M_1^2\sin^2\beta}{2+(k-1)M_1^2\sin^2\beta} = \dfrac{V_{n1}}{V_{n2}} = \dfrac{\tan\beta}{\tan(\beta-\delta)}$，利用三角关系式 $\tan(\beta-\delta) = \dfrac{\tan\beta-\tan\delta}{1+\tan\beta\cdot\tan\delta}$

就可以得到平面斜激波计算的关键公式

$$\frac{1}{\tan\delta} = \left(\frac{k+1}{2}\frac{M_1^2}{M_1^2\sin^2\beta-1} - 1\right)\tan\beta \tag{8-23}$$

或者

$$\tan\delta = \frac{M_1^2\sin^2\beta-1}{\tan\beta\left[M_1^2\left(\dfrac{k+1}{2}-\sin^2\beta\right)+1\right]} \tag{8-24}$$

这就是斜激波的激波角 β、气流偏转角 δ 和来流马赫数 M_1 的关系式，是斜激波计算的“入门”公式。该式是关于激波角 β 的隐函数，从气流偏转角 δ 和来流马赫数 M_1 来直接计算激波角 β 比较困难，可以用计算机快速地从该公式求数值解，当然也可查斜激波表或斜激波图线得到粗略解。

图 8-16 给出了 $k = 1.4$ 气体的激波角 β、气流偏转角 δ 和来流马赫数 M_1 的关系曲线。

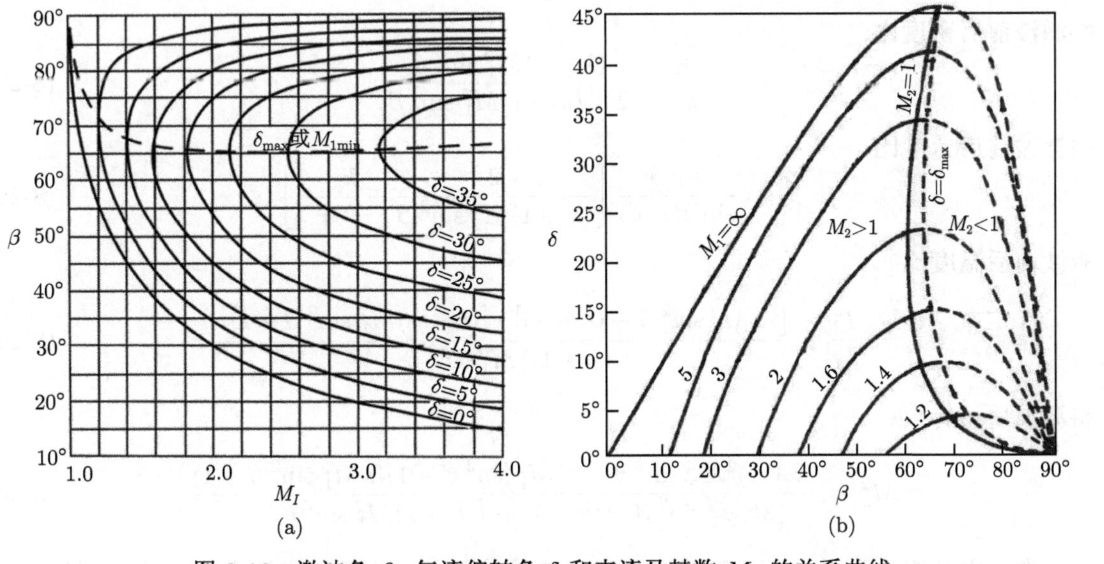

图 8-16　激波角 β、气流偏转角 δ 和来流马赫数 M_1 的关系曲线

该图有几个显著的特点：

(1) 由图可见，在给定的波前气流马赫数 M_1 和气流偏转角 δ 时，在相应的曲线上有两个激波角 β 解，β 较小的对应的是弱解，β 较大的则为强解，实际流动中出现的究竟是哪一种激波解视具体问题而定。当超声速气流遇见楔形体时，经验证明，这种情况下产生的附体激波总是弱激波；当超声速气流由低压区向高压区流动时，二者的界面必然是提高气流压强的激波，这时的激波就有可能是强激波，视激波前后的压比大小而定。简言之，几何边界产生弱激波，压力边界可能产生强激波。

(2) 在弱解的情况下，若 M_1 不变，则激波角 β 随气流偏转角 δ 的增加而上升；在强解的情况下，若 M_1 不变，则激波角 β 随气流偏转角 δ 的增加而下降。

(3) 在每一个固定的气流偏转角 δ 下，有一个激波附体的最小马赫数 $M_{1\,\min}$，若来流马赫数低于此值，激波就会脱体；只有当来流马赫数大于此值时，激波才能附体。

(4) 在每一个来流马赫数下，都有一个最大允许的气流偏转角 (压缩角)$\delta_{\max}$，若实际的气流偏转角 δ 大于该马赫数下的最大允许偏转角 $\delta_{\max}$，那么激波就会脱体产生脱体的弯曲激波，形成不了正常的附体斜激波。对应于该极限偏转角 $\delta_{\max}$，有一个极限激波角 $\beta_{\max}$，可以由下式进行计算：

$$\sin^2\beta_{\max}=\frac{1}{kM_1^2}\left\{\frac{k+1}{4}M_1^2-1+\left[(k+1)\left(1+\frac{k-1}{2}M_1^2+\frac{k+1}{16}M_1^4\right)\right]^{0.5}\right\} \tag{8-25}$$

已知来流马赫数 M_1，就可以根据上式求出极限激波角 $\beta_{\max}$，再由 (8-23) 式求得极限偏转角 $\delta_{\max}$ ，如果实际偏转角 δ 大于最大允许偏转角 $\delta_{\max}$，那么激波就会脱体。

在斜激波附体的情况下，一旦求得了激波角 β，那么激波前后的所有气动参数便可得到

斜激波前后压强比

$$\frac{p_2}{p_1}=\frac{2k}{k+1}M_1^2\sin^2\beta-\frac{k-1}{k+1} \tag{8-26}$$

斜激波前后密度比

$$\frac{\rho_2}{\rho_1}=\frac{(k+1)M_1^2\sin^2\beta}{2+(k-1)M_1^2\sin^2\beta} \tag{8-27}$$

斜激波前后速度比

$$\frac{V_2}{V_1}=\frac{\sin\beta}{\sin(\beta-\delta)}\left[\frac{2}{(k+1)M_1^2\sin^2\beta}+\frac{k-1}{k+1}\right] \tag{8-28}$$

激波前后温度比

$$\frac{T_2}{T_1}=\frac{\left[2kM_1^2\sin^2\beta-(k-1)\right]\cdot\left[(k-1)M_1^2\sin^2\beta+2\right]}{(k+1)^2M_1^2\sin^2\beta} \tag{8-29}$$

斜激波后马赫数

$$M_2^2=\frac{(k+1)^2M_1^4\sin^2\beta-4(M_1^2\sin^2\beta-1)(kM_1^2\sin^2\beta+1)}{\left[2kM_1^2\sin^2\beta-(k-1)\right]\cdot\left[(k-1)M_1^2\sin^2\beta+2\right]} \tag{8-30}$$

在一定的来流马赫数下，平面楔角即压缩角 δ 增加，会导致激波角 β 增加，激波压比 p_{21} 加大，激波变强。

【例 8-7】 空气流经一无摩擦的平板并在斜楔处偏转 $\delta = 15°$，已知 $M_1 = 3$，$p_1 = 101\,325\ \text{N/m}^2$，$T_1 = 300\text{K}$，假定产生一道弱斜激波，试求：波后气流的马赫数、压强、密度、温度和速度。

【解】 解 (8-23) 式

$\dfrac{1}{\tan\delta} = \left(\dfrac{k+1}{2}\dfrac{M_1^2}{M_1^2\sin^2\beta - 1} - 1\right)\tan\beta$，代入$\delta = 15°$，$M_1 = 3$，得到$\beta \approx 32.240\,39°$。

由式 (8-30)，代入 $M_1 = 3$，$\beta = 32.240\,39°$，

$M_2^2 = \dfrac{(k+1)^2 M_1^4 \sin^2\beta - 4(M_1^2\sin^2\beta - 1)(kM_1^2\sin^2\beta + 1)}{\left[2kM_1^2\sin^2\beta - (k-1)\right]\cdot\left[(k-1)M_1^2\sin^2\beta + 2\right]}$，得到$M_2 \approx 2.254\,90$。

再由 (8-26) 式、(8-27) 式、(8-29) 式求得

$$p_{21} \approx 2.821\,56 \quad \rho_{21} \approx 2.032\,45 \quad T_{21} \approx 1.388\,26$$

及

$$p_2 \approx 285\,894\ \text{Pa} \quad \rho_2 \approx 2.39\,134\ \text{kg/m}^3 \quad T_2 \approx 416.478\ \text{K}$$

及

$$V_2 \approx M_2\sqrt{kRT_2} \approx 922.516\ \text{m/s}$$

【例 8-8】 空气流过 $\delta = 10°$ 斜楔，已知激波角 $\beta = 50°$，求斜激波前后的密度比 ρ_{21} 和速度比 V_{21}。

【解】 由斜激波几何关系很容易就能得到密度比和速度比：

$$\rho_{21} = \frac{\rho_2}{\rho_1} = \frac{V_{n1}}{V_{n2}} = \frac{\tan\beta}{\tan(\beta-\delta)} = \frac{\tan 50°}{\tan 40°} \approx 1.420\,28$$

$$V_{21} = \frac{V_2}{V_1} = \frac{V_t}{\cos(\beta-\delta)}\frac{\cos\beta}{V_t} = \frac{\cos\beta}{\cos(\beta-\delta)} = \frac{\cos 50°}{\cos 40°} \approx 0.839\,10$$

8.7 激波的反射和相交

在超声速外流和内流问题中，经常会遇到激波与固体壁面、激波与自由边界、激波与激波、激波与膨胀波、激波与压缩波等相互作用问题，产生一系列比较复杂的激波反射和相交的流动现象。本节将讨论典型二维平面斜激波的反射和相交问题。

8.7.1　斜激波在固体壁面上的反射

设有图 8-17 所示的二维平面气流通道，超声速气流在下壁面 A 点处向上偏转 δ 角，若壁面的偏转角小于来流 M_1 所对应的极限偏转角 $\delta_{\max}$，在 A 点产生斜激波 AB，与上壁面交于 B 点，AB 波后的气流向上偏转了 δ 角而与上壁面不平行，因此气流在 B 点将受到强烈压缩而产生反射斜激波 BF，使 BF 波后的气流平行于上壁面。如果上壁面在 B 点同样向上偏转 δ 角，如虚线 BD 所示，那么就不会产生反射激波。

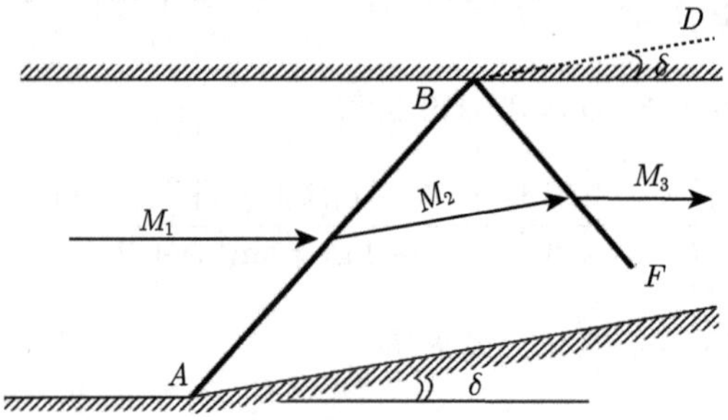

图 8-17　斜激波在固体壁面的反射

【例 8-9】　在图 8-17 中，已知 $M_1 = 3.5$，$\delta = 15°$ 斜楔，试求激波角和 2 区、3 区的流动马赫数。

【解】　根据 $M_1 = 3.5$，$\delta = 15°$，由 (8-23) 式 $\dfrac{1}{\tan\delta} = \left(\dfrac{k+1}{2}\dfrac{M_1^2}{M_1^2\sin^2\beta - 1} - 1\right)\tan\beta$ 求得激波角 $\beta_{1-2} \approx 29.191\ 61°$。

将 $M_1 = 3.5$，$\beta = 29.191\ 61°$ 代入 (8-30) 式，可得

$$M_2^2 = \frac{(k+1)^2 M_1^4 \sin^2\beta - 4(M_1^2\sin^2\beta - 1)(kM_1^2\sin^2\beta + 1)}{\left[2kM_1^2\sin^2\beta - (k-1)\right]\cdot\left[(k-1)M_1^2\sin^2\beta + 2\right]}$$

得到 $M_2 \approx 2.605\ 30$

从 2 区到 3 区，气流同样偏转 $\delta = 15°$，由 $M_2 \approx 2.605\ 30$ 求得激波角 $\beta_{2-3} \approx 35.752\ 36°$，波后气流马赫数 $M_3 \approx 1.956\ 83$，第二道激波 BF 波与 M_1 气流方向的夹角为 $\beta_{2-3} - \delta = 35.75236° - 15° = 20.752\ 36°$。

8.7.2　斜激波在自由边界上的反射

设压强为 p_1 的超声速气流从图 8-18 所示的二维矩形管道中流出，气流出口压强等于静止环境气体的压强，即 $p_1 = p_a$，气流在下壁面 A 点遇到一向上偏转 δ 角的折角，超声速气流在 A 点将产生一道斜激波，波后气流平行于壁面 AC，气流的压强由 p_1 升高到 p_2，显然，$p_2 > p_a$，气流在自由边界上的压强与周围静止气体的压强相同。这样，当波后高压气流与自由界面在 B 点相交时，将向上膨胀，自 B 点形成右伸中心膨胀波扇，气流通过该膨胀波扇后压强由 p_2 降为环境压强 p_a，方向又向上偏转了 δ_1 度，可见 3 区气流相对于 1 区气流的流向角将是 $\delta + \delta_1$。

根据来流马赫数 M_1 和气流压缩角 δ，就可以运用斜激波关系式求出激波后的气流参数 M_2 和 p_2 来，这也是膨胀波前的气流参数，而膨胀波后的压强等于环境压强，所以膨胀波前后的压比是已知的，而气流穿越膨胀波是等熵流动，总压不变，于是就可以根据膨胀波前的马赫数 M_2 和膨胀波前后的压比，计算膨胀波后 3 区的气流参数以及额外的气流偏折角 δ_1。

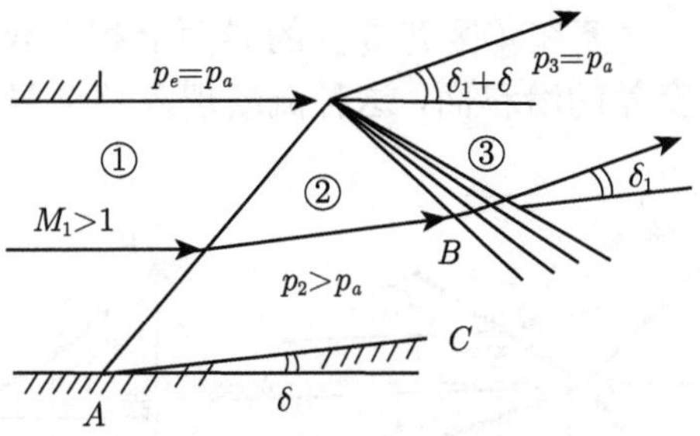

图 8-18　斜激波在自由边界上的反射

【例 8-10】 在图 8-18 中，已知 $M_1=2$，$\delta=18°$，试求膨胀波后 3 区的气流马赫数、气流流向角。

【解】 从①区到②区，气流经斜激波压缩，根据 $M_1=2$，$\delta=18°$，求得激波角

$$\beta_{1-2}\approx 49.785\,13° \qquad M_2\approx 1.313\,10$$

激波压比

$$p_{21}\approx 2.554\,60 \qquad p_2/p_2^*\approx 0.354\,53$$

式中，p_2^* 为斜激波后总压。

由 $M_2=1.313\,10$，求出 $\nu(M_2)=\nu(1.313\,10)\approx 6.530\,32°$。

这就是说，目前的 $M_2=1.313\,10$ 可以看作是从 $M_0=1$ 膨胀了 $6.530\,32°$ 而得。

由②区经过膨胀波扇进入③区是总压不变的等熵过程，且波后静压等于环境压强，所以膨胀波扇后的气流压强与总压之比

$$p_3/p_3^*=p_1/p_2^*=(p_1/p_2)(p_2/p_2^*)=0.354\,525/2.554\,60\approx 0.138\,779=f(M_3)$$

即 $\dfrac{p_3^*}{p_3}=\left(1+\dfrac{k-1}{2}M^2\right)^{\frac{k}{k-1}}=\dfrac{1}{0.138\,779}$，可解出 3 区马赫数 $M_3\approx 1.946\,96$，再由 $M_3=1.946\,96$，运用普朗特—梅耶函数得到 $\nu(M_3)\approx 24.906\,92°$，因此气流经过膨胀波扇的膨胀角

$$\nu(M_3)-\nu(M_2)=24.906\,92°-6.530\,32°=18.3766°$$

③区气流相对于①区气流的流向角 =18.376 6° ＋ 18°=36.3766°。

8.7.3 异族斜激波的相交

设有图 8-19 所示的二维矩形超声速气流通道，上下两壁面分别内折 δ_1、δ_2，形成斜激波 AC 和 BC，二者交于 C 点，AC 后的气流平行于上壁面流动，BC 波后的气流平行于下壁面流动，由于压缩角 δ_1、δ_2 不同，因此这两股气流的流向和压强均不同，它们在 C 点相遇，互相压缩，形成两道新的激波 CD 和 CE，2 区和 3 区的气流通过 CD 和 CE 这两道新的斜激波后到达④区和⑤区，气流在④区和⑤区的界面上相汇合，满足压强相等和流向一致的条件，其交汇面是存在速度差的滑移面，这种流动现象称为异族激波的相交。

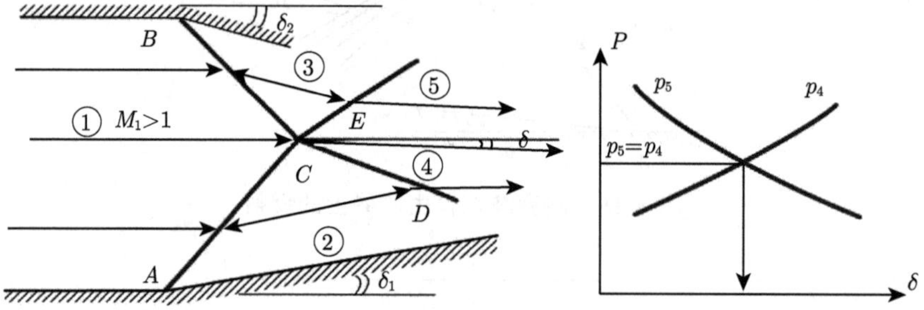

图 8-19 异族斜激波相交问题

根据交汇面两侧压强相等和流向一致的条件，可以确定斜激波 CD 和 CE 的强度，从而确定④区和⑤区的全部流动参数，其步骤如下：

(1) 设④区和⑤区与初始来流方向的夹角为 δ，那么气流从②区进入④区时的气流压缩角为 $\delta_1+\delta$，气流从③区进入⑤区时的压缩角为 $\delta_2-\delta$，由②、③区的流动参数和气流偏折角 $\delta_1+\delta$、$\delta_2-\delta$，利用斜激波关系式，求得各自的激波角 β_{2-4}、β_{3-5}，这样④区和⑤区的参数就可以全部求得。一般而言，由于开始时并不知道满足④区和⑤区流动平衡的夹角 δ，因此这样得到的④区和⑤区的流动参数不见得就能满足压强相同和流向一致的平衡条件。

(2) 假设一系列的 δ 角，得到一系列的偏折角 $\delta_1+\delta$ 和 $\delta_2-\delta$，利用斜激波关系式，得到各自的一系列激波角 β_{2-4}、β_{3-5}，再由来流马赫数和激波角算出一系列的④区和⑤区压强 p_4、p_5。用 δ 为横坐标，以④区和⑤区的压强 p_4、p_5 为纵坐标，得到 $p_4=p_4(\delta)$ 和 $p_5=p_5(\delta)$ 的两条曲线，这两条曲线的交点满足 $p_4=p_5$ 的条件，对应的折角 δ 就是所求的解，由此就可以解出④区和⑤区的其他气动参数来。

【例 8-11】 在图 8-19 中，已知 $M_1=3$，$\delta_1=5°$，$\delta_2=15°$，$p_1=0.1$ MPa，求④区和⑤区的气流方向、压强、马赫数，并求激波 CD 和 CE 的方向。

【解】 (1) 求解点

由 $M_1=3$ 和 $\delta_1=5°$，$\delta_2=15°$，解斜激波公式，可以得到 $\beta_{1-2}=23.133\ 26°$，$\beta_{1-3}\approx 32.240\ 39°$，利用斜激波前后的压比公式和波后马赫数公式，求得

$$p_2/p_1\approx 1.453\ 98 \qquad M_2=2.749\ 71$$

$$p_3/p_1\approx 2.821\ 56 \qquad M_3=2.254\ 90$$

假定④区、⑤区与①区来流的夹角为 $\delta = 9°$、$10°$、$11°$，于是气流穿过 CD 波的压缩角 $\delta_1 + \delta = 14°$、$15°$、$16°$，气流穿过 CE 波的压缩角 $\delta_2 - \delta = 6°$、$5°$、$4°$。

由 $M_2 = 2.749\ 71$ 和 CD 波偏转角 $\delta_1 + \delta = 14°$、$15°$、$16°$，求出相应的 CD 波压强比

$$p_4/p_2 \approx 2.488\ 31、2.636\ 51、2.791\ 00$$

由 $M_3 = 2.254\ 90$ 和 CE 波偏转角 $\delta_2 - \delta = 6°$、$5°$、$4°$，求出相应的 CE 波压强比

$$p_5/p_3 \approx 1.426\ 16、1.346\ 72、1.270\ 79$$

又因为

$$p_4 = \frac{p_4}{p_2}\frac{p_2}{p_1}p_1 \quad p_5 = \frac{p_5}{p_3}\frac{p_3}{p_1}p_1$$

将各压强的数值代入，得到相应的 4 区、5 区压强：

$$p_4 = 0.361\ 796、0.383\ 344、0.405\ 807\text{MPa}$$
$$p_5 = 0.402\ 399、0.379\ 984、0.358\ 562\text{MPa}$$

于是可以在同一坐标图内，作出 $p_4 = p_4(\delta)$ 和 $p_5 = p_5(\delta)$ 的两条曲线，这两条曲线的交点满足 $p_4 = p_5$ 的条件，对应的折角 δ 就是所求的解

$$p_4 = p_5 \approx 0.381\ 66\ \text{MPa} \quad \delta \approx 9.9237°$$

(2) 求解点气动参数

由 $M_2 = 2.749\ 71$ 和 $\delta_1 + \delta = 5° + 9.9237° = 14.9237°$，得到

$$\beta_{2-4} = 34.233\ 15° \quad M_4 = 2.071\ 92$$

由 $M_3 = 2.254\ 90$ 和 $\delta_2 - \delta = 15° - 9.9237° = 5.0763°$，得到

$$\beta_{3-5} = 30.403\ 40° \quad M_5 = 2.059\ 93$$

8.7.4 同族斜激波的相交

图 8-20 所示是由物面同一侧发出的两道斜激波相交的情况，这种相交的工况常发生在二维平面超声速进气道上。图中物面 ABC 在 A 点的偏转角即气流压缩角为 δ_1，B 点相对于 AB 平面的偏转角即气流压缩角为 δ_2，气流经过第一道斜激波从流区①进入流区②，马赫数降低，再经过第二道斜激波进入流区③，此时的激波角 β_{2-3} 必大于从①区到②区的激波角 β_{1-2}，因此，从 A 点和 B 点出的两道激波必然相交，设交点为 N 点，见图 8-20 所示。在 N 点以上，AN、BN 两道激波会聚成一道更强的激波 NR，但是强斜激波 NR 后的⑤区气流压强、流向与③区气流的压强、流向通常不会相同，③、⑤区气流参数的差别迫使流动

自动作出调整，从 N 点出发会生成新的“调整”波系 NE 或 NS，这新的调整波系可能是膨胀波系 NE，也可能是激波 NS，取决于③、⑤区气流的具体情况。

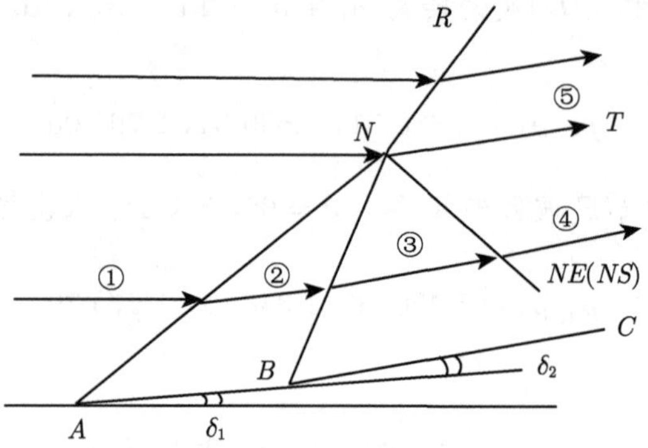

图 8-20　同族斜激波相交问题

求解同族斜激波相交问题的关键是这道新的“调整”波系的确定。我们可以先假设 NR 波后气流的方向与③区气流的方向相同，即都平行于 BC 壁面，那么由于超声速气流偏转相同的角度，分若干次压缩与一次压缩，其波后的压强是不同的，所以 NR 波后的压强将与③区的压强不等。由于③区气流的流向和压强是由①区来流参数和压缩角 δ_1、δ_2 所确定的，如果这些条件不变，③区气流参数是不会改变的。在这种情况下，只有③区气流再经过一道从交汇点 N 发出的“调整”激波 NS 进一步压缩，或者“调整”膨胀波系 NE 膨胀降压来改变流动方向和压强。当然，此时 NR 波后的气流方向亦不再是原来假定的与③区流向平行的方向，这才有可能使两股气流在④区、⑤区汇合时同时满足压强相等、流向一致的条件。

判别③区气流与 NR 波后气流汇合之前究竟是通过激波 NS 还是膨胀波系 NE 的简便方法是：先假定 NR 波后气流方向与③区一致，即自由来流 NR 波的压缩角等于 $\delta_1+\delta_2$，据此算出 NR 波后的压强，若其值高于 p_3，说明③区气流将受到压缩，自交点 N 将产生一道激波 NS；如果 NR 波后的压强低于 p_3，说明③区气流将向外膨胀，自交点 N 将产生一束膨胀波 NE，使④、⑤区气流的压强相同、流向一致。

必须注意，④、⑤区尽管压强相同、流向一致，但是二者经历的压缩过程不同，总压损失也不同，所以④、⑤区气流的马赫数、速度、温度、密度都不会相同，二者的交汇面 NT 是一个速度滑移面。

在判定自 N 点发出的波系性质后，就可以具体求解④、⑤区气流的参数了，在求解时，一般采用试算方法，即先假定一个④、⑤区气流的流向角 θ，分别求解 p_4、p_5，若二者不等，则调整流向角 θ，重复上述过程，直至 p_4、p_5 二者之差小于规定的误差为止。

【例 8-12】 图 8-21 给出了 $M_1=3$ 的超声速气流，经过两种不同的压缩方式，最后都被压缩了 30°，图 8-21(a) 是经过两级压缩，压缩角分别是 $\delta_1=12°$，$\delta_2=18°$；图 8-21(b) 是一级压缩，$\delta_1=30°$。求两种压缩方式的最终马赫数及压强比、总压比。

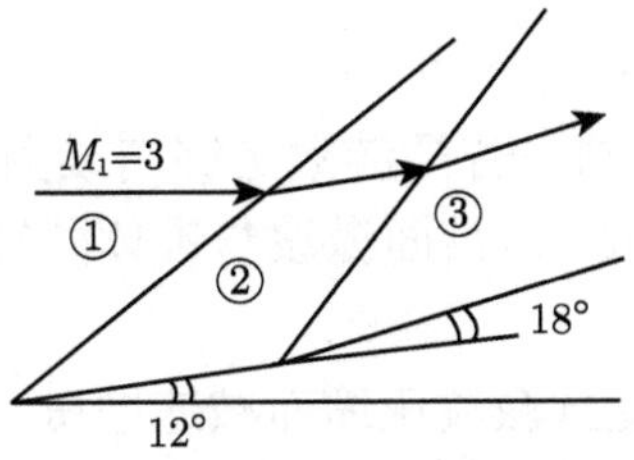

(a) 两级压缩

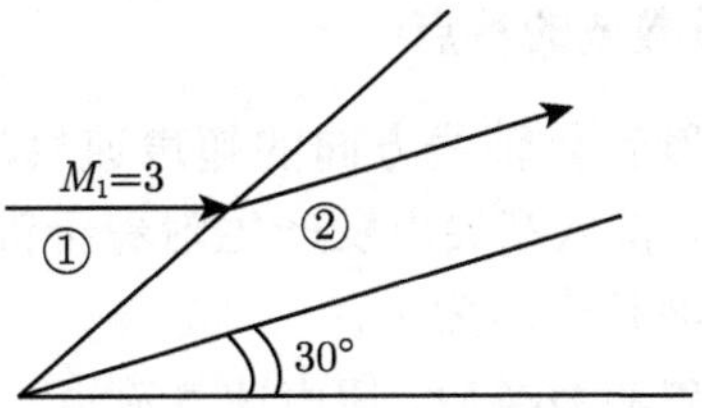

(b) 单级压缩

图 8-21　两种压缩方式的比较

【解】 (a) 两级压缩

根据已知条件，求解斜激波方程，解得结果如下：

区间	波前马赫数 M_1	压缩角 δ	波后马赫数 M_2	激波静压比	激波总压比
①	3.0	12°	2.405 98	2.340 37	0.940 23
②	2.405 98	18°	1.666 01	2.817 52	0.895 45

可见经两级压缩后，最终的③区马赫数 $M = 1.666\ 01$，③区的压强比 $p/p_1 = 2.340\ 37 \times 2.817\ 52 = 6.594\ 04$，③区的总压比 $p^*/p_1^* = 0.940\ 23 \times 0.895\ 45 = 0.841\ 93$。

(b) 单级压缩

根据已知条件，求解斜激波方程，解得结果如下：

区间	波前马赫数 M_1	压缩角 δ	波后马赫数 M_2	激波静压比	激波总压比
①	3.0	30°	1.405 93	6.355 88	0.555 25

可见经单级压缩后，最终的②区马赫数 $M = 1.405\ 93$，②区的压强比 $p/p_1 = 6.355\ 88$，②区的总压比 $p^*/p_1^* = 0.555\ 25$。

对比上述两组结果可以看出，尽管都是压缩了 30°，两级压缩损失要小得多，尤其是总压比，二者差别极大，两级压缩得到的总压几乎是单级压缩总压的 1.516 倍。不仅如此，两级压缩的最终马赫数高，静压也高。这就是为什么在超声速进气道设计上总是采用多级压缩代替单级压缩的原因。

8.8　锥 形 激 波

利用锥形激波对超声速气流进行压缩的方法在高速飞行器，特别是导弹上得到广泛的应用，其中最常见的就是轴对称超声速进气道，它利用单级或多级头锥产生锥形激波，将自由来流进行有效的压缩，以提供压气机或燃烧室合适的流场。近年来随着高超声速技术的发展，一种具有高升阻比的高超声速乘波体 (wave rider) 为各国所关注，其经典外形的生成就基于超声速锥形流理论。此外同样利用内锥形激波和锥形流理论，采用流线追踪技术设计高效压缩面的方法还在发展之中。锥形激波的这些成功应用和最新发展，都离不开锥形激波和锥形流的基本理论。

8.8.1　锥形激波的特点

平行于圆锥体轴线方向的超声速气流流过圆锥体时，若马赫数足够高或圆锥顶角不太大的情况下，将从锥尖出发产生附着于锥顶的锥面激波，该锥面激波与锥体同轴，本文将锥形激波的激波角表示为 β。

与平面斜激波类似，超声速气流流过圆锥激波时受到激波压缩而减速增压，其流向发生偏转，气流越过圆锥激波时的参数计算与平面斜激波的计算相同，可以用同样的公式和激波图线来求解。这是因为在建立激波问题的基本方程及推导计算公式时，并没有限定必须是平面激波，而是在具有普遍意义的三维空间条件下进行的。当然，与二维平面激波相比，圆锥激波也有其独特的性质。

气流通过二维平面斜激波时，气流的偏转角 δ 等于斜楔半角 δ_{wedge}，波后气流方向与壁面平行，其流线为直线，气流参数在波后不再发生变化，如图 8-22 所示。

图 8-23 是超声速气流圆锥绕流示意图，此时流动情况与平面斜激波有所不同，波后气流方向并不立即与物面平行，气流穿过激波的偏转角 δ 要小于圆锥体的半角 δ_{cone}，气流在圆锥激波后将继续受锥面压缩，沿流线参数连续地变化，流线逐渐向圆锥体表面靠近，折角逐渐加大，直到无限靠近圆锥体表面时，气流的流向才与锥面方向一致。在无黏的情况下，锥面马赫数不为零，将低于紧挨着锥形波后气流的马赫数。

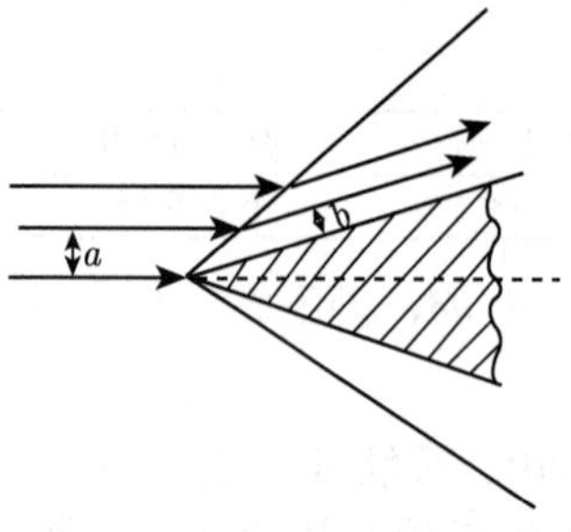

图 8-22　平面斜楔和平面斜激波

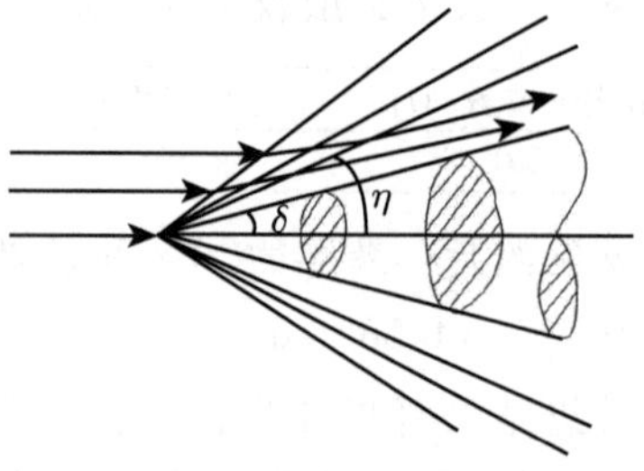

图 8-23　圆锥体和圆锥激波

研究表明，超声速气流在圆锥激波后的流动是连续的等熵压缩过程，流线在靠近锥面的过程中逐渐弯曲，实现超声速气流连续地减速增压。

超声速气流流过锥形体时可以用锥形流理论加以描述，该理论的基本假设是：在锥形激波和锥形体物面之间的流场中，在从锥顶发出的任一锥面上有相同的气动参数。可以看出，从锥波波面开始直至圆锥体为止的各个锥面上，马赫数将逐次降低，压强将逐次增加，而总压、总温将保持不变。

超声速气流流过相同角度的平面斜楔和圆锥体时，所受到的压缩程度是不同的。在同样的超声速来流下，若 $\delta_{\text{cone}} = \delta_{\text{wedge}}$，那么由圆锥体产生的锥形激波的激波角 β_{cone} 要小于半楔角 δ_{wedge} 平面斜楔产生的平面斜激波的激波角 β_{wedge}，即 $\beta_{\text{cone}} < \beta_{\text{wedge}}$，这就是说在以上的相同条件下，锥形激波对气流的压缩程度要比平面激波弱。

研究发现，对相同的超声速来流，圆锥激波脱体的半锥角 $\delta_{\text{c. max}}$ 要大于平面斜激波的脱体楔角 $\delta_{\text{w. max}}$，即 $\delta_{\text{c. max}} > \delta_{\text{w. max}}$。同样，若楔角与锥角相等 $\delta_{\text{cone}} = \delta_{\text{wedge}}$，在锥面上保持激波附体的最小马赫数 $M_{\text{c. min}}$ 和楔面上保持激波附体的最小马赫数 $M_{\text{w. min}}$ 是不一样

的，$M_{c.\min} < M_{w.\min}$。与平面斜激波相比，锥形激波更不容易脱体。存在这样的情况：平面斜激波已经脱体，而相同锥角、相同马赫数的气流却产生附体的锥形激波。二者的差别可从图 8-24 激波附体的最大半楔角 $\delta_{w.\max}$、最大半锥角 $\delta_{c.\max}$ 曲线上看出。

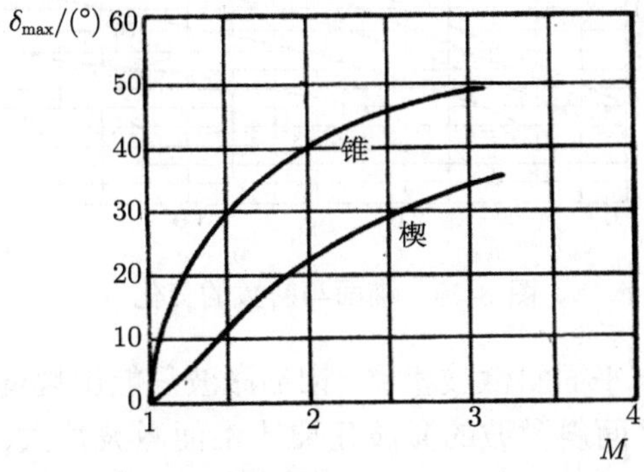

图 8-24　激波附体的最大半楔角、最大半锥角

8.8.2　锥形激波气动参数的计算

虽然锥形激波求解激波前后气动参数关系的方程与平面激波的方程相同，但是在已知来流马赫数 M_1、已知半锥角 δ_{cone} 的情况下，不能采用平面斜激波那样的方法用公式 (8-23) 来简单地求激波角 β_{cone}。因为锥形激波后的气流偏转角 δ 小于半锥角 δ_{cone}，在锥形激波的情况下，如何求激波角 β_{cone} 不是一项简单的工作，必须通过锥形流理论来求解。

描写锥形激波下游流场是经典的 Tailor-Maccoll 理论，该理论通过等熵无旋流分析，建立了描写这种特殊流动的二阶非线性常微分方程。通过数值求解，可以得到从锥面直至波面的全流场数值解，也只有这样，才能从已知的来流马赫数 M_1、已知的半锥角 δ_{cone} 得到锥形激波的激波角 β_{cone}。

本文将不具体讨论超声速锥形流的 Tailor-Maccoll 理论及其求解方法，读者可以参阅有关的资料详细了解求解步骤。为使用方便起见，通常给出锥形流的图线或数表以便于读者粗略地进行估算。图 8-25 就是锥形激波的激波角 β_{cone} 与来流马赫数 M_1、半锥角 δ_{cone} 之间的关系曲线；图 8-26 则是锥体表面马赫数 M_s 与半锥角 δ_{cone}、来流马赫数 M_1 的关系。

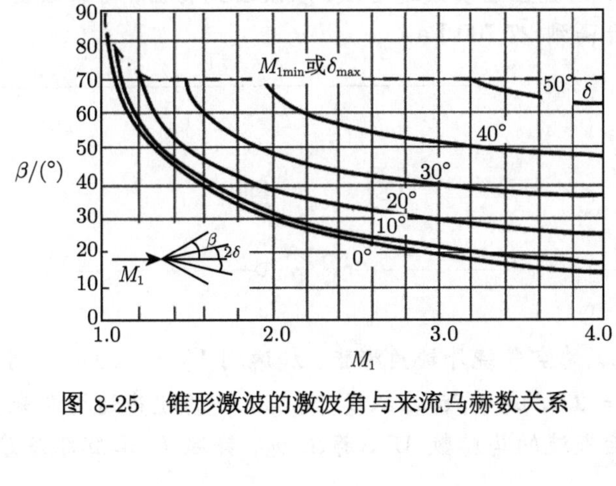

图 8-25　锥形激波的激波角与来流马赫数关系

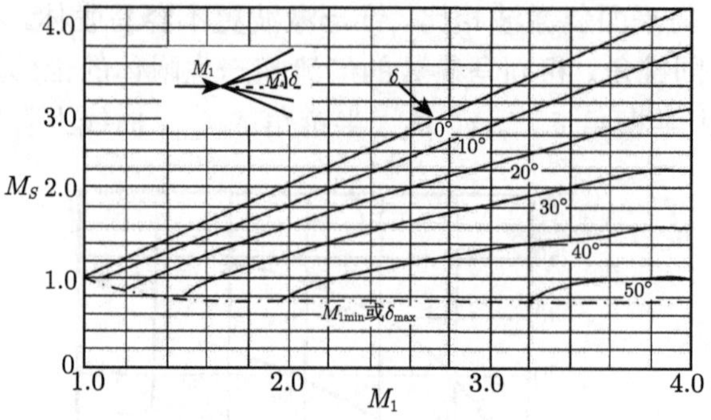

图 8-26　锥面马赫数的变化

从图 8-25 可以看出，与平面斜激波相比，锥形激波只能出现弱解。在同样的来流马赫数和同样大小的半顶角下，平面斜激波的激波角要比锥面激波角大；在相同的来流马赫数下，锥面激波脱体的半锥角要大于平面斜激波脱体的半楔角。利用该曲线，可以不通过求解微分方程而大致地估算锥形激波的激波角，从而进行锥形激波前后气动参数的粗略估算。但是要了解锥形激波后到锥面之间的流场参数变化，则必须求解 Tailor-Maccoll 理论给出的微分方程才行。

【例 8-13】 已知 $M_1 = 2.0$、$p_1 = 10\ 000$ Pa 的超声速气流流过半锥角 $\delta_{\text{cone}} = 30°$ 的圆锥体，求激波角 β_{cone}、紧挨着激波的波后气流偏转角 δ、波后气流的压强 p_2、马赫数 M_2、锥面马赫数 M_S 和锥面压强 p_s。

【解】 由 $M_1 = 2.0$、半锥角 $\delta_{\text{cone}} = 30°$ 查锥形激波图 8-25，得到 $\beta_{\text{cone}} \approx 48.2°$

由 $M_1 = 2.0$、半锥角 $\delta_{\text{cone}} = 30°$ 查锥面马赫数图 8-26，得到 $M_S \approx 1.25$

利用平面激波公式 (8-23) 计算得到波后气流偏转角　$\delta \approx 17°$

利用平面激波公式 (8-26) 计算压比，得到波后气流压强　$p_2 \approx 24\ 270$ Pa

利用平面激波公式 (8-30) 计算波后马赫数得到　$M_2 \approx 1.35$

利用锥面马赫数和等熵关系式求得锥面压强　$p_S \approx 27\ 700$ Pa

可见锥形激波以后气流在继续减速增压，从波面到物面，马赫数由 1.35 降为 1.25，气流压强则从 24 270 Pa 升高到 27 700 Pa。

习　题

8-1　速度 $V_1 = c_{cr}$ 的空气绕外钝角膨胀，加速到 $V_2 = 1.505c_{cr}$，求气流的转折角 δ。

8-2　马赫数 $M_1 = 2.0$、$p_1 = 75$ kPa、$T_1 = 250$ K 的超声速均匀来流，绕折角为 10° 的外钝角流动，求膨胀后气流的马赫数 M_2、静压 p_2、静温 T_2 和膨胀波扇的扇形角 φ。

8-3　$M_1 = 1.2$ 的均匀超声速气流经外钝角膨胀后，压强降为原来的一半，求气流膨胀角。

8-4　出口 $M_1 = 2.0$、静压 $p_1 = 200$ kPa 的超声速气流自二维平面拉瓦尔喷管流出，若外界压强只有喷管出口压强的 1/2，求喷管出口射流边界相对于喷管轴线的夹角、膨胀后的气流马赫数。

8-5　马赫数 $M_1 = 1.8$、$p_1 = 500$ kPa、$T_1 = 300$ K 的空气流经图示的平面通道，已知扩张角 $\delta = 10°$，求反射波后 3 区的气流马赫数 M_3、静压 p_3 和静温 T_3。

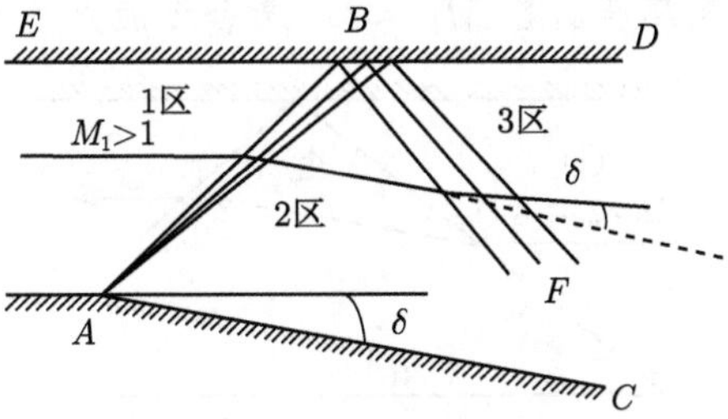

习题 8-5

8-6　$M_1 = 1.88$ 的超声速气流流经一顶角为 20° 的菱形机翼，已知来流压强 $p_1 = 49\ 050$ Pa，机翼的攻角 $\alpha = 7°$，求机翼上表面 AB、BC 上的压强。

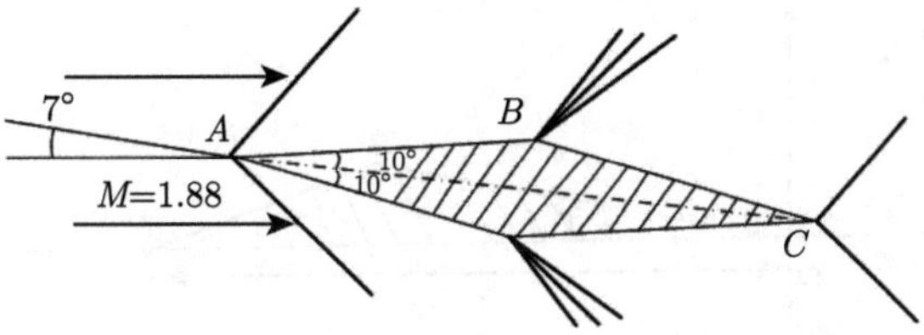

习题 8-6

8-7　$\lambda_1 = 2.0$、压强 $p_1 = 1.276 \times 10^5$ Pa 的空气在二维喷管出口 AA' 截面排向压强 $p_a = 10^5$ Pa 的外界大气，见附图。求波后②、③、④区的马赫数、压强及气流方向角。

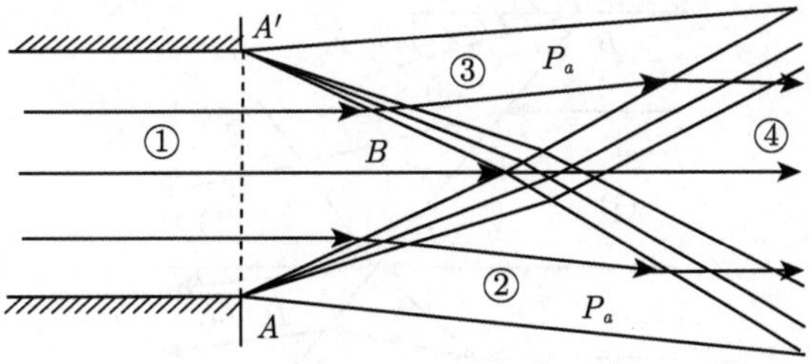

习题 8-7

8-8　正激波以 $V_1 = 722.4$ m/s 的速度在静止空气中运动，静止空气压强为 $p_1 = 10^5$ Pa，温度为 294.4 K，求波后气流马赫数、静压、静温和速度。

8-9　$M_1 = 2.5$ 的空气流经半楔角 $\delta = 10°$ 的尖劈，求激波角 β、波后气流的马赫数 M_2、激波压比 p_2/p_1、总压恢复系数 p_2^*/p_1^*、温度比 T_2/T_1 及密度比。

8-10　超声速气流流经半顶角为 22° 的尖劈时，激波角 $\beta = 64°$，求激波前后的密度比。

8-11　让 $M_1 = 2.5$ 的超声速气流产生附体激波的半楔角 $\delta_{\max}$ 是多少？

8-12　二维平面超声速喷管的出口为均匀平行流，设出口截面的 $M_1 = 1.5$、$p_1 = 0.7825 \times 10^5$ Pa，已知外界压强 $p_a = 10^5$ Pa，喷管出口产生的斜激波使得气流压强得以平衡，求这道斜激波的激波角 β 和气流偏折角 δ。

8-13　已知 $M_1 = 2.75$、$p_1^* = 1.3734 \times 10^5$ Pa 的超声速气流沿折角 10° 的凹壁流动，产生一道平面斜激波，求激波角 β 和波后总压、静压、马赫数。

8-14　空气沿图示的二维矩形通道流动，已知 $M_1 = 2.4$、$p_1 = 10^5$Pa，$c_{cr} = 400$ m/s、$\delta = 16^\circ$，求②、③区的气流速度及压强。若 $M_1 = 2.1$ 是否还能产生正常反射？

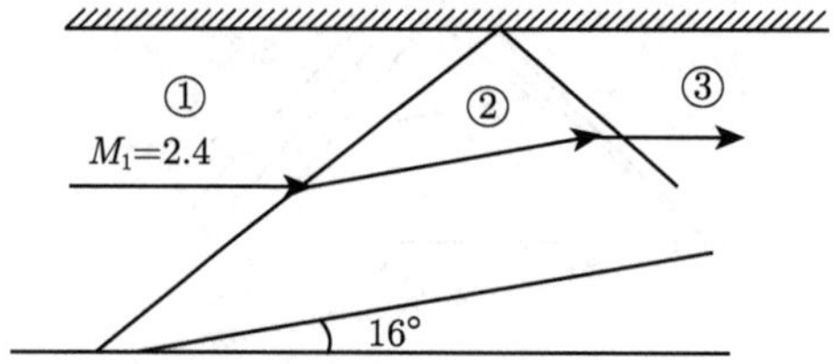

习题 8-14

8-15　$M_1 = 3.0$、$p_1 = 10^5$ Pa 的空气流经 ABC 三角剖面机翼，已知机翼弦长 L=1 m，求气流作用在单位长度机翼上的力。(注意：力是矢量)

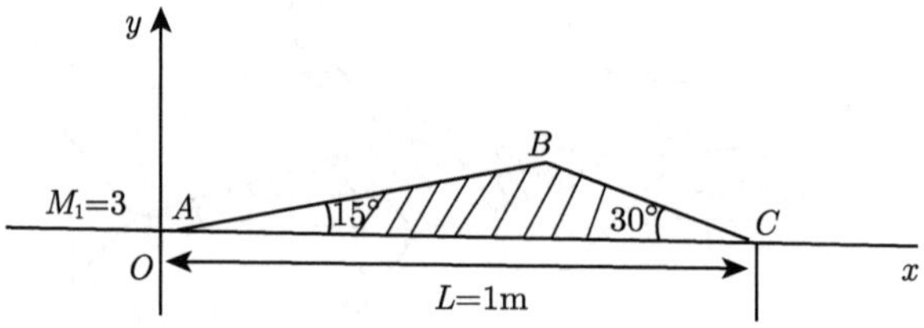

习题 8-15

8-16　超声速气流进入如图所示不对称二维楔形通道，已知 $M_1 = 3.0$、$p_1 = 10^5$ Pa, $\delta_1 = 5^\circ, \delta_2 = 10^\circ$，求④区、⑤区气流的方向角、马赫数、压强。

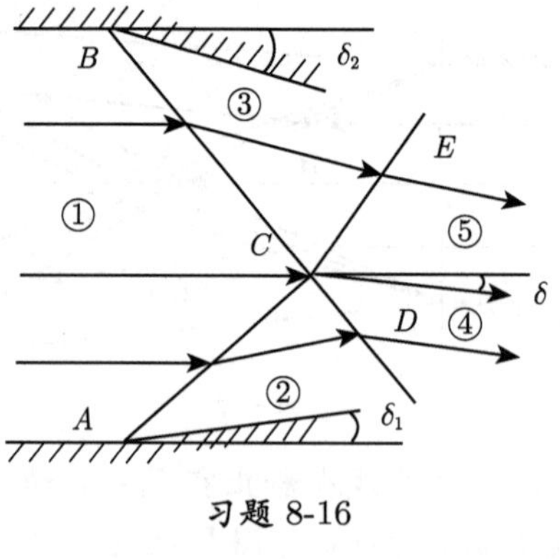

习题 8-16

8-17　图示为超声速飞机的双楔二维进气道，以马赫数 1.5 在压强 $p_0 = 90$ kPa、温度 $T_0 = 280$ K 的大气中飞行，进气道产生两道斜激波和一道末尾正激波，求末尾正激波后的气流马赫数、压强、温度和总压。

若同样条件下的马赫数 1.5 气流经由一道正激波压缩，波后气流的总压又是多少？

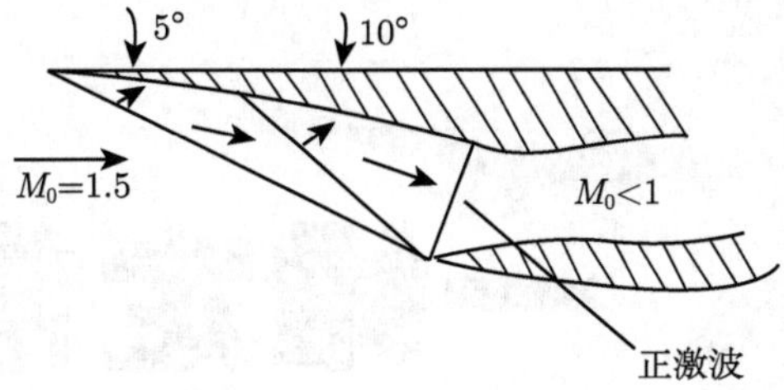

习题 8-17

8-18　某钝头飞行器以 $M=2$ 的马赫数在 $p=1000$ Pa、$T=220$ K 的大气中飞行，其头部滞止点附近的激波可以近似地看作正激波，求头部滞止点处气流的压强和温度。

8-19　$M=2$ 的超声速气流流经某钝头体，产生一道弓形脱体激波，从纹影照片上测得激波波面 A、B 两点的激波角分别为 $\beta_A=55°$、$\beta_B=34°$，求气流穿过 A、B 两点的总压恢复系数。

8-20　两股超声速气流在尾部汇合，求③、④区域的激波角、马赫数、压强和气流方向。**(难题)**

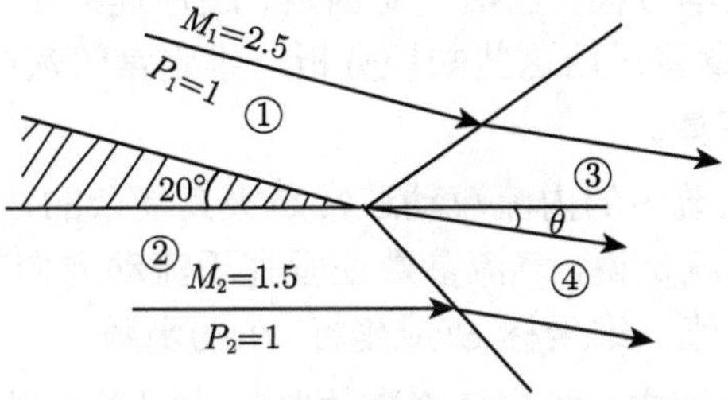

习题 8-20

8-21 试设计一个无损失的、进出口截面相等的二维等熵超声速气流直角转弯，直角转弯前后所有气流参数均保持不变。要求绘出上下转弯壁面和可能的波系示意图并作简单文字说明。注意：设计方案不是唯一的。**(设计题)**

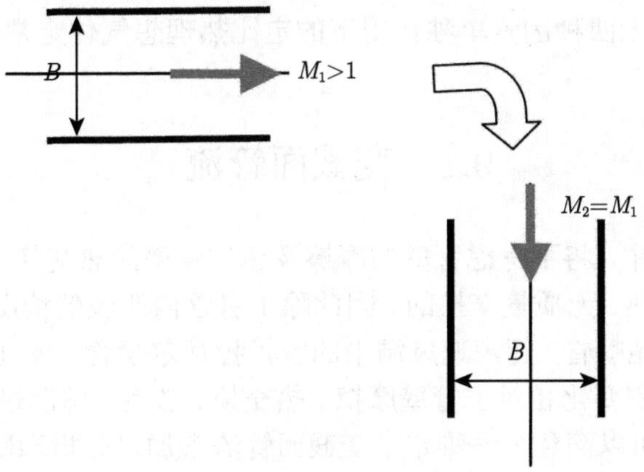

习题 8-21

第 9 章 一维定常可压缩管流

一维定常可压缩管流是航空航天动力系统内流中最普遍的流动形式，对这些典型流动气动参数变化规律的分析将有助于对复杂内流流动物理本质的理解。前面的章节介绍了理想气体流动的基本概念、基本方程，包括气动函数、超声速流中发生的膨胀波、压缩波和激波的概念，在此基础上，本章将运用这些知识分析一维定常管流中影响流动参数的几种主要流型及其气动参数的变化规律。

发生在航空航天动力系统中的内流流动通常是极其复杂的，为抓住流动的本质，假设气流的流动是一维定常的，这就是说，气流参数在垂直于流动方向的截面上是相同的，且不随时间而变，气流参数只是气流一维坐标 S(或坐标 x) 的函数。

在航空航天动力系统管流中，影响气流流动参数的因素主要有如下四种：

(1) 有面积变化的管流；

(2) 有管壁摩擦的管流；

(3) 与外界有热量交换的管流；

(4) 与外界有质量交换的管流。

本章将分别讨论以上四种因素单独作用下的定比热理想气体定常可压管流。

9.1 变截面管流

在研究变截面管流中，将不考虑管壁的摩擦及透过管壁的热交换、质量交换，即气流在管内流动是无摩擦、绝热、无质量交换的。因此除了有管内激波的情况外，流动均为绝能等熵。例如喷气发动机的尾喷管、超声速风洞中的收扩拉瓦尔喷管、吸气式发动机的亚声速进气道等。本节讨论的面积变化相对于管壁摩擦、热交换、放气、辅助进气而言对气流参数的影响占支配地位，因此可以简化为一维定常变截面管流来加以分析和研究，这样就可以从本质上抓住影响气流参数沿流程变化的实质。

9.1.1　截面变化对气流参数的影响

取一个有截面缓慢变化的一维定常流控制体积，见图 9-1。

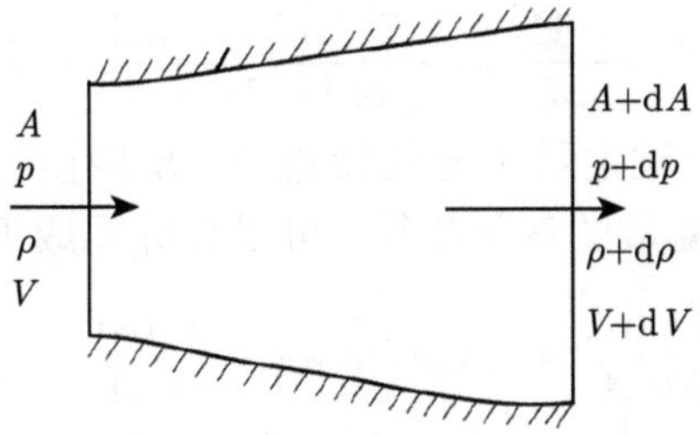

图 9-1　变截面管流

假设流动方向自左至右，流动参数在垂直于气流方向的截面上均布，入流截面参数为 A、p、ρ、V，出流截面参数为 $A+\mathrm{d}A$、$p+\mathrm{d}p$、$\rho+\mathrm{d}\rho$、$V+\mathrm{d}V$，对此控制体积运用连续方程，有 $\rho AV=(\rho+\mathrm{d}\rho)(A+\mathrm{d}A)(V+\mathrm{d}V)$，展开后简化就有，微分形式连续方程

$$\frac{\mathrm{d}\rho}{\rho}+\frac{\mathrm{d}V}{V}+\frac{\mathrm{d}A}{A}=0$$

类似地，有微分形式动量方程

$$\frac{\mathrm{d}p}{\rho}+V\mathrm{d}V=0$$

将它作变换可以得到

$$\frac{\mathrm{d}p}{\mathrm{d}\rho}\frac{\mathrm{d}\rho}{\rho}+V^2\frac{\mathrm{d}V}{V}=0$$

利用声速的定义和马赫数的定义，可以得到 $\dfrac{\mathrm{d}\rho}{\rho}=-M^2\dfrac{\mathrm{d}V}{V}$，将此式代入微分形式连续方程，就有

$$(1-M^2)\frac{\mathrm{d}V}{V}+\frac{\mathrm{d}A}{A}=0\quad 即\quad \frac{\mathrm{d}V}{V}=\frac{1}{M^2-1}\frac{\mathrm{d}A}{A} \tag{9-1}$$

由于 $\dfrac{\mathrm{d}\rho}{\rho}=-M^2\dfrac{\mathrm{d}V}{V}$，因此面积变化引起的密度变化

$$\frac{\mathrm{d}\rho}{\rho}=-\frac{M^2}{M^2-1}\frac{\mathrm{d}A}{A} \tag{9-2}$$

由声速方程 $c^2=\dfrac{\mathrm{d}p}{\mathrm{d}\rho}=k\dfrac{p}{\rho}$ 即 $\dfrac{\mathrm{d}p}{p}=k\dfrac{\mathrm{d}\rho}{\rho}$，这样就有面积变化引起压强变化

$$\frac{\mathrm{d}p}{p}=-\frac{kM^2}{M^2-1}\frac{\mathrm{d}A}{A} \tag{9-3}$$

由状态方程 $p=\rho RT$，微分后可得微分形式状态方程 $\dfrac{\mathrm{d}p}{p}=\dfrac{\mathrm{d}\rho}{\rho}+\dfrac{\mathrm{d}T}{T}$，可知温度的相对变化可以表示为压强的相对变化减去密度的相对变化 $\dfrac{\mathrm{d}T}{T}=\dfrac{\mathrm{d}p}{p}-\dfrac{\mathrm{d}\rho}{\rho}$，将 (9-2)、(9-3) 式代入，就有面积变化引起的温度变化为

$$\frac{\mathrm{d}T}{T}=-\frac{(k-1)M^2}{M^2-1}\frac{\mathrm{d}A}{A} \tag{9-4}$$

由马赫数的定义可以得到 $\dfrac{\mathrm{d}M}{M}=\dfrac{\mathrm{d}V}{V}-\dfrac{1}{2}\dfrac{\mathrm{d}T}{T}$，代入 (9-1) 式、(9-4) 式，就有面积变化引起气流马赫数变化的表达式

$$\frac{\mathrm{d}M}{M}=\frac{1+\dfrac{k-1}{2}M^2}{M^2-1}\frac{\mathrm{d}A}{A} \tag{9-5}$$

以上推导的五个公式就是在一维定常可压缩管流中，单纯由于流道面积变化而引起的气流速度、密度、压强、温度和马赫数的变化规律，可以合并写成下列形式

$$\left.\begin{aligned}
&\frac{\mathrm{d}p}{p}=-\frac{kM^2}{M^2-1}\frac{\mathrm{d}A}{A}=-kM^2\times\frac{1}{M^2-1}\frac{\mathrm{d}A}{A}\\
&\frac{\mathrm{d}\rho}{\rho}=-\frac{M^2}{M^2-1}\frac{\mathrm{d}A}{A}=-M^2\times\frac{1}{M^2-1}\frac{\mathrm{d}A}{A}\\
&\frac{\mathrm{d}T}{T}=-\frac{(k-1)M^2}{M^2-1}\frac{\mathrm{d}A}{A}=-(k-1)M^2\times\frac{1}{M^2-1}\frac{\mathrm{d}A}{A}\\
&\frac{\mathrm{d}V}{V}=\frac{1}{M^2-1}\frac{\mathrm{d}A}{A}=1\times\frac{1}{M^2-1}\frac{\mathrm{d}A}{A}\\
&\frac{\mathrm{d}M}{M}=\frac{1+\dfrac{k-1}{2}M^2}{M^2-1}\frac{\mathrm{d}A}{A}=\left(1+\frac{k-1}{2}M^2\right)\times\frac{1}{M^2-1}\frac{\mathrm{d}A}{A}
\end{aligned}\right\} \tag{9-6}$$

推导上述公式的方法有多种，读者可以尝试采用不同的途径同样得到这组公式。从这组公式可以看出，单纯面积变化引起的气流参数变化与 (M^2-1) 的正、负号有关，这就是说，在亚声速管流和超声速管流中，面积变化对气流参数的影响是相反的。例如在超声速管流中，当面积增加时，压强、密度、温度均下降，而气流速度和马赫数都增加，是加速减压流动；在亚声速管流中，面积增加却是减速扩压流动，气流的压强、密度、温度均增加，而速度、马赫数下降。见表 9-1。

表 9-1　面积变化对气动参数的影响

气动参数	亚声速 $M<1$		超声速 $M>1$	
	$\mathrm{d}A<0$ 	$\mathrm{d}A>0$ 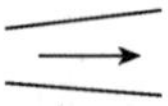	$\mathrm{d}A<0$ 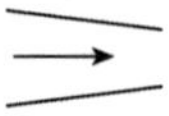	$\mathrm{d}A>0$ 
p、ρ、T	减少	增加	增加	减少
V、M	增加	减少	减少	增加
p^*、T^*	不变			

从上表可以看出，变截面等熵管流中，截面积变化对亚声速气流和超声速气流的影响是相反的。产生这种变化规律的原因可以从微分形式的连续方程中得到启示：

$$\frac{\mathrm{d}\rho}{\rho}+\frac{\mathrm{d}V}{V}+\frac{\mathrm{d}A}{A}=0$$

即

$$\frac{\mathrm{d}V}{V}=-\left(\frac{\mathrm{d}\rho}{\rho}+\frac{\mathrm{d}A}{A}\right)$$

同时

$$\frac{\mathrm{d}\rho}{\rho}=-M^2\frac{\mathrm{d}V}{V}$$

这就是说，速度和密度的变化趋势相反。在亚声速情形下，密度的相对变化小于速度的相对变化，速度变化起支配作用，从连续方程可知，面积变化 $\mathrm{d}A$ 与速度变化 $\mathrm{d}V$ 反号；在超声速管流中，密度的相对变化大于速度的相对变化，密度变化起主要作用，从连续方程可见，面积变化 $\mathrm{d}A$ 与速度变化 $\mathrm{d}V$ 同号。

亚声速气流在收缩管道内加速的极限是 $M=1$，此时 $\mathrm{d}A=0$，即 A 为最小截面。同样，超声速在收缩管道内减速的极限也是 $M=1$，此时 $\mathrm{d}A=0$，即 A 为最小截面。如果有足够高的压强比，气流就有可能先在面积收缩段加速，到流道的最小截面达到马赫 1，然后在扩张通道内达到超声速并继续加速减压，在收缩—扩张通道的出口达到希望的超声速。气动参数随面积变化的这种规律被广泛地应用于航空航天动力机械中，如各种喷气发动机的尾喷管流动就是典型的变截面管流，喷管是发动机产生推力的重要部件。

【例 9-1】 证明 $\dfrac{\mathrm{d}A}{A}=(1-M^2)\dfrac{\mathrm{d}p}{\rho V^2}$

【解】 证明方法一：

首先从声速方程出发，有 $\dfrac{\mathrm{d}p}{p}=k\dfrac{\mathrm{d}\rho}{\rho}$，即

$$\frac{\mathrm{d}\rho}{\rho}=\frac{1}{k}\frac{\mathrm{d}p}{p}$$

从动量方程出发 $\dfrac{\mathrm{d}p}{\rho}+V\mathrm{d}V=0$，有 $\dfrac{\mathrm{d}V}{V}=-\dfrac{\mathrm{d}p}{\rho V^2}$

从连续方程出发 $\dfrac{\mathrm{d}\rho}{\rho}+\dfrac{\mathrm{d}V}{V}+\dfrac{\mathrm{d}A}{A}=\dfrac{\mathrm{d}A}{A}-\dfrac{\mathrm{d}p}{\rho V^2}+\dfrac{1}{k}\dfrac{\mathrm{d}p}{p}=0$

这样就有 $\dfrac{\mathrm{d}A}{A}=\dfrac{\mathrm{d}p}{\rho V^2}-\dfrac{1}{k}\dfrac{\mathrm{d}p}{p}=\dfrac{\mathrm{d}p}{\rho V^2}\left(1-\dfrac{\rho}{kp}V^2\right)=\dfrac{\mathrm{d}p}{\rho V^2}\left(1-\dfrac{V^2}{c^2}\right)=\dfrac{\mathrm{d}p}{\rho V^2}(1-M^2)$

证明方法二：

从动量方程出发，$\dfrac{\mathrm{d}p}{\rho}+V\mathrm{d}V=\dfrac{\mathrm{d}p}{\mathrm{d}\rho}\dfrac{\mathrm{d}\rho}{\rho}+V^2\dfrac{\mathrm{d}V}{V}=c^2\left(\dfrac{\mathrm{d}\rho}{\rho}+M^2\dfrac{\mathrm{d}V}{V}\right)=0$

得到 $\dfrac{\mathrm{d}\rho}{\rho}=-M^2\dfrac{\mathrm{d}V}{V}$

$$\frac{\mathrm{d}p}{\rho}+V\mathrm{d}V=V^2\left(\frac{\mathrm{d}p}{\rho V^2}+\frac{\mathrm{d}V}{V}\right)=0,\quad \text{即}\quad \frac{\mathrm{d}p}{\rho V^2}=-\frac{\mathrm{d}V}{V}$$

从连续方程出发 $\dfrac{\mathrm{d}\rho}{\rho}+\dfrac{\mathrm{d}V}{V}+\dfrac{\mathrm{d}A}{A}=(1-M^2)\dfrac{\mathrm{d}V}{V}+\dfrac{\mathrm{d}A}{A}=0$

$$\frac{\mathrm{d}A}{A}=-(1-M^2)\frac{\mathrm{d}V}{V}=\frac{\mathrm{d}p}{\rho V^2}(1-M^2),\quad \text{得证。}$$

9.1.2 喷管和扩压器

喷管和扩压器是航空航天推进系统中两种经常使用的变截面管流，高压高温气流通过喷管加速排出，利用喷管的出口冲量增益获得所需的推力。扩压器顾名思义就是使气流增压

减速的变截面流道，因此在航空航天动力系统中使气流加速减压并产生推力的管道称为喷管，使气流增压减速的管道称为扩压器。

喷管使气流加速，扩压器使气流增大，那么喷管和扩压器的流道形状应该怎么样？利用上面推导的变截面流动气动参数的变化关系，就可以明确地得到喷管和扩压器的截面形状变化规律。

对于喷管，气流加速，dV 为正。对亚声速流，由上面的参数随截面的变化关系，d$A<0$，表明管道应为收缩管；当为超声速流时 d$A>0$，为扩张管。要实现由亚声速到超声速的加速，应先在收缩管内作亚声速加速，再在扩张管内作超声速加速，所以为先收后扩管道，且必在最小截面达到声速，这种收扩喷管称为拉瓦尔喷管，最小截面称为喉道。

对于扩压器，dp 为正。利用上面的变化关系，亚声速流时，为扩张管；超声速流时，为收缩管。要实现超声速到亚声速的等熵减速扩压，应是先收后扩管道。但是，要在实际上实现超声速气流等熵地减速到亚声速气流存在管道流道的起动问题，进口前会产生激波，由于激波损失，按等熵流设计的喉道最小截面将通不过进口捕获的气流，无法建立从超声速等熵地减速到亚声速的流动，此时必须扩大喉道截面面积才行。

图 9-2 给出了亚声速喷管和亚声速扩压器的示意图。

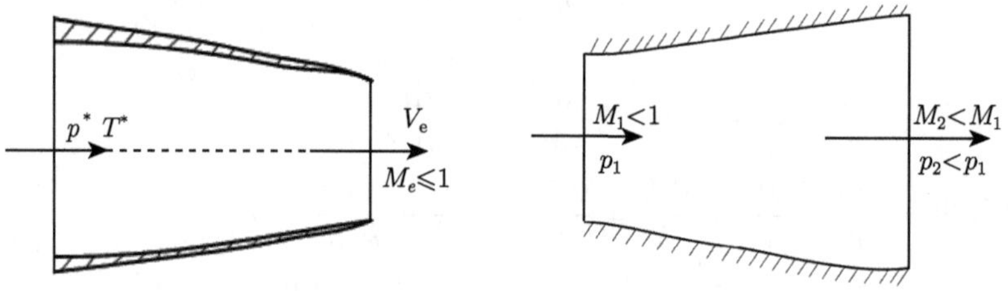

图 9-2　亚声速喷管 (左) 和亚声速扩压器 (右)

9.2　收缩喷管

喷管是使气流加速的装置，从上节的讨论可以看出，要使亚声速气流加速的管道必须是收缩管道，因此出口气流为亚声速的喷管也称收缩喷管。亚声速风洞就是利用特殊设计的收缩喷管使气流加速，在其出口获得所需的均匀亚声速气流；在压强比不高的航空发动机中，用它来使高温气流膨胀加速，以产生推力。收缩喷管的最高出口流速不会超过当地声速，即出口马赫数 $M_e \leqslant 1$。

9.2.1　喷管出口流速 V_e 及临界压强比 β_{cr}

假设气流从静止状态在收缩喷管内等熵地加速到某一出口状态，喷管气流的总温、总压保持不变，建立喷管出口截面 (用下标 e 表示) 的能量方程

$$C_pT_e^* = C_pT_e + \frac{V_e^2}{2}$$

利用等熵关系式，可以解出喷管排气速度

$$V_e=\sqrt{2C_p(T_e^*-T_e)}=\sqrt{\frac{2kR}{k-1}T_e^*\left(1-\frac{T_e}{T_e^*}\right)}=\sqrt{\frac{2kR}{k-1}T_e^*\left[1-\left(\frac{p_e}{p_e^*}\right)^{\frac{k-1}{k}}\right]}$$

对收缩喷管，排气速度 V_e 的最大值是达到当地声速 $c_{\rm cr}$ 即 $M_e=1$，此时

$$V_{e\,\max}=\sqrt{\frac{2kR}{k-1}T_e^*\left(1-\frac{2}{k+1}\right)}=\sqrt{\frac{2k}{k+1}RT_e^*}=c_{\rm cr}$$

可以看出，除了气体自身的性质 k、R 外，决定收缩喷管排气速度大小的决定因素还包括进入收缩喷管气体的压强比 p_e/p_e^* 或者 p_e^*/p_e。对收缩喷管而言，由于排气速度不会超过当地声速，即出口 $M_e\leqslant 1$，因此喷管出口的压强比也有一个极限值。定义 $M_e=1$ 时的喷管出口压强比 p_e/p_e^* 为"临界压强比 $p_{e\rm cr}/p_e^*$"，用 $\beta_{\rm cr}$ 表示：

$$\begin{aligned}\beta_{\rm cr}=\frac{p_{e\rm cr}}{p_e^*}&=\left(1+\frac{k-1}{2}M_e^2\right)^{\frac{k}{1-k}}=\left(1-\frac{k-1}{k+1}\lambda_e^2\right)^{\frac{k}{k-1}}\\&=\left(1+\frac{k-1}{2}\times 1^2\right)^{\frac{k}{1-k}}=\left(1-\frac{k-1}{k+1}\times 1^2\right)^{\frac{k}{k-1}}=\left(\frac{2}{k+1}\right)^{\frac{k}{k-1}}\end{aligned}\tag{9-7}$$

空气 $k=1.4$，因此 $\beta_{\rm cr}=\dfrac{p_{e\rm cr}}{p_e^*}=\left(\dfrac{2}{k+1}\right)^{\frac{k}{k-1}}=\dfrac{1}{1.2^{3.5}}\approx 0.528\ 28$ 或者，$p_e^*=1.892\ 93p_{e\rm cr}$ 对于给定的收缩喷管，出口面积 A_e 是确定的，因此通过喷管的流量

$$\dot m=\sqrt{\frac{k}{R}\left(\frac{2}{k+1}\right)^{\frac{k+1}{k-1}}}\frac{p^*A_e}{\sqrt{T^*}}q(\lambda_e)\tag{9-8}$$

对空气，

$$\dot m\approx 0.040\ 414\frac{p^*A_e}{\sqrt{T^*}}q(\lambda_e)\tag{9-9}$$

从流量函数 $q(\lambda_e)$ 的性质知，$q(\lambda_e)\leqslant 1$，当 $M_e=1$ 即 $\lambda_e=1$ 时 $q(\lambda_e)=1$

$$\dot m\to\dot m_{\max}=\sqrt{\frac{k}{R}\left(\frac{2}{k+1}\right)^{\frac{k+1}{k-1}}}\frac{p^*A_e}{\sqrt{T^*}}\text{为最大流量}$$

显然，对于一个给定的收缩喷管，一旦出口达到临界，最大流量随气体总压的升高而增加，随总温的降低而增加，如果收缩喷管的出口面积 A_e、总温 T^*、总压 p^* 全部给定，那么该喷管的最大流量 $\dot m$ 也就唯一确定了。在喷管流动等熵、绝能的前提下，喷管进出口总温、总压不变，因此可以用进口 p^*、T^* 代替 p_e^*、T_e^* 进行喷管流量计算。

需要特别提醒的是，收缩喷口出口截面最大为声速，不可能达到超声速。对空气而言，达到临界的压强比 $\beta_{\rm cr}=p_{e\rm cr}/p_e^*\approx 0.528\ 28$ 或 $p_e^*/p_{e\rm cr}\approx 1.892\ 93$。

9.2.2　收缩喷管三种流态 (亚临界、临界、超临界)

喷管内有气流流动的必要条件是进出口存在压差，或者说进口压强大于出口压强才行。压差大，流速高，没有压差，喷管内就没有气流流动。因此喷管进口总压 p_e^* 与喷管出口外的环境压强 P_b(又称反压) 的比值大小决定了收缩喷管的流态。

研究收缩喷管流态的方法可以采用单纯上游高压吹气、单纯下游低压抽吸或上游高压、下游低压联合工作这三种方法来进行。图 9-3 所示就是单纯用下游抽吸方式工作的收缩喷管流态试验装置。

由图可见，喷管进口通大气，出口通过稳压箱与真空箱、真空泵抽吸系统相联，真空箱内的压强低于当地大气压强，造成喷管进出口的压差，将空气从外界吸入而产生流动，这时气流进口的总温、总压等于周围大气的静温、静压，它们是不变的。稳压箱的压强就是反压强 p_b，可通过改变真空抽吸系统的抽吸量或调节阀门来改变。在试验中，若保持某反压值不变，可测出喷管从进口至出口沿流向的压强分布，根据整个流动绝能等熵的假设就可计算出马赫数沿流向的分布和喷管流量，通过这个试验就可以看出反压变化对收缩喷管内流动的影响。图 9-4 给出了几个反压下的压强分布曲线。

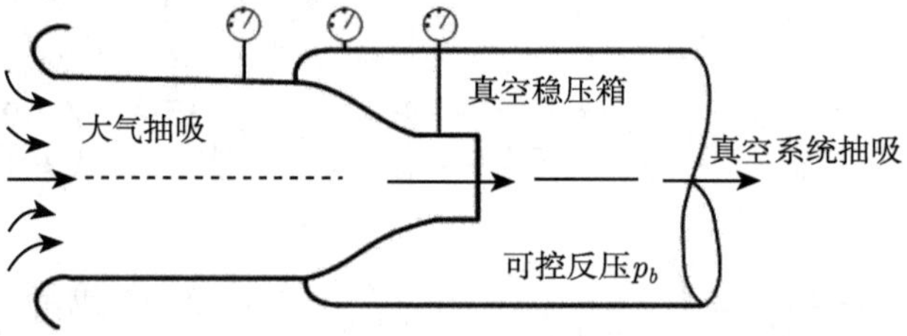

图 9-3　单纯用下游抽吸方式工作的收缩喷管试验装置

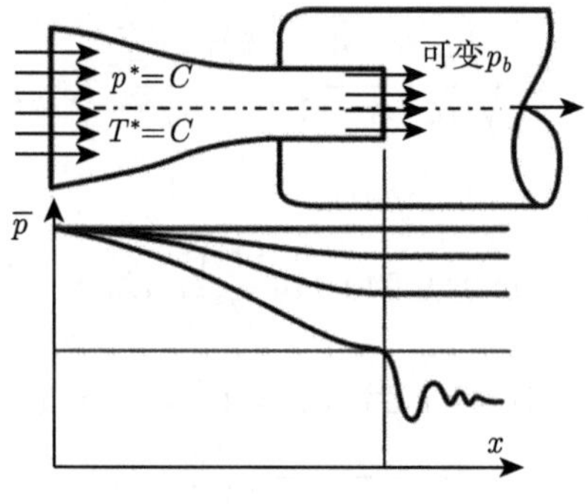

图 9-4　收缩喷管几种典型流态的沿程压强分布

从试验曲线可以看出，收缩喷管的流动可以分为 3 种状态：

(1) 亚临界流动状态

当压强比 $\beta = p_b/p^* > \beta_{\mathrm{cr}}$，对空气，即 $1 > \beta = p_b/p^* > 0.528\ 28$ 时，喷管流动直到出口都是亚声流。由于 $M_e < 1$，出口下游反压变化引起的扰动可以向上游传播一直影响到进口，因此喷管出口压强 p_e 必等于反压 p_b，即 $p_e = p_b$。

(2) 临界流动状态

当压强比 $\beta = p_b/p^* = \beta_{\mathrm{cr}}$，对空气，即 $\beta = p_b/p^* = \beta_{\mathrm{cr}} \approx 0.528\ 28$ 时，喷管出口达到声

速，$M_e=1$，喷管出口压强 p_e 恰好等于反压 p_b，即 $p_e=p_b$，喷管流量达到最大 $\dot{m}=\dot{m}_{\max}$。在临界工况，气流以均匀平行流的形式流出喷管，气流在喷管出口下游不再膨胀，称为完全膨胀。此外，喷管出口截面的声速面，将隔绝喷管下游扰动向喷管内部传递的途径，反压的进一步降低将不再影响喷管内部的流动，但气流一旦离开喷管型面的约束，就会在下游继续膨胀直至气流压强等于周围反压为止。这就是收缩喷管的第三种流态，称之为超临界流动状态。

(3) 超临界流动状态

当压强比 $\beta=p_b/p^*<\beta_{\mathrm{cr}}$，对空气，即 $\beta=p_b/p^*<0.528\ 28$ 时，喷管出口截面仍然保持为声速，即出口 $M_e=1$, 反压变化的扰动不能越过声速面，所以不能影响管内流动，出口截面压强 p_e 不随反压 p_b 变化，这时 $p_e>p_b$，喷管流量保持不变 $\dot{m}=\dot{m}_{\max}$。在超临界工况，喷管出口截面压强 p_e 大于环境背压 p_b，气流在出口下游将继续膨胀，因此这种工况又称为不完全膨胀或欠膨胀。

正如前文所述，也可用高压气源来做收缩喷管的试验，喷管进口接可调的高压气源，出口通大气或通真空系统，通过调节上游高压或改变下游背压建立一定的喷管进出口压强比，可以得到同样的试验结果，只不过喷管的流量将随上游压强的升高而增加。

以上的讨论表明，收缩喷管的流动状态由喷管压强比 $\beta=p_b/p^*$ 确定。在计算收缩喷管气流参数时，先要比较喷管实际压工作比 $\beta=p_b/p^*$ 与临界压强比 $\beta_{\mathrm{cr}}=p_{e\mathrm{cr}}/p_e^*$ 的大小以确定喷管流态，再根据流动状态的特点，分别计算相关的气流参数。

在工程实践中，常用 p^*/p_b 作为压强比来衡量喷管的工况。

【例 9-2】　发动机地面试验，测得收缩喷管进口处燃气总压 $p^*=230\ 000$ Pa，总温 $T^*=928.5$ K，燃气的绝热指数 $k=1.33$，气体常数 $R=287.4$ J/kg·K，喷管出口截面积 $A_e=0.1675\ \mathrm{m}^2$，试验时外界大气压强 $P_a=98\ 700$ Pa，求喷管出口的排气速度 V_e、排气压强 p_e 及喷管的流量 $\dot{m}$，假设喷管流动绝能等熵。

【解】　首先必须判断喷管的流动状态。为此，第一步必须求出临界压强比

$$\beta_{\mathrm{cr}}=\frac{p_{e\mathrm{cr}}}{p_e^*}=\left(\frac{2}{k+1}\right)^{\frac{k}{k-1}}=\left(\frac{2}{2.33}\right)^{\frac{1.33}{0.33}}\approx 0.540\ 364$$

题中的反压是大气压强，所以喷管的工作压强比

$$\beta=p_b/p^*=98\ 700/230\ 000\approx 0.429\ 130<0.540\ 364$$

因此是超临界流动状态，出口截面 $M=1$ 出口截面压强

$$\begin{aligned}p_e=&p^*\left(1-\frac{k-1}{k+1}\right)^{\frac{k}{k-1}}=p^*/\left(1+\frac{k-1}{2}M^2\right)^{\frac{k}{k-1}}=p^*\left(\frac{2}{k+1}\right)^{\frac{k}{k-1}}\\=&0.540\ 364\times 2.3\times 10^5\approx 1.242\ 84\times 10^5\ \mathrm{N/m^2}>p_b\end{aligned}$$

出口截面气流的温度

$$T_e=T^*\left(1-\frac{k-1}{k+1}\lambda_e^2\right)=928.5\times\left(\frac{2}{k+1}\right)\approx 797\ \mathrm{K}$$

喷管出口截面排气速度

$$V_e = c_{\mathrm{cr}} = \sqrt{\frac{2k}{k+1}RT^*} = \sqrt{\frac{2 \times 1.33}{2.33} \times 287.4 \times 928.5} \approx 551.95 \text{ m/s}$$

由于喷管出口截面达到临界，$M_e = 1$，因此喷管流量达到最大

$$\begin{aligned}\dot{m} = \dot{m}_{\max} &= \sqrt{\frac{k}{R}\left(\frac{2}{k+1}\right)^{\frac{k+1}{k-1}}}\frac{p^* A_e}{\sqrt{T^*}} \\ &= \sqrt{\frac{1.33}{287.4} \times \left(\frac{2}{2.33}\right)^{\frac{2.33}{0.33}}} \times \frac{230\ 000}{\sqrt{928.5}} \times 0.167\ 5 \approx 50.163 \text{ kg/s}\end{aligned}$$

【例 9-3】 用真空泵抽吸系统做收缩喷管性能试验，见图 9-3。已知喷管下游的真空度最高可达 700 mmHg(毫米汞柱)，喷管最大流量 0.18 kg/s，试验时大气压强为 $p_a = 760$ mmHg(相当于 101 325 Pa)，大气温度 $T_a = 293$ K，问在此进出口条件下：

(1) 收缩喷管能否形成超临界流动？

(2) 在保证通过最大流量的条件下，喷管出口直径 D_e 应该多大？

【解】 首先必须判断喷管的流动状态。已知空气的临界压强比

$$\beta_{\mathrm{cr}} \approx 0.528\ 28$$

喷管反压

$$p_b = 760 - 700 = 60 \text{ mmHg(绝对压强)}$$

喷管总压

$$p^* = 760 \text{ mmHg}$$

喷管工作压强比

$$\beta = p_b/p^* = 60/760 \approx 0.078\ 947 \ll 0.528\ 28$$

喷管必形成超临界工况。由喷管临界工况的流量公式可知

$$\dot{m} = \dot{m}_{\max} \approx 0.040\ 414\frac{p^* A_e}{\sqrt{T^*}}$$

喷管出口面积至少应该

$$A_e = \frac{\dot{m}_{\max}\sqrt{T^*}}{0.040\ 414 p^*} = \frac{0.18 \times \sqrt{293}}{0.040\ 414 \times 101\ 325} \approx 7.524 \times 10^{-4} \text{ m}^2$$

得到喷管出口直径

$$D_e \approx 0.030\ 95 \text{ m} \approx 3.1 \text{ cm}$$

9.2.3　收缩喷管流动壅塞状态

对于一个给定的收缩喷管，出口截面 A_e 是一个不变的量，流量取决于喷管的总温、总压和喷管工况。如果总温、总压也保持不变，那么它的流量就唯一地由喷管工况即喷管的背压大小来决定。假设喷管背压初始时等于进口气流的总压，那么喷管内就没有流动，出口流速 $V_e = 0$，若反压逐步降低，喷管内就开始有气流流动，此时整个喷管都处在亚声速流动状态，出口也是亚声速；随反压的进一步下降，喷管内气流速度逐步增加，流量也随之增加，一旦喷管压强比达到临界压强比 $\beta = p_b/p^* = \beta_{cr}$，喷管出口达到临界，即出口马赫数 $M_e = 1$，喷管流量达到最大，此时称为喷管流动的"壅塞"状态。

在喷管进口总温、总压保持不变的情况下，再进一步降低反压，进出口压强比小于 β_{cr} 之后，收缩喷管流量不再改变，仍然等于临界流量，即 $\dot{m} = \dot{m}_{\max}$，喷管出口仍然保持"壅塞"状态。

【例 9-4】 高压空气自收缩喷管排入大气，已知喷管出口截面压强和温度分别是 $p_e = 132\ 070\ \mathrm{N/m^2}$，$T_e = 300\ \mathrm{K}$，喷管进口 $M_1 = 0.5$，出口截面面积 $A_e = 0.1\ \mathrm{m^2}$，大气压强 $p_b = 101\ 325\mathrm{N/m^2}$。

(1) 流动为等熵，求流量及 P^*、T^*、A_1、p_1、V_1、ρ_1、V_e；

(2) 求喷管内表面受力；

(3) 求出口气流转角 δ。

【解】 (1) 因为 $p_e = 132\ 070 > p_b = 101\ 825$，喷管流动超临界，$M_e = 1, \lambda_e = 1$

总压 $p^* = p_e(1 + 0.2M_e^2)^{3.5} = 1.2^{3.5}p_e \approx 250\ 000\ \mathrm{N/m^2}$

总温 $T^* = T_e(1 + 0.2M_e^2) = 1.2T_e = 360\ \mathrm{K}$

$$\begin{aligned}\text{流量}\dot{m} = \dot{m}_{\max} &= \sqrt{\frac{k}{R}\left(\frac{2}{k+1}\right)^{\frac{k+1}{k-1}}}\frac{p^*}{\sqrt{T^*}}A_e \approx 0.040\ 414\frac{p^* A_e}{\sqrt{T^*}} \\ &= 0.040\ 414 \times \frac{250\ 000 \times 0.1}{\sqrt{360}} \approx 53.23\ \mathrm{kg/s}\end{aligned}$$

利用喷管进出口流量连续的条件

$$\dot{m} = 0.040\ 414\frac{p^* A_1}{\sqrt{T^*}}q(\lambda_1) = 0.040\ 414\frac{p^* A_e}{\sqrt{T^*}}$$

求得喷管进口面积　$A_1 = A_e/q(\lambda_1) = 0.1 \times 1.339\ 84 \approx 0.133\ 98\ \mathrm{m^2}$

进口截面静压　$p_1 = p^*/(1 + 0.2M_1^2)^{3.5} = 210\ 754.8\ \mathrm{N/m^2}$

进口截面静温　$T_1 = T^*/(1 + 0.2M_1^2) = 342.86\ \mathrm{K}$

进口截面流速　$V_1 = M_1 c_1 = 0.5\sqrt{1.4 \times 287.06 \times 342.86} \approx 185.6\ \mathrm{m/s}$

进口截面密度　$\rho_1 = p_1/(RT_1) \approx 2.141\ \mathrm{kg/m^3}$

出口截面流速　$V_e = V_{cr} = \sqrt{kRT_e} \approx 347.23\ \mathrm{m/s}$

(2) 喷管内表面受力

$$R = (p_1 A_1 + \dot{m}V_1) - (p_e A_e + \dot{m}V_e) = I_1 - I_e$$

$$=\frac{k+1}{2k}\dot{m}c_{\text{cr}}\left[Z(\lambda_1)-Z(\lambda_e)\right]\approx 6\ 424.2\ \text{N}$$

(3) 气流在喷管后将继续等熵膨胀直至压强等于当地大气压强，因此膨胀后

$$M_b=\sqrt{\frac{2}{k-1}\left[(p^*/p_B)^{\frac{k-1}{k}}-1\right]}\approx 1.213\ 23$$

假设喷管出口为二维平面形状，则气流偏转角

$$\delta=\nu(M_b)-\nu(M_e)\approx 3.887°$$

出口后气流将膨胀 3.887° 与外界大气压强平衡。

9.3 拉瓦尔 (Laval) 喷管

要使气流从亚声速加速到超声速，必须先在收缩管道内加速，在最小截面达到 $M=1$，然后再在扩张管道内进一步加速到 $M>1$，这种能产生超声速气流的先收缩后扩张的管道称为拉瓦尔喷管，当然，除了有收缩—扩张的喷管流道外，进出口气流必须有足够高的压强比才能在喷管出口形成超声速气流。本章的要点是掌握拉瓦尔喷管流动的物理本质和各种工况的流动参数计算。

9.3.1 拉瓦尔喷管等熵流面积比与马赫数的关系

分析拉瓦尔喷管内部流动的关键是流量连续公式。在喷管内部出现了超声速流的条件下，喷管喉部达到声速，即达到临界，此时可以建立喷管任意截面和临界截面的连续方程

$$\begin{aligned}\dot{m}=&\rho VA=\frac{p}{RT}VA=\frac{kp}{\sqrt{kRT}}\frac{V}{\sqrt{kRT}}A=\sqrt{\frac{k}{R}}\frac{p}{\sqrt{T}}MA=\sqrt{\frac{k}{R}}\frac{p}{\sqrt{T^*}}MA\sqrt{1+\frac{k-1}{2}M^2}\\=&\sqrt{\frac{k}{R}}\frac{p^*}{\sqrt{T^*}}\frac{M}{\left(1+\frac{k-1}{2}M^2\right)^{\frac{k+1}{2(k-1)}}}A=\sqrt{\frac{k}{R}}\frac{p^*}{\sqrt{T^*}}\left(\frac{2}{k+1}\right)^{\frac{k+1}{2(k-1)}}A_{\text{cr}}\end{aligned}\tag{9-10}$$

可以解出喷管任意截面 A 与临界截面 A_{cr} 的面积比 A/A_{cr} 和该截面马赫数的关系

$$\frac{A}{A_{\text{cr}}}=\frac{1}{M}\left[\frac{2}{k+1}\left(1+\frac{k-1}{2}M^2\right)\right]^{\frac{k+1}{2(k-1)}}=\frac{1}{q(\lambda)}\tag{9-11a}$$

或者

$$\frac{A_{\text{cr}}}{A}=M\left[\frac{2}{k+1}\left(1+\frac{k-1}{2}M^2\right)\right]^{-\frac{k+1}{2(k-1)}}=q(\lambda)\tag{9-11b}$$

或者

$$q(\lambda)=\frac{A_{\text{cr}}}{A}=\frac{\rho V}{(\rho V)_{\text{cr}}}=\lambda\left[\frac{k+1}{2}\left(1-\frac{k-1}{k+1}\lambda^2\right)\right]^{\frac{1}{k-1}}\tag{9-11c}$$

对于空气有

$$q(\lambda)=\frac{A_{\rm cr}}{A}=M\left(\frac{6}{5+M^2}\right)^3=\lambda\left(\frac{6-\lambda^2}{5}\right)^{2.5} \tag{9-11d}$$

上述方程是关于 M 或 λ 的二次方程，因此对应于一个面积比 $A/A_{\rm cr}$ 必有两个马赫数解，其中一个是亚声速解，一个是超声速解，分别对应于拉瓦尔喷管上下游等面积处的马赫数。

图 9-5 是由 (9-11a) 式得到的面积比 $A/A_{\rm cr}$ 与 M 的关系。可以看出，一旦拉瓦尔喷管内建立了超声速流动且没有损失，同一个截面面积有两个马赫数，一个为喉道上游的亚声速，另一个为喉道下游的超声速。当然，任一截面的面积就由该截面的马赫数确定，因此一旦给定了拉瓦尔喷管出口的超声速马赫数 $M_e>1$，那么喷管出口截面 A_e 与喉道截面的面积比 $A_e/A_{\rm cr}$ 就唯一确定了。

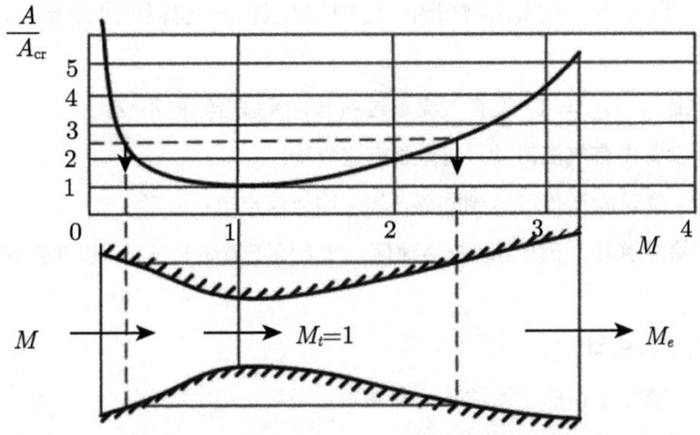

图 9-5　拉瓦尔喷管上下游等截面处的亚声速和超声速

从上面的讨论可以看出，(9-11) 式是求解拉瓦尔喷管流动的关键，已知流动马赫数可以直接求面积比，而已知面积比却不能直接求马赫数，用传统的查气动函数表的方法不但精度较差，而且不利于程序化数值计算，建议采用迭代的方法数值求解，本章末尾的附录给出了一种数值求解的方法。

9.3.2　压强比对拉瓦尔喷管流动的影响

拉瓦尔喷管有多种不同的流态，几乎涵盖了气体动力学的所有流动现象。对于一个面积比 $A_e/A_{\rm cr}$ 确定的拉瓦尔喷管，决定这些流态的关键参数是喷管的进出口压强比 p^*/p_b 或 p_b/p^*。可以说，产生管内超声速气流的必要条件是必须要有拉瓦尔喷管，产生超声速气流的充分条件是必须要有足够的压强比，只有进出口的压强比 p^*/p_b 足够高，才有可能在拉瓦尔喷管出口产生所希望的超声速气流。

假设有一个如图 9-6 所示的给定面积比 A_t/A_e 的二维平面拉瓦尔喷管，A_t 为喷管喉道面积，A_e 为喷管出口面积，只有在喷管的喉道截面达到声速后，喷管喉道 A_t 才成为临界截面 $A_{\rm cr}$。若空气进口的总温 T^*、总压 p^* 保持不变，通过调节反压 p_b 来改变喷管进出口压强比 p^*/p_b 就可以实现喷管流态的变化。

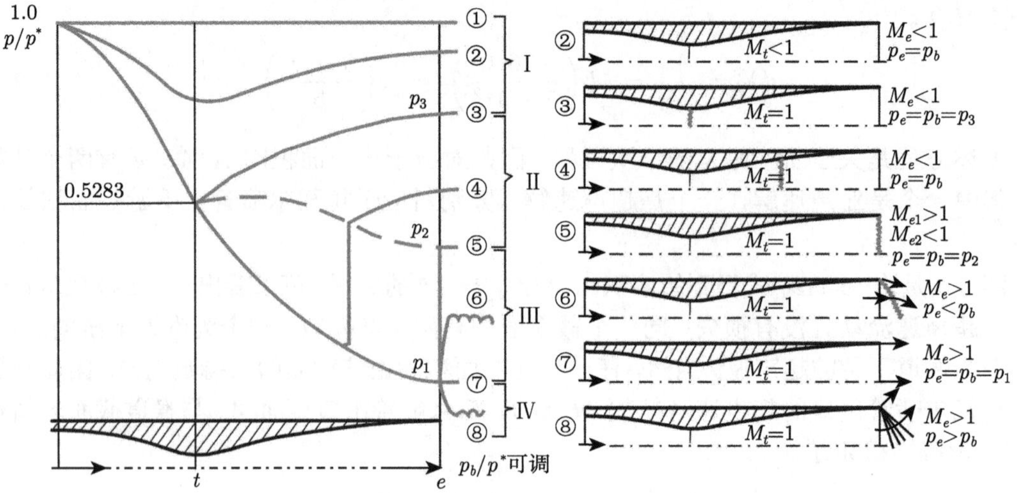

图 9-6　拉瓦尔喷管的几种典型流态及其压强分布

压强曲线①：喷管进出口压强比 $p^*/p_b=1$，没有气流通过喷管，压强沿流向不变；

压强曲线②：反压略有下降，喷管内有气流流动，全管亚声速流动；

压强曲线③：反压进一步下降，喷管喉道恰好达到临界，其余均为亚声速；

压强曲线④：反压继续下降，除喉道外，下游出现超声速区，气流经正激波升压，后以亚声速离开喷管，称为管内激波状态，随反压的下降激波后移；

压强曲线⑤：正激波恰好到达出口截面；

压强曲线⑥：反压进一步下降，喷管出口的正激波变为斜激波；

压强曲线⑦：喷管设计状态，出口激波消失，为均匀平行超声速气流；

压强曲线⑧：反压继续下降，出口出现膨胀波。

开始若 $p_b=p^*$，则喷管内无气流流动，在喷管出口反压 p_b 下降时，喷管内部流态发生变化：

Ⅰ区：全管为亚声流。喉部 $M_t<1$，出口截面压强 $p_e=p_b$；到 $p_b=p_3$ 时，喉部达到 $M_t=1$，其余仍为 $M<1$ 的亚声速流。

Ⅱ区：管内正激波状态，喉部 $M_t=1$，喉部下游形成局部超声流，超声速气流；经过一道正激波降为亚声速再扩压到出口，$p_e=p_b$；随反压下降，正激波逐步推向下游，到 $p_b=p_2$ 时，正激波恰好推到喷管出口，达到正激波封口状态。

Ⅲ区：反压继续降低，正激波变为斜激波，通过斜激波气流压强等于反压；当反压 $p_b=p_1$ 时，斜激波消失，出口成均匀平行流，达到喷管设计状态。

Ⅳ区：反压继续降低，气流出口压强 p_e 大于周围环境压强 p_b，出口呈膨胀波，流动状态

图 9-6 上给出了 7 条喷管沿程压强分布曲线，自上而下分别用符号①、②、③、④、⑤、⑥、⑦表示，而压强分布曲线③、⑤、⑦ 又将拉瓦尔喷管的流动分成Ⅰ、Ⅱ、Ⅲ、Ⅳ共 4 个不同的流区，图 9-6 右边的 7 幅喷管流态示意图，分别对应这四个流区及压强分布曲线③、⑤、⑦代表的特征流态。

从上面的分析可以看出，拉瓦尔喷管有 4 个特征流区，即全管亚声速、管内正激波、出口斜激波、出口膨胀波流区。3 个分界压强 p_3、p_2、p_1 将以上 4 个流区分开。

图 9-7 给出了某拉瓦尔喷管试验的纹影图，其中包括管内激波状态 (a)、设计状态 (b) 和出口膨胀波流态 (c)。由于流体存在黏性，管内激波与喷管型面边界层相互作用，激波波面发生扭曲，已不再是无黏理论“标准”的正激波了。

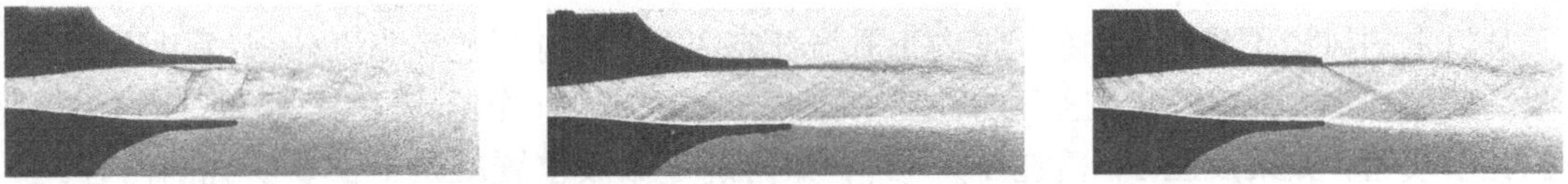

(a)　(b)　(c)

图 9-7　拉瓦尔喷管试验纹影照片

显然，要确定一个已知面积比 A_t/A_e 的拉瓦尔喷管流态，必须先确定三个分界点压强 p_1、p_2、p_3。下面让我们考察这三个特征压强的计算方法。

1. 设计点压强 P_1 的计算

由喷管面积比 A_t/A_e 及 (9-11) 式，对于 $k=1.4$ 的空气，有

$$q(M_e)=\frac{A_t}{A_e}=M_e\left[\frac{2}{k+1}\left(1+\frac{k-1}{2}M_e^2\right)\right]^{-\frac{k+1}{2(k-1)}}=M_e\left(\frac{6}{5+M_e^2}\right)^3$$

求得出口超声速设计马赫数 M_e 或 λ_e，于是代表设计状态的出口压强

$$p_1=p^*\left(1+\frac{k-1}{2}M_e^2\right)^{-\frac{k}{k-1}}=p^*/(1+0.2M_e^2)^{3.5}\text{或者}$$

$$p_1=p^*\left(1-\frac{k-1}{k+1}\lambda_e^2\right)^{\frac{k}{k-1}}=p^*\left(1-\frac{1}{6}\lambda_e^2\right)^{3.5}$$

2. 正激波封口压强 p_2 的计算

这是正激波的波后压强，它等于环境压强 p_b，实际上是 p_1 压强的出口超声速气流 M_e 经过一道正激波压缩后达到的压强

$$p_2=p_1\left(\frac{2k}{k+1}M_e^2-\frac{k-1}{k+1}\right),\quad \text{对空气，则有}p_2=p_1\left(\frac{7}{6}M_e^2-\frac{1}{6}\right)$$

3. 喉道临界 $M_t=1$ 而其余均为亚声速气流的特征压强 p_3 计算

全流道为等熵流，由喷管面积比 A_t/A_e 及 (9-11) 式有

$$q(M_e)=\frac{A_t}{A_e}=M_e\left[\frac{2}{k+1}\left(1+\frac{k-1}{2}M_e^2\right)\right]^{-\frac{k+1}{2(k-1)}}=M_e\left(\frac{6}{5+M_e^2}\right)^3$$

求得出口为亚声速的 M_e 或 $\lambda_e(M_e<1)$，于是此时的出口压强

$$p_3=p^*\left(1+\frac{k-1}{2}M_e^2\right)^{-\frac{k}{k-1}}=p^*\left(1-\frac{k-1}{k+1}\lambda_e^2\right)^{\frac{k}{k-1}}$$

根据以上 3 个分界点压强和实际的喷管压强比，即可判断喷管内的流态：

(1) 如果反压 $p_b \leqslant p_2$，则喷管出口截面之内流态不变，为全管超声速流；

(2) 如果反压 p_b 在 $p_2 \sim p_3$，则喷管扩张段内必有正激波，即管内激波状态；

(3) 如果反压 p_b 在 $p^* \sim p_3$，则喷管内全部为亚声速气流，称为文丘里 (Venturi) 管流动状态。

从以上的讨论不难发现，除了管内正激波流态以外，管内都是等熵流动，计算要相对简单一些。管内正激波流态，即流区 II 的计算要困难一些。对于一个给定面积变化规律 $A = A(x)$ 的拉瓦尔喷管，如果反压 P_b 落在 $P_2 \sim P_3$，如何确定激波位置就是下文要研究的内容。

还是从喷管的一维流连续方程出发，从 (9-10) 式有

$$\dot{m} = \rho VA = \sqrt{\frac{k}{R}}\frac{p}{\sqrt{T^*}}MA\sqrt{1+\frac{k-1}{2}M^2} = \sqrt{\frac{k}{R}}\frac{p^*}{\sqrt{T^*}}\frac{M}{\left(1+\frac{k-1}{2}M^2\right)^{\frac{k+1}{2(k-1)}}}A$$

这是用静压、总温或者用总压、总温表示的连续方程，由于总温不变，就有

$$PMA\sqrt{1+\frac{k-1}{2}M^2} = p^*\frac{M}{\left(1+\frac{k-1}{2}M^2\right)^{\frac{k+1}{2(k-1)}}}A$$

建立喉道和出口截面的连续方程

$$p_e M_e\sqrt{1+\frac{k-1}{2}M_e^2}A_e = p^*\left(\frac{2}{k+1}\right)^{\frac{k+1}{2(k-1)}}A_t$$

在目前的工况下，出口亚声速，出口压强等于背压 $P_e = P_b$ 已知，因此上述方程可以简化为

$$M_e\sqrt{1+\frac{k-1}{2}M_e^2} = \frac{p^*}{p_b}\frac{A_t}{A_e}\left(\frac{2}{k+1}\right)^{\frac{k+1}{2(k-1)}} = K$$

解二次方程可求得 $M_e < 1$ 再建立用喉道总压 p_t^* 即来流总压 p^*、出口截面总压 p_e^* 分别表示的连续方程

$$p^*\left(\frac{2}{k+1}\right)^{\frac{k+1}{2(k-1)}}A_t = p_e^*\frac{M_e}{\left(1+\frac{k-1}{2}M_e^2\right)^{\frac{k+1}{2(k-1)}}}A_e$$

求出正激波总压损失

$$\frac{p_e^*}{p^*} = \left(\frac{A_t}{A_e}\right)\frac{1}{M_e}\left[\frac{2}{k+1}\left(1+\frac{k-1}{2}M_e^2\right)\right]^{\frac{k+1}{2(k-1)}}$$

它又是唯一地由正激波前的马赫数 $M_{N.S}$ 所确定的，由正激波前后的总压强比关系式

$$\frac{p_e^*}{p^*} = \left\{\left[\frac{k-1}{k+1}+\frac{2}{(k-1)M_{N.S}^2}\right]^k\left(\frac{2k}{k+1}M_{N.S}^2-\frac{k-1}{k+1}\right)\right\}^{-\frac{1}{k-1}} < 1$$

就可以求得正激波所在位置的波前马赫数 $M_{N.S}$，再由此马赫数利用 (9-11) 式求得激波所在位置的喷管截面积 $A_{N.S}/A_t$，由于喷管面积分布规律是已知的，因此激波位置就被唯一地确定了。

【例 9-5】 高压空气流经一拉瓦尔喷管，已知喷管喉道面积 A_t 与出口截面面积 A_e 之比 $A_t/A_e = 0.592\ 59$，求喷管三个特征压强比 p_1/p^*、p_2/p^* 和 p_3/p^*。

【解】 由公式 (9-11)

$$q(M_e) = \frac{A_t}{A_e} = M_e\left[\frac{2}{k+1}\left(1+\frac{k-1}{2}M_e^2\right)\right]^{-\frac{k+1}{2(k-1)}} = M_e\left(\frac{6}{5+M_e^2}\right)^3 = 0.592\ 59$$

解得　$M_{e1} = 2.0$　$M_{e2} = 0.372\ 24$

显然，p_1/p^* 和 p_3/p^* 对应的都是等熵流动，因此

$$p_1 = p^*\pi(M_{e1}) = p^* \Big/ \left(1+\frac{k-1}{2}M_{e1}^2\right)^{\frac{k}{k-1}} \approx 0.1278P^*$$

这是设计压强比，出口均匀平行流

$$p_3 = p^*\pi(M_{e2}) = p^*/\left(1+\frac{k-1}{2}M_{e2}^2\right)^{\frac{k}{k-1}} \approx 0.9088p^*$$

此时喉道 $M_t = 1$，全管为亚声流

在正激波封口的情形下

$$p_2 = \frac{p_2}{p_1}p_1 = \left(\frac{2k}{k+1}M_{e1}^2 - \frac{k-1}{k+1}\right) \times 0.1278p^* = 0.5751p^*, \quad 即 p_2/p^* = 0.5751$$

由以上 3 个分界压强即可判断喷管内流态，假设下游反压 p_b/p^* 可变：

$\dfrac{p_b}{p^*} = 1$　喷管内无气流运动，虽有拉瓦尔喷管，没有压力气流不流动；

$1 > \dfrac{p_b}{p^*} > 0.9088$　全管亚声流，虽有拉瓦尔喷管，压强比不够，不能建立超声流；

$\dfrac{p_b}{p^*} = 0.908\ 8$　喉道 $M_t = 1$，但其余全为亚声流，出口 $M_e = 0.372\ 24$；

$0.9088 > \dfrac{p_b}{p^*} > 0.5751$　管内正激波状态，出口仍为亚声流。

以上 4 种情况的喷管出口压强都等于背压，即 $p_e = p_b$：

$\dfrac{p_b}{p^*} = 0.5751$　正激波封口，波前 $M_{e1} = 2.0$，波后 $M_{e2} \approx 0.577\ 35$，波后 $p_e = p_b$

$0.5751 > \dfrac{p_b}{p^*} > 0.1278$　出口斜激波系，$M_e = 2.0$ 但 $p_e < p_b$

$\dfrac{p_b}{p^*} = 0.127\ 8$　设计工况，出口均匀平行流，$M_e = 2.0$，此时 $p_e = p_b$

$0.1278 > \dfrac{p_b}{p^*}$ 出口后膨胀波，$M_e = 2.0$ 但 $p_e > p_b$

此例中，若出口为大气，$p_b = 101\ 325$ Pa，则要在出口产生 $M_e = 2.0$ 均匀平行流之总压 $p^* = 1/0.1278 \approx 0.7928$ MPa。

【例 9-6】 高压空气在面积比 $A_t/A_e = 0.2857$ ($A_e/A_t = 3.5$) 的拉瓦尔喷管内流动，已知 $p^*/p_b = 1.5$，问：喷管中有无激波？若有激波，求激波所在截面的面积。

【解】 (1) 求三个特征压强比 P_1(均直超声流)、P_2(正激波封口)、P_3(全管亚声流)。

由 $\dfrac{A_t}{A_e}=M_e\left[\dfrac{2}{k+1}\left(1+\dfrac{k-1}{2}M_e^2\right)\right]^{-\frac{k+1}{2(k-1)}}=q(M_e)=\dfrac{1.728M_e}{(1+0.2M_e^2)^3}=0.2857$

$$M_e^{i+1}=\frac{0.2857}{1.728}(1+0.2M_e^2)^3=0.165\ 34(1+0.2M_e^2)^3\Rightarrow M_{e2}=0.168\ 17$$

$$M_e^{i+1}=\sqrt{5\left[\left(\frac{1.728}{0.285\ 7}M_e\right)^{1/3}-1\right]}\approx\sqrt{5\left[6.048\ 30M_e)^{1/3}-1\right]}\Rightarrow M_{e1}=2.8000$$

对应 $\begin{cases}\lambda_{e2}=0.183\ 70\\ \lambda_{e1}=1.914\ 05\end{cases}$

$$\frac{p_1}{p^*}=1/\left(1+\frac{k-1}{2}M_{e1}^2\right)^{\frac{k}{k-1}}=\left(1-\frac{k-1}{k+1}\lambda_{e1}^2\right)^{\frac{k}{k-1}}=0.036\ 85$$

$$\frac{p_3}{p^*}=1/\left(1+\frac{k-1}{2}M_{e2}^2\right)^{\frac{k}{k-1}}=\left(1-\frac{k-1}{k+1}\lambda_{e2}^2\right)^{\frac{k}{k-1}}=0.980\ 45$$

对正激波封口状态，波前 $M_{e1}=2.800\ 0$，正激波前后压强比

$$\frac{p_2}{p^*}=\frac{p_2}{p_1}\frac{p_1}{p^*}=\left(\frac{2k}{k+1}M_{e1}^2-\frac{k-1}{k+1}\right)\frac{p_1}{p^*}=0.330\ 91$$

(2) 确定流态

现在压强比 $\dfrac{p_b}{p^*}=\dfrac{1}{1.5}=0.666\ 67$，处在 $\bar{p}_2=p_2/p^*=0.330\ 91$ 与 $\bar{p}_3=0.980\ 45$ 之间，因此，这是管内激波状态。

(3) 求波位 $A_{N.S}/A_t$

由连续方程 $\dot{m}=\rho VA=\sqrt{\dfrac{k}{R}}\dfrac{p}{\sqrt{T^*}}MA\sqrt{1+\dfrac{k-1}{2}M^2}=\sqrt{\dfrac{k}{R}}\dfrac{p^*}{\sqrt{T^*}}\dfrac{M}{\left(1+\dfrac{k-1}{2}M^2\right)^{\frac{k+1}{2(k-1)}}}A$

可得 $M_e\sqrt{1+\dfrac{k-1}{2}M_e^2}=\dfrac{p^*}{p_b}\dfrac{A_t}{A_e}\left(\dfrac{2}{k+1}\right)^{\frac{k+1}{2(k-1)}}=K$

代入已知参数可得 $K=0.248\ 003\ 5$，将上式平方后解二次方程，得到 $M_e\approx0.246\ 51$，然后建立出口截面和喉道截面的连续方程

$$\frac{p_e^*M_e\cdot A_e}{(1+0.2M_e^2)^3}=\frac{p_t^*A_t}{1.728},\quad 即\frac{p_e^*}{p_t^*}=\frac{A_t}{A_e}\frac{(1+0.2M_e^2)^3}{1.728M_e}\approx0.695\ 46$$

$$又\frac{p_e^*}{p^*}=\left\{\left[\frac{k-1}{k+1}+\frac{2}{(k-1)M_{N.S}^2}\right]^k\left(\frac{2k}{k+1}M_{N.S}^2-\frac{k-1}{k+1}\right)\right\}^{-\frac{1}{k-1}}=0.695\ 46$$

可以求得 $M_{N.S}=2.054\ 39$，这样激波所在截面的面积比

$$\frac{A_{N.S}}{A_t}=\frac{1}{M_{N.S}}\left[\frac{2}{k+1}\left(1+\frac{k-1}{2}M_{N.S}^2\right)\right]^{\frac{k+1}{2(k-1)}}\approx1.766\ 56$$

由于喷管面积分布规律已知，因此激波所在位置便可以随之确定。

【例 9-7】 拟建 $M=8$ 的高超声速风洞，已知风洞实验段拉瓦尔喷管出口截面面积 $A_e=0.09\ \text{m}^2$，工质为干燥空气，假设 $k=1.4$ 不变，风洞实验段温度 60 K。求喷管喉道的无黏理论面积 A_t、喷管的设计压强比 P^*/P_e 和需要的空气总温 T^*。

【解】 (1) 建立喷管喉道截面与出口截面的流量方程，喉道截面在设计状态马赫数为 1:

$$\dot{m}=\rho VA=\sqrt{\frac{k}{R}}\frac{p^*}{\sqrt{T^*}}\left(\frac{2}{k+1}\right)^{\frac{k+1}{2(k-1)}}A_t=\sqrt{\frac{k}{R}}\frac{p^*}{\sqrt{T^*}}\frac{M}{\left(1+\dfrac{k-1}{2}M^2\right)^{\frac{k+1}{2(k-1)}}}A_e$$

有

$$A_t=A_e\frac{M}{\left(\dfrac{2}{k+1}\right)^{\frac{k+1}{2(k-1)}}\left(1+\dfrac{k-1}{2}M^2\right)^{\frac{k+1}{2(k-1)}}}=\frac{216M}{(5+M^2)^3}\approx 0.005\ 26\text{m}^2$$

高超声速风洞一般采用轴对称流道，喉道是圆形，因此由喉道截面积可以得到喷管喉道无黏的理论直径:

$D_t\approx 2.455$ cm，它非常小，实际工作的风洞需要进行边界层修正。

(2) 风洞设计压强比

$$\frac{p^*}{p_e}=\left(1+\frac{k-1}{2}M_e^2\right)^{\frac{k}{k-1}}=(1+0.2M_e^2)^{3.5}\approx 9762.8$$

(3) 风洞的总温

$$\frac{T^*}{T_e}=\left(1+\frac{k-1}{2}M_e^2\right)=(1+0.2M_e^2)\approx 13.8,\quad T^*=13.8T_e=828\ \text{K}$$

9.4 等截面摩擦管流

本节将讨论等截面管流在单纯的摩擦作用下对气流参数的影响。所研究的气体仍然是无黏性作用的理想气体，壁面摩擦以外力的形式作用在所研究的气体上，气体与壁面之间无热交换和质量交换。

9.4.1 摩擦对等截面管流气流参数的影响

在图 9-8 所示的等截面摩擦管流中取长度 $\mathrm{d}x$ 的控制体积，图中用虚线表示控制体积的边界，用 τ_w 表示单位面积壁面对气流的摩擦力，即摩擦应力。运用基本方程研究控制体积内部气体的参数变化规律。

对上述控制体积建立微分形式的基本方程

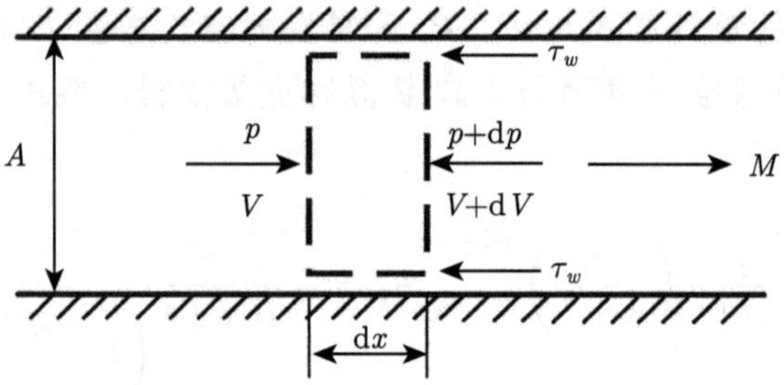

图 9-8 研究等截面摩擦管流的控制体积

(1) 由控制体积得出 p、V、f 的关系

动量方程 $$\sum F_x = -\tau_w s\mathrm{d}x + Ap - A(p+\mathrm{d}p) = \dot{m}(V+\mathrm{d}V-V)$$

化简后，有 $$-\tau_w s\mathrm{d}x - A\mathrm{d}p = (\rho VA)\mathrm{d}V$$

定义摩擦系数 $f = \dfrac{\tau_w}{0.5\rho V^2}$，当量直径 $D = \dfrac{4A}{S}$，式中 S 为湿周长，代入上式消去 A 得到 $\mathrm{d}p + \rho VA\mathrm{d}V + \dfrac{1}{2}\rho V^2 4f\dfrac{\mathrm{d}x}{D} = 0$。因为 $\rho V^2 = kpM^2$

故而有

$$\frac{\mathrm{d}p}{p} + kM^2\frac{\mathrm{d}V}{V} + \frac{kM^2}{2}4f\frac{\mathrm{d}x}{D} = 0 \tag{9-12}$$

(2) 由基本方程推导 $\dfrac{\mathrm{d}\rho}{\rho}$、$\dfrac{\mathrm{d}T}{T}$、$\dfrac{\mathrm{d}V}{V}$、$\dfrac{\mathrm{d}M}{M}$、$\dfrac{\mathrm{d}p^*}{p^*}$ 等与摩擦的关系

连续方程 $$\frac{\mathrm{d}\rho}{\rho} + \frac{\mathrm{d}V}{V} = 0$$

能量方程 $$C_p\mathrm{d}T + V\mathrm{d}V = 0$$

从能量方程出发，可以得到

$$\frac{\mathrm{d}T}{T} + \frac{V\mathrm{d}V}{C_pT} = \frac{\mathrm{d}T}{T} + \frac{V\mathrm{d}V}{kRT/(k-1)} = \frac{\mathrm{d}T}{T} + (k-1)M^2\frac{\mathrm{d}V}{V} = 0$$

即

$$\frac{\mathrm{d}T}{T} + (k-1)M^2\frac{\mathrm{d}V}{V} = 0$$

由 M 数定义 $$\frac{\mathrm{d}M}{M} = \frac{\mathrm{d}V}{V} - \frac{\mathrm{d}T}{2T}$$

状态方程 $$\frac{\mathrm{d}p}{p} = \frac{\mathrm{d}\rho}{\rho} + \frac{\mathrm{d}T}{T} = \frac{\mathrm{d}\rho}{\rho} - (k-1)M^2\frac{\mathrm{d}V}{V} = -\frac{\mathrm{d}V}{V} - (k-1)M^2\frac{\mathrm{d}V}{V}$$

$$\frac{\mathrm{d}p}{p} = -\left[1+(k-1)M^2\right]\frac{\mathrm{d}V}{V}，\quad 代入 (9\text{-}12) 式$$

就有

$$\frac{\mathrm{d}p}{p}=-\frac{kM^2\left[1+(k-1)M^2\right]}{2(1-M^2)}4f\frac{\mathrm{d}x}{D} \tag{9-13}$$

同理，可以得到

$$\left.\begin{aligned}
&\frac{\mathrm{d}\rho}{\rho}=-\frac{kM^2}{2(1-M^2)}4f\frac{\mathrm{d}x}{D}\\
&\frac{\mathrm{d}T}{T}=-\frac{k(k-1)M^4}{2(1-M^2)}4f\frac{\mathrm{d}x}{D}\\
&\frac{\mathrm{d}V}{V}=\frac{kM^2}{2(1-M^2)}4f\frac{\mathrm{d}x}{D}\\
&\frac{\mathrm{d}M}{M}=\frac{kM^2\left(1+\dfrac{k-1}{2}M^2\right)}{2\,(1-M^2)}4f\frac{\mathrm{d}x}{D}\\
&\frac{\mathrm{d}p^*}{p^*}=-\frac{kM^2}{2}4f\frac{\mathrm{d}x}{D}\\
&\mathrm{d}S=-R\frac{\mathrm{d}p^*}{p^*}=\frac{kM^2}{2}R4f\frac{\mathrm{d}x}{D}
\end{aligned}\right\} \tag{9-14}$$

由上式可见，当管内存在摩擦时，$4f\mathrm{d}x/D$ 始终大于零，因而对气流参数的影响关键在于分母上 $(1-M^2)$ 的正、负号。

在亚声速气流中 $(1-M^2)>0$，可见摩擦使得气流加速，$\mathrm{d}V>0$、$\mathrm{d}M>0$，气流的压强、温度、密度均降低；超声速流则相反。但无论是亚声速流或者是超声速流，摩擦总是使气流的总压降低，熵增加，见表 9-2：

表 9-2　等截面摩擦管流气动参数的变化

气动参数	亚声速 $M<1$	超声速 $M>1$
p、ρ 、T	减少	增加
V、M	增加	减少
$T*$	不变	
P^*、熵 S	总压降低，熵增加	

从物理本质上可以将等截面摩擦管流与变截面等熵管流联系起来。实际气体中，由于摩擦使管流的边界层不断加厚，流道有效截面减少，因此有摩擦的亚声速等截面管流类似于亚声速收缩管流，总是使气流加速减压；而超声速等截面管流则总是减速增压。必须指出，单纯依靠摩擦是不可能使等截面管流从亚声速加速为超声速，反之，也不可能使超声速气流平顺地减速到亚声速，它们至多变到声速为止。

9.4.2　摩擦管流气流参数的计算

参看图 9-9 所示的等截面摩擦管流，L_1 和 L_2 为该摩擦管流的任意两个截面，对应的马赫数分别为 M_1 和 M_2，速度系数为 λ_1 和 λ_2，从截面 L_1 到截面 L_2 的管长为 L，研究截面 $L_1\sim L_2$ 的气动参数是如何变化的。

从 (9-14) 式可知

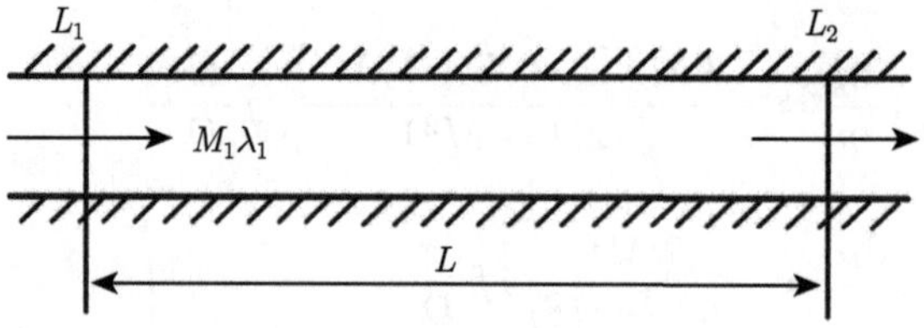

图 9-9　等截面摩擦管流的计算

$$\frac{\mathrm{d}M}{M}=\frac{kM^2\left(1+\dfrac{k-1}{2}M^2\right)}{2(1-M^2)}4f\frac{\mathrm{d}x}{D},\quad \text{变换成}\frac{\mathrm{d}M^2}{M^2}=\frac{kM^2\left(1+\dfrac{k-1}{2}M^2\right)}{(1-M^2)}4f\frac{\mathrm{d}x}{D}$$

$$\int_{L_1}^{L_2}4f\frac{\mathrm{d}x}{D}=\int_{M_1^2}^{M_2^2}\frac{1-M^2}{kM^4\left(1+\dfrac{k-1}{2}M^2\right)}\mathrm{d}M^2$$

积分后得到

$$4\bar{f}\frac{L}{D}=\frac{k+1}{2k}\left(\frac{1}{\lambda_1^2}-\frac{1}{\lambda_2^2}+\ln\frac{\lambda_1^2}{\lambda_2^2}\right) \tag{9-15}$$

式中，$\bar{f}=\dfrac{1}{L}\displaystyle\int_{L_1}^{L_2}f\mathrm{d}x$，是截面 L_1 到截面 L_2 的平均摩擦系数。在已知摩擦管流进口截面的速度系数 λ_1 或马赫数 M_1 及平均摩擦系数 $\bar{f}$、管长 L、管径 D 之后，就可以根据上式求出 L 长度后的 λ_2 或 M_2 来。

两截面间的其他气动参数则可以利用连续方程、能量方程分别求出，注意摩擦管流沿程总压有损失。

由连续方程知

$$\dot{m}=\rho VA=\frac{kp}{kRT}VA=\sqrt{\frac{k}{R}}\frac{p}{\sqrt{T}}MA=\sqrt{\frac{k}{R}}\frac{p}{\sqrt{T^*}}MA\sqrt{1+\frac{k-1}{2}M^2}=C$$

对摩擦管流任意两截面，上式意味着

$$p_1M_1\sqrt{1+\frac{k-1}{2}M_1^2}=p_2M_2\sqrt{1+\frac{k-1}{2}M_2^2}$$

$$\text{或}p_1\lambda_1\Big/\left(1-\frac{k-1}{k+1}\lambda_1^2\right)=p_2\lambda_2\Big/\left(1-\frac{k-1}{k+1}\lambda_2^2\right)$$

$$p_2=p_1\frac{M_1}{M_2}\sqrt{\frac{2+(k-1)M_1^2}{2+(k-1)M_2^2}}=p_1\frac{\lambda_1}{\lambda_2}\frac{(k+1)-(k-1)\lambda_2^2}{(k+1)-(k-1)\lambda_1^2} \tag{9-16}$$

$$T_2=T_1\frac{2+(k-1)M_1^2}{2+(k-1)M_2^2}=T_1\frac{(k+1)-(k-1)\lambda_2^2}{(k+1)-(k-1)\lambda_1^2} \tag{9-17}$$

由连续方程 $\rho_1V_1=\rho_2V_2$ 及 $T_1^*=T_2^*$，可得 $\dfrac{\rho_2}{\rho_1}=\dfrac{V_1}{V_2}=\dfrac{\lambda_1c_{\mathrm{cr1}}}{\lambda_2c_{\mathrm{cr2}}}=\dfrac{\lambda_1}{\lambda_2}$

$$\rho_2=\frac{p_2}{RT_2}=\rho_1\frac{\lambda_1}{\lambda_2} \tag{9-18}$$

当然，以上参数计算过程也可以用气动函数来进行：

$$p_2 = p_1\frac{y(\lambda_1)}{y(\lambda_2)}、T_2 = T_1\frac{\tau(\lambda_2)}{\tau(\lambda_1)}、\rho_2 = \frac{p_2}{RT_2} = \rho_1\frac{\lambda_1}{\lambda_2}、p_2^* = p_1^*\frac{q(\lambda_1)}{q(\lambda_2)} \tag{9-19}$$

式中

$$y(\lambda) = \lambda\left(\frac{k+1}{2}\right)^{\frac{1}{k-1}} \Big/ \left(1-\frac{k-1}{k+1}\lambda^2\right)$$

$$q(\lambda) = \lambda\left[\frac{k+1}{2}\left(1-\frac{k-1}{k+1}\lambda^2\right)\right]^{\frac{1}{k-1}}$$

$$\tau(\lambda) = 1-\frac{k-1}{k+1}\lambda^2$$

从表 9-2 和 (9-13) 式、(9-14) 式可知，摩擦管流总是使气流马赫数趋近于 1，达到临界状态，这就是说摩擦使亚声速气流加速，到 $L_{\max}$ 达到 $M=1$；摩擦使超声速气流减速，到 $L_{\max}$ 达到 $M=1$。为简化计算，可以把摩擦管流达到临界的截面作为参考截面，其他截面的参数均以临界截面参数为参考，见图 9-10。

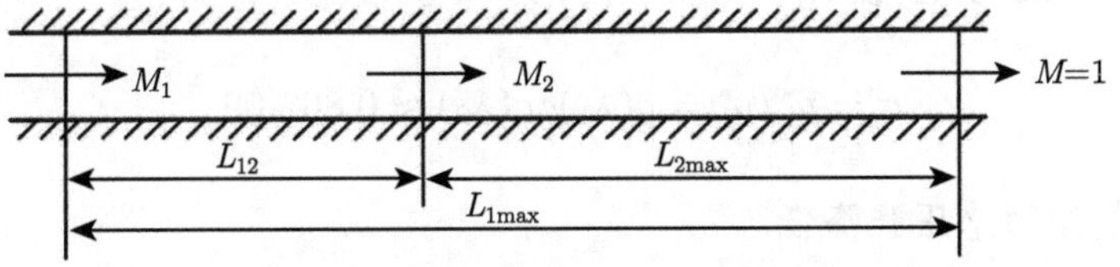

图 9-10　用最大管长 (极限管长) 计算等截面摩擦管流

令 (9-15) 式中的 $\lambda_2 = 1$，$L = L_{\max}$ 最大管长，就有

$$4\bar{f}\frac{L_{\max}}{D} = \frac{k+1}{2k}\left(\frac{1}{\lambda^2}-1+\ln\lambda^2\right) \tag{9-20a}$$

$$4\bar{f}\frac{L_{\max}}{D} = \frac{1-M^2}{kM^2}+\frac{k+1}{2k}\ln\frac{(k+1)M^2}{2+(k-1)M^2} \tag{9-20b}$$

对于一个给定的摩擦管流，临界截面是唯一的，若用它作为参考截面，那么从截面 1 到截面 2 的参数计算，可以分别表示为

$$4\bar{f}_1\frac{L_{1\max}}{D} = \frac{k+1}{2k}\left(\frac{1}{\lambda_1^2}-1+\ln\lambda_1^2\right) \quad 和 \quad 4\bar{f}_2\frac{L_{2\max}}{D} = \frac{k+1}{2k}\left(\frac{1}{\lambda_2^2}-1+\ln\lambda_2^2\right)$$

从截面 1 到截面 2，有

$$4\bar{f}_{1-2}\frac{L_{12}}{D} = \left(4\bar{f}\frac{L_{\max}}{D}\right)_1 - \left(4\bar{f}\frac{L_{\max}}{D}\right)_2 \tag{9-21}$$

【例 9-8】　空气流过等截面绝热摩擦管，已知相对管长 $L/D=100$，平均摩擦系数 $\bar{f}=0.005$，摩擦管进口 $M_1=0.3$，求出口马赫数 M_2 及总压恢复 $\sigma=p_2^*/p_1^*$。

【解】 利用 (9-20) 式

$$4\bar{f}\frac{L_{\max}}{D}=\frac{k+1}{2k}\left(\frac{1}{\lambda^2}-1+\ln\lambda^2\right)=\frac{1-M^2}{kM^2}+\frac{k+1}{2k}\ln\frac{(k+1)M^2}{2+(k-1)M^2}\text{，代入}M_1=0.3$$

得到 $\left(4\bar{f}\frac{L_{\max}}{D}\right)_{M_1=0.3}\approx 5.299\ 25\ \left(\frac{L_{\max}}{D}\right)_{M_1=0.3}\approx 264.96>100$

说明从 $M_1=0.3$ 达到临界的最大相对管长 264.96 远大于实际相对管长 100，因此 100 相对管长的出口没有达到临界，必然是亚声速出口。

利用公式 (9-21) 有

$$\left(4\bar{f}\frac{L_{\max}}{D}\right)_2=\left(4\bar{f}\frac{L_{\max}}{D}\right)_1-4\bar{f}_{1-2}\frac{L_{12}}{D}=5.299\ 25-4\times0.005\times100=3.299\ 25$$

$\left(4\bar{f}\frac{L_{\max}}{D}\right)_2=\frac{k+1}{2k}\left(\frac{1}{\lambda_2^2}-1+\ln\lambda_2^2\right)=3.299\ 25$ 迭代求解，得到

$\lambda_2=0.38461$ 或 $M_2=0.355\ 51$

由 $M_1=0.3$、$M_2=0.355\ 51$ 或 $\lambda_1=0.325\ 71$、$\lambda_2=0.384\ 61$ 得到

$$\sigma=p_2^*/p_1^*=q(\lambda_1)/q(\lambda_2)\approx0.862\ 09$$

可见摩擦使气流的总压强降低。

【例 9-9】 空气流过等截面绝热摩擦管，已知 L_1、L_2 为两测量截面，测得 1 截面总压 p_1^*、静压 p_1 和 2 截面静压 p_2，求 1-2 截面间的平均摩擦系数 $\overline{f}_{12}$，此方法可以用来测量等截面摩擦管流的平均摩擦系数。

【解】 由同一截面总静压的等熵关系

$$p_1=p_1^*/\left(1+\frac{k-1}{2}M_1^2\right)^{\frac{k}{k-1}}=p_1^*\pi(\lambda_1)=p_1^*\left(1-\frac{k-1}{k+1}\lambda_1^2\right)^{\frac{k}{k-1}}$$

求出 1 截面的马赫数 M_1 或速度系数 λ_1，再由公式 (9-16)

$$p_2=p_1\frac{M_1}{M_2}\sqrt{\frac{2+(k-1)M_1^2}{2+(k-1)M_2^2}}=p_1\frac{\lambda_1}{\lambda_2}\frac{(k+1)-(k-1)\lambda_2^2}{(k+1)-(k-1)\lambda_1^2}$$

求出 2 截面的马赫数 M_2 或速度系数 λ_2，代入公式 (9-15)，

$$4\bar{f}_{12}\frac{L_2-L_1}{D}=\frac{k+1}{2k}\left(\frac{1}{\lambda_1^2}-\frac{1}{\lambda_2^2}+\ln\frac{\lambda_1^2}{\lambda_2^2}\right)\text{，求出平均摩擦系数}\overline{f}_{12}\text{。}$$

9.4.3　摩擦壅塞

对于进口马赫数 M_1 给定的等截面绝热摩擦管流，其最大管长 $L_{\max}$ 是确定的，若出口反压足够小，当实际管长 L 大于最大管长 $L_{\max}$ 时，临界截面就要在管内出现。但是在临界截面，$q(\lambda)=1$，流量已经达到最大值，在临界截面下游，摩擦会使总压进一步下降，出口截面的总压必然小于临界截面总压，而总温不变，这就意味着通过临界截面的流量在其下游将通不过，在临界截面的上游必然出现流量堆积，使静压升高，这就出现了“摩擦壅塞”。

对亚声流，若 $L>L_{\max}$，流量壅塞的扰动会传到进口，迫使进口降低流速，M_1 下降，这既使进入的流量减少，又使最大管长 $L_{\max}$ 增加，临界截面向下游移动，减缓壅塞程度。最终会使临界截面移到 L 出口，流动自动实现平衡，使降低了的 M_1 自动调整为恰好适合 L 达到出口 $M_2=1$，其结果使流量减少。

若是超声流，当 $4f\dfrac{L}{D}$ 超过 $4f\dfrac{L_{\max}}{D}$，迫使气流作出“调整”，在超声管流中形成激波，波后亚声流速度低，因此摩擦损失少，使进入流量通过，而出口截面仍保持 $M_2=1$。随着实际管长的增加，激波会自动地前移直至推出进口，在进口前形成正激波，此时管内变为全部亚声速流动，然后在出口截面达到临界。

【例 9-10】 空气流过等截面绝热摩擦管，已知摩擦管相对管长 $L/D=107$，进口速度系数 $\lambda_1=1.75$，平均摩擦系数 $\bar{f}=0.0012$，试计算此摩擦管流。

【解】 由已知数据可得

$$4\bar{f}L/D=4\times0.0012\times107=0.513\,6$$

再由 $\lambda_1=1.75$ 求极限管长

$$4\bar{f}\frac{L_{\max}}{D}=\frac{k+1}{2k}\left(\frac{1}{\lambda^2}-1+\ln\lambda^2\right)\approx0.382\,08$$

$$\frac{L_{\max}}{D}=0.382\,08/(4\times0.001\,2)\approx79.6<107$$

实际管长超过极限管长，出现摩擦壅塞，管内有激波。可能的物理解是进口 $\lambda_1=1.75$ 保持不变，出口 $\lambda_2=1.0$ 不变，管内在某一位置 L_S/D 出现激波。问题是如何找出激波位置 L_S/D 及波前的速度系数 λ_S？

利用正激波前后速度系数乘积为 1 的关系，建立进口到激波位置 L_S/D、激波到出口的摩擦管流计算公式：

进口到激波位置　$4\bar{f}\dfrac{L_S}{D}=\dfrac{k+1}{2k}\left(\dfrac{1}{\lambda_1^2}-\dfrac{1}{\lambda_S^2}+\ln\dfrac{\lambda_1^2}{\lambda_S^2}\right)$

从激波位置到出口　$4\bar{f}\dfrac{L-L_S}{D}=\dfrac{k+1}{2k}\left(\lambda_S^2-1+\ln\dfrac{1}{\lambda_S^2}\right)$

上述两个方程的未知数为 λ_S 及 L_S/D，采用计算机迭代求解的方法，求得 $\lambda_S\approx1.465\,68$ 和 $L_S/D\approx38.5038$，正激波后速度系数 $\lambda_{S2}=1/\lambda_S\approx0.682\,28$ 摩擦使速度系数从进口的 1.75 降到激波截面的 1.465 68，必伴随总压损失。

由流量连续　$p_1^*q(\lambda_1)=p_S^*q(\lambda_S)=p_{S2}^*q(\lambda_{S2})=p_e^*q(1)=p_e^*$

从进口～波前:

$$\sigma_{1-S}=p_S^*/p_1^*=q(\lambda_1)/q(\lambda_S)=q(1.75)/q(1.465\,68)\approx 0.606\,44$$

从进口～波后:

$$\sigma_{1-S2}=p_{S2}^*/p_1^*=q(\lambda_1)/q(\lambda_{S2})=q(1.75)/q(0.682\,28)\approx 0.526\,41$$

从进口～出口:

$$\sigma_{1-e}=p_e^*/p_1^*=q(\lambda_1)/q(1)=q(1.75)/1\approx 0.462\,98$$

本例题的极限管长为 79.6，也就是说，当进口 $\lambda_1=1.75$、$\bar{f}=0.001\,2$，在管长 79.6 时出口截面刚好达到临界。如果要使 $L/D=107$ 的管子也恰好在出口达到临界，则必须提高进口马赫数 M_1 或速度系数 λ_1，计算表明，当 $\lambda_1=1.950\,7$、$L/D=107$ 的管子就能保持全管超声速，在出口截面恰好达到声速，使 $\lambda_2=1.0$。图 9-11 给出了本例题的速度系数沿程分布。

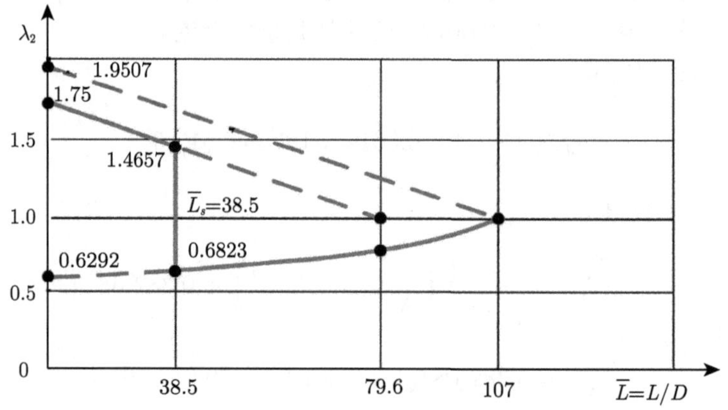

图 9-11　例 9-9 的速度系数沿程分布

由图可见，当进口速度系数在 0.6292～1.9507 的范围内时，必出现摩擦壅塞。

9.4.4　反压对摩擦管流影响

对于进口为亚声速的摩擦管流，反压对管内流动的影响与收缩喷管类似，存在 3 种不同的工作状态，即 “亚临界状态” “临界状态” 和 “超临界状态”。判断各种状态的压强比也是出口 $M_e=1$ 时的出口静压与进口总压之比。

对于一个给定的摩擦管流，$4\bar{f}L/D$ 有确定的值，当出口 $M_e=1$ 时若进口总压为 p_1^*，出口达到临界时的出口静压为 p_C，由 $4\bar{f}\dfrac{L}{D}=\dfrac{k+1}{2k}\left(\dfrac{1}{\lambda_1^2}-1+\ln\lambda_1^2\right)$ 可求出口临界时的进口

λ_1 或 M_1，再由进出口流量连续公式

$$\dot{m}=\rho VA=\sqrt{\frac{k}{R}}\frac{p}{\sqrt{T^*}}MA\sqrt{1+\frac{k-1}{2}M^2}=\sqrt{\frac{k}{R}}\frac{p^*}{\sqrt{T^*}}\frac{M}{\left(1+\frac{k-1}{2}M^2\right)^{\frac{k+1}{2(k-1)}}}A$$

$$p_C\sqrt{\frac{k+1}{2}}=p_1^*M_1\left(1+\frac{k-1}{2}M_1^2\right)^{-\frac{k+1}{2(k-1)}}$$

得到判断流态的压强比 $\dfrac{p_C}{p_e^*}=\sqrt{\dfrac{2}{k+1}}M_1\left(1+\dfrac{k-1}{2}M_1^2\right)^{-\frac{k+1}{2(k-1)}}$

由于存在总压损失，摩擦管流的出口总压 p_e^* 总是低于进口总压 p_1^*，即 $p_C/p_1^*<(p_C/p_e^*)=\beta_{\rm cr}$

若反压 $p_b/p_1^*>(p_C/p_1^*)$，出口 $M_e<1$，$p_e=p_b$，为亚临界状态；

若反压 $p_b/p_1^*=(p_C/p_1^*)$，出口 M_e=1，$p_e=P_b=P_C$，为临界状态；

若反压 $p_b/p_1^*<(p_C/p_1^*)$，出口 M_e=1，$p_e=p_c>p_b$，为超临界状态。

9.5 等截面换热管流

与外界有热量交换的管流称为“换热管流”，在工程实际中的换热管流很多，如航空发动机之燃烧过程、大气中水蒸气凝结的放热过程、与外界的温差引起的换热等等。在此假定气体无摩擦，化学成份不变，定压比热亦不变 $C_p=C$。

9.5.1 换热对气流参数的影响

考察图 9-12 所示的等截面换热管流，在管流中取 $\mathrm{d}x$ 长度气体所占的空间为控制体积，用 q 表示气流经过该控制体积时单位质量气体的换热量，以气体吸收热量为正，建立描写该换热管流的一维微分形式基本方程组。

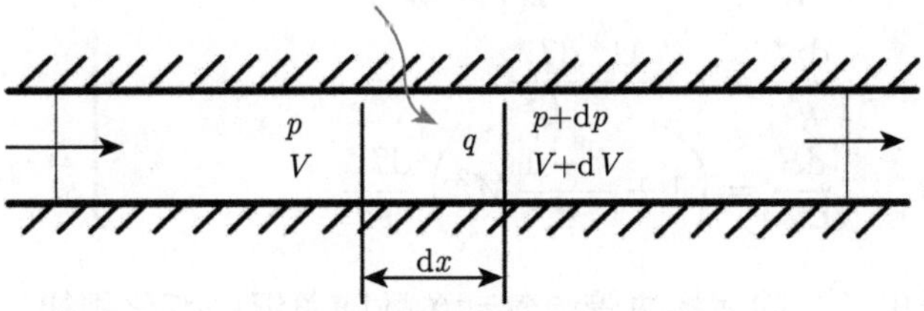

图 9-12 等截面换热管流

连续方程 $\dfrac{\mathrm{d}\rho}{\rho}+\dfrac{\mathrm{d}V}{V}=0$，即 $\dfrac{\mathrm{d}\rho}{\rho}=-\dfrac{\mathrm{d}V}{V}$

动量方程 $\dfrac{\mathrm{d}p}{p}+V\mathrm{d}V=0$，从该方程出发，有

$$\frac{\mathrm{d}p}{p}+\frac{\rho V^2}{p}\frac{\mathrm{d}V}{V}=\frac{\mathrm{d}p}{p}+\frac{kV^2}{kRT}\frac{\mathrm{d}V}{V}=\frac{\mathrm{d}p}{p}+kM^2\frac{\mathrm{d}V}{V}=0$$

状态方程 $\dfrac{\mathrm{d}p}{p}=\dfrac{\mathrm{d}\rho}{\rho}+\dfrac{\mathrm{d}T}{T}$

M 数方程 $\dfrac{\mathrm{d}M}{M}=\dfrac{\mathrm{d}V}{V}-\dfrac{\mathrm{d}T}{2T}$

能量方程 $C_P\mathrm{d}T^*=C_P\mathrm{d}T+V\mathrm{d}V=q$

可见换热的影响体现在能量方程里，换热量的大小和方向直接反映在总温 T^* 的变化上，因此可以用 $\mathrm{d}T^*/T^*$ 来表示换热的影响。将能量方程稍作变化，有

$$\frac{\mathrm{d}T}{T}+\frac{V^2}{C_PT}\frac{\mathrm{d}V}{V}=\frac{\mathrm{d}T}{T}+\frac{(k-1)V^2}{kRT}\frac{\mathrm{d}V}{V}=\frac{\mathrm{d}T}{T}+(k-1)M^2\frac{\mathrm{d}V}{V}=\frac{\mathrm{d}T^*}{T}=\left(1+\frac{k-1}{2}M^2\right)\frac{\mathrm{d}T^*}{T^*}$$

将连续方程和动量方程分别代入状态方程，得到

$$\frac{\mathrm{d}T}{T}=\frac{\mathrm{d}V}{V}-kM^2\frac{\mathrm{d}V}{V}=(1-kM^2)\frac{\mathrm{d}V}{V}$$

利用上面的关系式，就有下列 7 个方程：

$$\left.\begin{aligned}
\frac{\mathrm{d}T}{T}&=\frac{(1-kM^2)\left(1+\dfrac{k-1}{2}M^2\right)}{1-M^2}\frac{\mathrm{d}T^*}{T^*}\\
\frac{\mathrm{d}V}{V}&=\frac{1+\dfrac{k-1}{2}M^2}{1-M^2}\frac{\mathrm{d}T^*}{T^*}\\
\frac{\mathrm{d}\rho}{\rho}&=-\frac{1+\dfrac{k-1}{2}M^2}{1-M^2}\frac{\mathrm{d}T^*}{T^*}\\
\frac{\mathrm{d}p}{p}&=-\frac{kM^2\left(1+\dfrac{k-1}{2}M^2\right)}{1-M^2}\frac{\mathrm{d}T^*}{T^*}\\
\frac{\mathrm{d}M}{M}&=\frac{(1+kM^2)\left(1+\dfrac{k-1}{2}M^2\right)}{2(1-M^2)}\frac{\mathrm{d}T^*}{T^*}\\
\frac{\mathrm{d}p^*}{p^*}&=-\frac{kM^2}{2}\frac{\mathrm{d}T^*}{T^*}\\
\frac{\mathrm{d}S}{C_P}&=\left(1+\frac{k-1}{2}M^2\right)\frac{\mathrm{d}T^*}{T^*}
\end{aligned}\right\}\tag{9-22}$$

以上 7 个方程给出了等截面换热管流气动参数随总温的变化规律，显然，对亚声速气流和超声速气流而言，加热产生的效果是相反的。

亚声速管流中，加热使总温升高，气流加速减压；超声速管流中，加热同样使总温上升，但气流减速增压。无论是亚声速气流还是超声速气流，加热总是使气流的马赫数趋近于 1，达到加热“临界”的效果。

需要特别指出的是温度的变化不仅与亚、超声速有关，而且还与 $(1-kM^2)$ 的正负号有关。表 9-3 给出了加热管流气动参数的变化趋势。

对于冷却管流，$\mathrm{d}T^*<0$，单纯从上述的公式中可以推断，气体向外界放热可以使熵减少，使总压升高，实际上这是难以实现的。此外从工程实际使用的角度出发，从气流中抽热

实施起来也相当困难，因为必须使用换热器来冷却气体，这不可避免地会带来不可逆的流动损失，因此在这儿主要讨论加热管流的参数变化规律。

表 9-3 等截面摩擦管流气动参数的变化

$M<1$，加热 $\mathrm{d}T^*>0$	$M>1$，加热 $\mathrm{d}T^*>0$
$M\uparrow$　$p\downarrow$ $V\uparrow$　$\rho\downarrow$ $S\uparrow$　$p^*\downarrow$ $T\uparrow(M<\sqrt{1/k})$ $T\downarrow(\sqrt{1/k}<M<1)$ 加热使马赫数趋近于 1	$M\downarrow$　$p\uparrow$ $V\downarrow$　$\rho\uparrow$ $S\uparrow$　$p^*\downarrow$ $T\uparrow$ 加热使马赫数趋近于 1

根据上面的分析可以将加热管流的主要特征归纳如下：

(1) 加热使亚声速气流加速，使超声速气流减速，二者的极限是达到声速。理论上可以通过对亚声速气流加热—达到临界—抽热冷却以进一步加速而实现从亚声速到超声速的加速过程，实际上这是非常困难的；

(2) 当 $\sqrt{1/k}<M<1$ 时，加热反而使气体温度下降。这是在这一马赫数范围，加热使压强下降的速率大于密度下降的速率所致；

(3) 无论是亚声速气流还是超声速气流，加热总是使气流总压下降、熵增加，这种单纯由加热引起的机械能损失称为“热阻”，这是燃烧室中造成总压损失的原因之一。

9.5.2 换热管流气流参数计算

等截面换热管流中不计摩擦，因此换热管流两截面间气流的冲量和流量均保持不变，据此就可以得到换热管流两截面间的气动参数关系式。

(1) 首先从换热管流 1-2 截面间的热平衡方程出发，假设气流的定压比热 C_P 保持不变，在已知进口总温 T_1^* 和单位加热量 q 的条件下，就有

$$q=C_P(T_2^*-T_1^*),\quad \text{可以求得出口总温}\quad T_2^*=T_1^*+q/C_P$$

(2) 由进出口冲量不变的条件出发，求 λ_2

$$I=PA+\dot{m}V=\frac{k+1}{2k}\dot{m}c_{\mathrm{cr}}Z(\lambda)=\frac{k+1}{2k}\dot{m}c_{\mathrm{cr}}\left(\lambda+\frac{1}{\lambda}\right)=C\quad \text{得到}$$

$$\frac{Z(\lambda_1)}{Z(\lambda_2)}=\frac{c_{\mathrm{cr2}}}{c_{\mathrm{cr1}}}=\sqrt{\frac{T_2^*}{T_1^*}}=\sqrt{1+{}^{q}/_{C_PT_1^*}}$$

$$Z(\lambda_2)=\lambda_2+1/\lambda_2=Z(\lambda_1)/\sqrt{1+{}^{q}/_{C_PT_1^*}}\quad \text{从该式可以求出}\lambda_2$$

(3) 由 $T_2=T_2^*\left(1-\dfrac{k-1}{k+1}\lambda_2^2\right)$ 求出换热管流出口温度 T_2

(4) 由连续方程 $\rho V=C$ 出发，求换热管流出口的密度 ρ_2

$$\frac{\rho_2}{\rho_1}=\frac{V_1}{V_2}=\frac{(\lambda c_{\mathrm{cr}})_1}{(\lambda c_{\mathrm{cr}})_2}=\frac{\lambda_1}{\lambda_2}\frac{Z(\lambda_2)}{Z(\lambda_1)}=\frac{\lambda_1(\lambda_2+1/\lambda_2)}{\lambda_2(\lambda_1+1/\lambda_1)},\quad \text{从该式求出}\rho_2$$

(5) 由状态方程 $p_2=\rho_2 RT_2$ 得到换热管流出口的压强 p_2，也可以利用连续方程及气动函数 $y(\lambda)$ 得到

$$p_2=p_1\frac{y(\lambda_1)}{y(\lambda_2)}\sqrt{\frac{T_2^*}{T_1^*}}=P_1\frac{\lambda_1}{\lambda_2}\sqrt{\frac{T_2^*}{T_1^*}\frac{(k+1)-(k-1)\lambda_2^2}{(k+1)-(k-1)\lambda_1^2}}$$

(6) 换热管流出口截面总压

$$p_2^*=p_2/\left(1-\frac{k-1}{k+1}\lambda_2^2\right)^{\frac{k}{k-1}}$$

(7) 由熵增公式

$$\frac{\mathrm{d}S}{C_P}=\left(1+\frac{k-1}{2}M^2\right)\frac{\mathrm{d}T^*}{T^*}\quad \text{估算加热引起的熵增}$$

上述计算只是一种可能的方法，也可以通过别的途径得到同样的结果，例如可以利用冲量守恒的原理

$$I=pA+\dot{m}V=A(P+\rho V^2)=AP(1+kM^2)=C,\quad \text{得到}$$

$$p_1(1+kM_1^2)=p_2(1+kM_2^2),\quad \text{该式建立了两截面间马赫数、压强的关系。}$$

【例 9-11】 圆柱形冲压发动机的燃烧室流动可以简化为等截面加热管流。假设加热过程中气体的比热比 $k=1.33$、气体常数 $R=287.4\ \mathrm{J/kg\cdot K}$ 都保持不变，进口速度 $V_1=62.1\ \mathrm{m/s}$，$T_1=323\ \mathrm{K}$，$p_1=40\ 000\ \mathrm{Pa}$，单位加热量 $q=1\ 088\ \mathrm{kJ/kg}$，求出口气流参数。

【解】 由已知参数可得气体的定压比热

$$C_P=\frac{k}{k-1}R=\frac{1.33}{0.33}\times 287.4\approx 1\ 158.31\ \mathrm{J/kg\cdot K}$$

$$C_PT_1+\frac{V_1^2}{2}=C_PT_1^*\Rightarrow \text{进口总温 } T_1^*=T_1+\frac{V_1^2}{2C_P}=323+\frac{62.1^2}{2\times 1\ 158.31}\approx 324.665\ \mathrm{K}$$

由 $q=\overline{C_P}(T_2^*-T_1^*)$ 有

$$T_2^*=T_1^*+\frac{q}{C_P}=324.665+\frac{1\ 088\ 000}{1\ 158.31}\approx 1\ 263.965\ \mathrm{K}$$

$$\lambda_1=V_1/\sqrt{2kRT_1^*/(k+1)}\approx 0.19027,\quad \text{可得} Z(\lambda_1)\approx 5.445\ 99$$

$$p_1^*=p_1/\left(1-\frac{k-1}{k+1}\lambda_1^2\right)^{\frac{k}{k-1}}\approx 408\ 37.36\ \mathrm{Pa}$$

$$Z(\lambda_2)=Z(\lambda_1)\sqrt{T_1^*/T_2^*}\approx 2.760\ 11,\quad \text{得到}\lambda_2\approx 0.428\ 98$$

$$T_2=T_2^*\left(1-\frac{k-1}{k+1}\lambda_2^2\right)\approx 1231.022\ \mathrm{K}$$

$$p_2 = p_1 \frac{\lambda_1}{\lambda_2}\sqrt{\frac{T_2^*}{T_1^*}\frac{(k+1)-(k-1)\lambda_2^2}{(k+1)-(k-1)\lambda_1^2}} \approx 0.856\ 740 p_1 \approx 342\ 69.59\ \text{Pa}$$

$$p_2^* = p_2 / \left(1 - \frac{k-1}{k+1}\lambda_2^2\right)^{\frac{k}{k-1}} \approx 381\ 18.2\ \text{Pa}$$

总压恢复　$\sigma = p_2^*/p_1^* \approx 0.9334$

9.5.3　加热壅塞

无论是超声速气流还是亚声速气流，加热总是使气流的速度趋于当地声速，对于给定的起始马赫数 M_1 和总温 T_1，加热后的气流马赫数由加热量唯一地确定，将气流加热到马赫 1 的加热量称为最大加热量，记作 $q_{\max}$。

$$\begin{aligned} q_{\max} &= C_P(T_2^* - T_1^*)_{\max} = C_P T_1^*(T_2^*/T_1^* - 1) = C_P T_1^*\left[\left(\frac{Z(\lambda_1)}{Z(\lambda_2)}\right)^2 - 1\right] \\ &= C_P T_1^*\left[\left(\frac{Z(\lambda_1)}{2}\right)^2 - 1\right] \end{aligned}$$

可以看出，最大加热量与 λ_1 密切相关，λ_1 离 1 越远，最大加热量越大。若加热量大于最大加热量时，$q > q_{\max}$，会使加热产生壅塞，对于亚声速进口的加热管流，壅塞的出现会使进口马赫数 M_1 降低从而使流量减少并使出口保持声速。对于超声速管流，加热壅塞会在管内产生正激波并一直前移到进口之前，成为全亚声速的加热管流。

9.5.4　反压对加热管流的影响

对于进口为亚声速的加热管流 $M_1 < 1$，反压对它的影响类似于收缩喷管，也有亚临界、临界和超临界三种工况，它们的流动特征也类似于收缩喷管，判断流态的压强比也是出口马赫数 $M_e = 1$ 时的出口静压与进口总压之比 p_C/p_1^*。因此首先应该求出加热的临界压强比 p_C/p_1^*。

由 $\lambda_e = 1$ 及此时的最大加热量 $q_{\max} = C_P T_1^*\left(\frac{Z(\lambda_1)^2}{4} - 1\right)$

可得 $\frac{Z(\lambda_1)^2}{4} = q_{\max}/C_P T_1^* + 1$

这样就得到 $\lambda_e = 1$ 时的进口速度系数 λ_1，再由进出口冲量相等的原理求得 p_C/p_1^*

$$p_C/p_1^* = r(1)f(\lambda_1) = \frac{1}{k+1}(\lambda_1^2 + 1)\left(1 - \frac{k-1}{k+1}\lambda_1^2\right)^{\frac{1}{k-1}}$$

反压的影响可以从以下的三种情况说明：

① 若 $p_b/p_1^* > p_C/p_1^*$，为亚临界工况，此时 $M_e < 1$，出口 $p_e = p_b$；

② 若 $p_b/p_1^* = p_C/p_1^*$，为临界工况，此时 $M_e = 1$，出口 $p_e = p_C = p_b$；

③ 若 $p_b/p_1^* < p_C/p_1^*$，为超临界工况，此时 $M_e = 1$，出口 $p_e = p_C > p_b$。

与收缩喷管类似，反压过高，出口不可能由于加热而变为 M_2=1。

【例 9-12】 总压 $p_1^*=7\times10^5$ Pa、总温 $T_1^*=277$ K 的亚声速空气流经等截面加热管，已知单位加热量 $q=2.32\times10^5$ J/kg，反压 $p_b=2.8\times10^5$ Pa，$C_P=1004$ J/kg·K，求出口参数。

【解】 假设加热量已经等于最大加热量，$q=q_{\max}$，那么出口达到临界 $\lambda_e=1$

$$Z(\lambda_1)^2=4(q_{\max}/C_PT_1^*+1)\approx7.336\ 84 \quad 得到 \quad \lambda_1\approx0.440\ 98$$

出口恰好为声速的临界压强比

$$p_C/p_1^*=r(1)f(\lambda_1)=\frac{1}{k+1}(\lambda_1^2+1)\left(1-\frac{k-1}{k+1}\lambda_1^2\right)^{\frac{1}{k-1}}\approx0.458\ 34$$
$$p_C=0.458\ 34\times7\times10^5=3.208\ 38\times10^5\ \mathrm{Pa}$$

加热管的实际压强比

$$p_b/p_1^*=2.8/7.0=0.4,\quad 小于临界压强比0.458\ 34$$

加热管处在超临界工况，出口 $M_e=1$

$$T_2^*=T_1^*+q/C_P\approx508.07\ \mathrm{K}$$
$$p_2^*=p_1^*f(\lambda_1)/f(1)=p_1^*\frac{\lambda_1^2+1}{2}\left(\frac{k+1}{2}-\frac{k-1}{2}\lambda_1^2\right)^{\frac{1}{k-1}}\approx0.867\ 61p_1^*$$
$$p_2^*=p_1^*f(\lambda_1)/f(1)=p_1^*\frac{\lambda_1^2+1}{2}\left(\frac{k+1}{2}-\frac{k-1}{2}\lambda_1^2\right)^{\frac{1}{k-1}}\approx0.86\ 761p_1^*$$
$$p_2^*\approx0.867\ 61p_1^*\approx6.073\ 26\times10^5\ \mathrm{Pa}$$
$$p_e=p_2^*\pi(1)\approx3.208\ 38\times10^5\ \mathrm{Pa},\quad 恰好等于临界出口压强P_C$$

可见加热管的 $p_e=p_C>p_b$。

9.5.5　冷凝波

在拉瓦尔喷管中，由于气流不断加速，温度急剧下降，如果喷管气流带有某些水蒸气，那么在气流降温加速过程中，有可能会使温度低于水汽凝结的饱和温度。实验观察表明，水汽凝结会在低于饱和温度的情况下迅速完成，凝结过程几乎集中在一个截面上突然产生，凝结瞬间释放的汽化潜热突然将超声速气流加热，使气流速度和总压突然降低，而压强 P、密度 ρ、总温 T^*、静温 T 则突然升高，其过程类似于一道激波，产生所谓的冷凝波，若用光学仪器例如纹影仪观察，可以见到明显的波系，但波后气流仍保持超声速。

冷凝波虽然外观上很像正激波，然而二者本质是不同的。正激波后气流为亚声速流，波前后总温不变；而冷凝波的波后仍然是超声速气流，波后总温高于波前的总温。

风洞中若出现了冷凝波，就改变了风洞原来所希望的均匀流场，超声速风洞尤其是高超声速风洞，由于工作段的静温极低，有时甚至低至 60 K，为了防止冷凝波的出现，对进入风洞的气流品质提出了很高的要求，空气必须经过除尘、除油、除水等一系列净化过程，确保空气的含水量小于万分之五。夏季的空气含水量是相当大的，例如夏季 38℃ 的气温，空气中几乎有近 4.1% 的含水量，大约为 47g/m^3 这么高的含水量，超声速风洞是无法正常工作的，必须加以净化，使含水量降到 0.06g/m^3 以下才行，这样即便突然发生水汽凝结，由于空气中含水量极少，放出的热量很少，对超声速气流基本上没有什么影响。

9.6　变流量管流

有质量加入或提取的管道流动是工程实际中常遇到的问题，例如飞机进气道的辅助进气门、进气道边界层抽吸、变马赫数流量喷管等，因此有必要研究质量变化的管流气动参数是如何变化的。为简化问题，假设管流是无摩擦、无换热的等截面流动，主、次流是分子量、比热相同的理想气体，且二者总焓也相同。

9.6.1　变流量管流基本方程

图 9-13 是变质量等截面管流的示意图，主流自左至右流动，次流从左上方进入，取图中指示的流动范围为控制体积，研究控制体积内部和穿越控制体积边界的气流参数变化规律。

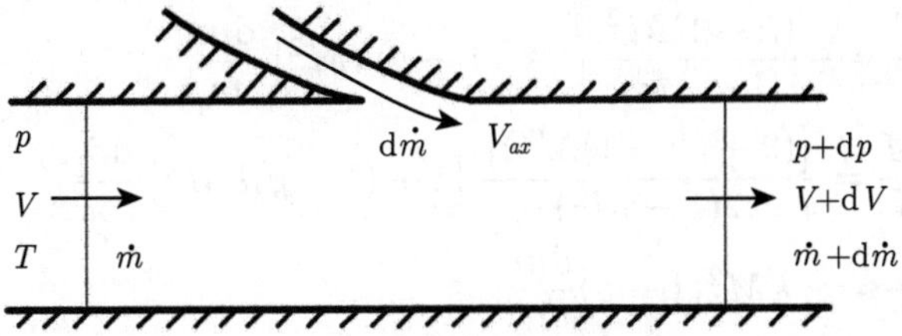

图 9-13　变质量管流

用 $\mathrm{d}\dot{m}$ 表示附加气流的流量，用下标 “a” 表示附加气流的参数，列出描写变质量管流参数变化规律的微分形式基本方程。

连续方程

$$\frac{\mathrm{d}\dot{m}}{\dot{m}}=\frac{\mathrm{d}\rho}{\rho}+\frac{\mathrm{d}V}{V} \tag{9-23}$$

能量方程　主次流有相同的总焓 h^*，因此混合后单位质量气流 h^* 不变

$$C_P\mathrm{d}T+V\mathrm{d}V=0$$

$$\frac{\mathrm{d}T}{T}+\frac{V^2}{C_pT}\frac{\mathrm{d}V}{V}=\frac{\mathrm{d}T}{T}+\frac{(k-1)V^2}{kRT}\frac{\mathrm{d}V}{V}=\frac{\mathrm{d}T}{T}+(k-1)M^2\frac{\mathrm{d}V}{V}=0$$

动量方程应包含添加质量的动量，对图 9-13 所示控制体积建立动量方程

$$\sum F_x=PA-(P+\mathrm{d}P)A=(\dot{m}+\mathrm{d}\dot{m})(V+\mathrm{d}V)-\dot{m}V-V_{ax}\mathrm{d}\dot{m}$$

$V_{ax}\mathrm{d}\dot{m}$ 为 $\mathrm{d}\dot{m}$ 气流进入控制体积在 x 方向的动量。

令　$y=\dfrac{V_{ax}}{V}$ 为添加速度比，上式化简为

$$-A\mathrm{d}p=\dot{m}\mathrm{d}V+V\mathrm{d}\dot{m}-V_{ax}\mathrm{d}\dot{m}=\dot{m}\mathrm{d}V+(V-V_{ax})\mathrm{d}\dot{m}$$

$$\mathrm{d}p+\rho V^2\frac{\mathrm{d}V}{V}+\rho V^2(1-y)\frac{\mathrm{d}\dot m}{\dot m}=0$$

同除以 p，得到下式

动量方程 $\dfrac{\mathrm{d}p}{p}+kM^2\dfrac{\mathrm{d}V}{V}+kM^2(1-y)\dfrac{\mathrm{d}\dot m}{\dot m}=0$

状态方程 $\dfrac{\mathrm{d}p}{p}=\dfrac{\mathrm{d}\rho}{\rho}+\dfrac{\mathrm{d}T}{T}$

M 数方程 $\dfrac{\mathrm{d}M}{M}=\dfrac{\mathrm{d}V}{V}-\dfrac{\mathrm{d}T}{2T}$

9.6.2　流量变化对气流参数的影响

上述方程中，若以质量的相对变化 $\mathrm{d}\dot m/\dot m$ 为自变量，将压强 p、密度 ρ、温度 T、速度 V、马赫数 M 的相对变化表示为 $\mathrm{d}\dot m/\dot m$ 的函数，则有

$$\left.\begin{aligned}
\frac{\mathrm{d}p}{p}&=-\frac{kM^2}{1-M^2}\left[2\left(1+\frac{k-1}{2}M^2\right)(1-y)+y\right]\frac{\mathrm{d}\dot m}{\dot m}\\
\frac{\mathrm{d}\rho}{\rho}&=-\frac{1}{1-M^2}\left[M^2+(1-y)kM^2\right]\frac{\mathrm{d}\dot m}{\dot m}\\
\frac{\mathrm{d}V}{V}&=\frac{1}{1-M^2}\left[1+(1-y)kM^2\right]\frac{\mathrm{d}\dot m}{\dot m}\\
\frac{\mathrm{d}T}{T}&=-\frac{(k-1)M^2}{1-M^2}\left[1+(1-y)kM^2\right]\frac{\mathrm{d}\dot m}{\dot m}\\
\frac{\mathrm{d}M}{M}&=\frac{\left[(2+(k-1)M^2)\right]}{2(1-M^2)}\left[1+(1-y)kM^2\right]\frac{\mathrm{d}\dot m}{\dot m}\\
\frac{\mathrm{d}p^*}{p^*}&=-kM^2(1-y)\frac{\mathrm{d}\dot m}{\dot m}
\end{aligned}\right\}\tag{9-24}$$

由上面的一组公式可以看出，除总压以外，质量变化 $\mathrm{d}\dot m/\dot m$ 的影响包含了 $(1-M^2)$ 及 y 的两个因素在内，也就是说，除了气流是亚声速还是超声速以外，还与方括号内函数，例如 $\left[1+(1-y)kM^2\right]$ 的正负号有关。如果在 $y<1$、$\mathrm{d}\dot m>0$ 的情形下讨论参数的变化趋势，那么 $\left[1+(1-y)kM^2\right]$ 等方括号内的函数恒大于 1，就有表 9-4

表 9-4　加入流量时气动参数的变化

气动参数	亚声速气流 $M<1$	超声速气流 $M>1$
p、ρ、T	下降	上升
V、M	上升	下降
总压 p^*	下降	下降

可以看出，质量添加，使气流的马赫数都趋近于 1。亚声速气流添加质量会使气流加速并接近当地声速；超声速气流添加质量会使气流减速并趋近于当地声速。反之，如果从气流中抽出气体，那么亚声速气流就会减速扩压，而超声速气流则会加速减压。

9.6.3　变流量超声速喷管

以上分析启示我们，如果我们先在亚声速流区不断添加质量，使气流逐步加速直至达到当地声速，然后在临界截面下游不断地抽取质量，那么就有可能使气流从亚声速加速到超声速，这就是流量喷管的概念，见图 9-14 所示。

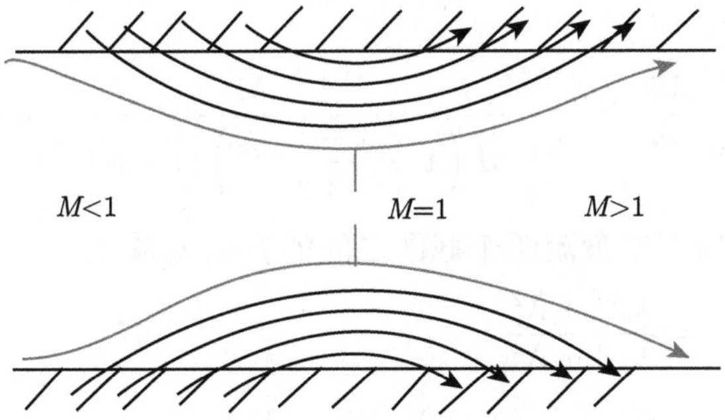

图 9-14　流量喷管的概念

从图 9-14 的流线不难看出，从开孔管壁进出的流线构成了一个名副其实的“气动”拉瓦尔喷管，其出口超声速马赫数取决于通过管壁进出的二次气流流量，这样就有可能通过调节二次流的流量来改变出口的超声速马赫数，从而形成一个超声速气动变马赫数喷管，实现一个喷管多个超声速马赫数甚至连续可调马赫数的目的。

图 9-15 是变马赫数流量喷管原理图，它由一段直管加开孔壁组成，通过调节上下游的压强比 p^*/p_b 来实现从亚声速到跨声速直至超声速的全速域流动。以空气为例，当 $p^*/p_b <$ 1.892 93 时，喷管出口是连续可调的亚声速流，多孔壁没有气流穿越；当压强比 p^*/p_b 刚好为临界压强比时，喷管出口为声速流动；当压强比大于临界压强比时，就有气流穿越多孔壁流出，喷管出口为超声速气流。随压强比的逐步升高，穿越多孔壁的气流量加大，喷管出口的超声速马赫数随之上升，从而实现全速域范围出口马赫数连续可调的目的。当然这种喷管与标准的拉瓦尔喷管相比，出口气流的流场品质较差，而且在高马赫数，将损失大量的高压气体，因此这种喷管仅仅用在对流场品质要求不高的跨声速实验范围。

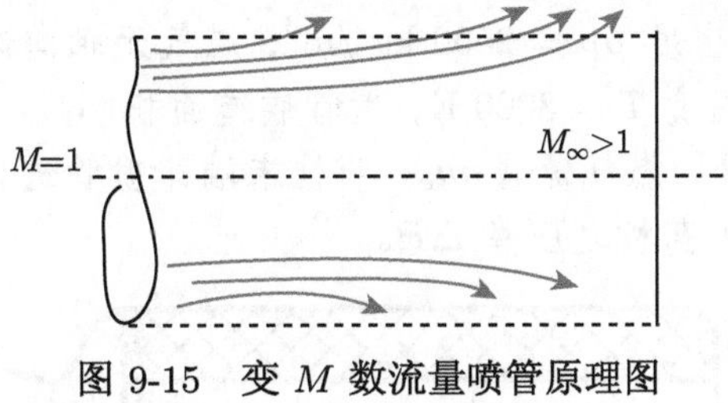

图 9-15　变 M 数流量喷管原理图

9.6.4　垂直于主流的变质量流

当附加气流的方向与主流垂直时，$V_{ax} = 0$，附加流将不影响主流流向的动量，$y = V_{ax}/V = 0$，若主次流的总温相同，从上面推导的马赫数与变质量的关系

$$\frac{\mathrm{d}M}{M} = \frac{[(2+(k-1)M^2)]}{2(1-M^2)}\left[1+(1-y)kM^2\right]\frac{\mathrm{d}\dot{m}}{\dot{m}}$$

得到

$$\frac{\mathrm{d}\dot{m}}{\dot{m}} = \frac{2(1-M^2)}{M\left[(2+(k-1)M^2)\right](1+kM^2)}\mathrm{d}M$$

从截面 1 到截面 2 积分

$$\int_{\dot{m}_1}^{\dot{m}_2}\frac{\mathrm{d}\dot{m}}{\dot{m}}=\int_{M_1}^{M_2}\frac{1-M^2}{M\left(1+\dfrac{k-1}{2}M^2\right)(1+kM^2)}\mathrm{d}M$$

就可以得到垂直于主流的变质量流两个截面之间的参数关系

$$\frac{\dot{m}_2}{\dot{m}_1}=\frac{\lambda_2}{\lambda_1}\frac{1+\lambda_1^2}{1+\lambda_2^2}$$

$$\frac{T_2}{T_1}=\frac{\tau(\lambda_2)}{\tau(\lambda_1)}=\frac{(k+1)-(k-1)\lambda_2^2}{(k+1)-(k-1)\lambda_1^2}$$

$$\frac{V_2}{V_1}=\frac{c_{\mathrm{cr}2}\lambda_2}{c_{\mathrm{cr}1}\lambda_1}=\frac{\lambda_2}{\lambda_1}$$

$$\frac{\rho_2}{\rho_1}=\frac{\dot{m}_2}{V_2A}\frac{V_1A}{\dot{m}_1}=\frac{\dot{m}_2}{\dot{m}_1}\frac{V_1}{V_2}=\frac{\lambda_2}{\lambda_1}\frac{1+\lambda_1^2}{1+\lambda_2^2}\frac{\lambda_1}{\lambda_2}=\frac{1+\lambda_1^2}{1+\lambda_2^2}$$

$$\frac{p_2}{p_1}=\frac{\rho_2}{\rho_1}\frac{T_2}{T_1}=\frac{1+\lambda_1^2}{1+\lambda_2^2}\frac{(k+1)-(k-1)\lambda_2^2}{(k+1)-(k-1)\lambda_1^2}$$

$$\frac{p_2^*}{p_1^*}=\frac{p_2}{p_1}\frac{\pi(\lambda_1)}{\pi(\lambda_2)}=\frac{1+\lambda_1^2}{1+\lambda_2^2}\left[\frac{(k+1)-(k-1)\lambda_1^2}{(k+1)-(k-1)\lambda_2^2}\right]^{\frac{1}{k-1}}$$

【例 9-13】 图 9-16 是一个圆柱型芯孔装药的固体火箭发动机示意图，药柱的内圆柱面是燃烧面，燃气沿径向不断地流向中心，可以认为这是垂直于主流的质量添加过程。已知火箭药点火时的药柱内孔直径 $D=0.025$ m，药柱长度 $L=0.3$ m，火箭药为等速率燃烧，燃速 $V_b=0.025$ m/s，药柱的密度 $\rho_P=2500$ kg /m^3，燃气无轴向速度，$k=1.2$，它的气体常数 $R=320$ J/kg·K，火焰温度 $T=3000$ K，喷管喉道面积 $A_t=0.0003$ m^2。

求发动机刚开始工作时的燃气流量 $\dot{m}_e$、药柱末端即喷管进口马赫数 M_e、总压 p_e^*、燃料始端 p_o^*、ρ_o^* 及燃气流过火药柱之压降 ΔP。

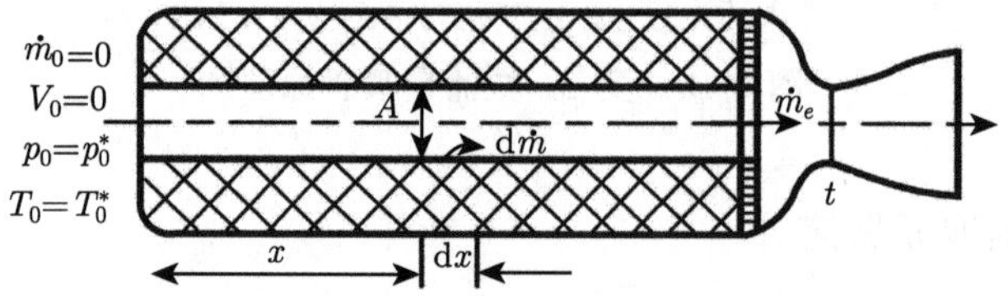

图 9-16　圆柱装药的固体火箭发动机示意图

【解】 此题可近似看作垂直方向添加质量的流动，随着火药的燃烧，内腔直径不断扩大 $D(t)=D+2V_b\mathrm{d}t$，取 dx 微段研究，单位时间产生的燃气

$$\mathrm{d}\dot{m}=(V_b\rho_p)\pi D(t)\mathrm{d}x=V_b\rho_p\pi(D+2V_b\mathrm{d}t)\mathrm{d}x$$

为简化起见，研究火药刚点燃时的参数，因此取 $D(t)=D$

$$\mathrm{d}\dot{m}=(V_b\rho_p)\pi D\mathrm{d}x$$

燃气流量$\dot{m}_e = \int_o^L \mathrm{d}\dot{m} = (V_b\rho_p)\pi D\int_o^L \mathrm{d}x = V_b\rho_p\pi DL$

$$\dot{m}_e = 0.025 \times 2\,500 \times \pi \times 0.025 \times 0.3 \approx 1.47\,262\ \mathrm{kg/s}$$

考察拉瓦尔喷管部分的流动，在喉道截面 A_t，$M_t = 1$，假设流动无损失，则有

$$A_e q(\lambda_e) = A_t q(1) = A_t$$

式中，A_e 为药柱芯孔面积即喷管进口面积。

$$q(\lambda_e) = A_t/A_e = 4A_t/(\pi D^2) = 4 \times 0.000\,3/(\pi \times 0.025^2) \approx 0.611\,16$$

这就是说 $\dfrac{A_t}{A_e} = M_e\left[\dfrac{2}{k+1}\left(1+\dfrac{k-1}{2}M_e^2\right)\right]^{-\frac{k+1}{2(k-1)}} = 0.611\,16$

迭代求解得到 $M_e \approx 0.39377$ 或者 $\lambda_e \approx 0.409\,83$

燃气流量$\dot{m} = \sqrt{\dfrac{k}{R}\left(\dfrac{2}{k+1}\right)^{\frac{k+1}{k-1}}}\dfrac{p^*}{\sqrt{T^*}}Aq(\lambda) = K\dfrac{p^*}{\sqrt{T^*}}Aq(\lambda) = K\dfrac{p^*}{\sqrt{T^*}}A_t$

$$p^* = \frac{\dot{m}\sqrt{T^*}}{KA_t},\quad 将k = 1.2, R = 320, \lambda_e \approx 0.409\,83代入$$

喷管进口总压 $p_e^* = \dfrac{\dot{m}\sqrt{T^*}}{KA_t} = \dfrac{1.472\,62 \times \sqrt{3\,000}}{0.036\,254 \times 0.000\,3} \approx 74.160\,8 \times 10^5\ \mathrm{Pa}$

在药柱左端，$\lambda_0 = 0$，药柱右端，$\lambda_e \approx 0.409\,83$，属纯质量添加管流，因此

$$\frac{p_e^*}{p_0^*} = \frac{p_e}{p_0}\frac{\pi(\lambda_0)}{\pi(\lambda_e)} = \frac{1+\lambda_0^2}{1+\lambda_e^2}\left[\frac{(k+1)-(k-1)\lambda_0^2}{(k+1)-(k-1)\lambda_e^2}\right]^{\frac{1}{k-1}}，将\lambda_0 = 0代入，得到$$

$$p_0^* = p_e^*(1+\lambda_e^2)\left(1-\frac{k-1}{k+1}\lambda_e^2\right)^{\frac{1}{k-1}} \approx 1.081\,47 p_e^* \approx 80.202\,8 \times 10^5\ \mathrm{Pa}$$

$$\rho_0^* = p_0^*/(RT_0^*) \approx 8.354\,66\ \mathrm{kg/m^3}$$

药柱芯孔从左至右由于燃气的生成造成的总压损失

$$\sigma = p_e^*/p_0^* \approx 0.924\,67$$

药柱芯孔从左至右的压强降落

$$\Delta p = p_0^* - p_e = p_0^* - p_e^*\left(1-\frac{k-1}{k+1}\lambda_e^2\right)^{\frac{k}{k-1}} \approx 12.582\,0 \times 10^5\ \mathrm{Pa}$$

附录：　由 $q(M)$ 或 $q(\lambda)$ 求解马赫数或速度系数的方法。

求解方法之 I　用计算机数值求解，可迅速得到高精度解。

$$q(\lambda) = q(M) = \frac{A_{\mathrm{cr}}}{A} = M\left[\frac{2}{k+1}\left(1+\frac{k-1}{2}M^2\right)\right]^{-\frac{k+1}{2(k-1)}}\quad 作变换$$

$$M = \frac{A_{\rm cr}}{A}\left[\frac{2}{k+1}\left(1+\frac{k-1}{2}M^2\right)\right]^{\frac{k+1}{2(k-1)}} = \bar{A}\,[B]^{\frac{k+1}{2(k-1)}}$$

$$f(M) = M - \bar{A}\,[B]^{\frac{k+1}{2(k-1)}}$$

$$f'(M) = 1 - \bar{A}\,[B]^{\frac{k+1}{2(k-1)}-1}\,[B]'$$

$$M_{i+1} = M_i - \frac{f(M_i)}{f'(M_i)} \quad \text{迭代运算直至} \quad |M_{i+1}-M_i| < \varepsilon\text{为止}$$

选择恰当的初值，便可快速地求得两个马赫数之解。

求解方法之Ⅱ　对空气：$k=1.4$，代入 $q(M)$ 表达式，得到

$$q(M) = \frac{A_{\rm cr}}{A} = \frac{1.728M}{(1+0.2M^2)^3}\text{，求解此式}$$

亚声速解：$M_{i+1} = \dfrac{(5+M_i^2)^3}{216\bar{A}}$，迭代运算直至 $|M_{i+1}-M_i| < \varepsilon$ 为止

式中 $\bar{A} = A/A_{\rm cr} > 1$

超声速解：$M_{i+1} = \sqrt{(216\bar{A}M_i)^{1/3} - 5}$，迭代运算直至 $|M_{i+1}-M_i| < \varepsilon$ 为止

式中 $\bar{A} = A/A_{\rm cr} > 1$

选择恰当的初值，也可快速地求得两个马赫数解。

习　　题

9-1　已知亚声速扩压器面积比 A_2/A_1 为 4，空气在扩压器进口截面 $M_1=0.8$，求出口马赫数 M_2 及扩压强比 p_2/p_1、温度比 T_2/T_1，假设流动为等熵。

9-2　已知某小涡喷发动机收缩喷管的出口面积 $A_e = 0.07\ \text{m}^2$，喷管进口燃气的总温 $T^* = 1\,000$ K、总压 $p^* = 90\,000$ Pa，燃气 $k=1.33$，$R = 287.4$ J/kg · K，发动机在 12km 的高空工作，假设喷管流动绝能等熵，求喷管出口截面的速度、静温、静压和质量流量。(高空大气参数可查标准大气表)

9-3　已知某收缩喷管的进口空气总压 $p^* = 1.724\times10^5$ Pa，总温 $T^* = 324$ K，出口面积 $A_e = 0.03\ \text{m}^2$，排入压强为 101 325 Pa 的大气，假设喷管流动无损失，求喷管出口截面的速度、静压、静温和空气质量流量。

9-4　压缩空气由容积 $W = 1\ \text{m}^3$ 的储气罐通过收缩喷管排入压强为 101 325 Pa 的大气，已知喷管出口面积 $A_e = 0.5\times10^{-4}\ \text{m}^2$，储气罐内的初始压强为 10 MPa，排气过程中储气罐内气体温度保持 288 K 不变，求保持容积流量不变的排气时间。

9-5　压缩空气通过收缩喷管排入压强为 101 kPa 的大气，已知喷管进口面积 $A_1 = 45\ \text{cm}^2$，进口压强 $p_1 = 4$ MPa，进口温度 $T_1 = 300$ K，出口面积 $A_e = 25\ \text{cm}^2$，若喷管流动处于超临界状态，求气流对喷管的作用力和保持喷管不动需要施加的外力。

9-6　压缩空气流过收—扩拉瓦尔喷管，已知喷管面积比 $A_e/A_t = 3$，$p_1^*/p_e = 2.5$，求喷管出口马赫数 M_e。

9-7　总压 $p^* = 13.6 \times 10^5$ Pa 的压缩空气流过面积比 $A_t/A_e = 0.496\,5$ 的二维平面拉瓦尔喷管，已知喷管下游的反压 $p_b = 10^5$ Pa，求气流在离开喷管后将向外折转多少度？

9-8　总压 $p^* = 700$ kPa、总温 $T^* = 330$ K、流量 $\dot{m} = 1$ kg/s 的压缩空气流过拉瓦尔喷管，已知喷管出口截面的总静压分别为 $p_e^* = 550$ kPa 和 $p_e = 500$kPa，设气流除激波外均为等熵流动。求喷管的喉道面积 A_t、激波前后马赫数、激波所在截面的面积 A_S、出口截面面积 A_e 和出口截面的气流密度 ρ_e。

9-9　某二维平面拉瓦尔喷管的设计马赫数 $M_d = 2$。在某实验条件下，通过光学观察，发现喷管出口形成与喷管轴线成 45° 的平面斜激波。为消除这斜激波，以使喷管出口达到设计状态的超声速均匀平行气流，问喷管的总压应该如何调整？

9-10　有人将一个设计马赫数 $M_d = 1.8$ 的拉瓦尔喷管倒置，将它放在 $M = 1.8$ 的超声速气流中，希望通过它将超声速无激波平顺地减速为亚声速气流，问:

(1) 这种设计概念是否可行，为什么？

(2) 如果不行，那么应该在多大的马赫数下，这种设计概念才能成立？

(3) 如果不行，那么应该如何调节喉道面积 A_t，使它在 $M = 1.8$ 的实验条件下，实现从超声速气流无激波平顺地减速为亚声速气流的目的。此时喉道马赫数 M_t 有多大？

9-11　空气在 $D = 0.1$ m、$L = 4$ m、$f = 0.0026$ 的直圆管内流动，已知进口马赫数 $M_1 = 0.5$，求出口截面与进口截面的总压强比 $\sigma = p_2^*/p_1^*$。

9-12　证明 $L/D = 96.2$、$f = 0.006$ 的直圆管进口最大亚声速马赫数 $M = 0.4$。

9-13　空气由拉瓦尔喷管进入一个平均摩擦系数 $\bar{f} = 0.0025$ 的直圆管。已知喷管的喉道直径 $D_t = 0.012\,5$ m，直圆管直径 $D = 0.251\,1$ m，喷管出口的总压 $p^* = 700$ kPa、总温 $T^* = 300$ K。求该摩擦管的最大管长 $L_{\max}$ 和对应于该最大管长的摩擦管进、出口 M、V、p、T、p^*。

9-14　空气在直圆管内作绝热流动，平均摩擦系数 $\bar{f} = 0.003\,7$，求

(1) 当进口 $M_1 = 0.55$ 时，出口达到临界时的管长;

(2) 当 $L/D = 105.84$ 时，出口达到临界的进口马赫数 M_1。

9-15　空气在直圆管内作无摩擦的加热流动，已知进口总温 $T^* = 300$ K，$\lambda_1 = 0.4$，出口 $\lambda_2 = 0.9$，求单位质量空气的加热量 q。

9-16　空气在直圆管内作无摩擦的冷却流动，已知出口压强为进口压强的 1/1.8，进口马赫数 $M_1 = 2.16$，求出口马赫数 M_2。

9-17　压强 $p = 750$ kPa、温度 $T = 300$ K 的储气罐经收缩喷管与无摩擦的加热直圆管相连。已知该直圆管直径 $D = 0.05$ m，长度 $L = 1.2$ m，反压 $p_b = 300$ kPa，沿直圆管的单位加热量 $q = 250$ kJ/kg，求通过的流量。

9-18　从一维定常管流的基本方程出发，证明对等截面摩擦等温管流，有:

(1) $\dfrac{\mathrm{d}M^2}{M^2} = \dfrac{kM^2}{1-kM^2} 4f \dfrac{\mathrm{d}x}{D}$;

(2) $\dfrac{\mathrm{d}T^*}{T^*} = \dfrac{(k-1)M^2}{2\left(1+\dfrac{k-1}{2}M^2\right)} \dfrac{\mathrm{d}M^2}{M^2}$。

9-19　**从一维定常管流的基本方程出发，证明对变截面加热等马赫数管流，有** $\dfrac{\mathrm{d}A}{A} = \dfrac{1+kM^2}{2} \dfrac{\mathrm{d}T^*}{T^*}$。

第10章 二维定常超声速流特征线法与基本概念

10.1 特征线理论的引入

本章介绍的内容是针对二维定常超声速流控制方程的一种精确解法，即特征线法。

10.1.1 气体动力学中特征线的物理背景

第 8 章中学过，在定常超声速气流中，任何微弱扰动都是沿马赫波传播的。如图 10-1(a) 所示，超声气流沿二维平板流动，如果在平板上某处有一粒“小沙子”，这一小沙子对超声速气流是一种微弱扰动，从超声速气流的性质我们知道，该扰动会沿马赫波线向外传播。如果超声速气流绕外钝角流动，从钝角顶点会产生由一系列马赫波构成的膨胀波扇，见

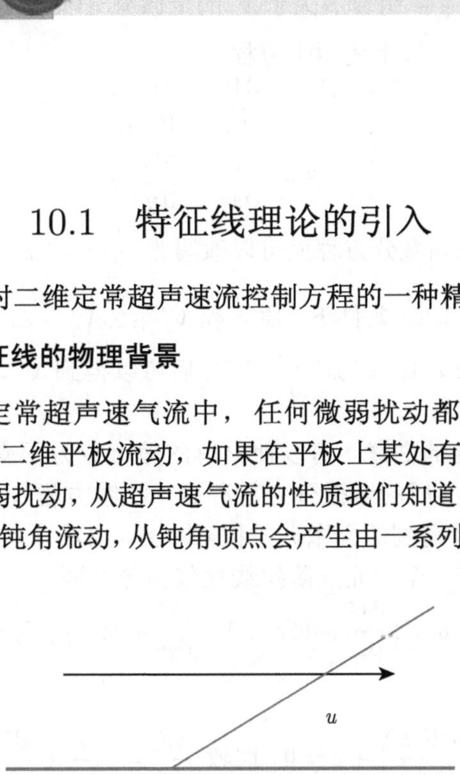

图 10-1(a) 超声速气流中的马赫波

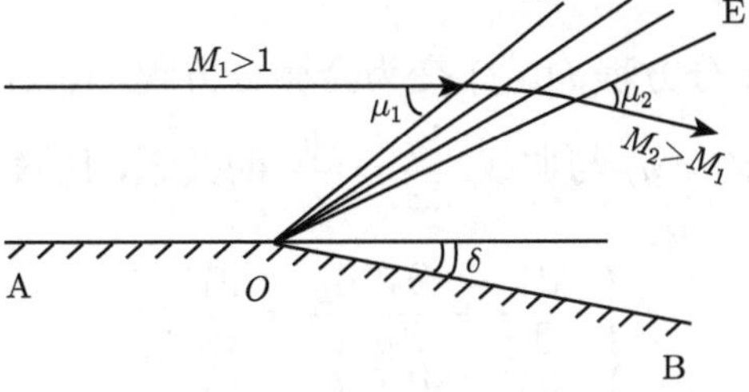

图 10-1(b) 外钝角处的马赫波扇

图 10-1(b)，这些马赫波将上游未扰动区与下游扰动区镶嵌在一起，显然流动参数在越过马赫波时是连续的，但是气流在“撞上”马赫波前的左侧是均匀的，而右侧却是有微弱变化的区域，因此气流参数的导数就可能不连续。流场中这种传播扰动的“波线”称为特征线。超声气流中的马赫波就是特征线。

10.1.2　数学上的特征线概念

考察一个非常简单的偏微分方程，看看在该方程的定义域内如何来求解：

$\dfrac{\partial V}{\partial x}+2x\dfrac{\partial V}{\partial y}-3x^2=0$，研究如何求解 $V(x,y)$。

很明显，该偏微分方程无法进行积分求解，但仔细分析该方程可以发现，如果有可能将式中的两个偏微分 $\dfrac{\partial V}{\partial x}$ 和 $\dfrac{\partial V}{\partial y}$ 组合成关于 V 的全微分 $\mathrm{d}V$，那改造后的方程就有可能在某些限制条件下可积分求解。比较上述两个方程

$$\begin{cases}\dfrac{\mathrm{d}V}{\mathrm{d}x}=\dfrac{\partial V}{\partial x}+\dfrac{\partial V}{\partial y}\dfrac{\mathrm{d}y}{\mathrm{d}x}\\[2mm] 3x^2=\dfrac{\partial V}{\partial x}+\dfrac{\partial V}{\partial y}2x\end{cases}$$

如果 $\dfrac{\mathrm{d}y}{\mathrm{d}x}=2x$，那么原来的偏微分方程就可以改写为 $\dfrac{\mathrm{d}V}{\mathrm{d}x}=3x^2$，成为可以积分求解的全微分方程。这就是说，在 $\dfrac{\mathrm{d}y}{\mathrm{d}x}=2x$ 条件下，原方程 $V'_x+2xV'_y-3x^2=0$ 变为可以积分的全微分方程 $\mathrm{d}V/\mathrm{d}x-3x^2=0$，即 $\mathrm{d}V=3x^2\mathrm{d}x$，积分后可以得到 $V=x^3+C$，条件是沿曲线族 $y=x^2+C_1$。

由此可见，沿某些特定的曲线，可以使原有的偏微分方程变为全微分方程，那么这些曲线就称为“特征线”，更换后的全微分方程称为“相容方程”，本例中的二次抛物线曲线 $y=x^2+C_1$ 就是特征线，所得到的全微分方程 $\mathrm{d}V/\mathrm{d}x-3x^2=0$ 就是相容方程。

再看一般的情况，设有一个二元一阶拟线性偏微分方程

$$a(x,y,V)\frac{\partial V}{\partial x}+b(x,y,V)\frac{\partial V}{\partial y}+c(x,y,V)=0 \tag{10-1}$$

式中，$V=V(x,y)$。

改写上式为 $a\left(\dfrac{\partial V}{\partial x}+\dfrac{\partial V}{\partial y}\dfrac{b}{a}\right)+c=0$，比较 $\dfrac{\mathrm{d}V}{\mathrm{d}x}=\dfrac{\partial V}{\partial x}+\dfrac{\partial V}{\partial y}\dfrac{\mathrm{d}y}{\mathrm{d}x}$，如果 $\dfrac{\mathrm{d}y}{\mathrm{d}x}=\dfrac{b}{a}$，那么原偏微分方程就可以改写为全微分方程

$$a\frac{\mathrm{d}V}{\mathrm{d}x}+c=0 \tag{10-2}$$

表示沿曲线 $\dfrac{\mathrm{d}y}{\mathrm{d}x}=\dfrac{b}{a}$。偏微分方程 (10-1) 变为全微分方程 (10-2)。

下面研究该未知函数 $V(x,y)$ 与曲线 $\dfrac{\mathrm{d}y}{\mathrm{d}x}=\dfrac{b}{a}$ 的关系，比较下列两个方程

$$\begin{cases}\dfrac{\partial V}{\partial x}+\dfrac{\partial V}{\partial y}\dfrac{\mathrm{d}y}{\mathrm{d}x}=\dfrac{\mathrm{d}V}{\mathrm{d}x}\\[2mm] \dfrac{\partial V}{\partial x}+\dfrac{\partial V}{\partial y}\dfrac{b}{a}=-\dfrac{c}{a}\end{cases}$$

可见沿曲线 $\dfrac{\mathrm{d}y}{\mathrm{d}x}=\dfrac{b}{a}$，有 $\dfrac{\mathrm{d}V}{\mathrm{d}x}=-\dfrac{c}{a}$。

这样上述方程组的系数矩阵 $\Delta=\begin{vmatrix}1 & \mathrm{d}y/\mathrm{d}x\\ 1 & b/a\end{vmatrix}=0$，且

$$\Delta_x=\begin{vmatrix}\mathrm{d}V/\mathrm{d}x & \mathrm{d}y/\mathrm{d}x\\ -c/a & b/a\end{vmatrix}=0\quad \Delta_y=\begin{vmatrix}1 & \mathrm{d}V/\mathrm{d}x\\ 1 & -c/a\end{vmatrix}=0$$

函数 $V(x,y)$ 的偏导数 $\dfrac{\partial V}{\partial x}=\dfrac{\Delta_x}{\Delta}=\dfrac{0}{0}$ 和 $\dfrac{\partial V}{\partial y}=\dfrac{\Delta_y}{\Delta}=\dfrac{0}{0}$，沿曲线 $\dfrac{\mathrm{d}y}{\mathrm{d}x}=\dfrac{b}{a}$ 有可能不连续。

人们称 $V(x,y)$ 是连续的，而导数可能不连续的曲线为“特征线”，而将沿特征线转换成的全微分方程称“相容方程”。

可以证明，超声速气流中的马赫线就是具有上述数学性质的特征线。

至此，可以将特征线的概念总结为以下 3 点：

(1) 从物理上说，特征线是扰动的传播轨迹。在超声速流场中，扰动是沿着马赫线传播的，因此马赫线就是超声速流场中的特征线 (后面还有严格证明)；

(2) 从求解偏微分方程的途径讲，沿特征线可以把偏微分方程变为全微分方程；

(3) 从数学意义上讲，越过特征线，物理参数本身是连续的，而它的导数可以是不连续的。特征线可以把这样的一些区域连接起来，使得在每一个区域中物理参数及其导数是连续的，而在交界面上导数可能不连续。沿着特征线，偏微分控制方程变成全微分方程，这个方程称为相容方程。必须注意，相容方程只是在特征线上才成立，在非特征线的曲线上，相容性方程不成立。

10.2　特征线理论基础

气体的运动可以分为亚声速运动、跨声速运动和超声速运动，描写理想气体亚声速运动的控制方程是椭圆型方程，跨声速流动的控制方程是抛物型方程，而超声速气流运动的控制方程则是双曲型的。从数学上得知，对于双曲型偏微分方程可以用特征线理论求解，沿特征线，将原来的偏微分方程变为可以积分的全微分方程而求得无黏流场的解。下面首先列出一些描写超声速流动的偏微分方程。

10.2.1　气体动力学中常用的拟线性偏微分方程

1. 平面定常无旋超声速流速度位方程

全势速方程

$$(c^2-\phi_x^2)\phi_{xx}-2\phi_x\phi_y\phi_{xy}+(a^2-\phi_y^2)\phi_{yy}=0 \tag{10-3}$$

气流的分速度

$$V_x=\frac{\partial\phi}{\partial x}\quad V_y=\frac{\partial\phi}{\partial y}$$

声速

$$c^2=c^{*^2}-\frac{k-1}{2}(\phi_x^2+\phi_y^2)$$

式中，c^{*^2} 为对应于滞止温度的声速。

2. 轴对称定常无旋超声速流速度位方程

全势速方程

$$(c^2-\phi_x^2)\phi_{xx}-2\phi_x\phi_r\phi_{xr}+(c^2-\phi_r^2)\phi_{rr}+\frac{c^2}{r}\phi_r=0 \tag{10-4}$$

气流的分速度

$$V_x=\frac{\partial\phi}{\partial x}\quad V_r=\frac{\partial\phi}{\partial r}$$

声速

$$c^2=c^{*^2}-\frac{k-1}{2}(\phi_x^2+\phi_r^2)$$

式中，c^{*^2} 为对应于滞止温度的声速。

3. 一维非定常运动

全势速方程

$$(c^2-\phi_x^2)\phi_{xx}-2\phi_x\phi_{xt}-\phi_{tt}=0 \tag{10-5}$$

气流的分速度

$$V_x=\frac{\partial\phi}{\partial x}$$

声速

$$c^2=c^{*^2}-\frac{k-1}{2}\phi_x^2-(k-1)\phi_t$$

式中，c^{*^2} 为对应滞止温度的声速。

4. 非定常轴对称运动

全势速方程

$$(c^2-\phi_r^2)\phi_{rr}-2\phi_r\phi_{rt}-\phi_{tt}-\frac{c^2}{r}\phi_r=0 \tag{10-6}$$

气流的分速度

$$V_r=\frac{\partial\phi}{\partial r}$$

声速

$$c^2=c^{*^2}-\frac{k-1}{2}\phi_r^2-(k-1)\phi_t$$

式中，c^{*^2} 为对应于滞止温度的声速

10.2.2　气体动力学常用的拟线性偏微分方程一般形式

以上列出的方程均为两个自变量的二阶非线性偏微分方程，但它们的最高阶导数的系数、非齐次项是自变量 x、y 及未知函数 ϕ 的函数，这样的方程称为“拟线性偏微分方程”，它们的一般形式为

$$A\phi_{xx}+2B\phi_{xy}+C\phi_{yy}=D$$

式中，A、B、C、D 均为 x、y、ϕ_x、ϕ_y 的函数，若用速度 V_x、V_y 表示，则可以写为

$$A\frac{\partial V_x}{\partial x}+2B\frac{\partial V_x}{\partial y}+C\frac{\partial V_y}{\partial y}=D \quad \text{或写为}$$

$$A(x,y,V_x,V_y)\frac{\partial V_x}{\partial x}+2B(x,y,V_x,V_y)\frac{\partial V_x}{\partial y}+C(x,y,V_x,V_y)\frac{\partial V_y}{\partial y}=D(x,y,V_x,V_y) \tag{10-7}$$

若使用无旋条件 $\dfrac{\partial V_x}{\partial y}=\dfrac{\partial V_y}{\partial x}$，那么方程就变为

$$A\frac{\partial V_x}{\partial x}+B\frac{\partial V_x}{\partial y}+B\frac{\partial V_y}{\partial x}+C\frac{\partial V_y}{\partial y}=D$$

运用特征线理论，可以将上面的方程变为关于 $\mathrm{d}V_x$ 和 $\mathrm{d}V_y$ 的全微分方程，具体过程将在下一节介绍。

10.3　二维定常无旋超声速气流的特征线法

现在我们讨论二维定常无旋超声速气流的特征线法，同时也可以作为两个因变量情况下的特征线方法介绍。

10.3.1　控制方程

在前面章节中，我们推导了理想气体的二维定常流运动方程。在直角坐标系中，它是

$$\left(V_x^2-c^2\right)\frac{\partial V_x}{\partial x}+2V_xV_y\frac{\partial V_x}{\partial y}+\left(V_y^2-c^2\right)\frac{\partial V_y}{\partial y}-\delta\frac{c^2V_y}{y}=0 \tag{10-8}$$

$$(\phi_x^2-c^2)\phi_{xx}+2\phi_x\phi_y\phi_{xy}+(\phi_y^2-c^2)\phi_{yy}-\delta\frac{c^2\phi_y}{y}=0$$

式中，$\delta=0$ 时，为二维平面流动；δ=1 为二维轴对称流动。这是拟线性一阶偏微分方程，可以利用特征线法求解。

为了能够求解问题，还需要补充关系式。假设流动是无旋的，就有

$$\frac{\partial V_x}{\partial y}-\frac{\partial V_y}{\partial x}=0 \quad \text{或} \quad \phi_{xy}-\phi_{yx}=0 \tag{10-9}$$

另外，还需要补充声速表达式

$$c=c(V_x,V_y)$$

以上 3 个方程构成了理想气体二维定常无旋流动的基本方程组。式中包含速度 V_x、V_y 的 4 个偏导数 $\dfrac{\partial V_x}{\partial x}$、$\dfrac{\partial V_x}{\partial y}$、$\dfrac{\partial V_y}{\partial x}$、$\dfrac{\partial V_y}{\partial y}$。依据特征线法的思路，就是要想办法将这些速度的偏导数组合成速度的全微分 $\mathrm{d}V_x$ 和 $\mathrm{d}V_y$。

10.3.2　特征线方程

下面将利用特征线的性质，即越过特征线导数不确定的条件来推导二维定常无旋超声速流的特征线表达式。

首先列出速度 V_x、V_y 的全微分

$$\mathrm{d}V_x=\frac{\partial V_x}{\partial x}\mathrm{d}x+\frac{\partial V_x}{\partial y}\mathrm{d}y \quad \text{和} \quad \mathrm{d}V_y=\frac{\partial V_y}{\partial x}\mathrm{d}x+\frac{\partial V_y}{\partial y}\mathrm{d}y$$

将它们与上面的偏微分控制方程和无旋条件联立以求解速度 V_x、V_y 的 4 个偏导数 $\frac{\partial V_x}{\partial x}$、$\frac{\partial V_x}{\partial y}$、$\frac{\partial V_y}{\partial x}$、$\frac{\partial V_y}{\partial y}$：

$$\begin{cases}\left(V_x^2-c^2\right)\dfrac{\partial V_x}{\partial x}+2V_xV_y\dfrac{\partial V_x}{\partial y}+\left(V_y^2-c^2\right)\dfrac{\partial V_y}{\partial y}=\delta\dfrac{c^2V_y}{y}\\ \dfrac{\partial V_x}{\partial y}-\dfrac{\partial V_y}{\partial x}=0\\ \mathrm{d}x\dfrac{\partial V_x}{\partial x}+\mathrm{d}y\dfrac{\partial V_x}{\partial y}=\mathrm{d}V_x\\ \mathrm{d}x\dfrac{\partial V_y}{\partial x}+\mathrm{d}y\dfrac{\partial V_y}{\partial y}=\mathrm{d}V_y\end{cases}$$

使 4 个偏导数 $\frac{\partial V_x}{\partial x}$、$\frac{\partial V_x}{\partial y}$、$\frac{\partial V_y}{\partial x}$、$\frac{\partial V_y}{\partial y}$ 不确定的条件是上述方程组的系数行列式 $\varDelta$ 为零。

$$\varDelta=\begin{vmatrix}\left(V_x^2-c^2\right) & \left(2V_xV_y\right) & 0 & \left(V_y^2-c^2\right)\\ 0 & 1 & -1 & 0\\ \mathrm{d}x & \mathrm{d}y & 0 & 0\\ 0 & 0 & \mathrm{d}x & \mathrm{d}y\end{vmatrix}=0 \tag{10-10}$$

令 $\lambda=\frac{\mathrm{d}y}{\mathrm{d}x}$ 表示曲线即特征线的斜率，可以得到

$$\varDelta=\left(V_x^2-c^2\right)\lambda^2-2V_xV_y\lambda+\left(V_y^2-c^2\right)=0$$

由此解得特征线斜率的方程

$$\lambda_{\pm}=\left(\frac{\mathrm{d}y}{\mathrm{d}x}\right)_{\pm}=\frac{V_xV_y\pm c^2\sqrt{M^2-1}}{V_x^2-c^2} \tag{10-11}$$

式中，$M=\frac{\sqrt{V_x^2+V_y^2}}{c}$，为流动的当地马赫数。

(10-11) 式给出了超声速流动 λ 的两个解，用下标 + 和 − 表示，它们分别对应平方根前取正号和负号。

10.3.3　相容方程

为得到描述二维定常无旋超声速流的相容方程，可以将 (10-8) 式和无旋条件 (10-9) 式沿特征线组合成全微分方程。将上述两个偏微分方程线性组合，用不为零的系数 σ_1、σ_2 分别乘以 (10-8) 式和无旋条件 (10-9) 式后相加，得到

$$\sigma_1\underbrace{\left[\left(V_x^2-c^2\right)\frac{\partial V_x}{\partial x}+2V_xV_y\frac{\partial V_x}{\partial y}+\left(V_y^2-c^2\right)\frac{\partial V_y}{\partial y}-\delta\frac{c^2V_y}{y}\right]}_{\text{运动方程}}+\sigma_2\underbrace{\left[\frac{\partial V_x}{\partial y}-\frac{\partial V_y}{\partial x}\right]}_{\text{无旋条件}}=0$$

式中，σ_1、σ_2 为待定系数。将上式变换、整理成全微分 $\dfrac{\mathrm{d}V_x}{\mathrm{d}x}$ 和 $\dfrac{\mathrm{d}V_y}{\mathrm{d}x}$ 的形式，有

$$\sigma_1\left(V_x^2-c^2\right)\left[\frac{\partial V_x}{\partial x}+\frac{2\sigma_1V_xV_y+\sigma_2}{\sigma_1\left(V_x^2-c^2\right)}\frac{\partial V_x}{\partial y}\right]-\sigma_2\left[\frac{\partial V_y}{\partial x}-\frac{\sigma_1}{\sigma_2}\left(V_y^2-c^2\right)\frac{\partial V_y}{\partial y}\right]-\sigma_1\delta\frac{c^2V_y}{y}=0$$

从上式可以看出，如果式中两个方括号内后一个速度偏微分的系数等于 $\mathrm{d}y/\mathrm{d}x$ 的话，即

$$\frac{\mathrm{d}y}{\mathrm{d}x}=\lambda=\frac{2\sigma_1V_xV_y+\sigma_2}{\sigma_1\left(V_x^2-c^2\right)}\tag{10-12}$$

和

$$\frac{\mathrm{d}y}{\mathrm{d}x}=\lambda=-\frac{\sigma_1}{\sigma_2}\left(V_y^2-c^2\right)\tag{10-13}$$

那么这两个方括号恰好就变为速度的全微分 $\mathrm{d}V_x$ / $\mathrm{d}x$ 和 $\mathrm{d}V_y/\mathrm{d}x$：

$$\frac{\mathrm{d}V_x}{\mathrm{d}x}=\frac{\partial V_x}{\partial x}+\frac{2\sigma_1V_xV_y+\sigma_2}{\sigma_1\left(V_x^2-c^2\right)}\frac{\partial V_x}{\partial y}$$
$$\frac{\mathrm{d}V_y}{\mathrm{d}x}=\frac{\partial V_y}{\partial x}-\frac{\sigma_1}{\sigma_2}\left(V_y^2-c^2\right)\frac{\partial V_y}{\partial y}$$

描写这种流动的偏微分方程组就可以变为沿特征线的全微分方程

$$\sigma_1\left(V_x^2-c^2\right)\frac{\mathrm{d}V_x}{\mathrm{d}x}-\sigma_2\frac{\mathrm{d}V_y}{\mathrm{d}x}-\sigma_1\delta\frac{c^2V_y}{y}=0\quad\text{或者写为}$$

$$\sigma_1\left(V_x^2-c^2\right)\mathrm{d}V_x-\sigma_2\mathrm{d}V_y-\sigma_1\delta\frac{c^2V_y}{y}\mathrm{d}x=0\tag{10-14}$$

这就是包含待定系数 σ_1、σ_2 的相容方程。
下面研究如何确定 σ_1、σ_2 及特征线斜率 $\lambda=\mathrm{d}y/\mathrm{d}x$。

由上面推导的特征线方程 (10-12) 和 (10-13) 解出 σ_1、σ_2 来，得到方程组

$$\left\{\begin{array}{l}\left[\lambda\left(V_x^2-c^2\right)-2V_xV_y\right]\sigma_1-\sigma_2=0\\ \left(V_y^2-c^2\right)\sigma_1+\lambda\sigma_2=0\end{array}\right.\tag{10-15}$$

求解 σ_1、σ_2，可得

$$\sigma_2=\left[\lambda\left(V_x^2-c^2\right)-2V_xV_y\right]\sigma_1$$
$$\sigma_2=-\left(V_y^2-c^2\right)\sigma_1/\lambda$$

代入相容 (10-14) 式以消去 σ_1、σ_2

$$\sigma_1\left(V_x^2-c^2\right)\mathrm{d}V_x-\sigma_2\mathrm{d}V_y-\sigma_1\delta\frac{c^2V_y}{y}\mathrm{d}x=0$$

$$\Rightarrow\sigma_1\left(V_x^2-c^2\right)\mathrm{d}V_x+\sigma_1\frac{\left(V_y^2-c^2\right)}{\lambda}\mathrm{d}V_y-\sigma_1\delta\frac{c^2V_y}{y}\mathrm{d}x=0$$

式中同消去不为零的 σ_1，于是就有关于速度 V_x、V_y 的相容方程

$$\left(V_x^2-c^2\right)\mathrm{d}V_{x\pm}+\frac{\left(V_y^2-c^2\right)}{\lambda_\pm}\mathrm{d}V_{y\pm}-\delta\frac{c^2V_y}{y}\mathrm{d}x_\pm=0 \tag{10-16a}$$

或者

$$\left(V_x^2-c^2\right)\mathrm{d}V_{x\pm}+\left[2V_xV_y-\left(V_x^2-c^2\right)\lambda_\pm\right]\mathrm{d}V_{y\pm}-\delta\frac{c^2V_y}{y}\mathrm{d}x_\pm=0 \tag{10-16b}$$

这是一个用 V_x、V_y 表示的全微分方程，说明在二维定常无旋超声速气流中，沿着 (10-11) 式所表示的特征线，就可以将描写这种流动的偏微分 (10-8) 式变为 (10-16) 式那样全微分形式的相容方程。

如果从 (10-15) 式直接求 σ_1、σ_2，也可以得到特征线方程

$$\varDelta=\begin{vmatrix}\lambda\left(V_x^2-c^2\right)-2V_xV_y & -1\\ \left(V_y^2-c^2\right) & \lambda\end{vmatrix},\quad \varDelta_1=\begin{vmatrix}0 & -1\\ 0 & \lambda\end{vmatrix}=0,$$

$$\varDelta_2=\begin{vmatrix}\lambda\left(V_x^2-c^2\right)-2V_xV_y & 0\\ \left(V_y^2-c^2\right) & 0\end{vmatrix}=0$$

要使 σ_1、σ_2 有不为零的解，$\varDelta$ 必为零，即

$$\varDelta=\begin{vmatrix}\lambda\left(V_x^2-c^2\right)-2V_xV_y & -1\\ \left(V_y^2-c^2\right) & \lambda\end{vmatrix}=\lambda^2\left(V_x^2-c^2\right)-2\lambda V_xV_y+\left(V_y^2-c^2\right)=0$$

解关于 λ 的二次方程，得到与 (10-11) 式完全相同的特征线：

$$\lambda_\pm=\left(\frac{\mathrm{d}y}{\mathrm{d}x}\right)_\pm=\frac{V_xV_y\pm c^2\sqrt{M^2-1}}{V_x^2-c^2}$$

从上面的表达式中可见，当马赫数 $M>1$ 时，流场中存在两组实特征线：

(1) 当马赫数 $M=1$ 时，流场中有一组实特征线；

(2) 当马赫数 $M<1$ 时，λ 是虚数，对应虚特征线。

注意特征线法只能用于二维定常的超声速流动中，对亚声速流动无效。

根据图 10-2 和 10-3 所示图形的几何关系，用速度 V 和气流角或者流线角 θ 来表示 V_x 和 V_y，以及用马赫角 μ 来表示马赫数 M，可以进一步简化特征线的表达式。

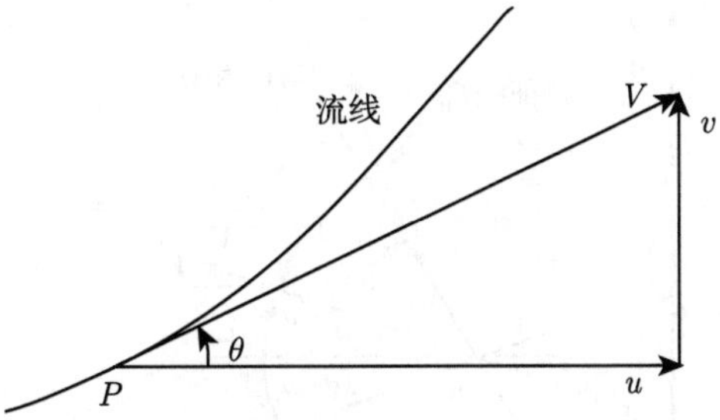

图 10-2　速度分量 u 和 v、速度值 V 及气流角 θ 之间的关系

由于　$V_x = V\cos\theta, V_y = V\sin\theta, \theta = \arctan(V_y/V_x)$ 以及　$\mu = \arcsin(1/M), \sqrt{M^2-1} = \cot\mu$

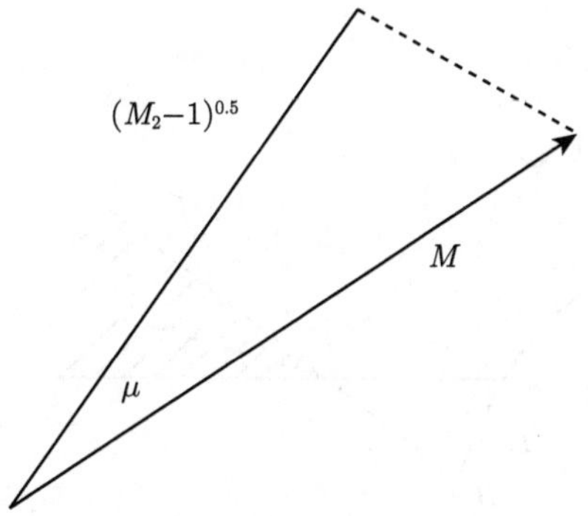

图 10-3　马赫角 μ 和马赫数 M 之间的关系

代入特征线方程 (10-11) 式，得到

$$\begin{aligned}\lambda_{\pm} &= \frac{V^2\sin\theta\cos\theta \pm c^2\cot\mu}{V^2\cos^2\theta - c^2} = \frac{\sin\theta\cos\theta \pm (1/M^2)\cot\mu}{\cos^2\theta - (1/M^2)} \\ &= \frac{\sin\theta\cos\theta \pm \sin^2\mu\cot\mu}{\cos^2\theta - \sin^2\mu} = \frac{\sin\theta\cos\theta \pm \sin\mu\cos\mu}{\cos^2\theta - \sin^2\mu}\end{aligned}$$

利用三角函数关系式，最终可以得到

$$\left(\frac{\mathrm{d}y}{\mathrm{d}x}\right)_{\pm} = \lambda_{\pm} = \tan(\theta \pm \mu) \tag{10-17}$$

图 10-4 表示了 $x-y$ 平面中用 C_+ 和 C_- 表示的两条特征线。可见 C_+ 和 C_- 特征线相对于流线对称，相对于流线角 θ 形成 $+\mu$ 和 $-\mu$ 角，即马赫角，因此 C_+ 和 C_- 就是当地的马赫线。特征线的性质在于，它是流场中某一点信息向下游区域传播的曲线。很明显，对于图 10-5 所表明的情况，从 P 点出发的扰动信息会影响 C_+ 和 C_- 特征线之间的区域，该区域称为 P 点的影响域。而这两条特征线在 P 点上游所围成的区域，是所有对 P 点有影响的点集，这个区域称为 P 点的依赖域。

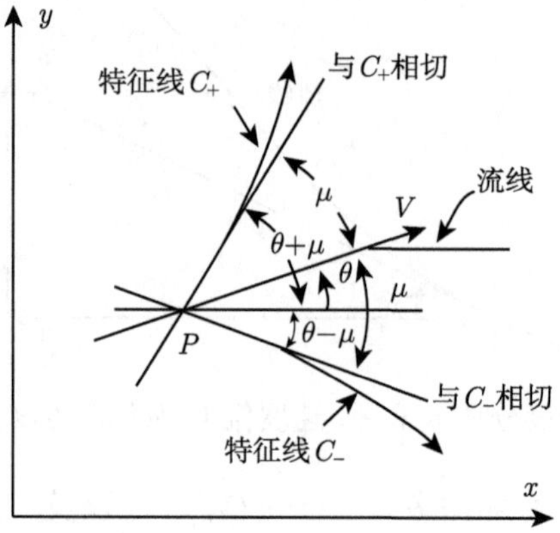

图 10-4　特征线和马赫线的关系

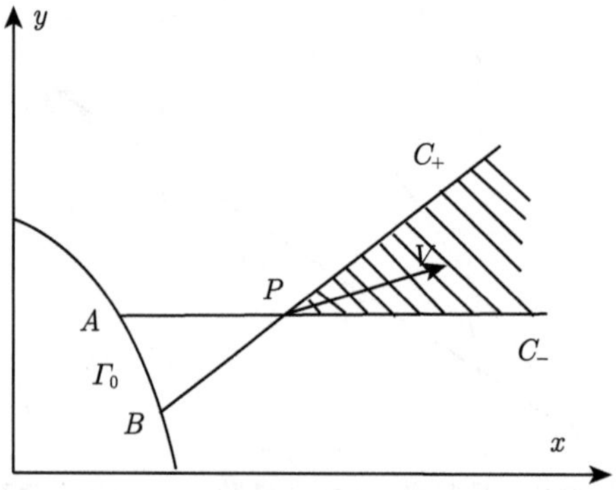

图 10-5　影响域和依赖域

如果用 $V_x = V\cos\theta$，$V_y = V\sin\theta$ 代入相容方程 (10-16)：

$$\left(V_x^2 - c^2\right)\mathrm{d}V_{x\pm} + \frac{\left(V_y^2 - c^2\right)}{\lambda_\pm}\mathrm{d}V_{y\pm} - \delta\frac{c^2 V_y}{y}\mathrm{d}x_\pm = 0$$

可以得到用速度 V 和气流角 θ 来表示的实用性相容方程：

$$\frac{\mathrm{d}V_\pm}{V} \mp \tan\mu\mathrm{d}\theta_\pm - \delta\frac{\sin\theta\sin^2\mu}{\cos\mu\cos(\theta\pm\mu)}\frac{\mathrm{d}x_\pm}{y} = 0 \tag{10-18}$$

$$\frac{1}{V}\left(\frac{\mathrm{d}V}{\mathrm{d}\theta}\right)_\pm = \pm\tan\mu + \delta\frac{\sin\mu\tan\mu\sin\theta}{\sin(\theta\mp\mu)}\frac{1}{y}\left(\frac{\mathrm{d}y}{\mathrm{d}\theta}\right)_\pm$$

最后，将适用于二维定常无旋超声速流的特征线方程和相容方程写在一起：

特征线方程　$$\left(\frac{\mathrm{d}y}{\mathrm{d}x}\right)_\pm = \lambda_\pm = \tan(\theta\pm\mu)$$

相容方程　$$\frac{\mathrm{d}V_\pm}{V} \mp \tan\mu\mathrm{d}\theta_\pm - \delta\frac{\sin\theta\sin^2\mu}{\cos\mu\cos(\theta\pm\mu)}\frac{\mathrm{d}x_\pm}{y} = 0$$

下标 ± 表示二维定常超声速流的特征线有两条，即图 10-4 中的 C_+ 和 C_-，相容方程中 ± 下标表示的微分量则必须分别严格沿 C_+ 和 C_- 特征线来计算。

对于平面无旋流动，相容方程中的系数 $\delta=0$，则相容方程可写为

$$\mp \mathrm{d}\theta_{\pm}=c\cot\mu\frac{\mathrm{d}V}{V}=\sqrt{M^2-1}\frac{\mathrm{d}V}{V} \tag{10-19}$$

作一些变换，可以得到

$$\pm\,\mathrm{d}\theta=\frac{\sqrt{M^2-1}}{1+\dfrac{k-1}{2}M^2}\frac{\mathrm{d}M}{M}$$ 积分此式，相容方程变为

$$\pm\,\theta=\sqrt{\frac{k+1}{k-1}}\arctan\sqrt{\frac{k-1}{k+1}(M^2-1)}-\arctan\sqrt{M^2-1}+C \tag{10-20}$$

这就是著名的 Prandtl-Meyer 流动方程 [见第 8 章 (8-9) 式]，可见它就是定常二维无旋超声速平面流的相容方程。

10.4　二维定常平面有旋超声速气流的特征线法

10.4.1　基本方程

对于二维定常有旋超声速流动，沿流线它的熵 S 和总焓 h_0 分别保持常数，即等熵流动。而越过流线，它的熵 S 及总焓均有梯度，是非均熵的有旋流动，因此不能采用无旋条件，必须采用二维定常可压缩流动的一般方程。从第 3 章我们知道，流动的控制方程包括连续方程、动量方程和能量方程，在直角坐标系下，一般的二维平面可压缩流动

连续方程

$$\nabla\cdot(\rho\boldsymbol{V})=0$$

动量方程

$$\rho\frac{D\boldsymbol{V}}{Dt}+\nabla p=0$$

声速方程

$$\frac{Dp}{Dt}-c^2\frac{\partial\rho}{\partial t}=0$$

上述方程在直角坐标系内展开可得

连续方程

$$\rho\frac{\partial V_x}{\partial x}+\rho\frac{\partial V_y}{\partial y}+V_x\frac{\partial\rho}{\partial x}+V_y\frac{\partial\rho}{\partial y}+\delta\frac{\rho V_y}{y}=0 \tag{10-21}$$

动量方程

$$\frac{\partial p}{\partial x}+\rho V_x\frac{\partial V_x}{\partial x}+\rho V_y\frac{\partial V_x}{\partial y}=0 \tag{10-22}$$

$$\frac{\partial p}{\partial y}+\rho V_x\frac{\partial V_y}{\partial x}+\rho V_y\frac{\partial V_y}{\partial y}=0 \tag{10-23}$$

声速表示的能量方程

$$V_x\frac{\partial p}{\partial x}+V_y\frac{\partial p}{\partial y}-c^2V_x\frac{\partial\rho}{\partial x}-c^2V_y\frac{\partial\rho}{\partial y}=0 \tag{10-24}$$

这是一组描写二维定常平面超声速流动的控制方程组，有 4 个未知量、4 个方程，可以采用特征线法的思路求解。

10.4.2　二维定常平面有旋超声速气流的特征线

为了推导特征线方程和相容方程，与前面类似，把上述四个式子分别乘以不等于零的系数 σ_1 到 σ_4 后线性组合。

$$\sigma_1(10-21)+\sigma_2(10-22)+\sigma_3(10-23)+\sigma_4(10-24)=0$$

注意此处没有用到无旋条件，因为是有旋流动。

然后将式子整理成关于 V_x、V_y、p 和 ρ 的全微分形式，得到

$$\begin{aligned}&(\rho\sigma_1+\rho V_x\sigma_2)\left[\frac{\partial V_x}{\partial x}+\frac{V_y\sigma_2}{\sigma_1+V_x\sigma_2}\frac{\partial V_x}{\partial y}\right]\\&+(\rho V_x\sigma_3)\left[\frac{\partial V_y}{\partial x}+\frac{\sigma_1+V_y\sigma_3}{V_x\sigma_3}\frac{\partial V_y}{\partial y}\right]+(\sigma_2+V_x\sigma_4)\left[\frac{\partial p}{\partial x}+\frac{\sigma_3+V_y\sigma_4}{\sigma_2+V_x\sigma_4}\frac{\partial p}{\partial y}\right]\\&+\left(V_x\sigma_1-c^2V_x\sigma_4\right)\left[\frac{\partial \rho}{\partial x}+\frac{V_y\sigma_1-c^2V_y\sigma_4}{V_x\sigma_1-c^2V_x\sigma_4}\frac{\partial \rho}{\partial y}\right]+\delta\rho\frac{V_y\sigma_1}{y}=0\end{aligned}\tag{10-25}$$

上式四个方括号中 y 导数前的系数若等于同一个值 $\mathrm{d}y/\mathrm{d}x$，那么这 4 个方括号就可以写为四个全微分 $\mathrm{d}V_x/\mathrm{d}x$ 、$\mathrm{d}V_y/\mathrm{d}x$ 、$\mathrm{d}p/\mathrm{d}x$ 和 $\mathrm{d}\rho/\mathrm{d}x$。根据特征线的数学意义，沿着 $\mathrm{d}y/\mathrm{d}x$ 定义的空间曲线，如果可以将偏微分方程变为全微分方程，那这些空间曲线就是特征线，它的斜率 λ:

$$\lambda=\frac{\mathrm{d}y}{\mathrm{d}x}=\frac{V_y\sigma_2}{\sigma_1+V_x\sigma_2}=\frac{\sigma_1+V_y\sigma_3}{V_x\sigma_3}=\frac{\sigma_3+V_y\sigma_4}{\sigma_2+V_x\sigma_4}=\frac{V_y\sigma_1-c^2V_y\sigma_4}{V_x\sigma_1-c^2V_x\sigma_4}\tag{10-26}$$

如果 V_x、V_y、p 和 ρ 是连续的，这样 (10-25) 式就变换为全微分方程

$$(\rho\sigma_1+\rho V_x\sigma_2)\frac{\mathrm{d}V_x}{\mathrm{d}x}+(\rho V_x\sigma_3)\frac{\mathrm{d}V_y}{\mathrm{d}x}+(\sigma_2+V_x\sigma_4)\frac{\mathrm{d}p}{\mathrm{d}x}+\left(V_x\sigma_1-c^2V_x\sigma_4\right)\frac{\mathrm{d}\rho}{\mathrm{d}x}+\delta\frac{\rho V_y\sigma_1}{y}=0\tag{10-27}$$

这就是二维定常平面有旋超声速流的相容性方程。它沿着 (10-26) 式所确定的特征线成立。剩下的问题就是确定 λ，并消去 σ_1 到 σ_4。

把 (10-26) 式整理成关于 σ_1 到 σ_4 的方程组：

$$\begin{cases}\sigma_1(\lambda)+\sigma_2(V_x\lambda-V_y)+\sigma_3(0)+\sigma_4(0)=0\\\sigma_1(-1)+\sigma_2(0)+\sigma_3(V_x\lambda-V_y)+\sigma_4(0)=0\\\sigma_1(0)+\sigma_2(\lambda)+\sigma_3(-1)+\sigma_4(V_x\lambda-V_x)=0\\\sigma_1(V_x\lambda-V_y)+\sigma_2(0)+\sigma_3(0)+\sigma_4\left[-c^2(V_x\lambda-V_y)\right]=0\end{cases}$$

为了使该方程组具有非零的解，其系数矩阵的行列式必须为零。令 $S=V_x\lambda-V_y$，有

$$\begin{vmatrix}\lambda & S & 0 & 0\\-1 & 0 & S & 0\\0 & \lambda & -1 & S\\S & 0 & 0 & -c^2S\end{vmatrix}=0$$

展开该行列式，得到

$$S^2\left[S^2-c^2\left(1+\lambda^2\right)\right]=0$$

这是关于 λ 的四阶代数方程式，因此有 4 个根和 4 条特征线。它们分别是

$$\left(\frac{\mathrm{d}y}{\mathrm{d}x}\right)_0=\lambda_0=\frac{V_y}{V_x}(\text{二重根}) \tag{10-28}$$

和

$$\lambda_{\pm}=\left(\frac{\mathrm{d}y}{\mathrm{d}x}\right)_{\pm}=\frac{V_xV_y\pm c^2\sqrt{M^2-1}}{V_x^2-c^2}$$

第一个解是流线方程 (下标 0 表示流线)，因此，在有旋流动中，流线是一条二重特征线 (称为流特征线)。后面两条跟无旋流动中的特征线是相同的，就是两条马赫线。

$$\left(\frac{\mathrm{d}y}{\mathrm{d}x}\right)_{\pm}=\lambda_{\pm}=\tan\left(\theta\pm\alpha\right) \tag{10-29}$$

这样在有旋流动中，有 3 条互不相同的特征线：流线 C_0 和马赫线 C_+、C_-，如图 10-6 所示。

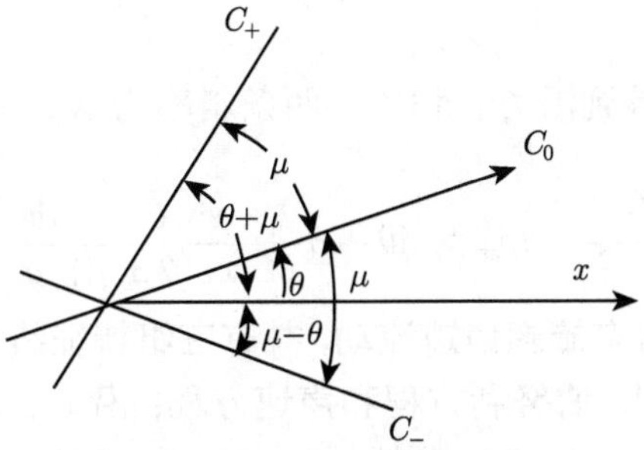

图 10-6　有旋流的三条特征线

为了得到沿这三条特征线的相容方程，必须将 (10-27) 式内的系数 σ_1 到 σ_4 全部消掉才行，为此目的，考察特征线斜率的 (10-26) 式

$$\lambda=\frac{\mathrm{d}y}{\mathrm{d}x}=\frac{V_y\sigma_2}{\sigma_1+V_x\sigma_2}=\frac{\sigma_1+V_y\sigma_3}{V_x\sigma_3}=\frac{\sigma_3+V_y\sigma_4}{\sigma_2+V_x\sigma_4}=\frac{V_y\sigma_1-c^2V_y\sigma_4}{V_x\sigma_1-c^2V_x\sigma_4}$$

沿流线将 $\left(\dfrac{\mathrm{d}y}{\mathrm{d}x}\right)=\lambda=\dfrac{V_y}{V_x}$ 代入上式，分别建立下述代数方程：

(1) $\dfrac{V_y}{V_x}(\sigma_1+V_x\sigma_2)=V_y\sigma_2$，可得 $\lambda\sigma_1+V_y\sigma_2=V_y\sigma_2$ 有 $\lambda\sigma_1=0$，即 $\sigma_1=0$

(2) $\dfrac{V_y}{V_x}V_x\sigma_3=\sigma_1+V_y\sigma_3$，可得 $V_y\sigma_3=\sigma_1+V_y\sigma_3$ 同样有 $\sigma_1=0$

(3) $\dfrac{V_y}{V_x}(\sigma_2+V_x\sigma_4)=\sigma_3+V_y\sigma_4$，可得 $\lambda\sigma_2+V_y\sigma_4=\sigma_3+V_y\sigma_4$ 有 $\lambda\sigma_2-\sigma_3=0$

(4) $\dfrac{V_y}{V_x}(V_x\sigma_1-c^2V_x\sigma_4)=V_y\sigma_1-c^2V_y\sigma_4$，可得 $V_y\sigma_1-c^2V_y\sigma_4=V_y\sigma_1-c^2V_y\sigma_4$

可见有用的结果是 $\sigma_1=0$ 和 $\lambda\sigma_2-\sigma_3=0$，将这些关系代入相容 (10-27) 式

$$(\rho\sigma_1+\rho V_x\sigma_2)\frac{\mathrm{d}V_x}{\mathrm{d}x}+(\rho V_x\sigma_3)\frac{\mathrm{d}V_y}{\mathrm{d}x}+(\sigma_2+V_x\sigma_4)\frac{\mathrm{d}p}{\mathrm{d}x}+\left(V_x\sigma_1-c^2V_x\sigma_4\right)\frac{\mathrm{d}\rho}{\mathrm{d}x}+\delta\frac{\rho V_y\sigma_1}{y}=0$$

$$(\rho V_x\sigma_2)\,\mathrm{d}V_x+(\rho V_x\lambda\sigma_2)\,\mathrm{d}V_y+(\sigma_2+V_x\sigma_4)\,\mathrm{d}p-\left(c^2V_x\sigma_4\right)\mathrm{d}\rho=0$$

因为沿流线 $\lambda=V_y/V_x$ 代入上式，略作变换，即有

$$\sigma_2\left(\rho V_x\mathrm{d}V_x+\rho V_y\mathrm{d}V_y+\mathrm{d}p\right)+\sigma_4\left(V_x\mathrm{d}p-c^2V_x\mathrm{d}\rho\right)=0$$

由于 σ_2、σ_4 是不为零的系数，因此必有

$$\rho V_x\mathrm{d}V_x+\rho V_y\mathrm{d}V_y+\mathrm{d}p=0$$

$$V_x\mathrm{d}p-c^2V_x\mathrm{d}\rho=0$$

即伯努利方程

$$V\mathrm{d}V+\mathrm{d}p/\rho=0 \tag{10-30}$$

声速方程

$$\mathrm{d}p-c^2\mathrm{d}\rho=0 \tag{10-31}$$

为沿流线的相容方程

使用类似的方法，可以得到沿 C_+ 和 C_- 两条斜率为 $\lambda_\pm=\tan(\theta\pm\alpha)$ 特征线的相容方程是

$$\frac{\sqrt{M^2-1}}{\rho V^2}\mathrm{d}p_\pm\times\mathrm{d}\theta+\delta\frac{\sin\theta}{M\cos(\theta\pm\mu)}\frac{\mathrm{d}x}{y}=0 \tag{10-32}$$

分析表明，对于二维定常有旋超声速流动，共有三组特征线 (流线、C_+ 和 C_- 马赫线)、4 个相容方程 [沿流线两个方程：伯努利方程和声速方程；沿 C_+ 和 C_- 特征线的 (10-32) 式]，方程的未知量也是 4 个：p、ρ、V_x、V_y 或者 p、ρ、V、θ，必须沿三族特征线同时求解 4 个相容方程逐点获得所求流场的解。

10.5　二维定常无旋超声速气流特征线法的数值计算

10.5.1　用特征线法计算流程的基本思路

上面已经推导出理想流体的二维定常特征线方程组。

特征线法是用特征线方程加上全微分形式的相容方程代替一组拟线性偏微分方程，沿特征线求解该微分方程，从而获得整个欲求流场的数值解。

对于无旋流动，它们的特征线方程和相容方程分别是

特征线方程

$$\left(\frac{\mathrm{d}y}{\mathrm{d}x}\right)_\pm=\lambda_\pm=\tan(\theta\pm\mu)$$

相容方程

$$\frac{\mathrm{d}V_\pm}{V}\mp\tan\mu\mathrm{d}\theta_\pm-\delta\frac{\sin\theta\sin^2\mu}{\cos\mu\cos(\theta\pm\mu)}\frac{\mathrm{d}x_\pm}{y}=0\quad\text{或者}$$

$$\left(V_x^2-c^2\right)\mathrm{d}V_{x\pm}+\left[2V_xV_y-(V_x^2-c^2)\lambda_\pm\right]\mathrm{d}V_{y\pm}-\delta\frac{c^2V_y}{y}\mathrm{d}x_\pm=0$$

上述控制方程是常微分方程组，为了求解某一具体的二维定常无旋超声速流场的数值解，还必须将上述微分方程改写为差分方程，在求解区域内，采用步进方法从某初值线出发，用众多的离散点代替已知的初值线，相邻两个离散点各自向下游发出两条特征线 C_+ 和 C_-，从两个相邻点发出的不同特征线，一个是 C_+ 和另一个是 C_- 将相交于下一新的未知求解点，沿这两条特征线求解相容方程，就得到新的解点的气动参数，这些解点沿特征线逐点向下游扩展直至覆盖整个待求流场，所有这些离散点的集合称为网格。

图 10-7 给出了二维平面流场内沿初值线计算下游流场的大致过程。设 x- y 平面内有一非特征线的流场起始曲线 AB，其上流动参数已知。将 AB 曲线分三段，从离散点 1、2 分别作特征线，沿 1 点 C_- 特征线与 2 点 C_+ 特征线交与 3 点，沿 13、23 各有一个联系 $\mathrm{d}V$、$\mathrm{d}\theta$ 或 $\mathrm{d}V_x$、$\mathrm{d}V_y$ 的相容方程，由这组相容方程可解得 3 点的 V、θ 或 V_x、V_y。类似地，从离散点 A、1 点发出的特征线交与 D 点，从 B、2 点发出的特征线交与 E 点，分别解相容方程，于是 D、3、E 三点的流动参数均可求得，然后再得 4、5 点及 C 点的气动参数 V、θ 或 V_x、V_y。

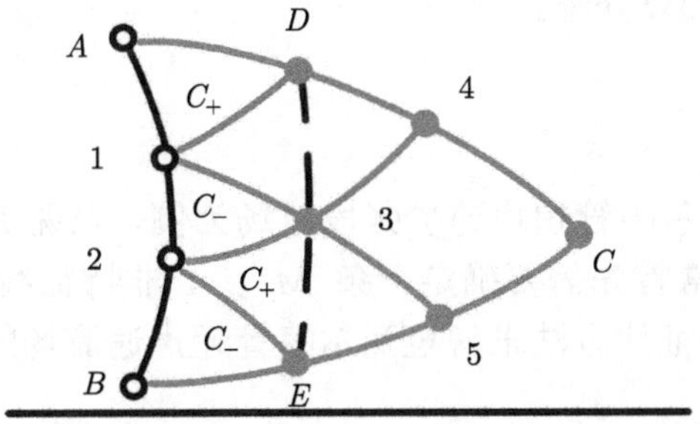

图 10-7 二维平面流场内特征线法计算流场示意图

依据上述思路，为便于数值求解，将特征线方程和相容方程写成差分形式：

特征线方程

$$\Delta y_{\pm} = \lambda_{\pm}\Delta x_{\pm} = \tan(\theta \pm \mu)\,\Delta x_{\pm}$$

相容方程，用 V，θ 表示：

$$\frac{\Delta V_{\pm}}{V} = \pm\tan\mu\Delta\theta_{\pm} + \delta\frac{\sin\theta\sin^2\mu}{\cos\mu\cos(\theta\pm\mu)}\frac{\Delta x_{\pm}}{y} \quad \text{或者}$$

用 V_x,V_y 表示：

$$\left(V_x^2 - c^2\right)\Delta V_{x\pm} + \left[2V_xV_y - (V_x^2 - c^2)\lambda_{\pm}\right]\Delta V_{y\pm} - \delta\frac{c^2V_y}{y}\Delta x_{\pm} = 0$$

为方便计算，差分化的特征线方程和相容方程可以简化为

$$\Delta y_{\pm} = \lambda_{\pm}\Delta x_{\pm} \tag{10-33}$$

$$Q_{\pm}\Delta V_{x\pm} + R_{\pm}\Delta V_{y\pm} - S_{\pm}\Delta x_{\pm} = 0 \tag{10-34}$$

式中，$\pm$ 号表示分别沿着 C_+ 和 C_- 特征线进行离散。Q、R 和 S 是差分系数：

$$\text{特征线斜率}\lambda_{\pm} = \tan(\theta \pm \mu)$$

$$Q = V_x^2 - c^2$$
$$R = 2V_xV_y - (V_x^2 - c^2)\lambda$$
$$S = \delta\frac{c^2V_y}{y}$$

从上面看到，因为 $\lambda_\pm$、Q、R 和 S 依赖于未知函数 u 和 ν，因此在得到 V_x、V_y 之前，它们是未知的。问题可以这样解决：先假设差分系数取预先假设的数据，由此计算出推进点的 x、y、V_x、V_y。在获得 x、y、V_x、V_y 后，重新计算差分系数，然后再次计算 x、y、V_x、V_y。这个过程可以重复下去，直至达到满意的结果。这种迭代方式，称为欧拉预估—校正法。其中第一次称为预估步，以后的修正称为校正步。

在实际计算时，为求解二维定常无旋超声速流场，可以将求解过程分解为一些典型的单元过程，这些单元过程包括：内点、对称轴点、直接壁面点、反壁面点、自由边界点等，下面分别就这些典型单元过程加以介绍。

10.5.2 典型单元过程

以图 10-8 所示的拉瓦尔喷管超声速扩张段流场为例，来说明各单元过程。特征线法只能应用到超声速流场，通常首先需要确定一条 $M \geqslant 1$ 非特征线的初值线。假设该初值线 ABCDE 已经存在，分析特征线方法求解拉瓦尔喷管超声速流场的具体过程。

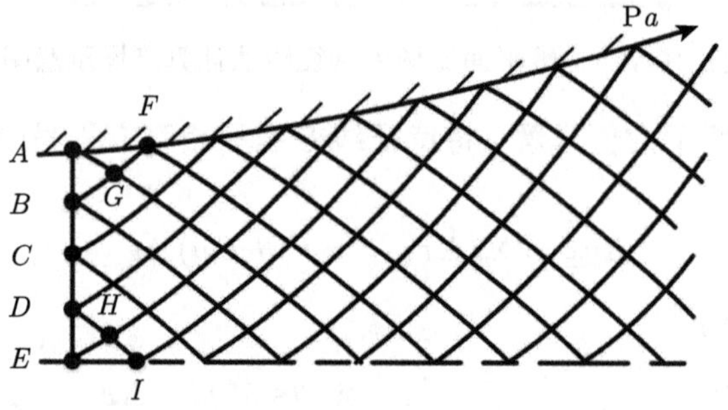

图 10-8 拉瓦尔喷管超声速扩张段流场

从图 10-8 可以看出，特征线法是从已知气动参数的初值线离散点 A、B、C、D、E出发，沿特征线向下游逐点的计算过程。例如从 A、B 点计算 G 点，从 D、E 点计算 H 点，这就是“内点”过程，这是喷管流场计算中最多的单元过程；从 E、H 点出发计算对称轴点 I 点，就是“对称轴点”；从 A、G 点出发计算喷管固壁的 F 点，就是“直接壁面点”；计算喷管出流的流动，就是“自由边界点”。

1. 单元过程 1：内点

将超声速流场内部众多的内点求解过程，典型化为图 10-9 所示的从已知的 1、2 点求 4 点的“内点”过程，目的是确定 4 点的位置 x_4、y_4 和 4 点的流动参数。

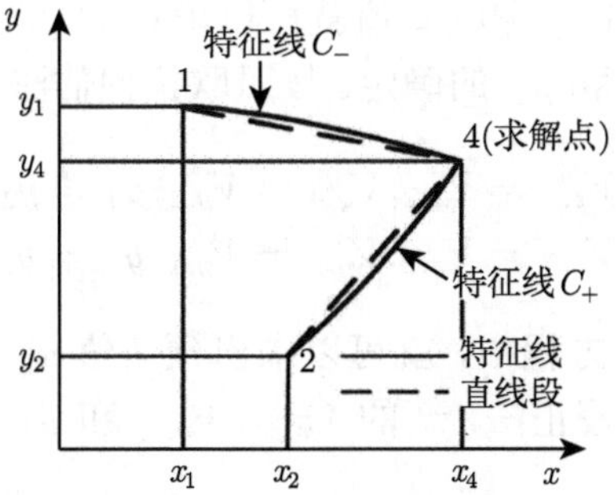

图 10-9　内点的计算

图中的内点 4 位于 C_+ 和 C_- 特征线的交点上。求解两个特征线方程，得到特征线 14 和 24，再沿着特征线 14 和 24 解两个相容性方程，这儿共有关于 x_4、y_4、V_x、V_y 的四个方程，正好可以求解这四个未知数。对于图 10-9 中的内点，以 1、2 和 4 点的有限差分形式写出特征线方程，就可以确定 4 点的位置：

$$\left.\begin{aligned} y_4 - y_2 &= \lambda_+ (x_4 - x_2) \\ y_4 - y_1 &= \lambda_- (x_4 - x_1) \end{aligned}\right\} \tag{10-35}$$

式中，斜率 $\lambda_\pm$ 的计算是

$$\lambda_+ = \tan(\theta + \mu) \quad 和 \quad \lambda_- = \tan(\theta - \mu)$$

式中，气流角 $\theta_\pm = \arctan(V_{y\pm}/V_{x\pm})$，马赫角 $\mu_\pm = \arcsin(1/M_\pm)$，

$$\begin{aligned} &M_\pm = V_\pm / c_\pm, V_\pm = \sqrt{V_{x\pm}^2 + V_{y\pm}^2}, \\ &c_\pm = c_\pm(V_\pm) \quad (声速方程) \end{aligned}$$

这里，根据声速方程，不一定是完全气体，给数值方法也可以求解其他非完全气体流动。4 点的流动参数是根据相容性方程求解的。以 1、2 和 4 点写出相容性方程的差分形式

$$\begin{aligned} Q_+(V_{x.4} - V_{x.2}) + R_+(V_{y.4} - V_{y.2}) - S_+(x_4 - x_2) = 0 \\ Q_-(V_{x.4} - V_{x.1}) + R_-(V_{y.4} - V_{y.1}) - S_-(x_4 - x_1) = 0 \end{aligned}$$

这两个式子可以整理成

$$\left.\begin{aligned} Q_+ V_{x.4} + R_+ V_{y.4} &= T_+ \\ Q_- V_{x.4} + R_- V_{y.4} &= T_- \end{aligned}\right\} \tag{10-36}$$

式中，

$$\begin{aligned} T_+ &= Q_+ V_{x.2} + R_+ V_{y.2} + S_+(x_4 - x_2) \\ T_- &= Q_- V_{x.1} + R_- V_{y.1} + S_-(x_4 - x_1) \end{aligned}$$

这两个式子可以用来求解 4 点的速度 $(V_{x.4}, V_{y.4})$。上述方程中的各项系数是

$$\begin{cases} Q_+ = V_{x.+}^2 - c_+^2 \\ R_+ = 2V_{x.+}V_{y.+} - Q_+\lambda_+ \\ S_+ = \delta c_+^2 V_{y.+}/y_+ \end{cases} \quad 和 \quad \begin{cases} Q_- = V_{x.-}^2 - c_-^2 \\ R_- = 2V_{x.-}V_{y.-} - Q_-\lambda_- \\ S_- = \delta c_-^2 V_{y.-}/y_- \end{cases}$$

因此，对于给定的 $V_{x.\pm}$、$V_{y.\pm}$ 和 $y_\pm$ 值就可以确定 $Q_\pm$、$R_\pm$ 和 $T_\pm$。

最后的问题是 $V_{x.\pm}$、$V_{y.\pm}$ 和 $y_\pm$ 的确定。按照欧拉预估法，开始时，它们的值由下给出：

$$V_{x.+}=V_{x.2},V_{y.+}=V_{y.2},y_+=y_2$$
$$V_{x.-}=V_{x.1},V_{y.-}=V_{y.1},y_-=y_1$$

把这些值代入前面的计算方程中，就可以求出预估值 x_4^0、y_4^0、$V_{x.4}^0$ 和 $V_{y.4}^0$。

求出预估值后，进行欧拉校正法，新的 $V_{x.\pm}$、$V_{y.\pm}$ 和 $y_\pm$ 的值是

$$V_{x.+}=(V_{x.2}+V_{x.4})/2,V_{y.+}=(V_{y.2}+V_{y.4})/2,y_+=(y_2+y_4)/2$$
$$V_{x.-}=(V_{x.1}+V_{x.4})/2,V_{y.-}=(V_{y.1}+V_{y.4})/2,y_-=(y_1+y_4)/2$$

使用这些值，可以得到第一次校正值 x_4^1、y_4^1、$V_{x.4}^1$ 和 $V_{y.4}^1$。

欧拉校正法可以继续使用下去。在 n 次校正之后，收敛按照下列格式进行判断：

$$\left|P^n-P^{n-1}\right|\leqslant\varepsilon$$

式中，P 是 x_4、y_4、$V_{x.4}$ 和 $V_{y.4}$，ε 是允许的误差 (为一个很小的数)。

2. 单元过程 2: 直接壁面点

计算图 10-8 拉瓦尔喷管扩张段 F 点的流动参数，就必须用本节介绍的“直接壁面点”，计算流区的特征线见图 10-10 所示，图中的求解点 4 位于壁面上，此时在内点计算中的右行特征线不存在 (没有 1 点)，4 点是由从 2 点发出的左行特征线与壁面相交得到的，因此称为直接壁面点。此时壁面曲线方程为已知，在壁面上，流动速度的方向必须跟壁面斜率相等，其数学表达式为

$$y=y(x)$$
$$\mathrm{d}y/\mathrm{d}x=\tan\theta=V_y/V_x \quad \text{均为已知}$$

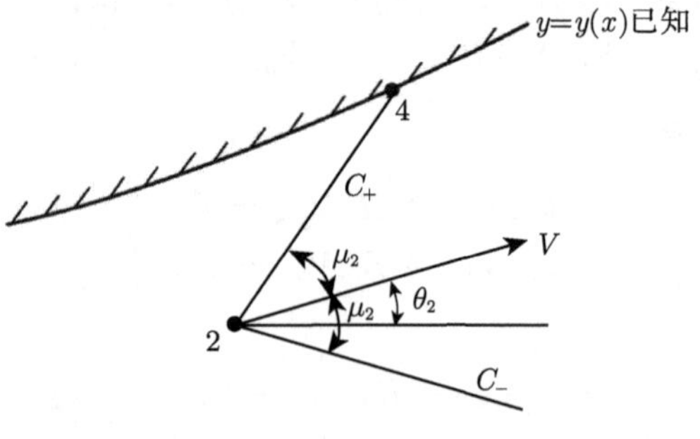

图 10-10　直接壁面点

由于从已知流动参数的 2 点发出的特征线 C_+ 是确定的，因此由 C_+ 与已知壁面的交点即可确定出 4 点的位置：

$$y_4-y_2=\lambda_+\left(x_4-x_2\right)$$
$$y_4=y\left(x_4\right)$$

确定流动速度的相容方程可以简化为

$$Q_+V_{x.4}+R_+V_{y4}=T_+$$
$$V_{y.4}/V_{x.4}=\tan\theta$$

根据从 2 点发出的特征线及沿着它的相容性方程，可以确定出 λ_+、Q_+、R_+ 和 T_+ 的参数，再使用上面的方程组就可以计算出直接壁面点的位置 x_4、y_4 和流动速度 $V_{x.4}$、$V_{y.4}$。计算过程依然需要进行预估—校正迭代。

如果壁面在下方，就需要使用右行特征线 C_-，计算过程相同。

3. 单元过程 3: 反壁面点

直接壁面点是由特征线交到壁面上求未知点气动参数的方法，因此壁面上的网格点分布疏密程度完全是由内点控制的，在有些场合由于壁面附近流动参数变化很大，希望加密壁面点的分布以保证整个流场的计算精度，而直接壁面法产生的壁面点空间分布无法控制，为此产生了“反壁面点”的单元过程，即壁面点的位置 x_4、y_4 预先指定，由给定坐标的 4 点伸出一条特征线反交于某内点特征线，然后再反求 4 点的速度 $V_{x.4}$、$V_{y.4}$。

图 10-11 为反壁面点的特征线分布示意。初值点 1 和 3 是已经知道的，4 点是预定的求解点，其位置 x_4、y_4 根据需要预先给定。但是这样经过 4 点的左行特征线未必经过 1 点，它跟 1、3 点连线的交点是 2 点，于是问题就转化为确定 2 点的位置 x_2、y_2 和流动速度 $V_{x.2}$、$V_{y.2}$，一旦它们求得，就可以采用直接壁面点的方法求解 4 点的流动参数 $V_{x.4}$、$V_{y.4}$。

2 点的位置和流动参数需要进行叠代来求解。预估时先假设 2 点和 3 点流动速度相同，然后由连线 13 和 24 确定出 2 点的预估位置。有了这个位置后，对 2 点的速度按照插值法进行修正，然后使用修改的速度，重新更新 2 点的位置，整个过程需反复进行，直至 2 点的位置满足精度要求。

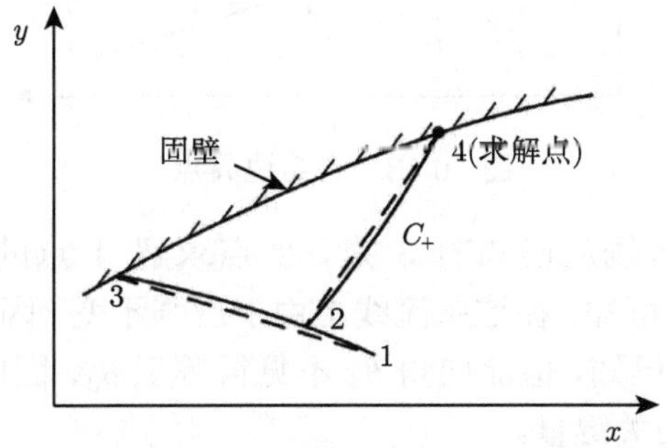

图 10-11　反壁面点

确定 2 点位置 x_2、y_2 和流动速度 $V_{x.2}$、$V_{y.2}$，确定 4 点流动参数 $V_{x.4}$、$V_{y.4}$ 的过程，仍然按照直接壁面点的方式，进行预估一校正求解。

4. 单元过程 4: 对称轴点

对于二维对称轴点，x 轴是一条对称轴，求解过程可以大为简化。图 10-12 表示了一个典型的对称轴点 4 的特征线走向。

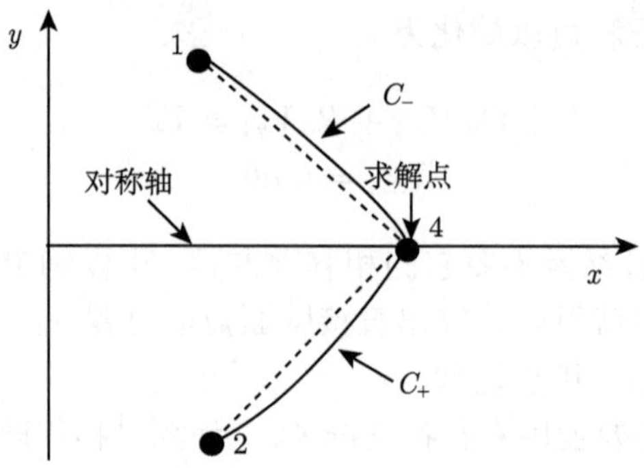

图 10-12　对称轴点图

利用对称轴的概念，可知 $y_4 = 0$、$V_{y.4} = 0$、$\theta_4 = 0$，此时 4 点的位置 x_4 和流动参数 $V_{x.4}$ 的计算完全类似于直接壁面点，只要把壁面换成对称轴即可。可以从 1 点的 C_- 出发计算，也可以从 2 点的 C_+ 出发计算。

5. 单元过程 5: 自由边界点

超声速自由射流排入静压为 p_0 的静止大气，射流边界为一条流线，流线上的压强都等于外部的静压强 p_0，图 10-13 给出了自由边界点的特征线关系：

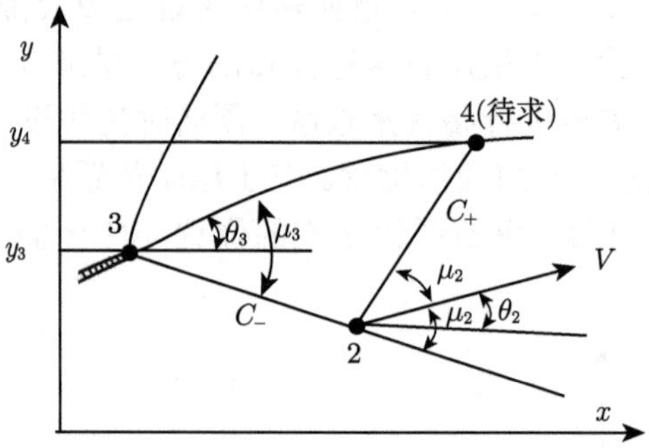

图 10-13　自由边界点

现在的问题是如何沿流线从已知的 3 点、2 点求解 4 点的位置 x_4、y_4 和流动速度 $V_{x.4}$、$V_{y.4}$。由等熵流的概念可知，在这条流线上由于压强不变，因此密度 ρ 不变，速度 V 也保持不变，于是 $V_4 = V_3$ 为已知，但流向角 θ_4 不见得等于 θ_3，因此 θ_4 就是一个必须通过特征线方程和相容方程求解的关键量。

在这种情况下，采用速度 V 和气流角 θ 来表示的相容方程 (10-18) 式来求解比较方便

$$\frac{\mathrm{d}V_\pm}{V} \mp \tan\mu\mathrm{d}\theta_\pm - \delta\frac{\sin\theta\sin^2\mu}{\cos\mu\cos(\theta\pm\mu)}\frac{\mathrm{d}x_\pm}{y} = 0$$

先假定 4 点的流动参数同 3 点，这样过 3 点的流线必与过 2 点的左伸特征线 C_+ 相交，交点是 4，因此

预估步：用 3 点的特征线斜率 $\tan\theta_3 = V_{y.3}/V_{x.3}$ 代替 34 特征线的斜率

用 2 点的特征线斜率 $\tan(\theta_2+\mu_2)$ 代替 24 特征线的斜率

沿流线 34　$y_4 - y_3 = (x_4 - x_3)\tan\theta_3$

特征线 24　$y_4 - y_2 = (x_4 - x_2)\tan(\theta_2 + \mu_2)$

求出 4 点坐标的初值 x_4^0，y_4^0，因为 V_4 已知，$V_4 = V_3$

由相容方程 $\dfrac{V_4 - V_2}{V_2} - \tan\mu_2(\theta_4^0 - \theta_2) - \delta\dfrac{\sin\theta_2\sin^2\mu_2}{\cos\mu_2\cos(\theta_2 \pm \mu_2)}\dfrac{x_4^0 - x_2}{y_2} = 0$，得到 θ_4^0。

校正步：用 $0.5(\theta_3 + \theta_4^0)$ 表示 34 特征线的斜率

用 $0.5(\theta_2 + \theta_4^0) + 0.5(\mu_2 + \mu_4^0)$ 表示 24 特征线的斜率，求出一次校正值 x_4^1，y_4^1

再由相容方程求出 4 点流向角的一次校正值 θ_4^1

重复上述过程，直至达到预定的精度，迭代过程结束。

【例 10-1】 一种理想气体的比热比 $k = 1.2$，气体常数 $R = 320$ J/kg·K。它在轴对称喷管中流动，滞止压强 $P = 70.0\times10^5$ Pa，滞止温度 T=3330 K，其他参数见表 10-1。使用内点过程求解通过 1 点和 2 点的特征线在下游的交点 (图 10-9 中的 4 点) 的位置和流动参数。要求使用三次校正。

表 10-1　初值数据

	1 点	2 点
x, m	0.250	0.275
y, m	0.5	0.4
u, m/s	3 000	3 030
v, m/s	525	430

【解】 (1) 首先进行预估计算

按照下列步骤:

(a) 声速方程。对于理想气体的等熵流动，声速方程为

$$c = \left[kRT^* - \frac{k-1}{2}V^2\right]^{1/2}$$

代入数据，得到声速

$$c = \left(1.2\times 320\times 3\ 330 - \frac{1.2-1}{2}V^2\right)^{0.5} = (1\ 278\ 720 - 0.1V^2)^{0.5}$$

(b) 预估步的各项系数计算。在预估步，使流动参数 $u_\pm$、$v_\pm$ 和 $y_\pm$ 的数值分别等于它们在 2 点和 1 点的已知值，即

$$u_+ = 3\ 030,\quad v_+ = 430,\quad y_+ = 0.4$$
$$u_- = 3\ 000,\quad v_- = 525,\quad v_- = 0.5$$

根据方程差分方程，可得:

$$V_+ = \sqrt{u_+^2 + v_+^2} = \sqrt{3030^2 + 430^2} = 3060.4$$

$$\theta_+ = \arctan(v_+/u_+) = \arctan(430/3\ 030) = 8.077^\circ$$

$$C_+ = (1\ 278\ 720 - 0.1V_+^2)^{0.5} = (1\ 278\ 720 - 0.1 \times 3\ 060.4^2) = 584.93$$

$$\alpha_+ = \arcsin(1/M_+) = \arcsin(c_+/V_+) = \arcsin(584.93/3060.4) = 11.019°$$

$$V_- = \sqrt{u_-^2 + v_-^2} = \sqrt{3000^2 + 525^2} = 3\ 045.6$$

$$\theta_- = \arctan(v_-/u_-) = \arctan(525.0/3\ 045.6) = 9.927°$$

$$C_- = (1\ 278\ 720 - 0.1V_-^2)^{0.5} = (1\ 278\ 720 - 0.1 \times 3045.6^2)^{0.5} = 592.59$$

$$\alpha_- = \arcsin(1/M_-) = \arcsin(c_-/V_-) = \arcsin(592.59/3\ 045.6) = 11.220°$$

把这些值代入特征线方程以及相容性方程，得到

$$\lambda_+ = \tan(\theta + \alpha) = \tan(8.077 + 11.019) = 0.346\ 20$$

$$Q_+ = u_+^2 - c_+^2 = 3\ 030.0^2 - 584.93^2 = 8.838\ 8 \times 10^6$$

$$R_+ = 2u_+v_+ - Q_+\lambda_+ = 2.0(3030.0) \times (430.0) - \left(8.838\ 8 \times 10^6\right) \times (0.34620) = -0.454\ 19 \times 10^6$$

$$S_+ = \delta c_+^2 v_+/y_+ = 1.0(584.93)^2(430.0)/0.4000 = 367.80 \times 10^6$$

$$\lambda_- = \tan(\theta - \alpha) = \tan(9.927 - 11.220) = -0.022\ 579$$

$$Q_- = u_-^2 - c_-^2 = 3\ 000.0^2 - 592.59^2 = 8.648\ 8 \times 10^6$$

$$R_- = 2u_-v_- - Q_-\lambda_- = 2.0(3\ 000.0) \times (525.0) - \left(8.648\ 8 \times 10^6\right) \times (-0.022\ 579) = 3.345\ 3 \times 10^6$$

$$S_- = \delta c_-^2 v_-/y_- = 1.0(592.59)^2(525.0)/0.500\ 0 = 368.72 \times 10^6$$

(c) 按照预估法计算 x_4、y_4、u_4 和 v_4。把上面求出的系数值代入方程 (10-20)，得到确定 x_4 和 y_4 的两个方程，即

$$y_4 - 0.4 = 0.346\ 20 \times (x_4 - 0.4)$$
$$y_4 - 0.5 = -0.225\ 79 \times (x_4 - 0.5)$$

解得 x_4=0.5446 3m，y_4=0.493 35m

根据方程，计算预估法中的 T_+ 和 T_-:

$$T_+ = \left(8.838\ 8 \times 10^6\right)(3\ 030) + \left(-0.454\ 19 \times 10^6\right)(430) + \left(367.80 \times 10^6\right)(0.544\ 63 - 0.275)$$

$$T_- = \left(8.648\ 8 \times 10^6\right)(3\ 000) + \left(3.345\ 3 \times 10^6\right)(525) + \left(368.72 \times 10^6\right)(0.544\ 63 - 0.25)$$

结果是

$$T_+ = 26.685 \times 10^9$$
$$T_- = 27.811 \times 10^9$$

把 Q、R 和 T 的值代入方程 (10-36)，得到确定 u_4 和 v_4 的两个方程:

$$\left(8.8388 \times 10^6\right)u_4 + \left(-0.454\ 19 \times 10^6\right)v_4 = 26.685 \times 10^9$$
$$\left(8.6488 \times 10^6\right)u_4 + \left(3.3453 \times 10^6\right)v_4 = 27.811 \times 10^9$$

解得 u_4 = 3 042.2m/s，v_4 = 448.5 m/s。这样预估步就完成了。

(2) 按校正法进行计算

下面给出了校正算法的第一次使用。在应用校正法计算时，首先要利用 u、v 和 y 的初始值和预估值的平均，作为 $u_\pm$、$v_\pm$ 和 $y_\pm$ 的数值：

$$u_+ = (u_2 + u_4)/2 = (3\ 030.0 + 3\ 042.2)/2 = 3\ 036.1$$
$$v_+ = (v_2 + v_4)/2 = (430.0 + 448.5)/2 = 439.3$$
$$y_+ = (y_2 + y_4)/2 = (0.4 + 0.493\ 35)/2 = 0.446\ 68$$
$$u_- = (u_1 + u_4)/2 = (3\ 000 + 3\ 042.2)/2 = 3\ 021.1$$
$$v_- = (v_1 + v_4)/2 = (525.0 + 448.5)/2 = 486.8$$
$$y_- = (y_1 + y_4)/2 = (0.5 + 0.493\ 35)/2 = 0.496\ 68$$

有了这些值后，就完全按照上面的步骤 (a)~(c) 进行计算，结果列在表 10-2 中。表中的第二列就是按照第一次校正步所得的差分系数及第一次校正的 x_4、y_4、u_4 和 v_4。这样第一次欧拉校正步就完成了。

表 10-2　差分迭代的结果

	预估	第一次校正	第二次校正	第三次校正
λ_+	0.346 20	0.347 27	0.346 93	0.346 91
λ_-	−0.022 579	−0.032 664	−0.033 507	−0.033 522
$Q_+ \times 10^{-6}$	8.8388	8.8802	8.8742	8.874 3
$R_+ \times 10^{-6}$	−0.454 19	−0.416 76	−0.423 96	−0.424 09
$S_+ \times 10^{-6}$	367.80	332.02	332.26	332.31
$T_+ \times 10^{-9}$	26.685	26.814	26.793	26.793
$Q_- \times 10^{-6}$	8.6488	8.7846	8.7787	8.778 7
$R_- \times 10^{-6}$	3.3453	3.2278	3.2227	3.222 6
$S_- \times 10^{-6}$	368.72	335.48	335.77	335.81
$T_- \times 10^{-9}$	27.811	28.144	28.124	28.124
x_4,m	0.544 63	0.536 05	0.535 66	0.535 65
y_4,m	0.493 35	0.490 66	0.490 43	0.490 42
u_4,m/s	3042.2	3040.4	3040.5	3 040.5
v_4,m/s	448.5	444.7	444.6	444.6

(3) 重复校正步

就可以得到第二次和第三次校正的结果，它们列在表 10.2 中的第三和第四列中。可以看出，逐次使用校正步，对最后的结果影响很小。

(4) 其他气动参数计算

最后，其他流动参数如压强、温度和密度等，可以根据流动速度和滞止参数进行计算。

习　题

10-1　考虑一个一阶偏微分方程 $u\dfrac{\partial u}{\partial x} + \dfrac{\partial u}{\partial y} - u = 0$，其初始条件为 $u(x,0) = x + 10$。试确定：

(1) 特征线方程;

(2) 相容性方程;

(3) $u\,(5,10)$ 的值。

10-2　微团的速度由下列一阶偏微分方程来描述: $uyu_x + vxy_y + xy = 0$。在 $y = 0$ 处，微团速度分布是 $u\,(x,0) = x^3 - 54$。试确定:

(1) 特征线方程;

(2) 相容性方程;

(3) 当最初位于 (4, 0) 点的微团到达 $x = 10$ 的位置时，该微团的 y 坐标和速度。

10-3　应用特征线方法的推导过程，分析下列长波运动的特征线方程和相容性方程。控制方程为

$$\frac{\partial h}{\partial t} + u\frac{\partial h}{\partial x} + h\frac{\partial u}{\partial x} = 0$$
$$\frac{\partial u}{\partial t} + u\frac{\partial u}{\partial x} + g\frac{\partial h}{\partial x} = 0$$

这里 h 表示长波运动的振幅，u 表示流体的速度，g 是重力加速度。

10-4　采用例题 10-2 中的参数，在下表中给出了流场中两个相邻点的位置和流动速度，试采用内点方法计算它们在下游交点处的位置和流动参数。要求使用三次校正法。

习题 10-4

	1 点	2 点
x, m	0.5 000	0.5100
y, m	0.6 000	0.5000
u, m/s	1 300.0	1270.0
v, m/s	350.0	315.0

10-5　$k = 1.4$, $R = 320$ J/kg·K 的理想气体在拉瓦尔喷管中作等熵的超声速流动。已知 $p^* = 70 \times 10^5$ Pa, T^*=3000 K。喷管扩张段曲线方程为 $y = 22.185\ 2 + 0.715\ 68x - 0.001\ 078\ 7x^2$，这里的 x、y 都是以 mm 计算。壁面附近有一个点 2(如图 10-7)，其坐标为 x_2=60.480 mm, y_2=259.625 mm, u_2=1967.1 m/s, v_2=1141.3 m/s。应用直接壁面点求解通过 2 点的左行特征线跟壁面交点的位置和流动参数。要求采用三次校正法。

10-6　习题 10-5 中的气流流过轴对称喷管。对称轴附近的一个点的位置和速度是: x_1=79.62 5mm, y_1=1.290 mm, u_1=2 306.1 m/s, v_1=35.7 m/s。应用直接壁面点求解通过 1 点的特征线 C_- 跟对称轴交点的位置和流动参数。

10-7　仿照 10-5 节的方法，总结定常二维有旋超声速气流的特征线方法的数值求解步骤，并列出计算一个内点所需要的计算机程序流程图。

第 11 章 气体动力学的某些工程应用

11.1 流场静压强 (简称静压) 测量

流场内静压不仅随空间而变，而且也可能随时间而变，因此如何准确地测量流场内不同位置与不同时刻的气流静压是工程中面临的一大实际问题，尤其是超声速气流中的静压测量至今仍是一项待解决的难题。严格来讲，只有当静压探头对流场没有任何扰动的情况下，才有可能准确地测量出当地静压，而这显然是难以做到的。作为一种近似，工程上通常采用壁面静压测量和空间静压探针测量的方法来获取流场内的静压信息。

11.1.1 壁面静压测量

当气流流过曲率不大的壁面时 (如均匀平行流流过平板)，沿壁面的法向可以认为压强梯度近似为零，即 $\partial p/\partial y \approx 0$，因此，可以在气流流经的壁面上沿垂直方向开直径很小的静压孔来感受当地静压，这是一种非常实用的静压测量方法，见图 11-1。

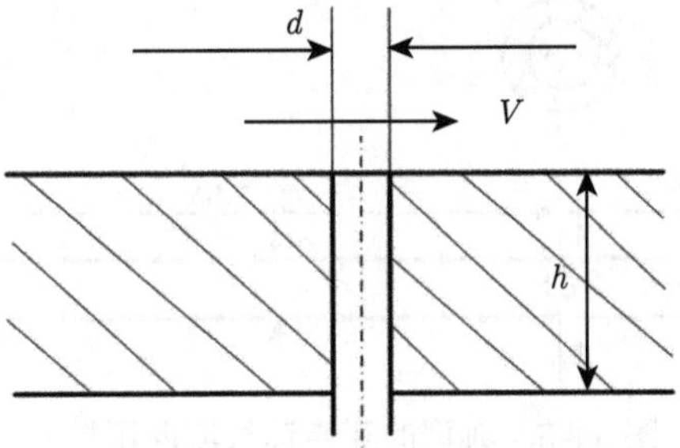

图 11-1 壁面静压孔

理论上，当静压孔的孔径无穷小时，静压孔对气流的扰动趋于零，此时得到的静压才是真正的当地静压。当然，静压孔的孔径不可能无限小，实际使用的静压孔孔径通常在 0.4~1.0 mm 左右。孔径越小，压力平衡时间越长，而且在使用中越容易被气流中的灰尘和油烟等堵塞。孔径大，气流流过时流线发生弯曲，影响测压精度。

图 11-2 给出了几种实用的静压孔结构，左边三种属于低压小直径静压孔，制造及安装比较容易；最右边一种适合高压情况下的静压测量。

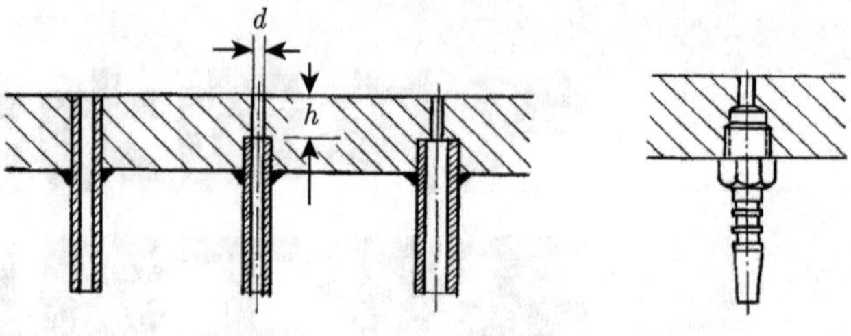

图 11-2　几种实用的静压孔结构

为获得较准确的静压值，实际使用中还应注意以下几点：

(1) 静压孔直径取小为好；

(2) 静压孔轴线必须与壁面垂直；

(3) 孔口必须保持直角锐边；

(4) 孔深 $h/d \geqslant 3$；

(5) 确保静压管各段连接处的气密性。

11.1.2　空间静压探针测量

静压探针是一种介入式测量装置。图 11-3 给出了一种典型的亚声速气流静压探针，它由半球状头部后接开孔的金属圆管组成。使用时将探针轴线对准当地气流方向，探针头部中心由于气流滞止压强最高，然后气流沿半球表面及后接圆柱表面向后流动，此过程中物面压强会逐渐恢复到自由来流静压。如果在恰当的位置布置壁面静压孔，那么该静压孔测到的压强就是探针附近气流的静压。为了避免气流方向对静压测量精度的影响，可以在探针同一截面沿周向开若干个 (例如 2~4 个) 静压孔。此外，在保证探针强度和刚度的前提下，静压探针的直径应该尽可能地小，以尽量避免静压探针对当地流场的扰动和影响。

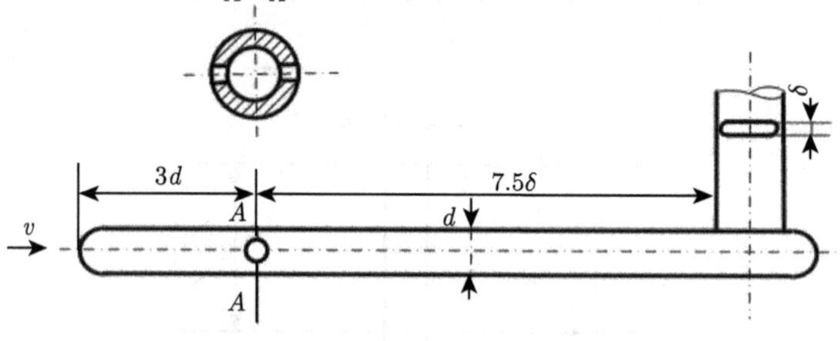

图 11-3　典型的亚声速气流静压探针

图 11-4 给出了 L 形静压探针表面沿程压强变化。实验表明，当探针表面静压测点位于头部后方 3~ $4d$，同时位于后支撑前方 8~ $10d$ 时，测量精度较高。实际使用过程中，由于探针的制造误差，同一批次的静压探针在测量同一流场时会有不同的测量值，因此每一支静压探针在使用前都应该在校准风洞的标准流场中进行校准。

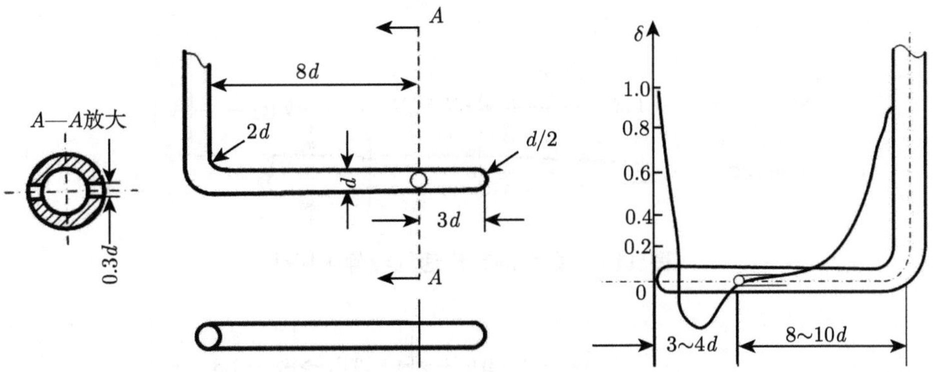

图 11-4　L 形静压探针及其表面沿程压强变化

在跨声速范围内，采用半球头部外形的亚声速静压探针，常常会在头部附近产生局部的超声速区和激波，在这样的流动情况下，静压测孔处的当地静压就不是自由流静压，因此，通常采用如图 11-5 中的锥—柱组合体静压探针气动设计。当然，这样的探针在使用前也必须在跨声速校准风洞内进行校准。

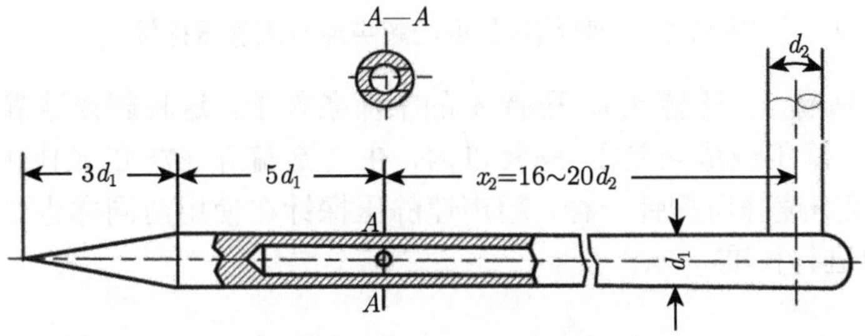

图 11-5　典型的跨声速气流静压探针

与亚声速静压探针不同，在超声速气流中，探针头部必然会产生激波，这样就会对局部流场产生较大扰动，因此超声速静压探针通常是由具有小锥角的锥形头部后接小直径圆柱段构成。超声速气流经过锥尖形成的锥形激波后，压强陡升，虽在头部锥面基本保持不变，但气流在锥一柱结合的凸肩处经膨胀波扇降压后在圆柱段一定位置处压强就可恢复到自由流压强，如果在此位置布置静压孔，那么该静压孔测得的压强就是自由流静压强。

图 11-6 给出了一种典型的超声速静压探针示意图，它由全角约 4° 的尖锥和一圆柱段组成，静压孔位于凸肩后方 $5d$ 的位置，此位置附近，探针表面压强已恢复到自由流的水平。研究表明，在自由流马赫数不大于 2 的超声速气流中，静压测量误差约为 0.5%，而在马赫数 2~8 的范围，测压误差不大于 1%。因此，尽管超声速静压探针对流场产生了扰动，但是该探针能够以较高的测量精度获得超声速流场内部静压，当被测流场有足够的空间时，利用这种超声速静压探针测量流场内部的压强分布不失为一种简便的方法。

这种超声速静压探针的主要问题是探针长度太长，静压测孔距探针头部需达 20D，加上后部的圆柱段，总长近 40D，极易产生振动和折断。为此，国外曾经发展了一种长度大为缩短的 1.53 mm 直径超声速静压探针，如图 11-7，它的主要特征是采用双级锥的气动外形，静压孔的位置距探针头部仅为 3.13D。

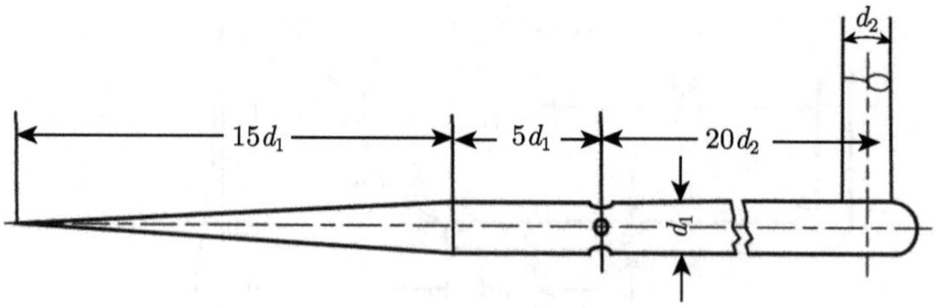

图 11-6　典型的超声速气流静压探针

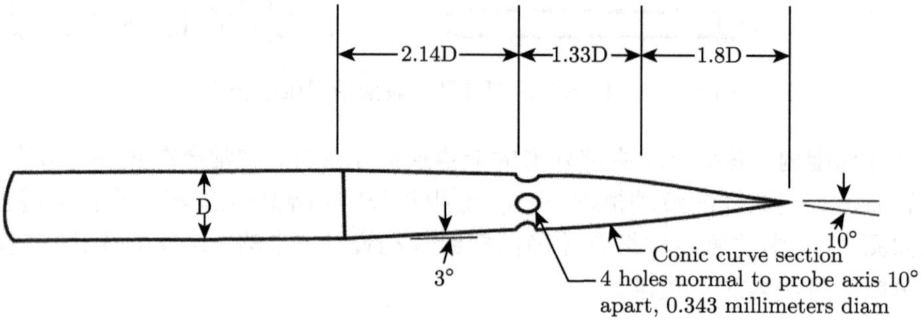

图 11-7　一种缩短长度的超声速气流静压探针

研究表明，在马赫 2、马赫 2.5、马赫 4 的来流条件下，这种超声速静压探针在气流偏角 ±10° 的范围内，静压测量误差在 ±4%以内，在气流偏角 ±7° 的范围内，静压测量误差在 ±2%以内。与亚声速静压探针一样，超声速静压探针在使用前同样也必须在已知静压的标准超声速风洞中进行校准。

11.2　流场总压测量

气流总压是指气流等熵滞止到速度为零时的压强，因此要测量气流总压就得将气流速度滞止到零，这可用正对着气流的“盲管”，即总压探针或称为皮托管来实现。与静压探针类似，这也是一种介入的测量方法，因此它的直径应该尽量小以减小对被测流场的干扰。

图 11-8 给出了两种常用的总压探针结构示意图，其不同点在于它的头部形状：一种是最为普通的平头总压探针，另一种是带内锥段的总压探针。根据不同的使用条件，总压探针还可设计成其他特殊形状。如测量边界层结构时，可将探针头部设计成扁扁的鸭嘴状。

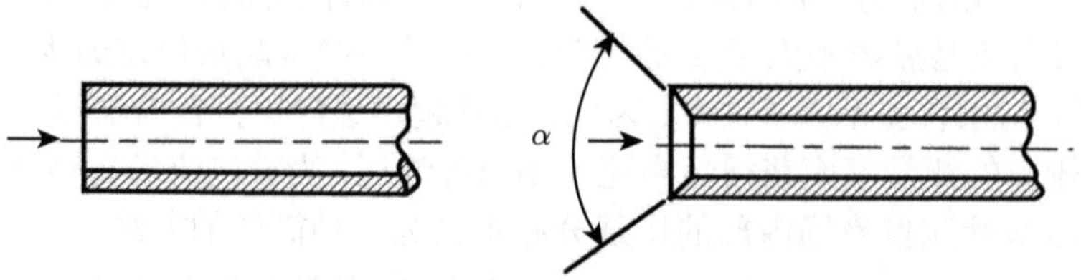

图 11-8　两种常用总压探针结构示意图

利用皮托管测量总压时，若来流为亚声速流动，则测得的皮托压可视为测点处总压。当来流为超声速流动时，皮托管管口会出现脱体弓形波，测得的皮托压可视为气流穿过正激波后的总压。此时，利用皮托压与正激波波前静压的关系可换算得到波前总压。数据处理时，首先要利用波前静压与皮托压的比值关系判断是亚声速流动还是超声速流动，然后再进行相应的换算。

与静压测量一样，总压管的管口轴线与气流方向不一致时也会影响到测量结果的准确性。实验表明，采用适当的头部形状可以减小气流偏角对总压测量的影响。当总压管不太靠近固体壁面并且雷诺数不是太低时，具有半球形头部的总压管，只要气流偏角小于 ±3°，就可以准确地测量总压。具有平头的总压管，可以允许有更大的气流偏角而不产生明显的误差。

图 11-9 为不同的头部形状示意图。研究表明，增大总压感受孔的直径 d 与总压管外径 D 的比值 d/D，或孔口加倒角，可减小气流偏角 β 对总压测量的影响。当气流偏角为零度时，无论何种类型的总压管，都可以准确测量总压值。

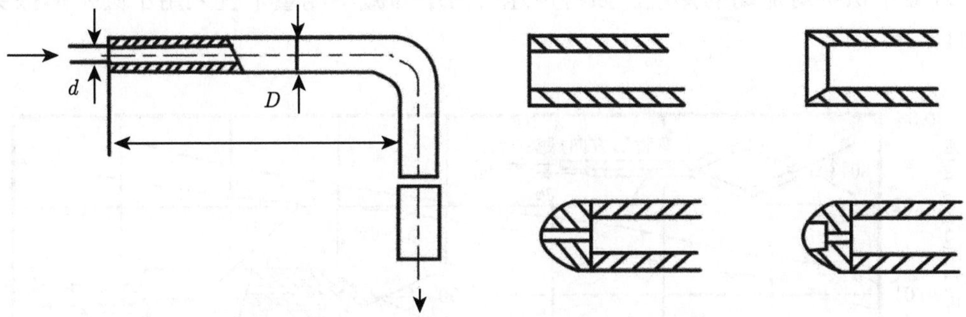

图 11-9 总压管及其不同的头部形状示意图

11.3 气流方向测量

11.3.1 低速气流方向测量

在低速气流中常用五孔探头 (见图 11-10) 来测量流场中某一点的气流方向。探头的头部为半球形，上面开有 5 个测压孔。上、下两个测压孔 (孔 1 和 3) 用来测量气流在垂直平面内的气流方向与探头轴线之间的夹角 α; 左、右两个测压孔 (孔 4 和 5) 用来测量在水平面内的气流方向与探头轴线之间的夹角 β。

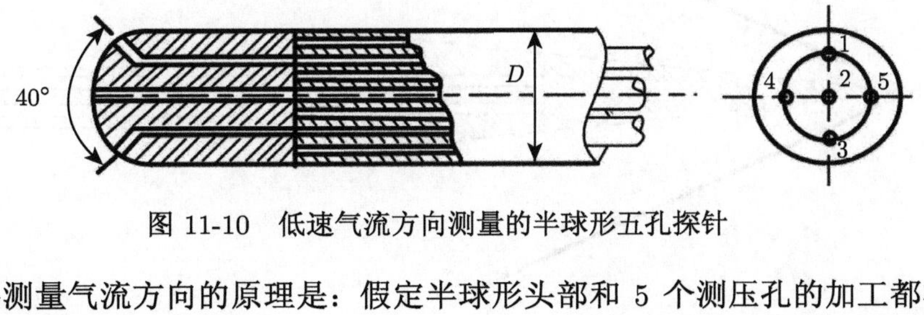

图 11-10 低速气流方向测量的半球形五孔探针

五孔探头测量气流方向的原理是：假定半球形头部和 5 个测压孔的加工都非常准确，当气流顺着探头轴线流动时，则 $p_1 = p_3 = p_4 = p_5$。而当气流方向与探头轴线之间有偏角时，则会引起半球形头部的表面压强分布发生变化。上、下两测压孔产生与俯仰角有关的压强差，则 α 与 $\Delta p_{13} = p_1 - p_3$ 有关。左、右测压孔产生与偏航角有关的压强差，即 β 与 $\Delta p_{45} = p_4 - p_5$ 有关。此时，若转动探头，使 $p_1 = p_3$、$p_4 = p_5$，则探头轴线即为气流方向。

实际使用中一般不采用上述方法，而是用校准方法，即在标准风洞中对探针进行校准，在不同的准确速度下绘制出 $\Delta p_{13}/q$ 和 $\Delta p_{45}/q$ 随气流方向角的变化曲线。使用时，将五孔探头安装在待测流场中，测出各测压孔压强，根据校准曲线即可确定探头所在位置处的气流方向。这种五孔探头可用来测量 $\pm 40°$ 以内的气流偏角。有时，在五孔探头的侧壁上增加一个静压测孔，则称为六孔探头。这种探头在测量流场中气流方向的同时还可以测定气流的速度。

随着待测流场内流速的提高，半球形探头对待测流场的干扰越来越明显，因而高速流场内应尽量减小探头对流场的影响。如跨声速气流中为减小测量干扰采用了圆锥形探头，如图 11-11。

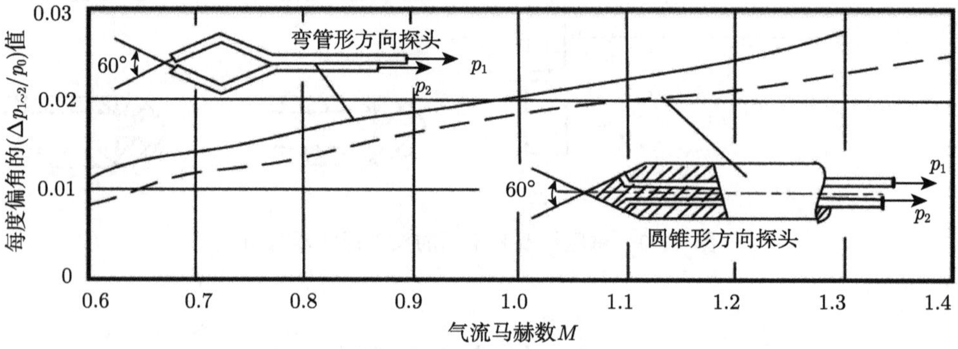

图 11-11　跨声速流中的方向探头及其灵敏度

超声速气流中的方向测量采用与跨声速相同的圆锥形或尖劈形探头，如图 11-12 所示。这种探头随着圆锥角的增大，方向探头的灵敏度提高，两者的关系图线见图 11-13。

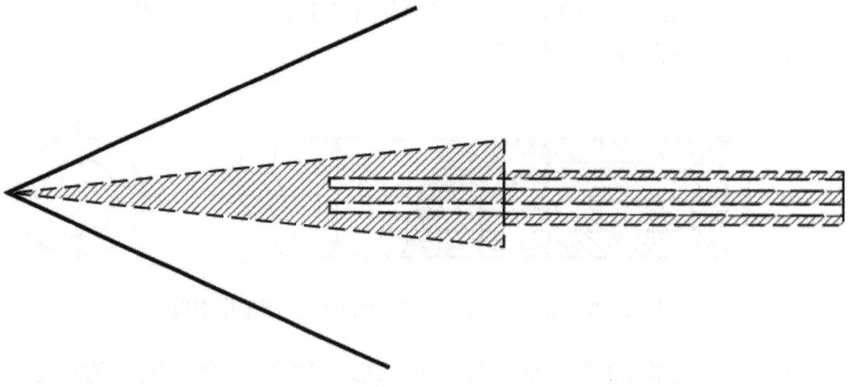

图 11-12　用于超声速气流方向测量的锥形探针

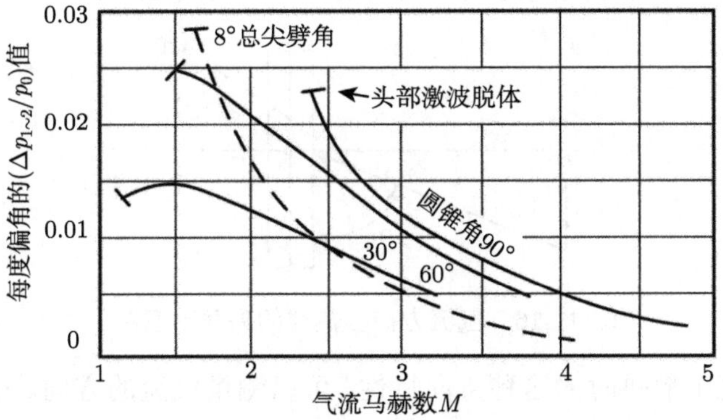

图 11-13　超声速气流中方向探头的灵敏度

11.3.2　热线风速仪测量气流速度与方向

图 11-14 给出了放大的热线风速仪探头基本构成和工作原理，在两根支杆中间有一通电发热的金属细丝，当气流流过此加热的金属丝时，丝的一部分热量会被气流带走，带走的热量与气流速度有关，因此就可以由加热电流的大小得到被测气流的速度。

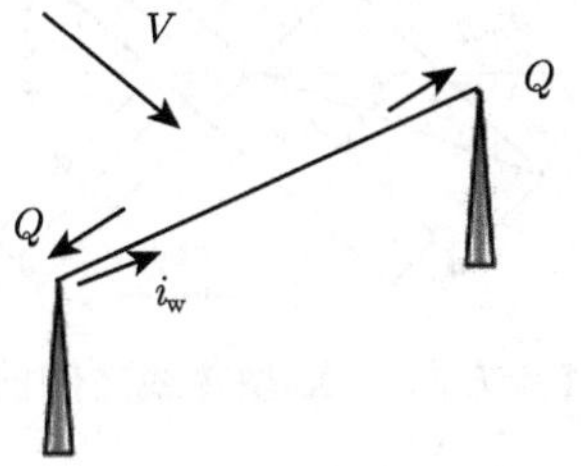

图 11-14　热线风速仪工作原理图

图 11-15 给出了一个实际使用的热线风速仪探针示意图。探针左端是热线探头，热线通常采用极细的钨丝并焊在金属支架上。探头的形式有单丝探头、双丝探头、三丝探头，还有专门用于测量边界层、测量涡量的探头，使用中可以根据需要而更换。

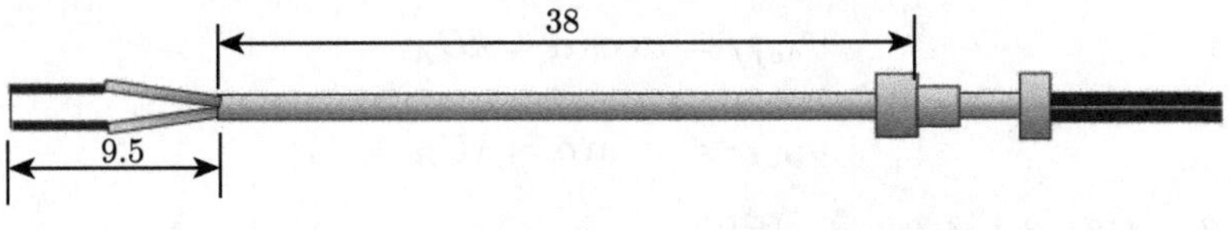

图 11-15　单丝热线风速仪探针示意图

热线风速仪还可以测量气流方向，其原理为：当热线的轴线与气流流动方向正交时，气流对热线的冷却效应最显著，即热线的散热量最大。如果两者之间的夹角减小，则气流对热线的冷却效应降低，热线风速仪的输出电压 U 会减小，根据输出电压 U 所得到的有效冷却速度 v_{eff} 也会比实际流动速度 v 要低。通常可近似认为有效冷却速度等于风速对热线的垂直速度分量。有效冷却速度与输出电压、实际流速之间满足以下关系：

$$v_{eff} = KU = v\sin\alpha$$

式中，α 为气流流动向与热线的轴线之间的夹角，见图 11-16。

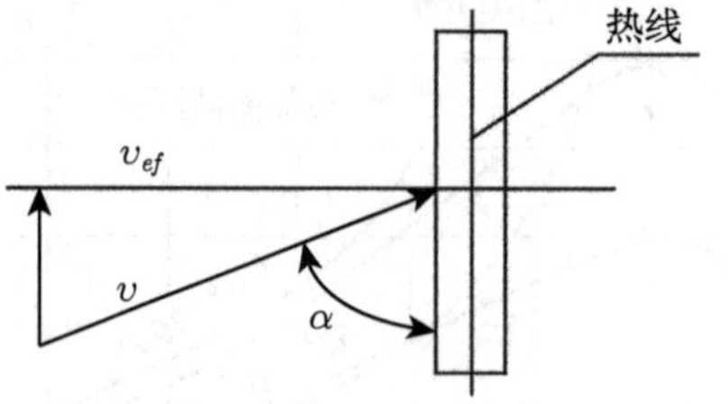

图 11-16　气流方向与热线的夹角示意图

利用热线在气流中散热时的这种方向特性，可以测量气流的方向。在测量二维流场中的流动方向时，一般采用 X 型探头。X 型探头由两根在空间相互垂直交叉、而相互之间的间距又很近的热线构成。原理是：在 A 和 B 两条热线所组成的平面内 (近似认为这两条热线是共面的)，假定气流速度 v 与两条热线的对称轴线之间的夹角为 β，如图 11-17 所示，气流速度在平行于热线的对称轴线上的速度分量为 v_1 ，垂直于对称轴线的速度分量为 v_2 ，则有

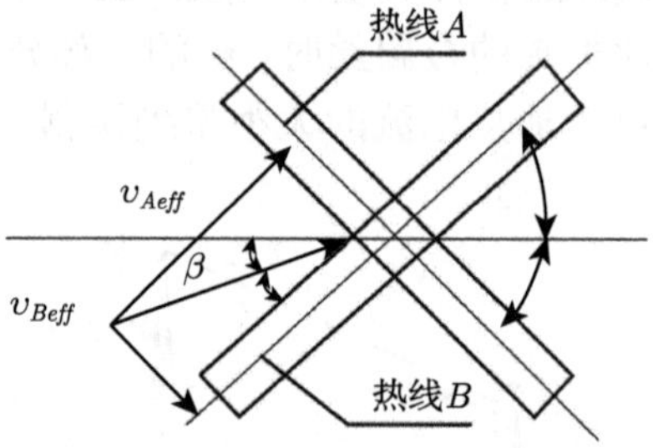

图 11-17　气流方向与 X 型热线之间的夹角示意图

$$v_1 = v\cos\beta$$

$$v_2 = v\sin\beta$$

而热线 A 和热线 B 分别测量出的有效冷却速度为 v_{Aeff} 和 v_{Beff}，则

$$v_{Aeff} = v\cos\alpha = kU_A$$

$$v_{Beff} = v\sin\alpha = kU_B$$

又因 $\alpha + \beta = 45^\circ$，$\beta = 45^\circ - \alpha$，所以

$$v_1 = v\cos(45^\circ - \alpha) = v(\cos 45^\circ \cos\alpha - \sin 45^\circ \sin\alpha)$$

$$v_2 = v\sin(45^\circ - \alpha) = v(\sin 45^\circ \cos\alpha - \cos 45^\circ \sin\alpha)$$

这样应用 X 型探头可以测出 v_1 和 v_2 ，从而可以确定在两根热线所在的平面内的二维流动的方向和风速大小。

在测量三维流场时，可以采用将 X 型探头旋转测量或用三根相互垂直的热线所组成的三维探头来测定流场中某一点的速度大小和方向。

11.4　孔板流量计、文丘里管流量计及米字耙测流量

流量测量是管流中最常见的参数测量，孔板流量计和文丘里管流量计就是在管流中利用节流形成的压差来测量流量的常用装置，因此这两种流量计又称为节流式流量计。

11.4.1　孔板(orifice plate)流量计

孔板流量计又称为差压式流量计，孔板流量计的关键件是特殊设计的节流孔板。图 11-18 是简化的孔板流量计原理图，在直径为 D 的管道中插入一孔径为 d 的圆形孔板 ($d < D$)，当流体流过孔板时，流体加速，压强下降，利用伯努利方程，可以建立孔板前后压差与流过孔板的流速关系，利用压差与流速之间的这种一一对应关系就可以求得流过孔板的流体流量。

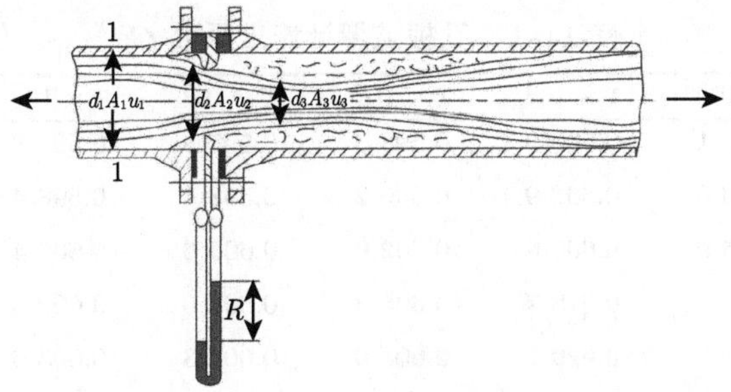

图 11-18　孔板流量计原理图

图 11-19 是一种根据测压点位置不同而设计的标准孔板流量计，其两端用法兰与上下游管路相连，两根测压管将孔板上下游工作压强引出到压强传感器。

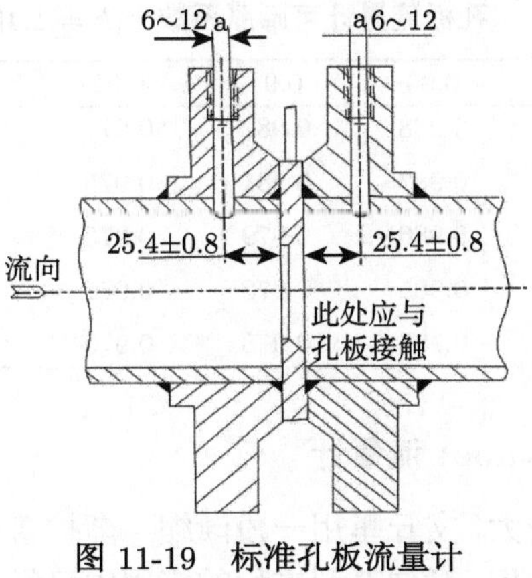

图 11-19　标准孔板流量计

在测得孔板前后的压差 ΔP 后，就可以根据下式计算质量流量 $\dot{m}$和体积流量$Q = \dot{m}/\rho$：

$$\dot{m} = \frac{C}{\sqrt{1-(d/D)^4}}\varepsilon\frac{\pi}{4}d^2\sqrt{2\rho\Delta P}$$

式中，C——流出系数，需要标定，也可根据标准查表；

ε——考虑流体压缩性的流体可膨胀系数，不可压流 $\varepsilon = 1$，可压流 $\varepsilon < 1$；

ρ——被测流体的密度 (kg/m^3)；

ΔP——孔板的压差 $\Delta P = P_1 - P_2$(Pa)。

通常孔板的厚度很小，一般为 6~12 毫米，所以不能把上下游测压孔刚好装在孔板上。比较常用的方法是角接取压法，就是把上、下游两个测压孔装在紧靠孔板前后位置上，这种方法所测得的压差 ΔP 简单，但伯努利方程必须进行修正，这就是流出系数 C 引进的由来。

我国已经建立了孔板流量计的国家标准 (GB/T 2624—93)，只要按照国标制造孔板流量计，那么就可以直接查表得到流出系数 C，表 11-1 给出一些数值供读者参考。表 11-2 给出了 $k = 1.4$ 气体的可膨胀系数 ε。

孔板流量计结构简单、维修方便、性能稳定、使用可靠、技术成熟，广泛应用于气体、蒸汽和液体的流量测量。

表 11-1　孔板流量计流出系数 C

雷诺数 Re_d		5×10^3	1×10^4	1×10^5	1×10^6	1×10^7	1×10^8	$\sim\infty$
$\beta=\frac{d}{D}$	0.26	0.603 1	0.600 9	0.598 3	0.597 8	0.597 8	0.597 7	0.597 7
	0.30	0.606 0	0.602 9	0.599 2	0.598 5	0.598 4	0.598 4	0.598 4
	0.40	0.615 9	0.609 6	0.602 0	0.600 6	0.600 4	0.600 3	0.600 3
	0.50	—	0.618 7	0.605 3	0.603 0	0.602 6	0.602 5	0.602 5
	0.60	—	0.629 1	0.608 0	0.604 3	0.603 6	0.603 5	0.603 5
	0.70	—	0.637 6	0.606 7	0.601 2	0.6003	0.600 1	0.600 0
	0.75	—	0.639 2	0.602 5	0.595 9	0.594 8	0.594 6	0.504 5

注：本表数值仅适用于上下游测压孔紧靠孔板布置的角接取压法情况。

表 11-2　孔板流量计可膨胀系数 ε($k = 1.4$的气体)

P_2/P_1		0.98	0.96	0.94	0.92	0.90	0.80	0.75
$\beta=\frac{d}{D}$	0.000	0.994	0.988	0.982	0.977	0.971	0.941	0.927
	0.562	0.994	0.987	0.981	0.975	0.968	0.936	0.921
	0.669	0.993	0.986	0.979	0.973	0.966	0.931	0.914
	0.740	0.993	0.985	0.978	0.971	0.963	0.926	0.908
	0.750	0.993	0.985	0.978	0.970	0.963	0.926	0.907

11.4.2　文丘里管 (Venturi tube) 流量计

孔板流量计的能量损失较大，文丘里用一段渐缩—渐扩管代替孔板减小阻力损失，这种流量计称为文丘里流量计，在第三章伯努利方程的应用中已经介绍了它的基本原理。工业上使用的典型文丘里管由长度为 1~1.5D 等直径进口圆柱段 A、锥角 (21°±1°) 的圆锥收缩段 B、约一倍直径 d 的短圆柱喉部 C 和扩张角 7°~15° 的圆锥扩散段 E 等组成。图 11-20 是文丘里管流量计示意图，它们都属于节流型流量计。

由图可见，当被测流体流经管道的锥形收缩段 B 进入喉部 C 时，流体将在管道内加速降压，与进口圆柱段的压强 P_1 相比，喉部压强降为 P_2，流体速度愈大，喉道前后的压差也愈大，因此该压差就可以用来测量管道的流量大小。

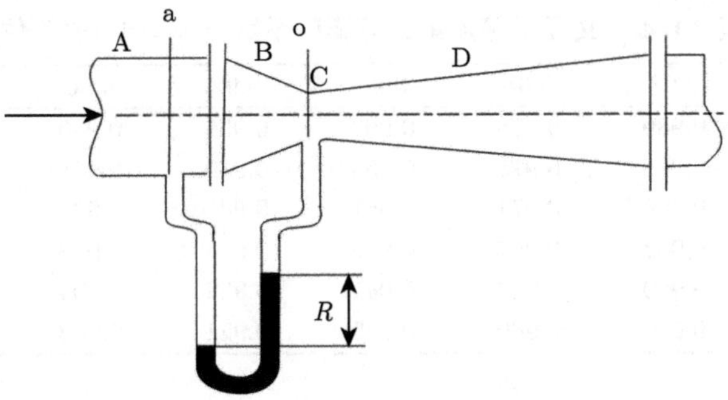

图 11-20　文丘里流量计示意图

与孔板流量计相比，文丘里管内流体流动比较平顺，因此压强损失比较小。其测量原理与孔板流量相同，大多用于低压气体的输送测量，但造价比孔板流量计要高。

文丘里管的流量计算方法与孔板流量计相同：

$$\dot{m}=\frac{C}{\sqrt{1-(d/D)^4}}\varepsilon\frac{\pi}{4}d^2\sqrt{2\rho\Delta P}$$

体积流量

$$Q=\dot{m}/\rho$$

式中，流出系数 C 取值见表 11-3，ε 的取值可参考表 11-4，d 为喉道直径。

表 11-3　文丘里管流量计流出系数 C

$\beta=d/D$	C	$\beta=d/D$	C	$\beta=d/D$	C
0.32	0.984 6	0.47	0.979 2	0.62	0.963 0
0.33	0.984 5	0.48	0.978 6	0.63	0.961 3
0.34	0.984 3	0.49	0.977 9	0.64	0.959 5
0.35	0.984 1	0.50	0.977 1	0.65	0.957 6
0.36	0.983 8	0.51	0.976 3	0.66	0.955 6
0.37	0.983 6	0.52	0.975 5	0.67	0.953 5
0.38	0.983 3	0.53	0.974 5	0.68	0.951 2
0.39	0.983 0	0.54	0.973 6	0.69	0.948 9
0.40	0.982 6	0.55	0.972 5	0.70	0.946 4
0.41	0.982 3	0.56	0.971 4	0.71	0.943 8
0.42	0.981 8	0.57	0.970 2	0.72	0.941 1
0.43	0.981 4	0.58	0.968 9	0.73	0.938 2
0.44	0.980 9	0.59	0.967 6	0.74	0.935 2
0.45	0.980 4	0.60	0.966 1	0.75	0.932 1
0.46	0.979 8	0.61	0.964 6	0.76	0.928 8

我国已经建立了文丘里管流量计的国家标准 (GB/T 2624—93)，只要按照国标制造文丘里管，那么就可以直接查表得到流出系数 C，表 11-3 和表 11-4 给出一些数值供读者参考。

在实际使用中，只要测出压差 Δp，即可以按照按照国家标准 GB/T 2624—19 或等效的国际标准 ISO 5167—1(1991) 所列的上述计算公式及数表计算出出流量。

除了孔板流量计、文丘里管流量计外，还有转子流量计、涡街流量计、电磁流量计、寇里奥利 (Coriolis) 品质流量计、涡轮流量计、量热式流量计、容积流量计、超声波流量计、热式品质流量计、多相流量计等。这些特殊的流量计通常以工业产品的形式出现，它们的工作原理和性能参数可以查阅相关的产品说明书。

表 11-4　文丘里管流量计可膨胀系数 $\varepsilon(k=1.4$的气体)

P_2/P_1		0.98	0.96	0.94	0.92	0.90	0.80	0.75
$\beta=\dfrac{d}{D}$	0.000	0.989	0.978	0.967	0.956	0.945	0.886	0.856
	0.562	0.988	0.975	0.963	0.950	0.938	0.873	0.840
	0.669	0.986	0.971	0.957	0.943	0.929	0.858	0.822
	0.740	0.983	0.967	0.950	0.934	0.918	0.839	0.800
	0.795	0.980	0.960	0.941	0.922	0.904	0.815	0.773
	0.800	0.980	0.960	0.940	0.921	0.902	0.813	0.770

11.4.3　“米”字耙测流量

所谓“米”字耙就是先将总压管排列成图 11-21 的梳状，再将梳状总压排管排成“米”字型，置于圆形的流量测量筒内，通过测量截面总压分布和周向静压可换算得到截面总流量。对于圆形测量截面，总压管的布置通常按照等环量分布，即将圆形截面分成 N 份面积相等的环形，将总压管布置在每个环形的中心线上，这样每个总压管的测量值代表周围一小块控制面积内的平均值，如图 11-22 所示，再利用测量截面的周向壁面静压插值得到各总压管空间测点静压，从而求得各空间测点马赫数及每个测点控制面积内的流量，将所有测点控制面积内的流量相加得到总流量。

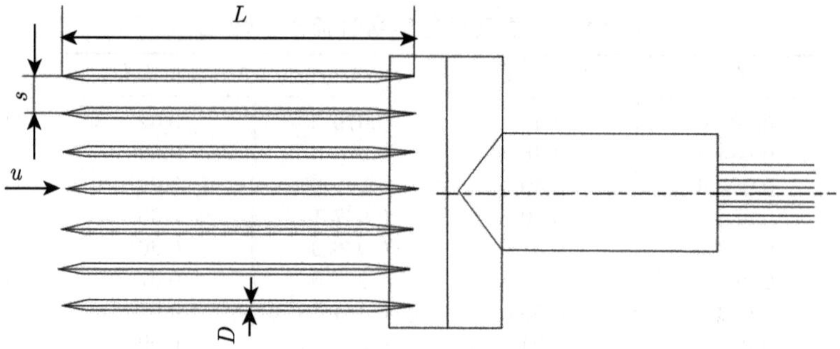

图 11-21　梳状总压管

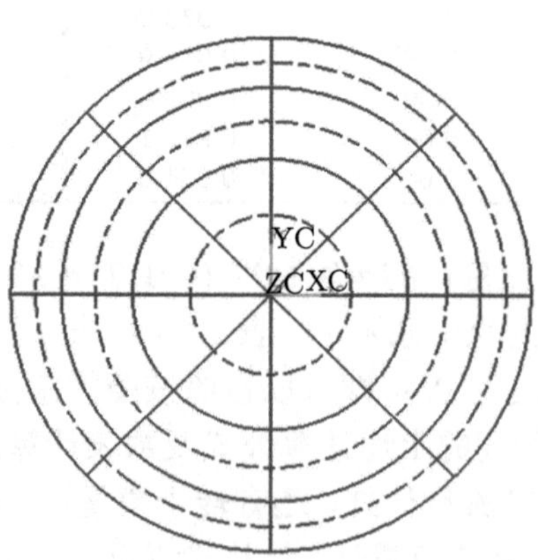

图 11-22　等环量划分示意图

11.5　风　　洞

风洞是一种按一定要求设计的管道，在这个特殊的管道中，借助于动力装置产生可以调节的气流，在实验段中能够模拟或基本上模拟实物在大气流场中的运动情况，以供各种空气动力实验使用，如飞机在空中的飞行等。风洞以实验段风速或马赫数的不同可划分为: 低速风洞 ($M = 0 \sim 0.4$)、亚音速风洞 ($M = 0.4 \sim 0.8$)、跨音速风洞 ($M = 0.8 \sim 1.4$)、超音速风洞 ($M = 1.4 \sim 5.0$)、高超音速风洞 ($M = 5 \sim 14$) 等几类。这种分类方式是最常用的。

11.5.1　低速风洞

低速风洞的基本形式有 “直流式” 和 “回流式” 两种。按照实验段结构不同又有 “开口” 和 “闭口” 之分。图 11-23~图 11-25 是低速风洞最常见的形式。

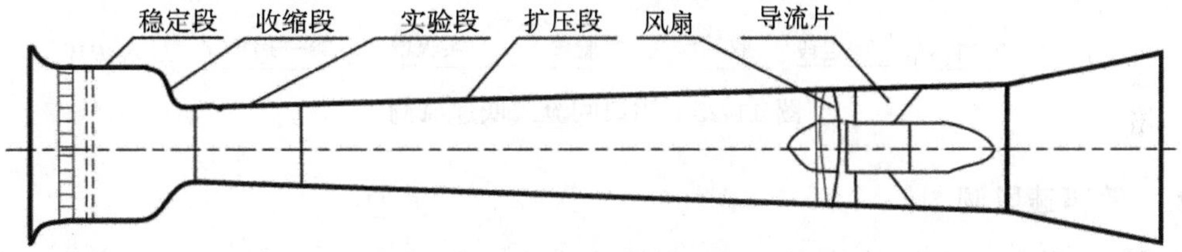

图 11-23　闭口直流式低速风洞

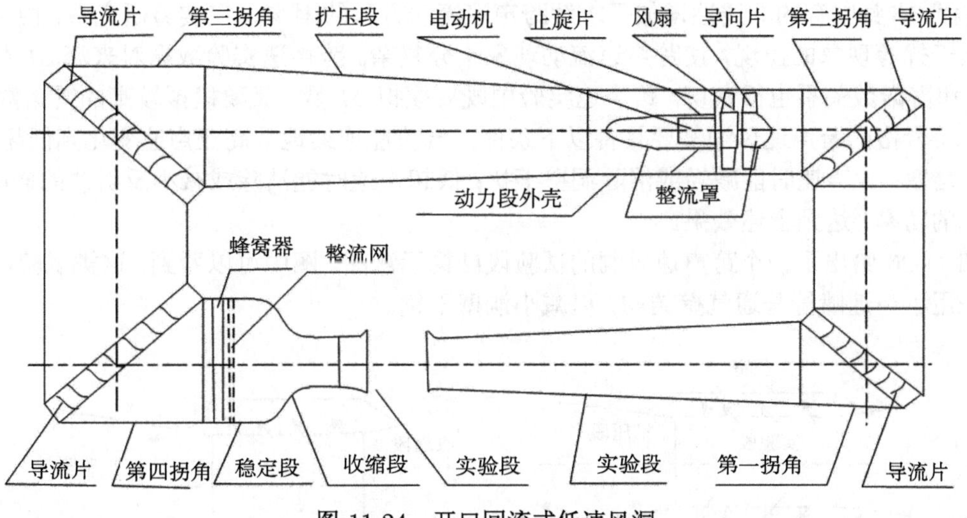

图 11-24　开口回流式低速风洞

世界上大多数低速风洞是回流式的，它与直流式风洞的差别在于多了回流道。回流道的作用主要是使风洞中的气流基本上不受外界大气的干扰 (无阵风影响，气流均匀)，温度可得到控制，并可以减少对外界的噪声污染。当然，回流式风洞的造价要高一些。直流式风洞是指进气口和出气口都在室外的风洞，其主要缺点在于易受外界大气的干扰，如果不采取措施，会受到阵风、雨雪和异物等影响，对外界环境噪声污染较大，并且其实验段压强要低于洞外大气压强。直流式风洞的优点在于，进行垂直短距起落飞机实验时产生的大的横向流变化不会带入回流，做发动机实验时发动机可在清洁的空气中运行。此外，还具有占地面积小，建造费用低，不存在冷却问题等优势。

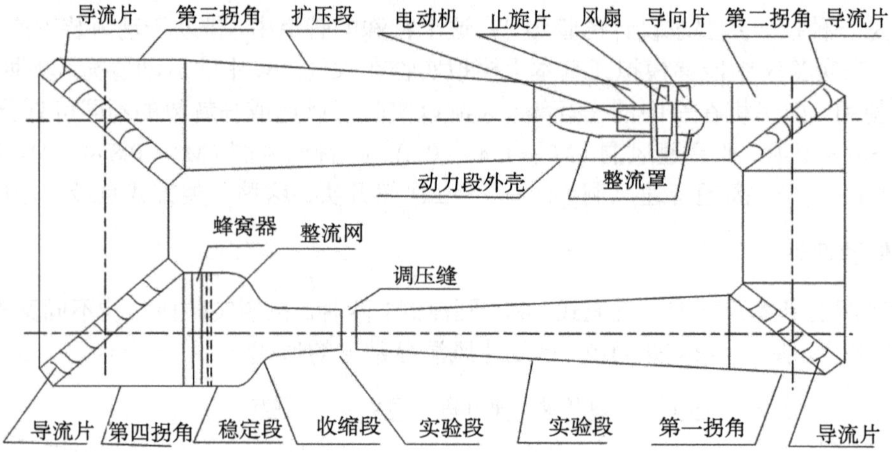

图 11-25　闭口回流式低速风洞

11.5.2　跨声速风洞

之所以把跨声速风洞单独列出来，是因为在声速附近流动十分复杂，出现了许多特有的现象，这是空气动力学中的一个重要研究方向。理论研究中，跨声速流动方程属于“混合型”方程，本身固有的非线性增加了求解跨声速流动方程的困难。在实验研究中，由于激波边界层干扰等现象的出现，使跨声速流动现象十分复杂。跨声速实验数据对来流 M 数十分敏感，和雷诺数关系也很密切。跨声速实验中既要模拟 M 数，又要模拟较高的雷诺数。

一个合格的跨声速风洞需要具备以下条件：气流能连续地从高亚声速变化到低超声速，不发生堵塞；亚声速时能减轻或消除洞壁干扰；低超声速时能消除或减小反射波的影响；消耗最低的功率，达到上述效果。

图 11-26 给出了一个跨声速风洞的试验段结构示意图。图中可以看到，这类试验段的特点是采用了声速喷管与通气壁结构，以减小洞壁干扰。

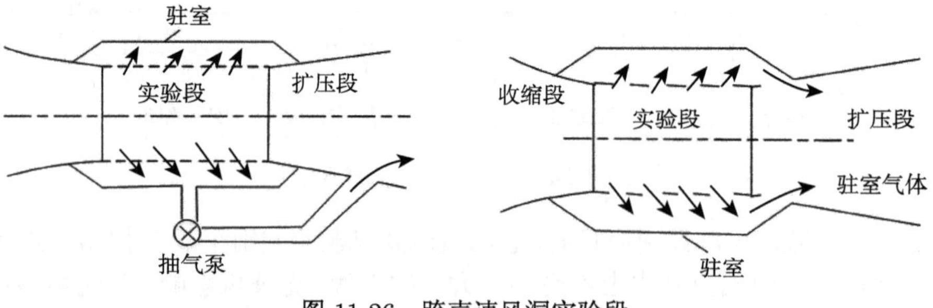

图 11-26　跨声速风洞实验段

11.5.3　高超声速风洞

产生高超声速气流必须依靠拉瓦尔喷管，高压气流在高压比作用下，在拉瓦尔喷管出口产生均匀的高超声速气流，通常是一付拉瓦尔喷管对应一个马赫数。高超声速风洞具有以下几个显著特点：

1. 起动压比高

在超、高超声速范围内，风洞起动压比随实验段 M 数的升高急剧上升，一般吹气式风洞无法达到这样高的压比，例如要获得马赫 5 的气流，若高速气流直接排往大气，那上游至少需要近 530 个大气压的高压气源才行；假如要获得马赫 6 的气流，那气源压强必须高至 1579 个大气压左右，所以高超声速风洞大多采用上游高压吹—下游真空泵抽吸的吹—吸式或吹—引 (引射器抽吸) 式方式工作。

2. 喷管面积比大、长度长、加工精度要求高

随实验段气流 M 数增大，实验段与喉道面积比急剧增大。例如马赫 5 的喷管，出口截面与喉道截面的理论面积比为 25，倘若马赫数为 8，那么理论面积比达到 190.11，为了保证出口流场的品质，高超声速风洞普遍采用轴对称喷管而不采用二维型面喷管。

随马赫数的增加，为产生均匀出口流场的高超声速喷管扩张段长度也变得很长。又因为出口气流的品质取决于加工成型的拉瓦尔喷管，故喷管型面的加工精度和表面光洁度要求极高，喷管型面犹如镜面般光滑。

3. 实验段静温低

超声速情况下，随实验段 M 数升高，实验段内静温下降很快。高超声速情况下，如果上游不加热的话则不仅空气中的水蒸气会凝结，而且试验气体本身也有可能液化。为了避免气体液化，需要提高气体的总温，即在上游安装加热器，例如各种电加热器，也可以采用燃烧方式加温，例如烧氢、烧酒精、烧煤油等，为了保持燃烧后气体中氧组分大致不变，通常还需要补充一定比例的氧气。

4. 试验气体必须净化

高压空气进入拉瓦尔喷管之后，它的气动参数会发生剧烈变化，温度迅速降低，如果空气没有经过净化，水蒸气和油等组分会围绕灰尘等微小颗粒迅速凝聚起来，形成水雾和油雾，如果温度进一步降低，空气将围绕这些微小液滴而从气态转变为液态，因此超声速/高超声速风洞的气体在进入喷管之前必须经过净化处理，进入专门的净化设备除油、除水和除尘。

图 11-27 给出了一种常见的高超声速风洞结构示意图，采用上游高压吹—下游引射器抽吸的方式工作。

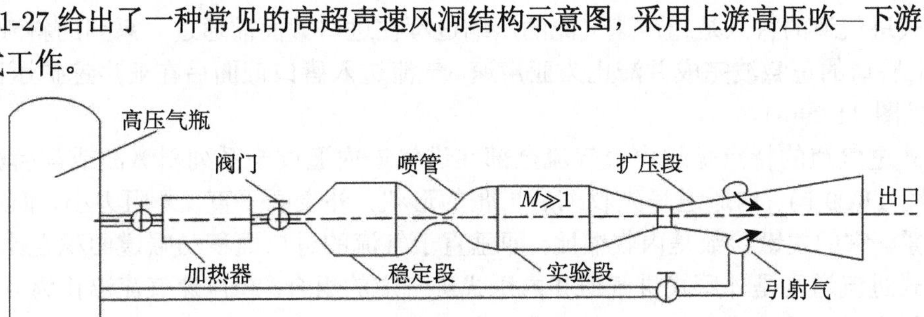

图 11-27　吹—引式高超声速风洞

11.6 进 气 道

11.6.1 亚声速进气道

进气道也称为扩压器，是吸气式动力装置的重要部件，进气道的功用就是在各种飞行条件下为发动机提供合适的气流 (流量和流场)。所谓亚声速进气道就是指工作在亚声速迎面气流条件下的进气道，所以不存在激波 (局部激波除外) 以及与激波相关的问题。由于其飞行速度的范围较小，一般不需要进行调节。

多数民航机、运输机以及某些教练机的最大飞行马赫数小于 1，采用亚声速进气道。例如目前中国正在发展的 C919 客机、美国的波音系列客机 Boeing-737/747/757/767、欧洲的空客系列客机 Airbus-300/320/340/380、中国的大运 “运–20”、美国的大型运输机 C-5A、B-52 战略轰炸机等都采用了典型的亚声速进气道构型。

图 11-28 所示为一个典型的亚声速进气道，属于皮托管式进气道，大多数亚声速进气道是皮托式进气道，它具有圆滑的唇口、流线形的外罩，进口以后是一段扩张形的管道，在紧靠压气机前有一收缩段，这种进气道也广泛使用在跨声速飞机上。

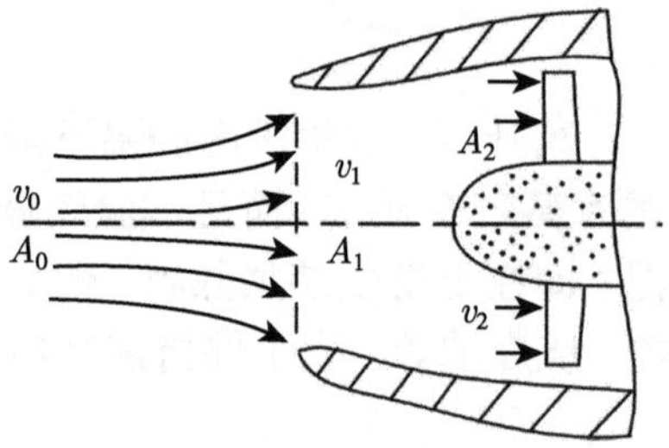

图 11-28　亚声速进气道

11.6.2 超声速进气道

顾名思义，可以高效地工作在超声速气流中的进气道就称为超声速进气道。超声速进气道通常在唇口前伸出一个中心体或楔形压缩面，超声速气流依次经过一系列激波来实现气流的减速增压，这种进气道广泛用于超声速战机和导弹上。超声速进气道按气流滞止方式的不同可以分为外压式、内压式和混合式 3 种型式。

外压式进气道的特点是超声速气流的压缩过程在进口截面前通过一系列的斜激波 (或锥形波) 加上唇口的正激波完成并滞止为亚声速，气流进入唇口截面后在亚声速扩压器继续减速增压，见图 11-29(a)。

内压式进气道的特点是超声速气流全部在进气道内通过一系列斜激波或马赫波滞止为亚声速，图 11-29(b)。内通道呈先收缩后扩张的形状，外表面平直，外阻力小，但进气道起动问题严重。它的关键参数是内收缩比，即垂直于气流的进口面积与喉道面积之比。

混合式进气道则是外压式进气道和内压式进气道的组合。超声速气流滞止为亚声速，一部分在进气道进口外完成，一部分则在进口内完成，唇口内的管道呈先收缩，然后过渡为亚声速扩张型管道。这种进气道适用于 $M > 2.5$ 的飞机，见图 11-29(c)。

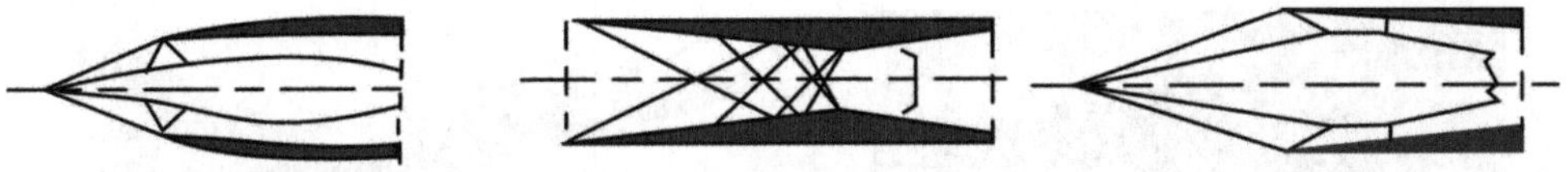

(a) 外压式　　(b) 内压式　　(c) 混合式

图 11-29　超声速进气道构型

最常见的超声速进气道有二维平面压缩进气道和轴对称进气道，如图 11-30 所示。二维平面压缩进气道结构比较简单，几何调节方便，且调节参数的变化范围比较大，但重量较大，轴对称进气道则可以通过移动中心锥实现进气道的调节，以满足不同马赫数的要求。

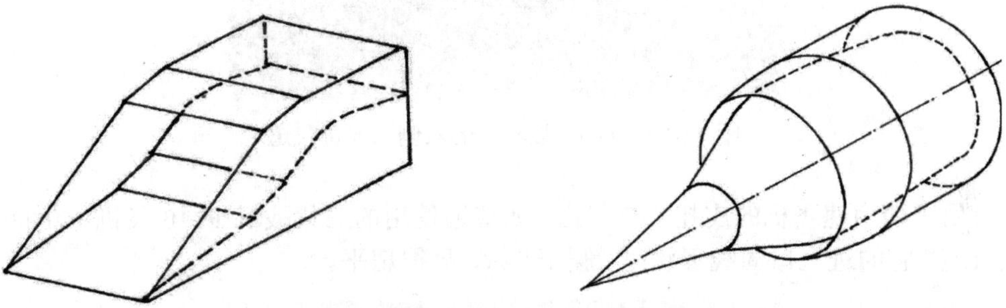

(a) 二维平面压缩进气道　　(b) 轴对称进气道

图 11-30　超声速进气道

按照进气道在飞行器上的布局，可分为正面和侧面进气道。安装在机身头部的进气道是正面进气道，一般是轴对称的。对于发动机安装在机身内的情况，广泛采用侧面进气道，进气道安装在机身两侧或机翼附近。它的优点是可以将机头位置空出来，以便安排雷达、火炮等设备，而且进气道内通道的长度也比较小。另外还有腹部和背部进气道。

图 11-31～图 11-36 给出了一些常见的进气道布局方式。例如有我国歼–7 头部进气的轴对称可调进气道、美国双 3 高空无人机 D-21 的轴对称进气道 (图 11-31)。

(a) 歼-7轴对称可调进气道　　(b) D-21双 3无人机轴对称进气道

图 11-31　轴对称进气道

两侧进气的进气道获得了广泛的应用，例如有两侧进气的国产歼轰–7 双侧二元进气道、法制幻影III双侧半圆进气道 (图 11-32)，另一种是压缩面水平安放的两侧进气道，如 F-14 飞机 (图 11-33，$Md = 2.4$)、Su-27 等均是。

(a) 歼轰—7双侧二元进气道 (b) 法制幻影III双侧半圆进气道

图 11-32 两侧进气的各种进气道

图 11-33 F–14 战斗机的双侧二元进气道

还有用于跨声速飞机的皮托式进气道，如普遍使用的三代战机 F–16 飞机 (图 11-34) 的腹部进气道，它的进气口周线形状呈“腰子”状，显得扁平。

图 11-34 F–16 战斗机机腹部进气皮托式进气道

美制 F–35 战机的进气道比较特殊，采用无边界层隔道的 Bump(鼓包) 进气道，见图 11-35，它利用特殊设计的鼓包，将前机身发展而来的边界层扫掠到鼓包的两侧，边界层内的低能气流就不进入进气道而从进气口的两侧流走。由于不需要边界层隔道，这种设计不但可以减少机构重量，而且减少了进气道的迎风面积，对飞机的减阻也十分有利。

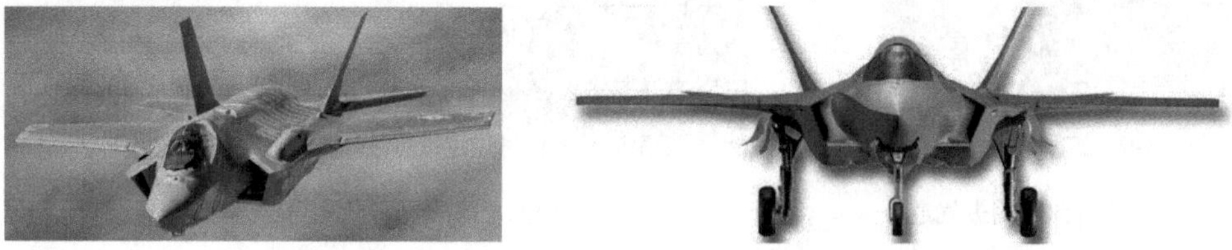

图 11-35 F–35 以及它的双侧无边界层隔道的 Bump 进气道

我国成飞研制的枭龙战机就采用了这种进气方式，此外歼–10B、歼–20 等也采用了类似的设计。图 11-36 给出了成飞设计歼–10 的两种进气方式。

(a) 腹部进气二元可调进气道

(b) 无边界层隔道定几何Bump进气道

图 11-36　歼–10 的两种腹部进气形式

飞行器的进气方式多种多样，例如有隐身需求的背负式进气道、美制 F–22 那样的双斜切进气道等。

11.7　引　射　器

引射器是一种常用的流体机械，它通常采用高压高速主气流引动一股低速次流，形成对低速气流的抽吸效果，从而在二次流的上游产生低压区。引射器主要由喷嘴、接受室、混合室及扩压室组成，其工作原理见图 11-37：压强较高的流体为工作流体 (又称一次流体)，以很高的速度从喷嘴喷出，进入接受室，在射流的紊动扩散作用下，卷吸周围压强较低的流体。被吸入的压强较低的流体为引射流体 (又称为二次流体)。工作流体与引射流体在混合室内混合，进行动量交换，速度场分布逐渐均匀。随后，混合流体进入扩压室，压强因流速的降低而升高，最终排出管道。

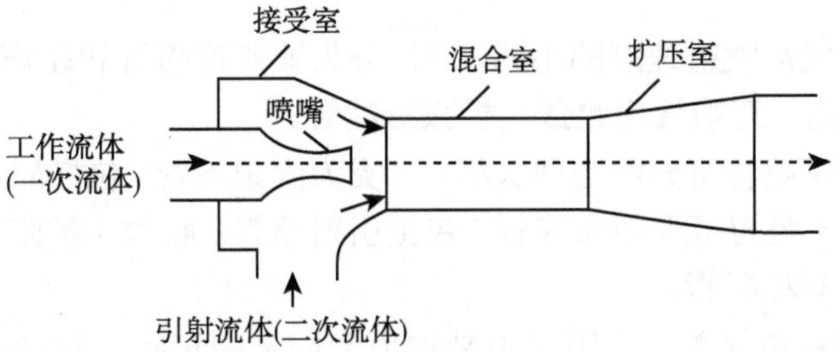

图 11-37　引射器结构示意图

升高引射流体的压强而不直接消耗机械能是引射器最主要的特点，而引射器的主要缺点是传能效率较低。这是由于两股流体混合时产生较大的能量损失。另外，在运行中由于缺少运动部件也不易调节。

引射器比机械的增压设备 (如泵、压缩机及鼓风机等) 简单可靠，除了作为机械用于输送流体外，还可以作为传质和化学混合反应的设备。引射器可以直接利用各种有压能源作为工作动力，无需辅助设备，并且能够取得很好的综合效益，因而引射器在工程中被广泛应用。

随着引射技术的不断发展，引射方式也日益丰富。对于工作流体为超声速的超声速引射器 (图 11-38)，根据引射方式的不同，可分为环型引射器、中心引射器和多喷嘴引射器。不同引射方式下，引射气流和被引射气流在混合室入口配置形式有着较大的差别。根据混合室形状的不同，超声速引射器还可分为等截面混合引射器和等压混合引射器，等压混合引射器具有一定收缩比的圆锥形混合室，而等截面混合引射器则可以看作是它的一种特例 (收缩比 Φ 为 1)。

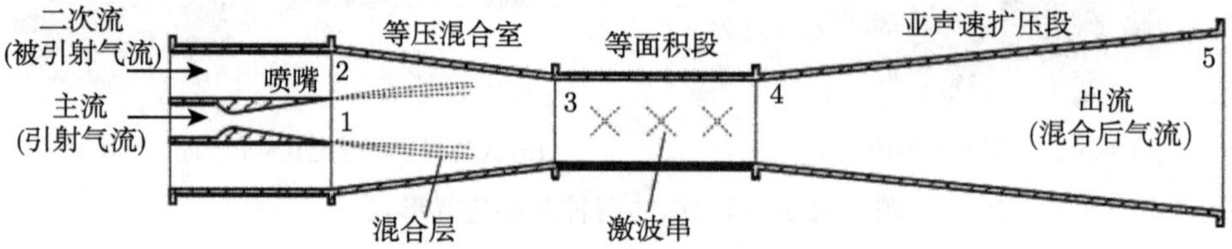

图 11-38 等压混合超声速引射器

一般来讲，超声速引射器性能可以通过两个参数来衡量：引射效率和增压比。引射效率 w 是被引射气流流量和引射气流流量之比：$w = \dot{m}_1 - \dot{m}_2$，引射器的增压比 Cr 定义为引射器出口的气流总压和被引射气流入口总压之比：$Cr = p_5^*/p_2^*$。

11.8 尾 喷 管

尾喷管的功能是将从涡轮 (或燃烧室) 流出的高温燃气膨胀加速，将燃气中的一部分热能转变为动能，从尾喷管高速喷出，产生反作用推力。为充分发挥尾喷管功能，尾喷管设计时需注意几点：①以最小的总压损失把气流加速到最高的速度；②使出口压强尽可能接近外界大气压强；③允许加力燃烧室工作不影响主发动机工作，这就需要采用可调面积喷管。

根据尾喷管出口气流喷射速度的不同，可以分为亚声速喷管和超声速喷管两类。亚声速喷管为收敛形喷管，超声速喷管为收敛—扩张形喷管。

各种不同类型的尾喷管可归结为两大类：一类为固定喷管，包括简单收敛喷管和大涵道比分开排气喷管；另一类为可调面积喷管，包括引射喷管、收敛—扩张喷管、塞式喷管以及各种不同类型的非轴对称喷管。

固定的收敛喷管构造简单，常用于不带加力燃烧室的膨胀比较低的航空燃气轮机，如图 11-39。固定的收敛—扩张喷管构造也简单，但只能用于某一特定工作状态，实际使用较少。

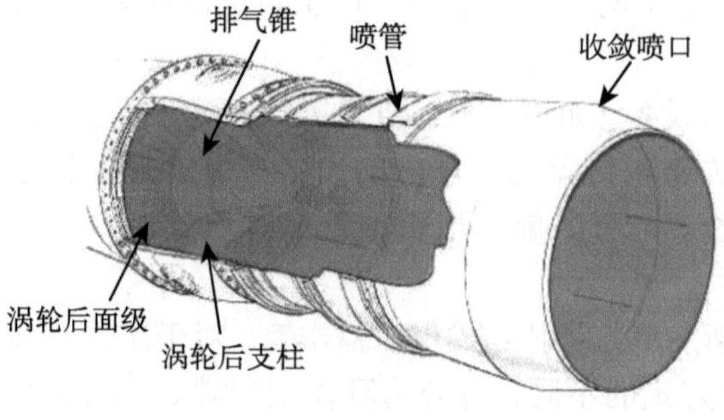

图 11-39 收敛喷管简图

可变出口面积的收敛喷管和喉道可调的收敛—扩张喷管常用于增压比较高和带加力燃烧室的发动机，但调节机构相对较复杂。

如图 11-40 所示，带可调中心锥体的塞式喷管由中心锥体和外壳组成，中心锥体表面和外壳间组成喷管的喉道，当膨胀比大于临界膨胀比时超声速气流绕外壳唇口向外转折，经过一系列从唇口发出的膨胀波，使气流膨胀加速，并转向轴向。超声速气流所能达到的最大膨胀面积为喷口横截面积 A_9，在一定的超临界膨胀比范围内，喷管能自动调节膨胀程度，减少推力损失。其缺点是难于实现可靠的冷却。

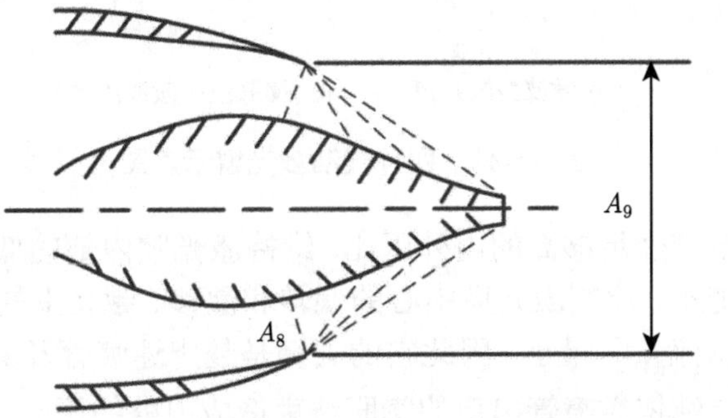

图 11-40　带中心锥体的塞式喷管

除上述各种结构形式的尾喷管外，还有带消声装置的尾喷管、具有隐身功能的尾喷管，具有反推力装置的尾喷管，以及使飞行器具有超机动能力的“矢量喷管”(图 11-41) 等。“矢量喷管”可以使燃气流向上下左右不同的方向偏转一个可以操纵的角度，这样不仅可以使发动机产生向前的推力，而且还可以对飞机产生一个俯仰或偏航力矩，从而大大增强飞机高速飞行时的机动性能。

图 11-41　推力矢量喷管

11.9　气动激光窗

激光是 20 世纪最重大的科学发现之一，1960 年 5 月 15 日，休斯公司的一个研究室里，美国物理学家梅曼发现了一种自然界中并不存在的完全新型的光，即激光。产生激光的装置被称为激光器。激光通常是在极低的压强环境下产生的，激光从低压激光器通过光学透镜射出到大气环境中。通常的光学透镜能承受的激光能量密度有其极限，随着激光功率的增大，光学透镜会在强激光透过时发生爆裂，因此迫切需要一种既能让高能激光穿透，又能隔绝低压激光腔和周围环境大气的新型“激光窗口”，于是利用气动原理的气动激光窗应运而生。

图 11-42 是气动激光窗的示意图，给出了 4 种可能的气动激光窗布局，图中上部开口对应的是大气环境，下部则是低压环境的激光源，它们都是通过一个横置的超声速喷管产生的超声速射流，利用不同的波系组合，将激光腔内部的低压区与窗口外的大气隔绝，同时又能让激波透过。根据波系的不同，大致可以分为膨胀波型、激波型、膨胀波—激波型和自由旋流型等几种气动激光窗。

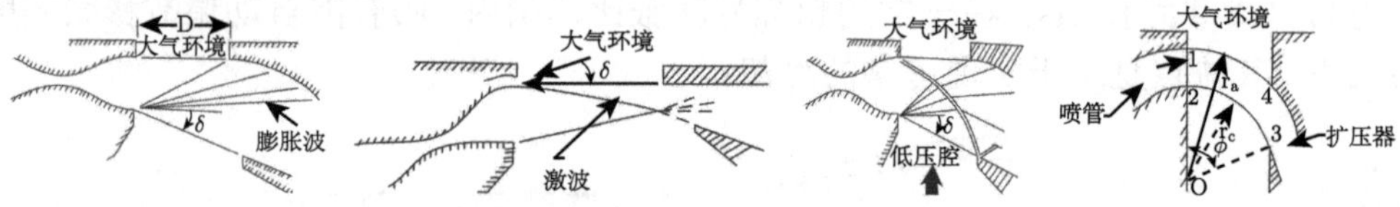

图 11-42　四种气动激光窗示意图

气动激光窗不仅要产生足够高的内外压比，维持激光腔内部的低压，而且应该使透射激光束的光学畸变尽可能小，控制激光束中心的偏转和漂移、激光束的非对称发散，同时又要使喷管消耗的高压气体流量尽量小，因此它的关键是超声速喷管及其波系的设计。

膨胀波型激光窗单纯依靠喷管出口的膨胀波束造成内外的压比，理论上讲，气流可以由出口的周围环境压强膨胀到接近真空的压强，实际上由于气流的偏转角限制和喷流截面积的扩大以及喷流的引出，这种气动激光窗的内外压比不可能做大。

同轴引射加抽气联合式气动窗口，采用环形喷嘴可调喉道面积和在腔室内装配有带节流小孔的多孔板结构，并在对该窗口进行实验研究的基础上。据报导，最近某单位研制成功全自动远程操作控制系统，实现了阀门开度随气源压强变化而自我迅速调节的功能，保证了气动窗口的密封性能和输出光束的光学质量。

已有学者针对大功率激光器研制了利用喷流引射原理形成低气压密封的引射式气动窗口，并进行了密封性能实验和光束质量测试，单纯使用喷流引射作用可使密封压强接近 0.1 当地大气压，而且引射气流的引入未使光轴中心发生漂移或偏转，输出光强分布也基本无变化。

国内外还有专家对一种高能激光器自由旋气动窗口 (FADW) 进行了研究，从实验上研究了沿自由旋气动窗口射流方向上不可避免的类透镜效应的特性，然后采用几何矩阵光学的原理，从理论上对自由旋气动窗口的类透镜效应进行详细的分析计算。此外，还对为万瓦级二氧化碳 CO_2 气动激光器配置的 30 mm×30 mm 大口径自由旋气动窗口的工作性能进行了实验研究。研究表明，此气动窗口在其工作范围内，密封压比 $p_r > 20$(环境大气压 p_{amb} / 密封腔压 p_c)，最大可达到 28；而且该气动窗口具有良好的启动性能和对光束质量影响小的特点。因此对于大口径、低腔压的大功率气体激光器来说，自由旋气动窗口是最有效的手段之一。

11.10　航空发动机试车台

航空发动机试车台分为地面试车台、高空试车台和飞行试车台三大类。

11.10.1　地面试车台

地面试车台是在地面条件下进行的发动机试验，用于调整发动机性能，考验可靠性和耐久性，并最终鉴定发动机是否符合型号规范。图 11-43 就是一个典型的航空发动机地面试车台照片，试车台建在相对密闭的巨大厂房内，外部空气由巨大的进气塔经由多层网格除尘净化后进入发动机试车间，被试发动机悬吊在承力台架上，发动机后方为大直径的尾喷流排气筒，发动机高温燃气经与冷空气掺混后由巨大的消声排气塔排入大气。这类发动机地面试车台是使用最多的试车台，在发动机研制和生产单位，都建有大量的这类地面试车台。当然，针对不同类型的航空发动机，如涡喷发动机、涡扇发动机、涡轴发动机、冲压发动机等，就有各自略有差别的地面试车台，此外还有专门模拟高空飞行条件而在固定厂房内的高空试车台。

图 11-43　发动机地面试车台

现在还有一种完全在室外地面环境的 "露天试车台"，发动机吊挂在某一固定在地面上的承力架上，被试发动机直接从周围大气中吸入空气，燃气经发动机喷管直接排入大气，这样就避免了室内试车台周围引射气流 (一般要求速度不大于 10 m/s) 对推力测量的影响，但是露天试车台的巨大排气噪音也对周围环境造成了严重的污染。

11.10.2　高空试车台

高空试车台是在地面模拟高空试车的设备，它可以模拟飞行状态 (飞行高度、飞行马赫数) 和飞行姿态 (飞机迎角、侧滑角) 对发动机进行稳态和动态试车。实际上，就是在地面人工创造一个与飞行状态相当的环境 (气流的压强、温度和方向)，把发动机装在里面试车。模拟高空试车的目的有：

(1) 鉴定发动机在整个飞行包线内 (必要时可超出飞行包线) 的性能、功能、稳定性、可靠性、结构完整性以及环境条件的适应性；

(2) 研究整个发动机及各部分及系统的性能潜力，以及外部环境对性能的影响；

(3) 分析和研究发动机的使用故障等。

我国燃气涡轮研究院建有亚洲规模最大的地面高空试车台，航天三院也建有规模稍小的地面高空试车台，为我国航空发动机的发展起到了巨大的推动作用。

11.10.3 飞行试车台

由于地面上不可能完全模拟实际的飞行条件，因此必须将发动机装在飞机上进行飞行试验，飞行试验台一般由大型运输机或轰炸机改装而来。国内试飞院就采用四台发动机的伊尔–76 飞机作为空中试车台使用，其中的一台发动机吊挂换装为被试发动机以对不同飞行条件下的发动机性能进行测试。飞行试车台的优点是：建设经费低，使用条件真实；其缺点是飞行包线有限，试验周期长。飞行试车台试验的主要内容有：

(1) 获取一定范围内的高度和速度特性；

(2) 检验发动机控制系统的工作状态；

(3) 校核发动机的风车状态和再启动状态；

(4) 试验发动机的过渡状态和性能；

(5) 确定各种飞行状态和飞行姿态下的发动机稳定工作范围；

(6) 进行武器发射排烟的吸入试验等。

11.11 超燃冲压发动机地面自由射流试验台

超燃冲压发动机是吸气式高超声速飞行器理想的推进装置，它由与前体一体化设计的高超声速进气道、隔离段、超声速燃烧室及与后体一体化设计的尾喷管几大部件组成，研制难度很大，除发动机自身的难点之外，一定规模的地面试验台更是必不可少的试验装置。

为了在地面静止的发动机上模拟高空高超声速飞行的环境条件，给被试验超燃冲压发动机提供与空中高速飞行相同的自由来流条件，即相同的来流马赫数和相同的来流总温、相同数量级的雷诺数，这就要求超燃冲压发动机地面试验台必须能够提供高温的高超声速气流。以马赫 6 的飞行条件为例，超燃冲压发动机试车台必须有产生马赫 6 高速气流的拉瓦尔喷管，假设空气的比热比 $k = 1.4$ 不变，那么就要求喷管前后有近 1580 倍的压比。如果高空飞行的静温 220 K，那么试车台气流的总温就要达到 1800 K 左右；如果高空飞行的静压 2 500 Pa，那么地面试车台气流的总压就应该是 3.9 MPa，这些都是相当苛刻的条件，技术难度大。图 11-44 给出了这种超燃冲压发动机地面自由射流试车台的原理图。

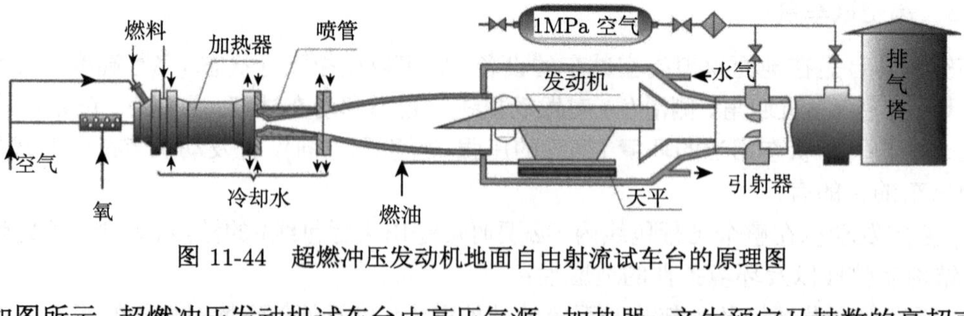

图 11-44 超燃冲压发动机地面自由射流试车台的原理图

如图所示，超燃冲压发动机试车台由高压气源、加热器、产生预定马赫数的高超声速喷管、高空低压实验舱、超声速排气引射器和消声排气塔等主体部分以及控制、数据采集、实时显示系统等组成。试车台工作时，来自高压气源的空气，经加热器快速加热到近 2000 K

的高温，再经高超声速喷管加速到预定的实验马赫数。例如马赫 6 高空飞行时对应的气流静温为 220 K、静压 2500 Pa，那么如果能在低压实验舱内形成马赫 6 的自由射流，并且静温和静压与高空飞行条件相近，将其提供给安装在高空舱内的超燃冲压发动机，发动机即可在模拟的高空高速条件下点火燃烧，产生推力和高温燃气。同时，为了将静压只有 2 500 Pa 的高温自由来流和发动机高温燃气顺利地排向压强为 101 325Pa 的地面大气，必须采用排气扩压器和超声速排气引射器，将低压高温气体 (空气＋发动机燃气) 逐渐增压至略大于当地大气压的压强，通过排气消声塔排向大气。

处在喷管自由射流包围中的超燃冲压发动机，首先由进气道利用激波对高超声速自由来流进行压缩，减速增压后的气流以超声速通过隔离段进入超燃燃烧室，与喷入燃烧室的燃料 (氢燃料、碳氢燃料等) 掺混、燃烧，然后由尾喷管膨胀加速喷出，以产生需要的推力。

决定超燃冲压发动机试车台工作能力的关键是对气流的加温技术，这也是与常规的高超声速风洞的主要区别。常规的高超风洞一般无需模拟高空实际飞行的总温总压 (俗称 “冷” 风洞)，而超燃冲压发动机试车台则要模拟高超声速飞行时的总温总压 (俗称 “热” 风洞)，对试验空气的加热量远远大于常规高超声速风洞的加热量，因此常规高超声速风洞采用的电加温技术在超燃冲压发动机试车台上就显得力不从心。目前常采用的方法是利用燃料燃烧再补氧来快速升高气流温度，例如烧氢补氧、煤油燃烧补氧、酒精燃烧补氧等等，但这也导致了实验气流被 “污染” 而非纯净空气问题，从而使得发动机地面试验结果与高空实际飞行时的结果会产生一定偏差。

试车台的核心部分是高空低压实验舱。实验舱内，喷管将上游高温高压空气加速到预定的马赫数，此时喷管出口气流静温、静压与实际高空高速飞行时的静温、静压相同或相近，安装在实验舱内的超燃冲压发动机就可以在地面开展高空飞行环境下的各种性能试验。待试验的超燃冲压发动机可以加装多分力测力天平 (例如六分力天平) 测量发动机的轴向力 (推力)、侧向力、法向力和三个力矩 (俯仰、偏航、滚转)。发动机内外流道的沿程静压、温度等重要性能参数可以通过测压传感器、测温传感器 (例如热电偶) 来测量。通过发动机的流量也可以通过专门的流量测量段来获取。

实验舱两侧通常都有光学玻璃观察窗以便进行光学观察和光学测量。例如可以通过光学纹影仪观察超燃冲压发动机进气道附近的波系结构，也可以采用激光干涉仪观察进气道绕流流场，还可以采用其他更先进的观察测量手段实时监控发动机的工作状态。

习　题

11-1　某钢铁厂高炉废气采用文氏管来测量它的废气流量，已知它的废气管道直径为 0.8 m，压强为 200 000 Pa，温度 30℃，比热比 $k = 1.36$，气体常数 $R = 288$，文氏管的喉部直径 0.45 m，测得文氏管压差 4 000Pa，请大致估算废气的体积流量。

11-2　为在马赫 2~4 的超声速风洞中，测量某超声速进气道的流量，已知流量测量段为直径 200 mm、长 100 mm 的圆柱筒，试设计它的测量系统:

(1) 列出需要测量的参数;

(2) 布置对应的测量装置并绘出简图;

(3) 列出全部的计算公式;

(4) 分析可能产生的流量测量误差。

11-3　若图 11-30(a) 所示的二元平面外压式进气道的压缩面采用等熵压缩，问将马赫 5 来流压缩到马赫 2 时气流的偏转角将多大?

11-4　设计如图 11-29(b) 那样的内压式进气道，已知设计马赫数 3，要保证进气道在马赫 2 时可靠起动，试采用一维无黏流理论分析，问:

(1) 进气道内收缩比应该多大?

(2) 在设计马赫数，进气道喉道马赫数又是多少?

11-5　希望在马赫 6 风洞的试验段中模拟 18 km 高空马赫 6 的真实飞行条件，问风洞试验的总压、总温应该是多少? 假设空气的比热比 $k = 1.4$ 不变。

11-6　请提出试验中超声速马赫数连续可调变马赫数风洞的构思。说明总体设计思路并用图形和文字共同表述其基本原理，分析可能出现的问题。

11-7　为了尽可能缩短飞机着陆时的地面滑跑距离，请至少列出两种可行的技术措施。

主要参考文献

[1] A.H. 夏皮罗著, 陈立之, 等译. 可压缩流的动力学与热力学 [M]. 北京: 科学出版社, 1978.

[2] L. 普朗特等著, 郭永怀, 陆士嘉译. 流体力学概论 [M]. 北京: 科学出版社, 1987.

[3] W.F. 休斯等著, 徐燕侯, 等译. 流体动力学 [M]. 北京: 科学出版社, 2002.

[4] H.W. 李普曼著, 时爱民, 等译. 气体动力学基础 [M]. 北京: 机械工业出版社, 1981.

[5] 鲁钟琪. 流体力学 [M]. 北京: 机械工业出版社, 1979.

[6] 吴望一等. 流体力学 [M]. 北京: 北京大学出版社, 1981.

[7] 江宏俊等. 流体力学 [M]. 北京: 高等教育出版社, 1987.

[8] 邢宗文. 流体力学基础 [M]. 西安: 西北工业大学出版社, 1992.

[9] 梁德旺. 流体力学基础 [M]. 北京: 航空工业出版社, 1998.

[10] 张兆顺等. 流体力学 [M]. 北京: 清华大学出版社, 1999.

[11] 陈卓如等. 工程流体力学 [M]. 二版. 北京: 高等教育出版社, 2004.

[12] 张也影. 流体力学 [M]. 二版. 北京: 高等教育出版社, 2004.

[13] 王惠民. 流体力学基础 [M]. 北京: 清华大学出版社, 2013.

[14] 潘锦珊. 气体动力学基础 [M]. 北京: 国防工业出版社, 1989.

[15] 童秉纲, 孔祥言, 邓国华. 气体动力学 [M]. 北京: 高等教育出版社, 1989.

[16] 王保国等. 气体动力学 [M]. 北京: 北京理工大学出版社, 2005.

[17] 王新月. 气体动力学基础 [M]. 西安: 西北工业大学出版社, 2006.

[18] 庄礼贤, 尹协远, 马晖扬. 流体力学 [M]. 北京: 中国科技大学出版社, 2009.

[19] 朱之墀, 王希麟. 流体力学理论例题与习题 [M]. 北京: 清华大学出版社, 1986.

[20] 景思睿, 张鸣远. 流体力学 [M]. 西安: 西安交通大学出版社, 2001.

[21] Frank M. White. Fliud Mechanics[M]. 4th ed. Columbus: WCB/McGraw-Hill, 1999.

[22] M.J. Zucrow, J D. Hoffman. Gas Dynamics[M]. New York: John Wiley and Sons. Ins, 1976.